WAS STEHT AUF DEINEN GRÜNEN BLÄTTERN?

TREE OF HOPE

WIE WIR DIE WELT VERÄNDERN KÖNNEN

HANDBUCH FÜR GLOBALES DENKEN UND LOKALES HANDELN

Herausgegeben von

youthinkgreen – jugend denkt um.welt e. V.

Erarbeitet von:

Idee: Helmut Spiering

Konzeption & Lektorat:

Nadine Böttcher, Ariane Missuweit, Helmut Spiering

Redaktion: Ariane Missuweit

Pädagogische Aufarbeitung:

Ariane Missuweit, Helmut Spiering, Klaus Tenfelde

Bildauswahl, Layoutberatung:

Thomas Frick, Helmut Spiering

Recherche: Julian Pütz

Unterstützt durch:

Nanna Birk, Karoline Kmieciak, Núria Mitjans, Lilian Paul, Maren Preuß, Kora Rösler, Lenaïg Thoraval, Eva Ziebarth

Dokumentarfilm: Rasmus Sievers und Mafilm GmbH

Umweltspots: Thomas Frick und Mafilm GmbH

Layout und Umschlaggestaltung:

Lena Kraus, Büro für Gestaltung, Nürnberg

youthinkgreen

jugend denkt um.welt

Unsere AutorInnen und InterviewpartnerInnen:

Prof. Alberto Acosta
Steliyana Angelova
Daniel Arruda
Mel Beirne
Felix Beyers
Nadine Böttcher
Alexander Brock
Monika Chaulagain
Roberta Corradi
Khoi Anh Dang
Dr. Marianne Dehne
Lea Deuber
Prof. Dr. Rainer Dollase
Abdel Rahman Fahmy
Dr. Thomas Fatheuer
Dr. Christian Felber
Felix Finkbeiner
Thomas Frick
Jessica Fritz
Arved Fuchs
Judith Gebbe
Josef Gebbe
Silvia Giovannini
James Goodman
Maike Gossen
Prof. Dr. Rainer Grießhammer
Wolfgang Gründinger
Georgina Guillen-Hanson
Nora Guzu
Anne Herrmann
Niko Hübner
Dr. Christian Hübner
Prof. Dr. Gerald Hüther
Vanessa Kalisch
Lena Kasper
Nishchhal Kharal
Sandra Kirchner
Karoline Kmieciak
Johanna Krüger
Gregor Landwehr
Eva Mahnke
Nicolás Marin
Hanna Marzinkowski
Ariane Missuweit
Dr. Rose Mukankomeje
Dr. Wolfgang Müller-Pietralla
Sunita Narain
Prof. Dr. Armin Nassehi
Prof. Dr. Manfred Nowak
Dr. Auma Obama
apl. Prof. Dr. Niko Paech
Pablo Portal
Prof. Dr. Stefan Rammler
Alisa Reimer
Prof. Dr. Mary Robinson
Dr. Tobias Romberg
Stefan Rostock
Catherina Rust
Dr. Andrea Schapper
Prof. Dr. Hans Joachim Schellnhuber
Norbert Schmelz
Max Schön
Prof. Dr. Peter Seeger
Rasmus Sievers
Felix Simon
Ulrike Sinzel
Ursula Sladek
Helmut Spiering
Katrin Steinitz
André Stern
Klaus Tenfelde
Dr. Erwin Thoma
Isabelle Tisson
Christian Vock
Jakob von Uexküll
Prof. Dr. Ernst Ulrich von Weizsäcker
Dr. Fritz Vorholz
Gerd Westphal
Sarah Wiener
Christian Wölbert
Kiara Worth
Boris Woynowski
Gerd Würdemann
Nora Marie Zaremba
Inga Zinck
Charlotte Zink
Yvonne Zwick

www.youthinkgreen.org
info@youthinkgreen.org

Herstellung und Vertrieb: KellnerVerlag
St.-Pauli-Deich 3, 28199 Bremen
Tel.: 0421-77 8 66, Fax: -70 40 58
sachbuch@kellnerverlag.de
www.kellnerverlag.de

Dieses Buch ist bei der Deutschen Nationalbibliothek registriert. Die bibliografischen Daten können online angesehen werden: http://dnb.d-nb.de

Die Produktion des Buches erfolgte klimaneutral.

ClimatePartner
klimaneutral
Druck | ID 11391-1510-1001

STEINBACHER DRUCK GmbH
www.steinbacher.de

Das verwendete Papier für dieses Buch trägt das PEFC-Siegel. PEFC steht für Zellstoff, der aus ökologischen, ökonomischen und sozial nachhaltig bewirtschafteten Wäldern stammt.

ISBN 978-3-95651-063-2

WUSSTEST DU SCHON?

»jugend denkt um.welt – eine besondere, wenn nicht einmalige Konzeption.« **Dr. Angela Merkel, Bundeskanzlerin der Bundesrepublik Deutschland**

»Diese Initiative ist eine der wichtigsten überhaupt. Ich wünsche, dass aus dem ›Tree of Hope‹ ein Wald wird. Dieses außergewöhnliche Handbuch lässt hoffen. Sehr überzeugend und mitreißend!« **Prof. Hans Joachim Schellnhuber, Direktor des Potsdam-Instituts für Klimafolgenforschung e. V. (PIK)**

»Ein wegweisendes Buch für meine Schülerinnen und Schüler! Nach solch einer Arbeitsgrundlage habe ich lange gesucht. So werden wir bessere Menschen.« **Anna Goio, Lehrerin am Liceo Linguistico Sophie Scholl in Trient, Italien**

»›Tree of Hope‹ liefert kompetente Antworten und direkt umsetzbare Konzepte. Sehr beeindruckend!« **Prof. Ernst Ulrich von Weizsäcker, Ko-Präsident des Club of Rome**

»Euer Projekt ist einzigartig in Europa und schlägt Brücken zwischen Nationen. Ihr zeigt es, Hand in Hand für eine saubere und gesunde Welt zusammenzuarbeiten.« **Bernard de Montferrand, ehem. Französischer Botschafter in Berlin**

»›Tree of Hope‹ bietet vorbildliche, nachahmenswerte Feldarbeitsprojekte und exzellente Anleitungen für Werkstätten.« **Carsten Antoni, Lehrer, Darmstadt**

»Jeder kann etwas tun. jugend denkt um.welt ist ein großartiges Beispiel dafür. Ich bin begeistert!« **Prof. Claudia Kemfert, Deutsches Institut für Wirtschaftsforschung**

»Schon lange habe ich mich gefragt, wie ich meinen Alltag nachhaltiger und bewusster leben kann. ›Tree of Hope‹ gibt mir wertvolle Tipps und überzeugende Handlungshilfen. Ein tolles Buch!« **Elisabeth Reinhardt, Berufsschülerin, Hagen**

»Eure Leidenschaft und euer Respekt sind bewundernswert. Was ihr macht, ist für uns überlebenswichtig – heute sowie für die nachkommenden Generationen.« **Martina Gedeck, Schauspielerin**

Nachhaltigkeit lernen

Weltdekade der Vereinten Nationen 2005–2014
Bildung für nachhaltige Entwicklung
UNESCO

Offizielles Projekt der Weltdekade 2013 / 2014

»Eine solche Freude, eine solche Vorbereitung, eine solche Kompetenz gibt es bei Jugendlichen selten.« **Dr. Dietmar Kress, Greenpeace**

»›Tree of Hope‹ spricht an, stößt an und reißt mit. Genau mein Weg. Ich bin begeistert!« **Nora Guzu, Studentin, Wellington (Neuseeland)**

»You'll really make a difference. Your group is great. Please keep up the wonderful work!« **Lang Lang, Pianist**

»Eigentlich wissen wir alle, dass es längst überfällig ist, uns den Herausforderungen durch die Klimaveränderung zu stellen. Dieses Buch hat das Potenzial, uns endlich zum Handeln zu bewegen. Danke dafür!« **Jana Fries, Schülerin, Bad Iburg**

»Die Filme vermitteln uns den Enthusiasmus einer Generation, die nicht mehr reden, sondern handeln will. Diese Begeisterung für einen nachhaltigen Umgang mit unseren natürlichen Ressourcen steckt an. Ein ermutigendes Dokument.« **Thomas Frickel, AG Dok**

»Glückspille youthinkgreen – jugend denkt um.welt.« **Hannes Jaenicke, Schauspieler**

EINLADUNG ZUM MITMACHEN

Eine Vielzahl an Fragen stellt das alltägliche Leben an uns:

Bin ich in der Lage, den Alltag zu meistern? Wie finde ich meinen Platz in der Zivilgesellschaft, in einer sich ständig verändernden Welt? Was erwartet diese von mir? Wie und wo finde ich Mitstreiter für Veränderungen? Wie baue ich ein soziales Netzwerk? Wie möchte ich leben? Was brauche ich, um glücklich zu sein? Bin ich bereit und stark genug, auch den Anderen und seine Meinung zu sehen, zu respektieren oder zu schätzen?

Jedes Schulzeugnis »schwächelt« bekannterweise. Sagt es zum Beispiel etwas aus über das Rüstzeug und die Potenziale junger Menschen? Wie sie ihrem Alltag in seiner ganzen Bandbreite begegnen, Chancen beim Schopfe packen und in der Lage sind, im Interesse unserer Zivilgesellschaft zu handeln und Brücken zu bauen? Sollten nicht gerade diese Überlegungen stärker im Fokus unseres Lebens stehen?

Fundamentale Fragen, die berechtigte Antworten verlangen. Wir – die *youthinkgreener* – sind davon überzeugt, dass unser Buch »Tree of Hope« zur Klärung und Orientierung der angesprochenen Herausforderungen beitragen kann.

Es ist mehr als ein Zeitdokument eines beispiellosen Projektes und lässt die Lesenden in die Lebenswelten junger Menschen aus der ganzen Welt eintauchen. Das Werk ist eine Schatztruhe weltweiter Teilhabe, die es jungen Menschen möglich macht, die Rechte der Natur einzufordern und zu bejahen, eine nachhaltige und soziale Welt aufzubauen und mitzugestalten, in der jeder Einzelne seinen Platz in Freiheit und Würde findet.

Die Beiträge, Dokumente und Beispiele in diesem Buch machen klar, dass friedensstiftende Veränderungen zunächst bei jedem selbst beginnen müssen. Wir alle sind eingeladen, daran mitzuwirken.

Der auf der DVD enthaltene Dokumentarfilm »Tree of Hope« und die Umweltspots sind eindrucksvolle, beispielhafte Belege für weltoffenes, solidarisches Denken und Handeln und untermauern die geistige Grundhaltung für ein stetes, globales Miteinander.

Der Jugend rufen wir zu: Ihr habt die Chance, Baumeister im wahrsten Sinne des Wortes für die globale Welt zu werden. Unser »Tree of Hope« möge euch wachrütteln, neugierig machen, anregen und euch stärken, im Alltag andere, der Weltgemeinschaft dienende, solidarische Wege zu gehen.

Kurzum: Er wird bei euch die Leidenschaft wecken, selbst tätig zu werden und verantwortungsbewusst für unser aller Gemeinwohl zu handeln.

Wenn ihr euch auf all das einlasst, werdet ihr euch verstärkt entfalten und viele weitere sympathische Seiten an euch entdecken. Die Zivilgesellschaft freut sich darauf, euch im Alltag zu erleben und an euren Ideen teilzuhaben.

Solch ein Zeugnis sollten wir anstreben. Wir laden euch dazu ein!

© 123comics für das Symposium »fairCulture – Die Welt von Morgen« der BAG Spiel und Theater e.V.

INHALT

GELEITWORT

Von Dr. Angela Merkel, Bundeskanzlerin der Bundesrepublik Deutschland

Die pakistanische Bildungsaktivistin und Friedensnobelpreisträgerin Malala Yousaf-zai hat 2013 vor den Vereinten Nationen in New York gesagt: »Ein Kind, eine Lehrkraft, ein Stift und ein Buch können die Welt verändern.«

Dass sich mit wenigen Mitteln viel bewegen lässt – diese Überzeugung leitet auch die Jugendinitiative *youthinkgreen – jugend denkt um.welt*. Sie engagiert sich seit Jahren für mehr Nachhaltigkeit und Umweltbewusstsein. Ihre Arbeitsweise folgt einem einfachen Prinzip: Kinder und Jugendliche vernetzen sich miteinander. Sie entwickeln eigene Ideen, Vorschläge und Strategien. Schließlich machen sie sich gemeinsam daran, diese umzusetzen.

Das Buch »Tree of Hope« ist ein beeindruckendes Ergebnis dieser Aktivitäten. Die Beiträge präsentieren Analysen, Lösungskonzepte und wegweisende Projekte. Daraus sprechen positive Signale zum Aufbruch und Handeln der jungen Generation für kommende Generationen.

Auch einer wachsenden Erdbevölkerung müssen ausreichend Nahrung, Wasser und Energie zur Verfügung stehen. Dies setzt den Erhalt natürlicher Lebensgrundlagen ebenso wie die Eindämmung der Folgen des Klimawandels voraus. Daher haben die Vereinten Nationen auf dem Gipfel in Rio im Jahr 2012 das Leitbild der nachhaltigen Entwicklung bekräftigt. An dieses Bekenntnis gilt es anzuknüpfen und Maßnahmen zu ergreifen, die nicht nur Veränderung bewirken, sondern diese auch langfristig sichern.

Die Bundesregierung verfolgt diese Ziele unter anderem mit ihrer Nachhaltigkeitsstrategie und konkreten Vorgaben für den Klimaschutz der kommenden Jahrzehnte. Auch auf europäischer Ebene setzt sich Deutschland für eine ambitionierte Klimaschutzagenda, eine verstärkte Nutzung Erneuerbarer Energien und vielfältige Maßnahmen im Umweltschutz ein. Wir unterstützen und fördern mit unserem Engagement den internationalen Nachhaltigkeitsprozess im Sinne der 2030-Agenda sowie eines ambitionierten Klimaschutzabkommens.

Der G7-Gipfel in Elmau hat bereits wichtige Akzente gesetzt. Als führende Industrienationen haben wir vereinbart, die Emissionen so zu reduzieren, dass die durchschnittliche Erderwärmung auf zwei Grad begrenzt werden kann. Damit muss im Laufe dieses Jahrhunderts eine weitgehende Dekarbonisierung der Weltwirtschaft einhergehen.

Ob es um Klima- und Umweltschutz, um ausreichende Ernährung oder bessere Bildung weltweit geht – in all diesen Fragen verdienen besonders die Stimmen der jungen Generation gehört zu werden. Kinder und Jugendliche haben ein gutes Gespür für Gerechtigkeit. Sie haben ein unvoreingenommenes Interesse an einer besseren Welt. Sie wollen etwas bewegen, verändern und zum Guten wenden. Die Initiative *youthinkgreen – jugend denkt um.welt* hilft jungen Menschen, ihre Ideen für mehr Nachhaltigkeit mit Erfolg zu verwirklichen. Dies unterstütze ich als Schirmherrin sehr gerne. Denn Nachhaltigkeit gelingt nur durch das Mitwirken vieler.

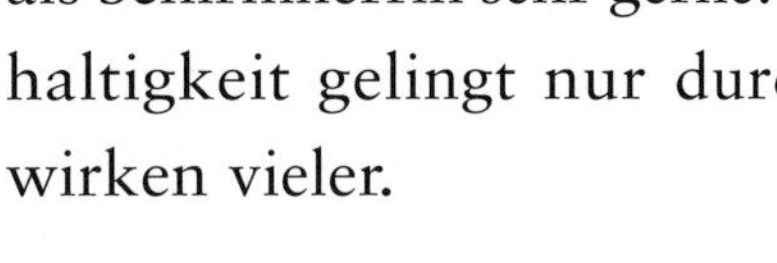

WENN EINE VISION AUF TATENDRANG TRIFFT ...

– Eine Einführung zum Buch

© Sinan Onur Altinuç

Pfingstsamstag, 19. Mai 2013, 18 Uhr, in der Konrad-Adenauer-Stiftung in Berlin: Über 160 junge KlimabotschafterInnen aus mehr als 30 Entwicklungs-, Schwellen- und Industrieländern liegen sich in den Armen. Nach zehn ereignisreichen Tagen, heißen Diskussionen und inspirierenden Workshops beim 1. Weltjugend-Nachhaltigkeitsgipfel haben sie einen umfangreichen politischen Forderungskatalog – ein Manifest – verabschiedet. Sie sind zu einem großartigen Team herangewachsen und erfahren von allen Seiten Anerkennung und Zustimmung, so auch von der offiziellen Vertretung der UNO, die den von *youthinkgreen – jugend denkt um.welt* initiierten und veranstalteten Gipfel als »etwas Einmaliges und Mustergültiges für unseren Erdball« erlebt und würdigt.

Aufbruch und Aufforderung

Für die meisten Jugendlichen war die Teilnahme am Gipfel in Berlin ein wichtiger Meilenstein bei ihrem Engagement für lokale Nachhaltigkeitsprojekte in ihrer Heimat und der Startschuss für viele weitere Projekte, die sie in ihrem sozialen Umfeld initiierten. Sie zogen an einem Strang und spürten die Kraft der internationalen Bewegung. Dabei entstand auch der Wunsch, die bisherige Arbeit umfangreich und gemeinschaftlich zu dokumentieren: *»Ich brauche etwas Handfestes und Greifbares über unseren gemeinsamen Weg, ein Dokument, welches zugleich den Blick in die Zukunft wagt und Lust auf gesellschaftliches Engagement für nachhaltige Entwicklung macht. Das wünsche ich mir für mein Heimatland, für meine Mitschüler und Mitschülerinnen sowie für meine Kommune, damit noch mehr Menschen wachgerüttelt werden, neue Perspektiven einnehmen und ihre Lebensweisen zu ändern beginnen.«*

Diesem vielfach in ähnlicher Weise und auch von PartnerInnen aus Politik, Wirtschaft und Zivilgesellschaft geäußerten Wunsch wollen wir mit unserem Medienpaket »Tree of Hope« nachkommen. Damit möchten wir die Stimmen unserer grün und global denkenden Generation bündeln, ihnen mehr Ausdruckskraft verleihen und unsere LeserInnen zur Teilnahme am Weltaktionsprogramm »Bildung für Nachhaltige Entwicklung« (BNE) ermutigen.

Was ist das Besondere am Medienpaket »Tree of Hope«?

Jugendliche aus über 15 Ländern kommen in vielfältiger Form zu Wort, im Buch als AutorInnen, InterviewerInnen und engagierte WeltbürgerInnen, im Dokumentarfilm als beeindruckende ProtagonistInnen ihrer beispielhaften Feldarbeit und als kreative DrehbuchschreiberInnen professioneller Umweltspots.

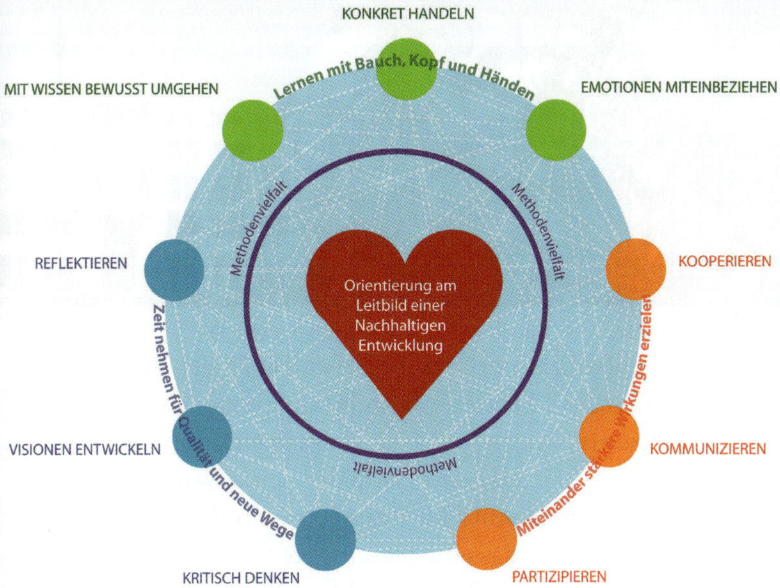

© Irmgard Stelzer, Sophia Garczyk und Anna Streissler (FORUM Umweltbildung in Wien)

Ihre Stimme entfacht Neugier, begeistert durch Leidenschaft und regt zum Nach- und Umdenken an. Denn es geht um nichts weniger als um ihre eigene Zukunft!

Der Alltag wird von den Beteiligten vor dem Hintergrund der globalen, umweltpolitischen und sozialen Herausforderungen auf unterschiedliche Weise reflektiert und hinterfragt. Dazu tragen ExpertInnen aus aller Welt mit ihren Perspektiven bei. In ihren Texten skizzieren sie die Problemfelder, um nachfolgend Korrekturen und Lösungsvorschläge anzubieten. Unsere LeserInnen möchten wir gerne auffordern, sich in bestehende Initiativen einzubringen und neue zu starten. Nur gemeinsam, wenn alle mit anpacken, werden wir Lösungen finden und durchsetzen können, die zu mehr globaler Gerechtigkeit sowie zum Umwelt- und Klimaschutz beitragen.

Alle Texte wurden von uns pädagogisch aufbereitet und mit einem Bündel an Projektideen und Reflexionsvorschlägen unter der Überschrift »**Wissen • Begreifen • Handeln**« versehen. Denn Nachhaltigkeit ist ein kontrovers zu diskutierender Themenkomplex, der kritisch hinterfragt, gemeinschaftlich erstritten sowie erlebbar und erfahrbar gemacht werden muss. Damit wollen wir die Brücke von der Theorie zur Praxis schlagen und den jungen LeserInnen das Rüstzeug der Projekt- und Teamarbeit vermitteln, getreu dem Motto von Ghandi: »**Sei du selbst die Veränderung, die du dir für die Welt wünschst.**«

Welche Themenfelder werden beleuchtet?

Uns ist klar, dass Nachhaltigkeit ein Querschnittsthema ist, welches alle Schul- und Studienfächer durchzieht und in möglichst alle Bildungsinstitutionen und Lernorte integriert werden sollte. Bildungsprogramme für nachhaltige Entwicklung lenken den Blick auf die Zusammenhänge und Querverbindungen der unterschiedlichen Disziplinen, und dies versuchen wir auch mit unserem Medienpaket. Viele Aspekte und Fragestellungen in den unterschiedlichen Themenfeldern überlappen sich daher, kehren an anderer Stelle und in anderer Form wieder, werden von den jeweiligen AutorInnen unterschiedlich bewertet.

In Themenfeld 1

»Generation G – Green and Global« geben die AutorInnen einen Einblick in die Wertvorstellungen, Überzeugungen, Lebensweisen und das Engagement der jungen Generation, die von ForscherInnen meist als »Millennials« oder als »Generation Y« bezeichnet wird. Es wird deutlich, dass die Jugendlichen, global betrachtet, dank der Digitalisierung, sozialer Netzwerke und den Reisemöglichkeiten stärker vernetzt sind als ihre Eltern und Großeltern.

Natürlich unterscheiden sich die Lebenswelten der Jugendlichen von Land zu Land und von Region zu Region und damit auch die Art und Weise, in denen sie Nachhaltigkeit erfahren, einfordern und vorleben können.

In Themenfeld 2

wird die vielfältige Arbeit von *youthinkgreen* präsentiert: Berichte von den lokalen Feldarbeiten der Jugendgruppen, Erfahrungen der *youthinkgreener* bei den UN-Konferenzen in Rio de Janeiro (Brasilien) und Doha (Katar), Eindrücke von unseren internationalen Begegnungen sowie Ideen für innovative Jugendprojekte. Anders als viele zivilgesellschaftliche Organisationen haben wir uns thematisch nicht festgelegt, sondern arbeiten in unterschiedlichen Nachhaltigkeitsprojekten: beispielsweise für die Nutzung regenerativer Energien in Ägypten, für nachhaltige Mobilität in Namibia, für plastikfreies Leben in Deutschland, für Tauschbörsen in Brasilien, nachhaltige Wassernutzung in Peru oder für Recycling in Indien. Auch wenn wir *youthinkgreener* uns alle auf ganz unterschiedlichste Art und Weise für eine nachhaltige Entwicklung einsetzen, so haben wir natürlich viele Gemeinsamkeiten. Um das Gefühl der Verbundenheit zu stärken, haben wir zwei Symbole entwickelt: den Grünen Faden (ein Armband aus grüner Wolle) und eben den »Tree of Hope«. Letzterer besteht aus einem Müllgerüst als Stamm und Geäst sowie vielen grünen Papier-Blättern, auf die jeder seine Wünsche, Forderungen und Hoffnungen schreiben kann. Wir hoffen, dass die Geschichten der Jugendlichen in diesem Themenfeld unsere LeserInnen motivieren, inspirieren und mitreißen, denn sie zeigen beispielhaft, was alles möglich ist, wenn wir bereit sind, neue und außergewöhnliche Wege zu gehen!

In Themenfeld 3

liefern renommierte ExpertInnen aus den unterschiedlichsten gesellschaftlichen Bereichen Argumente und Diskussionsstoff dafür, warum nachhaltige Entwicklung und Klimaschutz als derzeit größte Herausforderungen der Menschheit bezeichnet werden. Der Klimawandel, die schwindenden natürlichen Ressourcen und auch Süßwasser- und Nahrungsmittelknappheit bergen viele Gefahren, welche uns alle in Gegenwart und Zukunft unmittelbar betreffen. Doch anstatt die Probleme nur zu erörtern und zu mahnen, zeichnen die AutorInnen mögliche Auswege aus den komplexen Krisen nach. Es wird überdeutlich, dass wir keine Zeit zu verlieren haben und die Themen nicht nur ökologische, sondern auch Existenz- und Gerechtigkeitsfragen aufwerfen. Wir müssen »umdenken«, endlich handeln und unsere Lebensstile verändern, jeder für sich und wir alle gemeinschaftlich. Wir dürfen uns nicht länger in kleinen »Einzelaktionen« für mehr Nachhaltigkeit verlieren, sondern müssen versuchen, dabei stets das »große Ganze« im Blick zu haben. Und zudem brauchen wir seitens der Politik dringend verbindliche internationale Abkommen.

Das Themenfeld 4

schließt nahtlos an diese Überlegungen an und geht dabei inhaltlich noch weiter in die Tiefe. Die AutorInnen geben Einblicke in alternative Wirtschafts- und Gesellschaftsmodelle (4.1.), in die Thematik der Erneuerbaren Energien (4.2.), in Trends für nachhaltige Mobilität und Wohnen (4.3.) sowie in Herausforderungen für alternativen Konsum und gesunde Ernährung (4.4.). Zudem stellen wir in diesem Themenfeld (4.5.) die Frage, wie sich eine nachhaltige Lebensweise mit der individuellen Suche nach Zufriedenheit, Glück und persönlicher Weiterentwicklung verbinden lässt.

© Gesobau AG

In Themenfeld 5

blicken wir in die nahe Zukunft, diskutieren visionäre Ideen, präsentieren VorreiterInnen aus Ruanda, Neuseeland und Israel und konfrontieren die Lesenden mit zahlreichen Fragen: Wie können wir uns eine optimistische Grundhaltung bewahren und neue innovative Wege der Nachhaltigkeit finden? Wo und von wem lassen wir uns idealerweise inspirieren? Welche Persönlichkeitsmerkmale und Einstellungen helfen uns dabei, selbst Verantwortung für die Zukunftsgestaltung zu übernehmen? Wir möchten auch, dass Bildung für nachhaltige Entwicklung eine gewichtigere Rolle bekommt, und experimentieren daher mit neuen Lern- und Bildungskonzepten.

Das vorliegende Medienpaket »Tree of Hope« geht weit über ein dokumentarisches Zeugnis unserer Arbeit hinaus. Es lädt zur Mitarbeit ein.

Nutzung des Medienpakets, unter anderem für Jugendgruppen und Schulklassen

»Tree of Hope« richtet sich an die breite Öffentlichkeit, hauptsächlich an Schulen, Universitäten, Jugendinitiativen, Engagierte, PädagogInnen, Stiftungen, Jugendverbände, Vereine und weitere Bildungseinrichtungen. Die Vielzahl der Themen ermöglicht eine sinnvolle und fundierte Einbettung des Buches in fast allen Schulfächern. Es kann auch für außerschulische umweltpolitische Bildungsarbeit, für Programme im Rahmen der BNE und für Workshops nach dem Konzept des Globalen Lernens verwendet werden. Zudem eignen sich die vielen Praxisbeispiele dazu, mit Jugendlichen und jungen Erwachsenen eigene Projekte zu starten.

Die AutorInnenbeiträge spiegeln nicht alle uneingeschränkt die Meinungen und Ansichten von *youthinkgreen* wider. Stattdessen haben wir versucht, ein breites Angebot an Wegen und Perspektiven auf nachhaltige Entwicklung abzubilden und diese über verschiedene Erzählstile (sachlich-neutrale, journalistisch-ausgewogene und meinungsstarke Texte) zu transportieren. Daher liegt es an den jungen LeserInnen, die Ansichten und Aussagen der AutorInnen kritisch zu hinterfragen, zu diskutieren, zu überprüfen und sich eine eigene Meinung zu bilden.

Wir haben sogenannte »**Werkstätten**« entwickelt, mithilfe derer Jugendliche ihre eigenen

Festival der Utopie in Braunschweig
© Allianz für die Region GmbH

Projekte starten und die Kommunikation von Nachhaltigkeitsstrategien praktizieren können. In der **Drehbuch-Werkstatt** vermitteln wir das Know-how, um Werbung kritisch zu hinterfragen. Gelernt wird aber auch, anspruchsvolle Drehbücher für Umwelt- und Klimaspots zu schreiben und diese zu verfilmen (siehe 2.2.). Bei der journalistischen **Schreibwerkstatt** zeigen wir unseren LeserInnen Schritt für Schritt, wie sie zu »Storytellern« für grüne Themen werden (siehe 1). In der **Zukunfts- und Ideenwerkstatt** (5.3.) und in der **Projektwerkstatt** (2.2.) wird anschaulich beschrieben, wie aus jungen Visionen erfolgreiche Projekte erwachsen.

BNE erfordert das Engagement und die Partizipation aller BürgerInnen, gleich welchen Alters und unabhängig von der gesellschaftlichen Position. Wir wünschen uns, dass viele Jugendliche und Erwachsene durch die Werkstätten inspiriert und angestoßen werden, sich einzubringen und ihre persönlichen Vorstellungen von Nachhaltigkeit zu leben und vor allem auch weiterzugeben.

Begleit-DVD mit Dokumentarfilm und Umweltspots

Auf der Begleit-DVD präsentieren wir die Ergebnisse unserer weltweit durchgeführten Drehbuch-Werkstätten: ausgewählte Umwelt-Spots, geschrieben von Jugendlichen, die eindrücklich vermitteln, wie wir die Medien für unsere Zwecke nutzen können, zum Beispiel um Werbung für nachhaltige Lebensweisen zu machen.

Zudem lässt uns der einstündige Dokumentarfilm »Tree of Hope« von Rasmus Sievers die Persönlichkeits- und Projektentwicklungen der jugendlichen KlimabotschafterInnen in Indien, Namibia, Deutschland und Katar hautnah miterleben. Er ermuntert uns, selbst aktiv zu werden und uns den großen Herausforderungen einer nachhaltigen Entwicklung und eines nachhaltigen Lebens zu stellen.

Insbesondere für unsere jungen LeserInnen haben wir noch folgende Hinweise und Tipps:

INFO 1: ZUM HINTERGRUND DES PÄDAGOGISCHEN KONZEPTS »WISSEN • BEGREIFEN • HANDELN«

Die Texte unserer AutorInnen informieren euch, klären auf, spornen an und lassen euch Interessantes und Nachdenkenswertes miterleben. Wir wollen euch mit den Aufgaben in **Wissen • Begreifen • Handeln** dazu anregen, die in jedem Beitrag angesprochene Thematik aufzubereiten und zu hinterfragen. Durch zusätzliche Recherchearbeit könnt ihr ein stabiles Grundgerüst an **Wissen** sowie ein breites Meinungsspektrum gewinnen.
Wissen ist Macht. Doch Wissen kann auch theorielastig und abstrakt sein. Ihr wisst sicherlich schon einiges über die teilweise verheerenden Auswirkungen und Konsequenzen unserer Lebensweise auf die Umwelt und das Klima. Doch der Spielraum zur Veränderung scheint dagegen manchmal vergleichsweise klein zu sein. Daher ist es wichtig, dass wir unser Wissen auch begreifen, um daraus die besten Schlüsse zu ziehen und es auch richtig anzuwenden.

Brunnenbau im Damaraland (YTG Namibia)

Ein intensiver Austausch in euren Lerngruppen, ExpertInnen- und ZeitzeugInnengespräche sowie Exkursionen und Workshops helfen euch, die Sachverhalte greifbar und erlebbar zu machen. Dazu zählt sowohl das individuelle, unmittelbare **Begreifen**, etwa von Abläufen in der Natur, als auch das Verstehen von sozialen Zusammenhängen. Im letzten Schritt geht es darum, euer Wissen und Begreifen einzusetzen, um aktiv und verantwortungsbewusst an eurer nachhaltigen, lebenswerten Zukunft mitzuwirken. In vielfältigen Aktionen und Projekten könnt ihr euch engagieren, eure Talente und Fähigkeiten entdecken und ausbauen sowie die Ziele eures Teams strategisch verfolgen und erreichen. Sucht euch dafür UnterstützerInnen in eurem sozialen Umfeld. Scheut euch nicht, eure Themen und Perspektiven an die Öffentlichkeit zu bringen, andere zu informieren, zu befragen und wachzurütteln. Regt andere an, mitzumachen und selbst zu **handeln**, anstatt abzuwarten und die Verantwortung wegzuschieben.
Wir hoffen, es wird euch Spaß machen, eure Stimme zu erheben und an der Ausgestaltung einer erstrebens- und lohnenswerten Zukunft für euch und die nachfolgenden Generationen teilzuhaben. Bildlich gesprochen verkörpert dieser Dreiklang **Wissen • Begreifen • Handeln** die jeweiligen Sprossen eurer Erfolgsleiter, um mit der Natur und euren Mitmenschen in größtmöglichem Einklang zu leben.

INFO 2: KLEINE TIPPS UND ANMERKUNGEN

Wir fühlen uns einer gendersensiblen Sprache verpflichtet. Deswegen haben wir bei den von uns verfassten Texten versucht, Schreibweisen zu wählen, welche alle sozialen Geschlechter und Geschlechtsidentitäten ansprechen. Aufgrund der besseren Lesbarkeit entschieden wir uns für das Binnen-I (AkteurInnen statt Akteure und SchülerInnen statt Schüler), auch wenn wir um die Kritikpunkte daran wissen. Die Textbeiträge von unseren externen AutorInnen haben wir jedoch nicht vereinheitlicht, also nicht an diese Schreibweise angepasst.
Dank der Internationalität unserer Projektarbeit, des Jugendnetzwerkes von *youthinkgreen* und den AutorInnen des Buches haben wir vereinzelt Textpassagen, etwa Zitate, und auch manche Abbildungen in englischer Sprache erhalten. Die meisten Inhalte haben wir jedoch übersetzt.
In vielen Beiträgen verweisen wir auf Internetquellen, die Internetrecherche und die Kommunikation via Mail. Wir möchten euch dazu ermuntern, auch in Hinblick auf die neuen Medien nachhaltige Alternativen wie beispielsweise Ecosia (Suchmaschine), Posteo (Mailanbieter) und stromsparende Computer etc. zu nutzen (Stichwort »Green IT«).
Dieses Buch kann von vorne nach hinten lesen werden, muss es aber nicht. Fangt einfach bei dem Themenfeld und den Texten an, die euch zunächst am meisten interessieren. In jedem der fünf Themenfelder findet ihr zudem eine ausführliche Einleitung zu den Inhalten.
Bei jeglichen Fragen und Wünschen wendet euch gerne direkt an das *youthinkgreen*-Büro in Berlin: info@youthinkgreen.org

»GENERAT
-GREEN AN

Vom 10. bis zum 20. Mai 2013 veranstaltete *youthinkgreen* den 1. Weltjugend-Nachhaltigkeitsgipfel in Berlin. In den »Gärten der Welt« – einer Stätte des kulturellen Austausches und der Verbindung unterschiedlicher Glaubensrichtungen und Lebensweisen – dokumentierten die Jugendlichen ihren Optimismus und ihren Zusammenhalt durch den symbolisierten »Tree of Hope«.

ON G
O GLOBAL«:

Lebensstile und das Engagement Jugendlicher für mehr Nachhaltigkeit weltweit

Einleitung

Forscher nennen unsere Generation »Millennials« oder auch »Generation Y« (auf Englisch: »Why« – also »Warum«). Das liegt wohl daran, dass wir viele Dinge hinterfragen: unsere Arbeitswelt, unsere Lebensstile, die Funktionsweise unseres Wirtschaftssystems. Doch anstatt großen und idealistischen Ideen zu folgen, bevorzugen viele von uns pragmatische Lösungen. Die »Generation Y« fokussiert das Machbare und die Gegenwart. Die meisten von uns haben einen guten Bildungsabschluss und glauben, dass sich die Arbeitswelt an unsere Gerechtigkeitsvorstellungen und an unsere Bedürfnisse – mehr Freiräume, die Möglichkeit zur Selbstverwirklichung und mehr Zeit für Familie und Freizeit – anpassen muss und nicht andersherum. Einige Soziologen halten uns deswegen sogar für egozentrisch.

Dabei zeigen Jugendstudien auch, dass soziales Engagement für Nachhaltigkeitsthemen durchaus einen großen Stellenwert in unserem Leben einnimmt. Wir wissen ganz genau, dass dem kritischen Hinterfragen von gesellschaftlichen Verhältnissen – im Sinne des »Why« – auch Eigeninitiative, Lösungsvorschläge und Handlungsbereitschaft folgen müssen.

Passiver Widerstand oder der Rückzug in private Idyllen reicht uns nicht. Wir nehmen die Krisen und weltweiten Herausforderungen (siehe Themenfeld 3.2.) schockiert zur Kenntnis, und sinnbildlich gesprochen ist uns längst klar, dass es so nicht weitergehen kann, dass wir uns und unsere sozialen Systeme schleunigst transformieren und heute das säen müssen, was wir morgen ernten wollen.

Doch Solidarität geht auch anders, nicht nur lauthals, nicht nur über Straßenproteste. Sie beginnt in unserem unmittelbaren, lokalen Umfeld und hört dort nicht auf.

Dank der Digitalisierung und sozialer Netzwerke sind kulturelle und geografische Grenzen leichter zu überwinden. Wir sind weltweit gut vernetzt, stärker als jede andere Generation vor uns. Wir lieben es zu reisen und lernen so, die Welt mit anderen Augen zu sehen. Und wir sind nicht länger auf die Informationen der klassischen Medien angewiesen.

Deshalb haben wir dieses Themenfeld »Generation G – Green and Global« genannt.

Natürlich unterscheiden sich die Lebenswelten der Jugendlichen unserer Generation und damit auch die Formen und Kontexte, in denen wir Nachhaltigkeit fordern, erfahren und vorleben. In diesem Themenfeld stellen wir euch einige junge und engagierte Persönlichkeiten vor.

Wir fragten **Wolfgang Gründinger**, der mit seiner Stiftung für Generationengerechtigkeit und das Wahlrecht ab null Jahren eintritt, was die Initialzündung für sein umfangreiches ehrenamtliches Engagement war. Er erzählte uns, welche Fähigkeiten man braucht, um zu einem

gesellschaftlichen »Changemaker« zu werden, und welche Wege Jugendliche gehen können, um sich auch bei Politikern Gehör zu verschaffen.

Felix Finkbeiner war sogar noch ein Kind, als er beschloss, im Kampf gegen den Klimawandel aktiv zu werden. Nachdem er in einem Schulreferat zum Thema Klimakrise »Das Ende des Eisbären« angekündigt hatte, rief er – gemeinsam mit seinen Lehrern und Mitschülern – die Aktion »Plant-for-the-Planet« ins Leben, an der sich mittlerweile Kinder und Jugendliche aus aller Welt beteiligen.

Wir baten **Niko Hübner** vom Bundesvorstand der BUNDjugend in Deutschland, sich mit der Postwachstumsökonomie und den Thesen von Niko Paech (siehe Themenfeld 4.1.) auseinanderzusetzen. Niko analysiert, inwiefern Paech auf die heterogenen Lebensrealitäten von Jugendlichen Bezug nimmt und ob individuelle »Ökobilanzen«, wie Paech sie fordert, tatsächlich eine Lösung anbieten können.

Die Nachwuchs-Journalistin und Yogalehrerin **Alisa Reimer** hat einen Selbstversuch gewagt und eine Woche lang eine strikte »CO_2-Diät« gehalten, um ihren ökologischen Fußabdruck schrumpfen zu lassen. Das Verzichten fiel ihr dabei wesentlich leichter, als den merkwürdigen Blicken und Nachfragen ihrer Freunde standzuhalten.

Dass man für die Entwicklung eines sozialen und ökologischen Verantwortungsgefühls und für tiefgreifende Veränderungsprozesse Impulse von Mentoren, Vorbildern und Lehrern braucht, die einen ermutigen und an einen glauben, das beschreiben **Johanna Krüger** (aus Deutschland) und **Alexander Brock** (aus Namibia) in ausführlichen Reflexionen zu ihrem Lebenswandel.

Eines ist klar: Nachhaltigkeit muss nicht nur gelebt, sondern auch vermittelt werden. Deshalb führen euch **Ariane Missuweit** und **Christan Vock** zum Abschluss des Themenfeldes mit der journalistischen Schreibwerkstatt von *youthinkgreen* in das Handwerk und die Kunst des »Grünen Storytellings« ein. Denn nur in einer großen Gemeinschaft, nur, wenn wir noch mehr Menschen dafür gewinnen, ihre Lebensweisen zu überdenken und sich zu engagieren, können wir die bestehenden gesellschaftlichen Verhältnisse in Richtungen nachhaltiger Entwicklung lenken.

HOW TO BECOME A CHANGEMAKER

Wolfgang Gründinger im Interview

Wolfgang Gründinger hat mit 17 Jahren sein erstes Buch »Öko-Revolution« veröffentlicht, weitere Werke folgten (»Aufstand der Jungen«, »Wir Zukunftssucher«, »Lobbyismus im Klimaschutz«). Sein frühes politisches Engagement für verschiedenste Aspekte der Generationengerechtigkeit brachte ihm in Deutschland den Ruf des »Anwalt der Jugend« ein. Er selbst bezeichnet sich lieber als unabhängiger »Lobbyist für die Zukunft«. Im Gespräch verrät Wolfgang, was die Initialzündung für sein gesellschaftspolitsches Wirken war – und wie man schon in jungen Jahren zu einem »Changemaker« aufsteigt.
Von Nora Marie Zaremba für youthinkgreen

youthinkgreen: Lieber Wolfgang, was sind aus deiner Sicht die zentralen Herausforderungen, vor denen wir weltweit stehen?

Gründinger: Es gibt viele ungelöste und miteinander verwobene Problemfelder, angefangen mit der finanziellen Ungleichheit. Und obwohl wir genügend Lebensmittel produzieren, müssen sich immer noch 50 Millionen Menschen jeden Tag hungrig schlafen legen. Eng damit verbunden ist das Thema der Bildung. Mehr als 100 Millionen Kinder haben nicht mal die Chance, eine Grundschule zu besuchen, und damit auch keine Aussichten auf ein besseres Leben.

Mädchen und Frauen sind immer noch benachteiligt, sowohl im Bereich Bildung als auch auf dem Arbeitsmarkt. Und natürlich müssen wir dringend unsere wirtschaftlichen Produktions- und Konsummuster überdenken und verändern. Um nur ein Beispiel zu geben: Unser Fischappetit ist viel zu groß, und das hat katastrophale, wahrscheinlich unumkehrbare Konsequenzen für die Ökosysteme.

Last but not least müssen wir die CO_2-Emissionen drastisch senken. Millionen von Menschen leben heute schon mit der ständigen Bedrohung durch Naturkatastrophen, und der Klimawandel wird diese Probleme noch verschärfen.

© Hiking Artist_Frits Ahlefeldt

youthinkgreen: Wann und wie hast du begonnen, dich mit all diesen hochkomplexen Themen auseinanderzusetzen?

Gründinger: Ich befürchte, das ist eine ziemlich langweilige Geschichte, vielleicht sogar eine traurige.

Zu Beginn meiner Pubertät hatte ich weder gute

Freunde noch erfüllende Hobbys und auch wenig Geld. Daher ging ich häufig in die kleine Stadtbibliothek von Tirschenreuth, meinem Heimatdorf. Eines Tages las ich »Die Grenzen des Wachstums«, verfasst 1972 vom Club of Rome.

Die Kernaussage der Studie war: Wenn die derzeitigen Wachstumstrends der Weltbevölkerung, der Industrialisierung, der Umweltverschmutzung und der Ressourcennutzung in diesem Maße weitergeführt werden, sind die planetarischen Grenzen in den nächsten hundert Jahren erreicht. Spätestens dann müssen wir den ökologischen Kollaps befürchten. Heute gelten diese Befürchtungen fast schon als unumstößliche Wahrheit. Das hat mich zutiefst erschüttert. Fortan wollte ich mich ernsthaft daran beteiligen, die Welt zu retten.

Mauern einreißen

youthinkgreen: Die Lektüre des Club of Rome war also die Initialzündung für dein heutiges gesellschaftspolitisches Engagement?

Gründinger: Eigentlich ging es sehr viel früher los. Ich würde fast behaupten, dass mir diese politische Haltung angeboren ist. Meine Mutter erzählt mir gerne Geschichten, an die ich mich gar nicht mehr erinnere, die das aber zum Ausdruck bringen.

Zum Beispiel habe ich als Fünfjähriger mit ihr zusammen den Mauerfall vor dem Fernseher mitverfolgt. Ich war sehr beeindruckt von all den jubelnden Menschen auf der Mauer, obwohl ich die politischen Zusammenhänge natürlich nicht verstand. Meine Mutter hat mir daraufhin vereinfacht erklärt, dass die Leute sich freuen, weil die Mauer weg ist. Also dachte ich: Mauern trennen die Menschen, und deshalb müssen Mauern weg. Am nächsten Tag bin ich mit einem Hammer losgezogen und habe versucht, die Mauer zum Grundstück des Nachbarn einzureißen. Er hat sich darüber natürlich nicht gefreut.

Seitdem habe ich mich immer wieder an Demonstrationen und Protestaktionen beteiligt. Ich wollte nicht mehr nur Beobachter sein. Das Buch des Club of Rome hat mir eindeutig gezeigt, dass in unserer Welt vieles schiefläuft. Das konnte ich nicht länger hinnehmen.

youthinkgreen: Wie ist es dann weitergegangen, und wie hast du Gleichgesinnte gefunden?

Gründinger: Ich habe mich für ein politisches Engagement entschieden, bin in die SPD eingetreten und war in Bayern im Jugendverband der Jusos aktiv. Und ich habe im Internet begonnen zu recherchieren, was der Club of Rome ist, was schwierig war, denn die hatten nicht mal eine eigene Internetseite, schienen also nicht sehr innovativ zu sein.

Dabei bin ich auf die Stiftung für die Rechte zukünftiger Generationen gestoßen. Sie haben

Gründinger im ZDF-Interview
© Behörden Spiegel / Klaus Dombrowksy

mich mit Studenten vernetzt und uns dabei unterstützt, ein überparteiliches, internationales Jugendnetzwerk zu gründen, die Youth for Intergenerational Justice and Sustainability (YOIS). Unser aktiver Kern bestand nur aus etwa zehn bis 20 Studenten, ich war mit 17 Jahren das jüngste Mitglied. Leider mussten wir den Verein nach ein paar Jahren auflösen, denn die Aktiven wurden immer weniger, teils aus Unstimmigkeiten und Querelen untereinander, teils, weil bei vielen der Berufseinstieg irgendwann im Vordergrund stand.

youthinkgreen: Dennoch hast du in dieser Zeit großartige Möglichkeiten erhalten: du warst mit 17 als Delegierter beim UN-Klimagipfel in Bonn und ein Jahr später beim UN-Weltgipfel für Nachhaltigkeit in Südafrika. Fühltest du dich denn als Jugendlicher von den dort anwesenden Klimapolitikern ernst genommen?

Gründinger: Nein, natürlich nicht. In Johannesburg war ich zugegebenermaßen auch komplett überfordert; das war meine erste Reise alleine ins Ausland, sogar meine erste Flugreise. Es war nicht leicht, mich mit meinem Schulenglisch zu verständigen, alles war neu für mich, auch die vielen englischen Kürzel der internationalen Organisationen. Ich war nicht besonders gut vorbereitet. Aber selbst Jahre später, als Student, hatte ich nicht das Gefühl, dass die Erwachsenen uns viel zutrauten. Ihre Haltung war eher: »Lernt erst mal fleißig, werdet erwachsen, macht euren Abschluss und sammelt Berufserfahrungen. Und danach, wenn ihr die nötige Expertise mitbringt, dürft ihr vielleicht mitreden.« Wenn es nach den Politikern ginge, sollen wir Jugendlichen lieber Bäume pflanzen oder Tierarten schützen. Aber mit Mitbestimmung an politischen Entscheidungen hat das nichts zu tun. Man wird als junger Mensch von Politikern erst ernst genommen, wenn man ein gewisses Standing hat, also beruflichen oder medialen Erfolg.

youthinkgreen: Du sprichst das Recht der politischen Mitbestimmung der Jugend an. Ist die Politik für dich ein zentraler Weg des Changemakings, die vielleicht beste Möglichkeit, um Veränderungen anzustoßen?

Gründinger: Nicht nur. Es gibt zahlreiche innovative Initiativen, die von Bürgern in die Mitte der Gesellschaft getragen werden, zum Beispiel die Silent Climate Parade – ein stiller Tanzprotest auf den Straßen der Weltmetropolen für besseren Klimaschutz – oder die Occupy-Bewegung mit ihrer berechtigten Kapitalismus-Kritik. Sinnvoll sind auch Ansätze wie Carrot-Mobbing und Kampagnen gegen Plastikmüll oder Jugendprojekte wie Plant-for-the-Planet von Felix Finkbeiner.

Aber für eine große Transformation braucht es eben auch eine politische Flankierung, Richtlinien und Gesetze. Die Parteien richten sich dabei aus wahltaktischen Gründen weitestgehend danach, was die Mehrheit der Bevölkerung möchte. Deshalb ist es aus meiner Sicht erforderlich, die Altersgrenze für das Wahlrecht abzuschaffen. Dadurch erhielten die Bedürfnisse und Meinungen der Kinder und Jugendlichen, immerhin 17 Prozent unserer überalterten Bevölkerung, ein viel größeres politisches Gewicht.

Kampagne »Wir wollen wählen«

youthinkgreen: Heißt das, du forderst ein Wahlrecht ab null Jahren? Wie willst du das denn umsetzen?

Gründinger: Ja, genau, und ich bin mir sicher, dass ich diese Gesetzesänderung noch

UNSERE AUTORIN

Nora Marie Zaremba (* 1987) arbeitet als freie Journalistin (u. a. WiWo Green, der Freitag) und bei einer klimapolitischen Stiftung im Campaigning-Bereich. Die Initialzündung für sie, sich den Themen Umwelt, Klimapolitik und Nachhaltigkeit zu widmen, war ein einjähriger Arbeitsaufenthalt in Indien.

erleben werde. Unsere Kampagne heißt: »Wir wollen wählen«. Bei der Bundestagswahl 2013 waren wieder einmal Millionen Menschen unter 18 Jahren in Deutschland vom Wahlrecht ausgeschlossen. Dieser Zustand ist doch nicht länger hinnehmbar. Deshalb haben wir von der Stiftung für die Rechte zukünftiger Generationen gemeinsam mit 15 Kindern und Jugendlichen Einspruch eingelegt und versucht, die Bundestagswahl anzufechten, was jedoch vom Bundestag abgelehnt wurde.

Wir haben uns davon aber nicht beirren lassen, sondern nun beim Bundesverfassungsgericht in Karlsruhe eine Verfassungsklage eingereicht. Wir werden damit auch Erfolg viel schneller Stimmen sammeln und Forderungen verbreiten als durch Unterschriften-Aktionen auf der Straße. Wir haben bei der Stiftung für die Rechte zukünftiger Generationen auch einen Legislativpreis ins Leben gerufen. Damit küren wir herausragende gesetzliche Entscheidungen, nicht Personen.

Zuletzt haben wir Urkunden für den in Deutschland beschlossenen Atom-Ausstieg an Repräsentanten aller Fraktionen im Bundestag verteilt. Das ist eine kleine, leicht umsetzbare Aktion, die das Bewusstsein der Politiker schärfen soll, ihre Entscheidungen im Sinne der Nachhaltigkeit und der Lebensqualität zukünftiger Generationen zu treffen.

YTG-Klimabotschafter im Gespräch mit den umweltpolitischen Sprechern aller Bundestagsfraktionen

haben, davon bin ich fest überzeugt. Und das wird letztendlich die Generationengerechtigkeit und die Demokratie in Deutschland stärken.

youthinkgreen: Was für andere Wege können Jugendliche noch einschlagen, um sich bei Politikern Gehör zu verschaffen?

Gründinger: Online-Petitionen sind eine sehr gute Möglichkeit. Man kann damit heutzutage

youthinkgreen: Was hast du aus deinem Engagement als »Lobbyist für die Zukunft« gelernt? Was waren rückblickend Fehler, die du gemacht hast, und was ist dein größter Erfolg?

Gründinger: Es gibt ein Sprichwort, das ich sehr mag: »Eine Mücke kann nichts ausrichten gegen ein Nashorn. Aber tausend Moskitos können ein Nashorn dazu zwingen, die

Richtung zu wechseln.« Also entweder man schließt sich einer bestehenden Gruppe an oder aber man gründet eine eigene Gruppe, etwa eine Umwelt-AG an der Schule.

Ein Fehler, den ich in meiner Anfangszeit gemacht habe, war, auf zu vielen Hochzeiten gleichzeitig tanzen zu wollen. Ich war in diversen Thinktanks aktiv, bin von Veranstaltung zu Veranstaltung gehetzt, habe am Ende überall ein bisschen mitgemischt und nichts so richtig zustande gebracht. Genauso frustrierend ist es, nur im stillen Kämmerlein vor sich hinzuschreiben, wie ich es ganz zu Beginn meines Studiums getan habe. Das ist jetzt anders, ich kann in meiner Stiftungsarbeit mit geringen finanziellen Ressourcen Projekte anstoßen und habe ein tolles Team gefunden. Ich bin längst kein einsamer Bücherwurm oder Einzelkämpfer mehr.

youthinkgreen-Teamwork

Keine Angst vorm Scheitern

***youthinkgreen*:** Auf welches Rüstzeug sollte ein Changemaker möglichst zurückgreifen?

Gründinger: In meinen Augen ist es das Wichtigste, dass man überhaupt loslegt. Die richtige Strategie entwickelt sich dann bei der Arbeit. Am besten startet man nicht alleine, sondern sucht sich eine Gruppe von Mitstreitern mit einer gemeinsamen Vision. Eine Gruppe kann sich bei Rückschlägen gegenseitig motivieren. Ich möchte jedem ans Herz legen, keine Angst vor dem Scheitern zu haben. Die ist in Deutschland leider noch sehr weit verbreitet. Jeder von uns kennt das doch, dass man bei einer Podiumsdebatte oder einem Vortrag einen Blackout hat, bei einem Event organisatorisch etwas schiefläuft oder mal eine Bewerbung abgelehnt wird. Doch das ist alles halb so tragisch. Man ist halt einmal auf die Schnauze gefallen, rappelt sich auf und macht weiter. Im anglosächsischen Raum gibt es den schönen Ausspruch »fail forward«. Sprich: Aus jedem Fehler nimmt man etwas Gutes mit und entwickelt sich. Diese Haltung hat mir bei meinem Engagement und meiner Karriere stets geholfen.

WISSEN • BEGREIFEN • HANDELN

1. Zu einem Changemaker wurde Gründinger nicht geboren.

a) Welche Umstände haben Gründingers Werdegang zu einem Changemaker maßgeblich beeinflusst? Tauscht euch darüber miteinander aus.

b) Welcher Wandel hat sich bei ihm durch sein starkes gesellschaftliches Engagement vollzogen?

c) Diskutiert seine Sicht auf die großen, weltweiten Herausforderungen.

d) Was nimmst du an Erkenntnissen aus Gründingers Beitrag für dich mit? Gibt es Punkte, in denen er für dich ein Vorbild ist?

2. Innovativer und unternehmerischer, gesellschaftlicher Wandel kann von jedem Menschen ausgehen.

a) Beschreibe die Rolle eines Changemakers mit deinen Worten.

b) Wie findet man engagierte Gleichgesinnte?

c) Ihr möchtet eine bestimmte Botschaft in die Zivilgesellschaft tragen. Gründinger empfiehlt, einfach loszulegen. Andere beharren aber darauf, erst die Botschaft z. B. nach gesellschaftlichem Nutzen, konkretem Ziel und umsetzungsfähiger Strategie zu hinterfragen. Klärt in einer Pro-/Kontra-Diskussion diesen Sachverhalt.

3. Wissenschaftliche Studien bemängeln das große ungenutzte Potenzial für mehr gesellschaftliches Engagement Jugendlicher in Deutschland.
Diskutiert miteinander, warum es wichtig und förderlich ist, schon in jungen Jahren in die Rolle eines Changemakers hineinzuschlüpfen und sich als solcher zu betätigen.

4. Aufruf zum Wettbewerb: Wir sind Changemaker!

a) Startet in Zusammenarbeit mit Schulleitung, Elternschaft und Schülervertretung den Wettbewerb »Wir sind Changemaker!«, um Projektideen zu Aspekten nachhaltiger Entwicklung an eurer Schule zu gewinnen.

b) Präsentiert möglichst viele dieser Ideen in geeigneter Form und führt einen Beschluss herbei, welche der Ideen gemeinsam umgesetzt werden sollen.

© Plant-for-the-Planet

»UNSER ZIEL: EINE BILLION BÄUME PFLANZEN«

Felix Finkbeiner im Interview

Alles begann mit einem Schulreferat über die Klimakrise in der vierten Klasse. Felix Finkbeiner war damals, 2007, neun Jahre alt, und das Thema ließ ihn fortan nicht mehr los. Dass mit Aufklärung allein das Problem nicht zu lösen ist, war ihm und seinen Mitschülern schnell klar. Inspiriert von Aufforstungskampagnen in Afrika, begannen sie, Bäume zu pflanzen und andere Schüler zu motivieren, es ihnen gleichzutun. Aus der kleinen Schulaktion haben Felix und seine Mitstreiter Schritt für Schritt die internationale Kinder- und Jugendinitiative »Plant-for-the-Planet« entwickelt, bei der sie Klimaschutz und soziale Gerechtigkeit miteinander verbinden wollen. Fast 13 Milliarden Bäume haben sie dank vieler Unterstützer aus aller Welt gepflanzt. Doch der Weg zur Billion ist noch weit.

Von Gregor Landwehr für youthinkgreen

youthinkgreen: Lieber Felix, als neunjähriger Schüler interessiert man sich sicherlich für alles Mögliche, für Autos, Fußball oder Baumhäuser, aber doch nicht unbedingt für ein so komplexes Phänomen wie den anthropogenen Klimawandel. Warum war das bei dir anders?

Finkbeiner: Tatsächlich habe ich in der Grundschule erstmals von der Klimakrise erfahren. Während meiner Vorbereitungen für ein Referat zur Klimakrise zeigte mein Opa mir den Film »Eine unbequeme Wahrheit« von Al Gore. Mein Vater hatte auch beim Abendessen oft mit mir über die politischen Zusammenhänge, Globalisierung und soziale Ungerechtigkeiten in der Welt gesprochen. Ich kannte mich also schon ziemlich gut aus, als ich vor der Klasse schließlich »Das Ende des Eisbären« ankündigte. So hatte ich meinen Vortrag damals betitelt, denn für Eisbären verspürte ich einen besonderen Respekt und Zuneigung. Mein Lieblingskuscheltier war ein riesiger Eisbär.

Uns Schülern ist danach aber sehr schnell bewusst geworden, dass es nicht nur um das Aussterben von Tierarten geht, sondern auch um die Zukunft des Menschen, um unsere Zukunft. Und dass wir schnell handeln müssen.

Inspiration aus Kenia

youthinkgreen: Ihr hattet die Idee, Bäume für den Klimaschutz zu pflanzen. Das ist ja naheliegend. Wie seid ihr bei der Umsetzung vorgegangen?

Finkbeiner: Wir haben uns die Arbeit der kenianischen Friedensnobelpreisträgerin Wangari Maathai zum Vorbild genommen. Für meinen Vortrag hatte ich im Internet recherchiert und von ihrem Projekt erfahren. Wangari Maathai hat mit ihrer Frauenorganisation Green Belt Movement in Kenia in 30 Jahren insgesamt 30 Millionen Bäume gepflanzt, eine sehr beeindruckende Zahl. Und dann haben wir uns gedacht: Dazu können wir als Schüler etwas beisteuern. Das war von Anfang an ein Teamprojekt. Bei meinen Mitschülern an der Munich International School in Starnberg und den Lehrern fand ich schnell Unterstützung für meine Idee.

© Plant-for-the-Planet

Meinen ersten Baum, einen schönen Zierapfel, pflanzte ich zwei Monate nach meinem Referat direkt vor dem Eingang der Schule.

Wir haben von Anfang an viele Vorträge gehalten, um die Idee zu verbreiten, zuerst an meiner Schule, dann in anderen Schulen.

Wir haben damals einen Flyer gestaltet, den wir an 20.000 Schulen in ganz Deutschland verschickt haben. Und viele haben Interesse gezeigt. Und zudem haben wir mit Pädagogen gesprochen. Sie haben uns vorgeschlagen, Tagesveranstaltungen anzubieten, bei denen wir Kinder anderen Kindern vom Projekt und den Hintergründen erzählen. Daraus entstanden unsere »Plant-for-the-Planet-Akademien«.

Viele sind nach einer Akademie so begeistert, dass sie selbst Aktivitäten entwickeln, oder sie verfolgen die Projekte, die sie in Gruppen während der Akademie entwickelt haben, weiter. Es ist sehr hilfreich, wenn sie dabei Unterstützung und Rat von den Eltern oder einem Lehrer bekommen.

youthinkgreen: Hattet ihr eine ausgetüftelte Strategie oder ein Erfolgsrezept?

Finkbeiner: Unser Erfolg liegt einfach darin begründet, dass die Umsetzung der Idee sehr leicht ist. Jeder kann mitmachen, und der Sinn der Aktion ist Kindern in aller Welt einfach und gut vermittelbar. Vor drei Jahren waren wir beispielsweise einen Monat lang in Kenia unterwegs. Dort haben wir zwanzig Plant-for-the-Planet-Akademien an ganz unterschiedlichen Orten organisiert, an einem Tag in einem Slum, am Tag danach in einer Privatschule. Unabhängig von ihrem sozialen Status oder Bildungsstand haben alle Kinder sofort verstanden, dass etwas getan werden muss, und sie wollten mithelfen.

youthinkgreen: Welche Unterstützung hast du denn damals bekommen, so dass aus dem kleinen Schulprojekt eine weltweite Initiative werden konnte?

Finkbeiner: Wir konnten Klaus Töpfer, den ehemaligen Bundesumweltminister und Vorsitzenden der United Nations Environment Programme (UNEP), als Schirmherrn gewinnen. Nach etwa einem Jahr haben wir immer mehr Einladungen und Anfragen bekommen, ich nahm 2008 an der UNEP Kinder- und Jugendkonferenz in Norwegen teil und stellte meine Vision vor, nämlich dass wir Kinder in jedem Land eine Million Bäume pflanzen. Im darauffolgenden Jahr auf der Konferenz in Südkorea wurde aus Plant-for-the-Planet eine internationale Bewegung. Dort schlossen sich Kinder aus über 50 Ländern unserer Initiative an.

Meine Eltern haben selbst eine Stiftung, und so war es naheliegend, dass mein Vater uns geholfen hat, Strukturen im Projekt zu etablieren sowie bürokratische und juristische Hindernisse zu überwinden. Ein Unternehmen hat uns dann die erste feste Mitarbeiterin bezahlt, sie hat bei uns zu Hause gearbeitet. Aber als wir immer mehr Anfragen bekamen, mussten wir uns nach mehr Mitarbeitern und einem Büro umsehen. So brauchten wir relativ schnell auch die Unterstützung von Erwachsenen. 2010 haben wir dann die Plant-for-the-Planet Foundation gegründet, um unsere Aktivitäten besser und gezielter zu koordinieren.

Eine Steuer auf die Zukunft?

youthinkgreen: Welche Rückschläge oder frustrierenden Momente hattet ihr auf dem Weg dorthin zu verkraften?

Finkbeiner: Natürlich hat man als kleine Stiftung stets zu wenig Geld, und die Art und Weise, wie man Spendengeld ausgeben darf, ist streng reglementiert. Dann hatten wir zum Beispiel die Idee, eine »Future Fee« zu etablieren, eine Art Zukunftssteuer. Unternehmen sollten sich freiwillig verpflichten, 0,01 Prozent ihres Jahresumsatzes an unser Projekt zu spenden. Aber bei der Auftaktveranstaltung hatten wir noch kein einziges Unternehmen überzeugen können, mitzumachen. Das war eine große Enttäuschung.

Mittlerweile sind einige Süßwarenhersteller umgeschwenkt. Auch die Ergebnislosigkeit der internationalen Klimakonferenzen ist ziemlich frustrierend. Unsere Erkenntnis war: Politiker können durch Nichtstun viel mehr kaputt machen, als wir durch unser Handeln bewirken können. Die UN-Klimakonferenz in Cancun, Mexico, 2010 war sehr demotivierend. Wir haben uns ein halbes Jahr vorbereitet – viele Jugendliche waren dort –, und auf unseren T-Shirts stand: »Wir sind hier, um die Zukunft zu schützen – warum seid ihr hier?« Viele haben uns dann gesagt, sie hätten keine Hoffnung mehr, dass es zu einer Einigung komme. Solche Aussagen haben uns extrem runtergezogen. Aber die UN und ihre Unterorganisationen sind das Beste, das wir haben. Von daher haben wir nie aufgehört zu hoffen, auf das nächste Jahr und die nächste Konferenz.

© Klimakonferenz Warschau. Bengen, H. (www.harmbengen.de)

youthinkgreen: Dein Medienecho war riesig damals, als ihr begonnen habt. Braucht man die Öffentlichkeit, um Veränderungen zu erreichen?

Finkbeiner: Die mediale Aufmerksamkeit war natürlich sehr wichtig, um unsere Idee zu verbreiten und immer mehr Mitstreiter zu gewinnen. Ohne die Berichterstattung hätten wir es viel schwerer gehabt, an Geld für das Projekt zu kommen. Ich hoffe natürlich, dass wir dadurch auch das allgemeine Bewusstsein für die bestehenden Probleme im Kampf gegen die Klimakrise gesteigert haben. Wir sind nicht explizit auf die Journalisten zugegangen, haben aber auch nie Interviews abgelehnt. Dass wir damals so jung waren, als wir begannen, Bäume zu pflanzen, war ein Vorteil. Damit hatten wir ein Alleinstellungsmerkmal.

youthinkgreen: Du bist mittlerweile in der 12. Klasse und machst bald dein Abitur. Hast du schon geplant, wie es danach für dich und das Projekt weitergeht?

Finkbeiner: Ja, ich konzentrierte mich sehr auf die Schule und war in diesem Jahr nicht mehr so aktiv wie früher. Aber das ist nicht weiter schlimm, denn ich verstehe mich als kleiner Teil dieser Organisation, und es macht eigentlich keinen großen Unterschied mehr, wie intensiv ich mich beteilige. Denn wir haben jetzt über 100.000 Mitstreiter, und innerhalb unseres Projektes bin ich nicht mehr die führende Persönlichkeit.

Seit 2011 hat Plant-for-the-Planet eine demokratische Struktur, alle Kinder und Jugendlichen wählen per Online-Abstimmung ihren Weltvorstand, und der trifft dann wichtige Entscheidungen. Ich persönlich strebe nach meinem Schulabschluss ein Studium im Ausland an und werde dann sicherlich vor Ort weiterhin an Plant-for-the-Planet-Aktionen

UNSER AUTOR

Gregor Landwehr (* 1983) ist freier Journalist und Gesellschafter der Akademie für neuen Journalismus und Herausgeber des Magazins Debatare. www.gregorlandwehr.de

© Plant-for-the-Planet

mitwirken. Jugendprojekte muss man also möglichst mit einem großen Team umsetzen und von Anfang an so bauen, dass es auch weitergeht, wenn man sich etwas zurückzieht oder aus dem Projekt rauswächst. Das ist uns bei Plant-for-the-Planet gelungen.

***youthinkgreen*:** Ihr habt ohne Zweifel enorm viel erreicht. Ist es da nicht schwierig, sich neue Ziele zu setzen?

Finkbeiner: Nein, im Gegenteil. Bis 2050 müssen wir es schaffen, unsere Energieversorgung zu 100 Prozent aus Erneuerbaren Energien zu gewährleisten und unseren CO_2-Ausstoß drastisch zu senken. Das hat die neueste Studie des Beirates der Bundesregierung für Globale Umweltveränderungen gezeigt.

Bis zum Jahr 2020 möchten wir weltweit 1.000 Milliarden, also eine Billion, Bäume gepflanzt und unser globales Netzwerk vergrößert haben. Genauer gesagt wollen wir mindestens eine Million Kinder dazu motivieren und als Botschafter für Klimagerechtigkeit ausbilden. Wir haben also erst ein kleines Stückchen unseres Weges zurückgelegt.

WISSEN • BEGREIFEN • HANDELN

1. 2010 haben Felix und seine Mitstreiter die Plant-for-the-Planet Foundation gegründet.

a) Welche besonderen Umstände haben dazu beigetragen, dass aus einer Idee eine weltweite Bewegung wurde?

b) Was war das Besondere an seiner Idee? Welche Vorbilder hat er sich ausgesucht? Welche Beweggründe hatte er dafür?

c) Welche Formen der Unterstützung haben sie erhalten?

2. Jeder Erfolg ist auch von Frust begleitet. Welche Frusterlebnisse hat er erfahren?

3. Felix hat die konkrete Hoffnung, seine langfristige Zielsetzung in einer ganz bestimmten Zeitspanne zu erreichen. Welche gesellschaftlichen Umstände lassen ihn hoffen und tragen dazu bei?

4. Felix und seinen Mitschülern wurde schon in der Grundschule bewusst, dass es im Zusammenhang mit der Klimakrise um ihre eigene Zukunft geht.

a) Auf welche Weise haben er und seine Mitschüler das begriffen und verinnerlicht?

b) Welche Schlüsse zieht ihr aus dem Beitrag von Felix für euch selbst? Diskutiert eure Gedanken, vielleicht auch Wünsche und Forderungen in der Gruppe.

5. Aktion: Bäume pflanzen. Mach mit!

a) Was muss man wohl alles beachten, bevor man Bäume pflanzen kann? Erstellt eine Liste mit euren Fragen und setzt euch mit Aufforstungsbetrieben oder Förstern in Verbindung. Recherchiert auch im Internet.

b) Eure Schule will Pate eines (eigenen) Waldstücks werden. Inwieweit würdet ihr dadurch euer schulisches Leben bereichern? Könnte etwas dagegensprechen? Welche Aufgaben würden auf euch zukommen? Erstellt als Aufruf dazu einen Flyer.

DIE POSTWACHSTU
– EINE ELITÄRE UTO

Von Niko Hübner

Niko Paech fordert uns dazu auf, unsere Lebens- und Konsumweisen radikal zu überdenken (s. Themenfeld 4.1.). Er vertritt die These, dass die bisherigen Nachhaltigkeitsbemühungen allesamt gescheitert sind und dass Menschen, die für Konferenzen oder Bildungsprogramme – im Dienst der »Nachhaltigkeit« – um die halbe Welt fliegen, eher zur Klimakrise beitragen, anstatt gerechte Lösungen voranzubringen. Doch inwiefern erfasst das Modell der Postwachstumsökonomie tatsächlich die heterogenen Lebensrealitäten von Jugendlichen? Wie realistisch sind die Forderungen von Niko Paech? Wo stoßen wir als Jugendliche bei der Umsetzung an unsere Grenzen, und müssen wir nicht noch viel system- und herrschaftskritischer denken?[1]

© Christoph Rauscher

»Passt dein Fuß auf diese Erde?« So lautet der erste Link beziehungsweise die Überschrift eines beliebten Online-Artikels, als ich vor kurzem die Begriffe »Ökologischer Fußabdruck« in eine große Internet-Suchmaschine eingab. Nur leider ist diese Frage für mich, der ich in Deutschland lebe, schlichtweg mit »Nein« zu beantworten, ohne dass ich dagegen mit individuellen Bemühungen viel auszurichten vermag. Vor gut drei Jahren habe ich mich der Umweltbewegung angeschlossen, und seitdem habe ich in meinem Konsumentenverhalten einiges verändert.

Ich wohne in einer Wohngemeinschaft, mit gebrauchten Möbeln in meinem Zimmer. Dass wir Ökostrom beziehen, versteht sich von selbst. Ich habe mir in den letzten zwei Jahren zu 95 Prozent gebrauchte Kleidung gekauft. Ich verwende alte Briefumschläge als Schreibmaterial in Vorlesungen, und ich besitze so gut wie keine Bücher, weil ich diejenigen, die ich benötige, in diversen Bibliotheken der Stadt Berlin ausleihen kann.

Vor gut zwei Jahren war das noch anders. Da habe ich gerne auch mal tiefer in den Geldbeutel gegriffen und mir die neueste Öko-Fairtrade-Mode gegönnt. Mittlerweile habe ich das »ökologische Versteckspiel«, vor dem Niko Paech in seinen Schriften und Reden warnt, längst durchschaut. Auch in meinem Freundes- und Bekanntenkreis finden sich zahlreiche junge Menschen, die begeistert an Kleidertauschpartys teilnehmen oder sich einer

1) Mein Dank gilt Janna Aljets und Yannick Ecker für wertvolle Hinweise.

»Foodcooperative« angeschlossen haben, um preisgünstig Lebensmittel aus dem Umland, selbstverständlich aus ökologischem Anbau, zu beziehen.

Und ich fahre lieber mit Mitfahrgelegenheiten und Fernbussen durch Deutschland oder mache Urlaub in meiner Heimatstadt Berlin, als alle sechs Monate zu einer Konferenz oder für ein Praktikum um die halbe Welt zu fliegen. Meine bislang erste und letzte Flugreise – von Hamburg nach London und zurück – ist schon sehr lange her. Im Jahr komme ich auf rund zwanzig Fernfahrten innerhalb Deutschlands – entweder um meine Familie zu besuchen oder um meinen Ehrenämtern nachzugehen.

Kleine Sünden des Alltages

Mit den paar Beispielen möchte ich weder mich selbst noch andere junge Menschen davon freisprechen, dass wir immer noch auf zu großem Fuße leben, zu viel konsumieren und damit auch zum Klimawandel beitragen.

Meine mir unangenehmen Sünden in diesem Zusammenhang sind: ein drei Jahre altes Smartphone, ein laut Amazon gebrauchtes Notebook und die gelegentlichen Abende, die ich in Berliner Clubs verbringe. Letztere werden wohl einen relativ großen Energiebedarf haben und erhebliche Mengen an Müll produzieren.

Niko Paech hat aber sicherlich Recht mit seiner Erkenntnis, dass solche individuellen Um-Entscheidungen im Hinblick auf die gesamtgesellschaftliche Energiebilanz nicht ausreichen. Der ökologische Fußabdruck hat sich global betrachtet von 1966 bis 2012 verdoppelt und wächst weiter an. Er beträgt heute 18 Milliarden globale Hektar (Gha) oder 2,7 Gha pro Person. Wenn wir Klimagerechtigkeit weltweit umsetzen wollten, müssten wir unseren CO_2-Verbrauch derart senken, dass jeder Bürger maximal einen Fußabdruck von 1,8 Hektar Fläche hinterließe, um die vorhandenen Ressourcen zu schonen und die Biokapazität des Planeten nicht zu überschreiten.

Für uns in Deutschland beträgt der durchschnittliche ökologische Fußabdruck derzeit jedoch etwa 4,6 Gha. Denn zu unserem ganz persönlichen Konsum und Energieverbrauch wird noch der kollektive Fußabdruck addiert. Dieser umfasst die CO_2-Bilanzierung für den Bau und die Verwaltung nationaler Infrastrukturen, also Bildungseinrichtungen, Wasserversorgung, Krankenhäuser, Behörden und Ministerien, öffentliche Rundfunkanstalten oder Stromnetze. Allein rund zwei Hektar Fläche pro Person beträgt der ökologische Fußabdruck in Deutschland für unser öffentliches System (Infrastruktur, Behörden …).

Welche Einflussmöglichkeiten haben wir als Bürgerinnen und Bürger, als Jugendliche, damit hier am Energie- und Ressourcenverbrauch gespart wird? Werden sich für die damit verbundenen Einschränkungen je Mehrheiten in Deutschland finden lassen?

Und ich bin mir auch gar nicht sicher, ob unser öffentliches System in Deutschland eine Schrumpfung nötig hat. Stattdessen fürchte ich, dass die Berechnung von individuellen Ökobilanzen – wie Niko Paech und andere sie von uns einfordern – nur begrenzt zum Aufbau einer Postwachstumsgesellschaft beitragen.

Mein guter Wille und der meiner Freunde zur Schrumpfung des eigenen Fußabdrucks kann leider sehr schnell an festgefahrenen Gesellschaftsstrukturen oder der bestehenden Gesetzeslage scheitern.

Die Kernfrage, die mir im Kopf herumspukt, ist: Wie soll eine solch enorme, von der Gesellschaft getragene Transformation gelingen, wenn in politischen, unternehmerischen, bürokratischen, medialen und wissenschaftlichen Spitzenpositionen hauptsächlich weiße, heterosexuelle, männliche Akademiker im mittleren oder hohen Alter sitzen und damit an den Hebeln der Macht nur eine bestimmte Teilgruppe unserer Gesellschaft vertreten ist? Ohne eine fundamentale »Herrschaftskritik« kommen wir im Grunde nicht wirklich weiter.

Und auch das Modell des ökologischen Fußabdrucks wurde als eine Art »Ressourcenbuchhaltung« von der sogenannten »Elite« auf Basis eines kapitalistischen Weltbildes entwickelt. Und wir – die Mehrheitsgesellschaft – sollen uns diesem Konzept beugen? Sollen wir unser Leben strikt danach ausrichten, während die älteren Generationen unser CO_2-Budget ohne Unterlass aufbrauchten und dies weiter tun?

Dürfen Jugendliche, die sich für Nachhaltigkeit engagieren, weniger fliegen als Spitzenpolitiker, Unternehmenschefs, Lobbyisten und Klimaforscher? Wohl kaum. Damit meine ich nicht, dass es kein erstrebenswertes Ziel sei, den ökologischen Fußabdruck auf durchschnittlich 1,8 Hektar Fläche je Person zu verkleinern. Doch der Weg dorthin darf uns nicht von der Kanzel herab diktiert werden, es sei denn mit Gesetzen und Verordnungen, die für alle gleichermaßen gelten und von allen gleichermaßen befürwortet werden.

Alle mitnehmen auf dem Weg der Transformation

Die Vorstellung einer 20-Stunden-Woche, also weniger Arbeitszeit und mehr Freizeit als unsere Elterngeneration zu haben, klingt für viele Jugendliche sehr verführerisch. Wenn ich

UNSER AUTOR

Niko Hübner (* 1992) studiert Geografie in Berlin und ist Mitglied im Bundesvorstand der BUND-Jugend. Seit 2010 arbeitet er ehrenamtlich für Initiativen rund um die Themen Ernährung und Landwirtschaft, Nachhaltiges Wirtschaften und Postwachstum sowie Stadtentwicklung.

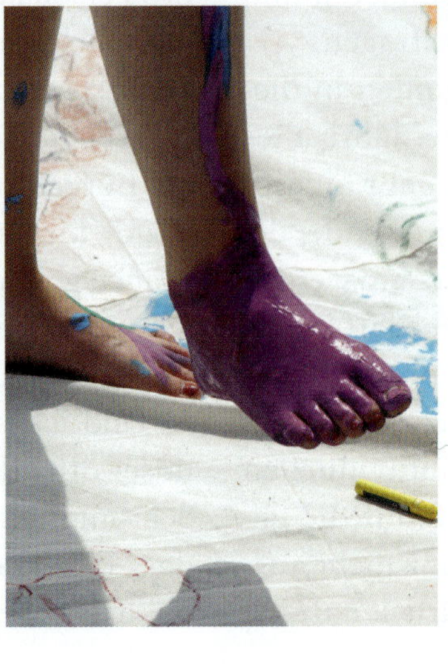

davon leben kann, gerne. Die Sorge um die finanzielle Selbstständigkeit oder den Karriereknick und die damit verbundene Selbstausgrenzung hält uns aber spätestens bei einem konkreten 40-Stunden-Jobangebot schnell davon ab, gegenüber dem potenziell Arbeitgebenden hartnäckig unsere Wunschvorstellung einer Teilzeit-Tätigkeit durchzudrücken.

Und was sage ich einer alleinerziehenden Mutter, die durch Studium und Nebenjobs für den nötigsten Lebensunterhalt vermutlich auf eine Gesamtzahl von 60 Wochenstunden kommt? Ja, ich behaupte: Viele in meiner Generation sind dazu bereit, den Kleider-Konsum und die Fliegerei einzuschränken. Nur was sage ich den Kommilitonen, die für ihren Studienabschluss Exkursionen oder Praktika im Ausland leisten müssen?

Was sage ich meiner einkommensschwachen Nachbarsfamilie, die sich nie Urlaub leisten konnte und jetzt einen Drei-Tages-Trip nach Spanien unternehmen will? Darauf gibt Niko Paech keine Antwort. Wie holen wir die Menschen dort ab, wo sie sind? Wie setzen wir an den unterschiedlichsten Lebensrealitäten in Deutschland und der Welt an?

Der ökologischen Krise muss mit einer gesamtgesellschaftlichen Transformation begegnet werden, die trotz gleicher Rechte und Pflichten für alle die unterschiedlichen materiellen und immateriellen Bedürfnisse von Gruppen und Individuen berücksichtigt. Andernfalls werden sich maßgebliche Änderungen nicht durchsetzen lassen. Dann werden wir auf dem Weg in die Postwachstumsgesellschaft irgendwo auf halbem Wege stehen bleiben.

Schulen und Bildungseinrichtungen müssen sich – anders als von Paech gefordert – nicht stärker an »geldlosen Versorgungspraktiken« und »handwerklichen Befähigungen« orientieren. Stattdessen sollten wir Fähigkeiten der gewaltfreien Kommunikation, der Anti-Diskriminierung, der Gendergerechtigkeit, der Gestaltung von Partizipationsprozessen und der Überwindung von starren Hierarchien erwerben, weiterentwickeln und vermitteln. Das ist notwendig, damit wir auch die Stimmen derjenigen hören und ernst nehmen, die in der Vergangenheit in den Hintergrund gedrängt wurden, deren Bedürfnisse und Ideen es bislang nicht auf die mediale oder politische Agenda geschafft haben.

Paech gibt zu wenig Antworten und Hilfestellungen für Jugendliche, die im Alltag mit anderen Problemen kämpfen als mit der Frage, welches Land sie als nächstes bereisen wollen. Vor dem Hintergrund der komplexen gesellschaftlichen Herausforderungen, vor denen wir in Deutschland stehen, wie Kinderarmut, Bildungsbenachteiligungen von Jugendlichen unterschiedlichster Hintergründe, mangelnde Umsetzung von Inklusion etc., sind Patentrezepte, wie Paech sie anbietet, nur bedingt hilfreich.

Ökologischer Fußabdruck ausgewählter Länder 2010

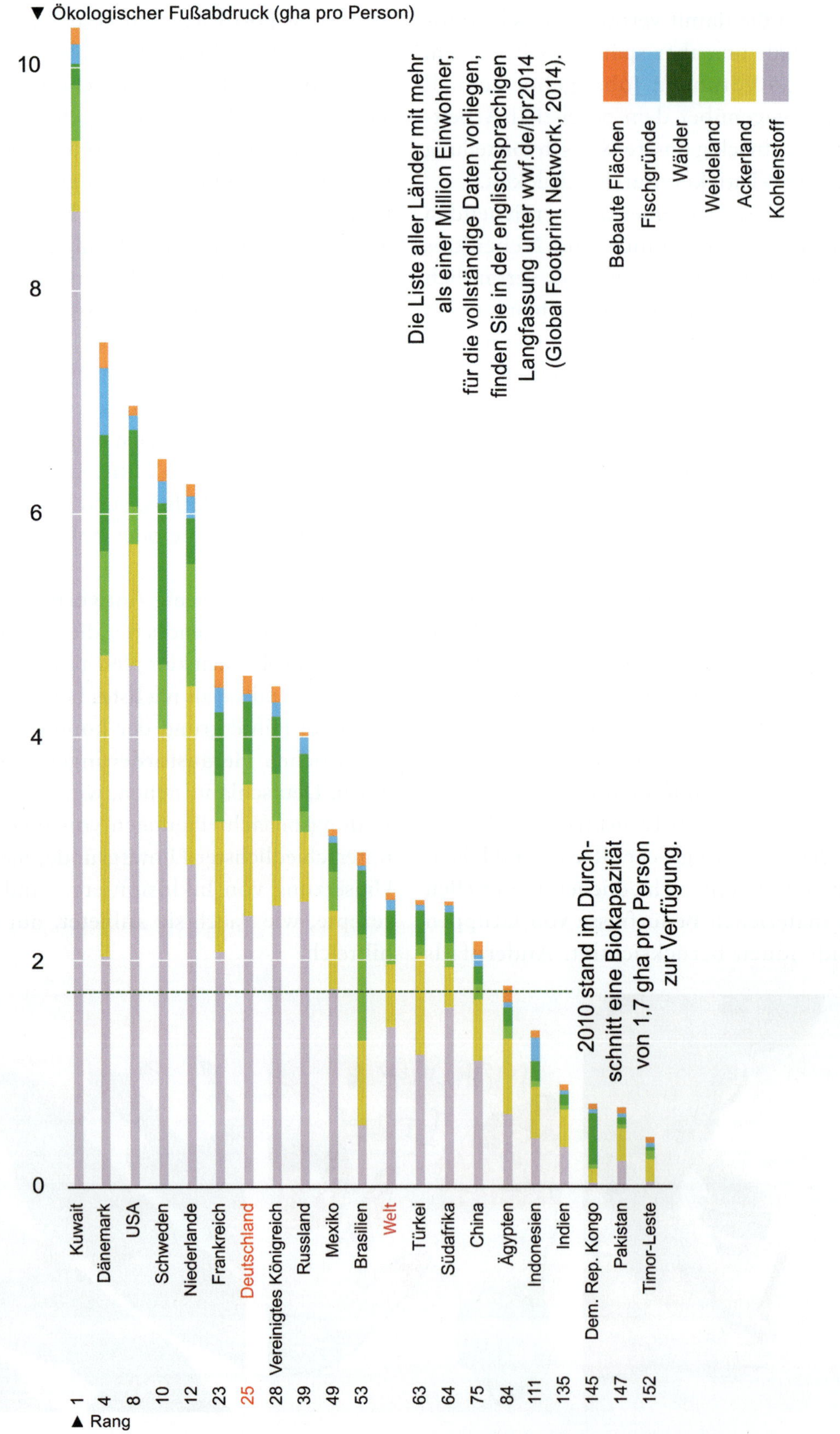

WISSEN • BEGREIFEN • HANDELN

1. Informationen zu dem Begriff »Ökologischer Fußabdruck« findest du auf Seite 45 ff. in diesem Buch.
Hinterfrage und überprüfe deinen ökologischen Fußabdruck mit Hilfe von www.footprint-deutschland.de/inhalt/berechne-deinen-fussabdruck

2. Die Lebensweise des Autors hat sich in vielen Punkten verändert.
Diskutiert diese Veränderungen in eurer Gruppe. Welche davon sind für euch beispielhaft, aber auch umsetzbar? Welche Veränderungen hältst du zusätzlich für dringend geboten?

3. »Ohne eine fundamentale ›Herrschaftskritik‹ kommen wir im Grunde nicht wirklich weiter.«
Worin liegen die Ursachen dieser Aussage des Autors begründet? Diskutiert diese in eurer Gruppe.

4. Warum hält Hübner die Vorstellungen Paechs in mehreren Punkten für unrealistisch?

5. Das Konzept der sozial-ökologischen Transformation:

a) Welche Antworten gibt der Autor auf die zentralen Problemstellungen?
b) Was versteht er unter einer gesamtgesellschaftlichen Transformation? Wie denkst du darüber?
c) Gib dein Bild einer gesamtgesellschaftlichen Transformation in einer kleinen Rede wieder.

6. Weniger wird mehr. Der Postwachstumsatlas
Im neuen Atlas der Globalisierung geht es um das wichtigste globale Zukunftsthema überhaupt: Postwachstum. Was Wachstum ist, weiß jeder – ohne Wachstum gibt es angeblich keinen Wohlstand, keine Freiheit, keinen Erfolg. Doch auf einem begrenzten Planeten kann es kein unbegrenztes Wachstum geben. Wir ahnen schon lange, dass es so nicht weitergehen kann. Aber was dann? Der Postwachstumsatlas gibt Antworten.

© Le Monde diplomatique und Kolleg Postwachstumsgesellschaften (Hg.), Atlas der Globalisierung, Weniger wird mehr, Berlin (taz Verlag) 2015

7. Hübner hält Patentrezepte für wenig hilfreich, will lieber andere Fähigkeiten entwickeln und ausbauen.

a) Diskutiert diese und recherchiert dazu.
b) Entwickelt gemeinsam Aktionspläne, um die vom Autor genannten Fähigkeiten verstärkt in eure Schule oder Kommune zu tragen.

MEIN SCHRUMPFE ÖKOLOGISCHER F EIN SELBSTVERSUC

Von Alisa Reimer

Ich habe meinem eigenen ökologischen Fußabdruck den Kampf angesagt. Denn ich wollte wissen, wie man das Leben genießen kann, ohne belastende und zerstörerische Spuren zu hinterlassen. Mein Selbstexperiment lautet: Strikte »CO_2-Diät« – eine Woche lang! In dieser Zeit beobachtete ich genau, welche meiner alltäglichen Gewohnheiten dem Klima und der Umwelt am meisten Schaden zufügen, und probierte alternative Lebensweisen und neue Konsumformen aus. Eine Tortur? Ganz einfach war das sicher nicht, aber leichter als gedacht. Lest selbst.

Ein Abend in Baja California Sur, Mexiko. Der Vollmond taucht die bizarre, trockene Landschaft in ein helles, kaltes Weiß. Ich campe auf der Halbinsel im Pazifischen Ozean, gemeinsam mit 40 anderen Menschen, die sich entschieden haben, hier eine Yoga-Lehrer-Ausbildung zu absolvieren. Gekannt hat sich vorher niemand. Wir bilden eine sehr heterogene Gruppe, mit großen Unterschieden in Herkunft, Alter, Berufspraxis und Lebenserfahrung.

Doch neben allen Unterschieden, oder gerade deshalb vielleicht, wachsen wir schnell zu einer eingeschworenen Gemeinschaft zusammen. Denn niemand von uns identifiziert sich ausschließlich über seine Studien- oder Berufswahl oder anhand seines Reisepasses, sondern über »geteilte« Werte wie Bewusstsein, Solidarität und Verbundenheit. Doch diese Nacht werden wir nicht gemeinsam im Camp verbringen. Wir stellen uns – ein jeder für sich – einer besonderen Herausforderung: der Einsamkeit und dem völligen Verzicht. Ich laufe los, etwas planlos, aber freudig gespannt, nur mit meinem Schlafsack, einem Sonnenschirm und drei Litern Wasser bepackt, und mache mich auf die Suche nach einem Schlafplatz in dieser seltsam schönen Wüstenlandschaft.

Nach einer Stunde Fußmarsch finde ich ein kleines Plätzchen am Strand. Ich baue mein spartanisches Lager am Fuße einer riesigen Felsformation auf, die wie ein Schutzwall zwischen Wüste und Meer steil aus dem Boden emporragt. Meine volle Aufmerksamkeit auf das Meer gerichtet, synchronisiert sich lang-

sam mein Ein- und Ausatmen mit dem stetigen Kommen und Gehen der Wellen, und ich schlafe ein.

Über die Einsamkeit, Konzentration und Ruhe zu lernen, sich wieder zu verbinden mit der »Pachamama«, ist unser gemeinsames Ziel. Pachamama ist eine weibliche Gottheit im Glauben indigener Stämme Südamerikas, sie ist Ursprung und Grundlage allen Lebens, die Verkörperung der Mutter Erde. Nachdem ich 24 Stunden allein in der Wildnis verbracht habe, kehre ich unversehrt zurück ins Camp. Trotz des absoluten Verzichts – es durfte weder gegessen noch geredet, gelesen oder gar gedacht werden – fühle ich mich innerlich bereichert.

Dieses antithetische Prinzip und der Weg vom »äußeren Verzicht« auf alles, was einen vom »Im-Moment-Sein« abbringt, hin zum »inneren Reichtum« ist schon uralt und von vielen Menschen gefunden worden. Es ist einer der letzten Tage unserer Zusammenkunft, einen Monat lang haben wir in Zelten hier am Strand verbracht. Es gab veganes Essen aus der Region, wir brauchten keine Technik und waren stets zu Fuß unterwegs. Das bisschen Strom, das wir für Licht in der Dunkelheit brauchten, gewannen wir durch Solaranlagen.

Was für mich während meiner Reisen in Mexiko und Guatemala so leicht und selbstverständlich ist – die innere Verbundenheit zur Natur zu spüren und eine umweltschonende Lebensweise zu pflegen –, scheint nach meiner Rückkehr in den deutschen Großstadtalltag ungeheure Anstrengungen zu erfordern, vielleicht sogar unmöglich zu sein. Doch ich will versuchen, es konsequent durchzuhalten, eine Woche lang. Ich möchte meinen CO_2-Fußabdruck in diesen sieben Tagen so klein wie möglich halten, doch ohne spartanisch oder einsiedlerisch zu leben. Das auf meinen Reisen Erlernte und Praktizierte in den heimischen Alltag zu integrieren, ist das finale Ziel meines Selbstversuchs.

Viele Menschen wollen zurück zur Natur, doch keiner zu Fuß

Für mein Experiment habe ich mir eine Liste mit Verzichten und Geboten aufgeschrieben, die ich eine Woche lang einhalten muss. Die erste Regel lautet: Nur zu Fuß und mit dem Fahrrad! Für lange Strecken: Öffentliche Verkehrsmittel benutzen!

Der erste Tag, ein Mittwochmorgen. Die Sonne scheint klar, aber es ist noch kalt. Ich sitze auf meinem Fahrrad, um meine Schwester zu einem wichtigen Termin in die Universität Potsdam zu begleiten. Doch ich muss alleine fahren, durch die grüne Lunge der Innenstadt,

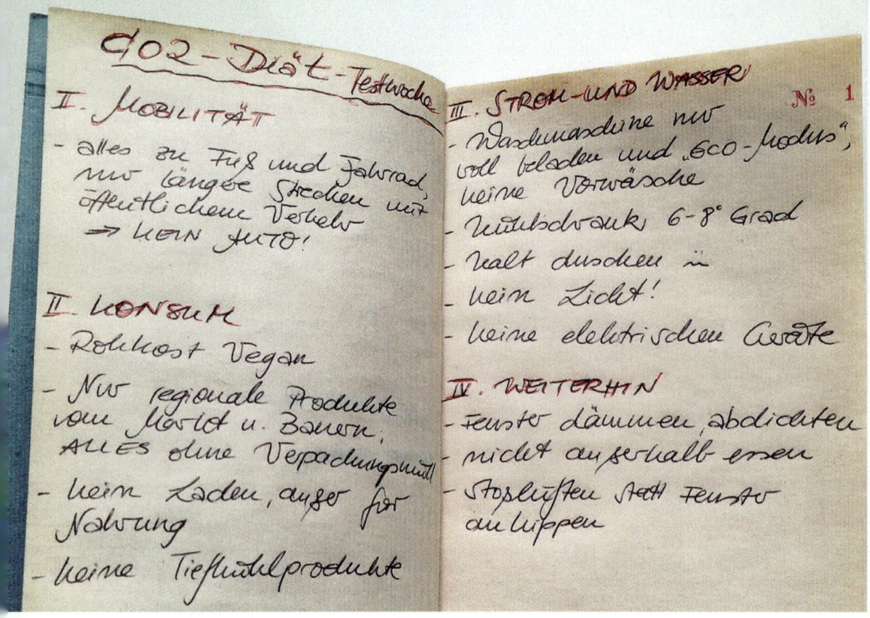

vorbei am »Schloss ohne Sorge«, entlang eines kleinen Flusses. Meine Schwester nimmt lieber das Auto. Lange probiere ich, sie zu überreden, doch sie sei so aufgeregt und bevorzuge den Stadtverkehr, entgegnet sie.

Ich frage mich: Wie kann man sich gegen etwas entscheiden, das einem gut tut? Gestresst vom Parkplatzsuchen kommt sie nach mir am vereinbarten Treffpunkt an. In den nächsten Tagen werde ich öfter allein meine Wege antreten, da Freunde oder meine Familie sich selbst bei kurzen Strecken für den Bus oder das Auto entscheiden. In Sachen Mobilität kämpfe ich also weder mit einem schlechten Gewissen noch mit Entzugserscheinungen, denn ein eigenes Auto habe ich zum Glück noch nie besessen.

Der zweite Punkt auf meiner CO_2-Diätliste thematisiert mein Konsumverhalten. Ich beginne beim Essen. Laut der Tierrechtsorganisation PETA trägt die industrielle Tierhaltung weltweit mehr zum CO_2-Ausstoß bei als der gesamte Verkehr, vor allem aufgrund von Rodungen des Regenwaldes in Brasilien für den Futtermittelanbau und für Rinderweiden.

Da ich seit längerem Vegetarierin bin, habe ich mir also in diesem Punkt wenig vorzuwerfen. Doch wie weit kann ich noch gehen? »Ich habe in meinen 26 Jahren noch nie den Geschmack von Gekochtem oder Gebackenem probiert. Und meine Ernährungsweise ist doch viel natürlicher, gesünder und besser für die Umwelt«, erklärte mir eine junge kanadische Frau, die ich in Guatemala kennen lernte.

Ich bin mir unsicher, wie ich ihre Einstellung finde. Und um das auszuprobieren, werde ich von der Vegetarierin zur Rohkostveganerin. Zumindest für diese eine Woche. Wieder fühle ich mich ausgegrenzt, wie ich es als Vegetarierin schon kenne. Beim gemeinsamen Essen mit Familie und Freunden und bei Veranstaltungen werde ich fast rückfällig und kann mich gerade noch zurückhalten, zu einer warmen Kürbiscreme-Suppe zu greifen. Aber ich bleibe konsequent und fühle mich gut dabei.

Was bleibt, ist ein bitterer Nachgeschmack und die Erkenntnis, dass man mit einer umweltbewussten Einstellung in unserer Gesellschaft schnell zu den Außenseitern, zu einer kleinen Minderheit gehört und schon mal ein provozierendes Belächeltwerden einstecken muss.

Ich erinnere mich, wie glücklich ich in Guatemala war, in diesem kleinen, verträumten Dorf, in dem ich für eine Zeit lebte, in einer Welt ohne Läden und Discounter. Während meiner CO_2-Diät habe ich mir vorgenommen, keinen einzigen Laden zu betreten, außer zur Besorgung von Nahrungsmitteln. Das Essen für meine rohen Mahlzeiten hole ich, wie in Lateinamerika, vom Markt. Tiefkühlprodukte fallen in dieser Diät, wegen des hohen Energieaufwands zur Kühlung, natürlich auch weg.

Ernüchterung und Fernweh

Ich zweifle an meinem Experiment. Soll ich mein drastisches Verzichtsprogramm, meine CO_2-Diät und die damit einhergehenden Ab- und Ausgrenzungen, wirklich durchziehen? Von guten Freunden musste ich mir schon

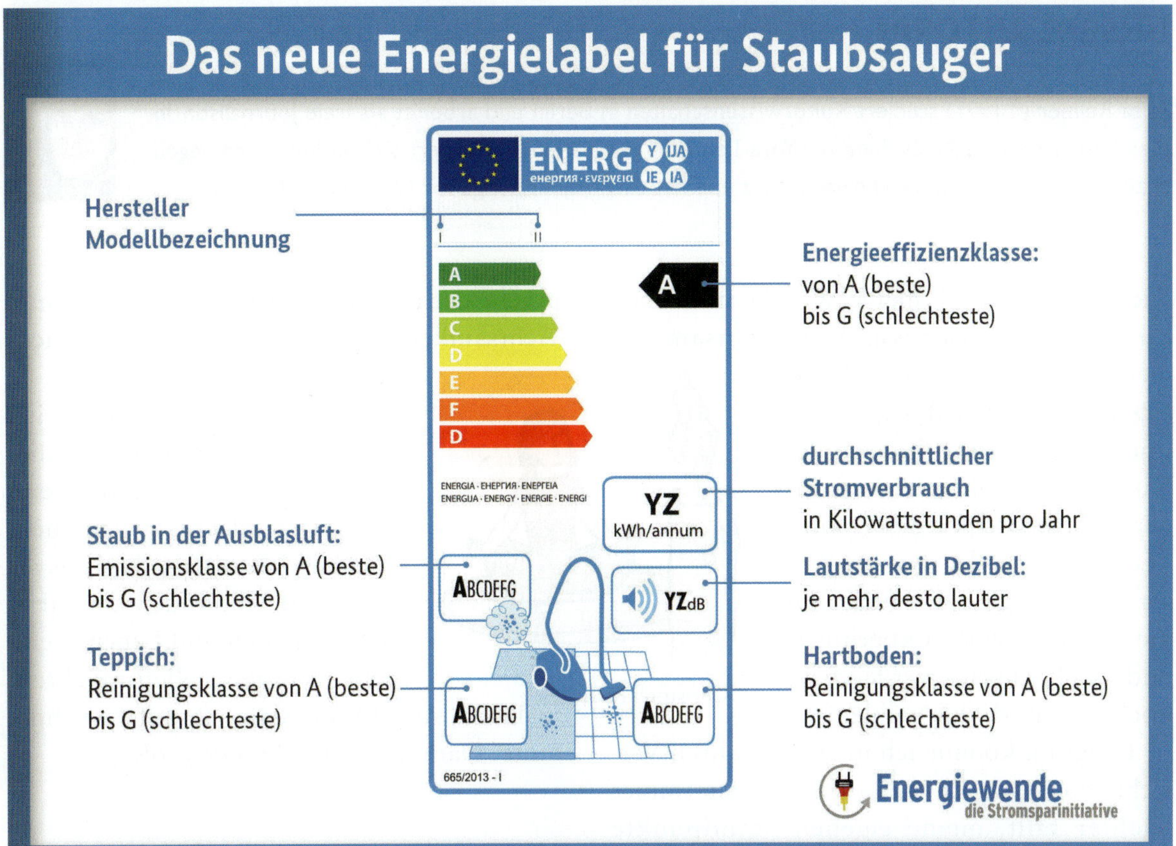

© EU-Energielabel: Europäische Kommission

oft Sprüche anhören wie: »Sei mal nicht so grün.« Mit einer umweltbewussten Einstellung und Lebensweise fühle ich mich oft sogar von meinen Mitmenschen als »Öko« abgestempelt, was in anderen Ländern sicher trendy wäre, in Deutschland aber immer noch eine negative Konnotation hat.

Ich wünsche mich zurück nach Lateinamerika, wo ich umgeben war von Gleichgesinnten, wo wir uns in unserem reduktionistischen Lebensstil gegenseitig bestärkt haben. Ich denke mich zurück nach Guatemala, in den verlassenen Schulbus im Wald, in dem ich gewohnt habe. Ohne Strom. Ohne Technik. Ohne Heizung. Auch dieser Ort war besiedelt von Menschen, die sich bewusst für einen einfachen Lebensstil entschieden haben und sich selbst sowie die Natur vor dem Einzug moderner Schnelllebigkeit schützen möchten. Das Verzichten fiel mir nicht schwer dort, wo es zugegebenermaßen nie wirklich kalt wird und man auch ohne Heizung auskommen kann.

Als ich zurück nach Deutschland kam, in mein altes Umfeld, prallten meine neuen Vorsätze und Einstellungen gegen die Diktatur des Alltags und gegen die Macht der Gewohnheiten meiner Mitmenschen. Mit Geduld probiere ich nun, die Menschen in meinem Umkreis auf viele ihrer umweltschädigenden Gewohnheiten, die sie ganz einfach ablegen könnten, hinzuweisen.

Dabei geht es um die verschiedensten Aspekte, von Kleinigkeiten wie das richtige Stromausschalten bis hin zu dem Verzicht auf Inlandsflüge, auch wenn der Arbeitgeber sie bezahlt. Wenn es zu einem Konflikt kommt, nehme ich es ruhig hin und sage mir innerlich: »Sei verständnisvoll, sie haben nicht erleben dürfen, was ein Jahr lang dein Alltag war.«

Arbeiten bei Kerzenschein

Ich komme nun zum dritten wichtigen Punkt auf meiner Liste: meinem Strom- und Wasserverbrauch. Bilder aus Guatemala blitzen

UNSERE AUTORIN

Alisa Reimer (* 1991) studiert Kulturwissenschaften in Berlin und arbeitet als freie Journalistin. In Mexiko hat sie eine Ausbildung zur Yoga-Lehrerin gemacht. Sie engagiert sich in Initiativen gegen soziale Missstände und für Umweltschutz und hat das Projekt »Yoga for Others« initiiert.

wieder auf. Wie ich meine Wäsche in kleinen Eimern mit Wasser wusch, gemeinsam mit meinen Freunden auf dem Boden sitzend. Ewig hat das gedauert, und ob alles wirklich sauber wurde, bezweifle ich. Auf meiner Waschmaschine gibt es einen »Eco-Modus«, der weniger Wasser und Energie verbraucht. Für die Woche meines Experiments und darüber hinaus werde ich nur noch diesen Modus wählen.

© Christoph Rauscher

Langsam komme ich in einen wahren Verzichtsrausch, da ich merke, dass es mir immer leichter fällt, meine eigenen Standpunkte einzuhalten. Nach einigen Überwindungsängsten führe ich das morgendliche Duschen mit kaltem Wasser wieder ein, das ich erstmals in Guatemala praktiziert habe, wo es unter der Freiluft-Dusche im Februar auch ziemlich kalt war. Einen Fernseher, auf den ich während der sieben Tage nun verzichten müsste, habe ich nicht. Lampen hingegen schon. Es wird nun jeden Tag mit dem Untergang der Sonne dunkel bei mir zu Hause, bis auf ein paar Kerzen, die ich aufstelle.

Meine Yoga-Schüler müssen meinen Versuch, ohne stromerzeugtes Licht auszukommen, mitmachen, da ich auch während der Arbeit keine Ausnahmen machen will. Und sie finden das sogar angenehm. Es spielen sich in der Woche Reminiszenzen vor meinem inneren Auge ab. Ich sehe mich im Dschungel Mexikos, wo ich einige Zeit in einem Nationalpark in Chiapas verbracht habe, in einer kleinen autarken Kommune. Gekocht wurde mit Kohle das, was der eigene Anbau hergab. Die Leute kamen aus allen möglichen Ländern dorthin, um mehr über Permakultur zu lernen. Die Gespräche drehten sich meist um »Bewusstsein«, »Achtsamkeit«, »Verbundenheit« und »Nachhaltigkeit«.

In Deutschland vermisse ich es oft, mit Menschen über diese Themen zu sinnieren. Wenn ich anfange, davon zu sprechen, blocken viele oft ab, da sie es als belehrend empfinden und ihre Gewohnheiten und Lebensweise nicht in Frage stellen möchten. Doch ab und an treffe ich auf Gleichgesinnte. Dann ist meine Freude groß.

Ein neues Lebensgefühl

Das, was ich in Deutschland als kleines Experiment mache, habe ich in der Ferne auf Reisen jeden Tag gelebt. Befreit vom Konsumzwang, von Produkten, die keiner braucht, aber jeder will, frei von Strukturen des gleichbleibenden, gleichsam zwanghaften und gewinnorientierten Alltags und frei von Techniken, die unser Leben eigentlich leichter machen sollten, uns stattdessen jedoch nurmehr von unserem eigentlichen Ursprung, von unserer natürlichen Erfahrung des Seins, abbringen. Es stimmt mich traurig, dass ich für diese Erkenntnis erst um die halbe Welt reisen musste, was aufgrund des Langstreckenflugs nach Mexiko eine absolute Klimasünde war. Das Mindeste, was ich also tun kann, ist, das im Ausland Erlernte in meinen Alltag zu integrieren und zu versuchen, andere mitzureißen.

Sieben Tage sind mittlerweile vergangen. Zeit, Bilanz zu ziehen. Eine Woche CO_2-Diät hat mir einiges genommen, viele Angewohnheiten und Komfort. Trotzdem fühle ich mich am

Ende sogar erleichtert. Ich fühle mich befreit von dem hektischen Konsumalltag. Denn die Einhaltung meiner Regeln des Verzichts geben mir in einer Gesellschaft, die sich durch Reizüberflutung und unbegrenzte Möglichkeiten auszeichnet, wieder einen Rahmen. Die kleinen »Inseln« des Bewusstseins und des emissionsarmen Lebens, wie man sie in Kommunen und Camps in Mittelamerika und woanders findet, scheinen eine Parallelwelt zu sein und nicht gerade in Reichweite, weder geografisch noch mental. Doch mein Experiment lehrt mich, dass es nicht viel bedarf, Gewohnheiten umzustellen und an den Alltag anzupassen.

Ich werde fortan nicht nur Rohkost essen. Ich werde auch nicht vollständig auf Elektrizität verzichten. Die meisten der anderen Verhaltensweisen, die ich durchführte und beschrieb, kann ich problemlos so durchhalten – ein Teilerfolg. Ich überlege, meine Lebensweise schrittweise auf vegan umzustellen. Mein Konsumverhalten möchte ich weiterhin kritisch betrachten und meine Konsumbilanz so gering wie möglich halten. Nur das Nötigste kaufen, regionale Produkte und möglichst kein Verpackungsmüll dabei entstehen lassen, lautet die Devise. Sehr gelegen kommt mir, dass in diesen Tagen der erste verpackungsfreie Supermarkt in Berlin aufgemacht hat. Mein Fazit: Um den persönlichen Fußabdruck im Alltag gering zu halten, bedarf es lediglich zweier Dinge: Bewusstsein und Entschlossenheit. Es gibt nur einen perfekten Moment, um damit zu beginnen. Und zwar genau jetzt!

Während ich in der Bibliothek meiner Universität an diesem Text schreibe, kommt mir eine Melodie ins Ohr. Ich summe sie die ganze Zeit, weiß nicht genau, woher ich sie habe, aus meiner Kindheit vielleicht? Ich muss nach Hause. Draußen ist es dunkel, kalt und nass. Freudig setze ich mich auf mein Rad und singe weiter vor mich hin: »Viele kleine Leute, an vielen kleinen Orten, die viele kleine Schritte tun, können das Gesicht der Welt verändern.«

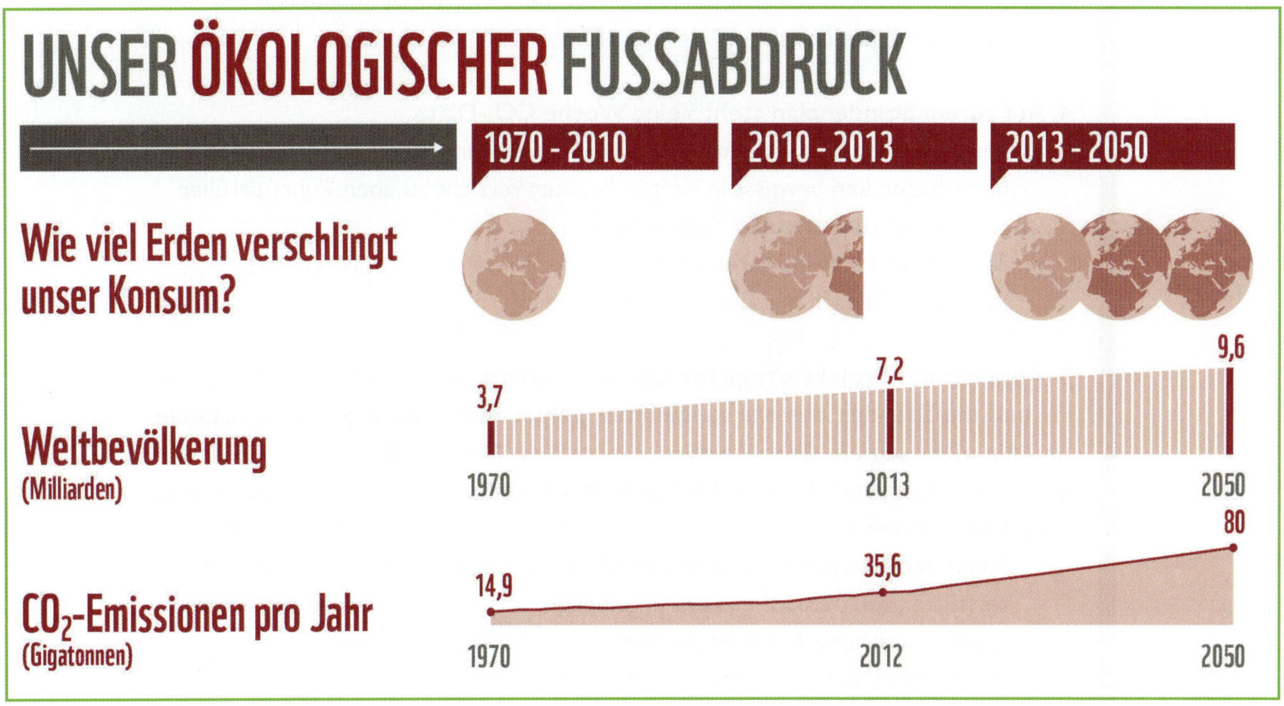

WISSEN • BEGREIFEN • HANDELN

1. Alisa stellt die zentrale Frage: Wie kann ich das Leben genießen, ohne belastende Spuren zu hinterlassen? Sie beobachtet sich dabei selbst.

a) Beschreibt die Erfahrungen und Erkenntnisse, die Alisa bei ihren Auslandsaufenthalten gemacht bzw. gewonnen hat.

b) Erläutert ihren Kampf gegen die Diktatur des Alltags und gegen die Macht der Gewohnheiten ihrer Mitmenschen bei dem Selbstversuch.

c) Hinterfragt und beleuchtet ihr neues Lebensgefühl.

2. Nachahmenswert oder realitätsfern?

a) Wie bewertet ihr den Versuch von Alisa, den CO_2-Fußabdruck nach ihrer Rückkehr aus einer fast bedürfnislosen Welt in den Großstadtalltag zu kontrollieren und so klein wie möglich zu halten?
Welchen Gewinn nimmt sie aus ihrer Aktion mit?

b) Welche Punkte ihres Selbstversuchs haltet ihr für vorbildlich und unbedingt nachahmenswert? Welche schrecken euch eher ab?

c) Warum musste Alisa erst um die halbe Welt fliegen, um zu ihren Erkenntnissen zu gelangen? Gibt es andere Wege, um zu solch einschneidenden Veränderungen zu kommen? Kannst du Beispiele anführen?

3. Diskutiert, ob solch ein Verhalten für die breite Masse übertragbar sein kann.
Was ist aus eurer Sicht das größte Hindernis, andere Menschen für Alisas Lebenswandel zu gewinnen?

4. Auf eurem Stundenplan steht »eine Woche CO_2-Diät«.

a) Versucht diesbezüglich, eine Woche lang gezielt eure Alltagsgewohnheiten zu hinterfragen und bewusst in einigen Punkten Verzicht zu üben. Führt darüber ein kurzes Protokoll oder Tagebuch.

b) Tauscht euch dabei untereinander aus. Was fällt dir leicht, was schwer?
Was wirst du nach der Diätwoche fortsetzen?

5. Alisa hat das Projekt »Yoga for Others« initiiert. Ihr Gehalt als Yoga-Lehrerin und die Spenden der Kursteilnehmer gehen an Projekte gegen Missstände und für mehr soziale Gerechtigkeit. Unter dem Motto »Verzichten • Helfen • Gewinnen« lasst euch für eine Patenschaft mit Kindern z. B. in Afrika gewinnen.

a) Überlegt, wie ihr vorgehen könnt, um euer Verzichtsprogramm mit einer konkreten Hilfsaktion zu verbinden. Denkt z. B. an mögliche Adressaten, Unterstützer, konkretes Ziel, Beratung, Neugierde und Begeisterung entfachen …

b) Durch euren Verzicht könnt ihr Armen und Schwachen helfen.
Gewinner seid ihr alle. Diskutiert diese (eure) Botschaft.

MUT ZU VERÄNDERUNGEN – DANK DER »SCHULE DES LEBENS«

Von Johanna Krüger

Wie alles begann …

Am Ende der achten Klasse (2006) war der Ruf meiner Klasse »im Keller«: kein Gemeinschaftssinn, kaum Lernbereitschaft, keine Motivation – einfach wenig Interesse an der Schule. Kein Lehrer wollte die Klassenleitung übernehmen. Schließlich ließ Helmut Spiering sich auf uns ein. Alles änderte sich umgehend: Für die meisten Wochenenden (alles in der Freizeit und ohne Bezahlung) bot er uns die »Spiering-Schule« an: Drehbuchwerkstatt, Persönlichkeitsbildung, Berlin-Projekte hautnah.

Aufgrund von Turnieren mit meiner Voltigiergruppe konnte ich an den ersten Drehbuch-Workshops mit dem Regisseur Thomas Frick nicht teilnehmen und hatte unter anderem deshalb Probleme, meinen Platz in der Gruppe zu finden. Ich fühlte mich als Außenseiterin, eben weil ich nicht zu den Personen gehörte, die einfach drauflos reden, ihre Meinung mit Nachdruck vertreten oder gerne im Mittelpunkt stehen. Ich stand immer am Rand, beobachtete das Geschehen und bildete mir meine eigene Meinung, teilte sie aber nie jemandem mit.

Edgar Degas:
Tänzerin beim Fotografen
© bpk / Roman Beniaminson

Ich war zu diesem Zeitpunkt schon durch viele persönliche Krisen gegangen, hatte mich meinen Mitschülern gegenüber total verschlossen und versuchte einfach nur, meine Zeit in der Schule abzusitzen. Ich hatte vor nichts mehr Angst als vor Ablehnung. Deshalb fiel es mir auch unglaublich schwer, an den Drehbuchworkshops teilzunehmen. Ich hatte auch davor Angst, dass mein Lehrer, Helmut Spiering, mir eine Standpauke halten oder mich gar nach Hause schicken würde.

Aber das Gegenteil war der Fall – ich wurde mit offenen Armen willkommen geheißen, meine Angst wurde mir genommen und das Gefühl gegeben, wichtig zu sein. Nach und nach traute ich mir immer mehr zu. Langsam, aber sicher entbrannte in mir eine tiefe Leidenschaft für die Themen des Umwelt- und Klimaschutzes, und ich stürzte mich in die Recherchen, um mehr und mehr Wissen anzusammeln.

Dann kamen die mich stark prägenden Seminarfahrten nach Berlin – »Wege in die Zukunft – Freizeit anders gestalten«. Wir haben uns an jedem Wochenende mit unserem Lehrer getroffen, umfassend recherchiert und Fragen für die Diskussionen mit den Politikern (Alt-Bundespräsident Richard von Weizsäcker, Shimon Stein – Botschafter des Staates Israel – etc.), Schauspielern und Musikern (Vladimir Malakhov, Simon Rattle, Guy Braunstein ...) sowie Journalisten (Peter Hahne, Thomas Schmid), die wir treffen sollten, entwickelt.

In den Gesprächsrunden war ich zunächst sehr nervös und hatte das Gefühl, mein Bauch würde vor lauter Schmetterlingen platzen. Ich

Im ZDF-Studio: Johanna und Andrea interviewen Prof. Dieter Stolte (ehem. Intendant)

war mir sicher, dass ich bestimmt kein Wort hervorbringen könnte. Doch mit jeder Frage wurde ich selbstbewusster. Zunächst stellten wir nur unsere vorbereiteten Fragen, aber schnell lernten wir, unsere eigene Meinung zu schärfen. Wir fingen an, das Gesagte zu hinterfragen, nachzuhaken und sogar zu bohren. Wir lernten, zu unserer Meinung zu stehen und sie zu vertreten.

Unser Programm war extrem umfangreich. Ein Highlight folgte dem anderen: Museumsbesuche, Diskussionen und abends Theater- und Kulturveranstaltungen. Unsere Berliner Tage waren lang, die Nächte meistens kurz. Denn wir mussten uns auf den nächsten Tag vorbereiten, diversen Zeitungen Interviews geben und Tagebuch schreiben. Partymachen oder Ausgehen kam uns innerhalb des Projektes nicht im Entferntesten in den Sinn.

Wir hatten Blut geleckt, wurden mit jeder Diskussion besser, freier. Kraft zogen wir in dieser anstrengenden Zeit aus dem kulturellen Programm. Ich habe in der Alten Nationalgalerie nicht nur meine Liebe zu französischen Impressionisten entdeckt, sondern auch zu Caspar David Friedrich. Heute hängt über meinem Bett eine große Leinwand mit dem »Mönch am Meer«.

Über meinem Schreibtisch hängen Tänzerinnen in Blau und Rot von Degas, hinter der Couch ein Renoir, an meinem Arbeitsplatz im Labor hängt ein Druck von Gustav Klimt. Viele Werke dieser Künstler habe ich in Berlin kennen und lieben gelernt. Ihre Bilder geben mir eine ungeheure Kraft. Ich kann sie stundenlang betrachten, mich darin verlieren.

So etwas hätte ich in der Schule niemals lernen können, was ich immer wieder an meinen schwäbischen Freunden sehe, die vollkommen hilflos vor den Bildern stehen und sie nicht einmal einer Epoche zuordnen können. Dieselben Freunde waren in der zehnten Klasse auch in Berlin auf Klassenfahrt. Allerdings begnügten sie sich nur mit Shoppen und ein paar »Sehenswürdigkeiten«.

Nach der Studienfahrt fand ich wieder Freude daran, zur Schule zu gehen. Was war geschehen? Helmut Spiering hatte mich und die anderen Mitschüler angenommen und »umgetopft«: aus dem nährstoffarmen Boden, den uns die Schule häufig geboten hatte, in seine Eigenkreation, die für jeden persönlich angesetzt wurde. Er gab jedem das, was er brauchte: dem einen ein sicheres Gerüst zum Wachsen, dem anderen Dünger. Mancher musste gestutzt werden, um wieder aufblühen zu können, andere benötigten nur Wasser.

Ich kann von mir sagen, dass ich durch das Projekt wieder aufgeblüht bin und heute prächtiger und schöner blühe als je zuvor. Ich habe meine Dornen behalten, aber es sind weniger, und sie fügen keinem mehr Verletzungen zu. Ohne das Projekt wäre ich wohl einfach immer weiter verkümmert, und am Ende wäre ich so vertrocknet und eingestaubt gewesen, dass man mich kaum noch erkannt hätte. Durch die Schule allein hätte ich mich niemals zu dem Menschen entwickelt, der ich heute bin und der mir tausendmal besser gefällt.

Ich stand zu meiner Meinung, teilte sie mit den anderen und integrierte mich wieder in die Klasse. Und ich fing an, mich für die Anliegen von uns Schülern zu engagieren. Ein paar Monate nach der ersten Berlinfahrt wurde ich zur Klassensprecherin gewählt und kurze Zeit später auch ins Schülersprecherteam. Schnell wurde ich zur zentralen Anlaufstelle für die organisatorischen Probleme der Schüler. Zu den Diskussionen mit unserem Schuldirektor wurde ich vorgeschickt, weil ich gut argumentieren konnte.

Im Januar 2009 nahm ich mit meiner Klasse am ersten europäischen Jugendklimagipfel von *jugend denkt um.welt* in Berlin teil. Neun Monate lang halten wir uns im Klassenverband in der Freizeit, gemeinsam mit unserem Lehrer, intensiv darauf vorbereitet. Wir wussten damals genau, was auf uns zukommen würde, schließlich waren wir schon zweimal zuvor mit Helmut Spiering in Berlin gewesen. Schlaf war ein kostbares Gut auf den Berlinfahrten, aber das machte uns nichts aus.

Ich war für die Planung unserer Essensvorräte sowie für die Betreuung der isländischen Teilnehmer zuständig. Wir hatten fast die gesamte Verpflegung für über 100 Personen – das meiste gesponsert – im Bus mit nach Berlin gebracht. Wir hatten zuvor kaum Kontakt mit den anderen europäischen Teilnehmern gehabt, was sich in Berlin zu Beginn als Problem darstellte. So konnten die Isländer – entgegen unserer Vorinformation – kein Deutsch sprechen oder verstehen. Wir mussten improvisieren, und so musste ich in Berlin zusätzlich jeden Tag mehrere Stunden dolmetschen. Obwohl auf meinem letzten Zeugnis in Englisch »nur« eine Drei stand, meisterte ich diese Aufgabe.

Das hat mein Selbstbewusstsein enorm gesteigert. Und ich habe auch Freunde fürs Leben gefunden, mit denen ich heute noch in Kontakt stehe. Es war ein einzigartiges Erlebnis, mit so vielen Jugendlichen aus fünf verschiedenen Ländern Gedanken auszutauschen und ein gemeinsames Ziel zu haben – mehr Klimagerechtigkeit für eine gemeinsame, lebenswerte Zukunft für uns und die uns nachfolgenden Generationen. Solche Momente der gemeinschaftlichen Motivation, in denen man denkt, dass man zusammen wirklich alles schaffen kann, sind selten im Leben, und man sollte sie unbedingt nutzen.

Umdenken und Handeln – Veränderungen für mehr Klimagerechtigkeit

Spätestens seit dem Europäischen Jugendklimagipfel in Berlin 2009 fühle ich mich als Weltbürgerin. Grenzen existieren für mich nur noch auf Karten, als geografische Orientierung, aber nicht mehr im Kopf. Wir sind alle Bürger dieser Welt, wir sollten die Erde gemeinschaftlich pflegen, und dabei müssen Nationalitäten vernachlässigt werden. Globale Probleme wie der Klimawandel erfordern auch globales Handeln. Die Starken müssen dabei den Schwachen helfen. Das bedeutet, die entwickelten Länder müssen die anderen Länder dabei unterstützen und ihnen Möglichkeiten eröffnen, die Lebensqualität ihrer Bürger nachhaltig zu steigern, ohne die Kosten dafür auf Umwelt und Klima,

YTG: nach der Diskussion mit Prof. Klaus Töpfer (ehem. UNEP-Exekutivdirektor)

also auf die nachfolgenden Generationen, abzuwälzen.

Wir müssen den Klimawandel verlangsamen und weltweit sozioökonomische Gerechtigkeit fördern, anstatt das Elend anderer Menschen (v. a. in Ländern des globalen Südens) für unseren Reichtum billigend in Kauf zu nehmen. Mit unserem Wissen, mit der richtigen Haltung und entsprechendem Engagement können wir weitaus mehr bewirken als mit Geld – das ist meine feste Überzeugung.

In den Jahren, in denen ich unmittelbar am Projekt *jugend denkt um.welt* beteiligt war, hat sich mein Lebensstil stark verändert. Ich habe in der Zwischenzeit mein Auto verkauft und bin wieder aufs Fahrrad umgestiegen. Das ist ziemlich anstrengend, wenn man, wie ich, fünf Kilometer von der nächsten Stadt (ohne öffentliches Verkehrsnetz) entfernt wohnt. Ich habe meinen Fleischkonsum drastisch eingeschränkt und esse heute maximal vier Kilogramm Fleisch pro Monat. Obst und Gemüse kaufe ich nach Saison und aus regionalem Anbau. Selbst den Alkohol für Partys kaufe ich in kleinen Brennereien im Osnabrücker Land, wenn ich dort meine Familie besuche.

Milchprodukte konsumiere ich ebenfalls kaum noch: Fünf Liter Buttermilch im Monat und etwa zwei Kilogramm Jogurt und etwas Sahne reichen mir vollkommen. Ich repariere Dinge und kaufe sie nicht neu. Ich verbrauche kaum Papier und leihe alle Bücher, die ich für die Universität benötige, in der Bibliothek aus. Ich trinke fast ausschließlich Leitungswasser, und Plastik kommt mir nur noch, wenn es sich gar nicht vermeiden lässt, in meine Wohngemeinschaft.

In diesem Winter werde ich außerdem daran arbeiten, dass für angehende Biologielehrer an meiner Universität eine Wochenendexkursion in unseren »Klimagarten« verpflichtend wird. So können sie später im Unterricht das dort erworbene, praxisbezogene Wissen an die Kinder und Jugendlichen weitergeben und beispielsweise einen Schulgarten anlegen oder ihr eigenes Gemüse auf dem Balkon anbauen.

Ich versuche, wann immer es möglich ist, anderen Menschen von meinem Denken und Tun zu berichten und ihnen neue Wege aufzuzeigen. So hat meine amerikanische Gastfamilie nach meinem Besuch angefangen, ihren Müll zu trennen, Plastikflaschen zu recyceln, Leitungswasser zu trinken und das Auto im Winter nicht mehr eine halbe Stunde »warmlaufen« zu lassen. Auch meine Mitbewohner habe ich dazu bewegt, kein Wasser mehr in Plastikflaschen zu kaufen und beim Einkauf darauf zu achten, wo die Produkte herkommen.

Bei unseren ersten Workshops mit *youthinkgreen – jugend denkt um.welt* hätte ich wirklich nicht gedacht, dass wir einmal etwas bewegen könnten. Wir – die kleine Gruppe von Schülern mit ihrem Mathelehrer. Heute kann ich stolz sagen, dass ich mein eigenes und das Leben meiner Mitmenschen nachhaltig verändert habe. Ich betrachte mich auch heute noch als »Klimabotschafterin« – ehrlich gesagt mehr denn je.

Was habe ich erreicht und wo möchte ich noch hin?

Die Projektfahrten nach Berlin haben uns die Chance eröffnet, Fliegen zu lernen. Helmut Spiering hat uns mit »Flügelansätzen« versehen. Jeder von uns hatte die Möglichkeit, mit seiner Hilfe Flügel zu entwickeln. Das Fliegen mussten wir selbst lernen. Heute versuche ich auch, anderen Menschen Flügel wachsen zu lassen, andere an meinen Erfahrungen teilhaben zu lassen und sie zu ermutigen, ihre Fühler auszustrecken und an Herausforderungen zu wachsen.

Am meisten hat sich der Wandel wohl in der Wahl meines Studiengangs niedergeschlagen. Als Kind war für mich immer klar, dass

YTG interviewt Lang Lang (Pianist)

ich Veterinärmedizinerin werde. Nun habe ich mich für ein Studium der Biologie in Tübingen entschieden, eine der grünsten Städte Deutschlands. Meine Universität ist Mitglied der »Exzellenzinitiative« der Bundesregierung und wurde dieses Jahr von der Times Higher Education als eine der 120 besten Universitäten weltweit ausgezeichnet.

Ich habe mich in meinem Fachbereich auf die Genetik der Tiere, die Humangenetik und Neurobiologie spezialisiert und werde in Kürze meine Bachelorarbeit im Bereich Conservation Biology abschließen. Ich erforsche hierbei die genetische Variation der Erdkröte in Rumänien und Bulgarien. Dabei habe ich einige meiner Proben den Sommer über selbst »gefangen«. Anhand der Ergebnisse werde ich potenzielle Schutzgebiete kartieren und die Frage untersuchen, inwiefern diese Spezies Prozesse des gesamten Ökosystems anzeigen kann. Vor allem werde ich aber vergleichen, inwieweit die bestehenden Schutzgebiete mit den von mir als »optimal« berechneten übereinstimmen. Das ist in der Regel absolut nicht der Fall, was dazu führt, dass die Gebiete ohne Nutzen sind, weil sie zu wenig genetische Variation beherbergen, vor allem unter dem Gesichtspunkt des Klimawandels.

Ich werde wohl ein Semester länger brauchen, aber ich habe einen langen Atem und bei *jugend denkt um.welt* gelernt, dass ich Projekte, die ich anfange, auch zu Ende bringe. Mittlerweile ist meine Arbeit umfangreicher als die der meisten Masterstudenten.

Ich habe zudem einen konkreten Plan für die nächsten zehn Jahre. Denn die Leitfragen unserer Projekte bei *youthinkgreen* (etwa »Wo stehe ich? Wo will ich hin? Und: Wie komme ich dahin?«) helfen mir, Entscheidungen zu treffen und mein Leben zu gestalten. Vor vier Jahren wurde bei mir Epilepsie diagnostiziert. Es besteht noch ein enormer Forschungsbedarf zu der Krankheit, an der etwa fünf bis acht Prozent der Weltbevölkerung leidet.

In einigen Ländern werden Menschen immer noch gefoltert oder gar getötet, weil sie angeblich »vom Teufel besessen« sind. Ich sehe

King's College in London © Mark Williamson

es als meine Aufgabe an, diese Zustände zu ändern. Ich möchte mich in meinem Master auf die Biomedizin neurologischer Erkrankungen spezialisieren und danach in Epileptology am King's College in London promovieren.

Johanna als Botschafterin von YTG

Ich bin heute immer noch kein Mensch, der sich gern in den Vordergrund drängt oder Mittelpunkt des Geschehens ist, aber darum ging es auch nie. Das Ziel war es nicht, unsere Persönlichkeit umzukrempeln oder uns alle in die gleiche Richtung zu entwickeln, uns einander anzugleichen, wie es die Schule häufig tut. Es ging stattdessen darum, die verborgenen Talente zu entdecken, zur Entfaltung zu bringen und zu nutzen. Durch den herkömmlichen Schulunterricht hätte ich mich niemals zu dem Menschen entwickelt, der ich nun bin: »open-minded, open-hearted, free, friendly, polite, fun, outgoing, weltoffen, sozial engagiert, für andere einstehend, durchsetzungsstark, fair und unabhängig« – so beschreiben mich meine internationalen und deutschen Freunde. Doch ich weiß auch, in welchen Punkten ich noch an mir arbeiten muss.

Derzeit engagiere ich mich in der Fachschaft Biologie, bin Vertreterin der Studierenden in der Studienkommission und in verschiedenen Berufungskommissionen. Sobald es in meinem Fachbereich eine Beschwerde über die Lehre gibt, werde ich häufig gebeten, mich mit den Professoren auseinandersetzen. Ich fordere unsere Rechte ein und nehme mein Gegenüber in die Pflicht, wie ich es in den Projekten gelernt habe.

Ich habe keine Angst mehr, frei vor vielen Menschen zu sprechen, auch nicht auf Englisch. Dies hat mir nicht nur den Respekt meiner Kommilitonen im Fachbereich eingebracht, sondern auch die Anerkennung meiner Professoren. Und vor ein paar Monaten habe ich an der Universität eine erfolgreiche Typisierungsaktion mit der Deutschen Knochenmarkspenderdatei (DKMS) organisiert. Dieses starke soziale Verantwortungsgefühl hätte ich ohne die Projektarbeit mit *jugend denkt um.welt*, trotz der guten Erziehung durch meine Eltern und die jahrelange Mitgliedschaft im Sportverein, sicher nicht in dieser Form entwickeln können.

Die Haltung, die uns bei *youthinkgreen – jugend denkt um.welt* vermittelt wurde, war: »Wenn man helfen kann, dann hilft man auch.« Und: »Wer ein Talent hat, der sollte es teilen, ansonsten ist es verschwendet.« Großes Ziel der Projektarbeit war und ist es, uns von Vorurteilen zu befreien und eigene Überzeugungen zu entwickeln, die großen Herausforderungen unserer Zeit aufzugreifen und nach Antworten und Lösungen zu suchen, dafür zu kämpfen und so die Welt ein kleines bisschen besser zu machen.

»Erkennt das Schwere, solange es leicht ist.
Lasst das Große werden, indem ihr das Kleine achtet.
Alle Schwierigkeiten auf Erden entstehen stets aus Leichtem.
Alles Große auf Erden entsteht stets aus Kleinem.«
Lao Tse; Tao Te King, Kapitel 63

WISSEN • BEGREIFEN • HANDELN

1. a) Haltet die Kernaussagen von Johanna in einer Stoffsammlung fest.
b) Beschreibt die verschiedenen Phasen und Stadien ihrer bisherigen Entwicklung. Wie bewertet ihr diese?

2. a) In welchen Punkten könnt ihr voll mit Johanna mitfühlen und euch mit ihr identifizieren?
b) Welches Meinungsbild löst dieser Bericht bei euch aus?

3. Gibt es Textpassagen, die euch überzeugen und inspirieren, mehr für die Umwelt zu tun?

4. Johanna hat Ziele und Grundwerte und damit eine Richtung für ihr Leben gefunden. Manche Sachverhalte hat sie schon zu ihrer Lebensaufgabe gemacht.
a) Welche Hilfen und Formen der Unterstützung wurden ihr in diesem Prozess zuteil?
b) Welche Veränderungen haben bei ihr stattgefunden? Was haben diese bei ihr ausgelöst?

5. Inwiefern könnte dieser Beitrag ein Ansporn für die Gestaltung eures Alltags sein?

6. Schüler schon in jungen Jahren zu starken Persönlichkeiten reifen zu lassen, ist grundsätzlich das erstrebenswerte Ziel.
a) Was macht für euch eine starke Persönlichkeit aus?
b) Was wünscht ihr euch auf dem Weg zu einer solchen Persönlichkeit? Was stärkt, was bremst euch?
c) Diskutiert dies auch auf der Basis von Johannas Vorlage.

7. Johanna hat in den Projekten ein starkes soziales Verantwortungsgefühl entwickeln können, wieder Lust am Lernen gewonnen, Ängste abgebaut und sich große Ziele gesetzt.
a) In welchen Punkten und wie sollte sich deine Schullandschaft unbedingt verändern? Haltet eure Vorschläge in einem tabellarischen Überblick fest.
b) Tragt eure Wünsche in die entsprechenden Gremien, z.B. in die Schülervertretung. Werdet zu Changemakern! Stoßt die Veränderungen an, die ihr euch wünscht.

8. Eine Schülerin schrieb uns zu Johannas Beitrag: »Ihr bisheriger Lebensweg ist ein tolles Beispiel, seinen Platz in der Welt zu finden und eigene Wünsche zu verwirklichen.«
a) Tauscht euch dazu aus.
b) Warum hat sich Johanna wohl den Spruch von Lao Tse als ein Lebensmotto zu Herzen genommen? Bezieht euch bei der Interpretation auf Johannas Lebensweg und auf eine konkrete Situation in eurem Alltag.

MEIN WEG

Vom schüchternen Außenseiter auf die große Weltbühne der Klimapolitik

Von Alexander Brock (Namibia)

Mein Alltag in Windhuk – Vor dem Engagement für *youthinkgreen*

Wenn ich die letzten vier Jahre Revue passieren lasse, dann erkenne ich mich selbst kaum wieder. Damals (2011) ging ich in die zehnte Klasse der Deutschen Höheren Privatschule in Windhuk, Namibia. Schüchtern war ich, unmotiviert und – um ehrlich zu sein – auch ein bisschen faul. Wenn ich nicht gerade beim Schwimmtraining war, saß ich in meiner Freizeit häufig vor dem Computerbildschirm und spielte die neuesten Spiele. Ich fühlte mich als Außenseiter in meiner Schule. Da ich zu scheu war und mich nicht richtig traute, mit meinen Mitschülern zu reden, hatte ich kaum Freunde. Umwelt-Themen empfand ich als nebensächlich und langweilig, wie viele andere Jugendliche in meinem Bekanntenkreis.

Ich dachte mir insgeheim: »Was geht mich die Umwelt an, solange ich bequem und zufrieden zu Hause sitzen kann?« Ich habe mir auch nie groß Gedanken darum gemacht. Fleisch stand ganz oben auf meinem Speiseplan. Zur Schule und zum Training wurde ich von meinen Eltern im Auto gebracht. Ich besaß zwar ein Fahrrad, aber das benutzte ich höchstens zwei- oder dreimal im Jahr, um zu einem Kumpel oder zum Laden nebenan zu fahren.

Eines Tages, im August 2011, wurde von unserer Lehrerin im Biologieunterricht bekannt gegeben, dass die Schule an einem internationalen Projekt namens *youthinkgreen* (auf Deutsch: »*jugend denkt um.welt*«) teilnehmen würde. Wir haben das damals nicht ernst genommen, es gab sogar Gelächter in der Klasse. »Umwelt – was haben wir damit zu tun?«, war die Frage, die den meisten von uns als Erstes in den Sinn kam. Doch irgendetwas bewegte mich dazu, die Sache zu überdenken. Denn mein Alltag kam mir zu diesem Zeitpunkt sehr monoton vor. Etwas Neues auszuprobieren und an Team-Projekten teilzunehmen, erschien mir plötzlich als kleine Chance, meine Lebenssituation zu verändern.

Wie sich mein Leben und meine Haltung wandelten

Ich ging also zum ersten Treffen der neuen Schul-AG von *youthinkgreen* unter der Leitung unseres Lehrers Carsten Antoni. Er berichtete uns enthusiastisch von dem Projekt und schien voller Energie und Tatendrang zu sein. Besonders begeisterten mich die gezeigten Kurzfilme der vorigen *youthinkgreen*-Generation. Ich war so ergriffen und mitgerissen, dass ich unbedingt am *youthinkgreen*-Namibia-Programm teilnehmen wollte.

Zunächst beschäftigten wir uns eher theoretisch mit allen Aspekten von Nachhaltigkeit in unserem Alltag, bekamen Besuch von Experten, welche uns ihr Spezial-Wissen durch Referate mitteilten. Angefangen mit Ernährung, Energieversorgung und Mobilität über die Entsorgung von Elektroschrott bis hin zu den Gefahren und Möglichkeiten von Gentechnik beim Anbau von Baumwolle erarbeiteten wir uns ein Grundlagenwissen.

Im nächsten Schritt vertieften wir unser Verständnis für bestehende Herausforderungen und Lösungsansätze in Bezug auf Umweltthemen. Je mehr Wissen ich erwarb, desto größer wurden meine Neugier und mein Wunsch, unser lokales Umfeld in Namibia mitzugestalten. Am Anfang hatten wir beispielsweise die Idee, Photovoltaik-Solarplatten auf den Dächern unserer Schule anzubringen, um die Erneuerbaren Energien stärker zu nutzen. Dazu erzähle ich später noch mehr.

Wir führten selbst Interviews durch und hielten Vorträge, um unser neues Wissen zu teilen. Beispielsweise diskutierten wir über die Auswirkungen, welche die Firma Ramatex in den 1990er-Jahren auf das Stadtbild und die Süßwasserressourcen von Windhuk hatte.

Zu Beginn fiel mir das Reden in der Öffentlichkeit noch recht schwer, und ich musste mich ziemlich anstrengen, um die vielen Aufgaben der Recherche, der Verschriftlichung und der Präsentation neben dem Schulalltag zu bewältigen. Doch bald schon hatte ich einige Übung darin, und meine Schulnoten verbesserten sich insgesamt deutlich. Ich verbrachte kaum noch Zeit am Computer, außer für meine Recherchen.

Carsten Antoni motivierte uns immer wieder aufs Neue, auch indem er versprach, dass unsere Anstrengungen belohnt würden, und zwar mit der Möglichkeit, an der »Internationalen Jugend-Klimawoche« in Deutschland teilzunehmen.

2012 wurde dieser Traum zur Realität. Über eine Woche ging unser straffes, aber höchst interessantes Programm. Wir lernten Jugendliche aus allen Regionen der Welt kennen, hörten uns

informative Präsentationen an und diskutierten leidenschaftlich über Lösungsansätze, beispielsweise über den Einsatz und die Gewinnung von Erneuerbaren Energien von Bürgern. Die

Stimmung war mit Optimismus aufgeladen, mit den Wünschen und dem Tatendrang so vieler junger, engagierter Menschen. Wir gewannen neue Erkenntnisse und Projektideen, zum Beispiel, indem wir die bisherigen Transportmöglichkeiten in Windhuk betrachteten und nach nachhaltigeren Optionen und aktiven Formen der Mobilität suchten, wie etwa das in Namibia unbeliebte Fahrradfahren. Aber am wertvollsten für mich war, dass wir Freundschaften knüpfen konnten und noch selbstbewusster wurden.

Zurück in Namibia, mit neuer Motivation und Inspiration im Gepäck, stellten wir unsere Ideen der ganzen Schule vor. Diesmal blieb das Gelächter aus. Wir erhielten den Respekt der anderen Schüler, indem sie uns aufmerksam zuhörten und aktiv mitmachten, als wir Fragen stellten. Und auch die Schulleitung war begeistert und versprach uns Unterstützung. Sogar die Tageszeitungen und Rundfunkmedien berichteten über unser Engagement.

Wir starteten Projekte zu drei unterschiedlichen Zielsetzungen: 1. Stärkung des Umweltbewusstseins, 2. Nutzung von Solarenergie und 3. nachhaltige Mobilität. Für unsere Ziele zum ersten Thema organisierten wir mit der gesamten Schülerschaft einen »Grünen Basar« mit Informationsständen, kleinen Aktionsangeboten und Spielen. Dabei sammelten wir Gelder, die für photovoltaische Solarplatten gedacht waren, um unser Solarenergieprojekt an der Schule zu ermöglichen. Leider sah die Schulleitung zu viele bürokratische Hürden, um unsere Idee, wie versprochen, zu realisieren. Eine konkrete Antwort, woran das Vorhaben gescheitert ist, haben wir nie erhalten, und das hat uns alle sehr enttäuscht.

Ich entschied mich, meine gesamte Energie in das dritte Projekt zur nachhaltigen Mobilität zu stecken und mich damit zu befassen, warum Fahrradfahren in Windhuk als gefährlich gilt und so unbeliebt ist, und vor allem, warum es mit »Armut« assoziiert wird.

Die meisten Bürger, sogar die ärmsten im Lande, geben lieber die Hälfte ihres Einkommens für Fahrten im Sammeltaxi oder Bus aus, als auf einem Fahrrad gesehen zu werden. Doch ich war mir sicher, dass wir gemeinsam etwas bewirken und diese Einstellungen und Verhaltensweisen ändern könnten, ohne dass uns die Bürokratie wieder im Wege stand. Und ich sollte Recht behalten.

Fahrradfahren in Windhuk war möglich, und ich gewann nach und nach viele Unterstützer, wie zum Beispiel die Nichtregierungsorganisation »Bicycle Empowerment Network Namibia« (BENN) und die Gruppe »Move Windhuk«. Letztere führten ihr Projekt in Kooperation mit der deutschen Gesellschaft für Internationale Zusammenarbeit (GIZ) durch. Wir organisierten gemeinsame Diskussionsrunden und veranstalteten eine Gruppen-Fahrradfahraktion (einen sogenannten Bike-Bus) durch Windhuk. *(Wie es weiterging und welche Erfolge Alexander und die Gruppe Namibia mit ihrem Fahrrad-Projekt hatten, könnt ihr im Feldarbeitsbericht in Themenfeld 2 nachlesen.)*

Alexander auf der Klimakonferenz, Doha 2012

Unabhängig davon veränderte ich auch zu Hause mein Konsumverhalten, reduzierte meinen Fleischkonsum und meinen Verbrauch an

Plastiktüten. Oft wurde ich von anderen komisch angeschaut, wenn ich mit meinen Stoffbeuteln zum Einkaufen ging, aber ich war stolz darauf. Ich stellte sicher, dass Strom und Wasser von meiner Familie sparsamer genutzt wurden.

Von Namibia aus aufs internationale Parkett des Umwelt- und Klimaschutzes

Im Dezember 2012 zahlten sich meine Bemühungen weiter aus, denn ich wurde als einer der *youthinkgreen*-Klimabotschafter zur »Conference of Youth 8« (COY 8) und zur »Conference of Parties 18« (COP 18) in Doha, Katar eingeladen. Die COP 18 steht für die 18. Konferenz der Vertragsstaaten der Klimarahmenkonvention der Vereinten Nationen und gleichzeitig für das achte Treffen im Rahmen des Kyoto-Protokolls (CMP 8). Die Konferenz sollte dazu dienen, die Nachfolgeregelung zum Kyoto-Protokoll zu erarbeiten – mit konkreten Verpflichtungen der Industriestaaten zur Reduzierung von Treibhausgas-Emissionen.

Wir Jugendlichen hatten bei der COY 8 die Chance, uns im Vorfeld der COP 18 in Kleingruppen auszutauschen, zunächst mit dem Fokus auf die eigene Herkunftsregion und anschließend dann zu spezifischen Themenbereichen. Ich schloss mich hierbei einer Gruppe an, in der wir über den Klimawandel und die Auswirkungen in den Entwicklungsländern diskutierten, um unsere Stimmen zu bündeln und unsere Forderungen dann an die Delegierten der Konferenz zu überreichen.

Ich beteiligte mich lebhaft an den Diskussionen und sprach vor Hunderten von Jugendlichen über unterschiedliche Themen, wie etwa die Aridifizierung (Austrocknung) in Afrika und die zunehmende Ozeanversauerung sowie Möglichkeiten der Verknüpfung von globalem Denken und lokalem Handeln. Das Sprechen vor so vielen engagierten Jugendlichen hat mich einige Überwindung und Mut gekostet. Noch ein Jahr zuvor hätte ich mir das nicht erträumen lassen. Doch ich wagte diese Schritte außerhalb meiner Komfortzone und habe es nicht bereut.

Leider wurden unsere Erwartungen an die Politiker, die an der COP 18 teilnahmen, herb enttäuscht. Uns Jugendlichen wurden nur sieben Minuten gewährt, um unsere Forderungen, die wir bei der COY 8 in Gruppen er-

Im großen Klimakonferenzsaal, Doha 2012

stellt hatten, vorzutragen. Dabei mussten wir feststellen, dass viele Delegierte keine Notiz von uns nahmen oder einfach nicht zuhörten. Die Ergebnisse der Konferenz wurden von den Medien als »Mini-Kompromiss« gedeutet, und auch unserer Meinung nach kam es zu keinen zufriedenstellenden Beschlüssen.

Die Stimmung außerhalb der Konferenzräume war etwas offener und angenehmer. Einige Delegierte konnten wir in Vier-Augen-Gespräche verwickeln und mit kleinen Demonstrationen und Aktionen auf uns aufmerksam machen, unter anderem mit einer »Tree of Hope«-Installation (siehe hierzu auch Themenfeld 2) und der »1. Klima-Demonstration in Katar«. Dies entschädigte uns etwas für die erlebten Enttäuschungen und ließ bei uns allen neuen Mut aufkommen.

Auch beim »1. Weltjugend-Nachhaltigkeitsgipfel« 2013 in Berlin war ich mit dabei und spürte, wie sehr mich die Tätigkeiten mit und für meine *youthinkgreen*-Familie in meiner Persönlichkeit gestärkt hatten. Ich fühlte mich als Teil der Gemeinschaft, leitete Diskussionen und hatte keine Angst mehr, meine Meinung kundzutun, auch nicht vor allen 160 Teilnehmern

aus der ganzen Welt. Ich denke, viele Jugendliche, die schon länger dabei sind, haben einen ähnlichen Prozess durchgemacht.

Ich wurde sogar zum ZDF-Morgenmagazin eingeladen und zu unseren *youthinkgreen*-Projekten befragt. Das stellte für mich eine enorme Herausforderung dar, weil ich zum ersten Mal in meinem Leben allein vor einer Kamera stand und extrem nervös war. Doch im Anschluss gratulierte mir die Moderatorin sogar zum gelungenen Interview. Nach dem Gipfel bildeten wir einen *youthinkgreen*-Jugendbeirat, der unsere Wünsche hinsichtlich weiterer (internationaler) Programme, Aktivitäten und Kooperationen bündelt – und in dem ich Mitglied bin.

Alexander trifft Prof. Yunus

Im Oktober 2013 wartete schon das nächste Highlight auf mich. Ich nahm an der »One Young World«-Konferenz in Johannesburg, Südafrika, teil. Dort hatte ich das Privileg, mit dem Friedensnobelpreisträger Prof. Muhammad Yunus und dem Astronauten Ron Garan zu sprechen – eine große Ehre, zumal wir über meine Projekte diskutierten und sie mir weitere Ideen und Anregungen für die Weiterentwicklung gaben.

Ihr Vorschlag an mich war, das Bike-Bus-Projekt verstärkt der Öffentlichkeit zu präsentieren, also das Konzept auch anderen Schulen vorzustellen und davon in den Rundfunk- und Print-Medien sowie in sozialen Netzwerken (Facebook, Twitter etc.) zu berichten.

Ich nahm mir diese Vorschläge sehr zu Herzen und teilte meine Ideen mit der *youthinkgreen*-Namibia Gruppe. Jedoch war ich damals am Ende meiner Schulkarriere angelangt und verließ Namibia im Zuge meines Studiums in Südafrika. Daher übergab ich die Verantwortung für das Bike-Bus-Projekt meinen jüngeren Mitschülern und hoffe darauf, dass sie dieses erfolgreich fortführen und weiterentwickeln.

Was habe ich erreicht und wo möchte ich hin?

Im November 2013 machte ich schließlich mein Abitur und war stolz, unter den besten zehn Schülern meiner Schule zu sein und eine der Abschlussreden halten zu dürfen. Meine

Faulheit und meine Introvertiertheit aus der zehnten Klasse waren Vergangenheit, ich hatte sie komplett abgelegt und vergessen. 2014 begann ich das Studium des Chemie-Ingenieurswesens mit einem Schwerpunkt auf Nachhaltigkeit in Kapstadt und habe nun das erste Jahr erfolgreich absolviert.

Neben dem Studium und der *youthinkgreen*-Mitgliedschaft engagiere ich mich zudem bei der Freiwilligen Waldfeuerwehr, sitze im Komitee eines Bergsteigervereins und bin aktives Mitglied der Umwelt-Gruppe meiner Universität in Kapstadt. Ich hoffe, mit der Hilfe von *youthinkgreen*, in dieser Gruppe neue Nachhaltigkeitsprojekte entwickeln und umsetzen zu können. Vielleicht lassen sich *youthinkgreen*-Projekte aus anderen Ländern, wie etwa der Shopping-Guide aus der Osnabrücker Gruppe, auf den regionalen Kontext in Kapstadt übertragen und entsprechend den lokalen Herausforderungen adaptieren.

Mein verändertes, nachhaltigeres Konsum- und Mobilitätsverhalten und der sparsame Umgang mit natürlichen Ressourcen sind mittlerweile für mich zu einer Selbstverständlichkeit geworden. Ich kaufe so viele lokale Produkte wie möglich, wie zum Beispiel Milch von Bauernhöfen in der nahen Umgebung Kapstadts, und halte mich über neueste Entwicklungen und Innovationen in Sachen Klimaschutz auf dem Laufenden.

Mein Plan für die nächsten Jahre ist es, mein Studium erfolgreich abzuschließen und dann bei einer Firma im Bereich Wasserwiederaufbereitung zu arbeiten, die derzeit mein Studien-Stipendium bezahlt. Aufgrund des ariden Klimas in Namibia ist Wasser eine der, wenn nicht sogar *die* kostbarste Ressource unseres Landes. Ich möchte später dazu beitragen, die bestehenden Probleme bei der Wasserversorgung zu mindern.

Wer weiß, ob ich ohne meine *youthinkgreen*-Familie und ohne meinen engagierten Lehrer Carsten Antoni diesen Weg so für mich gefunden hätte ... Aber eines steht für mich außer Frage: Es ist extrem wichtig, dass wir Jugendliche uns stärker für Umwelt- und Klimaschutz interessieren, unsere Stimme erheben und uns für unsere Ziele einsetzen, sei es über lokale Projekte in der Schule, bei der Berufswahl oder mittels politischen Engagements. Um die sozialen und ökologischen Probleme zu entschärfen, welche mit der Globalisierung einhergehen, bleibt uns nicht mehr viel Zeit. Und wenn wir es jetzt nicht gemeinsam in die Hand nehmen, wann dann?

Anmerkung der *youthinkgreen*-Redaktion: Hinsichtlich einer möglichen Bearbeitung und Auswertung des Textbeitrages von Alexander Brock verweisen wir auf die Fragen unter Wissen • Begreifen • Handeln zum vorherigen Bericht von Johanna Krüger.

Alexander im Feuerwehreinsatz bei Kapstadt (Südafrika) © Volunteer Wildfire Service

GRÜNES STORYTEL

Die journalistische Schreibwerkstatt von *youthinkgreen*

Von Ariane Missuweit und Christian Vock

»Wiechmann hätte nicht gedacht, dass es so schlimm kommen würde. Klar, er kannte die Geschichten seiner Männer, und klar, er würde ordentlich Wasser schlucken. Ein Kollege war ja gar nicht erst mitgekommen, weil er nicht gut schwimmen kann. Wiechmann ist trotzdem hingefahren, er hat Lust auf Offshore, Lust auf Windenergie weit draußen auf dem Meer. Aber das hier, diesen Weltuntergang, hat er nicht erwartet.«

© Sebastian Kempkens / KAS

So beginnt die Geschichte »Wiechmann muss springen« über den Bauleiter Jens Wiechman und seine Kollegen auf einer Offshore-Windanlage weit draußen in der Nordsee, für die der Autor Sebastian Kempkens 2013 den dritten Platz des Reportage-Preises für junge Journalisten ergattert hat. Hat euch der Einstieg gepackt, möchtet ihr weiterlesen?

Beim Stortytelling ist nichts wertvoller als ein spannender Beginn, der den Leser sogleich in den Bann zieht und Interesse für den Lebensweg und die Emotionen der Hauptperson weckt. Ein guter Reporter beobachtet das Geschehen ganz genau und fühlt mit den Menschen, denen er begegnet:

»Jetzt steht er da in seinem roten Sicherheitsanzug, in dreieinhalb Metern Höhe. Eine Schwimmweste schnürt ihm den Atem ab, der Sturm schlägt Regentropfen in sein Gesicht, es ist finster, er sieht kaum etwas. Eine Sirene heult, heftige Donnerschläge brechen herab und immer wieder rattern die Rotorblätter eines Rettungshubschraubers durch die Dunkelheit. Aber Hilfe ist noch nicht in Sicht. Es bleibt ihm nichts übrig, Wiechmann muss da jetzt allein durch. Als der nächste Blitz einschlägt und alles für einen Moment erhellt, springt er in die Tiefe.«

Wie es weitergeht, was Jens Wiechman erlebt und welche gesellschaftliche und umweltpolitische Relevanz die Geschichte hat, könnt ihr online nachlesen (siehe Link-Liste im Anhang). Nur so viel sei verraten: Über den Protagonisten Wiechmann schafft der Autor »einen menschlichen Zugang in das sperrige und eher unattraktive Thema Energiewende«, so begründete die Jury den Preis.

Sebastian hat diese Geschichte für das Magazin »Plan E« im Rahmen seiner studienbegleitenden Journalistenausbildung bei der Konrad-Adenauer-Stiftung recherchiert und verfasst. Die Wege in den Journalismus sind vielfältig, meist auch lang und steinig. Viele Autoren absolvieren ein Fachstudium, zahlreiche Praktika und zusätzlich noch eine journalistische Ausbildung im Rahmen eines Volontariats oder Aufbaustudiums.

NG

Wir von *youthinkreen* erfahren in vielen Gesprächen mit engagierten Jugendlichen, dass das Interesse an der Mitarbeit in den Medien und der Wunsch, das journalistische Handwerkszeug zu erlernen (und sei es auch nur für das Schreiben eines Blogs, die Schülerzeitung oder die Presseberichterstattung über Umweltprojekte), ungebrochen hoch sind.

Mit dieser Werkstatt möchten wir euch zeigen, wie ihr die vermeintlichen Hürden des Schreibens mit Leichtigkeit überspringen könnt und, ausgehend vom Thema und der ersten Idee, mittels Recherche zu einer spannenden Reportage gelangt, die ihr in der Schüler-, Uni- oder Lokalzeitung veröffentlichen könnt.

Wir empfehlen euch daher, diese Schreibwerkstatt im Rahmen eines Seminars, einer Projektwoche oder einer Schul-AG zu durchlaufen, so dass euch genügend Zeit für die Recherche und die Übungsaufgaben bleibt. Wenn ihr die sieben Schritte gemeinsam in der Gruppe – mit Unterstützung von Journalisten oder *youthinkgreen*-Projektmitarbeitern – absolviert, werdet ihr anschließend besser verstehen, was gute und wahrhaftig erzählte Geschichten ausmachen und wie ihr selbst zum Storyteller werden könnt.

Storytelling ist nämlich nicht nur etwas für begnadete Schreiberlinge und Edelfedern, sondern basiert auf Fähigkeiten wie Einfühlungsvermögen, Neugierde und Hartnäckigkeit sowie dem nötigen methodischen Handwerkszeug.

Schritt 1 – Lesen, lesen, lesen … oder: »Was ist Storytelling?«

Wenn man in die Lehre geht – und das ist beim Tischlern genauso wie beim Schreiben –, dann heißt es zunächst: beobachten, abgucken, analysieren und Fragen stellen. Ein häufiger Rat an Nachwuchsjournalisten und -autoren ist daher, dass, wer gut schreiben lernen will, viel (Zeitung) lesen muss. Beginnen wir also damit, Reportagen über Umwelt- und Nachhaltigkeitsthemen in unseren Medien zu suchen und zu studieren.

»Heute ist Umweltjournalismus ausdifferenziert in Berichterstattung über Klimawandel und CO_2-Ausstoß, über Atomenergie und erneuerbare Energiequellen, über ökologische Landwirtschaft und Gentechnik, Ökosprit und Elektromobilität usw. Letztlich gibt es kein Thema, das nicht auch umweltrelevant und nachhaltig ist«, so Prof. Dr. Beatrice Dernbach von der Hochschule Bremen.

Die Ansprüche an den »Grünen Journalismus« und die komplexen Themenfelder der Nachhaltigkeit sind so hoch und die Zeit für Recherche so knapp, dass selbst viele erfahrene Journalisten daran scheitern (siehe Beitrag von Eva Mahnke in Themenfeld 3.1.). Umso besser für uns engagierte Jugendliche, die – unabhängig vom Zeitdruck, der Profitorientierung, der Eigenlogik der großen Medienunternehmen und den Ansichten der Chefredakteure – Geschichten recherchieren und verschriftlichen können.

© Hiking Artist_Frits Ahlefeldt

Spielt eine Geschichte vorrangig an einem Ort, und wird ein Ereignis beziehungsweise das Erlebnis einer Person geschildert, spricht man von einer klassischen Reportage. Wenn es dem Autor dabei hauptsächlich um das Leben, das Schicksal und die Gefühlswelten eines Menschen geht – und nur nachgeordnet um den gesellschaftlichen Kontext –, spricht man von einem

Porträt

Besucht und beschreibt der Autor mehrere, manchmal sogar weit auseinander liegende Orte, kommen mehrere Personen zu Wort und werden unterschiedliche Ereignisse in der Geschichte miteinander verbunden, dann spricht man von einem klassischen Report. Dies ist sozusagen eine komplexere, vielschichtige und lange Story, wie man sie häufig in großen Nachrichtenmagazinen liest und in der die Hintergründe der Ereignisse intensiv beleuchtet werden (mehr dazu erfahrt ihr in den nächsten Abschnitten). Wird eine gesellschaftlich brisante Entwicklung konkret an einem persönlichen Schicksal erzählt, nennen das Journalisten ein

Feature

»Reportage« wird manchmal auch als übergeordneter Begriff für alle diese unterschiedlichen Darstellungsformen verwendet, die doch vieles gemein haben: Während Nachrichten-Redakteure die Distanz zum Geschehen wahren, gehen Reporter und Storyteller ganz nah ran. Sie dokumentieren ihre persönlichen Beobachtungen und Sinneswahrnehmungen (was ist vor Ort zu sehen, zu riechen, hören, schmecken, fühlen?) sowie das Gefühlsleben der betroffenen Akteure detailreich und umfassend.

So beginnt etwa die Story »Der Zapfenstreit« von Paula Scheidt über die Herkunft unserer Weihnachtsbäume: *»Nach einem langen Aufstieg durch Farne, Brombeerdickicht und kniehohes Gras stemmt Karl Moser seine klobigen Schuhe in den Waldboden und legt seine Arme um die schönste Tanne, die er je gesehen hat. Ein Traum von einem Baum. Pyramidenförmig, dichte Äste, buschige Nadeln.«*

Beim Storytelling geht es zunächst um nichts anderes als darum, die Aufmerksamkeit des Lesers zu gewinnen und zu behalten. Wolf Schneider sagte einmal im Bezug auf die Reportage: *»Der erste Satz muss wie ein Erdbeben sein.«*

Reportagen umfassen laut Prof. Michael Haller, Medienwissenschaftler und Journalist, *»alles, was außerhalb unseres Kopfes liegt und mit unseren Sinnesorganen wahrgenommen werden kann: die Geschichten, die uns andere Menschen erzählt haben; die in Dokumenten festgestellten Sachverhalte; die Geschehnisse, die wir beobachtet, gehört, gerochen, geschmeckt und betastet haben, kurz: die Objekte unserer Arbeit«* (2008 in »Die Reportage«, S. 167). Es gilt, so Haller, die Faustregel: *»Wer nichts erlebt hat, kann auch nichts erzählen, es sei denn, er flunkert.«*

Es geht beim journalistischen Storytelling also um die Nacherzählung wahrhaftig erlebter Ereignisse und die Verbindung dessen mit recherchierten Fakten und Hintergründen, nicht jedoch um kreatives, literarisches Schreiben, wie der englische Begriff es vielleicht vermuten lässt. Reportagen bestehen oftmals aus einer Kombination von Texten und Fotos.

Ähnlich wie ein guter Roman erzeugt auch eine gute Reportage ein »Kopfkino«. Vergleichbare Stilformen in Hörfunk und Fernsehen bezeichnet man zumeist als Dokumentation oder wiederum als Feature. Selbst ein klassisches Interview kann Elemente des Storytellings beinhalten. Auf der anderen Seite enthalten Reportagen offensichtlich Informationen und Zitate aus Recherchematerial und geführten Interviews.

ARBEITSAUFTRÄGE ZU SCHRITT 1:

Lektüre und Analyse

Sucht in den klassischen Medien oder auf Online-Portalen nach spannenden Reportagen über Umwelt- und Nachhaltigkeitsthemen. Wir empfehlen euch die Lektüre folgender Texte:

- Sebastian Kempkens: Herr Wiechmann muss springen (Plan E – Magazin der Konrad-Adenauer-Stiftung, 2013): http://de.plan-e-magazin.de/wiechmann-muss-springen/
- Paula Scheidt: Der Zapfenstreit (Die ZEIT N° 52/2013): www.zeit.de/2013/52/weihnachten-nordmanntanne-zapfenpfluecker-georgien
- Mathias Rittgerott: Der Kampf der Bauern in Peru: Hier war mein Wald: www.regenwald.org/regenwaldreport/2014/406/kampf-der-bauern-fuer-den-wald-hier-war-mein-wald
- Alexander Osang: Die Deutsche Queen (Spiegel, 11.05.2009): www.spiegel.de/spiegel/print/d-65330394.html

Lest die Texte gemeinsam in der Gruppe und tauscht euch darüber zu folgenden Fragen aus:

a) Um welche Personen, Ereignisse oder gesellschaftliche Entwicklungen geht es in den Texten? Was ist das übergeordnete Thema?
b) Welches Genre hat der Autor gewählt: klassische Reportage, Report, Porträt oder Feature? Oftmals bilden Texte auch Mischformen dieser Idealtypen.
c) Welcher Einstieg hat euch am besten gefallen und warum?
d) Welche Passagen des Textes lassen sich eher Beschreibungen und Sinneseindrücken zuordnen, welche vermitteln Fakten und Hintergründe zur Geschichte?

Aufgaben mit erhöhtem Anspruch:

a) Stellt Vermutungen darüber an, mit wem der Autor bei der Recherche für die Story wohl Interviews geführt hat. Sucht nach einer Möglichkeit, die Autoren der Texte zu kontaktieren, und stellt ihnen eure Fragen zur Vorgehensweise und den Hürden bei der Recherche.
b) Erarbeitet gemeinsam auf Grundlage der Lektüre eine Definition für »journalistisches Storytelling«.

Schritt 2 – Aller Anfang ist schwer: Was sind spannende Themen, und wie finde ich eine Story?

Auch hier lautet das oberste Prinzip wieder: lesen, lesen, lesen (Online- oder Printausgaben), zudem Radio hören und Fernsehen schauen. Was bewegt die Menschen aktuell in deiner Stadt, deiner Region, deinem Land? Worüber machen sich deine Freunde, Bekannten und Nachbarn ihre Gedanken? Was wird in sozialen Netzwerken gerade heiß diskutiert? Eine Journalisten-Weisheit lautet: »Die Themen liegen auf der Straße.« So altklug diese Aussage auch klingen mag, sie hat doch einen wahren Kern. Journalisten sind rundum gut informiert und vernetzt, so dass die Themen und Geschichten im Idealfall sogar zu ihnen kommen und nicht andersherum.

Immer dann, wenn Konflikte aufkommen, Unwissen über ein Ereignis oder eine Entwicklung weit verbreitet ist und/oder Diskussions- oder Klärungsbedarf herrscht, sind gute Themen und Geschichten zu erwarten.

Beispiel: Der Kampf der Bauern in Peru: »Hier war mein Wald« (Mathias Rittgerott)

»In Peru ist ein Kampf um Land entbrannt. Großunternehmen holzen in Amazonien Regenwald ab, um Plantagen für Ölpalmen und Kakao anzulegen. Kleinbauern und Umweltschützer wehren sich.

Als der Bauer Ahu Gremish Yumbato aus dem dichten Wald tritt, dösen die drei Wachen. Sie schützen ein Werk der Zerstörung. Mächtige Baumstämme türmen sich auf, als hätte ein Orkan sie umhergewirbelt. Sie sind zersplittert, umgeknickt, abgesägt, mit Bulldozern zusammengeschoben. Der Boden ist aufgewühlt von den schweren Maschinen. Holzfäller – 600 sollen es sein – haben ganze Arbeit geleistet. Unvorstellbar, dass hier vor wenigen Wochen noch üppiger, grüner Regenwald stand.«

Oftmals werden Journalisten von Medienwissenschaftlern dafür gescholten, dass sie so viel über Krisen, Kriege, Krankheiten und Katastrophen berichten. Aber Dramen und Emotionen wie Verzweiflung, Trauer, Wut und Frustrationen zählen zum Grundstoff für spannende Reportagen. Es ist natürlich richtig, dass Journalisten öfter über Erfolgsgeschichten (englisch: Success Storys), positive Entwicklungen und neue, vielversprechende Forschungsergebnisse berichten könnten. Doch eine reine »Friede-Freude-Eierkuchen-wir-haben-uns-alle-lieb«-Geschichte ist genauso realitätsfern und langweilig zu lesen wie ein Drama ohne Hoffnung oder ein Schicksals-Terror-Weltuntergangsszenario ohne Bodenhaftung und Optimismus. Die gesunde Mischung macht's.

Eine Möglichkeit, Themen zu finden, bieten auch sogenannte »Anlässe« wie etwa Jubiläen, international ausgerufene Tage, Wochen, Jahre und Dekaden, Presseerklärungen von Institutionen oder lokale Ereignisse. Allerdings taugen diese eher für eine Nachricht oder einen Sachbericht denn als Einstieg in eine spannende Reportage (Ausnahmen bestätigen die Regel).

Umweltschutz, Klimawandel und Nachhaltigkeit gelten unter anderem als die zentralen Themenfelder der Zukunft, mit denen man sich mit hartnäckiger Recherche und gut durchdachten Schlussfolgerungen als junger Schreiber einen Namen machen kann.

Doch bevor ihr an dieser Stelle schon die Stifte zückt, in der Überzeugung, Klimawandel sei ein gutes Thema, bitte noch ein klein wenig Geduld. Denn natürlich ist Klimawandel ein wichtiges Thema, über das es sich zu berichten

© Mathias Rittgerott / Rettet den Regenwald e.V.

lohnt. Doch insbesondere für die subjektiven, journalistischen Erzählformen wie Reportage, Report und Porträt reicht ein Thema allein nicht aus. Was wir als Journalisten brauchen, ist eben die Story im Thema. Denn der Klimawandel ist ein sehr komplexes und abstraktes Phänomen, und damit tun sich die meisten Journalisten genauso wie ihre Leser schwer.

© Klaus D. Fahlbusch

Daher gilt der Grundsatz: Keine Story ohne Hauptdarsteller, sogenannte Protagonisten. Wir alle suchen in Texten instinktiv nach Namen, Gesichtern, Interessen und Lebenswegen, nach Menschen, mit denen wir sympathisieren und uns identifizieren können, oder eben auch nicht. Deshalb verdeutlichen Storyteller die Entwicklungen von abstrakten Phänomenen wie etwa dem Klimawandel an einer konkreten Geschichte oder an einem Fallbeispiel. Diese Methode nennt man im Fachjargon »ein Thema runterbrechen«. Medienwissenschaftler sprechen von »Simplifizierung durch Personalisierung«.

Was sind gute Protagonisten, und wie findet man diese?

Gute Protagonisten sind Persönlichkeiten, die sich anderen Menschen (den Reportern) im gegenseitigen Vertrauen öffnen können und (den Lesern) etwas zu offenbaren haben, wofür es zumeist viel Sensibilität und Geduld seitens des Reporters bedarf. Emotionen machen eine Geschichte besonders interessant, da Menschen überall auf der Welt Gefühle wie Angst, Trauer, Freude und Wut erleben und sich über die Beschreibung von Gefühlen in die Akteure hineinversetzen, sich in ihnen spiegeln oder abgrenzen und damit selbst reflektieren können.

Interessante Protagonisten haben einen inneren Konflikt, den es zu bewältigen gilt. Das muss kein schlimmes Drama, sondern kann auch eine Herausforderung sein, wie etwa ein Vortanzen bei der staatlichen Ballett-Akademie oder eine Abiturprüfung. Spannend an Hauptfiguren ist Ambivalenz – eine Widersprüchlichkeit von Gedanken, Emotionen und Tätigkeiten: Sie agieren anders, als sie eigentlich wollten. Sie machen Erfahrungen oder treffen Entscheidungen, welche sie bereuen. Sie erleben Dinge, die sie beflügeln und auf ihrem Lebensweg weiterbringen. Sie lernen aus alldem. Sie sind sich vielleicht noch unsicher, was sie antreibt. Sie sind Suchende, wie wir alle.

Für mehr Informationen dazu schaut in die Drehbuch-Werkstatt in Themenfeld 2.

Bleibt festzuhalten: Eine gute Reportage funktioniert am besten mit einem Hauptdarsteller (Protagonisten) und einer Lebensgeschichte mit Höhen und Tiefen, anhand derer ein abstraktes Phänomen wie der Klimawandel oder der Kampf um Nachhaltigkeit verständlich wird. Das kann ein Bauer in einem afrikanischen Land sein, der von einer Dürre heimgesucht wird, eine Kleinfamilie in der Großstadt, die versucht, plastikfrei zu leben, oder ein Sozialunternehmer, der mit seinen Ideen gegen starre Hierarchien in der Wirtschaft ankämpft und dabei gegen Wände läuft.

Um Protagonisten zu finden, muss man als Reporter viel Geduld aufbringen. Stefan Willeke schildert in dem Interview »Recherchieren für Reporter«, wie er mit zwanzig Bauern Kontakt aufgenommen hat, bis er denjenigen fand, den er für seine Geschichte »An der Salatfront« begleitet hat. Seine Story handelt von komplexen Globalisierungsprozessen und deren Folgen für die Landwirtschaftsbetriebe in Deutschland. Auch wie man als Journalist hartnäckig bleibt und sich Zugang zu spannenden Orten verschafft, schildert Willeke in dem Interview. Mehr über »Recherche-Strategien« erfährst du im Schritt 4 dieser Werkstatt.

ARBEITSAUFTRÄGE ZU SCHRITT 2:

Lektüre und Analyse

Lest die vorhin in Schritt 1 ausgewählten Texte nochmals, benennt das Thema und beschreibt die Protagonisten:

a) Wie sehen sie aus? Was machen, sagen, fühlen und denken sie? Welchen Beruf oder welche gesellschaftliche Funktion üben sie aus?
b) Welchen inneren Konflikt tragen sie mit sich, oder was sind die zu bewältigenden Herausforderungen?
c) Mit welchen Augen, also aus welcher Perspektive heraus, beobachtet sie der Journalist? Ist er dabei wertend und kommentierend, oder nimmt er eine eher neutrale Haltung ein?

Für Nachwuchs-Reporter:

a) Eure Schüler- oder Uniredaktion beschließt, einen Artikel zum Thema »Biodiversität« zu machen. Zunächst verschafft ihr euch einen Überblick, was die Medien derzeit darüber berichten und warum das Thema so bedeutsam für uns alle ist.
b) Überlegt euch Möglichkeiten für eine eigene Story zum Thema Biodiversität, die Entwicklungen in eurer Region widerspiegeln. Was wären gute Protagonisten für eure Story (dies müssen nicht nur Menschen, sondern können für dieses spezielle Thema auch Tiere sein)? Ihr könnt für diese Aufgabe auch ein anderes Thema, etwa Klimawandel oder Energiewende, wählen.

3. Zielsetzung, Vermutungen, Vor-Recherchen und Wahl des Genres

Bevor es an die eigentliche Recherche geht, verschriftlicht ihr euer Vorwissen sowie eure Fragen zum gewählten Thema und stellt erste Vermutungen zu möglichen Antworten an. Daraus entwickelt ihr eine These – eine Behauptung über einen Sachverhalt, beispielweise über die Gründe des starken Verlusts der Biodiversität in einem nahegelegenen Sumpfgebiet, die ihr anschließend mit Recherchemethoden überprüfen wollt.

Diese Vorüberlegungen helfen euch dabei, die Recherche zielsicher und strukturiert anzugehen und das journalistische Format zu wählen. Zugleich müsst ihr als Reporter im Verlauf der weiteren Recherchearbeit offen und vorurteilsfrei bleiben, um eure Ausgangsthese eventuell

Jeden Gedanken festhalten

aufgrund neu gewonnener Erkenntnisse zu verändern oder zu verwerfen.

Anschließend macht euch Gedanken darüber, was ihr euren Lesern vermitteln wollt und auf welche Art und Weise. Geht es euch vorrangig um das Berichten über neue Fakten und komplexe Zusammenhänge, dann bietet sich ein Report oder Feature an. Ist euch die Sensibilisierung für ein noch unbekanntes Thema oder die Unterhaltung des Lesers wichtig, sind die klassische, schlichte Reportage oder ein Porträt besser geeignet. Je nach Zielstellung wählt ihr eure journalistische Darstellungsform aus.

Habt dabei vor Augen, dass ihr als Journalisten immer nur »Ausschnitte« aus der Realität beschreiben könnt, niemals alle Aspekte und Fakten. Denn die Zeit für weitere Recherchen und auch der Platz für die Berichterstattung sind stets begrenzt. Ohne eine gute Auswahl, die Fokussierung und Eingrenzung eines Themas und vor allem das Einnehmen einer neuen Perspektive, lässt sich keine gute Geschichte schreiben.

ARBEITSAUFTRÄGE ZU SCHRITT 3:

Für Nachwuchs-Reporter:

a) Findet euch in Kleingruppen (3–5 Personen) zusammen. Recherchiert im Internet nach aktuellen Nachrichten oder Pressemitteilungen zu den Themenkomplexen Biodiversität, Klimawandel oder Energiewende (oder ein anderes übergeordnetes Thema eurer Wahl).

b) Probiert, das Thema kleiner zu machen, es also zunächst einzugrenzen und nach Ober- und Unterthemen sowie Nebenaspekten vorzustrukturieren, beispielsweise über eine Mindmap.

c) Stellt anschließend eine Recherchethese sowie einen ersten groben Recherche- und Zeitplan auf.

Berücksichtigt dabei folgende Fragen:

- Was ist die zentrale Frage, und was ist das Rechercheziel?
- Welche Quellen können wir nutzen, und wie kommen wir an diese leicht heran?
- Welches sind die potenziellen Akteure und Interviewpartner unserer Geschichte?
- In welcher Reihenfolge sollten wir die Informationen von den unterschiedlichen Quellen einholen?
- Was vermuten wir? Wie könnten die Antworten der Akteure auf unsere zentrale Frage ausfallen?
- Bietet sich für die journalistische Umsetzung des gewählten Themas eher ein Report, eine klassische Reportage oder ein Porträt an?

© fachjournalist.de / Esther Schaarhüls

4. Die eigentliche Recherche und Befragungen: Methoden, Techniken und Strategien

Das übergeordnete Ziel der journalistischen Recherche besteht in einer ausgewogenen Berichterstattung. Der Weg dorthin führt über die Analyse verschiedener Primär- und Sekundärtexte, die Befragung von Menschen sowie die Einordnung ihrer Aussagen vor dem Hintergrund der sozialen Rollen, Interessen und Funktionen, die sie innehaben. Niemand, nicht einmal der gewissenhafteste Wissenschaftler, ist zu 100 Prozent neutral in seinen Aussagen und Standpunkten.

Aber dennoch gibt es Personen und Institutionen, die in ihren Informationsabsichten als möglichst neutral gelten können: Dazu zählen etwa Forschungseinrichtungen, Bildungsinstitutionen, Ministerien und Behörden sowie Qualitätsmedien und Verbraucherzentralen. Als mehr oder weniger parteiisch oder als »unvollständig« lassen sich die Standpunkte und Aussagen von Unternehmern, Politikern, Gewerkschaftsvertretern, Nichtregierungsorganisationen und Bürgern einordnen, die jedoch nicht minder interessant für Reporter sind.

Insbesondere bei Themen der Nachhaltigkeit, welche mit gegensätzlichen Interessen und starken Emotionen verbunden sind, ist es wichtig, dass ihr euch bei der Argumentation auf gut recherchierte Fakten stützt und auf eine Ausgewogenheit der Darstellung achtet. Auch wenn es mühevoll erscheint: Mit mehreren Beteiligten zu sprechen und alle Perspektiven auf den Sachverhalt zu beleuchten, gehört zu eurer journalistischen Sorgfaltspflicht.

Recherche ist also, kurz gesagt, anstrengend und langwierig, denn es geht um das qualifizierte Sammeln und Auswerten von Informationen. *»Recherche ist permanentes Auswählen: Was ist wichtig? Was nicht? […] Ist das, was ich recherchiere, relevant für die Geschichte, für das Thema? Ist die Geschichte relevant für die Öffentlichkeit? Warum?«*, so Thomas Schuler im Traininghandbuch Recherche.

Wie eine solche gründliche Recherche durchzuführen ist, kann hier in dieser Werkstatt nur in Grundzügen dargestellt werden. Zur Vertiefung des Themas empfehlen wir euch das Buch »Recherchieren« von Michael Haller sowie das »Trainingshandbuch Recherche« des eingetragenen Vereins netzwerk recherche, welches online frei zugänglich ist (siehe Link-Liste am Ende des Textes).

Leider fehlen vielen Redaktionen die zeitlichen und personellen Kapazitäten, um ausgie-

Trainingshandbuch Recherche,© Gerhard Mester / netzwerk recherche e.V.

big für größere Geschichten zu recherchieren. Den meisten Journalisten bleiben nur wenige Tage oder gar Stunden bis zur Berichterstattung, was sich dann zwangsläufig in der Qualität der Reportagen und Porträts widerspiegelt. Auch in Journalistenschulen und Volontariaten kommt der Aspekt Recherche oft zu kurz. Fortbildungsmöglichkeiten gibt es jedoch zu Genüge (z. B. im erwähnten »Trainingshandbuch Rercherche«).

Die wichtigste Recherche-Regel lautet: Von außen nach innen. Es ist unerlässlich, sich zunächst einen Überblick über zentrale Fakten (wer, was, wo, wann) zu verschaffen. Erst danach kann man schrittweise die Hintergründe, Details und Kausalitäten ermitteln (warum, auf welche Art und Weise). Gerade bei größeren Geschichten sollte man eine Akteursaufstellung nach den Leitfragen machen:

Wer ist alles an diesem Ereignis beteiligt? Wer verfolgt welche Interessen? Welche Konflikte zeichnen sich ab? Typischerweise kann man die Akteure in verschiedene Gruppen einteilen: 1. Hauptakteure, 2. Betroffene, 3. Augenzeugen, 4. Sachlich Zuständige (oft Behörden) und Experten (oft Wissenschaftler), 5. Kritiker und Konkurrenten (NGOs, Bürgerinitiativen, aber auch Unternehmen und Verbände etc.).

Akteurskonstellation für Recherche über Schiffsverschrottung

Hauptakteure	**Nebenakteure**
Reeder Schiffsmakler Abwrackbetriebe in Indien	Schiffsversicherer Experten für Schiffstechnik Schiffbauer/europäische Werften Schiffahrts-Fachjournalisten
Kritiker	**Behörden/offizielle Stellen**
NGO's in Indien Gewerkschaft Europäische Abwrackbetriebe Ärzte in Alang	Hafenbehörden in Alang/Zoll Umweltprogramm TÜV/Seeberufsgenossenschaft Umwelt- und Wirtschaftsministerium International Maritime Organization

© Manfred Redelfs / netzwerk recherche e.V.

Hat man die wesentlichen Akteure einer Geschichte ermittelt, gewinnt man schnell einen Überblick über die Quellen, die es zu kontaktieren gilt. Eine zentrale Recherchemethode nennt sich »Puzzeln«. Wichtiges Element des Puzzelns ist die ständige Überprüfung und Hinterfragung der bereits geleisteten Arbeit – der erhaltenen Informationen – und die Suche nach bestehenden Lücken, weiteren möglichen Zusammenhängen sowie noch unbeantworteten Fragen zum Sachverhalt.

Eine zweite Grundtechnik ist das »Pendeln«. Diese eignet sich bei der objektiven Berichterstattung über kontrovers diskutierte Geschehnisse oder über eine Auseinandersetzung zwischen zwei Akteuren, in der sich beide Parteien ihrer Sachlichkeit rühmen und die jeweilige Gegenseite der Lüge bezichtigen. Beim Pendeln befragt ihr abwechselnd zwei oder mehrere Akteure, die gegensätzliche Interessen verfolgen, und legt ihnen jeweils die neuesten Erkenntnisse und Fakten aus den Interviews mit ihren »Konkurrenten« oder »Gegnern« vor.

Dadurch könnt ihr sie am leichtesten zu neuen Aussagen, Rechtfertigungen und der Preisgabe von brisanten Informationen bewegen. In der Realität bestehen die meisten Recherchen aus Mischformen des Puzzelns und Pendelns.

Besonders für größere und längere Recherchen empfiehlt sich ein Recherche-Protokoll. Dieses könnte folgende Angaben enthalten:

- Ansprechpartner, Funktionsbezeichnung und Kontaktdaten (in alphabetischer Reihe),
- Datum, Ort und Zeitraum,
- individuelle Anmerkungen (zum Charakter und Auskunftsfreudigkeit der Befragten),
- inhaltliche Kernaussagen.

Politisch und persönlich brisante Aussagen, die ihr am Telefon erhalten habt und die etwa Machtposition, Geld, Job und Ansehen von Personen betreffen, solltet ihr euch schriftlich bestätigen lassen. Wichtige Informationen aus Online-Quellen lassen sich beispielsweise als Screenshot oder PDF-Datei sichern.

Tücken und Stolperfallen

Was sind typische Fehler, die man bei der Recherche vermeiden sollte, fragte das Reporter-Forum den Journalisten Stefan Willeke. Seine Antwort: »*Die hilflose Recherche in alle Richtungen ist schlecht. Vom Prinzip Doktorarbeit – jedes Detail zu einem Thema – rate ich ab. […] Wichtig ist deshalb die ständige Rückkopplung an die Ausgangsfrage: Was will ich? Wen brauche ich, wen nicht? Ich muss mich disziplinieren, sonst ertrinke ich in nutzlosem Stoff.*«

Willeke betont in dem Gespräch, wie essenziell es für Reporter ist, den eigenen spontanen Eindrücken durch Fakten, Überblickswissen sowie Hintergrundgesprächen ein »Gegengewicht« zu verschaffen, sie also einzubetten in den Kontext und die Zielsetzung der Geschichte.

Die Recherche erfolgt stets entlang der zuvor gebildeten Recherchethese. Manche Humoristen und Medienkritiker sagen sogar: »Ein guter Rechercheur sucht so lange, bis seine Geschichte keine mehr ist.« Es kann einem tatsächlich passieren, dass man die eigenen Thesen über Bord werfen muss, weil anfängliche Vermutungen einer genaueren Betrachtung nicht länger standhalten. Dies ist allerdings auch als journalistischer Erfolg und nicht als Scheitern zu werten.

Willeke rät dazu, erst dann mit dem Verschriftlichen zu beginnen, wenn man die grundlegenden Zusammenhänge verstanden und eine Kernaussage gefunden hat. Dies sei viel wichtiger als Detailwissen, so der Journalist.

Interviews als Recherche-Mittel

Einen wichtigen, integralen Bestandteil von Recherche-Methoden stellen Interviews dar. Dafür braucht es eine gute Portion Einfühlungsvermögen, Menschenkenntnis und auch Kreativität. Menschen öffnen sich am ehesten, wenn sie sich verstanden fühlen, wie der Journalist Matthias Brendel sagt. Zuhören zu können und dem Gegenüber einen Raum zu geben, um sich selbst, seine Gefühle und sein Verhalten zu reflektieren, sind Fähigkeiten von guten Reportern.

Den Gesprächspartnern sollte man zudem das Gefühl vermitteln können, dass ihnen durch ihre Aussagen keine Nachteile entstehen. In bestimmten Fällen lassen sich mit kleinen Provokationen brisante Informationen erhalten. »Dumme oder peinliche Fragen gibt es nicht«, lautet eine Binsenweisheit. Jeder Reporter kennt und hasst die Situation, zu Themen zu recherchieren, über die er lediglich ein Basiswissen besitzt.

© Judica Portner / ankerplatz

YTG interviewt Christiana Figueres (UNFCCC)

Es gibt übrigens offene und geschlossene Fragen. Mit den offenen Fragen lässt der Reporter viel Spielraum zur Beantwortung, was sich in ausschweifenden Antworten äußern kann, während mit geschlossenen Ja- oder Nein-Fragen ein fester Standpunkt oder eine Entscheidung in Erfahrung gebracht wird.

Entscheidend sei, so Brendel, dass man sich als Journalist bei jedem Interview bewusst mache, aus welcher Situation, Perspektive und Position heraus der Gesprächspartner die Fragen wahrnimmt.

Die Frage des Reporter-Forums, wie sie Menschen zum Reden bringe, beantwortete Beate Lakotto mit den Worten: »*Ich überlege mir vorher, welches Interesse der andere an dem Gespräch haben könnte. Wenn er mich fragt: ›Warum sollte ich Ihnen das erzählen?‹, und es fällt mir nichts ein, dann habe ich verloren. In der Regel haben ja alle Leute ein Anliegen: Unrecht anprangern, Verständnis finden, sich darstellen. Wenn ich dieses Motiv kenne, kann ich damit argumentieren. Die Bedenken sind dann oft gut auszuräumen.*«

Das Überprüfen der Quellen und ihrer Aussagen ist ein wichtiger Bestandteil der Recherche und der Zweifel ein wertvoller und ständiger Begleiter von Reportern. Alle Antworten des Interviewpartners müssen vom Reporter kritisch hinterfragt werden. Deswegen sind in Gesprächen weder ein anhimmelndes, unterwürfiges Verhalten noch arrogantes, selbstherrliches Auftrumpfen hilfreich. Besonders für Nachwuchsjournalisten sei es wichtig, so Brendel, einen Instinkt zu entwickeln und der eigenen Stimme zu trauen, was die Glaubwürdigkeit von Aussagen betrifft.

Ein Tabu in Interviews sind wertende oder moralisierende Kommentare des Journalisten. Erlaubt ist es jedoch, den Gesprächspartner in seinem Wortschwall zu unterbrechen und mit einem »*Halt, stopp, hier möchte ich gerne direkt nachfragen*« dazwischenzufahren.

Grundsätzlich gilt, dass der Reporter niemals Vorwürfe, Beschuldigungen und andere negative Äußerungen machen oder auf derartige reagieren sollte. Eine distanzierte, neutrale Haltung wird etwa durch Aussagen deutlich wie: »*Ich habe gehört, dass …*« oder »*Ich kann mir vorstellen, dass die Boulevardpresse Ihnen vorwerfen wird, dass … Was sagen Sie dazu?*« Umso machtvoller die Position des Gesprächspartners, desto härter darf man ihn als Journalist auch mit seinem Verhalten konfrontieren und die Übernahme von Verantwortung einfordern.

Moritz von Uslar sagte in seinem Vortrag über »*Eintausend zeitlose Thesen zur Kunst des Interviewführens*« beim Reporter-Forum:

»*Jede Frage ist natürlich Vereinfachung.*

Jede Frage ist eine Verengung der Wahrheit. […]

Eine gute Frage kommt total banal daher, ganz automatisch. […]

Eine gute Frage hat einen Hintersinn, ganz automatisch.

Unangestrengtheit ist Trumpf. […]

Eine Frage muss so zugespitzt sein, so ultrascharf auf den Punkt geschrieben, dass das ›Weiß nicht‹ oder ›keine Ahnung‹ des Antwortgebers schon eine sensationelle Antwort darstellt. […]

Grundsätzlich gilt: Kurze Fragen ziehen lange Antworten nach sich und lange Fragen kurze Antworten.

Nur wer die Möglichkeit des Scheiterns akzeptiert, kann ein gutes Interview führen.«

Gute Interviews sind demnach keine spontan geführten Plauderstunden, sondern meist eingebettet in die Recherchen, was bedeutet, dass sowohl vor als auch nach Gesprächen intensive Nachforschungen betrieben werden müssen. Dennoch gibt es natürlich Ausnahmensituationen (Unglücksfälle, Straftaten, Katastrophen, unvorhersehbare Ereignisse oder Begegnungen), die Reportern keine Zeit für eine anständige Vorbereitung lassen. In diesem Fall hilft nur Improvisation.

Einige Gesprächspartner erwarten, dass sie Zitate vor dem Abdruck noch einmal gegenlesen und freigeben dürfen; dies nennt man »Autorisierung« und ist nach Absprache möglich.

Damit ihr leichter und schneller Zugang zu den Orten und Personen eurer Recherchestrategie erhaltet, ist es ratsam, einen Jugendpresse-Ausweis zu beantragen. Den erhaltet ihr beispielsweise bei eurem Landesverband der Jugendpresse Deutschland e.V.

Fortsetzung auf Seite 77

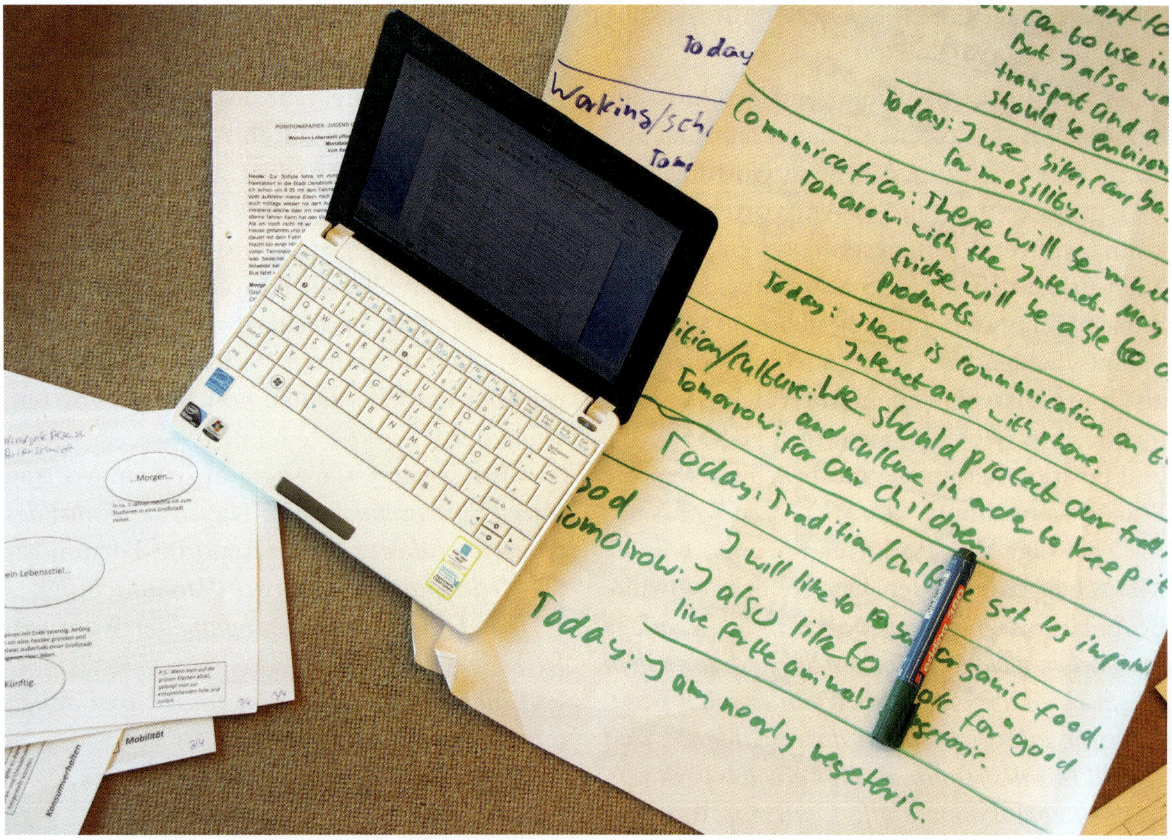

WAS MAN BEI DER INTERVIEW-RECHERCHE BEACHTEN SOLLTE

1. Immer nach Primärquellen suchen – Personen, die etwas selbst erlebt haben und/oder Wissen aus erster Hand besitzen.

2. Keine Geschichte mit nur einer Quelle schreiben, sondern mit mehreren Beteiligten sprechen und mindestens zwei voneinander unabhängige Quellen finden, die über dieselben Informationen verfügen.

3. Stets die Glaubwürdigkeit der Quellen überprüfen – das gilt auch bei vermeintlich gut informierten Akteuren wie Wissenschaftlern (Wie angesehen ist der Experte beim Fachpublikum? Ist das Thema, zu dem ihr ihn befragen wollt, wirklich sein Fachgebiet? Was und wo veröffentlicht er? Vertritt er eine Einzelmeinung?).

4. Vor allem neue und ungewöhnliche Fakten und Aussagen checken und hinterfragen: Menschen lügen, erinnern sich nicht richtig, zitieren falsch etc. Wenn eure Informanten aus Dokumenten oder Texten zitieren, bittet um ein Belegexemplar oder Auszügen aus den Schriftstücken.

5. Online-Quellen sind einerseits mit besonderer Vorsicht zu genießen. Andererseits findet ihr in sozialen Netzwerken vielleicht Akteure, die in den klassischen Medien bislang nicht zu Wort kamen, obwohl sie eine Menge Insiderwissen haben und dieses gerne mit euch teilen.

6. Nicht nur bei, auch vor einem Interview ist eine intensive Vorbereitung/Recherche wichtig, nämlich über die Persönlichkeit und deren Interessenlage.

7. Wer von euren Interviewpartnern nicht mit Namen genannt werden will, kann dennoch eine zuverlässige Quelle sein. Ihr solltet sie nur in Ausnahmefällen ohne Namen in euren Texten zitieren. Ihr könnt die Informationen jedoch verwenden, um an anderer Stelle zu recherchieren oder nachzuhaken. Ausnahmen sind sehr intime Geschichten (z. B. über sexuelle Orientierungen oder persönliche Schicksalsschläge) oder brisante Aussagen (drohender Verlust des Arbeitsplatzes etc.). In diesen Fällen dürft ihr die Namen abändern und müsst dies dann euren Lesern mitteilen.

8. Tauscht mit euren Interviewpartnern umfangreiche Kontaktdaten aus und bittet darum, noch mal zwecks Nachfragen auf sie zukommen zu dürfen.

9. Eine technische Unterstützung bei der Interview-Recherche leisten Diktiergeräte. Jedoch müsst ihr die Interviewpartner vor jedem Mitschnitt um Erlaubnis fragen. Ansonsten könnt ihr zentrale Aussagen beim Interview per Hand verschriftlichen. Von Wissenschaftlern, Sachkundigen und Experten (also immer, wenn es um Fakten geht), solltet ihr euch die Korrektheit euer Mitschriften noch mal bestätigen lassen.

ARBEITSAUFTRÄGE ZU SCHRITT 4:

Aufgabe mit erhöhtem Anspruch

Ihr wollt mehr über gute Recherche-Methoden, die häufigsten Stolpersteine und Pannen, Chancen und Strategien erfahren? Führt dazu (telefonisch) Interviews mit renommierten Journalisten und Reportern durch. Entwickelt zuvor einige Leitfragen und informiert euch ausgiebig über den Interviewpartner. Schwerpunkt des Gesprächs könnte zum Beispiel der Umgang mit unterschiedlichen Quellen sein.

Für Nachwuchs-Reporter:

a) Findet euch in Kleingruppen (3–5 Personen) zusammen. Diskutiert, welche Recherche-Methoden bei dem von euch gewählten Thema/Sachverhalt aus Schritt 3 geeignet sind: Pendeln oder Puzzeln?

b) Macht eine Akteursaufstellung und kategorisiert sie nach dem Grad ihrer Parteilichkeit.

c) Sucht euch einen der eher »neutralen« Akteure aus und bittet ihn um einen Interview-Termin. Entwickelt im Team Leitfragen für das Gespräch und bereitet euch mit einer Recherche ausgiebig vor. Überlegt euch mögliche Antworten des Gesprächspartners und wie ihr darauf reagieren wollt bzw. welche Nachfragen sich stellen ließen. Überlegt und plant bereits, wie ihr das Interview beginnen und beenden wollt. Vergesst nicht, euch zum Abschluss für die Zeit und die Aussagefreudigkeit des Interview-Partners zu bedanken.

d) Führt das Interview durch. Dabei sollten nur ein oder zwei Personen die Fragen stellen. Die anderen in eurem Team können mitschreiben und/oder das Interview beobachten, um den Fragestellern hinterher ein ausführliches Feedback zu geben. Eventuell nehmt ihr das Interview sogar auf Video auf, so dass ihr es hinterher genau analysieren könnt. Für die Auswertung helfen euch die folgenden Fragen: Was lief besonders gut, was weniger? An welchen Stellen hätte man noch kritischer reagieren und intensiver nachhaken können? Wurde der Gesprächspartner zu Recht unterbrochen? Waren die Fragesteller zu »weich«, oder haben sie ihr Gegenüber auch mit unbequemen Fragen und Themenaspekten konfrontiert?

e) Verschriftlicht das Interview. Wenn vorher so abgesprochen, lasst es autorisieren.

f) Überlegt anschließend, welche der in Aufgabe b) recherchierten Akteure unterschiedliche, vielleicht sogar gegensätzliche Standpunkte zu eurer Recherchethese haben könnten. Bittet diese um einen Termin und konfrontiert sie mit ähnlichen Fragen sowie den Aussagen, die ihr im ersten Interview erhalten habt.

g) Wertet alle Interviews aus und zieht erste Schlussfolgerungen. Verschriftlicht diese in eurem Rechercheprotokoll. Was könnte eure Recherche nun noch voranbringen? Wer kann eure These aus einer ganz anderen Perspektive bewerten, starke Argumente dagegen äußern oder sie eventuell sogar widerlegen?

INFO:

Juristische Grundsätze für Reporter

- Meinungs-, Presse- und Rundfunkfreiheit nach Art 5. GG und deren Einschränkungen durch Vorschriften der allgemeinen Gesetze, durch gesetzliche Bestimmungen zum Schutze der Jugend und das Recht der persönlichen Ehre (Art. 2 Abs. 1 i.V. m. Art 1 Abs. 1 GG) sowie dem Recht am eigenen Bild
- Schutz von Informanten durch das Zeugnisverweigerungsrecht für Journalisten (§ 53 StPO, § 383 ZPO)
- Urheberrecht
- Landesmediengesetze der Bundesländer
- Informationsfreiheitsgesetz und Umweltinformationsgesetz

Ethisch-Moralische Grundsätze für Reporter

- Pressekodex des Deutschen Presserats, u. a. Wahrheit und Wahrhaftigkeit, Ausgewogenheit und Objektivität, richtiges Zitieren der Interviewpartner und Offenlegung der Quellen
- Der Medienkodex des Vereins Netzwerk Recherche
- Grundsätze des Verbraucherschutzes
- Abgrenzung der Berichterstattung von Werbung und Öffentlichkeitsarbeit (PR)
- Methoden der Beschaffung von Informationen und Material (Diskussionen über Einsatz verdeckter Recherche und erpresserische Vorgehensweisen der Boulevard-Medien)
- Selektionsprozesse und Nachrichtenkriterien (Kritik an der Verkürzung und Zuspitzung von Debatten und Ereignissen sowie »Kommerzialisierung« der Medien)

Schwierige Situationen und Themenfelder für Reporter (aus ethischer, juristischer und persönlicher Sicht)

- Berichterstattung über mutmaßliche Straftaten und Strafverfahren (sog. Verdachtsberichterstattung)
- Berichterstattung über Kinder und Jugendliche und/oder über intime, private Angelegenheiten wie etwa sexuelle Orientierung, Familien-Verhältnisse, Wohnsituation, religiöse Zugehörigkeit, Krankheiten etc. (siehe Allgemeines Persönlichkeitsrecht)
- Berichterstattung über Katastrophen und Unfälle (Schutz der Opfer steht an erster Stelle)
- investigative (aufklärende) Recherchen und Geschichten, die (gut begründete) Vorwürfe gegen berühmte Persönlichkeiten oder Institutionen aus Politik und Wirtschaft erheben (Selbstgefährdung der Reporter)
- investigative Recherchen, die sich in einem gewaltbereiten, antidemokratischen Milieu/Umfeld abspielen
- Berichte, welche die Sicherheit des Staates und den öffentlichen Frieden gefährden oder die Völkerverständigung und Toleranzgebote bedrohen könnten

INFO: WAS IST GUTER JOURNALISMUS?

Zentrale gesellschaftliche Aufgaben der Medien:

- Information, Meinungsbildung, politische Willensbildung: Beitrag zum Verständnis ökonomischer, politischer und sozialer Zusammenhänge und zur Orientierung der Leser
- Verantwortung und Beitrag zur Integration von Minderheiten und interkulturellen Verständigung
- Unterhaltung der Leser
- Kritik an politischen, wirtschaftlichen und sozialen Entwicklungen und Institutionen

Einige Qualitätskriterien:

- gesellschaftliche Relevanz und Aktualität/Gegenwartsbezug der Geschichte
- Richtigkeit der Darstellung und Vollständigkeit der bestehenden sozialen Fakten nach bestem Wissen und Gewissen sowie im Sinne der Relevanz (eine Auswahl muss und kann durch Journalisten getroffen werden)
- Unabhängigkeit, Unparteilichkeit und Perspektivenvielfalt der Darstellung, Dialogorientierung
- Transparenz (Offenlegung der Vorgehensweise) und Fairness beim Umgang mit Gesprächspartnern
- Verständlichkeit der Berichterstattung
- Originalität der Erzählung
- Interaktion mit und Offenheit gegenüber möglichst vielen Menschen, Betroffenen und Lesern
- Selektionsprozesse und Nachrichtenkriterien (Kritik an der Verkürzung und Zuspitzung von Debatten und Ereignissen sowie »Kommerzialisierung« der Medien)

Fortsetzung von Seite 72

5. Journalistische Grundsätze, Qualitätskriterien und Medien-Recht

Für Reportagen gelten größtenteils dieselben Regeln und Grundsätze wie auch für die sachlich-mediale Berichterstattung. Zum einen geht es um ethische Fragen und solche der journalistischen Sorgfaltspflicht: Was muss der Journalist und der Reporter tun oder lassen, um seiner Verantwortung gegenüber der Gesellschaft, seiner Rolle in der pluralistischen Demokratie gerecht zu werden? Wie sollte er sich den Menschen gegenüber verhalten, denen er bei der Recherche begegnet und über die er berichtet? Zum anderen geht es um rechtliche Fragen: Wo liegen die juristischen Grenzen bei der Recherche und der Veröffentlichung der erhaltenen Informationen?

Zu den wichtigsten Grundsätzen von Reportern und Journalisten zählt das Gebot der Authentizität und Wahrhaftigkeit im Auftreten und Schreiben. Journalisten (und das gilt ebenso für Pressemitarbeiter in Organisationen) dürfen ihre Leser nicht belügen oder täuschen, sondern müssen nach bestem Wissen und Gewissen Informationen recherchieren und sie, gut strukturiert, darlegen. Fehler oder Falschmeldungen können jedem einmal passieren und sollten, so schnell wie möglich, berichtigt werden. Beispielhaft seien hier einige ethisch-moralische Leitfragen genannt, die auf Vernetzungstreffen von Reportern, aber auch in der Berichterstattung über den Medienbetrieb, Gegenstand von Diskussionen sind.

Subjektivität und Betroffenheit

Ein wichtiges Thema ist, inwiefern Journalisten tatsächlich unabhängige Beobachter und Berichterstatter sein können und müssen oder ob nicht eine Betroffenheit generell vorliegt aufgrund persönlicher Interessen, Einstellungen, Mitgliedschaften in Vereinen, Sympathien etc. Früher galt noch der Grundsatz, als Reporter das Wort »ich« nicht zu verwenden. Das ist heutzutage nicht mehr so. Es kann in bestimmten Fällen sinnvoll sein, die eigene Haltung und Gefühle transparent zu machen und zu reflektieren.

Wenn man als Journalist über ein Ereignis berichten möchte, von dem man direkt und ganz persönlich betroffen ist, darf man dies auf keinen Fall verschweigen.

Ein Beispiel aus Österreich: Eine Frau musste ein Bußgeld zahlen, weil sie mit dem Fahrrad zwei Sekunden zu früh an einer Ampel losgefahren war, als diese noch auf Rot gestanden hatte. Eine Zeitung berichtete über den Fall, nannte nur den Vornamen und schilderte die Wut der Fahrradfahrerin darüber, wie teuer ihr das ihrer Ansicht nach »harmlose Verkehrsdelikt« zu stehen gekommen war. Hinterher stellte sich heraus, dass es sich bei der aufgebrachten Bürgerin scheinbar zufällig um die Online-Chefredakteurin der Zeitung handelte. Dies den Lesern verheimlichen zu wollen, ist aus ethischer Sicht nicht in Ordnung.

Eine andere zentrale Frage besteht darin, wie und was Reporter selbst erlebt haben müssen, um darüber szenisch berichten zu dürfen. Die Debatte wurde in Deutschland besonders intensiv nach der Verleihung des renommierten Henri-Nannen-Preises an den Spiegel-Journalisten René Pfister geführt, der in seinem Porträt »Am Stellpult« (Spiegel 33/2010) über den Machtmenschen und CSU-Politiker Horst Seehofer bildhaft das Eisenbahnmodell in Seehofers Hobbykeller beschrieben hatte.

Jedoch hatte Pfister den Keller nie selbst betreten, sondern nur aus Erzählungen von Kollegen und Seehofer selbst davon gehört.

Als Pfister dies auf eine Frage der Moderatorin bei der Preisverleihung ganz offen zugab, gab es einen medialen Aufschrei. Ihm wurde der Preis sogar nachträglich aberkannt. Die meisten waren der Meinung, Pfister hätte den Lesern kenntlich machen müssen, dass es sich bei dieser Szene um sogenannte »Kolportage« (eine Nacherzählung) handelt, zum Beispiel durch indirekte Rede.

6. Verschriftlichen (und Bebildern) von Reportagen

Einfach gesagt, gibt es wenige feste Regeln, was den Aufbau einer gelungenen Reportage oder eines Porträts betrifft. Eine dieser wenigen Regeln ist, dass sich konkret-beschreibende, emotionsgeladene Textpassagen (sogenannte »Szenen«) mit eher sachlichen, faktenlastigen Informationsabschnitten (Daten, Fakten, Hintergründe) abwechseln. Während in den szenischen Passagen detailgetreu und spannungsvoll die Ereignisse geschildert werden, liefern die Informationsabschnitte den Lesern den meist abstrakten, theoretischen, gesellschaftspolitischen Überbau der Geschichte.

In jedem Fall gelingt es einem guten Reporter, szenische und informative Absätze unauffällig miteinander zu verweben und dabei immer wieder den Bogen vom Konkreten zum Allgemeinen zu schlagen. Gutes Storytelling ist also das gekonnte Jonglieren mit Details und Zusammenhängen, mit Emotionen und Informationen.

Eine zweite feste Regel ist, dass die Hauptperson in dem ersten Absatz eingeführt und mit Aussehen und Eigenschaften beschrieben und/oder zitiert wird. Am Anfang der Geschichte solltet ihr den zentralen Konflikt eurer Hauptfigur bereits andeuten (natürlich ohne das Ende vorwegzunehmen), um eure Leser von Beginn an zu fesseln.

Viele Journalisten beginnen und beenden ihre Reportagen mit einer besonders starken Szene und der Beschreibung einer aussagekräftigen Handlung ihres Protagonisten. Andere hingegen wie die Kriminalreporterin der ZEIT, Sabine Rückert, plädieren für einen philosophischen oder Fragen aufwerfenden Beginn.

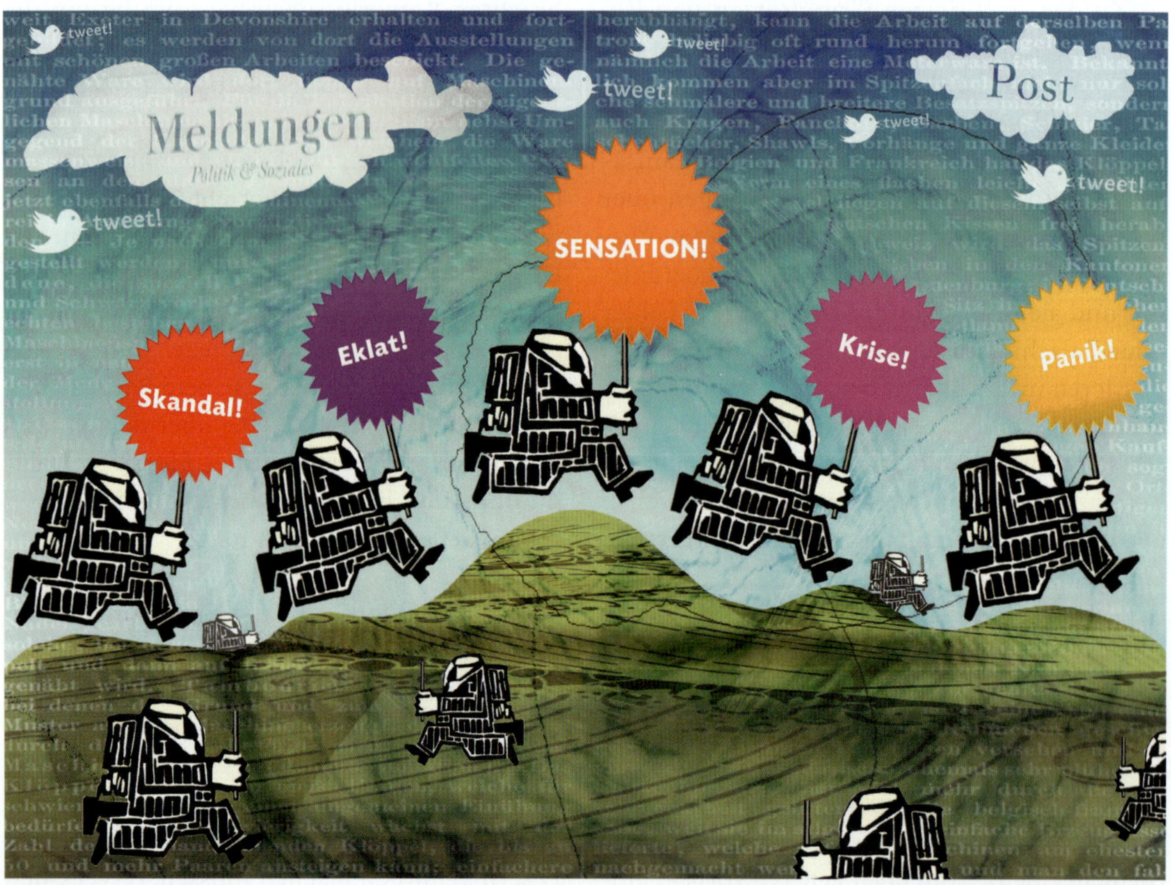

© Rita Kohel: ritakohel.de

ARBEITSAUFTRÄGE ZU SCHRITT 5:

Lektüre und Analyse

a) Lest die Reportagen aus Schritt 1 noch einmal durch. Sucht nach Abschnitten, in denen die Reporter vermutlich oder ganz offensichtlich »Kolportage-Material« verwendet haben.
b) Ist für euch als Leser ersichtlich, aus welchen unterschiedlichen Quellen die Geschichte zusammengesetzt wurde?
c) Beurteilt die Qualität der gewählten Reportage anhand der zentralen Qualitätskriterien (siehe Infokasten »Was ist guter Journalismus?«).
d) Recherchiert die Aufgaben des Presserates in Deutschland. Welche Rügen hat er die letzten Monate an Journalisten vergeben? Diskutiert einen dieser Fälle intensiv in der Gruppe.

Aufgabe mit erhöhtem Anspruch:

Der meistzitierte Satz eines deutschen Journalisten dürfte wohl der von Hanns Joachim Friedrichs sein: »Einen guten Journalisten erkennt man daran, dass er sich nicht gemein macht mit einer Sache, auch nicht mit einer guten Sache; dass er überall dabei ist, aber nirgendwo dazugehört.« Gemeint ist damit, dass Journalisten die Rolle des objektiven Beobachters einnehmen sollen. Wie sieht es bei den Themenkomplexen Klimaschutz und Nachhaltigkeit aus?
In welchen Fällen darf ein Journalist aus eurer Sicht Partei ergreifen, um seinem gesellschaftlichen Auftrag nachzukommen und Verbesserungen anzustoßen? Wo sind hier die Grenzen eines falsch verstandenen »Gutmenschentums« von Reportern? Diskutiert diese Fragen in Kleingruppen. Lest hierfür auch den Beitrag der Autorin Yvonne Zwick in Themenfeld 3 auf Seite 240.

ARD, Tagesthemen

Für Nachwuchs-Reporter:

Lest den Pressekodex des Deutschen Presserates und den Medienkodex des Vereins netzwerk recherche und diskutiert darüber in Kleingruppen.
Geht euer bisher gesammeltes Recherchematerial aus Schritt 3 und 4 noch einmal durch und reflektiert eure Vorgehensweise: War diese ethisch-moralisch korrekt? Vertieft und ergänzt euren Rechercheplan eigenständig um Methoden und Wege, welche die Qualität eurer Berichterstattung garantieren und verbessern.

© Philipp Otto / jugendfotos.de

Rückert sagte im Interview mit dem Reporter-Forum: *»Ich beginne meine Reportagen fast nie mit einer Beschreibung oder einem szenischen Einstieg. Ich finde es erst mal unwichtig, ob jemand dick oder dünn ist oder blaue Haare hat. Ich fange fast immer mit grundsätzlichen Erwägungen an. Eine Reportage muss mehr sein als ein Bericht. Sie muss über die Realität hinausweisen. Sie muss eine metaphysische Ebene haben, eine moralische Ebene […]. Kurz: Reportagen sind Gedankenmusik. Variationen des Themas Leben.«*

Der Medienwissenschaftler und Journalist Prof. Michael Haller sieht noch einen zusätzlichen wichtigen Aspekt – nämlich die eigenen Gedanken und Schlussfolgerungen des Autors: *»Ein weiteres Qualitätsmerkmal ist die gedanklich-analytische Arbeit des Reporters, der mit seinen Erkundigungen zu einer Art Quintessenz gelangen muss«* (2011).

In Sachberichten wäre diese Quintessenz die Schlagzeile. Im Kontext der Reportage bedeutet dies eher, eine eigene Haltung zu haben. Sabine Rückert findet, dies sei der Unterschied zwischen einer Kamera und einem Journalisten, dass letzterer sich in Menschen hineinversetzen und ihr Handeln deuten kann und auch muss.

Einige Reportagen haben zu Beginn, meist im zweiten oder dritten Absatz nach dem Einstieg und den ersten wichtigen Informationen, ein sogenanntes »Portal«. Die Amerikaner nennen es auch *»nutshell paragraph«* oder *»billboard paragraph«*. Es ist sozusagen der »Sie-haben-sich-vielleicht-gewundert-warum-wir-Sie-auf-diese-Party-eingeladen-haben«-Teil einer Geschichte, wie Christian Thiele es für das Reporter-Forum formuliert hat.

Nach Thiele hat das Portal folgende Funktionen:

- Es rechtfertigt die Geschichte, erklärt dem Leser, warum sie wichtig und bedeutsam ist.
- Es schafft einen Übergang zwischen dem Einstieg und dem Hauptteil einer Geschichte.
- Es hilft uns Schreibern, aus dem Detailsumpf unserer Recherchen wieder aufzutauchen.

»Ein gutes Portal«, so Thiele, *»schafft es, das Allgemeingültige, um nicht zu sagen: Existenzielle an einer Geschichte herauszuarbeiten. Wenn wir an Kinofilme denken: Der Einstieg ist die Nahaufnahme, das Detail, mit dem Teleobjektiv gefilmt – das Portal ist die große Totale, die Weitwinkeloptik.«*

Stefan Willeke beschreibt die Funktion des Portals mit folgenden Worten: *»Der Themenausschnitt, auf den sich die Reportage verlässt, ist nicht so aussagekräftig, wie sich der Reporter das gewünscht hat. Also bläst man gleich nach dem Einstieg in die Geschichte eine* *volle Ladung Bedeutung hinein, schreibt einen Absatz, der die Dimension des Themas herausstellt. Du meinst, lieber Leser, du liest hier bloß eine kleine Geschichte über eine schnöde Autofabrik in Detroit, aber schon auf der nächsten Seite wirst du spüren, dass es um das Amerika des 21. Jahrhunderts geht. Nur noch wenige Zeilen, lieber Leser, dann geht die Post ab, bleib mir treu, es lohnt sich.«*

Dies, so Willeke, sei eine Lösungsoption, wenn der Reporter mit dem selbst Gesehenen oder Erlebten (dem eigentlichen Erzählstoff) die Größe des womöglich komplexen Themas nicht dargestellt bekommt. Das Portal kann hier als ein »Appetitanreger« dienen.

Eine spannende dramaturgische Möglichkeit in der Reportage ist es, mit starken Gegensätzen zu arbeiten, beispielsweise mit einem Doppelporträt oder mit einem Protagonisten und seinem Counterpart (Gegenspieler). Denn Unterschiede (von Perspektiven und

Handlungsweisen) fördern die Spannung eines Textes. »Helden brauchen Widersacher, um zu glänzen«, so Ariel Hauptmeier vom Reporter-Forum. Er nennt diese Vorgehensweise »Antagonistisches Erzählen« und beschreibt sie als eine Strategie, welche sich Journalisten von Drehbuchschreibern und Romanautoren abgucken können.

Gute Geschichten haben einen Höhepunkt oder beleuchten eine überraschende Wendung im Leben des Protagonisten. Wenn die Geschichte über einen längeren Zeitraum spielt und komplexer ist, verwenden Autoren manchmal Rückblenden.

Oftmals enden Storys mit der Lösung eines Konflikts oder mit einer weiteren Überraschung. Die Geschichte sollte thematisch zum Ende hin geschlossen werden, kann dabei den Ausgang offen lassen und/oder einen Ausblick in die nähere Zukunft geben. Hauptsache ist: Das Ende regt den Leser zum Nachdenken an … Einige Reporter denken die Geschichte erst im Kopf von Anfang bis Ende durch, bevor sie mit dem Verschriftlichen beginnen. Nicht leicht ist es für viele Journalisten, ihren »eigenen Ton« zu finden, so Wolfgang Büschner. Er unterscheidet nach dem Dichter Peter Rühmkorf zwischen *»gemachten Zeilen und solchen, die, wie er sagt, vom Himmel fallen. Die auf seltsame Art zu einem kommen, auf eine Weise, die man sich nicht erklären kann. Sätze, die etwas Anarchisches haben und die nicht logisch aus dem Stoff, der Geschichte, aus dem Notizbuch hervorgehen. Die ein Eigenleben führen. Zen-buddisthisch könnte man sagen: Nicht du findest diese Sätze, sondern sie finden dich.«* Büschner meint damit, dass es kein Patentrezept für gutes Formulieren gibt.

Einige wichtige Tipps zum Sprachstil: Umso dramatischer und tragischer eure Story, desto schlichter und zurückhaltender ist mit Sprache umzugehen. Wenn eher wenig passiert, die Ereignisse trocken und langatmig oder aber komisch und absurd sind, sind der Kreativität des Reporters keine Grenzen gesetzt, und sie können mit Formulierungen spielen. Starke Verben und eine variierende Satzlänge tragen eine Geschichte und ihre Protagonisten bis zum Ende. Viele Substantivierungen und Fremdwörter verlangsamen und stören hingegen den Lesefluss. Die gewählten Adjektive sollten einen beschreibenden und keinen wertenden Charakter haben. Und die Metaphern müssen originell genug sein, damit der Leser darüber ins Staunen gerät.

Nichts stärkt eine Geschichte übrigens mehr als die Visualisierung. Daher solltet ihr (evtl.

zusammen mit einem Fotografen) gutes Bildmaterial suchen, welches die Ereignisse der Story nicht nur ansprechend illustriert, sondern zusätzliche Einblicke in das Leben, die Gefühlswelten und Konflikte der Protagonisten gibt. Fotos sollten idealerweise die Atmosphäre der Orte widerspiegeln, an denen sie wirken.

7. Überarbeiten – Verwerfen – Umschreiben – Überarbeiten

Korrektur lesen (lassen) ist die eine Sache. Aber zuvor geht es um die schier endlose Arbeit an den Inhalten und der Struktur eures Textes. Die schlechte Nachricht ist: Eine gute Reportage ist nie vollständig, denn eine gute Geschichte ist nie auserzählt. Die gute Nachricht ist: Irgendwann, wenn die Überarbeitungsphase beendet und die gewünschte Qualität erreicht ist, möchte man schließlich mit seinem Text an die Öffentlichkeit gehen. Doch der Weg von der Erstversion bis zu diesem Zeitpunkt ist lang. Etwa ein Viertel des Zeitkontingents, das ihr für die gesamte Arbeit an eurer Geschichte eingeplant habt, sollte in diese letzte Phase investiert werden.

Ist die Erstversion geschrieben, empfiehlt es sich, den Text wegzulegen und »ruhen« zu lassen, wie einen Kuchenteig, den man gerade aus dem Backofen genommen hat und der noch viel zu heiß ist, um ihn zu genießen. In der »Ruhephase« fallen einem als Autor meist wie von selbst die Stellen des Textes ein, die noch nicht ganz stimmen. Und dann heißt es schnell zurück zum Schreibtisch und die Fassung überarbeiten. Dabei ist es wichtig, das alte Dokument zu erhalten und das neue unter dem Stichwort »Version 2« etc. zu speichern, so dass euch nichts verloren geht.

Eine wichtige Strategie in der Überarbeitungsphase ist es, den Text Kollegen, Freunden oder Bekannten zum Lesen zu geben und sie um ihre Meinung zu bitten. Habt hier keine Scheu, denn jeder Rat und jede wohlgemeinte Kritik macht euch und eure Geschichte besser. Haltet euch dabei vor Augen, dass es viel leichter ist, einen Text »auseinanderzunehmen«, also zu kritisieren oder den Autor auf Ungereimtheiten aufmerksam zu machen, als einen Text zu schreiben!

In der Kürze liegt die Würze! Verzichtet auf lange Bandwurmsätze, schöne, aber über-

flüssige Adjektive und Worthülsen. Überprüft, ob Metaphern, szenische Beschreibungen oder Exkurse der Kernaussage eurer Geschichte wirklich dienlich sind oder nur den Zweck haben, die Seiten zu füllen und Recherchelücken zu übertünchen. In diesem Fall ist es zwar schmerzlich, aber es hilft alles nichts: Ihr müsst nochmals Zeit in eine Nachrecherche investieren.

Eine gute Story ist es definitiv dann, wenn nicht nur eure Leser, sondern wenn ihr selbst bei der Recherche und dem Verschriftlichen eine emotionale Achterbahn durchlaufen und neue Erkenntnisse und Erfahrungen gewonnen habt.

ARBEITSAUFTRÄGE ZU SCHRITT 6:

Lektüre und Analyse

Nehmt euch noch einmal ein oder zwei der vier Reportagen aus Schritt 1 (oder solche eurer persönlichen Auswahl) zur Hand und lest sie gut durch. Markiert die szenischen Abschnitte und solche, die wichtige Fakten und Hintergrundwissen zum Thema der Reportage vermitteln. Diskutiert folgende Fragen in der Gruppe:

a) Überzeugt der Einstieg? Reizt der erste Absatz, den Text weiterzulesen? Beginnt er mit einer starken Szene oder philosophischen, verallgemeinernden Fragen und Gedanken des Autors?
b) Wird der »Held« (Protagonist) der Reportage als erste Figur vorgestellt?
c) Gibt es zu Beginn einen »Aha«-Absatz, einen sogenannten »Portal«, das die konkrete Szene mit den großen übergeordneten Themen verbindet?
d) Wie sind die Übergänge zwischen szenischen Abschnitten und informativen Abschnitten gestaltet, eher fließend oder ziemlich abrupt? Schlägt die Reportage den Bogen vom Konkreten zum Allgemeinen?
e) Welche der gewählten Zitate sind besonders originell und wirken authentisch? Welche langweilen eher?
f) Welche dramaturgischen Elemente (Höhepunkte, Wendepunkte) und Erzähl-Strategien lassen sich in dem Text finden?
g) Was fällt euch am sprachlichen Stil des Textes auf? Welche starken und seltenen Verben kommen vor?

Aufgaben mit erhöhtem Anspruch:

Für Nachwuchs-Reporter:

Ihr wisst mittlerweile ganz genau, worauf es ankommt, wenn man gute Reportagen schreiben (lernen) will. Nun möchtet ihr euer umfangreiches Vorwissen anwenden und selbst als Reporter tätig werden. Beginnt nochmals bei Schritt 2 oder setzt eure Übungsaufgaben und Anfangsrecherchen aus Schritt 3 und 4 fort und arbeitet euch bis Schritt 6 durch! Keine Scheu, es muss beim ersten Mal nicht alles perfekt werden! Aller Anfang ist schwer …

© fachjournalist.de / Esther Schaarhüls

8. Wege in den Journalismus – Lese-Tipps und Links

Die Wege in den Journalismus sind, wie ihr vielleicht schon beim Lesen und Durcharbeiten dieser kleinen Werkstatt erfahren habt, lang und undurchsichtig. Nur wer sehr viel Ausdauer und unbändige Wissbegierde mitbringt und dazu noch eine gehörige Portion Glück hat, kann im Journalismus Fuß fassen und einen Job finden (von dem sich finanziell leben lässt). Doch das Reporter-Dasein macht unglaublich viel Spaß, und wer nicht wagt, der nicht gewinnt! Immerhin sind die Einstiegshürden, um erste Erfahrungen zu sammeln, extrem gering. Die dabei erworbenen Fähigkeiten helfen euch auch in anderen Berufsfeldern. Aus- und Weiterbildungsmöglichkeiten gibt es zuhauf, auch für Schüler und Studenten. Bei Fragen könnt ihr euch jederzeit an das *youthinkgreen*-Büro in Berlin wenden.

Aus- und Weiterbildung sowie Vernetzung:

- Ausbildung bei der Konrad-Adenauer-Stiftung (KAS) für Schüler (Medienwerkstatt) und für Studenten (crossmediale Journalistenausbildung – JONA-Programm): www.kas.de/wf/de/42.35
- Ausbildung mit kirchlichem Charakter durch das Institut zur Förderung publizistischen Nachwuchses in München (IFP): www.journalistenschule-ifp.de
- Unterstützung von Studenten mit Migrationsgeschichte durch die Heinrich-Böll-Stiftung: Studienprogramm »Medienvielfalt, anders«: www.boell.de/de/2014/01/13/was-wir-bieten
- Angebote der Friedrich-Ebert-Stiftung (FES): www.fes.de/medien
- Aufbaustudiengang zum Thema Nachhaltigkeit an der Leuphana Universität Lüneburg: www.leuphana.de/zertifikat-nachhaltigkeit-journalismus-berufsbegleitend.html
- Recherche-Tools und Kontakte bietet das Portal Grüner Journalismus: www.gruener-journalismus.de
- Übersicht Journalistenschulen: www.journalist.de/ratgeber/handwerk-beruf/tipps-fuer-den-berufsalltag/checkliste-journalistenschulen.html
- Übersicht: Journalismus studieren: www.studis-online.de/Studienfuehrer/medien-studieren.php
- Zusammenschluss junger Medienmacher: www.jugendpresse.de und www.jungejournalisten.de
- Wege in den Journalismus: www.djv.de und

https://dju.verdi.de//junge-dju/aus-und-weiterbildung
- Verein zur Förderung von Recherche-Journalismus: https://netzwerkrecherche.org/
- Bürgerinitiative zur Weiterbildung und Vernetzung mit und von renommierten Reportage-Journalisten: www.reporter-forum.de (Texte, Tipps und Interviews zu journalistischen Erzählformen)

Preisgekrönt mit Geld:

Journalistenpreise in Deutschland:
www.drehscheibe.org/journalistenpreise.html
Recherche-Stipendien:
www.bpb.de/gesellschaft/medien/lokaljournalistenprogramm/55460/stipendien
Internationale Organisationen und Programme:
www.sej.org/library/education-environmental-journalism-programs-and-courses
IPDC der UNESCO: www.unesco.org
Deutsche-Welle-Akademie

Weiterführende Literatur:

- Online-Trainingshandbuch Recherche.
- nr-Werkstatt: Presserecht in der Praxis.
- Überblick Interviews führen: www.fachjournalist.de
- Marie Lampert/Rolf Wespe (2013): »Storytelling für Journalisten«. UVK – Konstanz, München.
- Multimediale Magazine der JONA/KAS zu den Themen Energiewende »Plan E« und Ernährung »Delikat«: http://de.plan-e-magazin.de und www.kas.de

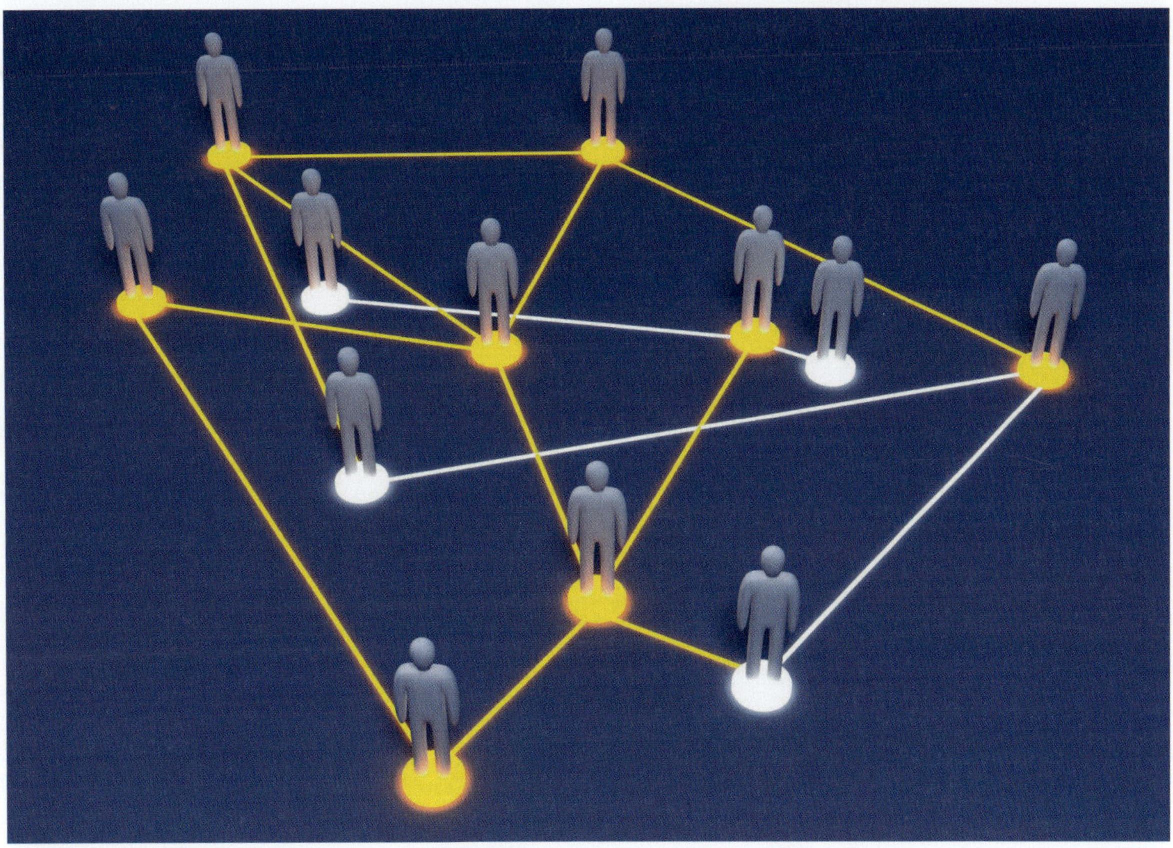

© fotolia.com - Spectral-Design

DIE VERÄNDER
SIND WIR!
- AUS DER ARB
DER INITIATIV
YOUTHINKGR

UNG

IT

EN

2.1. *youthinkgreen* kompakt

2.2. Feldarbeitsprojekte hinterlassen nachhaltig Spuren

Weltjugend-Klimagipfel in Wolfsburg 2012

UNSERE YOUTHINKGREEN-PHILOSOPHIE: DAS ENGAGEMENT UND DIE STIMMEN VON JUGENDLICHEN STÄRKEN

Von Nadine Böttcher und Ariane Missuweit

youthinkgreen – jugend denkt um.welt e. V. versteht sich als Impulsgeber und Wegbegleiter jugendlichen Engagements für nachhaltige Entwicklung. Jugendlichen, die lokale Nachhaltigkeitsprojekte umsetzen wollen, bieten wir weiterbildende Seminare, Projekte und Coachings an. Wir vernetzen sie mit anderen engagierten Jugendlichen aus aller Welt und mit starken PartnerInnen aus Politik, Wirtschaft und Zivilgesellschaft. Was heißt dies nun in der Praxis, im Alltag?

youthinkgreen ist so abwechslungsreich und bunt wie das Leben, wie die Welt und wie die Jugendlichen, die sich engagieren. Gemeinsam haben wir uns – alle *youthinkgreen*er, der Jugendbeirat, das Berliner *youthinkgreen*-Büro sowie der Vereinsvorstand – das Ziel gesetzt, Projekt- und Persönlichkeitsentwicklung sowie Wissenserwerb rund um die Themen der nachhaltigen Entwicklung weltweit zu fördern. Wir starten dafür lokale Projekte, organisieren internationale Begegnungen und ermöglichen Jugendlichen die Teilnahme an UN-Gipfeln und Konferenzen in verschiedenen Regionen der Welt.

Unsere Stärke ist die Vielfalt – ein oft vernachlässigter Aspekt in Nachhaltigkeitsdiskursen. Wir vertreten nicht die Vorstellung, dass es ein festes und für alle Kontexte adäquates Konzept von Nachhaltigkeit geben kann – ganz im Gegenteil. Doch jeder Mensch kann in seinem sozialen Umfeld eigeninitiativ und kreativ zu nachhaltigeren Entwicklungen und Verbesserungen im Klimaschutz beitragen.

Themen, Ideen und Beweggründe

Anders als viele zivilgesellschaftliche Organisationen haben wir uns nicht auf einen Themenkomplex, wie etwa Aufforstung oder nachhaltige Mobilität, festgelegt. Gemeinsam arbeiten wir unter dem Motto: »Ansprechen – Anstoßen – Mitreißen«. Die Jugendlichen – und auch ihre BetreuerInnen – stehen dabei vor vielen Fragen: Was wollen wir machen? Was sollten wir machen? Was können wir machen? Brauchen wir externe PartnerInnen? Und: Wie können wir uns finanzieren und auf unsere Aktionen aufmerksam machen?

Jede unserer *youthinkgreen*-Gruppen hat mindestens ein lokales Nachhaltigkeitsprojekt initiiert und umgesetzt (siehe »Feldarbeiten« in diesem Themenfeld): für die Nutzung regenerativer Energien in Ägypten, für nachhaltige Mobilität in Namibia, für plastikfreies Leben in Deutschland, für Tauschbörsen in Brasilien, für Regenernte in Peru oder für Recycling

und Müllvermeidung in Indien. *youthinkgreen*-KlimabotschafterInnen der Ursulaschule Osnabrück produzierten beispielsweise monatlich eine Radiosendung zu ihren Themen und Aktionen. Und in Neu-Dehli wurde der »Green Carnival« ins Leben gerufen. Die Jugendlichen rütteln wach, führen Menschen zusammen, mobilisieren für ein verantwortungsbewusstes Handeln.

INFO 1: DIE ENTSTEHUNGSGESCHICHTE VON YOUTHINKGREEN – JUGEND DENKT UM.WELT

Der Startschuss für *jugend denkt um.welt* fiel bereits im Jahre 2008 durch den ehemaligen Bad Iburger Gymnasiallehrer Helmut Spiering (Foto). Er weiß aus 30-jähriger Projekterfahrung, wie viel verborgenes Potenzial in den Jugendlichen schlummert, während die Welt vor enormen Herausforderungen steht. Zusammen mit einigen engagierten SchülerInnen gründete er damals *jugend denkt um.welt*, um mit jungen Menschen aus verschiedenen Ländern kreativ und friedlich für den Schutz der Umwelt zu kämpfen. Schon 2009 konnten sie auf einen erfolgreichen 1. Europäischen Jugend-Klimagipfel in Berlin zurückblicken.

Anfang 2013 wurde der gemeinnützige Verein gegründet, nicht nur um unabhängiger, schneller und zielstrebiger planen und handeln zu können, sondern auch, um die Projekte mit noch mehr Gründlichkeit, Effektivität und Weitsicht zu begleiten.

Unsere Programme und Projekte gestalten wir nach dem Grundsatz: »Global denken – lokal handeln«. Deswegen arbeiten wir bei der Projektumsetzung stets mit offen gehaltenen Coaching- und Seminar-Konzepten sowie flachen Hierarchien. Wir starteten Workshop- und Ausbildungsprogramme wie »Klimabotschafter«, »Gestalte dein Vermächtnis« oder »konsumwandeln«. In kleinen Teams bestimmen die Jugendlichen die Ziele, das Format und die Inhalte ihrer Projekte selbst. Für die Projektentwicklung, -planung und -auswertung stehen wir ihnen mit unterschiedlichen Methoden, Tools und Kreativtechniken – angepasst an den Kontext und die jeweilige Gruppe – zur Seite: Open Space, Dragon Dreaming, Design Thinking,

Brain Writing, Story Sharing, Medicine Wheel, Business Model Canvas etc.

Motivation und Persönlichkeitsentwicklung

In unseren *youthinkgreen*-Drehbuchworkshops (siehe Text von Thomas Frick in diesem Themenfeld) geben wir Jugendlichen die Möglichkeit, Medien und Werbung kritisch zu hinterfragen und eigene Ideen beziehungsweise Appelle kreativ in Umweltwerbespots umzusetzen. Die Arbeit mit TheaterpädagogInnen macht sie selbstbewusst für Auftritte und Kampagnen. ExpertInnen und WissenschaftlerInnen bei nationalen und internationalen Seminaren bestärken sie. Die WorkshopleiterInnen haben den Anspruch, die Jugendlichen so auszurüsten und zu prägen, dass sie eigenständig tätig werden und sich vernetzen können, um ihre Zukunft mitzugestalten.

Doch was treibt die Jugendlichen an? Welche Jugendlichen möchten Teil unserer Programme werden und sie mit Ideen, Aktionen und Leben füllen? Es kommen Jugendliche in die Projekte, die vielfach ein latentes Interesse für Themen rund um den Umwelt- und Klimaschutz haben. Sie wollen etwas verändern. Sie suchen und finden im Projekt Gleichgesinnte. Sie wachsen. Sie wirken auf ihr Umfeld. Sie hinterfragen, sie sensibilisieren, sie gestalten mit. Es motiviert sie, dass ihnen etwas zugetraut wird und sie ihre Fähigkeiten und die Gleichaltriger entdecken können. Die Jugendlichen finden bei uns eine Gemeinschaft, in der sie ihrer »Suchbewegung« nachgehen können und wo sie dabei unterstützt werden, den für sie »richtigen« Weg zu finden. Die Jugendlichen reifen im Projekt zu kritischen VerbraucherInnen, zu aufgeschlossenen WeltbürgerInnen, zu entschlossenen AkteurInnen.

Bei der Projektarbeit ist unser Blick stets auf die Lebenswirklichkeit und den lokalen Kontext der Jugendlichen gerichtet. Unsere Arbeit basiert zudem auf dem Konzept »Bildung für nachhaltige Entwicklung« mit dem Ziel, die Gestaltungskompetenz der Jugendlichen zu fördern. Damit stärken wir ihre Fähigkeiten, sich Wissen über nachhaltige Entwicklung anzueignen und Lösungsmodelle anzuwenden. Anfang 2013 wurde die Initiative *youthinkgreen – jugend denkt*

UNSERE AUTORINNEN

Nadine Böttcher (* 1986) ist leitende Senior Projektmanagerin bei *youthinkgreen*. Sie führt Workshops durch, organisiert und moderiert internationale Jugendbegegnungen, konzipiert neue Projekte für nachhaltige Entwicklungen und unterstützt Jugendgruppen weltweit bei der Weiterentwicklung und Realisierung ihrer Ideen. Ehrenamtlich engagiert sie sich im Projekt »Experiencing Diversity«.

© Christel Kovermann

Ariane Missuweit (* 1985) hat Diplom-Sozialwissenschaften studiert und als freie Journalistin gearbeitet. Seit 2014 ist sie bei *youthinkgreen* als Mitarbeiterin tätig, wirkte konzeptionell und redaktionell am Buch »Tree of Hope« mit und leitet seit 2015 das Projekt »konsumwandeln«.

JUGENDLICHE STÄRKEN

Judith, damals *youthinkgreen* Osnabrück/Deutschland, derzeit im Jugendbeirat aktiv: »Meine Lernprozesse und Erfahrungswelten durch *youthinkgreen* übertreffen die der ›klassischen Schule‹ bei weitem. Zusammen mit anderen jungen Menschen die Herausforderungen unserer Zeit in Angriff zu nehmen, zu kämpfen, daran zu wachsen und gemeinsam Veränderungen zu schaffen – anders und neu zu denken, das verdanke ich *youthinkgreen*!«

Drin, damals *youthinkgreen* Pristina/Kosovo, derzeit in Griechenland aktiv: »*youthinkgreen* hat mir gezeigt, dass wir auf unserem Weg zu WeltbürgerInnen wertschätzen müssen, was der Planet und die Natur uns geschenkt haben. Wir müssen hart arbeiten, um diese kostbaren Gaben zu erhalten. Uns kostet dies nichts, nur zwei Hände voll Verantwortungsbewusstsein und Mündigkeit!«

Kavleen, youthinkgreen Neu-Delhi/Indien: »*youthinkgreen* ist die beste Lernerfahrung meines Lebens.«

Ahmed, *youthinkgreen* Kairo/Ägypten: »Ich genieße die Internationalität des Projekts, habe viel über andere Kulturen gelernt und miterlebt, welche Unterschiede und Ähnlichkeiten in Bezug auf Umweltprobleme zwischen meinem Land und denen der anderen KlimabotschafterInnen existieren.«

um.welt als offizielles Projekt der UN-Dekade »Bildung für nachhaltige Entwicklung« ausgezeichnet.

Zusammengefasst: Wir glauben, dass die Transformation in Richtung sozial-ökologisch-wirtschaftlich-gerechter Entwicklungen auf allen drei Ebenen parallel stattfinden muss – auf der Mikro-Ebene der individuellen Lebensweisen, auf der Meso-Ebene der Communitys und auf der Makro-Ebene der politischen EntscheidungsträgerInnen.

EXKURS: WAS BEDEUTET »NACHHALTIGKEIT« FÜR UNS?

Zum einen gibt es die individuelle Ebene: Nachhaltigkeit beinhaltet für den Einzelnen in erster Linie Gesundheit und Zufriedenheit. Nachhaltig zu leben, heißt, tief verwurzelt zu sein in der eigenen soziokulturellen Umgebung und dennoch beweglich und neugierig zu bleiben, die Fühler weit auszustrecken und stetig neue Blicke über den eigenen Tellerrand zu wagen. Wir wünschen uns lebensfrohe, ausgeglichene, junggebliebene Mitmenschen, die optimistisch in die Zukunft blicken und die die Herausforderungen kennen und annehmen, welche das Leben so mit sich bringt. Wir versuchen: nicht über unsere Verhältnisse zu leben; Ressourcen zu schonen; nicht aus Schuldgefühlen oder spontanen Impulsen heraus zu handeln, sondern wohlüberlegt und in tiefer Verbundenheit mit anderen und der Mitwelt, voller Vertrauen und Wertschätzung für uns und andere.

Damit sind wir auf der mittleren Ebene der sozialen Gemeinschaften: Nachhaltig agierende Menschen suchen sich Teams und Gleichgesinnte, um die Herausforderungen – auch die alltäglichen – zu bewältigen.

Sie agieren auf Augenhöhe mit anderen, können Führungsaufgaben übernehmen, sich aber auch unterordnen und Kompromisse schließen. Gute Kontakte zu pflegen, vorwiegend im lokalen und regionalen Umfeld, aber auch über den Globus verstreut, kulturelle und soziale Grenzen zu überwinden, ohne die eigene Identität aufzugeben, das sind wichtige Ziele von nachhaltigen Gemeinschaften.

Wir vom *youthinkgreen*-Team verstehen uns auch als eine große Familie. Wir wollen Themen der Nachhaltigkeit nicht nur vermitteln, sondern vor allem nachhaltig informieren und interagieren, was einander bedingt. Das bedeutet, dass wir unsere sozialen Beziehungen möglichst so gestalten, dass sie belastbar und bereichernd für alle Beteiligten sind. Wir haben ein offenes Ohr füreinander, auch wenn es gerade mal nicht um ein Projekt geht. Wir feiern Geburtstage und Feste miteinander oder gratulieren telefonisch. In Gemeinschaften kleine Rituale und Gesten der Wertschätzung und ein breites Verständnis füreinander zu entwickeln und weiterzutragen, darum geht es! Wenn wir das nicht schaffen, brauchen wir nicht über gesellschaftliche Leitbilder und Kriterienkataloge für mehr Nachhaltigkeit zu fachsimpeln.

Die dritte Ebene ist die der politischen Gemeinschaften, der Staaten und der internationalen Staatengemeinschaft. Die politischen Gemeinschaften haben die Aufgabe der

Steuerung von nachhaltigen Entwicklungen. Sie müssen die hilfreichen Ansätze und Strategien aus der Mitte der Gesellschaft fördern und die negativen Strategien und Auswirkungen eindämmen. Außerdem haben sie die Aufgabe, Streit zu schlichten und bei Zielkonflikten zu vermitteln. Gleichwohl vertreten wir die Überzeugung, dass die Innovationen und die Lösungen verstärkt aus den sozialen Gemeinschaften kommen müssen und die Politik diese dann entsprechend aufgreifen sollte. Nachhaltige Lebensweisen lassen sich politisch zwar fördern, aber nicht von oben herab diktieren und auch nicht von außen auf unbekannte Kontexte überstülpen. Das neue WBGU-Gutachten spricht daher zu Recht vom »Klimaschutz als Weltbürgerbewegung«.

youthinkgreen – jugend denkt um.welt e. V. dient daher als multifunktionale Projektwerkstatt, als internationale Austauschplattform für interessierte und engagierte Jugendliche und als Brückenbauer, um die Herausforderungen der Nachhaltigkeit weltweit anzugehen.

1. Weltjugend-Nachhaltigkeitsgipfel im Mai 2013 in Berlin

Unter dem Motto »Jugend und Nachhaltigkeit im Alltag – Globale Lebensweisen hinterfragen, überdenken und neu entwickeln«

INFO 2: UNSERE ZIELE IM ÜBERBLICK

Wir möchten:

- unterschiedliche, individuelle und gemeinschaftliche Handlungsspielräume für Nachhaltigkeit ausloten,
- vor dem Hintergrund der vielfältigen globalen Herausforderungen ganzheitliches und vernetztes Denken fördern,
- das Wechselspiel von Wissen, Verstehen, Empfinden und Verhaltensänderungen beleuchten,
- Projektideen, Konzepte und Werkstätten entwickeln, um gemeinschaftlich aktiv zu werden,
- existierende soziale, politische und wirtschaftliche Systemstrukturen hinterfragen und reformieren,
- kommunale, regionale und gesamtgesellschaftliche Lösungen und Innovationen anstoßen,
- eine sozial-ökologische Transformation wagen, an der möglichst viele AkteurInnen partizipieren,
- den Dialog der Generationen und Gerechtigkeitsdiskussionen fördern,
- Begeisterung und Hoffnung für nachhaltige Entwicklungen und starkes soziales Engagement wecken.

veranstalteten wir im Mai 2013 unseren 1. Weltjugend-Nachhaltigkeitsgipfel. Mehr als 160 Jugendliche aus über 30 Ländern haben wir damals für zehn Tage nach Berlin eingeladen. Viele qualifizierten sich über einen offenen Wettbewerb (siehe Beitrag von Khoi Anh Dang in diesem Themenfeld). Sie zogen an einem Strang und spürten die Kraft der internationalen Bewegung. Ein wichtiges Ergebnis ihrer intensiven Diskussionen in Berlin lieferte die Erstellung eines Manifestes: ein handlungsorientiertes Positionspapier von der Jugend für die Politik (Kurz-Dokumentation: https://vimeo.com/75848065).

In diesem Themenfeld stellen wir euch nachfolgend einige Ideen, Ergebnisse und Reflexionen von ProjektmitarbeiterInnen, WorkshopleiterInnen und Jugendlichen aus unseren diversen Projekten vor. Wir hoffen, dass sie euch motivieren, inspirieren und mitreißen, denn sie zeigen beispielhaft, was alles möglich ist, wenn es uns gelingt, unsere Visionen und Ziele für nachhaltige Entwicklungen und Lebensweisen gemeinsam anzupacken und, wenn wir bereit sind, neue und außergewöhnliche Wege zu gehen!

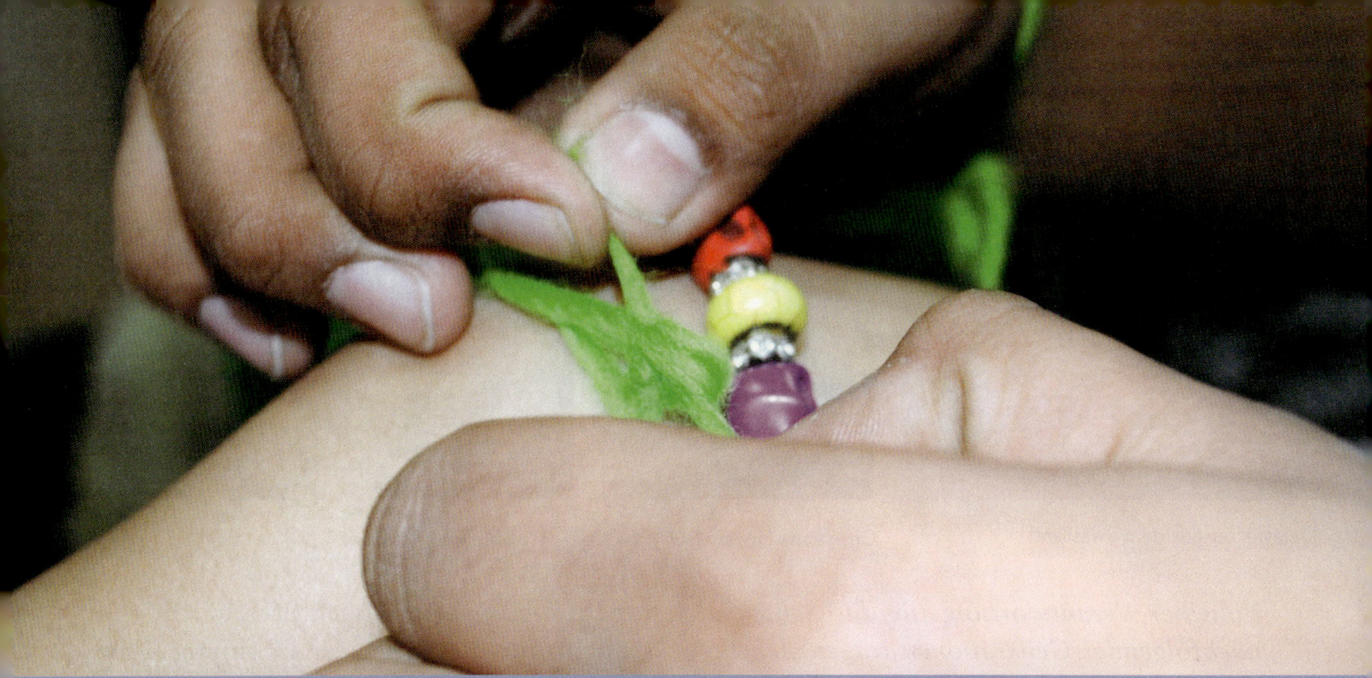

WELTWEIT VERBINDENDE SYMBOLE: »GRÜNER FADEN« UND »TREE OF HOPE«

Von Nadine Böttcher, Ariane Missuweit und Helmut Spiering

Wir Jugendliche sind der Ansicht, dass nachhaltigere Lebensweisen attraktiv gestaltet werden sowie Freude und Begeisterung verbreiten müssen. Viele Engagierte haben sich zunächst, als sie ihre Lebensweise hin zu mehr Nachhaltigkeit verändern wollten, als AußenseiterIn gefühlt. Starke Symbole, die uns mit anderen Jugendlichen weltweit in unserem Denken und Handeln verbinden, helfen dabei, diesen »Ausgrenzungen« emotional etwas entgegenzusetzen. Es sind Symbole, die cool sind und die uns Jugendlichen das Gefühl geben, Teil einer »guten Sache« zu sein.

Doch auch um die inhaltlichen Ziele unserer Arbeit, unsere Vernetzung und die Vielfalt der lokalen Projekte in der Öffentlichkeit einprägsam und wirkungsvoll zu präsentieren, haben wir starke Symbole gewählt, die den Zusammenhalt zum Ausdruck bringen und vertiefen sollen. Weltweit verteilen und verschenken wir beispielsweise den »Grünen Faden«, ein Armband aus grüner Wolle, so zuerst auf der Konferenz der Vereinten Nationen über nachhaltige Entwicklung in Rio de Janeiro, Brasilien im Juni 2012 (Rio+20).

Rio+20 – die Geburtsstunde des »Grünen Fadens«

Am Ende des UN-Nachhaltigkeitsgipfels Rio+20 erwähnte der deutsche Umweltminister Peter Altmaier in seiner Abschlussrede – vor den Delegierten der gesamten Welt – *youthinkgreen* und den »Grünen Faden«:

»Zu Beginn der Konferenz habe ich mich mit Schülern und Studenten aus verschiedenen Ländern getroffen, die in der youthinkgreen-Initiative zusammenarbeiten. Sie haben mir dieses grüne Band um den Arm gebunden. Das Band soll uns alle daran erinnern, dass wir als aktive

Delegierter aus dem Swasiland

Christiana Figueres, UNFCCC

BM Peter Altmaier

Politiker Verantwortung für das Schicksal nachfolgender Generationen tragen. Ich begrüße es daher sehr, dass der Generalsekretär angekündigt hat, einen Sonderbeauftragten für zukünftige Generationen zu ernennen.«

youthinkgreen war es gelungen, durch ein weltweites Erkennungszeichen ein verbindendes Element zu kreieren, das die PolitikerInnen durch die Verhandlungen »führt« und mit Nachdruck begleitet. Bei einem unserer Drehbuchworkshops wurde die zündende Idee des Grünen Fadens geboren: ein einfacher Gegenstand mit einer großartigen Botschaft. Grün ist nicht nur die Farbe der Hoffnung – die Hoffnung auf eine bessere Zukunft und für ein grundlegendes Umdenken der Menschen –, sondern auch für eine intakte Natur. Indigene Gruppen in den Regenwäldern kennen viele unterschiedliche Grüntöne, und jeder hat einen anderen Namen. Es ist also nicht wichtig, welchen Grünton der einzelne Faden hat. Die vielen verschiedenen Grüntöne symbolisieren die Vielfalt der Welt – eine Vielfalt, die wir unbedingt schützen müssen.

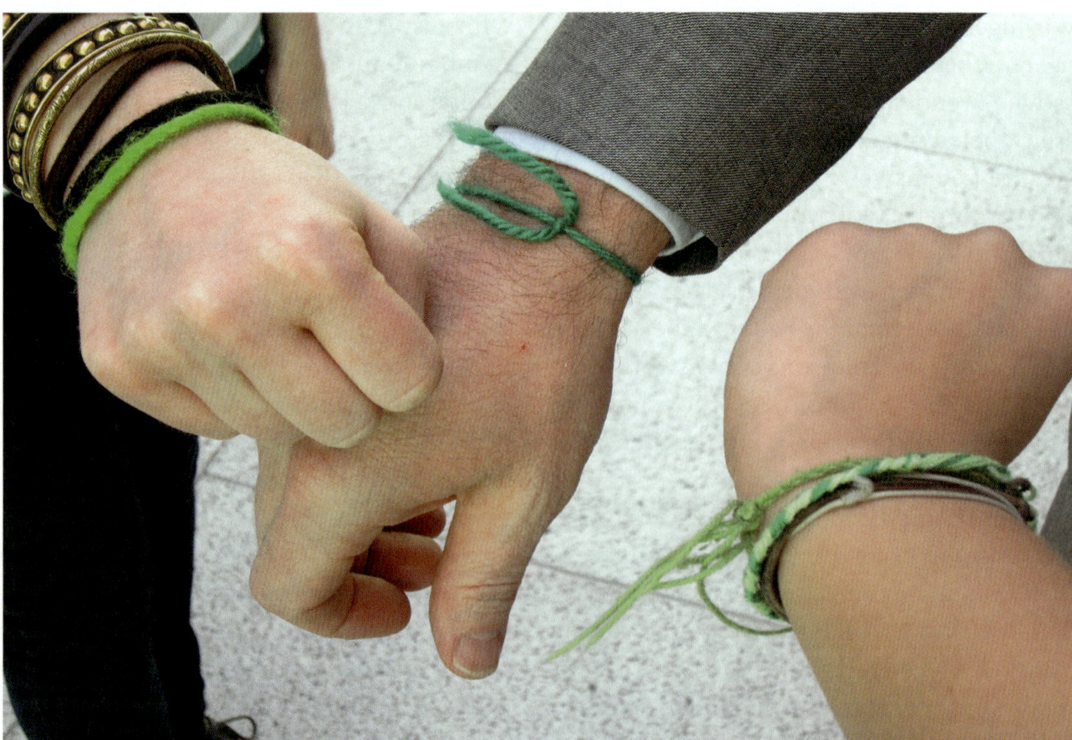

of. Hans-Joachim Schellnhuber, PIK

DER »GRÜNE FADEN« ...

- erinnert uns, dass Klima- und Umweltschutz tagtäglich Vorrang in Gesellschaft, Politik und Wirtschaft haben müssen.

- ruft uns auf, die Ampel auf grün zu stellen. Grünes Denken wurde lange genug von der roten Ampel aufgehalten und gestoppt.

- leitet uns und schenkt uns Orientierung für ein verantwortungsbewusstes Handeln, auch künftigen Generationen gegenüber.

- ermahnt uns zu erkennen, dass der Zustand der Erde am »seidenen Faden« hängt.

- fordert uns auf, uns gemeinsam den globalen Herausforderungen zu stellen, denn der Fadenknoten steht für intensiven Zusammenhalt und Austausch untereinander.

- stärkt uns, gemeinsam unsere Rolle als Klimabotschafter und Akteure nachhaltiger Entwicklungen wahrzunehmen.

- verbindet uns und lädt auch Dich ein, mitzumachen und aktiv zu werden!

... geht durch die Welt!

Der »Baum der Hoffnung« (Tree of Hope)

»Das ist eine spannende Aktion. Ich wünsche euch und uns allen, dass der Baum wächst und schließlich zu einem weltweiten Wald wird!«, so beschriftete der Klimafolgenforscher Prof. Dr. Hans Schellnhuber (siehe Themenfeld 3.2.) ein Blatt für den »Tree of Hope« von *youthinkgreen* auf der UN-Klimakonferenz in Doha (Dezember 2012). Dort haben wir, Jugendliche aus der ganzen Welt, den »Tree of Hope« ins Leben gerufen.

Gemeinsam gestalteten wir mit Unterstützung von Künstlern einen riesigen Baumstamm aus Müll, Abrissmaterial und Strandgut. Scheinbar nutzlose und achtlos weggeworfene Gegenstände fanden im Baum wieder Verwendung, wurden zu sogenannten Wertstoffen. Die Idee dahinter war folgende: Das Blattwerk lassen wir ergrünen, indem wir Papier-Blätter mit Botschaften, Wünschen, Anregungen und Forderungen versehen. Der Baum – aufgestellt an öffentlichen Plätzen – soll dabei zu einer Stätte fruchtbarer Dialoge und intensiver Begegnung vieler Kulturen miteinander werden und zu einem intensiven, generationsübergreifenden Gedankenaustausch einladen.

Doch wo in Doha konnten wir unsere geplante Aktion umsetzen? Dies war eine entscheidende Frage, die es zu klären galt. Zunächst hatten die Projektmanager von *youthinkgreen* noch versucht, eine Genehmigung dafür zu bekommen, den Baum auf dem Konferenzgelände des Klima-Gipfels aufstellen zu dürfen. Weil dies eher wenig Aussicht auf Erfolg hatte, entstand parallel dazu ein »Plan B«.

Ein lebender »Tree of Hope« auf der Klimakonferenz in Doha

Wir wollten den »Tree of Hope« auf dem traditionellen Markt, Suq Waqif, in Doha aufbauen, die Passanten einbinden und auf unser zivilgesellschaftliches Engagement aufmerksam machen.

Klimabotschafter Ahmed Hamza aus Ägypten hat in einem Bericht seine Erinnerungen festgehalten: »Meine Gruppe sollte auf einen alten Markt gehen, um die Rechte dafür zu bekommen, unseren Baum der Hoffnung in der Mitte des traditionellen Marktplatzes in Katar aufstellen und dort filmen zu dürfen. Damit wollten wir – fern von den protzigen Hallen der COP18-Konferenz – die restlichen 99 Prozent der lokalen Bevölkerung in Katar erreichen. Doch alles gestaltete sich sehr beschwerlich, nach drei mühsamen Verhandlungstagen hatten wir endlich die offizielle Erlaubnis von der Stadtverwaltung, unseren Baum in der Mitte des Marktplatzes aufzustellen.«

Am Donnerstag des Gipfels stand der Baum eine gute Viertelstunde mit dem Auto vom Konferenzgelände entfernt, an einer schmalen und lebhaften Stelle der Fußgängerzone. Gegenüber und nebenan waren Restaurants und Cafés. Und die Klimabotschafter nahmen ihre Arbeit auf. Judith Gebbe aus Osnabrück hat dies in ihrem Tagebuch festgehalten: »Es ist 16 Uhr, und ich hänge gerade ein weiteres grünes Blatt an einen großen Baum aus Müll, das mit Hoffnungen, Wünschen und Forderungen beschrieben wurde. Ich habe schon vor einer Weile aufgehört zu zählen, wie viele Blätter es sind, und freue mich nur noch über die enorme Beteiligung der Passanten. (…) Ich bin beeindruckt, wie gut unser Baum hier ankommt und dass so viele Menschen die Möglichkeit nutzen, Teil eines Baumes zu werden, welcher Perspektiven für die Zukunft bietet. Er ist ein Zeichen des Umdenkens, des Wachsens und des produktiven Fortschritts hin zu einem nachhaltigeren Lebensstil für alle. Zudem dient er dem Dialog und dem Austausch. Ich könnte etliche tolle Geschichten erzählen, von Begegnungen und vollgeschriebenen Blättern. Zum Beispiel von

einem jungen Syrer, mit dem ich über den Krieg in seinem Land gesprochen habe. Wir hinterlassen bei fast allen Menschen hier im regen Markttreiben einen bleibenden Eindruck. Sie fragen nach und wollen wissen, was mit den Blättern passiert, ob ihre Stimme gehört wird und was wir erreichen wollen.«

Menschen unterschiedlicher Kulturen, Religionen und Nationalitäten treffen sich am »Tree of Hope« und schreiben die Blätter des Baumes voll. Ein Straßenfeger aus Indien macht spontan mit, eine Verhandlungsführerin aus Kuwait, ein Tourist aus Australien und auch ein Beobachter des Gipfels aus Pakistan. Unser Appell an die Gesellschaft lautet: »Lasst uns endlich gemeinsam und verantwortlich für die gesamte Menschheit eintreten und handeln!«

Was verdeutlicht der »Baum der Hoffnung« noch? Wir sehen in ihm einen Baum, der das Zusammenspiel und die Problematik zwischen Wissen, Begreifen und Handeln vermitteln kann. Denn wir wissen um die globalen Probleme und haben bereits vieles über nachhaltige Entwicklungen erfahren. Und trotzdem setzen wir es nicht um, obwohl dieser Baum uns deutlich aufzeigt, welche Grundlagen wir für ein nachhaltig gelebtes Leben brauchen. In vielen Städten, unter anderem in Berlin (Deutschland), Doha (Katar), Ischewsk/Teilrepublik Udmurtien (Russland), Kairo (Ägypten), Lima (Peru), Neu-Delhi (Indien), Osnabrück (Deutschland), Pristina (Kosovo), Trient (Italien), Wellington (Neuseeland) und Wuhan (China) haben wir den »Baum der Hoffnung« wieder lebendig werden lassen.

Offizielle Genehmigung unterzeichnet: Der »Tree of Hope« darf auf dem Basar in Doha aufgestellt werden

Ein Auszug

… aus dem Tagebuch von Judith Gebbe, 18 Jahre, beim 1. Weltjugend-Nachhaltigkeitsgipfel 2013.

»Wir begannen mit den Wurzeln. Diese stehen symbolhaft für Wissen, Bewusstsein, Denken, Mitgefühl und Sensibilisierung, eingebettet in einen festen Boden von Kultur, Tradition und Ethik. Aber zum Wachsen muss er außerdem vor allem mit Wasser und Licht versorgt werden. Diesen Vorgang sehen wir in der Bildung verkörpert, in den Sonnenstrahlen die Menschlichkeit. Schutz bekommt der Baum durch einen Zaun aus Menschenrechten. Kommen alle diese Faktoren zusammen, dann lassen sich Früchte der Nachhaltigkeit ernten. Ich liebe dieses Bild, und es durchzieht oft meine Überlegungen für neue Projekte und Handlungsoptionen. Denn es berücksichtigt die verschiedenen Faktoren, ohne dabei eingrenzend oder länderspezifisch zu sein – dieses Bild hat gleichsam modellhaften Charakter, das ein jeder von uns mit Leben füllen sollte.

Dieses Thema ist so komplex, so global, so schwer greifbar – und dennoch haben mir die Tage in Berlin die Augen geöffnet, mir ein großes Stück dieser wundervollen Welt offenbart und mir auch gezeigt, wie Zukunft aussehen kann. Nämlich im persönlichen Dialog und intensiven Austausch mit meinem Nachbarn – ob drei Kilometer oder 3.000 Kilometer entfernt – und in einer gelebten Demokratie, die auch Konfrontationen und Kompromisse beinhaltet. All dies habe ich vor allem durch den ›Tree of Hope‹ erfahren dürfen.

Der ›Baum der Hoffnung‹, der schon in Doha ganze Arbeit geleistet hatte, erstrahlte im Mai 2013 auf dem Pariser Platz vor dem Brandenburger Tor. Es war ein gewaltiges Konstrukt – schon von Ferne wahrnehmbar – und versetzte mich und alle anderen in Staunen.

Hannes Jänicke, Schauspieler

Besonders als er mit jeder weiteren Stunde prachtvoller und lebendiger wurde. Denn der Baum war nicht einfach ein Protestbild. Er war ein besonderer Ort der Zusammenkunft, der Gemeinschaft und des Dialogs. Zu sehen, dass die Menschen etwas von unseren Gedanken und Ideen mitnehmen, auch durch die Aktion des ökologischen Rucksackes und des ›Grünen Fadens‹, erfüllte mich mit Freude und Stolz. Mein Fazit war ganz klar: ES LOHNT SICH!«

Aufruf

Der »Baum der Hoffnung« signalisiert zugleich Bodenhaftung und Aufbruchstimmung, Zielstrebigkeit, Kreativität und Verantwortungsbewusstsein der nachwachsenden Generationen.
Er ist ein Symbol des Umdenkens, des ökosozialen Wandels und globaler, sozialer Gerechtigkeit hin zu zukunftsfähigen Lebensweisen für alle Menschen weltweit.

Mach mit und hilf uns, den Baum internationaler, lebhafter und bekannter zu machen! Sei mit deinem Statement Teil des »Baumes der Hoffnung« und setze mit deinen Freunden und Bekannten ein Zeichen für eine gemeinsame, verantwortungsvollere Zukunft.
Strebe danach, selbst ein Baum der Hoffnung zu sein.

INFO

Auf der UN-Klimakonferenz in Doha haben in einer gemeinsamen Pressekonferenz mit Bundesminister Peter Altmaier Jugendliche von *youthinkgreen* vier Forderungen (Grüne Blätter) an den Minister überreicht.

Wir fordern,

- dass vermehrt und verstärkt Jugendliche aus der ganzen Welt in die Weltklimakonferenzen eingebunden werden und eine Stimme erhalten, da es um die Gestaltung unserer Zukunft geht. Auf diese Weise würde auch der wachsenden Politikverdrossenheit entgegengewirkt werden.

- dass die EU ihre Vorreiterrolle in ganz konkreten Klimaschutzmaßnahmen stärker wahrnimmt und offensiv propagiert. Zudem sollte die EU ihre Zielsetzungen hinsichtlich aktiver Klimapolitik nach oben korrigieren.

- die Struktur der Weltklimagipfel zu überdenken und möglichst radikal zu verändern, um ihrer anscheinend sehr geringen Effizienz (und der damit verbundenen negativen Auswirkung) entgegenzuwirken. So wäre z. B. zu überlegen, ob es nicht besser wäre, Vertreter von Regionen statt Vertreter eines jeden Staates einzuladen. Dadurch würden auch die Vorkonferenzen in den Regionen mehr an Bedeutung und Mitsprache gewinnen.

- alle deutschen Auslandsschulen in naher Zukunft äußerlich (baulich) und inhaltlich (Lehrpläne) zu Umweltschulen umzubauen und umzugestalten, da unser Land weltweit Pionier in Erneuerbaren Energien und in der Energiewende ist.

YOUTHINKGREENER AUF UN-KONFERENZEN: IN DIE ROLLE EINES DELEGIERTEN SCHLÜPFEN – POLITIK HAUTNAH ERLEBEN UND MITGESTALTEN

Von Dr. Tobias Romberg

Doha, Dezember 2012: Noch acht Minuten bis zur gemeinsamen Pressekonferenz, die die internationale Jugendorganisation *youthinkgreen* und die Nichtregierungsorganisation Germanwatch gemeinsam auf der UN-Klimakonferenz in Doha, Katar, veranstalten. Auch Bundesumweltminister Peter Altmaier ist eingeladen, doch er kommt nicht, wie vereinbart, rechtzeitig aus den Verhandlungen. Tiefe Enttäuschung ist in den Gesichtern der Jugendlichen zu lesen, die *youthinkgreen* in Doha repräsentieren. Doch anstatt die Köpfe hängen zu lassen, beginnen sie, gemeinsam mit Christoph Bals, dem politischen Geschäftsführer von Germanwatch, ihre Pressekonferenz. Und dann, nach etwa 15 Minuten, fliegt die Tür zum Konferenzsaal auf, und Peter Altmaier kommt herein. Im Schlepptau hat er seinen Mitarbeiterstab und einen Medientross.

Altmaier hört sich die mahnenden Worte und Forderungen von zwei jungen Klimabotschaftern an: Ahmed Hamza, 16 Jahre alt, aus Kairo und Judith Gebbe, 18 Jahre alt, aus Osnabrück. Die beiden sitzen neben ihm auf dem Podium, sie sprechen energisch und selbstbewusst. Dann überreichen sie dem deutschen Minister grüne Baumblätter, die sie aus Papier geschnitten haben. Hunderte hängen am Baum. Auf den Blättern stehen die wichtigsten Forderungen, die sie hier im Emirat Katar und in anderen Ländern von BürgerInnen und PolitikerInnen eingesammelt haben. Diese Blätter gehören zum »Baum der Hoffnung – Tree of Hope«, mit dem die Jugendlichen von *youthinkgreen* in Doha ein aussagekräftiges Kunstwerk geschaffen haben (siehe Text »Weltweit verbindende Symbole« auf Seite 97 ff.).

Die Jugendlichen von *youthinkgreen* fordern während der Pressekonferenz, dass:

- vermehrt Jugendliche in die Weltklimakonferenzen eingebunden werden, denn es geht um sie und ihre Zukunft,
- alle deutschen Auslandsschulen in naher Zukunft zu Umweltschulen umgebaut werden,
- die Struktur der Klimagipfel radikal verändert wird, um der Ergebnislosigkeit und Ineffizienz entgegenzuwirken,
- die EU ihre Vorreiterrolle in konkreten Klimaschutzmaßnahmen wahrnimmt und diese stärker in die Öffentlichkeit trägt (siehe Langfassung der Forderungen im Text »Weltweit verbindende Symbole«).

Pressekonferenz – BM Peter Altmaier und YTG

Seite an Seite mit Spitzenpolitikern

Bundesumweltminister Peter Altmaier kennt *youthinkgreen* spätestens seit dem UN-Nachhaltigkeitsgipfel Rio+20 im Juni 2012. Dort hat er die Klimabotschafter der Organisation bereits getroffen, mit ihnen diskutiert und von ihnen den »Grünen Faden« um das Handgelenk gebunden bekommen. Der Faden ist, neben dem »Tree of Hope«, eines der weltweiten Symbole der Jugendbewegung von *youthinkgreen*. Nach der gemeinsamen Pressekonferenz in Doha gibt **Peter Altmaier** der ARD ein Interview. In einem am 7. Dezember 2012 ausgestrahlten Tagesschau-Bericht unterstreicht der Minister seine Unterstützung für *youthinkgreen* sowie die Bedeutung des Projekts:

»Es hat in den letzten drei Jahren viel zu wenig Aufmerksamkeit für Klimaschutz – auch in der breiten Bevölkerung – gegeben. Und ich freue mich, dass diese internationale Initiative seit nunmehr einem Jahr zusammen ist und dass Jugendliche aus verschiedenen Ländern darüber diskutieren und andere Jugendliche über das Internet dafür begeistern. Das ist eine gute Entwicklung, und die unterstütze ich.«

Wie ist es dazu gekommen? Jugendliche von *youthinkgreen* sind in Doha – ebenso wie schon in Rio – als junge Delegierte ihrer Heimatländer bei den UN-Klimakonferenzen mit dabei. Danielle aus Brasilien gehört zur Delegation ihres Landes. Ahmed und Mourad aus Kairo sind Mitglieder der ägyptischen Delegation. Schwieriger ist die Situation für die deutschen

auf uns und unsere öffentlichkeitswirksame Arbeit aufmerksam. Durch seinen persönlichen Einsatz erhielt ich schließlich zum Glück doch noch eine Akkreditierung.«

Die Jugendlichen von *youthinkgreen* nehmen an Meetings verschiedener Organisationen und Interessengruppen sowie Pressekonferenzen in Doha teil. Sie diskutieren auch mit Delegierten des Europäischen Parlaments. Ihre Forderungen fließen indirekt in den politischen Prozess mit ein, zum Beispiel bei Gesprächen mit politischen Entscheidungsträgern. Ihre Stimmen werden gehört. Am Tag der Pressekonferenz mit dem deutschen Umweltminister Peter Altmaier haben die Klimabotschafter Ahmed Hamza und Mourad Taher Farahat ein weiteres bedeutendes Treffen. **Mourad hält fest:**

»Die Anwesenheit des deutschen Umweltministers war für mich als Ägypter nicht der Höhepunkt des Tages, denn ein Mitglied der Arab Youth Climate Movement (AYCM) rief mich an und sagte, dass wir (Ahmed und ich) so schnell wie möglich zu ihm kommen sollten,

Klimabotschafter von *youthinkgreen*, denn die Plätze in der deutschen Delegation seien bereits vergeben, wie es im Vorfeld hieß. Die 18-jährige Judith konnte, da sie bereits volljährig war, über eine andere Nichtregierungsorganisation akkreditiert werden. Für Solveig, 15 Jahre alt, sieht es zunächst nicht gut aus, und ihr Frust darüber, nicht direkt am Gipfel teilnehmen zu können, ist groß. Doch dann ereignet sich eine überraschende Kehrtwende, die sie in einem Gastbeitrag für die Neue Osnabrücker Zeitung mit folgenden Worten beschreibt:

»Die Barcodescanner piepen. Viele Leute aus allen möglichen Nationen strömen vorbei, und ich sitze immer noch draußen. Wie die meisten anderen Minderjährigen habe ich keine Akkreditierung bekommen und muss nun auf meine Klimabotschafter-Freunde jenseits der Sicherheitsschleuse warten. Denn die machen gerade eine Aktion mit dem von uns initiierten und improvisierten ›Tree of Hope‹. (...) Ich fand es sehr erstaunlich, dass unsere Aktion so viel Aufmerksamkeit erregte. Viele Delegierte kamen voller Begeisterung zu unserem Baum, um ihre Forderungen auf die Blätter zu schreiben. Und dann wurde ein afrikanischer Delegierter

YTG im Interview mit der ARD

da ein weiteres Treffen mit einer wichtigen Person der ägyptischen Delegation gleich stattfand. Als wir im dritten Stock des COP18-Gebäudes waren, erfuhren wir endlich, wer diese wichtige Person war: der ägyptische Umweltminister. Dies war für mich extrem spannend, da ich ihn nie zuvor persönlich getroffen hatte. Er führte mit uns eine offene und angeregte Diskussion über die Wünsche und Forderungen der ägyptischen Jugend in den Themenfeldern Umwelt- und Klimaschutz.«

YTG live auf der Klimakonferenz in Doha

– eine immense Herausforderung sowohl psychischer als auch physischer Art für die Jugendlichen und ihre Betreuer. Doch Hindernisse

UNSER AUTOR

Unser Autor: Dr. Tobias Romberg (* 1978) ist Lehrer und Diplom-Journalist. Er hat die Deutsche Journalistenschule in München absolviert, in Politikwissenschaften promoviert und als Reporter bei Reisen in viele Länder der Welt die Folgen des Klimawandels gesehen. Er unterrichtet seit 2011 an der Ursulaschule Osnabrück, betreut dort die Klimabotschafter und arbeitet nebenbei journalistisch.

und Schwierigkeiten werden mit Spontaneität, Kreativität und Ausdauer gemeistert. Die Jugendlichen bringen ihre Standpunkte gezielt auf den Punkt und fordern Unterstützung ein. Während der COP18 machen Jugendliche aus Brasilien, Deutschland, Indien und Namibia sehr ähnliche Erfahrungen.

Jugendliche mittendrin, sie reifen zu WeltbürgerInnen

Zahlreiche Begegnungen mit Ministern, Delegierten oder Journalisten belegen: die Klimabotschafter, die *youthinkgreen* in Doha repräsentieren, sind mittendrin. Sie sind mehr als Zaungäste, sie realisieren eigene Aktionen und interviewen Experten. Sie berichten für den eigenen Blog, produzieren kurze Videos und schreiben für Zeitungen und Webseiten vom Gipfel. Sie erleben euphorische Momente. Sie erfahren aber auch gelegentlich Ablehnung und Desinteresse, müssen Rückschläge und Frustration hinnehmen. Sie suchen neue Wege, setzen nach, bleiben hartnäckig. Sie hetzen von einem Termin zum anderen, erleben Stress und Hektik, lange Tage und kurze Nächte

Alexander Brock aus Windhuk, Namibia

(siehe auch sein Textbeitrag im Themenfeld 1) fasste seine Erinnerungen unter dem Titel: »Zwischen Frust und Begeisterung – ich als Delegierter in Doha« zusammen:

»Als Jugendliche wurden wir zunächst überhaupt nicht wirklich ernst genommen, obwohl wir diejenigen sind, die für eine lebenswertere Zukunft aller kämpfen – nicht nur für die unsrige, sondern vielmehr auch für die künftiger Generationen. In dieser Zukunft werden die

heutigen Delegierten keine Rolle mehr spielen. Deren vorherrschende Denkweise scheint jedoch zu sein: ›Lebe den Augenblick, vergesse das Morgen‹. Diese Einstellung können wir als Jugendliche nicht akzeptieren und wollen uns dagegen zur Wehr setzen, endlich ein Umdenken bewirken.

Ein wesentliches Ergebnis der COP18 sollte unserer Ansicht nach sein, dass alle Nationen eine Verlängerung des Kyoto-Protokolls unterzeichnen. Letztendlich beinhaltet dies, marginale Differenzen auszuräumen und die reinen nationalen Interessen in den Hintergrund zu rücken. Doch es scheint, als verfügten die Delegierten über sehr wenig Kompromissbereitschaft. Die Sitzungen verliefen häufig sehr schleppend und langatmig, da Delegierte fortwährend redeten, ohne etwas Konstruktives zur Diskussion beizutragen. Ihre Monologe ließen sich in ein bis zwei Sätzen zusammenfassen. Ich frage mich: Liegt dies an einer mangelhaften Vorbereitung? Oder ist das alles Taktik?

Die Workshops und Aktionen, die youthinkgreen initiiert und veranstaltet hat, haben uns alle stärker miteinander verbunden und zusammenwachsen lassen. Diese Veranstaltungen waren für mich jedes Mal eine große Herausforderung, weil jeder aufgefordert wurde, sich voll einzubringen, die anderen neugierig zu machen und für unsere Ziele zu begeistern. Mein Wissen und mein Selbstbewusstsein sind dadurch enorm gewachsen. Auch das Arbeiten in den themenspezifischen Gruppen auf der COY [Conference of Youth] fand ich sehr bereichernd. Diese internationale Erfahrung, gemeinsam für Klimaschutzziele einzutreten und die Probleme aus den unterschiedlichen Perspektiven zu beleuchten und zu begründen, wird für mich einen bleibenden Wert haben. (…)

Den Klimagipfel hautnah zu erleben, die Verhandlungen zu verfolgen und mitzufiebern, mit den Delegierten in Kontakt treten zu können, nachzufragen und sich auszutauschen, all das sind Momente und Gegebenheiten, die uns Jugendliche politisch reifen und wachsen ließen. Heute kann ich sagen, dass all diese Erfahrungen und unmittelbaren Erlebnisse mich durch und durch zu einem politischen Menschen gemacht haben. Wir wuchsen über uns hinaus und hatten die Kraft, von morgens in der Früh bis in den späten Abend für unsere Projekte tätig zu sein.«

Doha Qatar
COY 8
Conference of Youth 8

Nandi Merdes aus Windhuk, Namibia

»Erst als ich die Lebensweise und Lebenseinstellung in Katar gesehen habe, konnte ich mir überhaupt vorstellen, wie unterschiedlich wir Menschen in verschiedenen Ländern – oder auch nur verschiedenen Stadtteilen – mit Ressourcen umgehen. […] Der Klimawandel wird *zwar oft im Schulunterricht vorgestellt, aber erst durch die weltweite persönliche Vernetzung entstand ein selbstloseres Gemeinschaftsdenken. Dieser Zusammenhalt macht Mut, Wille und Kraft, etwas für unseren Planeten zu tun. […]*

Es hat mich jedoch überfordert und traurig gestimmt, zu sehen, wie kurzsichtig und egoistisch verhandelt wird. Einige Politiker behandeln die Klimapolitik wie ein riesiges Schachspiel, sind gierig und sehen nur ihren persönlichen Gewinn. Wir müssen ihnen die Augen öffnen und klarmachen, dass unsere Zukunft kein Spiel ist.«

YTG im Gespräch mit dem Umweltausschuss des EU-Parlaments

Louisa Peters, Osnabrück, Deutschland

»Ich denke, dass unser wichtigster Anstoß in Doha die Zusammenarbeit mit verschiedenen Organisationen wie beispielsweise Germanwatch war. Ich halte es für besonders wichtig, dass zwischen verschiedenen Kulturen und Ländern ein gewisses Verständnis und Respekt herrschen, damit eine Zusammenarbeit für ein gemeinsames Ziel leichter fällt. Natürlich habe ich auch inhaltlich sehr viel dazugelernt. Ohne eine gute Vorbereitung und das nötige Vorwissen ergibt es keinen Sinn, auf so eine Konferenz zu fahren. Vor Ort ist mir noch viel deutlicher geworden, wie die Verhandlungen laufen, wer welchen Einfluss hat und wie man diesen einsetzen kann. […] Ich möchte die Politiker beeinflussen, damit sie die richtigen Entscheidungen für unsere Zukunft treffen. Mir ist auch viel daran gelegen, dass unsere Interessen kreativ, jugendlich und überzeugend rübergebracht werden.«

Sophia Kreuzkamp, Osnabrück, Deutschland

»Es war ein unglaubliches Gefühl, mit Jugendlichen aus aller Welt für ein gemeinsames Ziel zu kämpfen. Wir haben uns gegenseitig unterstützt und geholfen. Wir waren füreinander da. Wir waren eine so bunte Gemeinschaft mit Jugendlichen verschiedenen Alters, unterschiedlicher Kulturen, Religionen, Hautfarben, Sprachen – wir waren so verschieden und dennoch verstanden wir uns auf Anhieb. […] Ich habe mit wichtigen Politikern gesprochen, bin in Kontakt mit Menschen getreten, die ich sonst nie getroffen hätte. Ich habe mit diesen Menschen diskutiert, habe mein Wissen vermittelt und gelernt, wie wichtig eine Kooperation ist. Ich habe Interviews für Zeitungen, Fernseh- oder Radiosender gegeben, aber ich habe auch selbst Interviews geführt. Das sind für mich einfach unersetzbare, einzigartige Erfahrungen, die ich während meiner regulären Schulzeit nie im Leben gemacht hätte!«

YTG: Broschüren und Forderungen werden an die Delegierten verteilt

Danielle Nunes Amorim Corado Rodrigues, Rio de Janeiro, Brasilien

»Es gab nicht einen einzigen Tag, an dem wir nichts gelernt hätten oder nicht mit interessanten Personen in Kontakt treten konnten. Jeder Mensch und jede NGO in Doha hat mein Leben bereichert. Es ist eine große Erfüllung, nicht nur zu lernen, sondern das erworbene Wissen dann auch an andere weiterzugeben.«

Ahmed Hamza, Kairo, Ägypten

»Ich bin nun so gut mit Wissen ausgestattet, dass man mich ernst nimmt. Das zeigt doch, wie viel Arbeit und Zeit dahintersteckt. In der Schule lernst du nur, wie du auf Fragen antworten sollst, aber selten, wie du Leute dazu bringst, deine Fragen zu beantworten. Bei youthinkgreen ist das anders. […] Die Initiative fordert uns in einer neuen und interessanten Art und Weise heraus, besser als jeder klassische Schulunterricht. Durch dieses Projekt erhält man Visionen und Inspirationen, die einem die Augen öffnen. So wird man zu einem Weltbürger.«

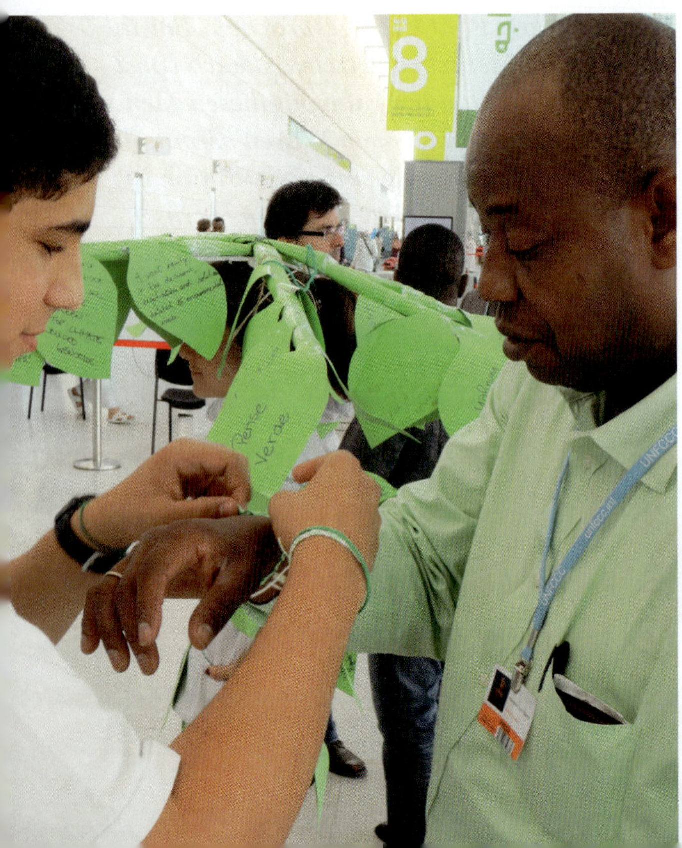

Mourad Taher Farahat, Kairo, Ägypten

»Ich bin während dieser sieben Tage als Person enorm gewachsen. Zwar steht auf meinem Pass, dass ich Ägypter bin, aber so sehe ich mich nicht mehr. Ich bin der Amerikaner, der die Menschenrechte anderer Bevölkerungen schützen will. Ich bin der Deutsche, der fordert, dass die EU ihre CO_2-Emissionen um 30 oder gar 40 Prozent reduziert. Ich bin der Syrer, der für seine Freiheit kämpft. Ich bin kein einsamer Mensch mehr. Ich bin nicht mehr isoliert. Ich weiß nun, dass die Welt eine internationale Globalisierungsbewegung erlebt, und ich möchte aktiv daran teilnehmen.«

Die Entwicklungen der Jugendlichen im Projekt sind erstaunlich. Fassaden und Hemmungen werden aufgebrochen. Die Klimabotschafter treten entschlossen und gut vorbereitet auf. Auch deshalb hat *youthinkgreen* während der Pressekonferenz mit Bundesumweltminister Peter Altmaier konkrete Forderungen vorgestellt. Die Jugend sollte bei den UN-Klimakonferenzen und in andere, ihre Zukunft betreffende Versammlungen stärker eingebunden werden. Die staubige Atmosphäre solcher Gipfel muss sich radikal ändern, um zivilgesellschaftliche Impulse besser aufzunehmen. Es gibt eine engagierte und politikinteressierte Jugend, und diese sollten wir ernst nehmen und einbinden.

Mourad (links) in Aktion

INTERKULTURELLE BEGEGNUNGEN IN DER RÜCKSCHAU: DIE WEICHEN RICHTIG STELLEN

Der 1. Weltjugend-Klimagipfel in Wolfsburg: Ein Projekt von und für WeltbürgerInnen

Von Gerd Westphal, Studiendirektor und Fachberater

2012 kamen in Wolfsburg zahlreiche junge Menschen mit dem gemeinsamen Ziel zusammen, den 1. Weltjugend-Nachhaltigkeitsgipfel in Berlin vorzubereiten. Es waren engagierte Jugendliche, die zunächst auf nationaler, dann auf internationaler Ebene formulierten, was sie bewegt:

»Wir machen uns **Sorgen** *um unsere Umwelt, um unser Klima.*

Wir sind der festen Überzeugung, dass nur ein entschiedenes und rechtzeitiges **Handeln** *einer desaströsen Entwicklung in unserem Lebensraum entgegenwirken kann.*

Wir sind davon überzeugt, dass dieses Handeln getragen sein sollte von **Mut** *und sorgfältiger* **Analyse** *dessen, was vernünftig ist bzw. was unvernünftigen Lösungen widerspricht.«*

Was hier die jungen Leute artikulieren, basiert auf Grundüberzeugungen, die ganz zentrale Aspekte unseres Zusammenlebens in Gegenwart und Zukunft abdecken:

Wir leben nicht allein (sozialer Aspekt).

Wir fühlen uns verantwortlich gegenüber Natur und Schöpfung, gegenüber den Menschen in Gegenwart und Zukunft (umweltethischer Aspekt).

Auch die nach uns kommen, wollen ihren Bedürfnissen entsprechend leben. Unser Leben sollte dementsprechend Früchte tragen (Zukunftsperspektive – zeitlicher Aspekt).

Das Ausmaß dieser Verantwortlichkeit liegt nicht allein in unserem direkten Umfeld, sondern hat weltweite Dimensionen (Globalisierung – räumlicher Aspekt).

Entsprechend sind Forderungen zu stellen: an die Politik, an die Wirtschaft, an die Zivilgesellschaft, an jeden einzelnen Bürger und jede Bürgerin. Und des Weiteren gilt es auch, eigene Initiativen zu entwickeln. Was mir als teilnehmendem Beobachter an der internationalen Jugendbegegnung sofort auffiel, war die Ernsthaftigkeit und die Intensität, mit der die SchülerInnen und StudentInnen aus aller Welt den Referaten und Vorträgen der Fachleute folgten und sich mit Herz und Verstand den vorgetragenen Thesen stellten, nachfragend und kritisch abwägend. Was sich in Wolfsburg ereignete, trug dann Früchte auf dem 1. Weltjugend-Nachhaltigkeitsgipfel in Berlin im darauffolgenden Jahr. Insbesondere hier zeigte sich der Erfolg dessen, was Helmut Spiering,

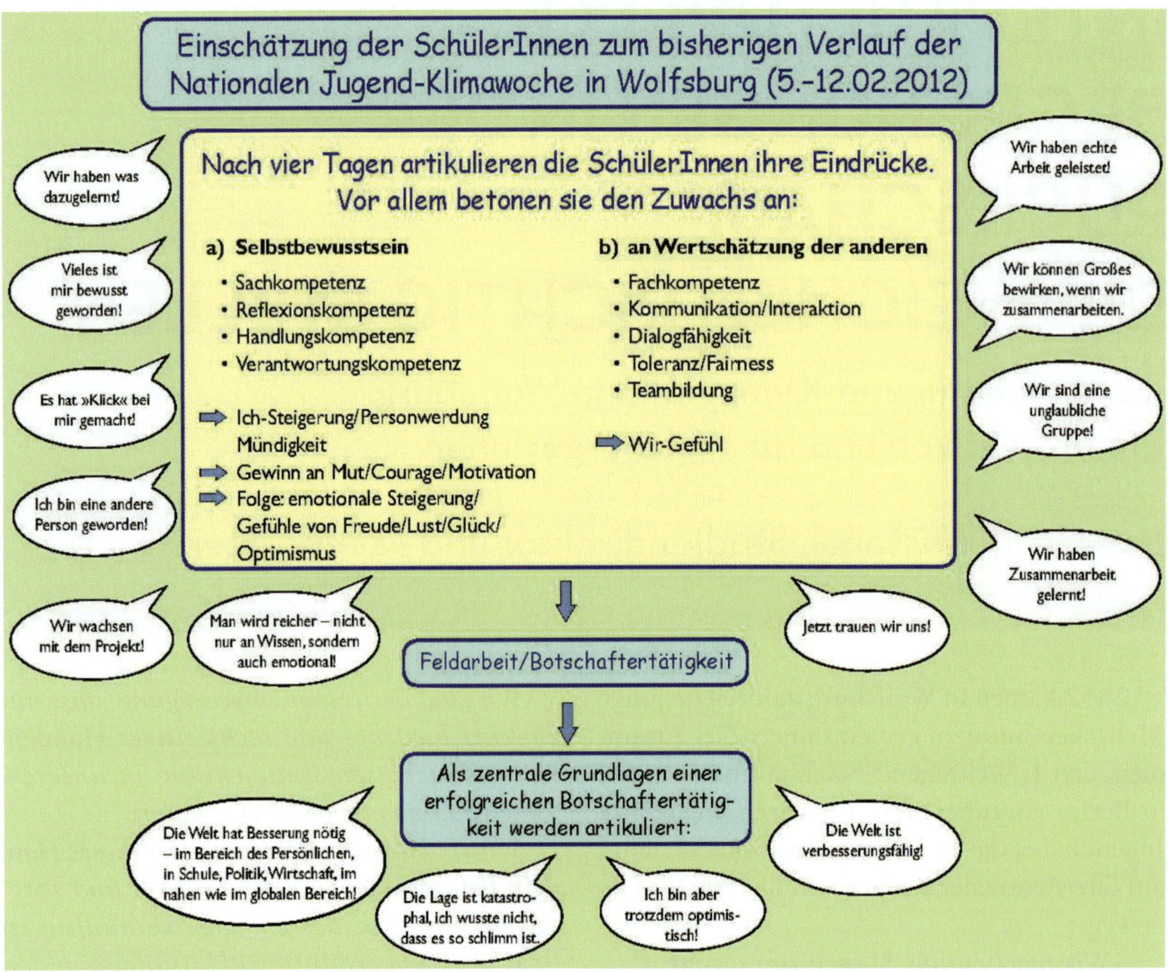

langjähriger Spiritus Rector dieses Projektes, gesät hat.

Seine Ägide, das nationale und internationale Arrangement betreffend, und seine Sorge um die Sache (Sorge – so hat es einmal der Historiker Herrmann Heimpel formuliert – sei ein Synonym für Geist) führen zu einer Situation, in der sich alle TeilnehmerInnen mit großer Offenheit und Mut den hochkomplexen Themen annähern und diese verinnerlichen konnten.

Was die Tagungen gebracht haben, zeigen die beispielhaften Äußerungen der Jugendlichen in der nachfolgenden Übersicht.

Was lässt sich hier nun herauslesen?

Vieles von dem, was in den Projektwochen von *youthinkgreen* erreicht wurde, leistet auch der herkömmliche Schulunterricht. Das gilt vor allem dann, wenn motivierte und engagierte Lehrpersonen es schaffen, SchülerInnen mehr als das gängige Repertoire der zu erwerbenden Kompetenzen anzubieten und Möglichkeiten zu erproben, mit denen Bildung interaktiv erlebt und gestaltet werden kann. Doch – wie die Erfahrung zeigt – bietet der normale Standard-Unterricht solche Erprobungsräume eher selten an. Allzu oft gelingt es nicht, jenes große Ziel zu erreichen, das darin besteht, offene Lernprozesse einzuleiten, etwas Nachhaltiges zu entwickeln und zu erreichen, und zwar auf regionaler und globaler Ebene.

Soll Projektarbeit mit diesen Zielen auch außerhalb der Schule erfolgreich sein, bedarf es eines professionellen Coachings, das den normalen Schulalltag bei Weitem übersteigt.

Ein solches Coaching basiert idealerweise auf einer gemeinsamen Vision – und dafür reicht es nicht aus, junge Menschen da abzuholen, wo sie stehen. Wir müssen sie auch dorthin führen, wo sie sich in einer Gemeinschaft entfalten und unsere Ziele für mehr Nachhaltigkeit Realität werden können.

Der 1. Weltjugend-Nachhaltigkeitsgipfel in Berlin

Rückblick von Dr. Tobias Romberg, Journalist und Lehrer an der Ursulaschule in Osnabrück

»*Wir sind mehr als eine Bewegung, wir sind mittlerweile eine Familie.*« Mit diesen Worten eröffnet Helmut Spiering, der Projektinitiator von *youthinkgreen – jugend denkt um.welt*, am 10. Mai 2013 im Projektzentrum Berlin der Stiftung Mercator den 1. Weltjugend-Nachhaltigkeitsgipfel.

Die mehr als 160 angereisten Jugendlichen aus über 30 Ländern applaudieren dem pensionierten Lehrer aus Bad Iburg energisch. Spiering fordert von den Jugendlichen offene Herzen und – zumindest für die kommenden zehn Tage des Gipfels – rauchende Köpfe. Weltweit haben die Jugendlichen im Vorfeld ihre Projekte und Ideen über den offenen Wettbewerb (siehe Beitrag in diesem Themenfeld) eingereicht.

Helmut Spiering begrüßt die Gipfelteilnehmer

So kommt es, dass an diesem Freitag in Berlin nicht nur KlimabotschafterInnen aus »festen« Gruppen, etwa Klassenverbänden oder Umwelt-AGs, die seit fast zwei Jahren im Projekt arbeiten, zusammenkommen, sondern auch 40 »EinzelkämpferInnen«. Zu den festen Gruppen zählen unter anderem die Jugendlichen aus Çorum (Türkei), Kairo (Ägypten), Lima (Peru), Neu-Delhi (Indien), Osnabrück (Deutschland), Pasardschik (Bulgarien), Rio de Janeiro (Brasilien), Trient (Italien), Windhuk (Namibia) und Wuhan (China). Für sie bildet der Gipfel nach gut zweijähriger Projektarbeit die Chance eines großen Wiedersehens. Sie haben bereits bei der internationalen Klimawoche in Wolfsburg im Mai 2012 die Philosophie von *youthinkgreen* kennen gelernt und erweitert, sie sind untereinander gut vernetzt und haben ein starkes Gemeinschaftsgefühl kreiert.

Nun kommen in Berlin neue junge Persönlichkeiten, neue Perspektiven und weitere Erfahrungen aus anderen Ländern hinzu. Drin Krasniqi aus dem Kosovo hat sich über den offenen Wettbewerb qualifiziert. Keovichet Ly ist aus Kambodscha angereist, Nicolás Marín aus Kolumbien, Temyrlan Kakimov aus Kasachstan. Sie alle wollen in Berlin globale Lebensweisen hinterfragen, eigene Gewohnheiten überdenken und Diskussionen über Nachhaltigkeit neu beleben; unter anderen stehen Themen wie soziale Gerechtigkeit und die Rechte der Natur auf der Agenda. Manche Jugendliche kommen aus Ländern, die bereits unter deutlich spürbaren Folgen des Klimawandels leiden – wie zum Beispiel Rex von den Philippinen. Und andere kommen aus Ländern, die zu den größten CO_2-Emittenten gehören – China, Indien, USA. Doch nationale Grenzen sowie andere religiöse und kulturelle Auffassungen sind für die Jugendlichen hier kein Hemmnis, sondern eine Herausforderung. Sie möchten erreichen, dass in der Umwelt-, Klima-, Sozial- und Wirtschaftspolitik ein Umdenken stattfindet, sowohl auf dem internationalen Parkett als auch auf nationaler und regionaler Ebene. Sie wollen, dass es nicht nur bei einem Umdenken bleibt – sie fordern auch entschlossenes Handeln von Politik, Wirtschaft und Gesellschaft.

Klimaschutz auch als Friedenssicherung

Sie fordern zudem die Teilhabe ihrer Generation – der Jugend – am gesellschaftlichen Leben, an der Gestaltung des Schullebens sowie an politischen Prozessen. Einige von ihnen haben bereits bei internationalen Gipfeln erfahren (müssen), wie schwer es ist, als Jugendliche

wahrgenommen zu werden. Andere haben bereits ihre eigene Nichtregierungsorganisation gegründet, um so ihrer Stimme sowie der ihrer MitstreiterInnen mehr Ausdruckskraft und Gehör zu verschaffen. Doch eines haben alle TeilnehmerInnen gemeinsam: Sie wissen, dass weltweiter Frieden seine Wurzeln auch im Klimaschutz hat. Denn der Klimawandel führt zwangsläufig zu sozialen Unruhen, zu Landflucht, Klimaflüchtlingen und Konflikten um landwirtschaftlich nutzbare Flächen. Sie fordern intakte, geschlossene Wirtschaftskreisläufe und intelligente, transparente Wertschöpfungsketten, einen respektvollen Umgang mit den natürlichen Ressourcen und ein friedliches, verantwortungsbewusstes und respektvolles Miteinander.

Viele TeilnehmerInnen fühlten sich durch *youthinkgreen* bereits im Vorfeld des Gipfels stark beflügelt. Khoi Ahn Dang hat *»in den letzten Monaten, seitdem […] [er] mit youthinkgreen zusammenarbeite[t], eine völlig neue Sicht auf das umweltpolitische Geschehen dieser Welt erhalten«*.

Dominique Köller aus Costa Rica machte sich ausgiebig Gedanken über den Zusammenhang von Umweltschutz und Bildung. Sie schreibt: *»Es ist notwendig, in meinem Heimatland ein richtiges Entsorgungssystem zu errichten, mit dem es einfacher ist, den Müll zu entsorgen. Man kann aber Menschen nicht allgemein verurteilen. Manche wachsen in sehr umweltbewussten Familien auf und können zu Vorbildern für die Jugendlichen werden, die bislang noch nicht die Chance hatten, umweltbewusster zu leben. Man sollte deshalb viel mehr darauf achten, dass Kinder im Kindergarten und in der Schule diesbezüglich ausgebildet werden.«*

Nicolás Marín aus Kolumbien hat bereits durchgesetzt, dass an seiner Schule Plastikbecher durch recycelbare Becher ersetzt werden. Und Art Çunaku aus dem Kosovo ist in einem Schulprojekt für den Umweltschutz aktiv: *»Dort verfolgen ein paar Mitschüler und ich das Ziel, unsere Schule zu einer grünen und umweltfreundlichen Schule umzuwandeln.«* Die Ideen und Initiativen dieser jungen Menschen schließen sich unter dem Dach von *youthinkgreen* wie ein bunter Flickenteppich zusammen.

Khoi Ahn, Dominique, Nicolás, Art und all die anderen Teilnehmer mit ähnlichen Geschichten hören bei der Eröffnung am Freitag die motivierenden Grußworte von Bernd Krömer, Staatssekretär der Senatsverwaltung für Inneres und Sport in Berlin. Auch der EU-Umweltkommissar Janez Potobnik hat per Video eine Botschaft überbringen lassen. Sie alle setzen große Stücke auf die Jugendlichen und den 1. Weltjugend-Nachhaltigkeitsgipfel. Und sie werden – so zeigen es die nächsten Tage – nicht enttäuscht: Am Ende des Gipfels werden die 160 Jugendlichen ihr eigenes Manifest erarbeitet, von anderen Lebensweisen gelernt und – im internationalen Austausch, doch stets angepasst auf ihre lokalen Bedürfnisse – neue Ideen für Nachhaltigkeitsprojekte entwickelt haben.

Offenheit, Diversität, Gemeinschaft

Das Vermitteln von interkultureller Kompetenz ist eine Säule des Vereins *youthinkgreen*. Alle Kontinente sind in Berlin vertreten, viele Kulturen und unterschiedliche Religionen. Die Jugendlichen tauchen ein in die Lebenswirklichkeiten und den Alltag anderer KlimabotschafterInnen. Bis spät abends sitzen sie in der Jugendherberge, dem Amstel House Hostel in Berlin zusammen, befragen sich, diskutieren: Wie lebt mein Gesprächspartner eigentlich? Wie sieht Umweltschutz in Nepal aus? Warum werden in China so viele Kohlekraftwerke gebaut? Gibt es im Kosovo Mülltrennung? Wie können wir unsere Freunde und Bekannten mobilisieren? Wie können wir EntscheidungsträgerInnen erreichen?

Die Jugendlichen wachsen in Berlin schnell zu einer Gemeinschaft zusammen, zu einer Familie, wie Helmut Spiering bei der Eröffnung sagt. Das liegt auch an dem umfassenden Sightseeing-Programm am ersten gemeinsamen Wochenende. Die Wahrzeichen und Attraktionen Berlins mit seiner beeindruckenden Geschichte dürfen natürlich nicht fehlen. Und die SchülerInnen erhalten auch Einblicke in »gelebte Nachhaltigkeit«. So besuchen sie beispielsweise ein urban-gardening-Projekt in Berlin, den Prinzessinnengarten, und die Berliner Stadtreinigungsbetriebe. Sie erhalten zudem »grüne« Stadtführungen, beispielsweise mit der Initiative »Transition Town«.

Tagungsort für den Gipfel ist die Akademie der Konrad-Adenauer-Stiftung in Berlin. Die Workshops werden von Dr. Thomas Fatheuer (Heinrich-Böll-Stiftung), Rosa Groezinger und Georgina Guillen-Hanson (Collaborating Centre on Sustainable Comsumption and Production), Kiara Worth (Organising Partner for the Major Group for Children and Youth), Anders Valhalen (Transition Towns) sowie von Christian Löwe (Umweltbundesamt) und Stefan Rostock (Germanwatch) geleitet. Immer wieder stecken in verschiedenen Sälen und Räumen der Konrad-Adenauer-Stiftung die Jugendlichen in international gemischten Kleingruppen die Köpfe zusammen. Dr. Hans-Gert Pöttering, Präsident des Europäischen Parlaments a. D. und Vorsitzender der Konrad-Adenauer-Stiftung, traut den *youthinkgreen*-Klimabotschaftern viel zu. Bei der offiziellen Eröffnung am Montag in der Konrad-Adenauer-Stiftung sagt er: »Euer Engagement kann dazu beitragen, dass die Weltklimagipfel nicht mehr so scheitern wie zuletzt.« Die Jugendlichen könnten auch dazu beitragen, dass die Welt für alle ein lebenswerter Ort werde und dann auch bleibe. Die Jugendlichen von *youthinkgreen* seien zudem jetzt schon Vorbilder für ihre Generation.

Diskutieren, hinterfragen, anpacken

Die Qualität, die Kraft und die Entschlossenheit der Jugendlichen spüren in diesen Tagen KonferenzbeobachterInnen, beispielsweise eine Mitarbeiterin von terre des hommes, MedienvertreterInnen und ReferentenInnen. Schauspieler und Filmemacher Hannes Jaenicke zeigt sich nach der Arbeit mit *youthinkgreen* begeistert, wie die Neue Osnabrücker Zeitung am 18. Mai 2013 schreibt: »Man konnte es Schauspieler und Dokumentarfilmer Hannes Jaenicke ansehen, dass sein Kompliment aufrichtig war: Sein Workshop-Auftritt beim 1. Weltjugend-Nachhaltigkeitsgipfel in Berlin sei für ihn gewesen, als hätte er eine ›Glückspille‹ eingeworfen. Denn den Jugendlichen aus aller Welt gehe es ›about doing, not talking‹ – also etwas anzupacken und nicht immer nur darüber zu reden.«

Jaenicke ist nur einer von vielen prominenten ExpertenInnen, die vor den *youthinkgreen*-KlimabotschafterInnen im Plenum sprechen und mit ihnen diskutieren. Professor Ernst Ulrich von Weizsäcker, der Polarforscher Arved Fuchs und die Ernährungsfachfrau Sarah Wiener greifen zum Mikrofon. Sarah Wiener ruft die Jugendlichen dazu auf, sich »nicht von der Werbung verführen zu lassen, mehr zu kaufen, als ihr braucht«. Arved Fuchs verweist auf die völkerrechtlichen Fragen des Klimawandels. Und von Weizsäcker sagt sichtlich bewegt zu, *youthinkgreen* weiter zu begleiten, denn nur »so mutig und wirksam«, wie *youthinkgreen* auftrete, sei die ökologische Modernisierung durchzusetzen. Weitere Referenten sind unter anderen Prof. Dr. Claudia Kemfert vom Deutschen Institut für Wirtschaftsforschung, Professor Dr. Rainer Dollase und Jasson Jakovides, Mitglied des Deutschen Nationalkomitees der UN-Dekade »Bildung für nachhaltige Entwicklung«.

Sie alle zeigen sich begeistert von dem Niveau und dem Engagement der Jugendlichen. Sie blicken in wache und fordernde Gesichter, müssen sich auch die eine oder andere unange-

Ökologischer Rucksack

nehme Nachfrage gefallen lassen. In den kurzen Pausen stehen die Jugendlichen, international gemischt, zusammen und diskutieren über die Vorträge und daraus hervorgehende neue Ideen. Anke Britta Schmidt aus Osnabrück findet im Vietnamesen Khoi Ahn Dang einen Gleichgesinnten. Dejan Filipovic aus Serbien und Art Çunaku aus dem Kosovo stehen auf dem Flur und planen ein gemeinsames länderübergreifendes Projekt. Frank Lyon aus den USA tauscht sich mit Nicolás Marín aus Kolumbien aus. Die Gedanken, Ideen und Visionen rotieren und machen die Runde, Projektideen werden ausgetauscht, Pläne geschmiedet.

Öffentlichkeitswirksame Aktionen

Nach dreitägiger intensiver Arbeit in der Konrad-Adenauer-Stiftung ziehen die KlimabotschafterInnen am Donnerstag, dem 16. Mai 2013, bei strahlend blauem Himmel auf den Pariser Platz, vor das Brandenburger Tor, ins Zentrum der deutschen Hauptstadt. **Anke Britta Schmidt, Klimabotschafterin von der Ursulaschule Osnabrück**, hat diesen bemerkenswerten Tag in einem Blogbeitrag für die Deutsche Welle zusammengefasst:

»Erst haben wir den ›Tree of Hope‹ (Baum der Hoffnung) beim Klimagipfel in Doha errichtet und jetzt während des 1. Weltjugend-Nachhaltigkeitsgipfels vor dem Brandenburger Tor. Es ist ein Kunst-Baum, dessen Stamm aus Abfällen aufgebaut ist. Die Krone besteht nun aus mehr als 6.000 Blättern, die Forderungen, Träume und Ideen von vielen Menschen aus aller Welt abbilden. Der Baum ist sehr schön gestaltet, soll aber auch als Mahnung dafür stehen, dass wir unseren verschwenderischen und zerstörenden Lebensstil überdenken.

Wir, die Teilnehmer des 1. Weltjugend-Nachhaltigkeitsgipfels, sammelten im Vorfeld des Gipfels in unseren 31 Heimatländern von unseren Familien und Bekannten Forderungen und Wünsche, die wir dann mit zum Gipfel nach Berlin brachten. Hier wurde vor der Kulisse des Brandenburger Tores von youthinkgreen der gut vier Meter hohe Baum gebaut. Und die Bürger und Touristen beschrieben weitere Blätter.

Neben dem ›Tree of Hope‹ haben wir auch auf einem zehn mal zehn Quadratmeter großen Tuch auf den ökologischen Fuß- und Handabdruck aufmerksam gemacht. Jeder hat einen individuellen ökologischen Fußabdruck, der davon abhängt, was man konsumiert und

Ökologischer Hand- und Fußabdruck

wie man lebt. Der ökologische Handabdruck steht hingegen dafür, was man selbst für den Klima- und Umweltschutz tut. Und so haben wir Menschen gebeten, ihren Fuß- und Handabdruck zu hinterlassen. [...]

Mit unserem jetzigen Lebensstil zerstören wir nicht nur unsere Lebensgrundlage, sondern auch unsere Zukunft. Ich selbst wünsche mir, dass wir in einer Welt leben, wo die Natur wieder mehr zählt und nicht mehr nur das Ökonomische, also der reine Gewinn. Wie schön wäre es, wenn es in den Städten mehr Grünanlagen gäbe und viel mehr Platz für Kinder und Fahrräder. Meine Wünsche sind nun im Bundesumweltministerium angekommen. Wir haben den ›Tree of Hope‹ an Umweltminister Peter Altmaier übergeben.«

Diese von Anke Britta Schmidt beschriebene Übergabe an den Bundesumweltminister erfolgt

am frühen Freitagmorgen, also am Tag nach den zahlreichen Aktionen am Brandenburger Tor. Neben den beschriebenen Highlights gibt es am Donnerstag immer wieder Tanz- und Musikeinlagen diverser internationaler Klimabotschafter. Der Radiosender RBB Info sendet live. Klimabotschafterin Clara Greiwe von der Ursulaschule Osnabrück wird mehrere Stunden lang von einem Reporter und einem Fotografen des Jugendmagazins »BRAVO« begleitet. Und so wird jeder der KlimabotschafterInnen zu einem Fürsprecher, Aktivisten und Multiplikator. Sie werden ihrer Rolle als BotschafterInnen gerecht, nehmen Kontakt zu den TouristInnen und BürgerInnen Berlins auf. Sie informieren über ihre Vorhaben, Ziele und Forderungen.

Nach vielen Kräfte raubenden Stunden in der prallen Sonne finden sich die KlimabotschafterInnen mitsamt geladenen Gästen am Abend im Allianz-Forum am Pariser Platz ein, um in einer von Thomas Frick inszenierten, gut eineinhalbstündigen Revue auf die Geschichte des Projektes *youthinkgreen* zurückzublicken. Diesen bemerkenswerten Abend hat **der ägyptische Klimabotschafter Mourad Farahat** in einem Bericht zusammengefasst:

»Yesterday, the colossal efforts each and every one of us put in the project came to fruition as the pinnacle of our project, the 1st world youth sustainability summit, came to be. The event, many of whose attendees were project managers and leading figures in their respective fields, were pleasantly surprised as the youthinkgreen teams that took part in the gala showed discipline, determination and that they were not to be discouraged by the sheer size and importance of the event at hand. The program, whose highlights were the youthinkgreen rendition of the song ›Mut zum Handeln‹ (courage to act), the various student-produced environmentally oriented spots, and the Indian dance showed the unique inter-cultural connection between the various members of the youthinkgreen. The excitement at the event rubbed off on each and every one of our guests, with many of them on the verge of euphoria. We were standing hand-in-hand with people whose success has come to be known on every continent of the planet and watched in amazement as they relaxed and spoke to us as peers, not as minors, as friends not as climate change fighters. All in all, to simply call our summit a success would be an understatement. The Allianz-Forum will forever in our hearts be remembered as the place where we graduated into adults, supported along our journey by the constant recognition we received throughout the process.«

Das *youthinkgreen*-Manifest

Am letzten Samstag des Gipfels erstellen die Jugendlichen ein Abschlussdokument, ein Manifest. Sie wollen ihre Forderungen bündeln, schärfen, sie an die Vereinten Nationen und Parlamente ihrer Länder senden. Doch wie schaffen es die Jugendlichen aus mehr als 30 Ländern, einen Konsens zu finden? Die letzten Tage haben sie beflügelt, Ideen sind in ihnen gewachsen, einige Forderungen in den Workshops konkret und substanziell geworden.

Um neun Uhr am Pfingstsamstag sitzen die KlimabotschafterInnen im Plenarsaal der Konrad-Adenauer-Stiftung, als Projektinitiator Helmut Spiering das Wort ergreift: »Das ist euer Tag. Nun geht es um eure Ergebnisse. Ihr seid nach dem umfassenden Programm müde. Doch wenn es darauf ankommt, findet man immer wieder neue Kraft.«

Umweltaktivistin Kiara Worth übernimmt das Ruder. Sie erklärt den Modus. In den kleinsten Einheiten der bisherigen Gruppenarbeit werden Forderungen konkretisiert und dokumentiert. Am Ende des Tages werden dann alle Jugendlichen gemeinsam im Plenum sitzen und aus vielen Einzelforderungen und Ergebnissen von Gruppenarbeiten ein Manifest machen.

In den nächsten Stunden sitzen die internationalen TeilnehmerInnen zunächst in 16 kleinen Gruppen, später dann in vier größeren Gruppen zusammen, um ihre Forderungen zu sammeln. Es wird um Formulierungen gerungen. Es wird deutlich, dass Forderungen gelegentlich nicht universell anwendbar sind. Es werden Kompromisse gefunden. Das Verfahren ist für die Jugendlichen ein Lehrstück internationaler Politik. Nun können sie ansatzweise nachvollziehen, wie kompliziert es ist, wenn auf internationaler Ebene verhandelt wird.

Nach dieser intensiven Phase und einer Mittagspause treffen sich die TeilnehmerInnen im Plenum. Moderatorin Kiara Worth bestimmt klare Regeln. Das Rederecht wird zeitlich begrenzt, Modalitäten, beispielsweise Zuspruch oder Protest, werden geklärt – und dann beginnt ein stundenlanges Diskutieren, Verhandeln, Zerren und Feilschen. Am frühen Abend steht das Manifest. Donnernder Applaus. High-Fives und Umarmungen.

In einer *youthinkgreen*-Presseerklärung heißt es schlicht: *»Der 1. Internationale Weltjugend-Nachhaltigkeitsgipfel ist am 20.05.2013 mit einem gemeinsamen Manifest zu*

Arbeitsphase: Aktionspläne entwickeln

Das Weltjugendparlament, KAS

Ende gegangen. Unter Anleitung der erfahrenen südafrikanischen Umweltaktivistin Kiara Worth erarbeiteten die über 160 Jugendlichen wie in einem Weltjugendparlament eine gemeinsame Erklärung, in der sie ihrem Aufruf zu einer ökologisch orientierten und nachhaltigen Weltinnenpolitik engagiert Ausdruck gaben.«

Auf Wunsch der GipfelteilnehmerInnen handelt es sich bei dem Manifest nicht um ein statisches Dokument, sondern um eines, das gemeinsam durch weitere progressive Forderungen und Lösungsansätze ergänzt werden kann.

Gipfel-Reflexion von Judith Gebbe (18)

Samstag, 18. Mai 2013, Berlin

»Herzlichen Glückwunsch – ihr habt gerade gemeinsam und erfolgreich das youthinkgreen-Manifest beschlossen!« Diese Worte von Kiara hallen durch den Versammlungsraum der Konrad-Adenauer-Stiftung in Berlin. Tosender Beifall ertönt, und eine Welle der Erleichterung und Freude erfasst uns alle. Ich höre die Jubelrufe der Namibier aus den Reihen hinter mir und klatsche mich mit meinem amerikanischen Sitznachbarn Timothy ab. Was hier gerade geschieht, ist unfassbar – unfassbar stark. Wir haben es geschafft! Wir haben nach stundenlangen Diskussionen und Entscheidungen ein gemeinsames Positionspapier entworfen, mit Forderungen und Vorstellungen für unsere Zukunft.

Plötzlich wurde aus mir, einer einzelnen Schülerin, eine Bewegung aus über 160 Jugendlichen aus mehr als 30 Nationen, die an meiner Seite stehen und strahlen. Heute haben wir bewiesen, dass wir nicht nur unbedarfte Jugendliche sind, sondern dass wir verantwortungsvoll, ideenreich und kollektiv unsere Zukunft neu gestalten können! Mit dieser Gewissheit und auch Dringlichkeit, sich einzusetzen, fahre ich nach Hause, und ich weiß, dass es den anderen genauso ergeht. Die Worte Mahatma Gandhis kommen mir in den Sinn: »Sei du

selbst die Veränderung, die du dir wünschst für diese Welt!« Der Startschuss ist gefallen, und die Zeit hier hat mir gezeigt: Ich will Veränderung, und dafür muss ich selbst, zusammen mit allen Jugendlichen auf der Welt, in die Hände spucken und handeln!

Es ist der neunte Tag eines überwältigenden Gipfels, und die prägenden und spannenden Ereignisse der letzten Tage flammen vor meinem inneren Auge wieder auf. Schon der erste Abend, die Begegnungen mit alten Vertrauten und neuen Verbündeten, die Vielfalt der Kulturen, die Musik- und Tanzeinlagen und die Leidenschaft jedes Einzelnen, welche sich schnell in unseren Gesprächen herauskristallisierte, fesselten mich. Es war egal, wo man herkam, denn jeder war willkommen, und jeder durfte sich auf seine Art und Weise einbringen. Durch diese vielen interkulturellen Begegnungen habe ich die Bedeutung von Toleranz und Akzeptanz erkannt und gelernt, dass gegenseitiges Verständnis der Schlüssel für Zusammenarbeit ist! Diese Erfahrungen sind so unbezahlbar und bereichernd, dass ich mir wünschte, jeder Jugendliche könnte sie machen.

Die darauffolgenden Workshoptage waren anstrengend, herausfordernd und kräftezehrend, jedoch so lehrreich und fördernd, wie Schule es selten für mich war. Ich bekam die Chance, erstklassigen Vorträgen von hochkarätigen Referenten zu lauschen und damit aktuelles Wissen und Erfahrungen in geballter Fülle von Experten vermittelt zu bekommen. Es ist mehr als ein wichtiger Impuls, wenn beispielsweise eine Starköchin wie Sarah Wiener mit voller Überzeugung darauf aufmerksam macht, wie sehr unser Essverhalten doch von der Industrie geprägt ist und wie wenig natürlich Lebensmittel heutzutage noch sind. Vielen ist der natürliche Geschmack vollkommen fremd geworden, und Fanta schmeckt für sie besser als ein Glas mit frisch gepresstem Orangensaft! Ich wurde geschult, mich selbst zu hinterfragen, das eigene Verhalten und die eigenen Gewohnheiten unter die Lupe zu nehmen, und musste kläglich feststellen, wie notwendig und zwingend

eine Veränderung meines eigenen Lebensstils ist!

Wir müssen gemeinsam erproben, wie es sich nachhaltiger leben lässt. Die Ziele der Nachhaltigkeit sind dabei vielschichtig und müssen unterschiedlich vorangebracht werden. Auch das habe ich erfahren, als ich die diversen Themen mit Indern, Bulgaren, Kolumbianern und Namibiern erarbeitet und diskutiert habe. Oftmals denken wir, dass wir einfach nach einem Masterplan suchen müssen, der alle unsere Probleme auf einmal lösen kann. Aber die Lebensweise eines Kindes in Indien unterscheidet sich von dem eines Kindes in Deutschland sehr. Ihre Möglichkeiten, das Lebensumfeld zu gestalten und zu verändern, sind vollkommen verschieden.

All diese Bilder, Momente, Erkenntnisse und Geschehnisse sind zu umfangreich, um sie hier und jetzt zu begreifen. Aber ich werde sie alle mit nach Hause nehmen: Den unglaublichen Zusammenhalt mit den anderen, die großartige Motivation und die tollen Freundschaften, all das werde ich im Herzen bewahren. Genauso wie ich über die Lösungsansätze und Ideen weiter nachdenken werde. Denn darum geht es hier auf dem Gipfel: die Arbeit beginnen und fortsetzen!

Meine Gedanken schweifen in die nahe Zukunft ab. Was nehme ich mir vor? Erst einmal steht mein Studium im Vordergrund. Ich habe durch youthinkgreen klare Vorstellungen davon bekommen, was ich in Zukunft machen möchte, und der Studiengang Green Business Management ist meine erste Wahl. Denn auch wirtschaftlich müssen Weichen gestellt und nach Lösungen gesucht werden. Daran möchte ich aktiv beteiligt sein! Darüber hinaus plane ich, eine Arbeitsgruppe an meiner Hochschule zu gründen, um die Inhalte des Studiums praxisnah umzusetzen. Ich möchte weiterhin Multiplikator sein, andere anstecken und Bewusstsein schaffen, lokale Nachhaltigkeitsprojekte umsetzen und die Erkenntnisse der letzten Tage in den Alltag transportieren.

Ich möchte ein nachhaltigeres, bewussteres und verantwortungsvolleres Leben führen und Vorbild sein – gemeinsam mit meiner hier gewonnenen youthinkgreen-Familie, die mich trägt und unterstützt!

Nicolás Marín (17) aus Kolumbien
Sonntag, 19. Mai 2013, in den »Gärten der Welt« in Berlin

Es ist der letzte Tag des Weltjugend-Gipfeltreffens. Mein Kopf ist voller außergewöhnlicher Erinnerungen und Eindrücke: Ich blicke zurück auf zehn ereignisreiche Tage, die ich zusammen mit mehr als 160 Jugendlichen aus über 30 Ländern erleben durfte. Unruhig, aber glücklich und zufrieden bin ich. Welch ein Geschenk sind all diese Erfahrungen und Momente – bereichernden Referate, tiefgründigen Workshops und Gespräche sowie unsere selbst initiierten Nachhaltigkeitsaktionen am Brandenburger Tor. Sie sind nicht mehr nur Traum, sondern Realität! Tag für Tag haben wir in einer herzlichen Atmosphäre daran gearbeitet.

Angeregt wurden wir durch ein tolles Programm und durch unsere Streifzüge in dieser so einzigartigen, vibrierenden Stadt. Deutschland und seine Hauptstadt Berlin haben viel zu bieten. Ein Land, das durch Erfolge und Fehler, die es nicht vergessen hat, lernte. Ein Land, das vorangekommen ist, weil es zusammenhält, besonders jetzt, wo es keine Mauern mehr gibt, die es einst trennten. Diese Erfahrung und Erkenntnis nehme ich mit und werde sie weitergeben: die Notwendigkeit, Mauern einzureißen. Mauern, die uns daran hindern, die Art und Weise unserer aktuellen Lebensweise zu ändern, zu verbessern. Mauern der Unwissenheit, des Unverständnisses, des Egoismus, des Desinteresses – auch an einer starken internationalen Gemeinschaft – und vieles mehr.

Mein Gedanke und meine Forderung: Wir Jugendliche müssen uns weltweit viel mehr in die Pflicht und in die Verantwortung für nachhaltige Entwicklungen nehmen!

Fundamental und wegweisend auf dem Gipfel war für mich das Erlebnis des Zusammenhaltens, des gemeinsamen Nachdenkens. Immer wieder habe ich das gespürt: Gemeinschaft, Zusammenhalt aufgrund gemeinsamer Interessen, Ziele, Wünsche und Forderungen – auch aus der Verpflichtung und Verantwortung dem Anderen, dem Nächsten gegenüber.

Was nehme ich mit? Beispielhaft gelebte Demokratie, erlebte Teilhabe aller (keine Ausgrenzung von Schwachen oder Fremden), eine unheimliche Sehnsucht nach Zusammenhalt, Offenheit, dem Verständnis füreinander. Gemeinsames Handeln bringt uns alle sehr weit voran!

Ich denke an Martin Luther King: »Mach den ersten Schritt mit Vertrauen! Es ist nicht notwendig, alle Stufen auf einmal zu gehen! Mach den ersten Schritt!« Es ist nicht wichtig, ob man eine Führungsposition hat oder nicht; wichtig ist der Wille, etwas zu tun, Vertrauen zu haben, einen Zusammenschluss zu schaffen; nur so kann man Ziele erreichen. Heute spüre und erfahre ich dieses Zitat in der ganzen Bandbreite.

Mehr denn je verstehe ich heute, dass Veränderung nicht von heute auf morgen erreicht werden kann, sondern dass es vielfach ein langwieriger Prozess ist. Wir sind nicht perfekt, wir machen Fehler. Aber was wir hier in Berlin geschaffen haben, ist enorm. Wir haben jetzt wesentlich bessere Grundlagen, Erkenntnisse und praxisbezogene Fertigkeiten. Diese werden mit der Zeit wachsen und in unserer Feldarbeit, in unseren Nachhaltigkeitsprojekten, neue Erkenntnisse und Erfahrungen mit sich bringen.

Was werde ich außerdem in mein Heimatland Kolumbien mitnehmen? Es sind die besonderen, vielfältigen Ideen und Lehren aus den Referaten, den vielen Workshops und den persönlichen Gesprächen (vielfach bis in die Nacht hinein). Grundlagen und Bausteine, mit denen ich glaube, Beiträge für eine bessere Zukunft einbringen zu können. Mit kleinen Aktionen fange ich an, vernachlässige dabei aber nicht den Blick auf das Ganze, denke an das Große (lokal handeln – global denken). Die erfahrenen Bereicherungen, die tollen Ideen und diese ansteckende und mitreißende Leidenschaft möchte ich möglichst vielen Menschen in Kolumbien vermitteln und überbringen.

DER OFFENE WETTBEWERB – WIE WIR UNSER NETZWERK ERWEITERN

Mit einem Bewerbungsbeitrag von Khoi Anh Dang

Diversität, Internationalität und Multikulturalität zu leben und zu fördern, liegt uns bei *youthinkgreen* sehr am Herzen. Denn je besser die Gruppen auf einem Seminar oder bei einer Konferenz gemischt werden können, je unterschiedlicher die Erfahrungshorizonte der Teilnehmenden sind, umso kontroverser verlaufen in der Regel die Diskussionen. Die Lernerfahrungen sind meist intensiver und die daraus resultierenden Projektideen innovativer. Das war der Grund, warum wir vor dem 1. Weltjugend-Nachhaltigkeitsgipfel einen offenen Wettbewerb ausgeschrieben haben. Wir wollten dabei Jugendliche aus möglichst vielen Regionen erreichen, die bereits sehr motiviert und engagiert sind, aber noch nicht unbedingt ein Team um sich herum haben. Die Teilnahme am Gipfel bot ihnen die Chance, sich auszutauschen und Gleichgesinnte zu finden.

Núria (Spanien) und Lenaïg (Frankreich) organisierten den Offenen Wettbewerb

So haben wir 2013, in Vorbereitung auf unseren Weltjugend-Nachhaltigkeitsgipfel, den ersten Versuch unternommen und unsere Türen weltweit für interessierte, engagierte Jugendliche geöffnet.

Aus der Ausschreibung zum Gipfel 2013

»Im Fokus des 1. Weltjugend-Nachhaltigkeitsgipfels steht das uns alle bewegende Thema ›Jugend und Nachhaltigkeit im Alltag – Globale Lebensweisen hinterfragen, überdenken und neu entwickeln‹ als große, weltweite Herausforderung und Gemeinschaftsaufgabe. Jugendliche, die den 1. Weltjugend-Nachhaltigkeitsgipfel durch ihre persönlichen Erfahrungen bereichern, in einen intensiven Dialog untereinander treten und gemeinsam Lösungsmodelle entwerfen möchten, haben die Chance, im Rahmen eines ›Offenen Wettbewerbs‹ eine Einladung zum Gipfel zu erhalten. […]

Nimm die Position eines Weltbürgers ein und versuche, Lebensweisen zu entwickeln, die den großen Herausforderungen der heutigen Zeit mit den Schwerpunktthemen ›Klimawandel und nachhaltige Entwicklungen‹ gerecht werden. Beziehe dich dabei vorrangig auf die

Postulate ›nachhaltig mobil sein‹, ›nachhaltig konsumieren‹, ›nachhaltig mit Energie und Ressourcen umgehen‹. Orientierungspunkte dabei sind die Grunddaseinsfunktionen: wohnen, arbeiten, sich versorgen (Nahrung, Kleidung etc.), sich bilden, sich erholen, sich fortpflanzen, in Gemeinschaft leben, entsorgen, am Verkehr teilnehmen, an Kommunikation teilnehmen.«

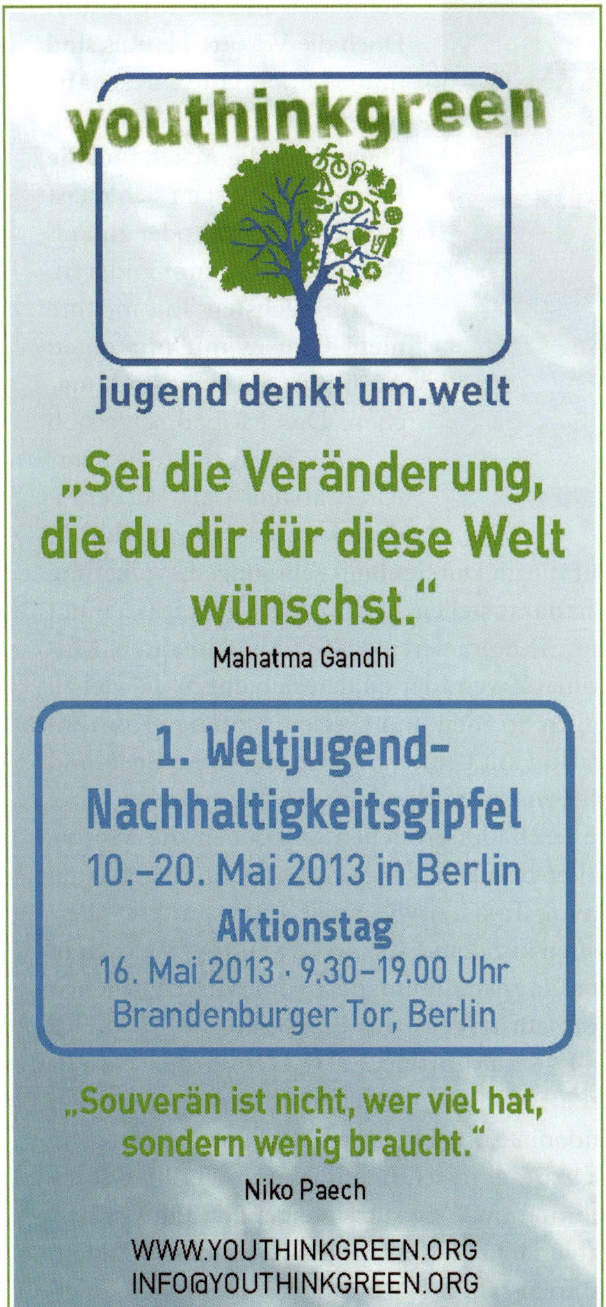

Über nationale und internationale Netzwerke, Verteiler, Institute sowie Social Media streuten wir unsere Ausschreibung: unseren Aufruf an Jugendliche, ihre Gedanken, Projekte und Visionen mit uns zu teilen. Erstaunlich viele Jugendliche haben von uns und dem Gipfel über das Goethe-Institut erfahren, da die Veranstaltung in Deutschland stattfand und sie ein großes Interesse an der deutschen Sprache mitbringen.

Die Reaktion war atemberaubend und die Qualität der Einsendungen der Jugendlichen sehr beeindruckend. Neben den langjährigen *youthinkgreen*ern konnten wir so in Berlin weitere 30 junge Persönlichkeiten aus entfernt gelegenen Regionen der Welt willkommen heißen. Die Energie, die sie im Vorfeld des Gipfels verspürten, ihre Perspektiven und Erfahrungen, die sie in die Workshops und Diskussionen hineingaben, und ihre Ernsthaftigkeit, mit der sie im Anschluss an den Gipfel ihre lokalen Projekte bei sich vor Ort initiierten und durchführten, zeigen uns: Ein offener Wettbewerb zahlt sich in vielerlei Hinsicht aus. Doch die Hürden zur Teilnahme sollten flach gehalten werden und die unterschiedlichen Voraussetzungen der BewerberInnen berücksichtigen.

Und was bringen solche Wettbewerbe für internationale Zusammenkünfte den Jugendlichen?

»Being part of this Summit and part of youthinkgreen really taught me a lot. It enlighted my mind and enriched it with many ideas and information. Working together with this great international team, with a lot of diversity in it, it's an experience that is going to follow and help me through my whole life.« Drin, Kosovo

»At first I was doubtful what would be accomplished by 1 week in Berlin with youthinkgreen. I expected lots of talk but not much action. I couldn't have been more wrong. If there was ever a testimate to what the youth can do, youthinkgreen Berlin was that testimate. I have come to understand that action is of imminent importance.« Frank, USA

Der folgende Text »Nachhaltige Mobilität« ist ein Auszug aus einer Einreichung auf die oben genannte Aufgabe von Khoi Anh Dang. Er hatte sich in seinem Bewerbungsbeitrag nicht nur mit nachhaltiger Mobilität, sondern mit mehreren Grunddaseinsfunktionen auseinandergesetzt.

© Khoi Anh Dang

Nachhaltige Mobilität Von Khoi Anh Dang

Es ist ein warmer Vormittag im August. Ich befinde mich im Heimaturlaub in Hanoi, dem Geburtsort meiner Eltern. Vietnam gehört zu den sogenannten »Next Eleven«, den elf Entwicklungs- und Schwellenländern mit dem größten Potenzial zum wirtschaftlichen Aufschwung. Seit der Öffnung der ehemals sozialistischen Planwirtschaft für Investitionen aus dem Ausland stieg das jährliche Wirtschaftswachstum von Vietnam auf acht Prozent an.

Auf meinem Weg vom Flughafen in die Stadt betrachte ich neugierig die Veränderungen und Fortschritte der Verkehrsinfrastruktur in den vergangenen sechs Jahren, als ich das letzte Mal hier war. Das klimatisierte Großraumtaxi bringt mich auf einer neuen vierspurigen Schnellstraße in die Stadt. Doch die Vororte Hanois sind immer noch landwirtschaftlich geprägt: Ochsen ziehen Pflüge über die Äcker, und die Menschen bewegen sich meist mit dem Fahrrad oder zu Fuß von einem Ort zum anderen.

Am nächsten Tag möchte mein Cousin mit mir einen Ausflug in die Innenstadt machen. Das Moped setzt sich dabei – mangels geeigneter Alternativen – als Verkehrsmittel unserer Wahl durch. Für die im Durchschnitt sehr junge Bevölkerung Vietnams stellen Motorroller ein Statussymbol dar. Sie dominieren das Stadtbild, mehrere Millionen Zweiräder quälen sich durch die viel zu engen Straßen und Gassen. Ständige Konzentration am Lenker, Ausweichbewegungen und Hupen ist unerlässlich, möchte man sein Ziel unbeschadet erreichen. Zwischen die Motorroller drängeln sich einige Autos, die meisten davon Taxis, sowie einige – meist ältere – Personen auf dem Fahrrad. Zweiräder wurden in der Hauptstadt unlängst vom wirtschaftlichen Fortschritt Vietnams überholt.

Die zukünftige Entwicklung der Gesellschaft, nicht nur in Vietnam, sondern auch in anderen Entwicklungs- und Schwellenländern, ist geprägt durch Landflucht und hohe Geburtenraten, was zu stark steigenden Einwohnerzahlen in den Metropolregionen führt. Zudem können sich mehr und mehr Menschen einen

© Khoi Anh Dang

© Khoi Anh Dang

besseren Lebensstandard und damit nicht mehr nur einen Motorroller, sondern auch ein Auto leisten. Eine Überlastung der vorhandenen, schwach ausgebauten Verkehrsinfrastruktur ist die Konsequenz. Eine weitere negative Folge ist die starke Schadstoffbelastung in der Luft, die sich durch diese fortschreitende Motorisierung abzeichnet. Aus den großen, aufstrebenden Metropolen der Schwellenländer, wie etwa Peking in China und Neu-Delhi in Indien, kennt man bereits Bilder von großen Smogwolken, die das Verlassen der eigenen vier Wände ohne Atemschutzmasken schier unmöglich machen. Wird es den Bewohnern Hanois ähnlich ergehen?

Die wenigen Busse, die durch die Straßen Hanois fahren, sind zwar günstig (eine Fahrt kostet umgerechnet 10 bis 20 Cent), aber unregelmäßig unterwegs und werden von der Bevölkerung daher ungern genutzt. Abhilfe könnte ab 2016 eine neue U-Bahn-Linie schaffen, die viele Fahrgäste vor allem durch niedrige Preise anlocken soll und Bequemlichkeit verspricht. Aber noch gilt der öffentliche Nahverkehr in Hanoi als »Verkehrsmittel der Armen«, die sich keinen Motorroller und kein Auto oder Taxi leisten können.

Diese Denkweise dominierte auch über Jahrzehnte die Verkehrspolitik in den Industrienationen. Nach dem Zweiten Weltkrieg wurde in Europa das Ideal der »autogerechten« Stadt propagiert. Die Verkehrsströme sollten künftig fast ausschließlich durch den Individualverkehr abgedeckt werden. Dazu mussten »Verkehrshindernisse« wie Straßenbahnen weichen, stattdessen wurden mit Autobahnen und Hochstraßen Schneisen durch teils historisch gewachsene Strukturen geschlagen. Spätestens

UNSER AUTOR

Khoi Anh Dang (* 1994) hat sich mit seinem Beitrag über den Offenen Wettbewerb für die Teilnahme am 1. Weltjugend-Nachhaltigkeitsgipfel in Berlin qualifiziert. Er ist Mitglied des *youthinkgreen*-Jugendbeirates und studiert derzeit Architektur an der TU in München.

© Khoi Anh Dang

© Khoi Anh Dang

in den 1980er-Jahren erkannte man, dass diese einseitige Verkehrspolitik nicht nachhaltig war und zum ökologischen Kollaps führen würde.

Möchte man das verhindern und den Anteil von 20 Prozent, den der Verkehrssektor zu den weltweiten Treibhausgasemissionen beiträgt, reduzieren, führt am Ausbau des öffentlichen Nahverkehrs kaum ein Weg vorbei. Bei der Neu- und Umgestaltung von Verkehrsflächen zugunsten des Nahverkehrs kann zudem die Gelegenheit ergriffen werden, das Stadtbild nachhaltig aufzuwerten. Wenn Fahrspuren für den Autoverkehr reduziert werden, können die freigewordenen Flächen anschließend mit Bäumen bepflanzt und begrünt werden. Hervorragende Beispiele dafür sind in Frankreich zu finden: Der Bau der Straßenbahn in Straßburg ging einher mit der Umwandlung der gesamten Innenstadt in eine Fußgängerzone: Rasengleise ersetzten die schwarzen Asphaltbänder der Autos in den Außengebieten.

Städte in Schwellen- und Entwicklungsländern wie Curitiba (Brasilien) und Bogotá (Kolumbien) haben mit dem TransMilenio ein nachahmenswertes Modell gefunden. Schnellbusse verkehren hier auf den vom Individualverkehr abgetrennten Spuren und befahren moderne Haltestellen, an denen Fahrgäste zügig ein- und aussteigen können. Hohe Reisegeschwindigkeit und ein guter Komfort bei geringen Kosten machen dieses Verkehrsmittel für die Stadtbewohner so attraktiv.

Zusätzlich zum ÖPNV-Ausbau werden in den meisten Städten neue Konzepte für Radfahrer entworfen und realisiert. Hauptziel ist es, das Fahrradfahren im Stadtverkehr sicherer zu gestalten und damit die Quote der Radfahrer zu erhöhen. Mit dem Fahrrad kann man auch größere Distanzen, beispielsweise vom Wohnort zur nächsten S-Bahn-Haltestelle oder zur Arbeit, überbrücken. Auf kürzeren Strecken in der Innenstadt können Radfahrer sowohl die vielbefahrenen Straßen als auch die stark frequentierten öffentlichen Nahverkehrsnetze entlasten. Mit preiswerten Angeboten zum Leihen (beispielsweise Call a Bike der Deutschen Bahn) ließe sich das Fahrrad als flexibles und stets verfügbares Transportmittel einsetzen.

© JuergenG

EIN BLICK HINTER DIE KULISSEN EINES »WELTJUGENDPARLAMENTS«

Wie entstand das *youthinkgreen*-Manifest?
Von Kiara Worth

2013 hat *youthinkgreen* den 1. Weltjugend-Nachhaltigkeitsgipfel in Berlin veranstaltet, bei dem über 160 junge engagierte Menschen aus mehr als 30 unterschiedlichen Ländern zusammenkamen, um ihre Projekte weiterzuentwickeln und Nachhaltigkeitsstrategien zu diskutieren. Schon vor all den Workshops und Debatten in Kleingruppen war uns klar, dass wir uns etwas Außergewöhnliches überlegen mussten, um sichtbare Veränderungen zu bewirken. Wir hatten die Idee, ein kollektives Statement und konkrete Forderungen zu erarbeiten, in denen alle Jugendlichen ihre Perspektiven und Hoffnungen wiederfanden, die sie zuvor und während des Gipfels ausgetauscht und erweitert hatten: Ein umfassendes Jugend-Manifest sollte entstehen.

Dieses Manifest verstanden wir nicht nur als internes Dokument und Ausdruck unserer kleinen *youthinkgreen*-Community, sondern als subsistenziellen Beitrag zu den Nachhaltigkeitsdebatten, die im Rahmen der Vereinten Nationen, in internationalen Institutionen und innerhalb nationaler Regierungen stattfinden. Das Manifest sollte unser Zeugnis für das geforderte Engagement und die Verantwortungsübernahme werden, um die regionalen und globalen Herausforderungen endlich aktiv anzugehen.

Daher entschieden wir uns, die Diskussionen in vier Kerngruppen durchzuführen und diese zu Beginn noch einmal zu unterteilen. Denn umso kleiner die Gruppen sind, desto intensiver und inklusiver sind in der Regel die geführten Debatten. Die Aufgabe an die Gruppen lautete, sich auf vier bis acht Kernthemen und Schlüsselaspekte zu verständigen, welche in das Manifest aufgenommen werden sollten. Dafür hatten sie genau 60 Minuten. Die Stoppuhr tickte. Die ungeheure Anspannung, aber auch die positive Energie waren überall sichtbar und spürbar.

Nachdem die ersten Ergebnisse in den Kleingruppen feststanden, kehrten die Jugendlichen in ihre jeweiligen Kerngruppen zurück und präsentierten dort vor den anderen ihre Forderungen. Und dann ging es ans Eingemachte. Mit bunten Stiften wurden die zentralen Themen und Forderungen auf Flipchart-Plakaten zu Papier gebracht und dabei gebündelt. Auch hierfür hatten wir maximal 60 Minuten Zeit vorgesehen. Der Druck für die Jugendlichen stieg und stieg. Selbst während der Mittagspause ging die Arbeit in den meisten Gruppen weiter. Das zu beobachten, wie die Jugendlichen vertieft diskutierten, wie sie einander zuhörten, Meinungen kundtaten, sich gegenseitig ergänzten und ihre unterschiedlichen Sichtweisen sorgsam zusammentrugen, war großartig – ein hervorragendes Beispiel dafür, wie etwa internationale Verhandlungen partizipativ gestaltet werden können.

Am Nachmittag gab es dann kein Halten mehr. Alle Gruppen brachten ihre Ideen und Gedanken ein. Darauf aufbauend verfassten wir ein einzigartiges Dokument. Wir versammelten uns alle im Plenarsaal, und ein Vertreter jeder Kleingruppe stellte die Ergebnisse vor. Dann begann der wichtigste Teil der Arbeit: das Schreiben des Manifestes. Dabei wollten

Nervenaufreibend, euphorisierend

Und uns blieb nicht viel Zeit für dieses Vorhaben – nur einen Tag hatten wir auf der Konferenz zur Verfügung. Kann es dennoch gelingen, die unterschiedlichen Stimmen und Ansichten von den TeilnehmerInnen zu bündeln

und sich auf möglichst differenzierte und weitreichende Forderungen zu einigen? Wir wussten genau um den enormen Zeitdruck und die Größe der Aufgabe. Wir waren ziemlich nervös, aber natürlich auch höchst motiviert. Daher begannen wir am frühen Morgen mit der Arbeit und feuerten uns gegenseitig ununterbrochen an. Zunächst versammelten wir uns im Plenum der Konrad-Adenauer-Akademie. Nachdem ich erklärt hatte, wie der Prozess ablaufen sollte, ging es endlich los. Alle Jugendlichen wussten, dass ihr persönlicher Standpunkt wichtig war, dass ihre Argumente zählten und jede einzelne Stimme gehört werden sollte.

wir sichergehen, dass jeder Teilnehmer mit allen angestrebten Punkten der Erklärung einverstanden war. Da uns nur noch drei Stunden Zeit blieben, waren höchste Konzentration, Einsatz und Entschlossenheit von jedem Einzelnen gefragt. Wir projizierten die erste erstellte Version auf eine große Leinwand, so dass alle die Forderungen Schritt für Schritt lesen und nachvollziehen konnten.

Das Weltjugendparlament, KAS

Den Erfolg genießen

Wir lasen die Statements laut vor und hörten uns die Kommentare und Vorschläge an, die von den Jugendlichen gemacht wurden. Es gab einige Korrekturen und Ergänzungen, bis alle mit den Details der Abstimmungsvorlage einverstanden waren. Dann baten wir die Jugendlichen, ein Fähnchen in die Hand zu nehmen, um darüber abzustimmen, welche Aspekte in dem Manifest enthalten bleiben sollten und welche nicht. Zeile für Zeile gingen wir so das gesamte Forderungspaket durch, welches zu dem Zeitpunkt noch mehr als zehn Seiten umfasste.

Nach Stunden der intensiven Diskussionen und Verhandlungen waren wir erschöpft und euphorisiert zugleich. Wir hatten keinen Zweifel mehr, dass wir nahe dran waren, ein bedeutendes Dokument zu verabschieden. Dann war es tatsächlich geschafft! Der letzte Applaus an diesem Abend galt uns selbst und der unermüdlichen Arbeit, die wir an diesem Tag geleistet hatten.

Lachend und strahlend, trotz all der aufkommenden Müdigkeit, nahmen wir uns gegenseitig in die Arme. Das war ohne Zweifel eine sehr intensive Erfahrung, die uns als Gruppe, aber auch als Individuen essenziell erschien und uns auf unserem Weg weiterbrachte. In einigen Momenten nahmen wir uns die Zeit, um innezuhalten, die Ereignisse des Tages zu reflektieren und sie mit der Komplexität und Bedeutung von internationalen politischen Verhandlungen zu vergleichen. So gewannen wir eine bessere Vorstellung davon, wie wir diese internationalen Prozesse mitgestalten können.

UNSER AUTORIN

Kiara Worth ist Weltreisende, Schriftstellerin, Fotografin und Beraterin für nachhaltige Entwicklung, u. a. bei den Vereinten Nationen. Sie unterstützt *youthinkgreen* seit dem 1. Weltjugend-Nachhaltigkeitsgipfel ehrenamtlich, u. a. in der Redaktion des Newsletters y.connect. http://kiaraworth.com

INFO 1: ZEHN SCHRITTE BIS ZU EINEM INTERNATIONALEN JUGENDMANIFEST

1. Recherche zu bereits existierenden Erklärungen und Absichten von nationalen oder internationalen Organisationen zu dem Themenkomplex (z. B. Deklaration der Vereinten Nationen, UNESCO etc.)
2. Ziele, Bedingungen des Prozesses und Themenschwerpunkte festlegen (Welches Manifest, welche Kernaussage, welche Adressaten, wer ist alles stimmberechtigt?)
3. Vorarbeit in Kerngruppen zu ausgewählten Themenschwerpunkten: zentrale Ergebnisse in einem Entwurf schriftlich festhalten
4. Suche nach einem Koordinator und Moderator für den finalen Erstellungsprozess
5. Diskussion der Entwürfe in Kleingruppen, Ergänzungen und Korrekturen einarbeiten
6. Präsentation der Forderungen nach Themenschwerpunkten im Plenum/Kerngruppen
7. Abstimmung der einzelnen Forderungen aus den verschiedenen Entwürfen
8. Finale Fertigstellung des Manifestes und Veröffentlichung (on- und offline)
9. Das Ergebnis und den Erfolg zusammen genießen und feiern
10. Meinungen anderer Jugendlicher und Organisationen einholen (wenn offenes Konzept, evtl. weitere Diskussionen und Ergänzungen)

INFO 2: ZENTRALE GLOBALE HERAUSFORDERUNGEN

Als zentrale globale Herausforderungen, die miteinander in hochkomplexen und dynamischen Wechselwirkungen stehen und die es im Sinne einer nachhaltigen Entwicklung zu meistern gilt, erachten und begreifen wir:

a) Ökologische Herausforderungen:
wie den Klimawandel (mit all seinen verheerenden Folgen für die Ökosysteme), den Verlust biologischer Vielfalt und Entwaldung, die Bodenverschlechterung und -verschmutzung durch industrielle Landwirtschaft und Bergbau, die Verknappung und Verschmutzung von Süßwasserressourcen, die Überfischung und Verschmutzung der Weltmeere usw.

b) Soziale Herausforderungen:
wie die Bevölkerungsentwicklung und -verteilung, die Gefährdung der Ernährungssicherheit und der Weltgesundheit (u. a. durch klimatische Veränderungen), die Armutsbekämpfung, die wachsenden Entwicklungsunterschiede und sozialen Ungleichheiten (international und innerhalb von Ländern), die Bildungsbenachteiligungen, die Urbanisierung, die Bedrohungen durch Kriege, Krisen, Kriminalität und Terrorismus, die unrechtsmäßigen Landnahmen (Landgrabbing), den Umgang mit (Klima- und Umwelt-) Flüchtlingen usw.

c) Ökonomische Herausforderungen:
wie die Kohlenstoffblase, das Wirtschaftswachstum auf Basis fossiler Brennstoffe und damit einhergehender CO_2-Emissionen, die Investitionsunsicherheiten in Erneuerbare Energien, die Gefahr weiterer Wirtschafts- und Finanzkrisen, die Auslagerung von Unternehmensstrukturen vor dem Hintergrund der Globalisierung und steigendem Wettbewerbsdruck sowie damit einhergehende illegale, unmenschliche und ungerechte Produktionsbedingungen (Kinderarbeit, unzureichende Entlohnung, fehlende soziale Absicherungen, viel zu hohe Wochenarbeitszeit, instabile Arbeits- und Wohngebäude etc.), die Gier nach Rohstoffen und Seltenen Erden, die mangelnde Transparenz- und Rechenschaftspflichten für Unternehmen usw.

DAS YOUTHINKGREEN-MANIFEST: FÜR EIN NACHHALTIGES LEBEN

Präambel

Wir, die TeilnehmerInnen aus 31 Ländern des 1. Weltjugend-Nachhaltigkeitsgipfels (10.–20. Mai 2013), verpflichten uns dazu, nachhaltige Lebensweisen auf der ganzen Welt zu erproben, einzufordern und zu fördern. Auf der Basis unserer gemeinsamen Grundwerte (Multikulturalität, Solidarität, Verantwortungsübernahme und Veränderungsbereitschaft) setzen wir uns für die stetige Verbesserung von sozialer Gerechtigkeit, den Erhalt unserer natürlichen Ressourcen und die Anerkennung der Rechte der Natur ein. Zudem regen wir an, dass Re-

gierungen, Zivilgesellschaften, UnternehmerInnen, InteressenvertreterInnen und BürgerInnen die folgenden Handlungs- und Lösungsvorschläge unterstützen und weiterentwickeln. Es handelt sich bewusst um ein inhaltlich offenes Manifest, welches im Rahmen unserer internationalen Projektarbeit durch mehrheitlich abgestimmte Forderungen erarbeitet wurde. Dieses Manifest steht zur Diskussion und kann als vollständige Fassung auf unserer Homepage gelesen und kommentiert werden. Es ist unser Ziel, Jugendliche auf der ganzen Welt zu motivieren und zu inspirieren, die dadurch aufgezeigten Chancen wahrzunehmen und zu verbreiten, an ihre Lebensrealitäten anzupassen und umzusetzen. Dann wird es uns gelingen, die Stimme unserer Generation zu stärken sowie unser Recht auf politische Partizipation einzufordern und auszuüben.

In monatelangen Erörterungen kamen wir zu folgenden ausgewählten Vorschlägen und Forderungen:

1. Bedeutsamkeit nachhaltiger Lebensweisen verinnerlichen und bekannt machen – Bildung für nachhaltige Entwicklung umfassend fördern

- Es muss uns gelingen, ein positives Image von »Nachhaltigkeit« zu schaffen über die Zusammenarbeit von Regierungen, Unternehmen, der Zivilgesellschaft (einschließlich glaubensgebundener Organisationen, Verbänden, Nichtregierungsorganisationen), Bildungseinrichtungen und Medien. Dies ist der Grundstein, um das Bewusstsein für nachhaltigere Lebensweisen zu fördern und die Umsetzung alltagskompatibel zu gestalten.

- Wir begreifen die Öffentlichkeitsarbeit sowie Programme und Projekte der »Bildung für nachhaltige Entwicklung«, wie sie etwa im Rahmen der UN-Dekade 2005-2014 und im nachfolgenden »Weltaktionsprogramm – Bildung für nachhaltige Entwicklung« entwickelt und gefördert wurden und werden, als Schlüsselfaktoren für die Gestaltung unserer Zukunft. Wir möchten, dass schulische, außerschulische, universitäre, weiterbildende und akademische Institutionen ihre Arbeit in diesem Kontext und ihre Kooperation untereinander intensivieren, wie es in der Resolution der Generalversammlung der Vereinten Nationen (66/288 The Future we want) 2012 bereits formuliert worden ist.

• Bildung für nachhaltige Entwicklung braucht eine strukturelle Verankerung in allen Unterrichts- und Studienfächern auf der Basis koordinierter Institutionalisierungsprozesse. Sie darf nicht zufällig geschehen und nicht ausschließlich von besonders engagierten Fachkräften durchgeführt werden. Die Umsetzungsmaßnahmen der Bildung für nachhaltige Entwicklung sollen auf nationaler und lokaler Ebene bestimmt werden, basierend auf einem gemeinsamen globalen Verständnis von nachhaltiger Entwicklung.

2. Rechte der Natur stärken

• Der Irrglaube, dass die Natur uns unbegrenzt Ressourcen zur Verfügung stellt – und die damit verbundene Übernutzung dieser Ressourcen ohne Rücksicht auf längerfristige Konsequenzen –, muss überwunden werden.

• Wir müssen die Natur als Trägerin von Rechten verstehen, die es zu respektieren gilt, und als ein globales Erbe, welches geschützt werden muss. Unsere Mutter Erde sollte als Wesen mit Rechten auf Existenz, Regeneration und Erhalt der Biodiversität verstanden und ausgestattet werden. Nur wenn wir im Einklang mit der Natur leben, haben wir und die uns nachfolgenden Generationen eine sichere Zukunft in Aussicht.

• Gesetze, die den Natur- und Umweltschutz sinnvoll steuern und regeln und die Übernutzung der Natur verhindern, müssen entwickelt, ausgebaut und konsequent angewendet werden. Die Regierungen spielen hierbei eine tragende Rolle.

3. Nachhaltige Energieversorgung gewährleisten

• Die Nutzung, Effektivität und Wirtschaftlichkeit erneuerbarer Energieträger sollen ausgebaut und auf allen Ebenen der Gesellschaft gefördert werden. Die Energieproduktion muss dezentralisiert werden. Jegliche rechtliche Einschränkungen, Erneuerbare Energien zu nutzen und zu produzieren, sollen (möglichst) abgeschafft werden. Die Planungssicherheit muss verstärkt werden.

• Subventionen für fossile Energieträger sollen schrittweise gekürzt und eine Gewerbesteuer auf Basis des CO_2-Fußabdrucks eingeführt werden. Diese Geldmittel sollen für den

Ausbau von Infrastrukturprojekten im Bereich Erneuerbarer Energien verwendet werden. Der Ausstieg aus der Atomenergie muss weltweit konsequent weitergegangen werden.

• Zu einer umfassenden Energiewende gehören eine nachhaltige Infrastruktur und ein nachhaltiges Mobilitätsmanagement. Es bedarf beispielsweise der Einführung kostengünstiger, wirtschaftlicher und umweltfreundlicher Verkehrssysteme und einer damit verbundenen Infrastruktur für die Öffentlichkeit. Dazu gehören Fahrradwege, Portale für Fahrgemeinschaften und fahrzeugfreie Gebiete.

4. Partizipation und demokratische Entwicklungen fördern

• Die Medien müssen eine entscheidende Rolle beim Voranbringen nachhaltiger Verfahren und Änderungen der Lebensweisen spielen und sich ihrer Verantwortung stellen. Die Ausbildung für journalistische Berufe ist auszubauen, die Pressefreiheit weltweit zu fördern.

• Bürgerbeteiligung kann durch Anerkennung und Förderung traditioneller Wissenssysteme gestärkt werden, die zu nachhaltigen Lebensweisen beitragen. Regierungen sollen entsprechend handeln und Gemeinschaftsinitiativen unterstützen, die traditionelle Wissenssysteme fördern. Dies beinhaltet auch einen Dialog zwischen den Generationen, um das Teilen von Wissen zu begünstigen.

• Regierungen sollen die Teilnahme der Bürgergesellschaft, insbesondere der Jugend, bei internationalen Nachhaltigkeitsverhandlungen und -foren unterstützen, um sicherzustellen, dass die Stimmen aller gesellschaftlichen Gruppen repräsentiert werden.

Weitere Themenbereiche, zu denen wir Forderungen erarbeitet haben (siehe Langversion auf der Homepage), sind:

- Nachhaltige Abfallentsorgung und Hygienemanagement,
- Nachhaltige Infrastruktur und nachhaltiges Mobilitätsmanagement,
- Nachhaltiger Konsum und nachhaltige Produktion.

DER DOKUMENTARFILM »TREE OF HOPE« – BEISPIELHAFTE FELDARBEITSPROJEKTE IN BEWEGTEN BILDERN

Von Rasmus Sievers

1. Wovon der Film erzählt

Undji Usura steht neben der großen Bühne. Aufgeregt sieht sie ihrem Auftritt entgegen. Sie ist 15 Jahre alt, kommt aus Namibia und ist wie die anderen 200 SchülerInnen von *youthinkgreen* zur **Internationalen Jugendklimawoche in Wolfsburg** eingeladen worden. Auf der Bühne wird sie gleich über das Ergebnis ihrer Arbeitsgruppe referieren und darstellen, welche regenerativen Energien in Namibia bereits genutzt werden. Die jungen TeilnehmerInnen aus elf Ländern eint eine gemeinsame Vision: der Klimakrise entschieden entgegenzutreten und proaktiv zu handeln. Dabei diskutieren sie nicht nur neueste wissenschaftliche Erkenntnisse, sondern gewinnen auch ein Verständnis für die Probleme und Realitäten in anderen Ländern der Welt. Anschließend suchen sie Ideen für Projekte, mit denen sie zu Hause zum Klimaschutz beitragen können.

Probenarbeit für den Grünen Karneval

Der Dokumentarfilm »Tree of Hope« (siehe DVD im Anhang) begleitet exemplarisch drei unterschiedliche Schülergruppen auf drei Kontinenten bei der Umsetzung dieser lokalen »Feldarbeitsprojekte«: Gruppen in Deutschland, Namibia und Indien. Er zeigt die Schwierigkeiten, Hindernisse und Enttäuschungen, denen die jungen KlimabotschafterInnen bei der Realisierung begegnen. Und er hält die Momente fest, in denen sie stolz und überglücklich sind, ihre Projektideen erfolgreich in die Tat umgesetzt zu haben.

Die erste Etappe führt uns in die Mega-Metropole **Delhi in Nordindien.** »Müll-Management« ist die Mission, der sich Jeni, Rishabh und die anderen SchülerInnen der *youthinkgreen*-Gruppe der Salwan Public School verschrieben haben. Besser gesagt: die Aufklärung darüber. Denn fehlendes Umweltbewusstsein sei der Kern des Problems, so Rishabh. Sie wollen dem entgegenwirken, mit einem großen Fest unter dem Motto »Grüner Karneval«, zu dem sie alle Nachbarn im Stadtteil einladen.

Die Mülldeponien platzen schon jetzt aus allen Nähten. Die größte Deponie liegt in Gaziapor, vor den Toren Delhis. Mit Jeni und Rishabh besuchen wir diesen Ort und sehen, wie dort viele Menschen unter schwierigsten Bedingungen per Hand Recycling betreiben, und auch, wie Kinder auf der Deponie dieses recyclebare Material einsammeln. Rishabh und Jeni geht dies sehr nah, sie suchen nach Lösungen für diese Misere, welche eigentlich in die Verantwortung der Regierung fällt. Plötzlich kommen ihnen Zweifel an ihrem Projekt, es erscheint ihnen angesichts der großen Probleme im Land wie ein Tropfen auf dem heißen Stein. Daher sind sie froh, dass ihre Schule eine Partnerschaft mit einer NGO unterhält, die diese Kinder von der Deponie in einer improvisierten Schule unterrichtet. Ihr Fest wird ein buntes Treiben über zwei Tage: Die Besucher bestaunen Straßentheater-, Mal- und Recyclingwettbewerbe, lernen so im Vorbeigehen etwas über das Müll-Management. Und mittendrin die Kinder von der Deponie-Schule. Was Jeni dann auch glücklich zu folgendem Fazit bringt:

Jeni, 17

»Dieses Projekt begann als ein Umweltfest. Doch es ist weit mehr. Wir fühlen nun auch die soziale, philanthropische Dimension, und das ist toll!«

In **Osnabrück** liegen die Probleme hingegen gänzlich anders. Hier gibt es eine ausgeklügelte Mülltrennung, Carsharing-Konzepte, die sogar E-Autos mit Ökostrom beinhalten – was sollen sich die Schüler der *youthinkgreen*-Gruppe an der Ursulaschule da bloß noch Neues einfallen lassen? Letztlich ist auch ihre Lösung: Mehr Umweltbewusstsein mit einem »Nachhaltigen Shopping Guide« für ihre Stadt zu schaffen.

Judith, 18

»Unsere Gesellschaft ist an einem Punkt angekommen, an dem ich denke: Nein, da möchte ich nicht mehr mitmachen, so möchte ich nicht leben.«

Wir begleiten Judith, Nico und Solveig bei ihrer Recherche quer durch die Innenstadt. Ist auch wirklich überall Öko drin, wo auch Öko draufsteht?

Isabelle geht noch einen Schritt weiter und fragt sich: Brauchen wir überhaupt immer alles, was wir kaufen? Als zusätzliches Projekt initiiert sie zusammen mit Ann-Kathrin eine Kleidertauschparty. Die Menschen sollten auch über Konsumverzicht nachdenken. Tauschen statt kaufen!

Isabelle, 17

»In jeder Gruppe gibt es ja Idealisten und Realisten. Bei uns erstaunlicherweise viele Idealisten, daher müssen die Realisten manchmal etwas darunter leiden.«

Wir machen auf unserer filmischen Weltreise einen Zwischenstopp: **UN-Klimakonferenz in Doha, Katar.** Judith und die anderen *youthinkgreen*-Klimabotschafter aus anderen Kontinenten sind aufgeregt, ein Teil dieses Events zu sein, bei dem ökologische Weltgeschichte geschrieben werden könnte. Sie wollen die Entscheidungsträger erreichen, sie mit Fragen löchern und Forderungen stellen. Denn die Minister verhandeln über IHRE Zukunft.

Diskutieren und Demonstrieren im Golfstaat

Die Jugendlichen wollen auf dem traditionellen Markt im Zentrum der Stadt den »Baum der Hoffnung« aufstellen. Alle Passanten – Kataris wie Gäste – sollen auf den grünen Blättern ihre Träume, Wünsche und Forderungen für eine grüne Zukunft niederschreiben. Öffentliche Meinungsäußerung ist aber in Katar praktisch tabu, und so gleicht die Aktion einer kleinen Sensation. Der Zuspruch der Passanten ist ermutigend: »Ihr solltet diese Forderungen den Entscheidungsträgern präsentieren!«

Abseits des Marktes artikulieren sie die Forderungen sogar auf einer Demonstration – für Katar ist das beachtlich.

Auf den Straßen zwischen imposanten Gebäuden, die mit Geldern aus dem Exportgeschäft mit Erdöl und Erdgas erbaut worden sind, fordern die vornehmlich aus arabischen Ländern stammenden Demonstranten, auch in dieser reichen Region den Klimaschutz voranzutreiben. Noch allerdings gehören die Golfländer weltweit zu den Staaten mit dem höchsten CO_2-Austoß pro Kopf. Auch Alexander und Nandi aus der Namibiagruppe sind mit auf der Demonstration. Sie halten ein Schild hoch: »GO SOLAR«! Ihre Heimat Namibia ist, genauso wie die Golfstaaten, prädestiniert für den Einsatz von Solartechnik. 143

Und ihre Heimatstadt **Windhuk in Namibia** wäre zudem gut geeignet für das Fahrradfahren! Bestes Wetter, flaches Land … doch es gibt einfach keine Radwege. Alexander ist schon so manches Mal in Unfälle verstrickt gewesen. Daher kutschiert Namibias Mittel- und Oberschicht notgedrungen mit ihren Autos die Sprösslinge von A nach B – denn auch ein vernünftiges Bussystem ist Fehlanzeige. Zudem sieht Undji ein gewaltiges Statusproblem:

Undji, 15

»Everybody dreams to become rich, or to own his own car. Nobody ever dreams of buying a new bicycle or living in a green way.«

Die *youthinkgreen*-Gruppe mit ihrem Lehrer Carsten Antoni versucht nun, das zu ändern, zuerst im Kleinen. Wie könnten die Schüler ihren »Carbon Footprint« verbessern? Wie hoch ist dieser eigentlich? So sammeln sie Daten mithilfe eines Fragebogens und werten diese aus. Und sie überlegen sich Alternativen. Könnten sich nicht Nachbarschaftskinder zu Fahrgemeinschaften zusammentun?

Was würde eigentlich passieren, wenn sich 50 SchülerInnen aus demselben Stadtteil morgens mit dem Fahrrad treffen und zusammen auf ihrem Weg in die Schule einfach die Straße blockieren? Gedacht – getan: Der Fahrradbus ist geboren! Mit dieser genialen Idee schaffen es die Schüler sogar in die Hauptnachrichten des namibischen Fernsehens.

Abends in Windhuk, ein Saal voller Funktionsträger und Geschäftsleute, die Stimmung ist sehr gediegen und offiziell. Der »Namibische Umweltfonds« lädt ein. Und die *youthinkgreen*-Gruppe mittendrin. Janice präsentiert den von ihnen organisierten grünen Basar, das Carsharing-Projekt und ihr nächstes Vorhaben: den Wiederaufbau einer windbetriebenen Wasserpumpe im trockenen Damaraland, die schon vor Jahren von Elefanten zerstört wurde und seitdem brach liegt.

Aufgeben gilt nicht

Am nächsten Morgen macht sich die Gruppe voller Tatendrang auf ins **Damaraland**. Tracy und Jennifer kommen aus der Region und sprechen daher die Sprache Damara. Für die anderen, schwarze wie weiße Namibier, ist es eine neue Begegnung. Nach der Fahrt quer durchs staubige Land könnte der Schock kaum größer sein. Wo ist der kaputte Windturm, den sie doch zum Wiederaufbau benötigen? Wo der alte Pumpenkopf? Stattdessen müssen sie mit ansehen, wie Arbeiter eine Dieselpumpe installieren, die nicht nur weniger ökologisch, sondern in der Instandhaltung auch zu teuer für die mittellosen Dorfbewohner ist. Irgendwann würde sie ausfallen, und die Menschen hätten wiederum für mehrere Jahre kein Trinkwasser.

Mit dieser Enttäuschung müssen die Jugendlichen erst einmal umgehen. Der sonst so motivierende Lehrer hat auch schon beinahe resigniert, die Schüler hingegen nicht: Sie gehen zu ihm und sagen ihm, sie wollen jetzt die fehlenden Windpumpenteile von der regionalen Verwaltung wiederholen, koste es, was es wolle. Und gemeinsam erreichen sie dies auch, so dass die *youthinkgreen*er ihre eigentliche Mission durchführen können. Alle packen mit an. Die Dorfbewohner sowie die Jugendlichen heben schweres Gestänge. Alle ziehen an einem Strang, wenn es darum geht, den neuen alten Pumpenturm aufzurichten – und hepp, es funktioniert! Bald darauf hört man das erlösende Plätschern frischen Wassers im Becken.

In der Zwischenzeit sind jedoch auch in vielen anderen Orten der Welt die Gruppen mit ihren lokalen Projekten vorangekommen. In **Berlin** beim **1. Weltjugend-Nachhaltigkeitsgipfel** kommen die Projektgruppen nun erneut zusammen, um sich gegenseitig die Früchte ihrer Arbeit zu präsentieren. Die Familie ist gewachsen: Schüler aus weiteren 16 Nationen bereichern den Gipfel mit tollen Ideen und viel Energie. Dieser kulminiert in einem finalen Kraftakt. Ein gemeinsames Manifest mit ihren Forderungen an die Weltöffentlichkeit soll erarbeitet, ausgehandelt und ausdiskutiert werden. Wie mühevoll das bei so vielen unterschiedlichen Kulturen sein kann, das nehmen alle Jugendlichen als wertvolle Erfahrung mit nach Hause. Doch weil niemand locker lässt, erreichen sie ihr Ziel: Das *youthinkgreen*-Manifest ist verabschiedet!

Doch das soll nur der Anfang sein. »Wenn ich daran denke, was die Leute jetzt schon auf die Beine stellen«, sagt Judith, »was werden sie erst in fünf oder zehn Jahren erreicht haben!«

UNSER AUTOR

Rasmus Sievers (* 1973), Drehbuchautor und Kameramann, hat diverse Kurz- und Dokumentarfilme realisiert, so auch die *youthinkgreen*-Doku »Tree of Hope«. Gelegentlich gibt er sein Wissen und seine Fähigkeiten an junge Nachwuchsfilmer weiter, beispielsweise in der »Filmklasse Deutschland«.
www.rasmus-sievers.de

2. Was der Film thematisiert

Die Jugendlichen werden im Laufe des Projektes zweifellos zu Experten in Sachen Klimawandel – der Zuschauer des Films wird dies nicht. Denn es geht nicht um die wissenschaftliche Darlegung der Klimaproblematik als solche, sondern darum, den SchülerInnen und anderen ZuschauerInnen Mut zu machen und ihnen die Chancen ihres eigenen Handelns aufzuzeigen.

Raus aus der »Comfort Zone«

Allzu oft resigniert der Einzelne vor der unfassbar großen Aufgabe und sieht nicht die Möglichkeiten, bei sich vor Ort zu handeln. Gemeinsam, so ist im Film zu sehen, kann man hingegen eine ganze Menge erreichen – wir müssen nur raus aus unserer »Comfort Zone« und Gleichgesinnte finden.

Im Film reflektieren die Jugendlichen ihre Rolle in der Gesellschaft, die sie spätestens nach ihren zwei Zusammenkünften als Welt-Gesellschaft begreifen. Ihre soziale Verantwortung wird ihnen umso bewusster, je mehr sie gerade auch über andere Länder erfahren. Sie hinterfragen zum Beispiel unseren Konsum und seine Bedeutung für andere Länder oder begreifen, dass Klimaschutz immer auch mit sozialer Verantwortung verbunden ist.

Die Medienvielfalt nutzen

Hindernisse und Grenzen überwinden

Auf dem Weg zu ihrem eigenen lokalen Projekt begegnen die SchülerInnen vielen Hindernissen auf den vielfältigsten Ebenen. KlimabotschafterIn zu sein, ist keine asphaltierte, geradlinige Straße. Manchmal stehen sie sich selbst im Weg, haben Angst vor Konfrontationen, davor, die eigene Meinung zu vertreten, oder stellen fest, dass Durchhaltevermögen dazugehört. Sie erfahren aber auch, dass man am Ende bei erfolgreichem Abschluss umso zufriedener zurückschaut. Manchmal funktionieren die Dinge einfach nicht so, wie sie sollten. Mit der Enttäuschung umzugehen, müssen auch die SchülerInnen erst lernen. Rishabh und Jenita erleben zum Beispiel Enttäuschung, als ihnen bewusst wird, dass sie nur ein kleines Rädchen im System sind. Doch sie irren, wie sie nachher feststellen: Denn für ein paar Menschen hat ihr Einsatz Großes bewirkt. Und so sind wir Zeuge von tiefgreifenden Persönlichkeitsentwicklungen, denn all diese Enttäuschungen, Hindernisse und deren Überwindung sind das, woran die Schüler wachsen.

3. Wozu der Film im Unterricht anregen könnte

In erster Linie möchte der Film informieren, anregen und berühren. Mindestens genauso wichtig ist, dass die ZuschauerInnen innovative Feldarbeitsprojekte von Jugendlichen zu Themen der Nachhaltigkeit hautnah mitverfolgen können und dass der Film dabei nicht nur nationale Blickwinkel, sondern auch die internationale Perspektive einnimmt. Zudem ist es die Intention der Filmemacher, den

Themenkomplex »nachhaltige Entwicklung« in einen tiefgreifenden Verstehensprozess einzubetten und diesen der breiten Öffentlichkeit so zu vermitteln, dass kognitive Erkenntnisse über die Folgen der Globalisierung ermöglicht werden, die über ein bloßes subjektives Interesse hinausreichen.

Um möglichst zu fundierten Einsichten zu gelangen, ist es ratsam, einzelne Filmausschnitte unter drei in der Didaktik bewährten Aspekten zu beleuchten:

- Welche Sachzusammenhänge (politischer, gesellschaftlicher, kultureller, ökonomischer und ökologischer Art) bestimmen die jeweils dargestellte Situation? (Sacheinsicht)
- Welche Schlüsse sind aus dem Durchdenken der gesellschaftlichen Zusammenhänge, die die Situation bestimmen, zu ziehen? (Sozialeinsicht)
- Welche Wertvorstellungen sind aus den einzelnen Filmsequenzen ablesbar? (Werteeinsicht) (Weiterführende Aspekte: siehe Punkte 4 und 5 dieses Textes)

Darüber hinaus erscheint es lohnenswert, zu hinterfragen, wie sich die Jugendlichen in den einzelnen Sequenzen äußern und verhalten:

- Wie stellen sie sich den Sachzusammenhängen?
- Welche Handlungs- und Lösungsoptionen finden und erproben sie?
- Welche Wertvorstellungen verändern sich oder reifen in ihnen?

Die methodischen Einsatzmöglichkeiten sind vielfältig. Je nach Kenntnisstand der Lerngruppe kann es sinnvoll sein, vor der Filmvorführung eine knappe Einführung zu geben. In der Regel hat es sich jedoch bewährt, vom unmittelbaren persönlichen Eindruck der ZuschauerInnen auszugehen und dann schrittweise zu einer vertiefenden Wahrnehmung und Einschätzung hinzuleiten.

Wünschenswert im Sinne des Gesamtprojekts ist es, die Frage nach den Konsequenzen zu stellen, die aus der Filmaussage für den Einzelnen und für die Lerngruppe insgesamt zu ziehen wären. Ein solcher handlungsorientierter Ansatz fände seine Erfüllung, wenn sich bei den ZuschauerInnen der Wunsch ergäbe, in Sachen »nachhaltiger Entwicklung« selbst tätig zu werden, sei es mittels intensiver Recherche und/oder mittels Durchführung eigener Projekte – immer unter dem Aspekt: Die Veränderung sind wir!

Der Dokumentarfilm »Tree of Hope« eignet sich für SchülerInnen aller Schularten ab der 7. Klasse für die Fächer Deutsch, Ethik/Religion, Sozialkunde, Gemeinschaftskunde, Politik, Erdkunde, Biologie, Englisch und Kunst sowie in vielen Arbeitsgemeinschaften.

4. Fragen, die der Film aufwirft

- Die Zuschauer des Filmes reisen in sehr unterschiedliche Länder, in denen die Klimaproblematik und der Klimaschutz (Verursachung und Lösungsansätze) immer auch mit den alltäglichen Lebensrealitäten des Landes verknüpft sind. Welches sind die Aspekte, an denen man in Deutschland am vielversprechendsten ansetzen könnte?
- Ergeben weltweite Klimakonferenzen Sinn? Was erwarte ich von einer solchen Konferenz? Wie könnten Alternativen aussehen?

Daniela (Brasilien) als lebender »Tree of Hope« auf der UN-Klimakonferenz in Doha

- Wie sieht konkret das derzeitige umweltpolitische Programm der deutschen Bundesregierung aus? Welche Stellung nimmt sie ein im europäischen und welche im globalen Kontext?
- Werden Jugendliche, die sich ökologisch oder sozial engagieren wollen, ernst genommen, und erhalten sie genug Unterstützung in Schule/Staat/Gesellschaft?
- Wie könnten ökologische und soziale Langzeitprojekte mit hoher Eigenverantwortung der Jugendlichen in den Schulalltag integriert werden?
- Wie erreicht und überzeugt man MitschülerInnen, FreundInnen und LehrerInnen, Engagement für diese Sache zu zeigen?
- Es wird im Osnabrücker Teil erwähnt, dass es sich eigentlich nur sehr gute SchülerInnen leisten können, bei einem so zeitintensiven Projekt mitzumachen. Ist das so? Wie erreicht man auch nicht so gute SchülerInnen und Jugendliche aus allen sozialen Schichten?

Fragen für die Selbstreflexion:

- Wie könnte ich persönlich zum Klimaschutz beitragen?
- Wie steht es um meinen eigenen »CO_2-Fußabdruck«? Welche Aktivitäten in meinem Leben sind möglicherweise besonders klimabelastend?
- Wäre ich bereit, auf Dinge zu verzichten, um der Umwelt weniger zu schaden?
- Welche soziale Verantwortung habe ich selbst – und welche Möglichkeiten, dieser gerecht zu werden?

5. Global denken, lokal handeln: Worüber es sich nachzudenken lohnt

Windhuk

In der Deutschen Schule in Windhuk gibt es ein zweigleisiges Abitur (auf Deutsch bzw. Englisch). Bevor dieses eingeführt wurde, waren die SchülerInnen im damals englischsprachigen Abiturjahrgang soziokulturell und ethnisch viel stärker gemischt.

Delhi

Das ökologische Bewusstsein ist nicht zwangsläufig eine Frage der sozialen Klasse. Die Familien der Salwan Public School gehören zweifellos zur Mittel- oder Oberschicht Indiens, dennoch ist das Umweltbewusstsein nicht besonders ausgeprägt.

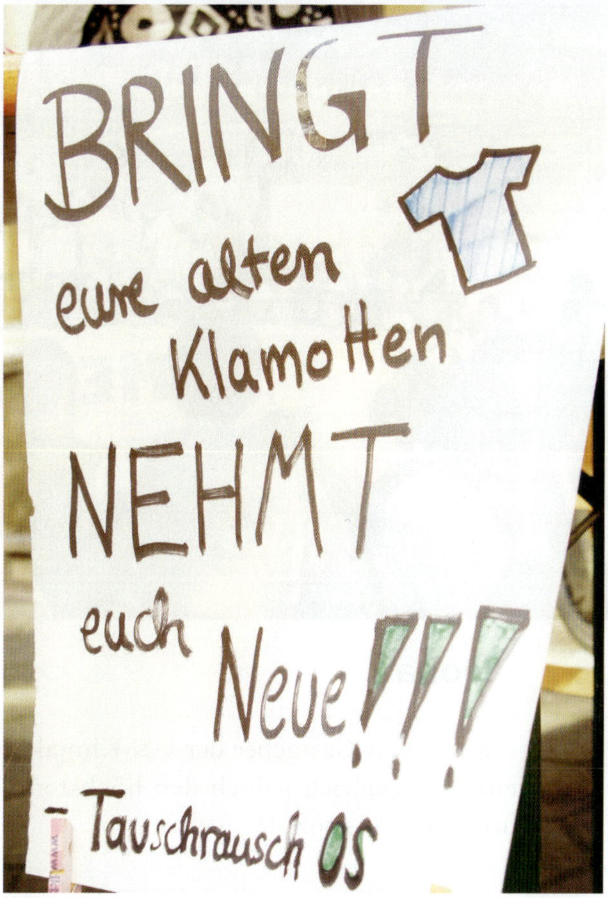

Delhi: Der kleine Prinz öffnet die Pforten zum Grünen Karneval

Osnabrück

Gruppendynamik spielt immer eine Rolle, sobald mehrere Menschen zusammen etwas erreichen wollen. Dies wird in dieser Episode kurz beleuchtet. Die Gruppe der Ursulaschule Osnabrück zeichnete aus, dass besonders viele SchülerInnen mit ehrgeizigen Zielen im Projekt vertreten waren. So gab es viel Reibung, aber sie haben eben auch viel erreicht: Die Ursulaschule Osnabrück hat zwei weitere Projekte ins Leben gerufen, die im Film keine Erwähnung fanden.

Klar wird in dieser Episode auch, dass man gut in der Schule sein muss, um sich Freizeitaktivitäten wie diese »leisten« zu können. Der Erfolgsdruck ist heutzutage enorm. Daher ist es sicher nachdenkenswert, wie man auch die SchülerInnen mit durchschnittlichen Noten erreichen könnte.

Doha

Katar war Gastgeber der UN-Klimakonferenz, hat zugleich jedoch den höchsten Pro-Kopf-CO_2-Ausstoß der Welt.

Die im Film gezeigte und von der Verwaltung genehmigte Demonstration in Doha für ein engagierteres Handeln bei der Klimakonferenz gilt als eine der ersten Großdemonstrationen in der Geschichte Katars. Ansonsten gilt Katar als ein relativ repressiver Staat.

Bei den Verhandlungen in Katar war ein Kernpunkt der Diskussionen, dass Schwellen- und Entwicklungsländer sich nicht verantwortlich für die bisherigen Emissionen fühlten. Daher weigerten sie sich, ihre Emissionen zu begrenzen, bevor nicht Eingeständnisse und eindeutige Schritte in Richtung Klimaschutz durch die Industrienationen erfolgen.

Berlin

Der »Baum der Hoffnung« wurde während des Weltjugend-Nachhaltigkeitsgipfels bewusst auf dem historischen Platz des Brandenburger Tores errichtet, er überwindet Mauern und verbindet Nationen.

DIE FILMKAPITEL IM ÜBERBLICK

Recherche zu bereits existierenden Erklärungen und Absichten von nationalen oder internationalen Organisationen zu dem Themenkomplex (z. B. Deklaration der Vereinten Nationen, UNESCO etc.)

1. Internationale Jugendklimawoche in Wolfsburg
2. *youthinkgreen*-Gruppe Delhi, Indien
3. *youthinkgreen*-Gruppe Osnabrück
4. UN-Klimakonferenz COP18 in Doha, Katar
5. *youthinkgreen*-Gruppe Windhuk, Namibia
6. Erster Weltjugend-Nachhaltigkeitsgipfel 2013 in Berlin

Die Kapitel können über das DVD-Menü auch einzeln abgespielt werden.

6. Angaben zum Film

TREE OF HOPE
(Dokumentarfilm, 2015, 58 Min.)

mit
Undji Usura (Namibia), Judith Gebbe, Jenita Dhanak (Indien), Rishabh Lohiya (Indien), Isabelle Tisson, Solveig Degen;
stellvertretend für alle Schüler und Lehrer der *youthinkgreen*-Gruppen

Idee: Helmut Spiering
Buch, Kamera & Regie:
Rasmus Sievers
Schnitt: Karin Jacobs
Beratung: Thomas Frick
Produktionsleitung:
Stefanie Schattner
Produzent: Alexander Martens
Originalton: Nikolas Mühe, Sundar Kasturi (Indien), Bobby Hasheela (Namibia)
Tonschnitt: Nikolas Mühe
Tonmischung: Eric Horstmann

Song »Mut zum Handeln« neu arrangiert von Daniel Arruda
Song »Mülleimerspiel« komponiert von Tamas Kahane
Song »the one to move« komponiert und gesungen von Jonas Langen, Josefine Siebenand
Song »Glowing Shanta Hearts« komponiert von Dan – O
Song »La Tripleta« komponiert von virtualdjmax

Eine Produktion der Mafilm GmbH Berlin im Auftrag von jugend denkt um.welt – Gemeinnütziger Verein zur weltweiten Förderung der Umwelt- und Nachhaltigkeitsbildung e. V.

PLASTIKTÜTENFREIES OSNABRÜCK - DEUTSCHLAND

Von Vanessa Kalisch

Bildmaterial: YTG Osnabrück

Plastik ist in unserer Gesellschaft überall vorhanden. Wollten wir komplett plastikfrei leben, könnten viele von uns nicht mal das Bett verlassen, da schon der Bodenbelag Kunststoffe enthält. Einen Großteil der Kleidung, die uns in den Läden angeboten wird, dürften wir nicht tragen, und auch das morgendliche Zähneputzen müsste ausfallen. Bereits diese drei Beispiele verdeutlichen: Der Wunsch, im Alltag nirgends mehr mit Plastik in Berührung zu kommen, ist eine Utopie. Doch auf welchen Gegenstand könnten wir alle verzichten, ohne Einbußen? Plastiktüten – ist doch klar!

Plastik verrottet nicht, sondern zersetzt sich über Jahrzehnte in sogenannte mikroplastische Teile, ist also nicht abbaubar. So befinden sich diese winzig kleinen Teile in Gewässern und auch in unserem Trinkwasser, wodurch sie dann den Weg durch unseren eigenen Körper antreten. Die in Plastik enthaltenen giftigen Weichmacher sind schon jetzt in Blut und Gewebe von fast jedem Menschen auffindbar, auch bei Neugeborenen.

Das ist nur eine von vielen Folgen, aber sie beweist, dass Plastik nicht nur für die Umwelt, sondern auch für uns selbst schlecht ist. Zudem müssen wir einen Blick darauf werfen, wo das Plastik eigentlich herkommt, und schon werden die negativen Aspekte der Plastikherstellung und -nutzung noch deutlicher: Plastik wird aus Erdöl produziert – einer endlichen Ressource, welche Millionen Jahre für die Entstehung brauchte. Die Dauer, für die wir ein Plastik-

produkt verwenden, bevor es auf dem Müll landet, ist dagegen verschwindend gering.

In den Meeren bilden sich bereits riesengroße Plastikteppiche, deren Ausmaße inzwischen drei- bis viermal so groß wie die Bundesrepublik Deutschland sind. Dabei ist das größte Problem nicht mal die offensichtliche Verschmutzung, sondern die Tatsache, dass Tiere sich in dem Plastik verheddern oder es essen und daran sterben. Bis jetzt ist noch keine Möglichkeit bekannt, diese Teppiche zu beseitigen. Zu all diesem Unglück tragen wir Deutschen mit dem durchschnittlichen Gebrauch von 64 dünnen Plastiktüten pro Person und pro Jahr viel zu viel bei. Das sieht auch Osnabrücker Klimabotschafterin Malin Degen so: *»Ich finde es erschreckend zu sehen, dass wir so viele Leben gefährden, indem wir eine Plastiktüte kaufen, sie im Endeffekt im Meer landet und dort von den Meeresbewohnern gegessen wird. Ich bin mir sicher, dass sich niemand gerne als Tiertöter sieht. Dies könnte so leicht zu verhindern sein, aber nur, wenn wir alle mithelfen.«*

Und da es genügend praktische Alternativen zur Plastiktüte gibt, die leider noch viel zu wenig benutzt werden, haben wir ein ehrgeiziges Projekt gestartet: Wir haben den Plastiktüten in Osnabrück den Kampf angesagt. Wir wollen, dass BürgerInnen und Unternehmen auf Alternativen setzen. Sie sollen zum Beispiel Papiertüten und Jutebeutel bei ihrem Einkauf verwenden.

Von Ruanda lernen

Vielleicht hast Du schon mal von Ruanda gehört? Das ist ein kleines Land in Ostafrika, und dort ist es verboten, Plastiktüten einzuführen. Touristen, die nach Ruanda einfliegen, werden einer strengen Gepäckkontrolle unterzogen, damit wirklich keine einzige Plastiktüte in das Land gelangt (siehe auch Beitrag im Themenfeld 5.2.). Als Ersatz werden Papier- und Baumwollbeutel benutzt. Daran wollen wir uns jetzt ein Beispiel nehmen und das Gleiche in Osnabrück schaffen. *»Wir wollen, dass schnell gehandelt wird. Sonst wird oft nur geredet und versprochen, etwas zu machen, jedoch nichts umgesetzt«*, meint die Osnabrücker Klimabotschafterin Emma Weglage. Wir Jugendliche setzen allerdings nicht wie die Politiker in Ruanda auf ein Verbot, sondern auf einen Appell an die Vernunft.

Zuallererst entwarfen wir ein Konzept, in dem wir zusammenstellten, was unser Ziel ist, wieso wir unser Projekt durchführen, wie

der lokalen Bevölkerung – aber auch an TouristInnen, Unternehmen und die Politik. Dafür müssen wir noch viel schaffen. Es mag viele Hindernisse geben, die wir überwinden müssen. Es wird bestimmt nicht leicht, den großen Firmenketten in der Innenstadt Alternativen aufzuzeigen und ihnen ein Engagement für unsere Ziele schmackhaft zu machen. Wir müssen eben davon ausgehen, dass etwa bemalte Jutebeutel oder selbstgebastelte Papiertüten kaum attraktiv für solche Läden sind – vor allem in Bezug auf die Produktionskosten.

wir es starten wollen, was für Möglichkeiten es gibt, damit unser Projekt bekannt wird, und welche Aktionen wir machen wollen. Wir haben unterschiedliche Gruppen gebildet: ein PR-, ein Kreativ-, ein Aktions- und ein Unterstützer-Team.

UNSERE AUTORIN

Vanessa Kalisch (* 2000) ist seit Mitte 2013 Klimabotschafterin an der Ursulaschule Osnabrück und dort vorrangig beim Projekt »Plastiktütenfreies Osnabrück« aktiv. Beim Projektstart im Oktober 2014 hat sie die Auftaktveranstaltung moderiert. Was Vanessa nach der Schule machen möchte, weiß sie noch nicht genau, denn bis zum Abitur 2018 hat sie noch gute drei Jahre Zeit.

Unser Ziel: Bis Ende 2015 wollen wir einen Großteil der Plastiktüten in Osnabrück verschwinden lassen. Und wir wollen die Stadt bis Ende 2017 komplett plastiktütenfrei machen. Das Projekt richtet sich an alle Altersgruppen

Unsere ersten Erfolge und PartnerInnen: Oberbürgermeister Griesert wurde im Frühjahr 2014 Schirmherr des Projektes. Als Chef der Verwaltung soll er unserem Vorhaben die benötigte Rückendeckung geben. Auch aus der Zivilbevölkerung meldeten sich direkt einige Unterstützer: terre des hommes (internationaler

Partner), die Uni Osnabrück (»Textiles Gestalten«), die Osnabrücker Klima-Allianz und die Lokale Agenda 21, aber auch StudentInnen und eine Grundschule. Neben den Unterstützungszusagen erhielten wir beispielsweise Jutebeutel-Spenden. Auch die Aufmerksamkeit, welche die Medien uns schenken, ist wichtig für unser Projekt. So griff der NDR in seinem Onlineartikel unser Anliegen unter dem Titel »Plastik? Kommt nicht in die Tüte« auf.[1]

Was erwartet uns die nächsten Monate und Jahre?

Wir wollen – zusammen mit unseren UnterstützerInnen – weiterhin viele Aktionen machen. Und wir haben dafür schon eine lange Liste mit vielen Ideen. Es soll Tauschaktionen geben (Plastiktüte gegen Jutebeutel), Embleme für Läden, die auf Plastiktüten verzichten, Recycling-Aktionen, bei denen wir Plastiktüten in stabile, wiederverwendbare Beutel beziehungsweise Taschen verwandeln, und Kunstaktionen, die verdeutlichen sollen, welche Folgen der Plastik(tüten)müll hat. So eine Kunstaktion wäre zum Beispiel ein nachgestellter Plastikteppich auf der Hase (das ist ein Fluss in Osnabrück) oder eine Riesenplastiktasche.

Ich bin mir noch nicht ganz sicher, wie viel Freude uns das ambitionierte Vorhaben machen wird, aber falls wir Ende 2017 unser Ziel erreicht haben, können wir auf jeden Fall richtig stolz sein. Dann wird es sich gelohnt haben! Bis dahin muss sich jeder irgendwie motivieren, wenn das nicht ganz von allein kommt. Außerdem können wir jede weitere Unterstützung gebrauchen. Also: Falls jemand bei unserem Projekt mitmachen möchte, ist er oder sie natürlich herzlich willkommen. Wir hoffen, dass viele Vereine und Einrichtungen mitmachen und eigene Beiträge für ein »plastiktütenfreies Osnabrück« beisteuern. Und wer weiß: Vielleicht gelingt es uns sogar, BürgerInnen anderer Städte zu inspirieren, uns zusammenzuschließen und eine plastiktütenfreie Welle anzustoßen.

Quadratisch.
PRAKTISCH.
JUT.

1) www.ndr.de/nachrichten/niedersachsen/osnabrueck_emsland/Plastik-Kommt-nicht-in-die-Tuete,plastiktueten122.html

INFO: DIE AKTIONEN DER URSULASCHULE IM ÜBERBLICK

Von Dr. Tobias Romberg, Journalist und Lehrer an der Ursulaschule Osnabrück

Im Juni 2015 ziehen die Klimabotschafter mit Osnabrücks Oberbürgermeister Wolfgang Griesert durch die Stadt und zeichnen fünf Geschäfte aus. Geschäfte, die auf Plastiktüten verzichten. Sie erhalten das Emblem »Plastiktütenfreies Geschäft«. Weitere Geschäfte werden folgen. Der Oberbürgermeister, als Schirmherr des Projekts, und die Klimabotschafter richten ein gemeinsames Schreiben an alle Geschäfte in Osnabrück. Die Botschaft ist klar: Klimaschutz fängt im Lokalen an. Osnabrück soll bis Ende 2017 plastiktütenfrei werden. Alle sollen mitmachen!

Wenige Stunden vor den Auszeichnungen liegen 8.000 bunte Plastiktüten auf dem Schulhof der Ursulaschule. Etwa 250 Schüler der Jahrgangsstufen fünf und sechs knien vor den Plastiktüten und machen aus ihnen Ketten. Klimabotschafter haben dieses »Massenspektakel« organisiert. Um Tüten zu sammeln, haben die Klimabotschafter Mülltonnen zu »Plastiktüten fressenden Monstern« umgestaltet. Sie stehen vor Geschäften. Zudem gab es Sammelaktion in vielen Osnabrücker Schulen.

Zehn Tage später umgarnen die Klimabotschafter ein Gebäude im Zentrum Osnabrücks mit einer Kette aus diesen Plastiktüten. Sie wollen Bürger wachrütteln. Das haben sie auch bei vielen Tauschaktionen in der Stadt gemacht. Eine Tanzschule hat 2.000 Jutebeutel mit einem von den Klimabotschaftern entworfenen Motiv drucken lassen, mehrere Partner haben den Druck von 10.000 Beuteln finanziert. Sie werden öffentlichkeitswirksam verschenkt oder getauscht.

Und was passiert mit den 8.000 Plastiktüten? Neue, dauerhaft haltbare Taschen werden produziert. Ein schwieriges Unterfangen. Viele Partner mussten her. Das Unternehmen Polycore wird die Tüten granulieren. Die Hochschule Osnabrück wird aus dem Granulat Einzelteile herstellen. Und die Heilpädagogische Hilfe Osnabrück wird diese zu Taschen zusammenschweißen. Und sonst? Die Klimabotschafter binden Partner ein, setzen sich in der Fußgängerzone und bei Veranstaltungen, zum Beispiel bei einem regionalen Klimagipfel, für ihr Anliegen ein, berichten in Nachbargemeinden, stehen vor Kameras, geben Interviews.

Alles für ein Ziel: ein plastiktütenfreies Osnabrück. www.plastiktuetenfrei.de

SCHOOL-BIKE-BUS IN WINDHUK – NAMIBIA

Von Alexander Brock

Bildmaterial: YTG Namibia

Will man in Windhuk, Nambia, von A nach B kommen, hat man nur zwei Möglichkeiten: Entweder nimmt man ein Taxi, oder man fährt mit dem eigenen Auto. Denn Windhuk hat kein öffentliches Verkehrssystem. Es gibt kaum Busse, und die fahren nur zweimal pro Tag für Berufspendler zwischen den verschiedenen Stadtteilen hin und her. Unsere Schule, die Deutsche Höhere Privatschule Windhuk (DHPS), hat zwei eigene Busse gemietet, um zumindest einige der Schüler aus den Stadtteilen Khomasdal und Katutura zur Schule zu bringen. Die meisten jedoch kommen im privaten PKW zur Schule. Wir von *youthinkgreen* Namibia suchten nach einer umweltfreundlicheren Möglichkeit. »Vielleicht zu Fuß?«, lautete die spontane Idee. »Du spinnst wohl!«, sagten die meisten. »Das dauert doch viel zu lange und ist nicht sicher.« »Und wie wär's mit dem Fahrrad?« Auch auf diesen Vorschlag reagierten meine Mitschüler empört: »Du hast wohl eine Schraube locker! Das ist doch gefährlich!«

Ganz aus der Luft gegriffen waren diese Bedenken nicht. Aber schaut man sich andere afrikanische Großstädte an, so stellt man fest, dass Fahrräder dort aus dem täglichen Verkehr nicht mehr wegzudenken sind. Was für ein Problem haben also die Windhuker mit dem Fahrrad, und wie können wir sie überzeugen, doch eines zu benutzen? Dies war die Leitfrage für unser nachhaltiges Mobilitätsprojekt an der DHPS. Wir wollten der gesamten Schulgemeinde eindrücklich vor Augen führen, dass die aktuelle Transportsituation nicht akzeptabel war. Der beste Ansatz bestand in unseren Augen darin, den jährlichen CO_2-Ausstoß des Pendelverkehrs der Schüler an der DHPS zu berechnen. Was für eine Herausforderung! Doch wenn das Resultat so schockierend ausfiele, wie wir befürchteten, wären die Schüler dann gewillt, ihr Verhalten zu ändern?

Experten unterstützen unser Vorhaben

Wir begannen unser Projekt mit der Organisation einer repräsentativen Umfrage, um die tatsächliche Transportsituation und die Ansichten der Schüler zum Thema Mobilität zu erfassen. Da wir diese wissenschaftliche Methode nicht in der Schule gelernt und auch sonst keine Erfahrungen damit hatten, holten wir uns

Rethinking Mobility at DHPS

Want to make a change, make a move!

The YOUTHinkGreen Namibia Team wants to calculate the carbon footprint for transportation to and from DHPS. For this YOU and your parents have been selected randomly to help us!

Grade: . . . . . [please specify] Class Teacher: . . . . [please specify]

Branch: ☐ English ☐ German **or** ☐ DIAP ☐ NSSC

Please take a moment to answer the following questions together with your parents:

1. How do you get **to** school? :
   ☐ Bus ☐ Taxi ☐ Car ☐ Bicycle ☐ Walking
   ☐ Motorcycle ☐ other . . . .
   [please specify, e.g. car sharing]

2. How do you get home **from** school? :
   ☐ Bus ☐ Taxi ☐ Car ☐ Bicycle ☐ Walking
   ☐ Motorcycle ☐ other . . . .
   [please specify, e.g. car sharing]

3. If you answered yes to driving to/from school by **car** or **motorcycle** then please specify:
   Make: . . . . [please specify] Model: . . . . [please specify]
   Year of Manufacture: . . . . [please specify] Engine Capacity: . . . . .ccm
   Type of Fuel: ☐ Petrol ☐ Diesel Transmission: ☐ Manual ☐ Automatic

4. How many other DHPS pupils travel with you **most** days (only car and motorcycle users)? :
   ☐ none ☐ one ☐ two ☐ three ☐ more . . . . [please specify]
   The other DHPS pupils in the car are: ☐ sibling(s) ☐ friend(s)

5. How many trips do you do **to** school **every week**?: . . . . . [Don't forget about afternoon classes!]

6. Where do you live in Windhoek? ☐ DHPS Heim [otherwise please specify]
   Street/House No: . . . . / . . . . .
   Erf No: . . . . . Suburb: . . . .

7. What distance do you have to travel to school (**one** way)?: . . . . . km
   How long is your travel time from home to school (**one** way)?: [approximately] . . . . . min

8. Are you willing to do car sharing to reduce the school's transport carbon footprint?:
   ☐ Yes ☐ No
   If you answered 'No', please elaborate: . . . .

9. Ask your grandparents / parents and find out how they got to school every day?
   ☐ Bus ☐ Taxi ☐ Car ☐ Bicycle ☐ Walking ☐ Motorcycle ☐ other . . . .[please specify]

10. Do you have any ideas / suggestions how your family can reduce the school's carbon foot print and reduce the family transport costs at the same time?: . . . .
    . . . .
    . . . .

Thank You!

giz COOPERATION REPUBLIC OF NAMIBIA FEDERAL REPUBLIC OF GERMANY

MOVE WINDHOEK WWW.MOVEWINDHOEK.COM.NA

youthinkgreen jugend denkt um.welt

Hilfe von außen[1]: Dr. Robert Riethmüller von der Hochschule Polytechnikum Namibia, Dr. Kenneth Odero sowie mehrere Mitarbeiter der Gesellschaft für Internationale Zusammenarbeit (GIZ) griffen uns bei der Entwicklung des Fragebogens unter die Arme. Dieser wurde dann an 179 zufällig ausgewählte Schüler der Klassen eins bis zwölf verteilt. Davon erhielten wir 111 ausgefüllte Exemplare zurück. Die gesammelten Daten umfassten die Wohnadresse der Schüler, die Art des Transports zur Schule und Fragen zu Carsharing und alternativen Transportmöglichkeiten. Wie wir es erwartet hatten, benutzten die meisten Schüler private Autos, um zur Schule zu kommen. Daher fragten wir auch nach Marke, Modell, Motorleistung und Getriebe. Außerdem mussten wir wissen, in welcher Entfernung sie von der Schule wohnten und wie viel Zeit sie dafür im Durchschnitt brauchten.

Im nächsten Schritt haben wir die Fragebögen evaluiert und die Wohnsitze der Schüler kartografisch erfasst. Auch dies war eine Vorgehensweise, die wir uns erst außerhalb des Schulunterrichts erarbeiten mussten. In Rücksprache mit unseren Experten bei GIZ und Polytechnikum entwickelten wir dann ein Excel-Spreadsheet. Die ermittelten Daten konnten von uns damit an einem einzigen Nachmittag digitalisiert werden. Dennoch war es eine Menge Arbeit und nur zu bewältigen, weil jedes Mitglied von unserer *youthinkgreen*-Namiba-Gruppe fleißig mithalf.

Daten auswerten, Digital Mapping

Für die Kartierung der Wohnsitze benutzten wir das geografische Informationssystem QGIS[2] sowie eine Online-Katasterkarte[3] der Windhuker Stadtverwaltung. Der Kartierungsprozess war sehr zeitintensiv, denn jeder der 111 Wohnsitze der Befragten musste einzeln erfasst werden. Doch diese Arbeit hat sich wirklich gelohnt. Denn am Ende hatten wir eine Karte, die erstmals visualisierte, dass ein Großteil unserer Schüler in einem Umkreis von 2,5 Kilometern von der Schule entfernt wohnt: eine Distanz, die ohne Probleme mit dem Fahrrad zurückgelegt werden kann! Mit Hilfe unseres Excel-Spreadsheets berechneten wir den CO_2-Fußabdruck des Schultransports. Das genaue Resultat: 385.440 Kilogramm Kohlendioxid werden jährlich durch den täglichen Transport der Schüler emittiert. Ist das viel? Ein Toyota Hilux müsste 35 Mal um die Welt fahren, um die gleiche Menge an CO_2 zu produzieren, ein VW City Golf ganze 84 Mal. Ein Geschirrspüler könnte 85 Jahre lang laufen, ein Haartrockner 135 Jahre und eine Waschmaschine gar 311 Jahre. So betrachtet sind 385 Tonnen CO_2 eine ganze Menge!

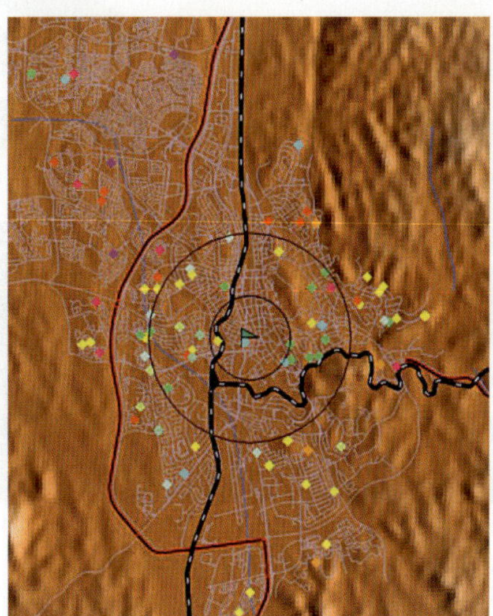

1) http://youthinkgreennam.org/namibia/field-projects/mobility-transport/developing-the-survey-tool/

2) www.qgis.org/

3) http://maps.Windhukcc.org.na/

Aus der Bike-Bus-Vision wird Realität

Unsere Umfrage ergab auch, dass nur sieben Prozent der Schülerschaft Carsharing betreiben, jedoch 85 Prozent grundsätzlich dazu bereit wären. Wir entschieden uns aber, auf die Spontaneität der Schüler zu setzen, anstatt darauf zu hoffen, dass die Eltern ihre Fahrgewohnheiten auf unsere Initiative hin verändern. Am 19. April 2013 organisierten wir den allerersten »Bike-Bus« an unserer Schule. Die Idee beim Bike-Bus ist, dass eine Gruppe jeweils gemeinsam den Weg mit dem Fahrrad zurücklegt. Dieses Fahrsystem ist sicherer, als alleine zu fahren, weil die Autofahrer der großen Gruppe mehr Aufmerksamkeit schenken. Zudem ist es nachhaltig und bereitet allen Beteiligten eine Menge Spaß.

Obwohl wir das Ereignis erst drei Tage vor dem Termin ankündigen konnten, nahmen 65 Schüler teil und erlebten eine in Windhuk völlig unübliche Variante, um zur Schule zu kommen. Niemand hätte gedacht, dass es so viel Spaß machen kann, Kohlendioxidemissionen zu reduzieren.

Nach dem Ereignis waren sich alle Beteiligten einig: Wir brauchen einen regelmäßigen Bike-Bus. Im Juni und im August fanden weitere Bike-Busse statt – leider mit jeweils abnehmenden Teilnehmerzahlen. Doch eines Tages wurden wir von unserer Schulverwaltung überrascht: Am 16. Juli fanden wir ohne Vorankündigung den ersten Fahrradständer auf dem Schulhof vor. Ein Anliegen, das ein halbes Jahr zuvor sicherlich auf taube Ohren gestoßen wäre. Seitdem gibt es einen harten Kern von acht bis zehn Schülern, der nun regelmäßig mit dem Fahrrad zur Schule fährt.

Wie es jetzt weitergeht ...

2015 wollen wir den Bike-Bus regelmäßig einmal pro Monat durchführen und zudem damit beginnen, Bike-Bus-Haltestellen in verschiedenen Stadtteilen Windhuks aufzubauen. Diese Haltestellen haben eine ähnliche Funktion wie normale Bushaltestellen. Gemäß den Abfahrtszeiten auf dem Fahrplan können die Schüler gemeinsam zur Schule radeln. Wir möchten die Haltestellen nummerieren, damit sich Schüler einfacher verabreden und dann gemeinsam zum Fußballtraining oder eben zur Schule fahren können. Dadurch werden Eltern von ihren Fahrdiensten entlastet und müssen sich dennoch keine Sorgen um die Sicherheit ihrer Kinder machen. Ganz nebenbei werden dabei die CO_2-Emissionen der Schule immer weiter reduziert …

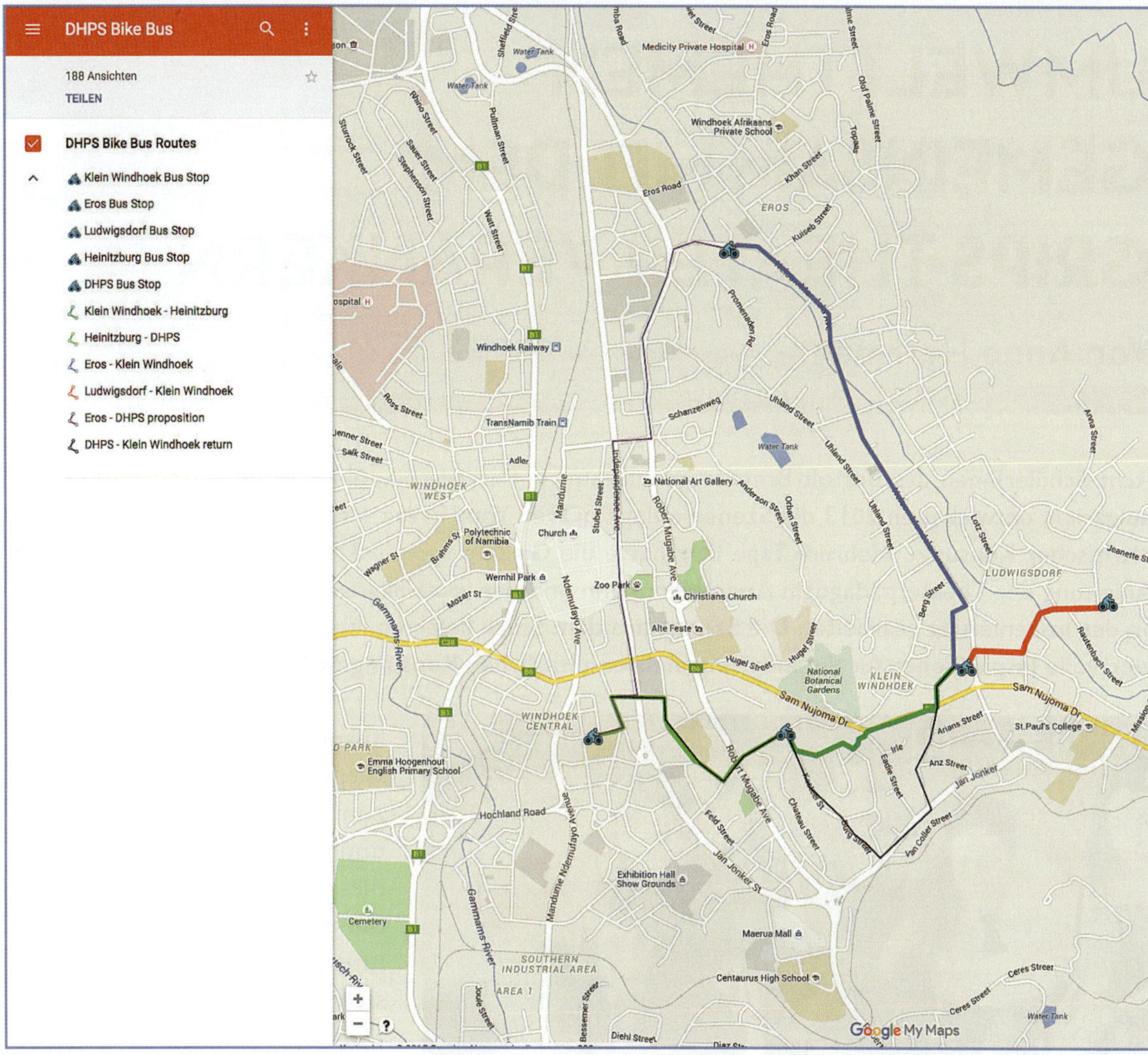
DHPS Bike Bus
188 Ansichten
TEILEN
DHPS Bike Bus Routes
Klein Windhoek Bus Stop
Eros Bus Stop
Ludwigsdorf Bus Stop
Heinitzburg Bus Stop
DHPS Bus Stop
Klein Windhoek - Heinitzburg
Heinitzburg - DHPS
Eros - Klein Windhoek
Ludwigsdorf - Klein Windhoek
Eros - DHPS proposition
DHPS - Klein Windhoek return
Medicity Private Hospital
Windhoek Afrikaans Private School
EROS
Eros Road
Windhoek Railway
TransNamib Train
WINDHOEK WEST
Polytechnic of Namibia
National Art Gallery
Christians Church
Zoo Park
Alte Feste
National Botanical Gardens
KLEIN WINDHOEK
LUDWIGSDORF
Sam Nujoma Dr
St.Paul's College
WINDHOEK CENTRAL
Emma Hoogenhout English Primary School
Hochland Road
Exhibition Hall Show Grounds
Maerua Mall
Centaurus High School
SOUTHERN INDUSTRIAL AREA
Cemetery
Google My Maps

UMWELTTHEMEN GEMEINSAM MIT DEM GRIPS-THEATER VERANKERN

Von Anne Herrmann

Acht SchülerInnen des Bertolt-Brecht-Gymnasiums in Pasardschik, einer kleinen Stadt in Zentralbulgarien, entwickelten 2013 die Szenenkollage »Open Your Eyes« – ein Theaterstück zum Thema »Kritischer Konsum«. Mehrere Tage lang hatte die Gruppe »*youthinkgreen* Bulgarien« dafür unter Anleitung der Theaterpädagogin Anne Herrmann und der *youthinkgreen*-Mitarbeiterin Kora Rösler an der Inszenierung gearbeitet. Die Szenen aus dem Stück lieferten ihnen und den ZuschauerInnen wertvolle Inspirationen für Veränderungen ihrer alltäglichen Konsumgewohnheiten.

Am ersten Arbeitstag ging es vor allem darum, uns gegenseitig kennen zu lernen. Mit Aufwärmübungen machten wir uns miteinander vertraut und führten die Jugendlichen nach und nach an das Medium Theater heran. Einige von ihnen hatten schon Erfahrung im Theaterbereich, andere noch nicht. So entwickelten wir erste Standbilder, kurze Szenen und besprachen, was ein Theaterstück überhaupt ausmacht. Während dieses Einstiegs nahmen wir bereits Bezug zum Themenkomplex Umwelt und Konsum und stellten uns in diesem Zusammenhang Fragen, die uns alle betreffen. Gerade junge Menschen identifizieren sich oft über ihre Besitztümer. Diese spielen eine zentrale Rolle in ihrer Peergroup für das Dazugehörigkeitsgefühl und zur Entwicklung der eigenen Identität.

Das Thema ermöglichte uns ein »Andocken« an ihre Lebenswelt. Zudem wollten wir andere durch eine theaterpädagogische, spielerische Herangehensweise für die ökologischen und sozialen Kontexte des Konsums sensibilisieren. Durch die zuvor bearbeiteten Fragebögen hatten wir viele gute Anknüpfungspunkte. Außerdem merkten wir alle schnell, dass wir mit dem Thema Konsum ähnliche Erfahrung gemacht haben, da wir uns alle – vielfach unüberlegt – zum Konsumieren verleiten lassen.

Am zweiten Tag stiegen wir tiefer in die Thematik ein und nutzten die Medien, Zeitung

und Internet, um mehr über die Herstellung von Textilien und technischen Geräten, wie Handys oder Computer, herauszufinden. Bei den Jugendlichen war dabei eine ungeheure Wissbegierde zu erkennen und Freude daran, Neues zu entdecken und sich intensiv mit diesem vielschichtigen Themenkomplex auseinanderzusetzen. Wir einigten uns auf einen gemeinsamen Titel: »Open Your Eyes«. Die Einladung zur Aufführung in der Schule erfolgte über »Mund-zu-Mund-Propaganda« und die intensive Nutzung sozialer Netzwerke wie Facebook.

Proben für den Auftritt

Am letzten Tag wurden die gemeinsam entwickelten Szenen wiederholt geprobt und dann zu einem Stück zusammengebaut. Durch Stimm- und Körperübungen reduzierten wir die Hemmungen der SchülerInnen, laut und deutlich zu sprechen. Sie gewannen an Sicherheit, sich vor anderen zu präsentieren. Wir zeigten mit »Open Your Eyes« eine Szenenkollage, in der sowohl die veränderten Kommunikationsgewohnheiten deutlich wurden, als auch das Kaufverhalten in Bezug auf Handys und Kleidung kritisch zur Sprache kam. Als Bühnenbild hatten wir uns für einen mit Kleidungsstücken ausgelegten Boden entschieden. Die Jugendlichen waren ganz in schwarz gekleidet.

Im ersten Teil der Kollage gingen die Spielenden nacheinander auf die Bühne, bewegten sich isoliert und waren nur mit ihren Handys beschäftigt. Nach und nach ahmten sie Geräusche von SMS, Facebook oder Whatsapp nach. Sie schenkten einander keine Beachtung und Aufmerksamkeit.

Zwischendurch »froren« ihre Bewegungen immer wieder ein. Und in der direkten Ansprache an das Publikum wurden einfache, aber progressive Fragen gestellt, zum Beispiel: »Wie viele Autofahrer verursachen Unfälle, während sie telefonieren?«, oder: »Wussten Sie, dass technische Geräte programmierte Sollbruchstellen haben?«, und: »Wie viele Tonnen Mobiltelefone werfen die Europäer Jahr für Jahr weg?« Auf die Beantwortung der Fragen durch die DarstellerInnen folgten dann gleichgültige, uninteressiert wirkende Bemerkungen wie »Egal« oder »Los, kaufen wir ein Neues!«. Die Szene endete damit, dass sich alle DarstellerInnen bewegten, als seien sie außer Kontrolle geratene,

UNSERE AUTORIN

Anne Herrmann (* 1984), freischaffende Theaterpädagogin, ist im Vorstand der GRIPS Werke e.V. tätig. Sie arbeitet mit Menschen aller Altersgruppen in Berlin, deutschlandweit und im europäischen Ausland. Nebenher absolviert sie ein Fernstudium für Kultur- und Medienmanagement in Hamburg.

wild gewordene Maschinen. Sie machten dabei vielfältige Geräusche und brachen schließlich zusammen.

»Super-Sonderverkaufs-aktionen« sind out

Im zweiten Teil der Kollage wachten die Jugendlichen auf der mit Kleidungsstücken ausgefüllten Bühne auf, probierten diese vor imaginären Spiegeln an und präsentierten sich gegenseitig den anderen. Schließlich kamen sie in einer Art Kaufhaus zusammen, wo Kleidung in einer ironisch inszenierten »Supersonder-aktion« verkauft wurde. Hier wurde Kleidung angepriesen, die von »kleinen, zarten Kinderhänden« gefertigt worden war, »welche garantiert schädlich für die Haut ist« und »wobei doch nur 8.000 Liter Wasser zur Produktion einer einzigen Jeans verbraucht wurden«.

Plötzlich stoppte ein Schüler diese Aktion. Er machte darauf aufmerksam, dass nicht immer etwas Neues gekauft werden muss, was unter menschenunwürdigen, umwelt- und gesundheitsschädlichen Bedingungen hergestellt wurde. Als Alternative zum ständigen Neukauf veranstalteten die SchauspielerInnen zum Abschluss eine Tauschparty auf der Bühne.

Das Stück wurde von den MitschülerInnen der Schule, den LehrerInnen, den Eltern und einem Fernsehteam eines lokalen Senders aus Pasardschik mit reichlich Applaus bedacht. Die Zuschauer – größtenteils Jugendliche – zeigten sich von der Inszenierung und insbesondere vom Ausgang des Stückes sehr beeindruckt und inspiriert. Unmittelbar danach fassten sie den Entschluss, bald in der Schule eine echte Klamotten-Tauschparty zu veranstalten, um die theatral erprobten Möglichkeiten auf ihre Alltagstauglichkeit hin zu hinterfragen und zu testen. Die nächsten Wochen nahmen sich die Jugendlichen immer wieder Zeit, Szenen zu wiederholen, noch zu verfeinern und das Stück erneut zu spielen, denn am 16. Mai sollten sie es im Allianz-Forum in Berlin zum 1. Weltjugend-Nachhaltigkeitsgipfel vor den anderen GipfelteilnehmerInnen und der Öffentlichkeit erneut mit großem Erfolg aufführen.

GRUNDREGELN FÜR DIE ENTWICKLUNG EINER SZENENKOLLAGE

a) Thematische und szenische Grundregeln:

- (gemeinsam) auf ein Thema einigen
- intensive Auseinandersetzung mit dem gewählten Thema (Recherche, Diskussionen, szenische Improvisation)
- Inhalte improvisieren, verändern, optimieren, neu improvisieren
- Stückreihenfolge festlegen und proben
- Theaterpräsenz üben (lautes Sprechen, sich einfühlen in die Rolle, mit Gestik und Mimik arbeiten)
- Einladungen für die Präsentation aussprechen bzw. verschicken
- Präsentation: Aufführung

b) Grundregeln für die SchauspielerInnen

- Pünktlichkeit sollte eingehalten werden.
- Jede/r spielt mit jeder/m.
- Auf der Bühne gibt es kein Falsch, alles ist richtig und darf ausprobiert werden.

Auszüge aus dem Tagebuch von Steliyana Angelova (18 Jahre, Bulgarien):

Die Aufführung unseres Theaterstücks »Open Your Eyes«, das unser *youthinkgreen*-Team Bulgarien erarbeitete und inszenierte, war für mich ein aufregendes und unvergessliches Erlebnis. Dank Anne und Kora haben wir zahlreiche schauspielerische Tricks erfahren, wiederholt Szenen erarbeitet, Dialoge und Monologe geschrieben, Figuren erfunden, Diskussionen über die drängendsten Umweltfragen in unserer Region geführt und Vergleiche zum europäischen Standard gezogen. Wir besprachen, wie wir diese ernsthaften Themen in unser Theaterstück einbauen wollten …

Unser Theaterstück lässt sich als ausgesprochen innovativ und expressiv beschreiben. Darin geht es um das allmächtige Chaos, das alles erfasst, einschließlich der Menschen. Das Chaos ist von einer Welle technologischer Entwicklungen hervorgerufen worden. Die Revolution der Handys, Tablets, iPads, iPods, der Nanotechnologien und der künstlichen Intelligenz hat schon vor Jahrzehnten begonnen und Millionen Menschen auf der Erde in ihrem Handeln fremdbestimmt und vielfach sogar süchtig gemacht – das weiß jeder, aber nicht jeder hat dieser technologischen Revolution in ihren Auswirkungen den Kampf angesagt. Durch unser Theaterstück haben wir das getan. Wir haben gezeigt, dass wir nicht einfach existieren, sondern geborgen und sozial leben wollen, da wir uns sowohl der Vor- als auch der Nachteile der neuen bahnbrechenden Errungenschaften bewusst sind. Wir interessieren uns für die Geschehnisse in der Welt, die Paradoxe der Globalisierung und vor allem für die Ausgestaltung unserer eigenen Zukunft. In unserem Theaterstück haben wir auch vorgeführt, wie sich die neuen Technologien auf die natürlichen zwischenmenschlichen Beziehungen auswirken. Unmittelbar konnten die Zuschauer durch unsere robotisierten Gesten, Gesichtsausdrücke und unser ganzheitliches Verhalten verfolgen, wie sich die Menschen, begeistert von ihren technologischen Spielzeugen, voneinander entfremden, ihre Kommunikationsfähigkeit allmählich verlieren und in einer eigenen illusorischen Welt zu leben beginnen.

In Berlin bei dem Nachhaltigkeitsgipfel präsentierten wir unser Land – Bulgarien. Als ein kleines und ökonomisch nicht besonders stark entwickeltes Land mit einer großen Anzahl von Auswanderern hat sich Bulgarien unter den anderen europäischen Ländern einen zwiespäl-

tigen Ruf erworben. Persönliche Motivation für uns war es daher, unter Beweis zu stellen, dass es in Bulgarien nicht wenige, sondern Tausende von Menschen gibt, die sich für die Welt, die Natur, die Entwicklung der Technologien und die eigene Zukunft interessieren und mitentscheiden wollen. Wir wollten gerne ein jugendliches Abbild dieser Menschen in Bulgarien sein. Auf der Bühne in Berlin fühlten wir uns gleichsam auch als Repräsentanten dieser Sichtweisen und UmweltschützerInnen aus Osteuropa.

Diese Spannung und Vorfreude auf den großen Auftritt im Allianz-Forum am Brandenburger Tor am 16. Mai 2013 kann ich nicht in Worte fassen. Im Publikum befanden sich Politiker, Wissenschaftler, Journalisten, Klimaexperten, Naturfreunde, die anderen *youthinkgreen*-Gruppen und unsere WorkshopleiterInnen, die uns Glauben schenkten und das Beste erwarteten. Ich werde nie die stolzen Blicke unserer Lehrerinnen Penka Ivanova und Christina Sekulova vergessen. Das, was ich in jenem Moment gedacht habe, war einfach, dass sich genau aufgrund solcher Emotionen das Leben lohnt.

Aus der Synthese von unseren realistischen Zielen des Projekts, der inneren Genugtuung, dem Stolz in den Augen meiner Lehrerinnen und den neuerworbenen Kenntnissen, die ich jeden Tag anwenden kann, ziehe ich große persönliche Motivation. Ich habe gelernt, mutiger in die Zukunft voranzuschreiten, an mich selbst und an die Botschaften engagierter Menschen zu glauben. *youthinkgreen* hat mir beigebracht, optimistisch zu denken, realistisch zu überlegen, kämpferisch zu handeln und vernünftig zu leben! Dankeschön, *youthinkgreen*!

DER NEBELFÄNGER – NACHHALTIGE WASSERNUTZUNG IN PERU

Von Pablo Portal

Bildmaterial: YTG Peru

2011 brachte das *youthinkgreen*-Projekt »Klimabotschafter« 16 Studierende der Colegio Mayor-High School zusammen, die aus allen Teilen des Landes nach Lima kamen – von der Küste, aus dem Hochland und aus der Regenwald-Region. Nach drei Monaten intensiver Ausbildung zu Kernthemen der Nachhaltigkeit beschlossen sie, sich intensiv den Aspekten der Wasserversorgung zu widmen. Denn die zunehmende Wasserknappheit stellt eines der gravierendsten Probleme für die peruanische Bevölkerung dar. Doch wie kann es gelingen, mit kleinen Aktionen sichtbare Veränderungen anzustoßen?

Obwohl in Peru 70 Prozent der tropischen Gletscher zu finden sind und das Land über fünf Prozent der globalen Oberflächenwasser-Ressourcen der Erde verfügt, sind diese regional sehr unterschiedlich verteilt. So entfallen 98 Prozent der Oberflächenwasserreserven auf das Amazonasgebiet, während der Küstenstreifen nur zwei Prozent besitzt. Die Küstenwüste, wo die Mehrheit der peruanischen Bevölkerung lebt, erhält ihr Wasser lediglich aus dem Nebel in den Wintermonaten, den Flüssen und den Anden-Gletschern. Auch die Menschen in der Hauptstadt Lima sind nahezu komplett abhängig vom Schmelzwasser der Anden. Denn dort fällt, bedingt durch den Humboldtstrom, der vor der Küste Perus verläuft und kaltes Wasser aus dem Süden nach Norden zum Südäquatorialstrom transportiert, mit etwa zehn Millimetern Jahresdurchschnitt extrem wenig Niederschlag.

Generell wird vorausgesagt, dass der Klimawandel die Trockenheit in und um Lima verschärfen wird, da die Andengletscher schmelzen. Seit 1970 sind Studien zufolge bereits 30 bis 50 Prozent des Gletscher-Volumens weggetaut[1]. Auch die Variabilität der Niederschläge nimmt aufgrund der Erderwärmung zu. Die Wasserversorgung von rund zehn Millionen Menschen sei gefährdet, schreiben Glaziologen der Fachzeitschrift The Cryosphere[2]. Zudem spüren die Menschen in Peru die Folgen der Wasserverschwendung und -verschmutzung immer stärker: Die wichtigsten Wasserquellen sind verdreckt oder ausgetrocknet, Trinkwasser ist ein teures Gut geworden. Auch im Regenwald steigt die Wasserknappheit aufgrund der Abholzung. Doch wie können wir Peruaner wieder nachhaltiger und im Einklang mit der Natur leben?

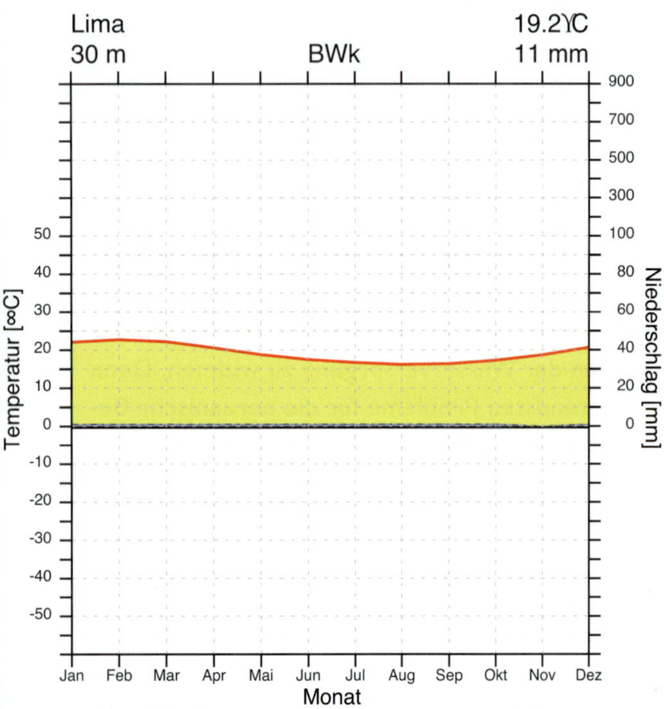

© Bernhard Mühr, www.klimadiagramme.de

Zeitzeugengespräche führen

Die Studierenden der Colegio Mayor-High School wollten jedoch nicht nur Daten und Fakten aus ihren Büchern lernen, sondern mit den betroffenen Menschen vor Ort sprechen. Daher besuchten wir eine indigene Volksgruppe der Asháninka in »Pampa Michi«, Chanchamayo, im Regenwaldgebiet von Junin und fragten sie, inwiefern sie von der Wasserknappheit betroffen sind und wie sie ihren Lebensstil anpassen mussten. Die Asháninka leben noch immer von der Subsistenzwirtschaft. Sie betreiben im Regenwald Brandrodungsfeldbau, um in nachhaltiger Art und Weise Yuca, Süßkartoffeln, Mais, Bananen, Reis, Kaffee, Kakao oder Zuckerrohr anzupflanzen.

Sie forsten zerstörte Regenwaldflächen wieder auf und unterrichten Besucher in einer eigens eingerichteten Schule in den Methoden ihrer

1) www.scinexx.de/wissen-aktuell-15499-2013-01-22.html

2) www.the-cryosphere.net/7/81/2013/tc-7-81-2013.html

© Milton Rodriguez

nachhaltigen Lebensweise. Sie erzählten uns in den Gesprächen jedoch, dass sie viel häufiger als früher ihren Siedlungsort wechseln müssten. Zudem sei der Boden trockener, so dass sie Schwierigkeiten hätten, ihn für die Landwirtschaft zu nutzen.

Wir waren inspiriert von der Lebensweise dieses Volkes und stellten uns die Frage, worin die Ursachen für die beschriebenen Schwierigkeiten lagen. Doch schon bald war klar, dass wir auf diese komplexe Frage so schnell keine eindeutige Antwort finden konnten.

Wir gaben nicht auf: Über unsere umfangreiche Recherche und in den Gesprächen mit Einheimischen in Chanchamayo sowie mit Anwohnern in Lima über Umweltprobleme wie Wasserknappheit, den Schmelzprozess von schneebedeckten Bergen in der Andenregion und den Austrocknungsprozess von unterirdischen Wasserquellen an der Küste haben wir viele neue Erkenntnisse gewonnen. Daraus entstanden erste Ideen für mögliche Schritte zur Milderung dieser Probleme. Unsere Ausgangsfragen für unsere Projekte waren: Welche Aktionen könnten wir machen, um das Umweltbewusstsein in unserem Land zu schärfen? Was wollen wir damit langfristig bei unseren Mitmenschen erreichen?

Wir waren uns anfangs nicht sicher, wie unsere Gestaltungsmöglichkeiten aussehen konnten. Dies hielt uns jedoch nicht davon ab, aktiv zu werden und erste Versuche zu wagen … Denn wir hatten das Motto der *youthinkgreen*-Bewegung verinnerlich: »Want to make a change? Make a move!«

Wasser aus der Luft

Wir nahmen uns vor, die Wasserversorgung in unserer Region nachhaltiger zu machen. Dazu bauten wir zunächst einen Solar-Brenner: ein Instrument, das Salzwasser mittels Sonnenstrahlen und Verdampfung in sauberes Wasser verwandelt. Dazu bauten wir ein Gewächshaus aus Glas und kauften einen Solarkollektor, der dazu dient, das Salzwasser zu erwärmen. Für einen funktionierenden Solar-Brenner benötigten wir auch PVC-Rohre und Schläuche, die das Salzwasser zirkulieren lassen. Schließlich bauten wir einen Rahmen aus Holz, Styropor und Glas. Wir konnten den Verdampfungsprozess in dem Glasgewächshaus beobachten, dank dem wir schließlich sauberes Wasser erhielten, wenn auch nur in geringen Mengen.

In Wüstenregionen wie der peruanischen Küste fällt fast nie Regen, obwohl die Luftfeuchtigkeit in einigen Monaten bei fast 100 Prozent liegt. Dicht und schwer hängt im Winterhalbjahr, von Juni bis September, der Nebel über der Küstenwüste und schlägt sich insbesondere auf Hügelkuppen und in den Hochebenen nieder. Daher kamen wir auf die Idee, uns dies zunutze zu machen, und konstruierten einen sogenannten Nebelfänger,

mit dem sich Wasser aus der Luft gewinnen lässt. Die Idee ist nicht neu, wir haben uns dabei von Pilot-Projekten einiger Nichtregierungsorganisationen inspirieren lassen (siehe Links am Ende des Textes). Die Fänger sind eine Konstruktion aus zwei aufrechten Masten aus Bambus, Metall oder »Guayaquil«, einem peruanischen Holz. Zwischen diesen Stangen ist ein feines Netz oder Bast gespannt, an dem die feinen Nebeltropfen kondensieren. Das so gewonnene Wasser wird von Rohren aufgefangen und durch einen Filter in einen Tank geleitet (siehe Bauanleitung Seite 171).

Besonders in den höher gelegenen Außenbezirken von Lima und den anderen Küstenstädten von Peru können Nebelfänger eine wichtige Rolle für die Wasserversorgung spielen. Denn obwohl das Wasser keine Trinkwasserqualität hat, kann es für die Bewässerung von Obst- und Gemüsebeeten und für das Waschen von Kleidung oder Geschirr verwendet werden. Die Kosten für einen Nebelfänger betragen etwa 360 Euro bei einem täglichen Wassergewinn von etwa 100 Litern, was etwa 60 Prozent des täglichen Wasserverbrauches ausmacht.

Wir gingen für die Umsetzung des Projektes in die nördlichen Außenbezirke von Lima, wo die Leute aufgrund extremer Armut am meisten unter der anhaltenden Wasserknappheit leiden. Dort gibt es kaum Infrastruktur. Insgesamt eine Million Menschen haben keinen Wasser-Hausanschluss. Das Wasser wird mit Tanklastwagen zu ihnen gebracht, doch sie müssen dafür bezahlen, insgesamt meist mehr als die Menschen mit einem Hausanschluss.

Zusätzlich können sie auch Wasser bei privaten Verkäufern erwerben, die über private Brunnen Grundwasser fördern. Je höher die Peruaner am Hang wohnen, desto höher sind für sie die Kosten.

Nebelfänger sind hier eine einfache und effiziente Lösung. Es hat großen Spaß gemacht, sie gemeinsam mit den Menschen in den Außenbezirken aufzubauen. Ihre Freude und die Dankbarkeit in ihren Augen werden wir nicht vergessen. Die Wassernot der peruanischen Bevölkerung zu lindern, dafür wollen wir uns langfristig engagieren. Die ersten Schritte in diese Richtung haben wir nun erfolgreich getan …

UNSER AUTOR

Pablo Portal (* 1967), hat Pädagogik und Sozialwissenschaften studiert. Er betreute die *youthinkgreen*-Gruppe aus Peru, welche auch an den internationalen Begegnungen in Wolfsburg (2012) und Berlin (2013) teilnahm. Seit 2015 ist er Direktor der Schule »Enrique Guzmán y Valle« in Lima.

Wasserversorgung im Armenviertel von Lima
©Andreas Mihm

Quellen:

- Universidad Nacional Autónoma de México (UNAM) (2009). «La niebla, posible fuente de agua potable». Gaceta UNAM (6). p. 5
- www.datosdelanzarote.com/Uploads/doc/20060122093109568captadores-de%20brumas.pdf
- www.cda.uc.cl/pdf/est_patache/losatrapanieblas_desarrolloorural.pdf
- http://docs.nrdc.org/international/files/int_11020801a.pdf

ANLEITUNG: WIE MAN EINEN NEBELFÄNGER BAUT

Benötigtes Material

- 2 etwa 6 Meter lange Stangen aus Metall, Bambus oder Holz
- Dickere PVC-Rohre zum Auffangen des Wassers
- Dünne PVC-Rohre als Verbindungsleitung zum Tank
- Wasserfilter
- 4 Meter x 6 Meter engmaschiges Netz oder Bast
- Seile und Schnüre
- Tank zum Sammeln des Wassers
- Säge, Hammer, Nägel und eine Leiter

©Anne Lummerich

Arbeitsschritte:

1. Bereitet den Boden vor, ihr solltet auf einer flachen und ebenen Fläche bauen.
2. Grabt den Tank ein.
3. Befestigt die Stangen sicher im Boden. Grabt mindestens ¼ der Länge im Boden ein.
4. Befestigt das Netz/Bast zwischen den Pfosten, so dass es wie ein Werbebanner aussieht.
5. Platziert die Rohre so unter dem Stoff, dass sie das Wasser auffangen und in den Tank leiten.
6. Der Wasserfilter wird unmittelbar vor dem Tank platziert.

Dieses Projekt haben wir adaptiert, es gibt in und um Lima einige solcher Nebelfänger-Initiativen.

GRÜN DURCHSTARTEN MIT SOLAR-ENERGIE IN ÄGYPTEN – BEISPIELHAFTE WEGE ENGAGIERTER STUDENTINNEN

Bildmaterial: YTG Ägypten

Alles begann mit einem kleinen Recycling-Projekt von 17 engagierten Jugendlichen an der Europa-Schule in Kairo. Als die SchülerInnen ihren Abschluss machten und die Schule verließen, war unklar, ob die *youthinkgreen*-Gruppe weiter bestehen würde. Doch dann erfuhr der Ingenieursstudent Abel Rahman durch seinen Freund Mahmoud, ehemaliger Schüler der Europa-Schule, von den *youthinkgreen*-Aktivitäten, kontaktierte das Berliner Büro und rief kurzerhand eine neue Gruppe an der Universität Kairo ins Leben. Mittlerweile haben die Studenten eine nationale *youthinkgreen*-Summer-School veranstaltet und einen Preis für ihr Konzept, den »Solar Tree«, gewonnen. Eine Geschichte darüber, wie grüne Ideen von Jugendlichen über die Schulzeit hinaus weitergetragen und konsequent verfolgt werden können, liefert der folgende Bericht.

Manchmal ist das eben so: Soziales Engagement für Schulprojekte beginnen und enden irgendwann. Spätestens, wenn der Schulabschluss in der Tasche ist, machen sich Jugendliche auf, ihre eigenen Wege zu gehen. Sie suchen nach Möglichkeiten, um Auslandserfahrungen zu sammeln und die Welt zu erkunden, oder sie überlegen, welcher Studiengang oder welches Berufsfeld zu ihnen passen könnte. In dieser »Schwebephase«, in der Jugendliche sich neu orientieren müssen, in der sie nach Abenteuern suchen oder nach Halt in noch unbekannten Strukturen, gehen viele Projekt-Schulgruppen wieder auseinander. So war es auch bei den *youthinkgreen*-Klimabotschaftern der Europa-Schule in Kairo, die sich 2012 gegründet hatte. 17 SchülerInnen der zehnten Klasse erhielten damals die Gelegenheit, zum *youthinkgreen*-Klimagipfel nach Wolfsburg zu reisen und sich dort mit 200 Jugendlichen aus insgesamt zehn Ländern über Nachhaltigkeitsthemen in den Bereichen Energie, Mobilität und Konsum auszutauschen. Sie initiierten und planten ihre eigenen Projekte und sammelten erste Erfahrungen in Berufsfeldern wie Fundraising, Presse-Arbeit, Film und Regie sowie in eigenen Feldarbeits-Projekten.

Zurück in der Heimat, verfolgten die KlimabotschafterInnen aus Ägypten ihr Recycling-Projekt an der Schule. Sie sammelten Plastik und Papier und arbeiteten dabei eng mit der Nichtregierungsorganisation El Mudii zusammen, die mit ihrer Recycling-Arbeit über 500 arme Familien in Kairo unterstützt hat. Sie informierten ihre MitschülerInnen und ihr soziales Umfeld über nachhaltiges Müll- und Recyclingmanagement und sensibilisierten sie dafür, die öffentlichen Plätze sauber zu halten. Doch nachdem die *youthinkgreen*er ihren Schulabschluss geschafft hatten, hörten wir im Berliner Büro eine Weile nichts mehr von ihnen.

Eines Tages erhielten wir jedoch eine Mail von dem Ingenieursstudenten Abdel Rahman Fahmy, der von seinem Freund Mahmoud von der Initiative *youthinkgreen* erfahren hatte. Abdel Rahman schlug uns vor, doch eine neue Gruppe an der Universität Kairo zu gründen, die die Aktivitäten der Europa-Schule erweitern und *youthinkgreen* in Ägypten stärker repräsentieren würde.

Dazu Abdel Rahman: »*Ich bin voller Energie und Tatendrang, mich für Aktivitäten und Projekte, wie youthinkgreen sie mir bietet, zu engagieren. Ich weiß, dass eure Projektarbeit mir helfen wird, meine sozialen und technischen Kompetenzen weiterzuentwickeln und zu entfalten.*«

Seine vielen Ideen zur Realisierung dieses Plans und zu neuen Projekten machten uns im Berliner Büro im ersten Moment ganz sprachlos, denn uns war klar: Hier verfolgt ein junger Mann ehrgeizige Ziele. Abdel Rahman gewann schon sehr bald viele MitstreiterInnen aus seinen und anderen Studiengängen und auch ProfessorInnen für *youthinkgreen*, um das an der Uni erlernte Wissen in neuen Nachhaltigkeitsprojekten anzuwenden.

Gedanken und Überlegungen von Abdel Rahman vor Projektstart waren:

»Die Elektrizität in Kairo ist aufgrund des übermäßigen Verbrauchs häufig abgeschaltet. Die Regierung beabsichtigt, verstärkt Kohle als Energiequelle zu nutzen, um Versorgungsprobleme zu lösen. Es scheint mir so, als ob wir Jahrzehnte rückwärts gingen, als Kohle noch die Hauptenergiequelle für viele war!«

»Eines Tages, an der Universität angekommen, saß ich mit unserem lokalen youthinkgreen-Team beisammen. Wir versuchten, Lösungen für die täglichen Probleme in Kairo zu finden. Mein Kopf war voller Fragen, und ich wusste gar nicht, wo ich anfangen sollte, Antworten zu finden:

- *Wie können wir gegen die lokalen Probleme vorgehen?*
- *Können wir unser Wissen nutzen, um diese Probleme zu lösen?*
- *Was brauchen wir?*
- *Wer kann uns helfen?*
- *Wie fangen wir an?*
- *Was erwarten wir von dem Projekt?«*

Dies war der Beginn einer langfristigen Zusammenarbeit von *youthinkgreen* mit dem

Fachbereich der Ingenieurswissenschaften an der Universität Kairo. Zunächst machten die StudentInnen im Jahr 2013 mit kleineren Events, Promotionsständen sowie einer »Tree of Hope«-Aktion auf sich aufmerksam und diskutierten mit den Passanten Möglichkeiten nachhaltiger und ressourcenschonender Lebensstile.

Beflügelt von den vielen positiven Feedbacks ihrer KommilitonInnen und ProfessorInnen entschloss sich die Gruppe um Abdel Rahman, jährlich eine nationale Summer-School an der Universität anzubieten und diese jeweils unter ein spezifisches Umwelt- und Nachhaltigkeitsthema zu stellen. Die erste Summer-School unter dem Motto »Erneuerbare Energien« fand vom 2. bis zum 14. August 2014 im Center

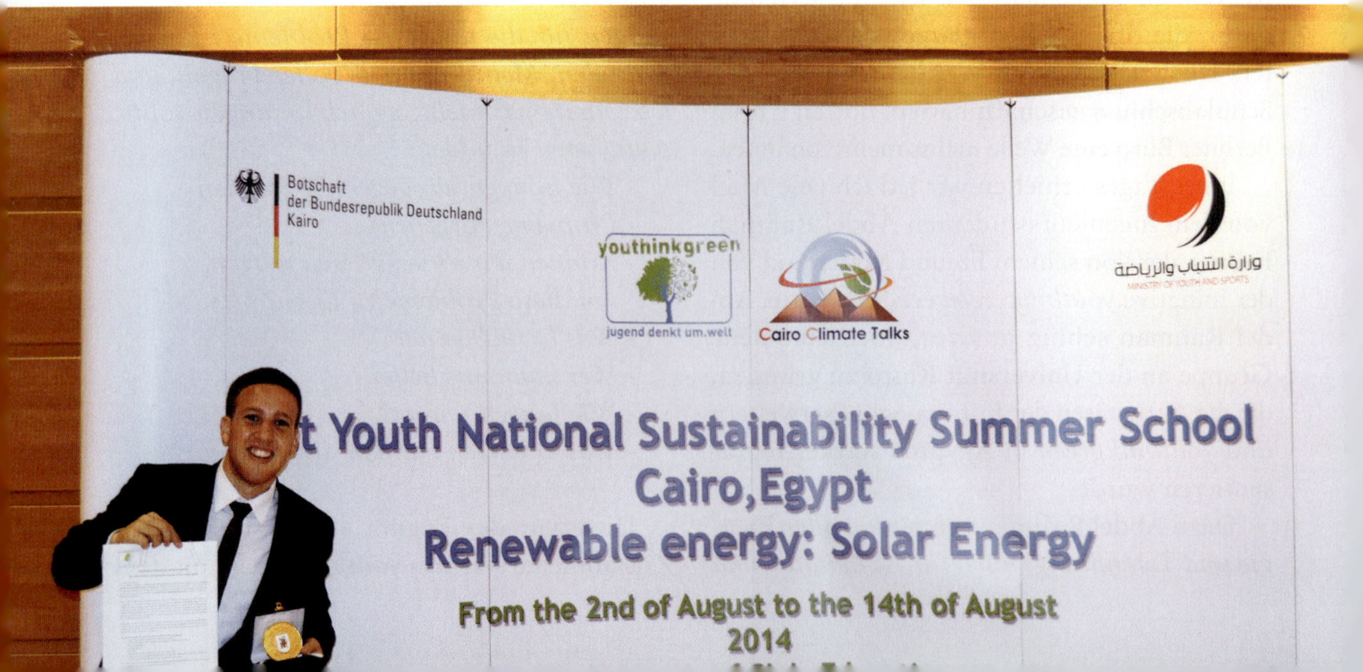

of Civic Education in Gezira, Kairo, statt. Die etwa 30 studentischen TeilnehmerInnen konnten dabei in Teams innovative Projektideen für Erneuerbare Energien entwickeln und auch ihre Präsentations- und Managementfähigkeiten sowie unternehmerisches Denken unter Beweis stellen und trainieren. Für die Durchführung der Summer-School erhielten Abdel Rahman und die StudentInnen tatkräftige Unterstützung von der Deutschen Botschaft in Kairo, der Deutschen Gesellschaft für Internationale Zusammenarbeit (GIZ), dem ägyptischen Ministerium für Jugend und Sport sowie den Institutionen Cairo Climate Talks und Price Waterhouse Coopers.

Da die Energieversorgung in Ägypten vor massiven Herausforderungen und Umwälzungen steht (wie Abdel oben beschreibt), verstehen sich die StudentInnen als Pioniere für die Nutzung Erneuerbarer Energien und entwickelten verschiedene Prototypen wie den »Solar Tree«, der künftig hoffentlich auch auf kommunaler Ebene eingesetzt werden kann.

Der Solarbaum ist eine Konstruktion aus Metall, die aussieht wie ein richtiger Baum mit Ästen – nur mit Solarzellen oben drauf. Unser Solarbaum ist mit acht Sonnenkollektoren – vier davon mit 250 Watt und weitere vier mit 60 Watt – ausgestattet. Diese Solarkollektoren sammeln Sonnenenergie und wandeln sie in Strom um. 4.300 Watt sind insgesamt verfügbar, wenn die Sonne scheint, und 624 Watt für zwei Batterien für die Nachtbeleuchtung. Der Baum kann damit ein Wireless-Gerät, vier tragbare Laptops, zehn Mobiltelefone und einen Bildschirm für die Werbung mit Strom versorgen.

Mit dem Produkt gewann die *youthinkgreen*-Gruppe sogar den zweiten Preis beim »Maker Hackathon Cairo's Competition« – dem ersten Hardware-Wettbewerb in Ägypten. Sie entwickelten zudem einen Business-Plan, um den »Solar Tree« auf den Markt zu bringen. Wir sind sehr gespannt, wann wir diesen Meilenstein zusammen feiern können, vielleicht noch in diesem Jahr!

Dazu Abdel Rahman: »*Letztlich ist unser Motiv, die starke Kraft von Jugendlichen zu nutzen, hin zu einem grünen Denken und einer nachhaltigen Entwicklung. Wir sind es – die Jugend –, welche die Zukunft verändern und die Umwelt zu einem freundlicheren und gesünderen Ort machen können. Es ist nur die Unterstützung, die wir brauchen, so dass wir loslegen und eine grüne Zukunft aufbauen können.*«

Auch Biogasanlagen stellen für die Gruppe um Abdel Rahman eine Lösungsoption hinsichtlich der mangelhaften Energieversorgung, insbesondere in ländlichen Regionen, dar. Auch hierbei wollen die StudenInnen weiter an einem Prototyp tüfteln, so dass die Anlage nicht nur eine Familie, sondern ein ganz großes Gebäude mit Energie versorgen kann. Ihr Ziel ist es, die Anlage später in Serienproduktion herstellen zu lassen. Um ihre vielen Aktivitäten organisatorisch besser zu bündeln, hat Abdel Rahman bei den KooperationspartnerInnen um Unterstützung für die Einrichtung eines eigenen Büros angefragt und erste Zusagen erhalten.

Die Geschichte aus Kairo, die mit der Teilnahme der SchülerInnen am Klimagipfel in Wolfsburg begann und mit der angedachten Gründung eines eigenen *youthinkgreen*-Büros in Kairo sowie einer 2. National Youth Sustainability Summer School 2015 weitergeht, zeigt: Manchmal bedarf es für die Weiterentwicklung von Visionen und Projekten schlichtweg einiger Begegnungen von gleichgesinnten jungen Menschen, die ihre Ideen und Erfahrungen mit anderen teilen, ein Team bilden und PartnerInnen finden, sich die nötige Expertise aneignen, miteinander Spaß haben und dann gemeinsam vom Träumen zum Handeln gelangen.

Vor kurzem schrieb uns Abdel Rahman: »*Wir haben tolle Neuigkeiten für euch: Die TU Berlin hat einen Campus in El-Guna und wird uns ihre Räume am Roten Meer für das 2. Youth National Sustainability Summer Camp sponsern. Wir sind überglücklich und dankbar für die Unterstützung und den Zuspruch von so vielen Menschen für unser Engagement ...*«

Hier bleibt ihr auf dem neuesten Stand über die Aktivitäten der Gruppe:

http://youthinkgreen-egypt.org/

DIE »GRÜNE ECKE« VON YOUTHINKGREEN – EINE HERAUSFORDERUNG FÜR EURE GRUPPE

Von Felix Beyers

2014 erhielt *youthinkgreen* das Angebot, die YOU-Messe in Berlin mit einem eigenen Stand zu bereichern. Unsere Motivation war sofort groß, und in unseren Köpfen begann es gleich zu »rattern«: Wie wollen wir uns präsentieren? Was sollen wir anbieten? Was wäre interessant und spannend für die BesucherInnen dieser Messe?

Ein riesiges Brainstorm-Plakat entstand mit zig Ideen. Doch bald holte uns die Realität ein: Wie sollten wir unseren Stand finanzieren? Von welchem Geld könnten wir die benötigten Materialien etc. bezahlen? Denn in unserem damaligen Projekt hatten wir keinen zusätzlichen finanziellen Spielraum. Doch einfach aufgeben wollten wir nicht. Wir einigten uns auf das Themenfeld »alternative Konsum- und Nutzungsformen« und verständigten uns darauf, mit einfachen Mitteln unseren Stand zu gestalten. Unsere häuslichen Dachböden und Keller (auch im Freundeskreis und in der Nachbarschaft) erwiesen sich dabei als eine hilfreiche Fundgrube.

Der Stand – die »Grüne Ecke« – von *youthinkgreen – jugend denkt um.welt e. V.* auf der Jugendmesse im Juni 2014 bot den BesucherInnen nicht nur die Möglichkeit zu rätseln, zu basteln und zu werkeln, sondern vielmehr, sich tiefgehendes Wissen anzueignen und spezielle Themengebiete durch Mitmachaktionen auf interessante Weise zu erschließen.

Dazu einige Beispiele und Anregungen:

1. Umfrage:
Vier leere Gläser, mit unterschiedlichen Konsumformen beschriftet (gemeinsam Produzieren, Reparieren, Teilen, Tauschen), können mit kleinen Zetteln und dem Meinungsbild der BesucherInnen gefüllt werden. So entsteht ein Umfrageergebnis, was z. B. von den SchülerInnen am liebsten geteilt, produziert, repariert oder getauscht wird.

2. Plakate:
Entwickelt Produktpässe auf Plakaten – z. B. zu Jeans, Schokolade, Mobiltelefon. Fragt euch: Wie werden diese Produkte hergestellt, wie viele Ressourcen werden verbraucht, und wie können die Produkte umweltfreundlicher und sozialverträglicher produziert werden?

3. Quiz:
Klebt zehn Fragen zu nachhaltigen Konsum- und Nutzungsformen auf Pappe. Die Antworten können auf der Rückseite platziert werden.

4. Give-Box:
Integriert eine Give-Box in eure »grüne Ecke«. Hier können ungenutzte Gegenstände eingetauscht werden. Wenn alle mitmachen, entsteht ein reger Austausch.

5. Ökologischer Handabdruck:
Bastelt eine Box mit einer Öffnung an der Oberseite. Aus der lasst ihr grüne Fäden heraushängen, an denen nachhaltige Handlungsanweisungen und -optionen auf Papier befestigt sind. So kann jede/r Teilnehmer für sich einen Faden ziehen und bekommt dazu einen Tipp, wie umweltbewusster gelebt werden kann.

6. Up-Cycling-Workshop:
Veranstaltet einen Workshop, um aus Altem etwas Neues zu kreieren. Denkt euch etwas Spannendes aus, damit möglichst viele an dem Workshop teilnehmen. Zum Beispiel: aus alten, kaputten Fahrradschläuchen eine Handtasche nähen oder eine Hängematte basteln. www.weupcycle.com, www.weupcycle.com/en

© Paul Wiese

Unsere Aktions- und Ausprobierangebote fanden bei den Jugendlichen großen Anklang und Zuspruch. Die nachfolgende Anleitung kann euch dabei helfen, einen interaktiven Umweltstand in eurem Klassenzimmer oder eurem Jugendclub zu realisieren.

Mit Kreativität und ein wenig Eigeninitiative kann die »grüne Ecke« ganz leicht selbst gebaut und gestaltet werden.

Eine Anleitung:

1. Arbeitsgruppen festlegen:

Bildet Arbeitsgruppen, damit die folgenden Aufgaben mit Begeisterung und Elan erledigt werden und der Stand in eurem Klassenzimmer aufgebaut und gepflegt wird. Tauscht außerdem die Gruppen monatlich durch, **damit jedeR SchülerIn unterschiedliche Aufgaben** übernimmt. Eine Aufteilung könnte wie folgt aussehen:

a) Das **Bau-Team** – kümmert sich darum, die LehrerInnen einzubinden, den Stand zu kreieren und ihn langfristig auch durch Ergänzungen und Neuerungen zu erhalten.

b) Das **Wissens-Team** – sondiert und überlegt sich jeden Monat spezielle Wissensgebiete, die für euch von großem Interesse sind und über den Lehrplan eurer Jahrgangsstufe hinausgehen dürfen. Durch euren Stand könnt ihr euch diverse aktuelle Themen auf methodisch-vielfältige Weise erschließen.

c) Das **Aktions-Team** – erarbeitet interessante und zum Mitmachen motivierende Aktionen zu den jeweiligen Themen und bindet diese in das Konzept eures Standes ein.

2. Aufgabenfelder für die Arbeitsgruppen:

a) Bauen:

- **Schafft einen geeigneten Standort** in einer Ecke eures Klassenzimmers. Eine etwa zwei mal zwei Meter große Fläche reicht meist schon aus.

© Paul Wiese

- **Konstruiert mit Leidenschaft** und baut den Stand aus selbst hergestellten Tischen und Stellwänden. Alte Materialien auf den Dachböden oder in den Kellern gibt es bestimmt genügend bei euch zu Hause. Die freuen sich auf ein »zweites Leben«. Eine schöne und liebevoll eingerichtete »grüne Ecke« regt zum Mitmachen an.
- **Klärt die Instandhaltung**, damit der Stand auch langfristig gepflegt wird und somit erhalten bleibt.

b) Wissen:

- **Findet Themenschwerpunkte**, die auch fächerübergreifend vorkommen. Durch eine überlegte Auswahl unterschiedlicher

© Paul Wiese

Themen bietet die »grüne Ecke« Abwechslung und wird zum »Hingucker« in eurem Klassenraum. Jeden Monat kann diese auf einfache Weise anders aussehen.

- **Bestimmt Themen-Ecken.** So können unterschiedliche Themen, aber auch aktuelle Nachrichten in der »grünen Ecke« vorgestellt werden.
- **Sammelt aktuelle Nachrichten** aus Zeitungen und Zeitschriften, die sich mit Themen der Nachhaltigkeit befassen, und integriert sie in eure »grüne Ecke«. So können diese Themen zu jeder Zeit den Unterricht bereichern und eingehend diskutiert werden.

c) **Aktion:**

- **Entwickelt Aktionen,** die euren Stand spannend und anziehend machen und zu eurem festgelegten Themenschwerpunkt gut passen, beispielsweise eine Give-Box.
- **Bastelt** Poster oder Flyer oder Gegenstände aus Recycling-Material. Diese vermitteln reichhaltige Informationen auf einen Blick und sollten auch Fragen aufwerfen, welche zur kritischen Auseinandersetzung mit den eigenen Lebensgewohnheiten anregen.
- **Sammelt** erste kleine Projektideen und Visionen für nachhaltige Konsum- und Lebensweisen.

UNSER AUTOR

Felix Beyers (* 1988) war als Praktikant und Projektmitarbeiter im Berliner *youthinkgreen*-Büro tätig. Derzeit absolviert er in Schweden ein Masterprogramm in Umwelt- und Nachhaltigkeitswissenschaften (LUMES) und unterstützt engagierte Jugendliche ehrenamtlich.

PROJEKTWERKSTATT: AUS IDEEN WERDEN TATEN

Von Nadine Böttcher

Bildmaterial: YTG Italien

Noah, Frieda, Ben und Zoe sind Schüler einer neunten Klasse. Nach den Herbstferien stehen die jährlich stattfindenden Projekttage an. Sie sollen dazu Vorschläge einbringen und erste Ideen sammeln. So wie Zoe, Frieda, Ben und Noah stehen wir – ob in der Schule, in der Universität oder im späteren Berufsleben – oft vor der Herausforderung, Projekte zu planen, umzusetzen und zu dokumentieren; vielleicht sollen wir ihren Erfolg sogar auswerten. Doch wie?

In der Regel verläuft ein Projekt in folgenden Phasen:

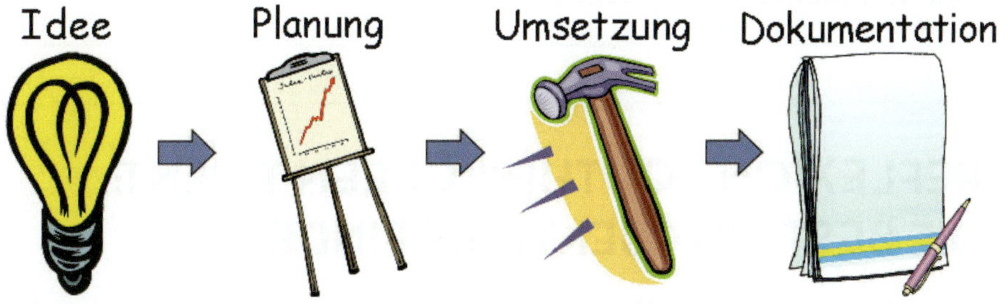

Doch nun stellt sich die Frage, wie diese Phasen im Detail umgesetzt und mit Leben gefüllt werden können.

Wenn ihr schon eine Gruppe oder ein kleines Team habt, dann durchlauft diese Projektwerkstatt Schritt für Schritt und beantwortet euch die Leitfragen, die nach und nach das Puzzle des Projektmanagements vervollständigen. Auch Roberta Corradi (* 1995) und Silvia Giovannini (* 1995) von der *youthinkgreen*-Gruppe in Trient (Italien) haben mithilfe dieser Anleitung viele Projekte umgesetzt und dabei bedeutende Erfahrungen gesammelt.

Sie sind durch die Projektarbeit in ihrer Persönlichkeit gewachsen. Ihre Reflexionen werden euch helfen, die Schritte besser nachzuvollziehen und selbst auszuprobieren.

»1. Projektphase: Die Reise beginnt mit einer Idee

Stelle dir beispielsweise vor, dass du das nächste Sommerfest deines Sportvereins planen möchtest. Oder gibt es ein anderes Thema, das dich brennend beschäftigt? Wünschst du dir ein Repair-Café, einen Skatepark oder einen Gemeinschaftsgarten für deine Stadt und möchtest du dein Anliegen der Kommunalverwaltung unterbreiten?

REFLEXION YOUTHINKGREEN TRIENT - SICH NEU ENTDECKEN

»Ich war mir sicher, ich könnte nichts beitragen. Alle anderen waren viel engagierter als ich, in der Schule war ich nicht besonders aktiv, und meine Leistungen waren nicht sehr gut. Durch unser Projekt für nachhaltige Kosmetika habe ich meine Talente entdeckt, ich bin selbstsicherer geworden.
In den Eimer kommt: Minderwertigkeitskomplex.

Als wir eines unserer Projekte bei der Pressekonferenz präsentieren sollten, hatte ich so große Angst, dass ich nicht mitmachen wollte. Dann haben wir in der Gruppe begonnen, uns darauf vorzubereiten, und geübt, wie man vor Publikum spricht. Dabei haben mir Kärtchen mit Notizen (mit den wichtigsten Namen oder Daten) geholfen, um das Wichtigste nicht zu vergessen. Darauf hatte ich aber auch lächelnde Gesichter gezeichnet: Die haben mir Mut gegeben, weiterzureden.
In den Eimer kommt: Lampenfieber.«

»Früher fiel es mir leicht, meine Ideen durchzusetzen. Ich ließ andere Menschen kaum sprechen. Was ich vorschlug, musste von allen akzeptiert werden. Durch das Projekt habe ich erfahren, dass man zusammen stärker ist und wie wichtig es ist, Meinungen auszutauschen, um die beste Lösung für ein Problem zu finden.
In den Eimer kommt: mein Sturkopf.«

REFLEXION YOUTHINKGREEN TRIENT: DIE BESTE PROJEKTIDEE FINDEN

»Am schwierigsten war es für unser Team, uns auf einige wenige von unseren Tausenden Ideen zu einigen. Wir wollten viel machen. Ein Mädchen sagte etwas, das andere sprach vom Gegenteil! Dann meldete sich jemand und wollte das ganze Projekt noch mal umschmeißen. Dabei haben wir gelernt, strukturiert an die Sache heranzugehen: Zuerst mit Brainstorming zu arbeiten, ähnliche Ideen zu gruppieren, das Viele zu reduzieren. Wichtig war es auch, eine Diskussion zu führen, alle zu Wort kommen zu lassen, sich gegenseitig zu respektieren.
Nachdem wir mit unserem ersten Projekt begonnen hatten, kamen natürlich weitere Herausforderungen:
Wie organisiert man einen Wettbewerb? Welche Regeln soll man respektieren? Wer könnte in der Jury sitzen? Auf unsere Fragen und Zweifel haben am Anfang unsere LehrerInnen und das YTG-Team in Berlin geantwortet. Zudem wurden wir ermuntert, unseren eigenen Weg zu gehen. Wir sind besonders stolz darauf, dass wir selbstständig und mutiger geworden sind. Wir haben gelernt, dass wir nicht sofort auf unsere Pläne (oder Träume) verzichten sollen, wenn es am Anfang schwierig scheint, einen Termin mit irgendeiner prominenten Persönlichkeit zu bekommen. ›Mut zum Handeln‹ war bei allen Aktionen unser Motto.«

Es kann aber auch sein, dass du ein Projekt im Rahmen des Schulunterrichts machen sollst oder einfach etwas Neues ausprobieren willst, was dir Spaß macht, weil du dich für die Umwelt und soziale Themen interessierst.

Wenn du noch keine Idee hast, dann hilft dir der Text über die Zukunfts- und Ideenwerkstatt im Themenfeld 5.3., diese Idee allein oder zusammen mit deiner Gruppe zu entwickeln.

2. Projektphase: Teambuilding

Die Bedeutung deines Teams solltest du nicht unterschätzen. Mit dem Team steht und fällt in den meisten Fällen der Erfolg des Projektes. Mache dir Gedanken über die folgenden Punkte.

1. Schritt: Das »richtige« Team bilden
- Mit wem arbeite ich gut und gerne zusammen?
- Welche unterschiedlichen Fähigkeiten brauchen wir im Team?

2. Schritt: Die Zusammenarbeit definieren
- Wann, wo und wie häufig wollen wir uns treffen?
- Wie können wir am besten kommunizieren, per Mail, Facebook oder über eine Online-Arbeitsplattform?
- Wer hat wie viel Zeit für das Projekt?
- Welche Erwartungen haben wir alle an das Projekt?
- Wer übernimmt welche Aufgabe bzw. Verantwortung?
- Wie wollen wir uns gegenseitig Feedback geben?

Habt ihr diese Fragen gemeinsam beantwortet, dann zeichnet doch ein kreatives **Team-Kaleidoskop (Organigramm)**, welches die Teammitglieder sowie ihre Fähigkeiten, ihre Rolle im Team und mögliche Aufgabenbereiche aufzeigt. Diese Vorarbeit ist sehr wichtig und essenziell für den erfolgreichen Auftakt von Projekten. Nur wenn sich Menschen zusammenfinden, die gemeinsam etwas bewegen möchten und ihre unterschiedlichen Fähigkeiten und Perspektiven gegenseitig wertschätzen, lassen sich ehrgeizige Ziele langfristig verfolgen (siehe Info 1 »Ein gutes Team«).

REFLEXION YOUTHINKGREEN TRIENT: »ES IST NOCH KEIN MEISTER VOM HIMMEL GEFALLEN«

Unserer Erfahrung nach wäre es besser gewesen, wenn alle TeilnehmerInnen gleich aktiv gewesen wären. Bei uns ist etwas passiert, das in Gruppenarbeiten üblich ist, dass einige viel gemacht haben und andere wenig oder gar nichts. Uns fehlte eine fachübergreifende Kompetenz, Methoden für eine gute Gruppenführung waren uns nicht bekannt. Diejenigen von uns, welche die Rolle der Leitung übernahmen, hätten vielleicht auch externe Beratung gebraucht, um die verschiedenen Charaktere der Gruppenmitglieder besser zu verstehen und auf sie einzugehen. Außerdem hätten wir die Zeit besser einteilen sollen: An einigen Tagen hatten wir wenig zu tun, doch dann mussten wir kurz vor den wichtigsten Momenten rund um die Uhr arbeiten.

INFO 1: EIN GUTES TEAM IST ESSENZIELL FÜR JEDES PROJEKT

Euer »Dream-Team« habt ihr dann gefunden, wenn:
- sich alle darüber im Klaren sind, dass sie zusammen in einem Boot sitzen,
- alle an einem Strang ziehen,
- sich einer auf den anderen verlassen kann,
- die Überzeugung und Sicherheit herrscht, dass jeder im Projekt etwas gewinnt,
- alle in dem Bewusstsein arbeiten, persönlich und als Gruppe etwas bewegen zu können,
- eine offene Haltung herrscht und jeder bereit ist, vom anderen etwas zu lernen,
- sich alle gegenseitig respektieren und bei Problemen Hilfsbereitschaft signalisieren,
- die Zusammensetzung unterschiedlicher Persönlichkeiten mit verschiedenen Denkansätzen nicht als störend empfunden, sondern als Stärke und Bereicherung gesehen wird,
- effektiv gearbeitet wird und das Team zu hochwertigen Ergebnissen kommt.

3. Projektphase: Ziele und strategische Planung

Was, wann und wie möchte ich es machen, und was möchten wir erreichen? Das ist die zentrale Leitfrage für die Projektplanung. Die Projektziele sollten die SMART-Kriterien berücksichtigen, damit sie spezifisch, messbar, attraktiv, realistisch und terminiert sind.

Ziele zu haben, ist wichtig und gut. Doch viel wesentlicher ist es, die Brücke von der gegenwärtigen Situation, also dem »Heute«, zu den Zielen in der Zukunft zu bauen.

- Wie wollen wir unsere Ziele erreichen?
- Womit wollen wir unsere Ziele erreichen?
- Wann wollen wir die Ziele erreicht haben?

Auch wenn ein Projekt wie eine Reise ist, auf der man sich auch mal von »inneren Gefühlen« treiben lassen und die Route nach Bedarf abändern kann, so sollte das Oberziel stets präsent vor Augen sein. Um dieses erfolgreich zu erreichen, gilt es, einen finanziellen und zeitlichen Rahmen festzustecken und diesen einzuhalten.

Die Beantwortung des nachfolgenden Fragenkatalogs hilft euch auch, um mögliche Hindernisse zu identifizieren und einen **Plan B** zu entwickeln, mit dem ihr eurer Ziel auf Umwegen auch erreichen und Stolpersteine umgehen könnt. Ein Plan B kann auch dazu dienen, um euch bei diesem Prozess selbst zu kontrollieren, Alternativen zur Hand zu haben und zufrieden das Projekt zu beenden. Auch wer noch keinen konkreten Plan B hat, sollte besonders flexibel, anpassungsfähig und geduldig sein, was die Durchführung der Projekte betrifft.

Sind die Ziele festgelegt, dann überlegt ihr, welche Aufgaben erledigt werden sollten, um das Projekt umzusetzen. Euch werden eine Vielzahl an Aufgaben einfallen – große und kleine, wichtige und weniger wichtige. Markiert die wichtigen Aufgaben, indem ihr sie zum Beispiel farblich hervorhebt, und nennt sie **Meilensteine**.

- Welche Aufgaben fallen an?
- Wann müssen diese Aufgaben erledigt werden?
- Welche Aufgaben sind Meilensteine?
- Welches Teammitglied übernimmt welche Aufgaben?
- Wie können wir sicherstellen, dass Aufgaben erledigt sind?

Manche der Fragen zu den Aufgaben deuten schon an, dass es auch darum geht, diese in eine zeitliche Reihenfolge zu bringen. Erstellt dafür einen Zeitplan. Wie kreativ oder simpel ihr diesen anfertigt, ist euch selbst überlassen. Überlegt euch, wie und womit ihr am liebsten arbeitet. Macht zum Beispiel einen Balkenplan oder eine Spielkarte mit einer Reiseroute, die den zeitlichen Ablauf darstellt.

Ein weiterer wichtiger Aspekt ist die Frage nach der Unterstützung, die ihr braucht – ganz gleich, ob finanziell oder personell.

- Wie viel finanzielle Unterstützung braucht unser Projekt (Finanzierungsplan)?
- Wo könnten wir das Geld anfragen?
- Brauchen wir PartnerInnen/UnterstützerInnen? Wenn ja, wer kommt alles infrage? Wer verfolgt ähnliche Interessen wir ihr mit eurem Projekt?

Mögliche Anlaufstellen für die Unterstützung eures Projektes könnte eure Schule oder Universität sein, Stiftungen, Ämter, Ministerien und Verbände. Bedenkt, dass bei einer finanziellen Unterstützung meistens eine volljährige Person die Verantwortung für die Buchhaltung übernehmen muss.

Ein »Tree of Hope« aus Plastikflaschen

Mit dem Team-Kaleidoskop, dem Aufgaben-Zeit-Plan sowie dem Finanzierungsplan seid ihr nun gut ausgestattet für eine erfolgreiche Projektarbeit. Ein erster Anlass, um euch als Team zu »feiern«.

INFO 2: MÖGLICHE VORSÄTZE FÜR DIE ARBEIT IN PROJEKTEN:

Die Verantwortung und Autorität der Teammitglieder ergibt sich aus den ihnen zugeordneten Aufgaben.

- Jeder teilt alle wichtigen Informationen im Team.
- Wenn absehbar ist, dass die Erreichung wichtiger Ziele gefährdet ist, sprechen wir dies sofort in der Gruppenbesprechung an.
- Wenn Fehler passieren, versuchen wir, daraus zu lernen, und vermeiden Vorwürfe.
- Wir sprechen offen über Probleme und arbeiten gemeinsam an Lösungen.
- Wir fragen uns bei jeder Entscheidung: Welche Konsequenzen könnte dies nach sich ziehen?
- Wir reflektieren unsere Arbeit regelmäßig und stellen unsere Ergebnisse auch kritisch zur Diskussion.
- Wir informieren möglichst die breite Öffentlichkeit über unsere Projektfortschritte

4. Projektphase: Nun zählen die Taten – die Durchführung (Praxiswelt)

Es ist wichtig, die Projektfortschritte im Auge zu behalten (Controlling). Wenn etwas aus dem Ruder läuft, erkennt ihr dies sofort an Verschiebungen in eurem Zeit- oder Kostenplan. Denn wenn eine Aufgabe nicht zum gesetzten Meilenstein fertig ist, dann kann eine nächste eventuell nicht pünktlich begonnen werden, und so verschiebt sich das ganze Projekt zeitlich nach hinten. Dies kommt nicht selten vor und sollte bei der Planung idealerweise auch schon einkalkuliert werden.

Zu der Durchführung gehören auch regelmäßige Teamtreffen, um eure Fortschritte und Abweichungen vom Projektplan zu besprechen, Hindernisse aus dem Weg zu räumen sowie den Teamgeist zu stärken. In fast allen Projekten gibt es auch Durststrecken, in denen die Motivation aus ganz unterschiedlichen Gründen nachlassen kann, beispielsweise, wenn ein Problem unlösbar erscheint, ihr euch unsicher über eure Projektziele werdet, es interne Kon-

flikte gibt oder Teammitglieder aus Zeitgründen abspringen. Scheut euch nicht davor, euch externe Beratung zu holen oder andere Jugendliche mit viel Projekterfahrung zu fragen, um euch als Team wieder neu zu motivieren und euch weiterzuentwickeln.

REFLEXION YOUTHINKGREEN TRIENT: WAS WIR MIT IN DIE ZUKUNFT NEHMEN

»In unserem Team ist uns eine gute Rollenverteilung nach Interessen, Motivationen und Fähigkeiten gelungen. Wir haben dabei festgestellt, dass es wichtig ist, dass wir Projekte angehen, hinter denen wir alle gemeinsam stehen. Dann hat man auch weniger Angst, etwas Neues auszuprobieren, um die Ziele zu erreichen. Hier ein Beispiel dafür: Für unser Projekt mussten wir Sponsoren suchen. Diejenigen von uns, die sich darum kümmerten, waren am Anfang sehr besorgt. Einige Versuche sind gescheitert, aber wir haben nicht den Mut verloren, weiterzusuchen und an mehrere Türen zu klopfen, bis wir die gewünschte Unterstützung bekamen. Auch als wir im Dezember 2012 an der 4. Umweltpreisverleihung in der Kategorie »Engagement und Aktionen« teilnehmen durften und nicht gewonnen haben, steckten wir unsere Köpfe nicht in den Sand. Denn es war für uns sehr interessant, dabei zu sein und von so vielen anderen umweltfreundlichen und nachhaltigen Ideen in Tirol, Südtirol und Trient zu erfahren.

Für viele von uns war das Projekt außerdem eine gute Möglichkeit, Fähigkeiten und Neigungen zu entdecken und/oder zu entwickeln, wie zum Beispiel Hilfsbereitschaft, Kreativität, Gruppenführung, Kommunikationsfähigkeit. Was die Kreativität anbelangt, wollen wir ein konkretes Beispiel geben: Eine Schülerin schrieb: »Ich bekam die Aufgabe, Plakate und Flyer als Werbung für unsere Initiative vorzubereiten. Das hat mir so viel Spaß gemacht und die Ergebnisse waren nach Meinung von vielen so gut, dass ich mir überlegt habe, mich damit weiterzubeschäftigen. Wer weiß, ob das zu meinem zukünftigen Beruf wird?

Ein weiterer positiver Aspekt war, dass wir unsere Monatsberichte zur Dokumentation in Deutsch sowie in Englisch schreiben sollten. Wir fanden die Zweisprachigkeit und die Mehrsprachigkeit während der internationalen Tagungen in Wolfsburg und Berlin besonders schön, und diese Erfahrungen haben dazu beigetragen, dass wir uns weiter mit Fremdsprachen beschäftigen werden.«

5. Projektphase: Dokumentation und Auswertung

Das Projekt wurde erfolgreich umgesetzt, und ihr habt viel Zuspruch bekommen. Für viele ist das Projekt mit diesem Moment abgeschlossen. Ein bisschen mehr Freizeit wäre nun sicher gut, oder? Vielleicht möchtet ihr auch direkt das nächste Projekt starten. Doch wozu ist eine Dokumentation und Auswertung des Projektes wichtig? Sie zeigt, ob die gesetzten Ziele wirklich erreicht wurden, und ist ein wichtiges Lerndokument. Macht ihr ein nächstes Projekt, fangt ihr nicht wieder bei null an, sondern wisst bereits, welches mögliche Stolpersteine sind und aus welchen Gründen vielleicht nicht immer alles so gut im Projekt läuft. Wenn ihr

die Dokumentation auch noch veröffentlicht, können viele von euch lernen oder gar euer Projekt vor Ort adaptieren. Nicht zu vergessen: Überlegt auch, inwiefern euch das Projekt ganz persönlich bereichert hat. Daraus werdet ihr die größte Motivation für ein weiteres Engagement und euren beruflichen Werdegang ziehen können.

Eine Auswahl der durchgeführten Projekte von der *youthinkgreen*-Gruppe Trient:

Wer sich gesund ernährt, kommt mit mehr Energie durch den Tag

Wir haben unserem Schulleiter gegenüber bemängelt, dass die angebotenen Produkte in der Kantine weder gesund sind noch umweltfreundlich oder sozial verträglich produziert werden. Wir wünschten uns hier eine Veränderung. Irgendwann hatten wir mit vereinten Kräften Erfolg. Seit 2012 gibt es für die Schulgemeinde nur noch Bio- und lokale Produkte zu kaufen.

Selbstgemachte, nachhaltigere Kosmetika

Als wir erfuhren, dass Kosmetika viele gefährliche Substanzen enthalten, wie beispielsweise »Dimeticone«, »Paraffinum liquidum« und »EDTA«, machte uns das wütend. Diese Substanzen sind nicht nur für Menschen ungesund. Sie schaden auch der Umwelt, weil sie aus Erdöl produziert werden! Deshalb begannen wir, nachhaltige Produkte in den Geschäften zu suchen. Doch diese waren vergleichsweise teuer. Hinter den großen bunten Verpackungen verbarg sich nur eine kleine Füllmenge, die Produkte hielten den grünen Werbeversprechen nicht stand. Ganz im Gegenteil: Es wurde genauso viel oder noch mehr Müll produziert. Die Kosmetik-Branche ist eben ein Milliarden-Geschäft.

Nach langem Überlegen wählten wir daher einen ungewöhnlichen Weg. Wir wollten unsere Kosmetika, beispielsweise Lippenbalsam, Duschcreme und Seifen, auf natürlichem Wege zu Hause selbst produzieren. Dafür haben wir uns ausführlich über die Möglichkeiten informiert. Hergestellt wird Seife aus Fett, verschiedenen Ölen und einer Lauge aus der Apotheke. Lippenstift lässt sich aus Lebensmittelfarben und Vaseline herstellen, Letzteres gilt als sicheres, ungiftiges Hautpflegemittel. Unsere Erkenntnis: Das ist billig, praktisch, umweltfreundlich und macht viel Spaß. Außerdem erlaubt es uns, Schachteln, Fläschchen und Dosen wiederzuverwenden und den Müll dadurch zu reduzieren.

Müll kann ästhetisch sein

Durch eine bunt gestaltete Leinwand mit lauter Saftpäckchen wurden wir zu unserem Kunstwettbewerb »TrashArt« inspiriert. Das Ziel unseres Projekts war es, unsere MitschülerInnen auf Umweltprobleme aufmerksam zu machen, indem wir sie zu einer kreativen Auseinandersetzung anregten. Wir lobten einen Wettbewerb aus, der in zwei Kategorien stattfand: Wir suchten Kunstwerke mit einer besonders starken Umweltbotschaft und Kunstwerke, die aus Recycling-Materialien entstanden sind. Bewertet wurden die Werke nach den Kriterien Originalität, Kreativität, Effektivität.

Früh beginnen

Ein langfristiges Standbein unserer Projektarbeit ist die Nachhaltigkeits- und Umweltbildung. Im Oktober 2014 gab uns der Gemeinderat aus Roncegno Terme die Chance, unsere Projektideen bei der Provinz Trient zu präsentieren, um eine finanzielle Unterstützung zu erhalten – und wir hatten damit Erfolg! Wir bereiteten viele Aktivitäten für Kinder im Alter von vier bis 13 Jahren vor (in Bildungseinrichtungen und auf zentralen Plätzen). Wir trennten mit ihnen Müll auf spielerische Art und Weise, machten Musik und tanzten, verzehrten biologische Kost, beschrieben grüne Blätter und kreierten somit einen »Tree of Hope«. Und selbstverständlich verteilten wir den »Grünen Faden« als Erinnerung an diesen schönen Tag. So konnten wir bei den Kids das Verständnis für wichtige Nachhaltigkeitsthemen steigern, und zwar nicht über Frontalunterricht im Klassenzimmer, sondern draußen in der frischen Luft, inmitten der Natur.

Auch die Lehrerin an einer Grundschule in Trient hatte von unseren Projekten in der Lokalzeitung gelesen und war daran sehr interessiert. Sie kontaktierte uns und bat unsere Gruppe darum, kleine Aktionen und Spiele zum Thema »Mülltrennung« für ihre SchülerInnen einer dritten Klasse zu organisieren. Dafür kooperierten wir mit »MART« (Museum für Moderne Kunst) in Rovereto und stellten gemeinsam eine interaktive Unterrichtseinheit auf die Beine, die wir auch erfolgreich durchführten.

WILLKOMMEN AUF DER INSEL MEYBIE

ERLEBE UND ERPROBE ALTERNATIVE KONSUMFORMEN!

© Carlo Schwarzmann

Von Ariane Missuweit und Nadine Böttcher

Illustrationen von Julia Both und dem Team von 123comics (www.123comics.net) im Rahmen des Projektes »konsumwandeln«

Eine leicht ungewöhnliche Spielanleitung

Es gibt sie noch: wundervolle, authentische, einzigartige und mystische Welten. In denen scheinen vollkommen andere Werte zu gelten als in unserer westlichen Konsumgesellschaft. Dort leben die Menschen vom gegenseitigen Geben und Nehmen. Geld oder Besitztümer entscheiden nicht über das persönliche Ansehen. Stattdessen ist die Gemeinschaft der Menschen in Freiheit, das Leben für- und miteinander, bedeutsam. Das Wohlergehen der Natur, die persönliche Entfaltung, Zeitwohlstand und gute soziale Beziehungen sind den Bewohnern dieser Orte besonders wichtig. Die Menschen dort mögen es, Dinge zu teilen und zu verschenken, die Mitmenschen mit ihren Fähigkeiten und Talenten zu erfreuen und die eigenen Stärken in den Dienst der Gemeinschaft zu stellen.

Manche dieser Welten sind real, andere existieren nur (noch) in unserer Fantasie oder als Utopie. Manchmal sind solche Orte auf unseren kleinsten privaten Freundes- und Familienkreis begrenzt, andere existieren über kulturelle und nationale Ländergrenzen hinweg. Doch solche Orte zu erträumen, zu erleben, zu erschaffen und mitzugestalten, das möchten wir gemeinsam bei unserem interaktiven Spiel und der Gedanken-Reise zur Insel »Meybie«.

Augen auf: Mit Überraschungen ist zu rechnen

Es gibt bei diesem Spiel keine festen Regeln, keine VerliererInnen und GewinnerInnen. Am meisten Spaß macht es natürlich mit einer netten Reisegruppe. Gewonnen habt ihr dann, wenn ihr möglichst viele Eindrücke gesammelt und etwas Neues über euch und eure Bedürfnisse erfahren habt. Welche Verhaltensweisen und welche Erlebnisse machen euch dauerhaft glücklich? Welche (materiellen und immateriellen) Dinge bedeuten euch wirklich etwas? Was haben unsere Konsummuster mit Umwelt- und Klimaschutz zu tun? Und welche Wege führen zu einem guten Leben und zu einer nachhaltigen Gesellschaft?

Es gibt keine richtigen oder falschen Antworten auf diese Fragen, sondern eine große Vielfalt. Eurem Ideenreichtum sind in diesem Spiel beziehungsweise auf dieser Reise keine Grenzen gesetzt. Allerdings dürft ihr natürlich in eurer Gruppe selbst auch Regeln einführen, wenn ihr wollt. Auf los geht's los!

Fantasiereise zum mystischen Ort der »Meybies«

Station 1: Überfahrt und Ankunft auf der Insel »Meybie« (Ausgangspunkt für alle)

Ihr seid für ein Abenteuer zu haben und liebt es, ungewöhnliche Orte zu erkunden? Dann laden wir euch auf einen Ausflug zur Insel namens »Meybie« ein. Dies ist ein Geheimtipp von uns, nur wenige Touristen haben die Chance, die Insel zu besuchen. Da es keinerlei Reiseführer oder Internetseiten zu diesem mystischen Ort gibt, können wir euch nur ein paar Informationen geben.

Zunächst müsst ihr eine Fähre nehmen, die euch zur Insel bringt. Dort angekommen, werdet ihr von den Inselbewohnern begrüßt. Die »Meybies«, wie sie sich nennen, sollen etwas merkwürdig gekleidet sein, schließlich kennen sie unsere Konsumwelt nicht. Es wird gemunkelt, manche tragen Lampenschirme als Hüte auf dem Kopf. Aber wir versichern dir, die »Meybies« sind gegenüber Touristen alle ausnahmslos herzlich, gastfreundlich und aufgeschlossen. Am Inseleingang findet ihr auch eine Tafel, an der die besonderen Plätze und Attraktionen auf der Insel Meybie aufgelistet sind:

Eingangsschild: Willkommen auf der Insel Meybie. Hier findet ihr:

eine Shoppingstraße ohne Läden
(dafür mit Teestuben),
eine Bäckerei, die Glückskekse produziert,
eine kreative Werkstatt,
ein Restaurant, in dem jeder mitkochen muss,
eine mobile Bibliothek,
eine Schule, in der es nur wissbegierige Schüler gibt (aber keine Lehrer und keinen regulären Unterricht)
und eine Jurte – ein Zelt –, in der jeden Abend Geschichten erzählt werden und gemeinsam musiziert wird.

»Wir, die Meybie-Bewohner dieser Insel, heißen euch herzlich willkommen. Bei uns gelten die folgenden Wünsche: Touristen dürfen einen Tag lang alles anfassen, nutzen und essen, was sie finden, und sich jederzeit zu uns gesellen. Der Eintritt zu allen unseren Vergnügungs-, Bildungs- und Entspannungsoasen ist frei. Eure Angebote zum Tauschen und Mitgestalten sind ausdrücklich erlaubt. Müll, umweltschädliche Verpackungen und Leder haben Zugangsverbot.«

Spielaufgabe 1 – A: Schreibt in wenigen Sätzen eure Hoffnungen und Befürchtungen auf, die ihr mit der anstehenden Reise verbindet. Was, denkt ihr, könnten Gemeinsamkeiten und Unterschiede zwischen eurer Konsumwelt und der Konsumwelt der »Meybies« sein? Startet eine erste Konversation mit den Meybies, die euch begrüßt haben.

Spielaufgabe 1 – B: Habt ihr irgendwelche Gegenstände oder Kleidungsstücke aus Leder oder Plastik bei euch, die ihr ablegen müsst, bevor ihr die Insel erkundet? Dann sperrt sie in den Schuppen, der sich neben dem Inseleingangsschild befindet. Wenn ihr fertig seid, zieht los und sucht euch eine der nachfolgenden Stationen aus.

Spielaufgabe 1 – C: Ohne Moos nix los? Auf der Insel der »Meybie« gibt es kein Geld. Die Inselbewohner nehmen auch eure Scheine und Münzen nicht an. Überlegt euch also gut, welche Gegenstände, Fähigkeiten oder Tätigkeiten ihr ihnen zum Tausch anbieten könntet. Jeder erstellt eine persönliche Liste an Tauschgut. Markiert das, was euch am wertvollsten erscheint, und das, was ihr immer wieder anbieten könnt, weil ihr sehr viel davon habt und es euch nie ausgehen kann. Wenn du möchtest, schreib deine »Tauschgüter« und Talente zusammen mit deinem Namen an das Schwarze Brett, das die Inselbewohner jeden Tag studieren.

Station 2: Die Bäckerei

Ihr mögt Süßes? Dann seid ihr hier genau richtig: Bei Bennys Bäckerei! Der »Meybie«-Bewohner begrüßt euch und lädt euch ein, ihm zu helfen. Er möchte für die nächste Feier die ganze Inselgemeinschaft mit Gebäck versorgen, das den chinesischen Glückskeksen ähnelt. Er lädt dich ein, ihn zu unterstützen und mit ihm Kekse zu backen, die wundervolle Botschaften oder Weisheiten enthalten.

Spielaufgabe 2 – A: Schreibe einige deiner Botschaften, Wünsche oder Forderungen für einen anderen Konsum und ein zufriedenes Leben auf die kleinen Papierstreifen und stecke sie dann in Bennys Keksröllchen.

Spielaufgabe 2 – B: Geschafft! Als Dank für die liebevolle Mitarbeit darfst du dir mit deinen Freunden auch ein Keksröllchen genehmigen. Findet darin die »Glücksbotschaften« der anderen Mithelfer und diskutiert ihre Wünsche und Forderungen.

Station 3: Die kreative Werkstatt

»Meybie«-Bewohnerin Maja hat von ihrer Familie eine große Sammlung von alten Gebrauchs- und Kleidungsstücken geerbt. Diese befinden sich nun schon lange in ihrer Rumpelkammer. Doch leider treffen die alten Dinge so gar nicht ihren Geschmack und wirken auch schon etwas abgenutzt. Zum Wegschmeißen sind sie aber dennoch zu schade, findet Maja. Denn schließlich steckt dort ein Großteil der Arbeit und des Lebensgefühls ihrer Eltern und Großeltern drin. Daher entschließt sie sich kurzerhand, daraus andere tolle Dinge herzustellen, die sie selbst gebrauchen oder verschenken kann – Kissenhüllen, Stuhlbezüge, Kleider, Hüte, Stoff-Handtaschen, ein Beistelltischchen und vieles andere mehr.

Spielaufgabe 3 – A: Begutachtet den Berg an Stoffresten und Gebrauchsgegenständen und wählt euch einige davon aus. Welche Dinge könntet ihr daraus herstellen und somit den Gebrauchswert erhalten oder sogar noch steigern? Arbeitet hierbei in Teams und fertigt erste Skizzen dazu an.

Spielaufgabe 3 – B: Macht euch einen Plan, wie ihr euren Wunschgegenstand selbst herstellen könnt: Welche Werkzeuge und wie viel Zeit benötigt ihr dafür? Wem wollt ihr sie dann schenken oder zur Verfügung stellen?

Station 4: Die mobile Bibliothek

Endlich trefft ihr auf die Bibliothek, von der ihr schon so viel gehört habt. Hier gibt es unglaublich viele spannende Bücher auszuleihen, beispielsweise »Das Buch der langsamen Unendlichkeit« und »Das Buch der schönen Authentizität«. Beide Bücher sind nur etwa zur Hälfte vollgeschrieben. Hanna, die lustige Bibliothekarin, fährt mit ihrem hübschen Lastenrad täglich rund um die Insel und bringt die Bücher zu den »Meybies«. Ihr lasst euch von ihr das Konzept erklären, denn die »Meybies« schreiben viele der Geschichten selbst, in Teamarbeit. Wer einen Abschnitt der Geschichte fertig geschrieben hat, gibt Hanna das Buch bei nächster Gelegenheit mit und sie reicht es weiter. So entsteht ein kunterbunter Geschichtenmix.

Spielaufgabe 4 – A: Überlegt euch, welche Geschichten wohl in diesen Büchern drinstehen mögen. Welche Themen und Charaktere spielen in den Geschichten vermutlich eine große Rolle? Diskutiert dies in eurer Reisegruppe. Sucht euch eines der beiden genannten Bücher aus und lest die Geschichten, die bislang darin festgehalten wurden.

Spielaufgabe 4 – B: Beteiligt euch an dem Projekt und schreibt selbst eine kurze Story zu einem der beiden Titel. Lasst das Ende offen, so dass andere, die das Buch nach euch erhalten, eine Fortsetzung der Geschichte schreiben können. Sucht euch einen Mit-Reisenden aus, dem ihr das Buch persönlich übergeben wollt.

Station 5: Restaurant-Besuch

Ganz in deiner Nähe steht das Insel-Restaurant »Ausblick«. Es befindet sich oben in einem alten Leuchtturm und macht seinem Namen alle Ehre. Hier ist es immer voll. Und die Einrichtung ist sehr urig: Kleine Holztischchen, alte Fischernetze und Muscheln liegen herum, ein Fernglas steht in der Ecke und Bilder von Künstlern der Insel hängen aus. Die »Meybies« kommen hierher, um gemeinsam zu kochen, zu reden oder auch einfach nur den Blick aufs

RESTAURANT

Meer und über die gesamte Insel zu genießen. Die Lebensmittel bringen sie aus ihren Gemüsegärten und den kleinen Fischläden mit. Hier gibt es nicht nur »Self-Service«, sondern auch »Self-Cooking«-Mentalität.

Spielaufgabe 5 – A: Gesellt euch zu den Restaurant-Köchen und überlegt gemeinsam, worauf ihr nun Appetit habt. Welches Menü zaubert ihr euch und kocht es gleich für ein paar neue Bekannte mit? Da ihr hier nirgends Internet-Empfang habt, könnt ihr nur Gerichte vorschlagen, die ihr rezeptfrei beherrscht beziehungsweise auswendig könnt. Schreibt sie in das Restaurant-Kochbuch, so dass auch spätere Besucher davon profitieren können.

Spielaufgabe 5 – B: Wisst ihr auch, welche der Zutaten, die ihr für euer Wunschgericht braucht, aus regionalem und saisonalem Anbau kommen? Und welche der notwendigen Zutaten gibt es bei euch nicht und stammen daher aus fernen Ländern und Regionen? Welche Möglichkeiten der fairen und ökologischen Beschaffung gibt es hier?

Station 6: Was dein Herz begehrt

Ihr gelangt in die berüchtigte Shoppingstraße »Alluwant« der »Meybies«. Hier, so heißt es, könnt ihr alles bekommen. Doch du siehst überhaupt keine Geschäfte, hörst keine laute Musik und siehst keine Werbebanner. Stattdessen stehen dort ein schöner kleiner Teich, ein Park mit vielen Parkbänken, bunte Lampen und kleine Hütten, in denen heißer Tee und Kekse serviert werden. Einige »Meybies« und Touristen – man kann sie leicht voneinander unterscheiden – sitzen auf den Bänken und schreiben etwas auf Notizzettel. Ihr gesellt euch zu ihnen.

Spielaufgabe 6 – A: Hier könnt ihr alles im Detail aufschreiben, was ihr braucht oder was ihr euch wünscht. Die »Meybies« leiten diese Wünsche dann weiter an ihre Schuster, ihre Nähstube oder andere Werkstätten für den täglichen Bedarf. Es gibt an diesem stillen Ort keine Prospekte, die ihr euch anschauen könnt, keine Schaufensterläden und keine nervigen VerkäuferInnen. Schreibt oder zeichnet eure Wünsche auf (auch Farben, Formen, Größe, Verzierungen etc.), aber Vorsicht: Markennamen und -waren kennen die »Meybies« nicht und können sie daher auch nicht nachmachen.

Spielaufgabe 6 – B: Geht (zurück) zur Station 3, in die Kreativ-Werkstatt. Vielleicht könnt ihr euch den gewünschten Gebrauchsgegenstand ja selbst aus den Materialresten von Majas Rumpelkammer zusammenbasteln?

Station 7: Die Schule des Lebens – Suche und Biete

So wie in unserer Konsumwelt gibt es auch auf der Insel immer wieder kleine Stolpersteine. Dies liegt vor allem daran, dass manche Fähigkeiten und manches Wissen trotz größter Bemühungen und Weitergabe verloren gehen. Daher haben die »Meybies« in einer alten, bunten und leerstehenden Villa namens »Eden« eine Schule eingerichtet, in der Bewohner und Touristen sich ein Leben lang praktisch weiterbilden und gegenseitig unterrichten können.

Spielaufgabe 7 – A: Welche Fähigkeiten hast du, die du gerne für die Gemeinschaft einsetzen willst? Welche Aktivitäten machen dir besonders viel Spaß? Welchen Kurs könntest du hier anbieten? Schreib deine Angebote und deine Kontaktmöglichkeit an das Schwarze Brett am Eingang der Villa.

Spielaufgabe 7 – B: Welche Dinge und Fähigkeiten möchtest du gerne hier erwerben oder welche Talente ausbauen? Suche unter den Gästen der Villa Eden nach jemandem, der dir diese Dinge beibringen kann, oder finde Gleichgesinnte zum gemeinsamen Ausleben und Praktizieren eurer Talente. Schaut dafür auch an das Schwarze Brett.

Station 8: Gemütlicher Abend in der Jurte

Fortschritt, aber auch das Bewahren von Traditionen spielen auf der Insel »Meybie« eine wichtige Rolle für alle Bewohner. Besonders an kalten Tagen rücken die Bewohner in ihrer Jurte eng zusammen und lachen sich mit lustigen Geschichten glücklich.

Spielaufgabe 8 – A: An welche Geschichten von deinen Großeltern erinnerst du dich? Erzähle sie deinem/deiner ReisepartnerIn oder vor der großen Gruppe in der Jurte. Welche Gesellschafts- oder Kartenspiele kennt ihr, falls euch gerade nicht nach Erzählen zumute ist?

Spielaufgabe 8 – B: Oder könnt ihr singen, beatboxen, ein Musikinstrument spielen? Dann beginnt in der Jurte gemeinsam ein kleines Kammerkonzert und nehmt dieses auf Video auf, für alle diejenigen, die an diesem einmaligen Abend nicht dabei sein können.

Station 9: Abschied, Reflexion und Back Home

Geschafft! Eine lange und sehr abenteuerliche Reise geht zu Ende. Jetzt heißt es: Vorbereiten auf die Ankunft in deiner alten Welt. Der Rückkehrschock droht. Bereitet euch also gut vor.

Spielaufgabe 9 – A: Wie könnt ihr euren Familien und Freunden von den »Meybies« und ihren Errungenschaften berichten, ohne dass sie die Geschichte für verrückt oder für ein Märchen halten? Gibt es Dinge, die euch auf der Insel gefehlt haben und die ihr den »Meybies« beim nächsten Besuch mitbringen oder vorschlagen wollt? Oder wäre es besser, die »Meybies« vor dem Touri-Ansturm zu schützen und die Insel nur als Geheimtipp zu empfehlen?

Spielaufgabe 9 – B: Was war euer schönstes Erlebnis auf deiner Reise? Welchen Ort der Insel möchtet ihr gerne in euren Alltag integrieren und was wären Hindernisse und Hürden bei der Umsetzung? Diskutiert diese Fragen in eurer Reisegruppe und notiert sie auf großen Blättern.

Spielaufgabe 9 – C: Überlegt euch, wie ihr andere dazu einladen könnt, die Insel zu erkunden. Schreibt einen Werbeslogan oder zeichnet einen Entwurf für einen Flyer, den ihr unter euren Freunden und Bekannten zu Hause verteilt.

Anhang/Zusatzinformationen:

Spiel- und Reiseoptionen:

Nur die erste Station (Anreise) und die letzte Station (Abreise) solltet ihr in jedem Fall absolvieren. Von allen anderen Stationen könnt ihr euch, je nach Vorlieben und Zeitkapazitäten, die spannendsten auswählen oder sogar neue Stationen einführen.

Ihr könnt die Reise entweder als Fantasiespiel direkt bei euch vor Ort antreten, in einem Raum, in eurer Schule, im Jugendclub, bei euch zu Hause in der Wohnung oder im nahegelegenen Park (Spielebene M – Meybie). Die zweite Möglichkeit ist, eure unmittelbare Umgebung, eure Nachbarschaft oder eure Gemeinde mit einzubeziehen (Spielebene C – Community). Für die Spielebene M braucht ihr fünf bis zehn erfahrene Spieler, welche die Meybie-Bewohner verkörpern und euch die Insel zeigen.

Was ihr als TeilnehmerInnen für das Reisespiel braucht:

Lust auf Abenteuer, sicheren Umgang mit »Kulturschocks«, Neugierde, Tatendrang, Kreativität, Gemeinschaftsgeist, Innovativität, Experimentierfreude, Bereitschaft zum Teilen, Tauschen und Verschenken, Freunde, Stifte, Notizbuch

Weitere Hinweise für Teamer, PädagogInnen und SpielleiterInnen findet ihr auf unserer Homepage:

www.youthinkgreen.org/konsumwandeln/

konsumwandeln
jugendlichgemeinsamkreativ

INFO ZUM PROJEKT:

konsumwandeln ist ein sozial-ökologisches Weiterbildungsprogramm für Jugendliche zwischen 13 und 22 Jahren. In mehreren Workshops kommen Jugendliche aus ganz Deutschland zusammen, um innovative und gemeinschaftsfördernde Konsum- und Nutzungsformen zu erforschen und zu (er)leben. Gemeinsam Dinge herstellen, Fähigkeiten teilen, alte Materialien aufwerten, Plattformen des Verschenkens kreieren, Tausch-Partys organisieren etc. können das Miteinander stärken und zu mehr Teilhabe beitragen. Zusammen entwickeln wir attraktive Projektideen, die bis Ende Juni 2015 lokal und regional umgesetzt werden. Das Projekt wird gefördert vom Umweltbundesamt und vom Bundesministerium für Umwelt, Naturschutz, Bau und Reaktorsicherheit.

Undji Usurua (links) bei den
Dreharbeiten zu ihrem Spot

DIE GLOTZE LÜGT – WIR KLÄREN AUF

Aus der *youthinkgreen*-Drehbuchwerkstatt: Werbefilme und Nachhaltigkeit – vom Verstehen zum Drehen

Von Thomas Frick

Storyboard: © Ferdinand Huber

1. Dem Konsumzwang entkommen und korrekt dagegen anstinken

16. Mai 2013 – Allianzforum am Brandenburger Tor in Berlin. Die Klimabotschafter der Jugendinitiative »*youthinkgreen* – jugend denkt um.welt« präsentieren ihren Gästen und Partnern auf dem Höhepunkt des 1. Weltjugend-Nachhaltigkeitsgipfels die Geschichte ihres Projektes – angefangen von der Idee bis zur Entfaltung als internationale Jugendinitiative. Politik und Prominenz sind ebenso geladen wie die Berliner Presse. Der Saal ist voll und überall ist Begeisterung zu spüren.

Auf der Bühne präsentiert die 16-jährige Schülerin Undji Usurua aus Windhuk/Namibia voller Stolz ihren eigenen Umweltspot. Es geht um einen Farmer in einem namibischen Dorf, der ein paar wilde Elefanten töten will, weil sie die Pumpe des Dorfbrunnens zerstört haben. Das Drehbuch basiert auf einer wahren Geschichte. Die von Undji gespielte Hauptfigur ist die Tochter des Farmers, die besser als ihr Vater versteht, dass die Tiere Wasser brauchen. Beim Neuaufbau des Brunnens muss deshalb darauf geachtet werden, dass sowohl die Dorfbewohner als auch die Elefanten einen Zugang zu der einzigen Quelle bekommen. Es muss geteilt werden. »Sharing is caring« heißt daher der Slogan am Ende der Geschichte.

Der von der namibischen Gruppe selbst gedrehte Werbespot verfehlt seine Wirkung nicht. Begeistert klatschen die Zuschauer Beifall, zeigen sich sichtlich berührt und reflektieren im Anschluss über das Verhältnis von Mensch und Natur – ein wichtiger Schritt hin zu einem neuen Umweltbewusstsein.

Premiere auf dem 1. Weltjugend-Nachhaltigkeitsgipfel

Undjis Spot ist nicht der einzige. Mehr als ein halbes Dutzend Werbespots, die von den etwa 300 Klimabotschaftern von *youthinkgreen* geschrieben wurden, haben heute öffentliche Premiere. Einige davon wurden von professionellen Teams verfilmt, mit berühmten Film- und Fernsehstars wie Dieter Hallervorden, Jessica Schwarz und Josephine Preuss in den Haupt- und Nebenrollen.

Wo haben die Schüler dieses Handwerk erlernt? Ein wichtiger Bestandteil der Ausbildung der *youthinkgreen*-Klimabotschafter ist ein achttägiges Filmseminar.

Dafür besuchte ich die Schüler im Auftrag von *youthinkgreen* in ihren Heimatländern. In den Film-Workshops ging es einerseits darum, die Wirkungsweise klassischer Fernseh-Werbung kritisch zu hinterfragen, und andererseits lernten die Teilnehmer, das Mittel Werbung für ihre Zwecke selbst einzusetzen, um sich mehr Gehör zu verschaffen.

M1

Werbung ist ein Instrument der Verführung. Wir können uns vor ihr schützen. Wir können sie selbst nutzen.

Die Filmspots unserer KlimabotschafterInnen kann man u. a. auf dem Vimeo-Kanal von *youthinkgreen* betrachten.

2. Geschichten analysieren

Ein Jahr vor der Premiere, im Juni 2012, lerne ich Undji und zwanzig weitere Schüler der namibischen *youthinkgreen*-Gruppe in der Höheren Deutschen Schule in Windhuk kennen.

Um zu verstehen, wie **Werbung** funktioniert und wie sie eingesetzt wird, um Menschen zum **Konsum** zu bewegen, sahen wir uns zunächst unterschiedliche Werbespots an und analysierten sie.

Thomas Frick ist Regisseur, Autor und Dramaturg. Mehr könnt ihr unter www.frickfilm.com erfahren

BEISPIEL

Im französischen *youthinkgreen*-Spot »Plastiktütenfresser« (siehe Begleit-DVD) serviert ein Oberkellner in einem vornehmen Restaurant, gespielt von Dieter Hallervorden, seinem Gast, Detlev Buck, eine Mahlzeit.

Er will, dass es dem Gast gutgeht, aber die Mahlzeit besteht aus einer Plastiktüte. Der Kellner ist irritiert, aber dem Gast scheint es zunächst zu schmecken.

Doch dann beginnt er zu husten und nach Luft zu ringen. Der Kellner klopft ihm besorgt auf den Rücken, aber der Gast winkt nur wütend ab.

Er läuft blau an, und ehe der Kellner etwas dagegen tun kann, geschieht das Schlimmste: Sein Gast sinkt unter den Tisch und erstickt.

Noch bevor der Kellner eine Erklärung hat, ertönt eine Sprecherstimme: »Das passiert ständig …« Der Kellner fragt verwundert: »Ach ja?«, und die Stimme fährt fort: »… mit Pinguinen, Delfinen, Schildkröten und Walen!«

Dann wird das Logo »jugend denkt um.welt« eingeblendet und von der Sprecherin wiederholt.

Der Oberkellner ist der **Protagonist.** Sein **Ziel** ist das Wohlbefinden des Gastes. Das **Hindernis** ist die eigenartige Mahlzeit. Die erste (falsche) **Strategie** des Kellners ist, die Gefahr zu ignorieren. Das führt trotz weiterer Bemühungen zur **Katastrophe.** Das heißt, der Gast stirbt. Danach gibt es nur noch eine **Lösung** – umdenken.

Die Begriffe: Protagonist, Ziel, Hindernis, Strategie, Katastrophe und Auflösung sind die wichtigsten **Werkzeuge** aus unserem **dramaturgischen Werkzeugkasten.** Es sind die Grundelemente einer Geschichte.

3. Vom Thema zur Idee

Sich spielerisch kennen lernen, Ideen finden und sich mit den ersten theoretischen Grundlagen vertraut machen

Wir beginnen, unsere Erwartungen an den Workshop auszutauschen und zu ordnen, erste Ideen zu sammeln und zu analysieren. Es sind meist unstrukturierte Themen oder Einfälle, bei vielen Teilnehmern zeigt sich auch Leere. Aber für die erste Ideenfindung gibt es passende Werkzeuge, zum Beispiel das Brainstorming. Alle Teilnehmer des Seminars werfen sich ungefiltert Begriffe zu, die ihnen durch den Kopf gehen.

M2 Das ungefilterte Sammeln von Begriffen beim **Brainstorming** befreit von dem Druck, zielgerichtet etwas Sinnvolles schaffen zu müssen.

Brainstorming ist ein spielerischer Vorgang. Bald haben sich Blätter und Tafel mit Begriffen, Worten, Phrasen gefüllt. Wir setzen sie in **Beziehungen** zueinander: Was passt zueinander, was steht im **Gegensatz**? Plötzlich kommt **Bewegung** ins Spiel. Scheinbare Begriffskonflikte lösen **Gedankenketten** aus – Ansätze von Geschichten.

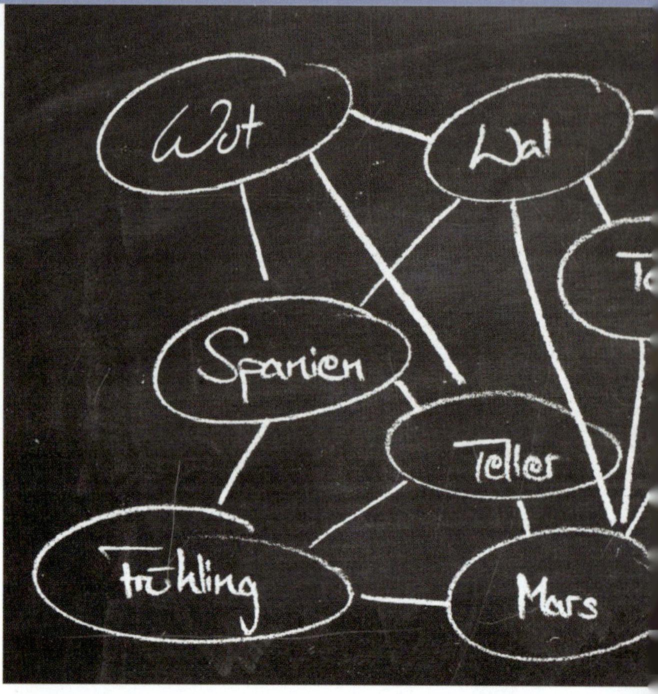

Tafelbild Brainstorming

M3 Scheinbar konträre oder nicht zueinander gehörende Begriffe regen das Gehirn an, einen Weg zueinander zu finden.

So entstehen Ansätze von Geschichten und Charaktere mit überraschenden Eigenschaften, die nach Erklärungen und Auflösungen verlangen.

BEISPIEL

Die Begriffe Plastiktüte und Oberkellner haben auf den ersten Blick nichts miteinander zu tun, ebenso wenig zum Beispiel Teller und Tod oder Restaurant und Wal. Aber wenn man sie auf sich einwirken lässt, führen sie möglicherweise zu einer Geschichte wie der oben beschriebenen.

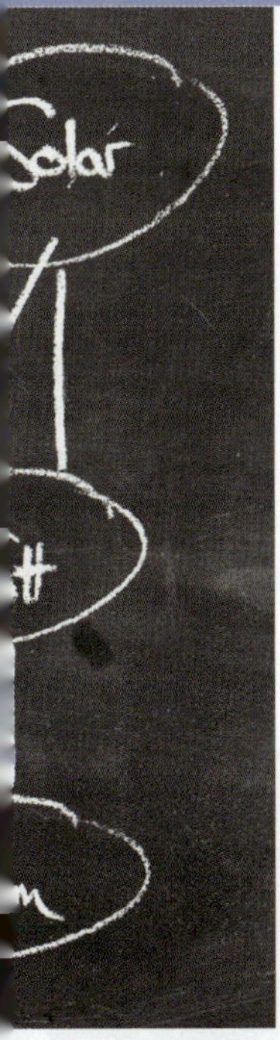

Wenn der Kopf erst frei ist, scheint alles möglich. Ich erkläre, dass ein Autor auf seinem Blatt Papier so etwas wie der liebe Gott ist – er darf und kann buchstäblich alles. Im zweiten Schritt ist es wichtig, dass jemand das Geschriebene liest und versucht, daraus schlau zu werden.

Mit der Produktion eines Textes und seiner Wirkung auf andere übernehmen wir eine **Verantwortung**, die eine solide **Recherche** voraussetzt. Die Recherche (Informationssuche, z. B. durch gezielte Anschauung und Interviews, Lektüre von Fachliteratur in Bibliotheken und im Internet) ist eine der wichtigsten Voraussetzungen für kreative Arbeit.

M4 **Nur wer etwas weiß, kann darüber schreiben. Auf dem Weg vom Thema zur Idee helfen dir die Recherche und das Brainstorming.**

Die französische Klimabotschafterin und Autorin Leonie Segala und ihr Hauptdarsteller Dieter Hallervorden beim Dreh von »Der Plastiktütenesser« (siehe Begleit-DVD)

PRAKTISCHE ÜBUNGEN

- Nenne und erläutere ökologische Themen und Sachverhalte, die in deinem näheren Umfeld von Bedeutung sind.
- Welche davon sind für dich von besonderem Interesse? Liste deine Auswahl auf und begründe diese im Detail. Welche ökologischen Ziele möchtest du umsetzen?
- Präsentiert eure Ergebnisse in der Gruppe.

4. Den dramaturgischen Werkzeugkasten auspacken

M5

Dramaturgie ist das Handwerk, das uns hilft, Ereignisse und Informationen zu strukturieren und in Zeit und Raum so anzuordnen, dass dabei Emotionen entstehen.

Ein Handwerk lässt sich sicherlich besser ausüben, wenn man einen gut gefüllten Werkzeugkasten hat. Woraus besteht eigentlich eine Geschichte? Um das herauszufinden, lasse ich die Schüler Witze erzählen. Bei einigen lachen wir, spüren also eine **Emotion**. Gemeinsam ergründen wir in Diskussionen, warum das so ist. Wir erkennen bald, dass Geschichten Gemeinsamkeiten haben, wie zum Beispiel eine oder mehrere **Hauptfiguren**. Mit ihnen können wir uns identifizieren.

M6

Identifikation bedeutet, dass der Zuschauer mit den Wünschen, Sehnsüchten und Zielen eines Charakters mitfühlt. Gute Geschichten haben solche Identifikationsfiguren, auch »Helden« genannt.

Die Helden einer Geschichte sind nicht zwangsläufig sympathische, gutherzige und mutige Menschen oder Vorbilder. Sie können auch wenig vorteilhafte Charaktermerkmale ausstrahlen, ängstlich, vertrottelt, argwöhnisch oder gemein sein. Wichtig ist, dass wir mit ihnen hoffen und fürchten können, bis sie ihre Ziele erreicht haben. Diese Figuren sollten in Drehbüchern immer einen **Namen** und ein **Alter** bekommen. Protagonist ist die Bezeichnung für die Hauptfigur, mit der wir am meisten mitfühlen, weil sie in einer Geschichte das wichtigste Ziel verfolgt.

Der **Protagonist** ist die Nummer 1 in unserem Werkzeugkasten.

BEISPIEL

Unsere isländischen Klimabotschafter schrieben eine Geschichte über Jack (45), der mit einer Schippe in der Hand aus einem Iglu kriecht und mitten in den Schneesturm hineinläuft.
Natürlich ist er die Hauptfigur, denn aufgrund der gefährlichen Situation entwickeln wir für ihn sofort starke Gefühle. Wir können uns vorstellen, dass er friert und dass er Wärme sucht.

Nun macht er etwas völlig Verrücktes: Er verliert erst einen Handschuh und beginnt schließlich, sich zu entkleiden. Als er nackt und frierend durch das Schneetreiben stapft, muss man als Zuschauer befürchten, er sei verrückt geworden.

Doch dann rammt er plötzlich seine Schippe in den Schnee, und ein Geysir schießt hoch.

Eine Sprecherstimme sagt: »Es gibt immer eine Hoffnung. Alternative Lösungen!« Danach sehen wir den Protagonisten gemütlich ein heißes Bad inmitten der Schneewüste nehmen.

Jack verspürt hier sichtlich Wärme und Erleichterung. Dem Zuschauer gibt das Ende von Jacks Geschichte vielleicht ein heiteres Gefühl des Triumphes und die Ermutigung, dass es ungewöhnliche Lösungen gibt, zum Beispiel die Thermalenergie.

→

PRAKTISCHE ÜBUNGEN

- Entwickle aus einem freien Thema einen möglichen Protagonisten. Gib ihm einen Namen und ein Alter.
- Beschreibe, warum das Thema gerade für ihn wichtig ist.
- Welche Gefühle werden dadurch bei dem Protagonisten geweckt?

Wir erkennen, dass ein Protagonist unbedingt eine **Richtung** braucht – etwas, das er herausfinden, erreichen, vertuschen, vergessen, verhindern, bekommen, blau anmalen, essen, lieben usw. **will**. Der Held unserer Geschichte braucht ein Ziel.

Der Grund dafür ist oft ein Problem, das eine Lösung erfordert. Ohne Problem – kein Handlungsbedarf. Den Drang zu handeln, nennen wir auch **Motivation**.

Das **Ziel** ist die Nummer 2 in unserem Werkzeugkasten.

BEISPIEL

Jacks Ziel ist es, Wärme zu finden. Sein Problem ist die Kälte, die feindliche Umgebung und – wie wir glauben – der Wahnsinn, in den Schneesturm zu laufen. Als Steigerung zieht er sich aus.

Jacks Motivation, einen warmen Ort zu finden, ist extrem stark und für den Zuschauer gut nachvollziehbar. Dass Jack gar nicht verrückt ist, sondern den Plan verfolgt, eine Thermalquelle anzuzapfen, ändert nichts daran, dass wir mit ihm hoffen und fürchten. Unsere stärkste Emotion richtet sich auf das Ziel, das wir verstehen und unmittelbar erleben: Wärme.

PRAKTISCHE ÜBUNGEN

- Liste die Ziele oder Probleme deines Protagonisten auf.
- Formuliere sie in der »Ich«-Form, als wären sie deine eigenen. Was löst das in dir aus?
- Ordne die Ziele oder Probleme der Wichtigkeit nach.

M7 **Der Held kann nicht anders, er muss etwas unternehmen, sobald er das Ziel erkannt hat. Das treibt die Handlung voran.**

Wenn wir handeln, gibt es zwei grundlegende Möglichkeiten: Wir handeln erfolgreich oder erfolglos. Ein sofortiger Erfolg wäre langweilig. Die Geschichte wäre gleich wieder zu Ende, wenn das Ziel erreicht ist.

Was wir also dringend brauchen, sind plausible **Handlungen**, die trotzdem nicht gleich zum Ziel führen. Und zwar, ohne dass wir denken, unser Held sei dumm, denn dann würde er uns nicht mehr interessieren.

Diese richtigen oder falschen Lösungsansätze nennen wir auch **Strategien**. Sie sind das Utensil Nummer 3 in unserem Werkzeugkasten.

BEISPIEL

Würde Jack aus seinem Iglu sofort in einen heißen Swimmingpool steigen, kämen vermutlich weder Spannung noch Emotionen auf.
Es braucht für einen interessanten Spot also erst einmal die vermeintlich falsche Strategie. Jacks Lösungsansatz, um Schutz und Wärme zu suchen, ist, ins Ungewisse zu rennen. Wir beobachten das mit gemischten Gefühlen. Da diese Lösung nicht gleich zum Ziel führt, wächst unsere Sorge um den Protagonisten. Eine spannende Entwicklung der Situation entsteht dadurch, dass Jack seinen Handschuh verliert. Was wird er tun? Wird er umkehren, oder wird er weitersuchen? Beides wären nachvollziehbare Strategien. Beide könnten entweder scheitern oder Jack retten. Sie stehen zueinander im Konflikt.
Dann passiert etwas Unerhörtes: Statt sich zurück in den schützenden Iglu zu retten, verschärft Jack die Situation. Er zieht sich aus. Seine Strategien werden riskanter.

M8 Die Entscheidungssituation zwischen zwei möglichen Strategien mit unklarem Ausgang nennt man **Konflikt**.

Wer Strategien verfolgt, stößt auf **Hindernisse**. Sie sind unser Werkzeug Nummer 4.

PRAKTISCHE ÜBUNGEN

- Liste mögliche Strategien deines Helden auf. Ordne sie nach ihrer Stärke.
- Wähle eine glaubhafte und naheliegende, aber nicht zielführende Strategie. Welche negativen Auswirkungen, welche Komplikationen ergeben sich daraus?

BEISPIEL

Jack stößt auf beeindruckende Hindernisse in Form von Kälte, Schnee, Gegenwind und Orientierungslosigkeit. Er verliert seinen Handschuh. Er wird scheinbar verrückt. All das erhöht die Spannung. Mit seinen Strategien wachsen auch die Hindernisse. Sie werden umso größer, je weiter er sich von dem Iglu entfernt, also je riskanter er handelt.
Die kausale Verknüpfung von richtigen und falschen Lösungsansätzen und die daraus resultierenden neuen Probleme fesseln den Zuschauer besonders.

Hindernisse sind das wohl wirksamste dramaturgische Element. Sie haben eine eskalierende, zuspitzende Funktion. Hindernisse sorgen dafür, dass der Protagonist etwas zu tun bekommt und dass wir wissen wollen, was er sich an Strategien einfallen lässt.

M9 Wenn dein **Erzählfluss** ins Stocken gerät – dann konfrontiere deine Charaktere, insbesondere den Protagonisten mit Hindernissen.

Hindernisse sind spannender, wenn sie möglichst unberechenbar oder sogar intelligent sind. Wie soll das gehen? Indem sie eigene Strategien entwickeln. Und wer kann das besser als ein lebendes, denkendes Hindernis. Damit haben wir den Gegenspieler, den Antagonisten.

M10 Ein **Antagonist** ist ein intelligentes Hindernis.

BEISPIEL

Zweiundzwanzig Menschen und ein Stück Leder auf einem Bolzplatz sind noch nicht besonders spannend. Das ändert sich, wenn wir eine der Mannschaften oder einen einzelnen Spieler zu unserem Protagonisten erwählen. Dann kennen wir sein Ziel – das gegenüberliegende Tor. Damit werden die gegnerischen Spieler automatisch zu Antagonisten – zu lebenden, denkenden Hindernissen. Je besser sie sind, umso spannender ist das Spiel. Unsere Identifikation wächst proportional mit den Informationen, die wir über die Mitspieler und die Umstände der Begegnung haben.

Besonders spannend wird es, wenn ein Protagonist etwas Wichtiges erreichen kann oder ihm eine Gefahr droht (ein Aufstieg in der Torjägerstatistik, die Überwindung einer Verletzung, ein Konflikt mit einem anderen Spieler, eine drohende Sperre). Sportreporter sind die meiste Zeit damit beschäftigt, uns diese Informationen in möglichst dramatischen Worten zu präsentieren. Damit steigern sie unsere Identifikation und Spannung. Etwas, das passieren kann, nennt man auch Fallhöhe.

Damit wir das Spiel verfolgen und genießen können, sollten wir die Spielregeln kennen. Ein Spiel wie Kricket ist für die meisten von uns deshalb so uninteressant und langweilig, weil wir es nicht verstehen.

Auch in einer Geschichte sollten wir die einmal aufgestellten Spielregeln nicht verletzen. Angenommen, unser Held ist ein ganz normaler Mensch und gerät in Schwierigkeiten. Dann wäre es sehr enttäuschend, wenn er auf einmal zaubern könnte, um sich zu helfen.

M11

Das Publikum braucht klare Spielregeln. Ein Zuschauer will mitdenken und mitentscheiden.

PRAKTISCHE ÜBUNGEN

- Welches neue Hindernis ergibt sich aus der ersten Strategie deines Protagonisten?
- Sind weitere glaubhafte und eindrucksvolle Hindernisse und Zuspitzungen möglich?
- Bewegt sich die Handlung noch innerhalb deiner selbst gesetzten Spielregeln?

Wir befinden uns mittlerweile in der Mitte unserer Geschichte und erfreuen uns hoffentlich an einer lebendigen und überraschenden Abfolge von Strategien und Hindernissen, die sich nach Möglichkeit gegenseitig hochschaukeln. Das **Risiko**, das unser Held eingehen muss, um sein Ziel zu erreichen, wird immer höher, begleitet von wachsender Anstrengung, Ängsten und Zweifeln. Er durchlebt aber auch Hoffnung und kleine Glücksmomente, wenn sich seine **Teilziele** erfüllen.

Die Teilsiege und Teilniederlagen sind Meilensteine auf einem Weg, der hier noch nicht zu Ende ist. So, wie der Protagonist sein Ziel zu erreichen versucht, – das fühlen wir – kann es nicht klappen. So kommt es, dass er erst einmal richtig auf die Nase fallen muss: Er muss vorerst scheitern, um wirklich nachhaltig zu lernen.

Hierzu brauchen wir Werkzeug Nummer 5: Die **Katastrophe**

BEISPIEL

Bei der szenischen Katastrophe muss nicht immer gleich ein Schiff mit 1.514 Menschen untergehen wie im Kinofilm »Titanic«.

Dramaturgisch gesehen ist es in diesem Film wichtiger, dass Rose, eine junge ledige Frau aus gutem Hause, bemüht ist, die sozialen Schranken, in denen sie gefangen ist, zu überwinden und erwachsen zu werden. Sie schafft es, sich ein Stück weit zu befreien. Dabei hilft ihr der kreative, lebensfrohe junge Mann Jack, der zu ihrem Mentor und Geliebten avanciert, obwohl er aus ärmlichen Verhältnissen kommt. Die Katastrophe besteht für Rose als Identifikationsfigur darin, dass Jack bei der Tragödie ums Leben kommt und Rose ihn für immer verliert. Danach muss sie ihren Weg alleine finden.

Mit ihr können wir mitleiden. Natürlich ist es schrecklich, dass so viele Menschen sterben, und auch sie haben unser Mitgefühl. Aber die größte Identifikation besteht mit der Hauptfigur Rose.

Die Katastrophe ist der Punkt, an dem zunächst das Gegenteil von dem eintritt, was sich unser Protagonist die ganze Zeit über erhofft. Es ist der absolute **Tiefpunkt**, an dem es keine Lösung mehr zu geben scheint. Doch ein Sprichwort sagt: »Wo die Nacht am tiefsten ist, ist der Tag am nächsten.« Die Hauptfigur hat nun alle wesentlichen Fehler gemacht, aus denen sie lernen musste.

Wenn wir eine Story konstruieren, können wir zielgerichtet aus dem, was der Held will, die Katastrophe entwickeln. Ausgehend vom Thema unserer Geschichte führen wir ihn genau dorthin, wo ein Erfolg unmöglich erscheint.

M12

Eine dramaturgisch gut gebaute Story verlangt, dass der Protagonist durch die Katastrophe hindurch muss.

PRAKTISCHE ÜBUNGEN

- Vergleiche die Ziele deines Protagonisten mit seiner Lage im Augenblick der Katastrophe. Worin besteht die größtmögliche Niederlage?
- Liste die Strategien und Hindernisse auf und prüfe, ob sie folgerichtig zur Katastrophe geführt haben.
- Inwiefern spiegelt die Katastrophe dein selbst gewähltes Thema wider?

Nach dem absoluten Tiefpunkt folgt in der Regel das Ende der Geschichte, die **Lösung**, der Endkampf, das Finale, die Zielgerade, möglicherweise das **Happy End.** Unser Protagonist zeigt, was er gelernt hat. Er wendet es an und gewinnt. Falls nicht, dann endet die Geschichte als **Tragödie.**

Diese **Auflösung** ist das 6. Werkzeug in unserem Koffer.

Die Auflösung ist mal positiv, mal negativ, mal von allem ein bisschen, also durchwachsen. Wir erfahren oft auch die »Moral von der Geschichte«, also die Ansichten des Autors darüber, welcher Weg der beste ist. Die letzte und grundlegend veränderte Strategie, geboren aus dem Schmerz der Katastrophe, räumt mit den verbliebenen Barrieren der inneren Entwicklung des Protagonisten auf. Eine Lösung kann unter Umständen die Erkenntnis sein, dass es enorm wichtig ist, sich dem Antagonisten zu stellen, das eigentliche Problem anzugehen oder sich nicht mit Teilsiegen zufriedenzugeben. In kürzeren Formaten ist es manchmal die letzte Entscheidung oder das finale Statement.

PRAKTISCHE ÜBUNGEN

- Nenne die Konsequenzen, die dein Protagonist aus der Katastrophe gezogen hat!
- Welche grundlegend neue Sichtweise beinhaltet seine finale Strategie? Inwiefern spiegelt sie deine Meinung zum Thema wider?
- Welche Emotion löst ein endgültiger Sieg oder eine endgültige Niederlage aus?

M13 In der Werbung ist die Auflösung in der Regel der Moment, an dem uns das einzig wahre **Produkt** empfohlen wird.

M14 Die Werbebotschaft, meist das Einblenden der Marke, nennen wir **Branding**.

Am Ende einer Geschichte und der darin enthaltenen **emotionalen Achterbahnfahrt** kommen wir zu der Stelle, wo wir innerlich stark berührt, also zum Beispiel belustigt, traurig oder überrascht sind. Wir fühlen uns mit dem Protagonisten und dem Autor am meisten verbunden. Unser Unterbewusstsein ist am ehesten bereit, eine **unterschwellige Botschaft** aufzunehmen. »Kauf dies! Höre jenes! Wähle die! Glaube das!« Wir sind emotional offen, sind abgelenkt und leicht zu beeinflussen. So funktioniert Werbung. Für uns ist es wichtig, diese Mechanismen zu durchschauen, auch, um unsere eigenen Botschaften zu vermitteln.

Die Botschaft soll sich einbrennen. Wie mit einem Stempel verkünden wir am Ende der Story, worum es in unserer Botschaft geht.

Geht es jedoch um ein Produkt und wird es in einem besonderen Bild dargestellt, heißt diese Abbildung **Packshot.** Oft gibt es einen **Slogan**, der die vorausgehende Geschichte mit dem Branding verbindet, oft ein überraschender Spruch, der das Erlebte auf eine neue Ebene hebt.

youthinkgreen

jugend denkt um.welt

Das Logo unserer *youthinkgreen*-Initiative ist ein stilisierter Baum mit Elementen der Nachhaltigkeit. Zusammen mit dem deutschen und englischen Schriftzug ist es der Höhepunkt aller unserer Werbespots.

M15 Den Spruch oder Slogan nennen wir auch **Claim.**

Besonders bei Werbebotschaften sind Genauigkeit und Kürze gefragt. Wer viel mitzuteilen hat, sollte das besser auf einer **Website** oder in einer **Kampagne** tun. Wirkungsvoller lässt sich der Spot dafür einsetzen, eine mitreißende Emotion zu erzeugen, neugierig zu machen und auf eine mögliche, weitere Quelle zu verweisen, wie zum Beispiel **www.youthinkgreen.org.**

M16 Zu viele finale Botschaften schwächen sich gegenseitig.

BEISPIEL

Auf der Begleit-DVD befindet sich der *youthinkgreen*-Spot »Solarparkplatz« nach einem Drehbuch von Klimabotschafterin Judith Gebbe aus Deutschland. Ihr Erzählziel war es, zu einem Umdenken im Bereich Mobilität und Energie aufzurufen.
Gleichzeitig wünschte unser Partner ThinkBlue von Volkswagen, der die Produktion des Films finanzierte, dass wir auf die Nachhaltigkeit elektrobetriebener Fahrzeuge im Zusammenhang mit der Solarenergie hinweisen.
Zusätzlich hätten wir vielleicht gern eine Menge an Wissen über die wirtschaftlichen, ökonomischen und geschichtlichen Hintergründe der Sonnenenergie, technische Details über Solarpanels oder den Zusammenhang unserer Initiative mit dem Thema untergebracht. Das wären sehr viele Botschaften auf einmal geworden, und die Hauptaussage hätte niemanden mehr berührt.
Judith erschuf also als Protagonistin eine Mutter, die von ihrem Kind nach dem Einkauf auf dem Parkplatz mit nervenden Fragen bombardiert wird. Sie leidet unter der Hitze, muss noch tanken fahren und irgendwie das quengelnde Kind ins heiße Auto locken. Deshalb beantwortet sie zunächst geduldig alle Fragen ihres Sohnes, die immer mit »Warum …« beginnen. Der Claim besteht schließlich nur aus zwei Worten.

Als in einer visionären Imagination plötzlich ein gigantisches Solardach den heißen Parkplatz überdeckt und sowohl Schatten spendet als auch Energie, heißt es nur noch: »Solarenergie, Darum!«. Als finale Information erscheinen die Logos von »*youthinkgreen*« und »ThinkBlue«. Mit diesem Branding wird schnell deutlich, wo man weiterführende Informationen bekommen kann, wenn einen die Botschaft neugierig gemacht hat.
Vergleiche das Storyboard zum Spot »Solarenergie« auf Seite 214. →

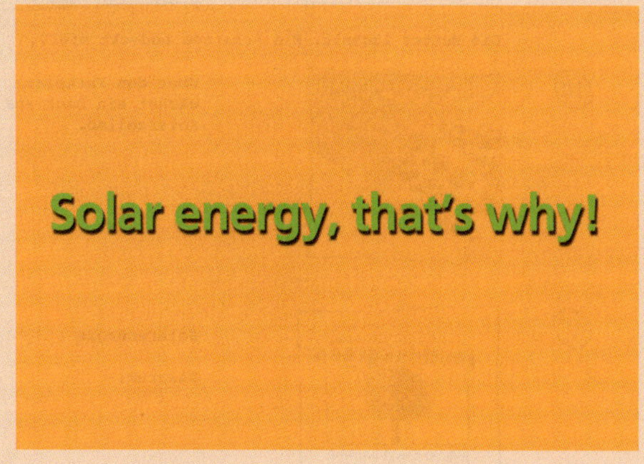

1.

Lukas, beeil dich. Wir müssern noch tanken!
Mama, warum schmilzt das Eis?

2.

Weil Sonnenstrahlen Energie enthalten!

3.

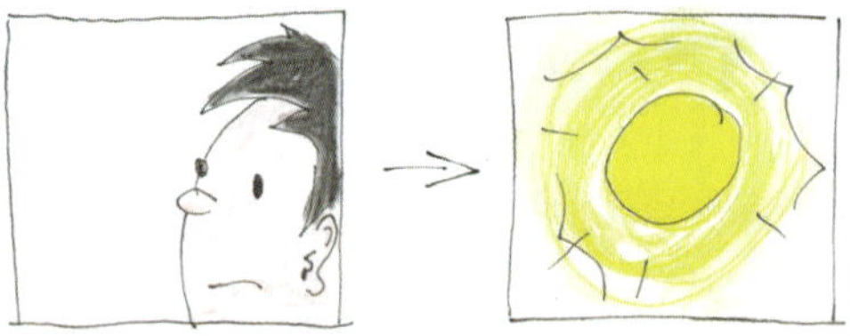

4.

Waaaarum?

5.

Weil Wärme Energie ist. Komm wir müssen tanken!

6.

Waaarum?

7.

Weil unser Auto auch Energie braucht!

8.

Und warum kann unser Auto dann keine Sonne tanken???

9.

Die Mutter lächelt. Ein Schatten bedeckt sie...

10.

Über dem Parkplatz wächst ein Dach aus Solarzellen.

11.

youthinkgreen
jugend denkt um.welt

Solarenergie

Daaarum!

12.

Fazit:
Die sechs wichtigsten Werkzeuge für eine Geschichte sind: 1. Protagonist, 2. Ziel, 3. Strategie, 4. Hindernisse, 5. Katastrophe, 6. Auflösung

PRAKTISCHE ÜBUNGEN

- Formuliere einen »knackigen« Slogan, der deine Geschichte mit deinem Erzähl-ziel verbindet.
- Testet und diskutiert eure Claims im Team: Überrascht dein Claim? Inwiefern eröffnet er eine höhere Ebene des Denkens und Fühlens? Erscheint dein Produkt oder deine Botschaft als eine starke Antwort auf die Probleme deines Protagonisten? Bringt dein Branding eine starke Botschaft auf den Punkt? Ist die Botschaft verständlich? Entsteht eine emotionale Verbindung zwischen Story, Claim und Branding?

5. Die Geschichte strukturieren

M17 **In der Regel hat jede Erzählstruktur einen Anfang, eine Mitte und ein Ende. Wir sprechen in der Dramaturgie auch von den drei Akten.**

Die sogenannte **Dreiaktstruktur** gehört zu den gebräuchlichsten und einfachsten dramaturgischen Prinzipien überhaupt. Sie kommt in professionell durchkonstruierten Kinofilmen ebenso vor wie in Theater- und Musikstücken, Romanen oder Dokumentationen.

Aber auch die kurzen Formen wie Spots, Clips, ja selbst Witze, Comics, Sketche oder Reden folgen dem Ablauf, dass die Spielregeln, die Personen und ihre Beweggründe erst etabliert werden müssen, damit eine Auseinandersetzung und am Ende eine Lösung stattfinden kann.

Es handelt sich bei dem Dreiaktschema um ein universales Prinzip, weil der Mensch ein Bedürfnis hat, aus den Lösungswegen und Fehlern anderer zu lernen. Er hat den Drang, jemandem beim Suchen und Finden zuzusehen und seine eigenen Schlüsse daraus zu ziehen

Die Fähigkeit der Zuschauer, Mitleid zu empfinden, ermöglicht einen Vorgang, den wir **Katharsis** (griechisch: Reinigung) nennen. Tief bewegt vom Schicksal einer fiktiven Figur prüfen wir an ihren Strategien und Irrtümern unsere eigenen moralischen Entscheidungen und Beweggründe.

Um das Gelernte in der Praxis zu wiederholen, zeichnen die Teilnehmer des Workshops eine kurze **Bildergeschichte** aus maximal fünf Bildern: Eine Person bekommt ein Problem, entwickelt eine Strategie, stößt auf Schwierigkeiten, ändert die Strategie und stößt auf neue Hindernisse. Dadurch bedingt versagt die Person scheinbar völlig, und schließlich scheitert oder gewinnt sie. Das Problem oder Ziel des Protagonisten sollte schon in Bild 1 der Bildergeschichte erkennbar sein, die erste Strategie im zweiten und so weiter.

1. Ein kleines Männchen wird von einem Monster bedroht, rennt 2. weg, trifft dadurch 3. auf ein größeres Monster, gibt 4. auf und macht sich ganz klein, dadurch knallen 5. beide Monster aufeinander, und das Männchen kann fliehen.

PRAKTISCHE ÜBUNGEN

- Zeichne eine Bildergeschichte in fünf Bildern.
- Analysiert sie zusammen mit Hilfe des Werkzeugkastens.
- Benenne die Emotion, welche am Ende deiner Geschichte entsteht.

6. Von der Idee zum Drehbuch

6.1. Aus der Idee ein Exposé entwickeln

M18

Ein Exposé ist die kurze, schriftliche Aufzeichnung einer Filmidee. Es ist nur ein paar Zeilen lang und kann noch sehr allgemein formuliert sein.

Das Exposé ist vergleichbar mit der Skizze eines Malers und enthält alle wichtigen Elemente – den Protagonisten, sein Problem und die Lösungsansätze, Handlung und Schluss. In dieser Form lassen sich die Grundelemente einer Handlung am einfachsten bearbeiten, verwerfen, ergänzen ohne dass man ein komplettes Drehbuch in Frage stellen muss. Das Exposé ist eine Absichtserklärung. Diese verdeutlicht, worum es geht. So kann man die Grundidee später wieder abrufen oder sie in komprimierter Form jemandem vorstellen.

BEISPIEL

Bei seiner Recherche über umweltfreundliche Ideen stieß der brasilianische Klimabotschafter Tomer Gidron auf eine reale Erfindung, die in vielen Elendsvierteln der Welt angewandt wird.
Mit Wasser und Bleichmittel gefüllte PET-Flaschen leiten Sonne in Hütten ohne Elektrizität. Tomer erschuf den Protagonisten Derp und entwickelte folgendes Exposé:

Licht an!	Tomer Gidron	Seitenzahl
Exposé 2	tomer@xxxxxx.com	
27.03.2012		

Licht an!
Exposé von Tomer Gidron

DERP (26) ist sehr arm und lebt in einer Favela in Rio de Janeiro. Seine Familie hat nicht genug Geld, um sich Strom zu leisten.
Er sieht viele leere PET-Flaschen auf der Straße und hat eine Idee, wie er sein Haus am Tag beleuchten kann. Er füllt einige Flaschen mit Wasser und ein bisschen weißer Farbe und steckt sie in Löcher im Dach, wodurch das Licht in die Hütte strömt.
Seine Idee ist sehr erfolgreich. Viele Leute in der Nähe benutzen diese Methode auch und bedanken sich bei Derp.

CLAIM: »Eine Idee zählt mehr als tausend Worte.«
LOGO: jugend denkt um.welt

Später entwickelte sich die Geschichte weiter. Vergleiche das Storyboard auf Seite 218.

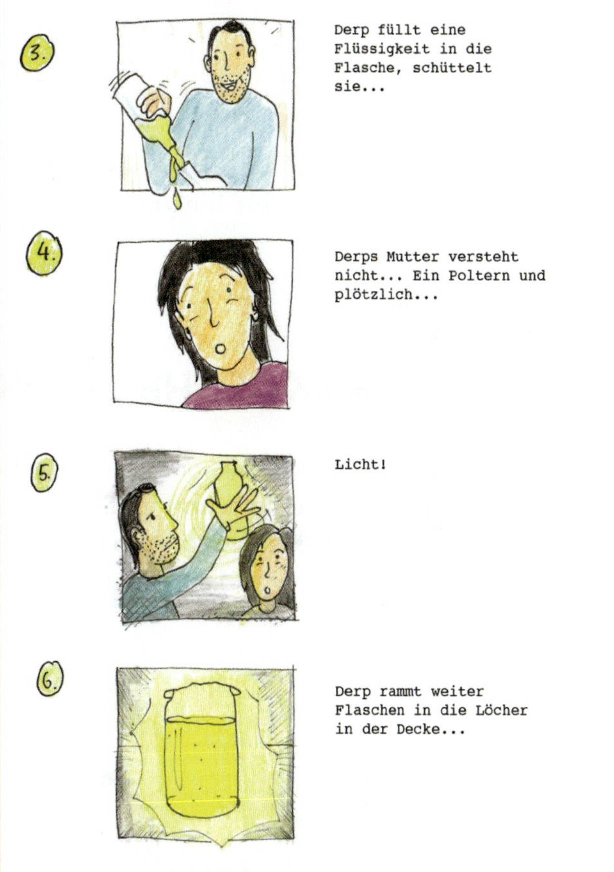

7.

Die Leute kommen neugierig näher und staunen...

8.

Überall wird getanzt...

9.

Kinder machen Hausaufgaben...

10.

Hausarbeiten werden erledigt...

11.

Die Favela blüht auf...Schüsse ertönen nah und fern.

12.

youthinkgreen
jugend denkt um.welt

Eine Idee zählt mehr als tausend Worte!

youthinkgreen!

Allein im Projekt *youthinkgreen – jugend denkt um.welt* sind in den vergangenen Jahren ca. 500 verschiedene Exposés und ihre Weiterentwicklungen bis hin zum Drehbuch entstanden.

M19

Gute **Datenpflege** ist wichtig, damit die Ideen nicht verloren gehen. Kennzeichnet eure Exposés mit Titel, Autor, Version und Datum. Dieselben Informationen sollten ebenfalls in jedem Dokument in der **Kopfzeile** stehen.

PRAKTISCHE ÜBUNGEN

- Teilt euch paarweise auf und beratet euch gegenseitig als Autor oder Dramaturg. Nutzt dafür Schritt für Schritt den Werkzeugkasten.
- Schreibt eure Spotideen in Form von Exposés auf. Achtet auf eine professionelle Form. Nutzt die Rechtschreibprüfung.

6.2. Aus dem Exposé ein Treatment entwickeln

M20 **Das Treatment ist eine Art prosaische Zwischenfassung auf dem Weg zum Drehbuch. Es ist umfassender als das Exposé. Alle Handlungen werden detailliert in der richtigen Reihenfolge beschrieben. Es enthält nur das, was man auf der Leinwand sehen und hören kann.**

Was jemand meint, fühlt, will, hofft oder fürchtet, sind literarische Beschreibungen und müssen in eine Handlung gebracht werden, die erlebbar ist. Sonst gehören sie nicht in ein Treatment. Allgemeine Fakten oder abstrakte Informationen müssen eliminiert werden, wie zum Beispiel der Einschub »wegen seiner schweren Kindheit …«. Die Kindheit in diesem Beispiel kann man auf der Leinwand nur dann erfahren, wenn es dafür Bilder und Töne, also Vorgänge, gibt.

M21 **Die Handlung im Treatment findet ganz konkret im Jetzt und Hier statt.**

Es gibt keine Vergangenheitsform wie etwa in Büchern: »Er irrte durch den Wald.« Entweder sehen wir jemanden jetzt durch den Wald irren oder nicht. Selbst eine Rückblende lässt uns zwar in der Zeit zurückspringen. Aber was wir sehen, passiert dann wieder jetzt und wird in der Gegenwartsform aufgeschrieben.

BEISPIEL

Ein Beispiel für ein gelungenes Treatment aus Trento in Italien:
Zunächst das Exposé: LUCY (5) bekommt von der Fee GALADRIEL (800) eine magische Lampe geschenkt. Zunächst funktioniert die Lampe nicht, da sie mit alternativer Energie betrieben wird. Aber als in der ganzen Stadt der herkömmliche Strom ausfällt, brennt nur noch in Lucys Zimmer Licht. »Möge es dir an dunklen Orten leuchten, wenn alle anderen Lichter erloschen sind!« Der Spot zitiert aus der bekanntem Filmtrilogie »Herr der Ringe« und arbeitet mit dem Image der Elfen als naturverbundene Wesen.

Die Lampe
Treatment 2 von Alissia Griso

Wir sehen ein Haus in einer kleinen Stadt.
Eine wunderschöne Elfe, die aussieht wie Cate Blanchett als GALADRIEL, klopft an die Tür.
LUCY (5) öffnet. Die Elfe schenkt ihr eine wunderschöne Lampe. Lucy freut sich.
In ihrem Zimmer verbindet sie die Lampe mit der Steckdose, aber sie scheint nicht zu funktionieren.
Lucy weint.
Die Elfe erscheint auf einem grünen Hügel und beginnt zu pusten.
Auf dem nächsten Hügel beginnt sich ein Windrad zu drehen.
Lucy weint immer noch. Aber plötzlich beginnt die Lampe zu leuchten – heller und heller.
Lucy lächelt.
Alle Lichter in der Stadt gehen aus. Nur ein Haus ist beleuchtet.
Es ist das Fenster von Lucy.

SPRECHER: »Möge es dir an dunklen Orten leuchten, wenn alle anderen Lichter erloschen sind!«
LOGO: jugend denkt um.welt

Ein ausgearbeitetes Storyboard zum Treatment »Die Lampe« findest du auf Seite 220. →

1.

In a little town...

2.

at the door of a little house... the elf Galadriel rings!

3.

Little Lucy opens.

4.

Galadriel gives a lamp to Lucy, who is very happy

5.

Lucy connects the lamp to the electric socket. But it does not work!

6.

Lucy is sad.

7.

When the sun goes down the powerplant of the little town stops working.

8.

And all the lights of the whole town turn off.

9.
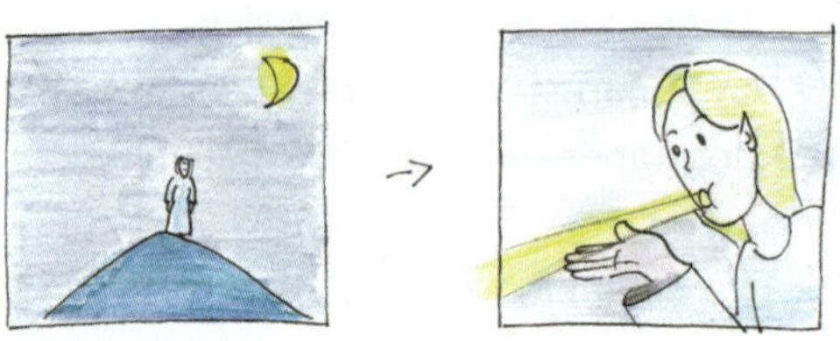
Galadriel stands on a hill and blows a agentle breeze over the town

10.
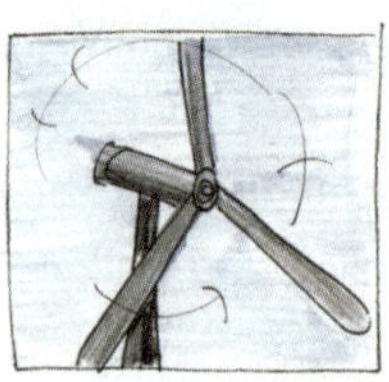
A wind turbine starts to run.

11.

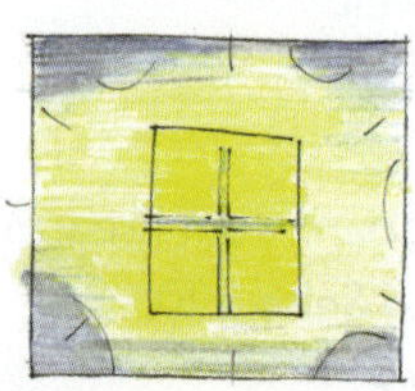
There is no light in the whole town exept... a single window...

12.

Lucy's lamp is burning and Lucy is happy!

13.

Galadriel speaks: „May it be a light in dark places when all other lights turn off...

14.
...renewable energy last for ever."

Youthinkgreen

PRAKTISCHE ÜBUNGEN

- Entwickle aus deinem Exposé ein Treatment.
  Beachte auch hier die professionelle Form mit Kopfzeile, Seitenzahl und einem klaren Dateinamen. Nutze die Rechtschreibkorrektur. Lege für jede neue Fassung ein neues Dokument an.
- Lege dir einen Ordner an, in dem du jeweils alle Versionen eines Stoffes, das Recherchematerial und alle Bilder für die Präsentation sammelst.
- Erarbeite wie beim Exposé verschiedene Fassungen und besprich sie mit deinem Partner. Arbeite mögliche Korrekturen ein.

6.3. Aus dem Treatment ein professionelles Drehbuch entwickeln

M22 Es gibt vier Grundelemente, die in jedem international üblichen Drehbuch stets wiederkehren: **Kopfzeile**, **Motivzeile**, **Regieanweisung** und **Dialog.**

Wie im Exposé und im Treatment beginnen wir mit der **Kopfzeile**, die den Titel, die Version (z. B. »Drehbuch 1«), das Datum, den Autor, einen Hinweis auf dessen Erreichbarkeit (meist Telefon oder Mailadresse) und die dynamisch weiterlaufende Seitenzahl enthält.

Die **Motivzeile** enthält die Bild- oder Szenennummer, den Ort der Szene, auch Motiv genannt, und einen meist abgekürzten Hinweis darauf, ob die Szene innen oder außen, am Tag oder in der Nacht spielt. Eine Motivzeile steht über jeder neuen Szene.

M23 Eine neue Szene haben wir dann, wenn sich der Ort oder die Zeit ändert. So bestehen manche Filme aus einer einzigen Szene, manche hingegen aus vielen.

Die **Regieanweisung** enthält in normalem Fließtext – in ganzen Sätzen – alle nötigen Angaben für die Handlung. Spätestens hier verzichten wir – wie schon im Treatment – auf jede Erklärung oder literarische Abschweifung.

Hier gehört nur hin, was auch wirklich in dieser Reihenfolge im Film zu sehen ist. Wenn die filmische Auflösung schon feststeht, bekommt jede Einstellung eine eigene Zeile.

Die vierte wichtige Drehbuchformatierung ist der **Dialog.** Er besteht aus einer Namenszeile und der eigentlichen Dialogzeile, beides als Block vorn und hinten eingerückt. Alles zusammen sieht dann zum Beispiel so aus:

BEISPIEL

Das professionell ausgearbeitete Drehbuch zum Spot "The Angry Farmer" von Undji Usurua siehst du auf Seite 222. →

Der wütende Farmer
Drehbuch 4
16. September 2012

Undji Usurua
xxxxxxx@yahoo.com

1

Der wütende Farmer
Drehbuch 4 von Undji Usurua
16. September 2012

BILD 1 FARM I/N

Dunkelheit. Wir hören den LÄRM randalierender Elefanten. Metall kracht auf Metall.
Der Strahl einer Taschenlampe blitzt auf. Der FARMER (35) weckt UNDJI (16).

FARMER
Steh auf! Steh auf!
Die Elefanten sind da!

Die Tochter springt aus dem Bett. Der Farmer greift nach seinem Gewehr und rennt zur Tür.

BILD 2 FARM A/N

Der Farmer stürzt mit dem Gewehr und der Lampe aus der Hütte, die Tochter hinterher.

FARMER
Ich werde die Elefanten erschießen!

UNDJI
Papa! Nicht!

Im Strahl der Taschenlampe sehen wir ein verbogenes Windrad und wütende Elefanten in der Dunkelheit. Ein Hund bellt wie wild.
Der Farmer zielt mit dem Gewehr auf die Elefanten.

BILD 3 FARM / BRUNNEN A/T

Die Sonne geht auf.
Das Dorf im Morgenrot.
Der Farmer und die Tochter kommen aus der Hütte.

UNDJI
Papa!

FARMER
Ich erschieße die Elefanten!

Er greift nach seiner Jacke.

Der wütende Farmer
Drebuch 4
16. September 2012

Undji Usurua
xxxxxxx@yahoo.com

2

UNDJI
Sie sind durstig – wie wir!

FARMER
Sie nehmen uns das Wasser weg!

Wir sehen das zerstörte Windrad am Brunnen.
Vater und Tochter kommen heran. Der Farmer ergreift ein verbogenes Teil.

FARMER
Sieh dir die Zerstörung an...
Ich werde sie jetzt erschießen.

UNDJI
Lass uns für sie auch einen Brunnen bauen!

Der Vater beginnt, nachzudenken.

UNDJI
Dann zerstören sie unseren nicht.

Der Vater nickt.

BILD 4 BRUNNEN A/T

In verschiedenen dokumentarischen Bildern sehen wir erst Hände bei der Arbeit.
Dann Undji mit einem youthinkgreen – T-Shirt, wie sie zusammen mit anderen Klimabotschaftern und ihrem Vater das Windrad wieder aufbaut.

BILD 5 BRUNNEN A/T

Schließlich steht ein Elefanten am fertigen Brunnen.
Aus einiger Entfernung sehen Vater, Tochter und die Gruppe von Klimabotschaftern zu:
... wie der Elefant trinkt und sich trompetend mit Wasser bespritzt.

TITELINSERT: Teilen ist Helfen!

LOGO: youthinkgreen NAMIBIA

M24

Die professionelle Drehbuchform ist ein wichtiges Argument bei der Verwirklichung einer Filmidee. Es ist die wichtigste Präsentationsart – zum Beispiel für Filmagenturen, Geldgeber und alle Mitglieder des Drehstabes.

Dazu gehört auch ein übersichtliches und unaufdringliches **Schriftbild**. Es ist keine gute Idee, eine im Mittelalter spielende Geschichte in Runen zu schreiben. In GROSSBUCHSTABEN (Versalien) werden technische Anweisungen hervorgehoben. Aber diese sollten so knapp wie nur möglich ausfallen. Anweisungen wie ZOOM oder SCHNITT oder SCHWENK gehören in diese Drehbuchfassung nur, wenn sie unbedingt nötig für das Verständnis der Story sind. Die technischen Gestaltungsmittel überlassen wir der Arbeit des Regisseurs und des Kameramannes. Sie schreiben ein sogenanntes technisches Drehbuch.

In einem Werbefilmdrehbuch gibt es zwei Möglichkeiten, den Claim darzustellen. In Großbuchstaben schreiben wir entweder: **SCHRIFTINSERT**, und dann folgt der Slogan als Schrift. Oder wir schreiben: **SPRECHER**, und dann sehen wir darunter den Spruch wie bei einem Dialogsatz.

Die Seitenzahl eines professionellen Skripts entspricht als Richtwert der Minutenlänge des geplanten Films. Dialoglastige Werke benötigen etwas mehr an Umfang.

M25

Zu detailliert ausgeführte Drehbücher werden unübersichtlich. Ein guter Drehbuchautor beschreibt eingängig, schnörkellos und konkret:
Was sehen wir? Was hören wir?

PRAKTISCHE ÜBUNGEN

- Schreibe ein Drehbuch auf der Grundlage deines Treatments.
  Achte auf ein professionelles Gesamtbild. Nutze auch hier die Rechtschreibprüfung und deinen Partner für Korrekturen.
- Prüft und diskutiert das Ergebnis auch auf Verständlichkeit, Lesbarkeit und überflüssige Informationen.

7. Fazit und Ausblick

Nach acht Tagen Drehbuchworkshop haben die Klimabotschafter weit mehr gelernt, als hier dargestellt werden kann. Sie haben mehrere Übungsfilme gedreht und ihre Drehbücher mit verteilten Rollen gespielt, um die Dialoge zu verbessern. Der dramaturgische Werkzeugkasten wurde um viele weitere Elemente ergänzt. Die Schüler haben immer wieder ihre Ergebnisse verbessert, neu recherchiert, präsentiert und in der Gruppe analysiert.

So wurde lange um die bestmöglichen Lösungen gerungen, bis ein Klimaspot wie der von Undji entstehen konnte.

BEISPIEL

Das Feldarbeitsprojekt der namibischen Schüler führte neben vielen anderen Aktionen dazu, dass das Brunnenprojekt im Damara-Land realisiert wurde. Menschen und Tiere sind heute in der Region wieder mit Wasser versorgt. Sharing is Caring!

224 Undji Usurua beim Dreh eines Übungsfilms

Undji Usurua beschreibt ihre eigene Entwicklung so:

»Als ich 14 war, schien sich alles nur um mich und die Menschen in meiner Umgebung zu drehen. Ich war naiv, engstirnig und ein extrem schüchternes Mädchen, nicht ahnend, dass die Drehbuchwerkstatt eine so große Bedeutung für mein Leben haben würde. Die Werkstatt gab uns auf unvergessliche Weise die Möglichkeit, als Individuen zu wachsen – anders als der normale Unterricht. Da wird uns vorgeschrieben, was wir wie auszudrücken haben, und es fehlt der Raum, um sich entfalten zu können. Das Seminar hingegen bot uns eine außergewöhnliche Lebens- und Lernerfahrung. Wir wurden ermutigt, unser Wissen über Umweltprobleme in Namibia zu vertiefen und eigene Lösungen dafür zu suchen.

Zwei Jahre später, mit 18 Jahren, kann ich voller Stolz sagen, dass ich mental gereift bin. Die junge, schüchterne Undji ist verschwunden. Ich habe ›eingeschlossene‹ Talente in mir entdeckt und begonnen, meine Stimme zu erheben und Menschen zu überzeugen, sich für Umwelt und Tierschutz einzusetzen. Ich habe gelernt, meine Gedanken und Botschaften in eine bewegte Bildersprache zu übersetzen. Die Dreharbeiten, bei denen ich Regie führte, die Kamera bediente und schauspielerte, haben eine Kettenreaktion in mir ausgelöst. Ich brach aus meiner Komfortzone aus und begann, verantwortlich und engagiert zu handeln, mich dabei nicht mit dem Mittelmaß zufriedenzugeben, sondern in allem die Tiefe zu suchen. Ich wagte mich sogar daran, eine der schwierigsten afrikanischen Sprachen, Nama-Damara, auch bekannt als die ›Klick-Sprache‹, zu lernen. ›Um große Dinge zu erreichen, müssen wir sowohl träumen als auch handeln.‹ Diese Worte von Anatole France habe ich nicht nur verinnerlicht – ich habe begonnen, sie zu leben.«

Ähnlich wie Undji in Namibia wurden Hunderte jugendliche Klimabotschafter durch *youthinkgreen* in **Deutschland, Polen, Kroatien, Island, Frankreich, Weißrussland, Italien, Bulgarien, der Türkei, in Ägypten, Indien, China, Brasilien und Peru** im Drehbuchschreiben und Filmemachen ausgebildet. Eine Drehbuchwerkstatt kann – zum Beispiel in einer Projektwoche – den schulischen Alltag vielfältig beleben, prägend und richtungsweisend sein. Sie dient nicht nur zur Berufsorientierung für mediale Berufe, sondern eignet sich hervorragend, um spielerisch die Struktur und Tragweite von Werbung zu erfahren. Die Schüler lernen, bewusster mit den Medien und zum Beispiel mit dem Thema Konsumzwang umzugehen.

Die technische Basis für die Workshops ist überall gegeben. Die regulären **Klassenräume** mit den **Tafeln, Flipcharts** oder **Whiteboards** sowie die üblichen **Schulrechner** zum Schreiben und für den Videoschnitt reichen meist aus.

Für die Filmübungen nutzen wir in der Regel vorhandene Amateurtechnik wie **Fotoapparate, Smartphones** oder die **Familienvideokamera.**

M26 **Jeder kann heute lernen, wie man wirkungsvoll Filme macht. *youthinkgreen* bietet auch weiterhin Drehbuch- und Filmseminare an.**

Klimabotschafter Nils Carolath bedankt sich bei Detlef Buck für die Zusammenarbeit am Klimaspot »Plastiktütenfresser«

KLIMASCHUTZ UND NACHHALTIGK ALS WELTWEIT GRÖSSTE HERAUSFORDE

3.1. Umdenken: Nachhaltige Entwicklung als gesellschaftliches Leitbild verankern

UNG

3.2. Krise: Globale Erwärmung und Zerstörung zentraler Ökosysteme

© Roberto Verzo

3.3. Kraftakt: Der internationale Kampf für Klimaschutz und Klimagerechtigkeit

© Klaus Fahlbusch

3.1 UMDENKEN: NACHHALTIGE ENTWICKLUNG ALS GESELLSCHAFTLICHES LEITBILD

Einleitung

Sie sind sehr komplex, die weltweiten Herausforderungen, vor denen wir derzeit stehen und die uns früher oder später alle betreffen: der Klimawandel, die schwindenden natürlichen Ressourcen und auch Süßwasser- und Nahrungsmittelknappheit. Eines scheint klar zu sein: Wir dürfen keine Zeit mehr verlieren, um die Probleme zu diskutieren und darüber in Ohnmacht und Lähmung zu verfallen. Wir müssen »umdenken«, endlich handeln und unsere Lebensstile verändern, jeder für sich und wir alle gemeinschaftlich. Das zeigen die vielen wissenschaftlichen Studien der Klimafolgenforschung. Wir dürfen uns auch nicht länger in kleinen »Einzelaktionen« und kurzfristigen Projekten für mehr Nachhaltigkeit verlieren, sondern müssen versuchen, dabei stets das »große Ganze« im Blick zu haben. Doch wie sieht dieses riesige, gesellschaftliche Puzzle aus? Was sind seine größten und wichtigsten Bestandteile? All dies erfahrt ihr in diesem Themenfeld.

Neue Wege finden

Zunächst geht es darum zu klären, was »nachhaltige Entwicklung« wirklich bedeutet und wie diese flächendeckend umgesetzt werden kann. Mittlerweile gehört die Leitidee der Nachhaltigkeit in Deutschland zu unseren festen politischen Grundwerten (vgl. Probst 2013). Im Artikel 20a des Grundgesetzes heißt

es seit 2002, dass der Staat »*in Verantwortung für die künftigen Generationen die natürlichen Lebensgrundlagen [...]*« durch die Gesetzgebung schützen muss. Dieser Kerngedanke der Nachhaltigkeit stärkt und ergänzt folglich unsere demokratischen Prinzipien.

Nachhaltig ist eine Entwicklung dann, wenn wir dabei so verantwortungsvoll, effizient und gerecht mit ökologischen, ökonomischen und sozialen Ressourcen umgehen, dass unsere Gesellschaft zukunftsfähig bleibt. Ihr findet diese Aussage »schwammig« und unkonkret? Das geht vielen Menschen so und doch weist diese Definition bereits darauf hin, warum die meisten Nachhaltigkeitskonzepte abstrakt und komplex wirken. »Nachhaltigkeit« ist eben nicht direkt realisierbar – es gibt kein konkretes, allgemeingültiges Erfolgsrezept dafür. Vielmehr gilt Nachhaltigkeit als ein gedanklicher, werteorientierter Überbau für Lösungsmodelle und -ansätze.

Nachhaltigkeit ist also ein Leitbild, mit dem viele Fragestellungen und Themen auf unterschiedlichen Ebenen (Individuum, Gruppen, kommunale und regionale Gemeinschaften, nationale und internationale Gesellschaften) und in unterschiedlichen Bereichen (Umwelt, Bildung, Wirtschaft, Recht, Politik, Medien etc.) miteinander verknüpft werden können. Wir ziehen daher in den nachfolgenden Texten immer wieder Parallelen zu den Diskussionsfragen und Vorschlägen der AutorInnen in den anderen Themenfeldern und beschreiben nationale und internationale Wege, die wir beschreiten müssen, um unser Klima, die Umwelt und uns Menschen zu schützen. Eine Kernfrage dabei lautet: Welche tiefgreifenden gesellschaftlichen Veränderungen bringt eine nachhaltige Entwicklung mit sich und welche neuen Verteilungs- und Gerechtigkeitskonflikte treten dabei zutage?

Pro oder Kontra

Der Stifter des Alternativen Nobelpreises, Jakob von Uexküll, stellt die Leser seines Beitrags in diesem Themenfeld ganz konkret vor die Wahl, ob sie Teil der Lösung oder des Problems sein wollen. Er fordert die junge Generation dazu auf, aktiv an Veränderungen mitzuwirken. Auch Yvonne Zwick, Referentin im »Rat für nachhaltige Entwicklung« der deutschen Bundesregierung, argumentiert, dass wir in einer zukunftsfähigen Welt Quer- und MitdenkerInnen brauchen: junge Menschen, die sich konstruktiv an Diskussionen und Entscheidungsfindungen beteiligen, und BürgerInnen, welche die Umsetzung von Nachhaltigkeitsversprechen der Wirtschaft und der Politik überprüfen und hinterfragen.

Anschließend betrachten wir die Transformationsprozesse in Ecuador und Bolivien, welche stark vom Blick der südamerikanischen Länder auf die eigenen indigenen Wurzeln geprägt sind. Im Fokus steht hierbei der Kampf gegen Armut und soziale Ungleichheit in den Ländern, aber auch die kritische Haltung gegenüber westlichen Entwicklungsmodellen und kapitalistischen Denkschablonen (siehe Beiträge von Dr. Thomas Fatheuer und Prof. Alberto Acosta).

Der Förster und Holzbau-Unternehmer Dr. Erwin Thoma gibt in seinem Beitrag Einblicke in die Welt der Wälder, in der auch die begrifflichen Wurzeln der nachhaltigen Entwicklung liegen. Thoma versteht Bäume als »soziale Wesen«, die eifrig miteinander kommunizieren sowie eine »Partnerschaft auf Augenhöhe« pflegen. Doch lassen sich Wälder tatsächlich mit einer Klassengemeinschaft oder einer Fußballmannschaft vergleichen? »Ja, durchaus«, findet Erwin Thoma, denn Wälder seien gute Vorbilder für ein funktionierendes Gemeinwesen. Dass der Beruf des Försters bei weitem mehr erfordert, als Bäume und Tiere des Waldes zu kennen, ihre Gesundheit zu fördern und das Gleichgewicht zwischen den Lebewesen zu wahren, erzählt uns Norbert Schmelz im Interview. Und Josef Gebbe vom »Lernstandort Noller Schlucht« stellt mit den diversen Lehr- und Lernpfaden im Wald pädagogische Ansätze vor, um Jugendlichen die »originale Begegnung« mit der Natur wieder zu ermöglichen.

Warum das permanente Duell zwischen Umwelt und Wirtschaft nicht unbedingt zu einer nachhaltigen Entwicklung beiträgt und welche Rolle die Politik in diesem Prozess inne hat, erläutert der Journalist Dr. Fritz Vorholz im Interview. Wir werden zudem in diesem Themenfeld die Frage untersuchen, warum die Massenmedien eher schlecht als recht über Nachhaltigkeitsthemen berichten und welchen Einfluss die digitalen Medien darauf haben (siehe Beitrag von Eva Mahnke). Welche Rolle jedoch spielen die unterschiedlichen Bildungsinstitutionen für eine nachhaltige Entwicklung? Diese Frage thematisiert Dr. Marianne Dehne in ihrem Beitrag. Dabei betont sie, dass »Nachhaltigkeit« ein Querschnittsthema sei, das in sämtliche Schulfächer und diverse Lernorte integriert werden sollte – vom Kindergarten bis zur Senioren-Akademie –, und zwar nicht als zusätzliches Wissenspaket, sondern als grundlegender Diskussionsgegenstand. Das macht den Prozess besonders spannend und partizipativ. Denn die Suche nach neuen zukunftsfähigen Zivilisations- und Wirtschaftsmodellen bildet den Kern der gesellschaftlichen »Transformation« in Richtung nachhaltiger Entwicklung. Und dieser Umbau bedingt einen umfassenden Lernprozess – mit offenem Ausgang, für uns alle.

Literatur:

- Medienportal Grüner Journalismus: Nachhaltigkeit (2013): http://gruener-journalismus.de/nachhaltigkeit/
- Probst, Lothar (2013): Nachhaltigkeit als politischer Wert. In: APUZ 34-36/2013. URL: www.bpb.de/apuz/166663/nachhaltigkeit?p=all

GEMEINSAM DIE WELT VERÄNDERN – ZUKUNFTSGERECHTES DENKEN UND HANDELN

Von Jakob von Uexküll

»Es ist sinnlos zu sagen: Wir tun unser Bestes. Es muss dir gelingen, das zu tun, was erforderlich ist.«

Winston Churchill

Wie kann man den aktuellen Zustand der Welt beschreiben und dabei bei seinen Zuhörern nicht Verzweiflung, sondern Hoffnung hervorrufen? Ich habe schon an vielen Orten über die Herausforderungen unserer Zeit gesprochen und darauf sehr unterschiedliche Reaktionen bekommen. An einer Universität in Kanada ist ein Student aufgestanden und hat gerufen: »Na schönen Dank auch, dass ihr uns so eine Welt hinterlasst!« In Bangkok habe ich an einer internationalen Schule gesprochen, an der die meisten Schüler aus der indischen Elite stammten. Sie reagierten ganz anders: »Nur die Europäer machen sich da Gedanken. Wir sind Optimisten und die Gentechnologie wird unsere Probleme lösen!«

Als der Club of Rome 1972 – also bereits vor mehr als vierzig Jahren – zum ersten Mal vor den »Grenzen des Wachstums« warnte, wurde das von vielen als Übertreibung bezeichnet. Heute erkennen die meisten an, dass der Club of Rome Recht hatte. Auch wenn einige Risiken überschätzt und andere unterschätzt wurden. Zwar wurden viele Technologien entwickelt, die die Herausforderungen in den Griff bekommen sollen, es hat sich aber nichts verändert, denn die Probleme sind schneller gewachsen als die Lösungen. Jeder von uns sollte sich fragen: »Will ich ein Teil des Problems oder ein Teil der Lösung sein? Will ich ein passiver Teil der Lösung sein, oder will ich aktiv an Veränderungen arbeiten?«

Heute meinen die einen, dass sich durch unsere Untätigkeit die Erderwärmung beschleunigen und der Planet Erde schließlich unbewohnbar werden wird. Es gibt Forscher, die befürchten, dass dies schon in hundert Jahren der Fall sein könnte. Dem entgegen steht unter anderem der dänische Statistiker Björn Lomborg, der den Klimawandel zwar nicht leugnet, aber der Auffassung ist, dass er wegen des Wirtschaftswachstums keine negativen Folgen haben wird. Nach dem Motto: Der Meeresspiegel wird steigen und Bangladesch könnte in hundert Jahren unter Wasser stehen, aber wenn wir uns die Wachstumsraten anschauen, wird das Land dann so reich wie die Niederlande sein und kann Dämme bauen, um sich zu schützen.

Diesem Irrglauben liegt die These zugrunde, dass die Natur weiter die Ressourcen für wirtschaftliches Wachstum liefern wird. Die Vor-

© Gerhard Mester

aussetzungen für Wirtschaftswachstum sind allerdings ein stabiles Klima und eine gesunde Umwelt. Die wirkliche Macht liegt in der Natur, nicht bei den Menschen. Zurzeit schaffen wir mehr Schulden als Wohlstand. Über wirtschaftliche Schulden kann verhandelt werden – für die ökologischen Schulden bezahlen unsere Kinder und Kindeskinder.

Mit der Natur lässt sich nicht verhandeln

Es gibt Leute, die über Maßnahmen gegen den Klimawandel sagen: »Zu teuer, das jetzt zu machen! Machen wir's in der Zukunft, wenn wir reicher sind!« Sie bedenken dabei nicht, dass wir, wenn wir die Erde weiter zerstören, in der Zukunft möglicherweise gar nicht reicher sein werden. Und mit schmelzenden Gletschern kann man nicht verhandeln. Die Zerstörung der Umwelt in einem Maße, dass sie unumkehrbar ist, ist ein Verbrechen gegen zukünftige Generationen.

Es gibt heute viele Diskussionen um unser Klima und die Kosten von Energie: Angeblich sind Erneuerbare Energien zu teuer. Aha! Fossile Brennstoffe werden subventioniert, aber Erneuerbare Energien sollen zu teuer sein? Kohle, die verbrannt wurde, ist weg. Solarenergie, die man heute nicht nutzt, kann man morgen auch nicht nutzen. Der Unterschied ist, dass es die Sonne und den Wind kostenlos gibt. Es wäre verrückt, sie nicht zu nutzen. Ob etwas wirtschaftlich ist oder nicht, wird allerdings von denen entschieden, die Macht haben. Es handelt sich dabei nicht um objektive Ansichten, denn Kosten-Nutzen-Analysen sind eine Funktion von Macht. Man muss immer überlegen, was in der Analyse berücksichtigt und was außen vor gelassen wurde. Das Ergebnis hängt immer davon ab, was berücksichtigt und welche Kosten den zukünftigen Generationen zugeschoben wurden. Aber viele Dinge kann man nicht in die Zukunft verschieben.

Im Mittelalter musste man Latein sprechen, um mit der Macht, also damals der Kirche, zu debattieren. Dies gilt heute für das Thema Finanzen: Es gibt nur wenige Leute, die das Finanzlatein verstehen und sprechen. Wenn man aber nicht versteht, wie Geld geschöpft wird, dann hat man keine Macht. Diejenigen, die das Finanzlatein beherrschen, wollen gar nicht, dass wir sie verstehen. Es ist wichtig, dass wir uns wieder auf die Politik einlassen und uns von dem vorherrschenden Zynismus entfernen. Wir müssen verstehen, wie Politik funktioniert. Im alten Griechenland wurden diejenigen, die sich auf die Politik eingelassen haben, als »Polites« bezeichnet und diejenigen, die das nicht taten, als »Idiotes«.

Preisgekrönte Gesetze

Heutzutage gibt es für viele Bereiche »Best Practice«-Beispiele. Wir brauchen aber nicht nur »Best Practice«, sondern auch »Best Policy«-Beispiele. Parlamentarier hören häufig von den Regierungen: »Das ist nicht möglich.«

Luftaufnahme von Bangladesch

Deswegen brauchen wir »Best Policies«, die zeigen, dass es doch Möglichkeiten gibt. Es ist sehr wichtig, eine gute Politik zu identifizieren und zu verbreiten. Gesetze sind notwendig, um Veränderungen zu erreichen. Denn die meisten Menschen möchten keine Gesetze brechen. Aus diesem Grund habe ich vor sieben Jahren den World Future Council (WFC) – den Weltzukunftsrat – gegründet. Die Ratsmitglieder, die aus allen Teilen der Welt stammen, und die ExpertInnen des WFC setzen sich für ein verantwortungsvolles, nachhaltiges Denken und Handeln im Sinne zukünftiger Generationen ein.

Der WFC hat sich die Identifizierung und Verbreitung guter Gesetze zur Aufgabe gemacht. Jedes Jahr wird in einem Gebiet der »Future Policy Award« verliehen, der »OSCAR« für die weltweit besten Gesetze und Politiken. Mit diesem Preis wurden bisher unter anderem die vorbildliche Politik zur Nahrungsmittelsicherheit der brasilianischen Stadt Belo Horizonte, die nachhaltige Waldpolitik Ruandas sowie die Küsten- und Meeresschutzpolitik Palaus ausgezeichnet.

2013 organisierte der WFC für afrikanische Bürgermeister eine Reise nach Belo Horizonte, damit sie sich vor Ort über das Programm für Nahrungsmittelsicherheit informieren konnten. Dieses hervorragende Programm hat die Kindersterblichkeit in Belo Horizonte innerhalb von nur zehn Jahren um 60 Prozent reduziert und gilt als das weltweit umfassendste Gesetz für sofortige Hungerbekämpfung und nachhaltige gesunde Nahrungsmittelversorgung. Auch im Bereich Klima und Energie ist der World Future Council sehr aktiv. So hat er zum Beispiel das deutsche Energie-Einspeisegesetz als eine vorbildliche Politik identifiziert und international verbreitet. Dieses Gesetz war in anderen Ländern nicht bekannt, für seine Verbreitung musste der WFC erst einen englischen Begriff erfinden: »Feed-in Tariff«.

© World Future Council

UNSER AUTOR

Jakob von Uexküll (* 1944) ist ein schwedisch-deutscher Schriftsteller; Träger des Bundesverdienstkreuzes; Stifter des Alternativen Nobelpreises (Right Livelihood Award); Initiator des Weltzukunftsrats (World Future Council): www.worldfuturecouncil.org/deutsch.html

Realistische Lösungen gibt es schon

Die Herausforderungen, denen wir heute gegenüberstehen, sind miteinander verflochten. Es gibt für sie aber durchaus realistische Lösungen. 100 Prozent Erneuerbare Energien ließe sich schnell erreichen, das ist nicht unmöglich. Außerdem sollten wir nicht mehr vom Bruttoinlandsprodukt beherrscht werden: Es gibt Indikatoren, die viel mehr über die Situation in einem Land aussagen. Diese alternativen Fortschrittsindikatoren sollten stärker im Fokus stehen. Der World Future Council ist zusammen mit sechs anderen Organisationen Teil des EU-finanzierten BRAINPOoL-Projekts (Bringing alternative indicators into policy), das durch die Verbesserung und Verbreitung von alternativen Wohlstandsindikatoren eine gerechtere und nachhaltigere Wirtschaft entwickeln will.

Wie können wir Veränderungen bewirken und ein aktiver Teil der Lösung sein? Das kann man von Lobbyorganisationen lernen. Sie sind dort präsent, wo Entscheidungen getroffen werden: vor Parlamenten. Das ist oft unbequem, unangenehm und ungemütlich, aber so können Dinge verändert werden. Eine Person am richtigen Ort zur richtigen Zeit kann einen großen Einfluss haben. Ein großes Problem ist, dass zukünftige Generationen keine Stimme haben, obwohl sie von den Entscheidungen, die wir heute treffen, am stärksten beeinträchtigt werden. Aus diesem Grund setzt sich unsere »Future Justice«-Kommission für Ombudspersonen ein, die die Rechte zukünftiger Generationen schützen sollen.

Der World Future Council war intensiv an der Vorbereitung der Konferenz der Vereinten Nationen zur nachhaltigen Entwicklung (Rio+20) im Juni 2012 in Rio de Janeiro beteiligt. Im Schlussdokument wurde der UN-Generalsekretär gebeten, einen Bericht über die Solidarität zwischen den Generationen und die Rechte künftiger Generationen vorzulegen, der im September 2013 veröffentlicht wurde. Der Bericht skizziert verschiedene Modelle, wie der Schutz der Rechte künftiger Generationen auf der Ebene der Vereinten Nationen institutionalisiert werden kann, und nennt allen voran das vom World Future Council favorisierte Modell eines eigenen UN-Hochkommissariats.

Auch die nachwachsenden Generationen müssen sich diese Frage stellen: Wollen sie kritisieren, wollen sie träumen, oder wollen sie aktiv auf Veränderungen hinarbeiten?

Links:

- Einen Überblick über die Publikationen des World Future Council gibt es hier: www.worldfuturecouncil.org/publikationen.html
- Publikation zum Thema Ombudspersonen für zukünftige Generationen »Guarding our Future How to include future generations in policy making«: www.worldfuturecouncil.org/fileadmin/user_upload/Future_Justice/Ombudspersons_for_Future_Generations_Broshure_WFC.pdf
- Club of Rome: »40 years ›Limits to Growth‹«: www.clubofrome.org/?p=326
- Übersicht über Björn Lomborgs Veröffentlichungen: www.lomborg.com/publications
- Übersicht über die bisher verliehenen Future Policy Awards: www.worldfuturecouncil.org/fpa0.html
- Future Justice Kommission: www.futurejustice.org
- BRAINPOoL: www.brainpoolproject.eu

WISSEN • BEGREIFEN • HANDELN

1. Jakob von Uexküll ist weltweit ein gefragter Gastredner.

a) Welche Erfahrungen hat er gemacht, wenn er den aktuellen Zustand der Welt beschreibt?

b) Welche Folgerungen hat er daraus gezogen?

c) Recherchiere online zu seiner Biografie und den Institutionen, die er gegründet hat.

2. Der Club of Rome warnte schon 1972 vor den Grenzen des Wachstums. Das Buch gilt sogar als »Urstudie der nachhaltigen Entwicklung« und als »Bibel der Umweltbewegung«. Recherchiere dazu in der Bibliothek oder im Internet.
Einen guten Überblick bietet z. B. das Portal: www.nachhaltigkeit.info.
Beantworte die folgenden Fragen:

a) Wer sind die AutorInnen und wer die InitiatorInnen, AuftraggeberInnen und FörderInnen der Studie?

b) Über welche gesellschaftlichen Entwicklungen haben die WissenschaftlerInnen damals Prognosen erstellt?

c) Welche Zukunftsszenarien haben sie auf Basis ihrer Berechnungen entwickelt? Was ist der besondere Ansatz der Studie gegenüber vorherigen? Welche Wirkung hatte die Publikation weltweit?

d) Wie bewerten ExpertInnen die Zukunftsszenarien von 1972 aus heutiger Sicht? Welche der Prognosen haben sich bereits erfüllt oder gelten weiterhin als wahrscheinlich mit Blick auf die nächsten Jahrzehnte?

e) Wie stehen die AutorInnen der Studie heute zu ihren Prognosen, und wie bewerten sie die tatsächlich eingetretenen Entwicklungen?

f) Welche maßgeblichen gesellschaftlichen Entwicklungen sind eingetreten, die die AutorInnen nicht vorhergesehen haben?

g) Mittlerweile gibt es zahlreiche neue Studien des Club of Rome, u. a. eine Zukunftsprognose für das Jahr 2052. Informiert euch ausführlich darüber und diskutiert die Inhalte in Gruppen.

3. Erläutere die Zusammenhänge (als Kausalitäten oder als Wechselwirkungen) zwischen einer nachhaltigen Entwicklung und dem Klimaschutz. Stelle diese auch grafisch dar.

4. Machtfragen

a) Diskutiert die Auffassung des Autors: Maßgeblichen Einfluss auf die Deutung gesellschaftlicher Herausforderungen und bestmöglicher Lösungsansätze habe der, wer über gesellschaftliche und ökonomische Macht verfügt.

b) Welche gesellschaftlichen Gruppen hatten in den verschiedenen zeitgeschichtlichen Epochen jeweils die meiste Macht?
Wer verfügt heute aus eurer Sicht über die meiste Macht?

c) Welche Vorschläge unterbreitet der Autor, um sich dieser Problematik zu nähern, also mehr Gerechtigkeit zu schaffen, Machtgefüge aufzubrechen und die besten Lösungen für die Gesamtgesellschaft einzufordern und zu realisieren?

5. Von Uexküll spricht von einem »Verbrechen gegen zukünftige Generationen«.

a) Recherchiert unter dem Begriff »Generationsgerechtigkeit« und erstellt eine Liste mit Gründen, weshalb die heutige Zerstörung der Umwelt ein Verbrechen für die Folgegenerationen ist.

b) Es gibt verschiedene Ansätze, um die Rechte zukünftiger Generationen zu stärken, z. B. über Gesetze und neue UN-Institutionen. Recherchiert dazu und diskutiert die unterschiedlichen Möglichkeiten.

6. Der Autor ruft dazu auf, aktiv an Veränderungen mitzuarbeiten und ein Teil der Lösung zu sein.

a) Jedes Jahr wird vom World Future Council ein Preis für die weltweit besten Gesetze und Politikansätze verliehen. Recherchiere die aktuellen PreisträgerInnen und ihre Verdienste. Wie sähe deiner Meinung nach ein Umweltgesetz aus, welches einen OSCAR verdient hätte? Schreibe deine Ideen auf.

b) Uexküll sagt, man müsse »zur richtigen Zeit am richtigen Ort« sein, um einen großen Einfluss auf die Politik und die Wirtschaft zu haben. Überlege, welche Möglichkeiten du hast, um aktiv an gesellschaftlichen Veränderungen für eine nachhaltige Zukunft mitzuarbeiten. Macht individuell ein Brainstorming und tragt dann eure Ergebnisse zusammen. Gestaltet auch ein Plakat dazu.

c) Informiert euch über die Politik in eurem lokalen Umfeld. Wo werden in deiner Kommune Entscheidungen getroffen? Welche Gesetze zu Umwelt- und Nachhaltigkeitsthemen werden momentan in deiner Region diskutiert? Welche AkteurInnen üben einen großen Einfluss auf die PolitikerInnen aus? Wählt ein lokales Umweltthema, das euch am Herzen liegt, aus und tragt es mit Nachdruck in die Öffentlichkeit.

d) Ihr wollt mitmischen, nicht nur kritisieren: Recherchiert auch nach Möglichkeiten, einem Kinder- und Jugendparlament beizutreten oder ein neues in eurer Kommune zu gründen.

SELBST DENKEN – QUER DENKEN – SICH EINSETZEN: FÜR EINE ZUKUNFTSFÄHIGE UND LEBENSWERTE WELT

Von Yvonne Zwick

Wenn es um das Thema »Nachhaltigkeit« geht, fürchten viele Unternehmen, Politiker und Bürger, dass sie sich einer neuen »Öko-Diktatur« unterwerfen müssen. Doch anstatt Forderungen zu stellen, geht es vielmehr darum, gemeinsame Entscheidungen zu treffen und Lösungen zu erstreiten, die sowohl der Umwelt und der Wirtschaft als auch der Gesellschaft im Allgemeinen zugute kommen. Der »Rat für Nachhaltige Entwicklung« erarbeitet im Auftrag der deutschen Bundesregierung Beiträge für eine nationale Strategie, benennt zentrale Handlungsfelder und versteht Nachhaltigkeit als ein Aufruf zum Engagement. Dafür bedarf es Persönlichkeiten, die sich konstruktiv an Diskussionen und Entscheidungsfindungen beteiligen.

N Rat für NACHHALTIGE Entwicklung

Es gibt einen journalistischen Grundsatz, den ich als ein Leitmotto für aufgeklärte Bürger halte: »Mache dich mit keiner Sache gemein, auch nicht, wenn es eine Gute ist.« Dieser Aufruf, der sich eigentlich an Journalisten richtet und sie dazu auffordert, ausgewogen, kritisch und neutral zu berichten, mag provokant klingen, wenn ich ihn nun auf das hehre und wohlklingende Ziel der Nachhaltigkeit beziehe. Darf ich das? Ich meine: Ich muss!

Wie oft lesen wir in der Werbung von nachhaltigen Produkten, nachhaltiger Kleidung und grünem Wirtschafswachstum. Plakatwände werden zugekleistert mit der wohlklingenden Worthülse »Nachhaltigkeit«. Doch wenn man nachfragt, was darunter zu verstehen ist, herrscht häufig Sprachlosigkeit. Oder die Frage wird abgetan mit dem Hinweis, dass doch »eh alles egal und einerlei« sei – dass sich nachhaltige Produkte nicht von konventionellen unterscheiden und nur teurer seien, dass Energieeffizienzklassen nichts aussagen und man den Versprechen der Unternehmen entweder unkritisch vertrauen soll oder eben nicht. Hauptsache: Man kauft! Der Konsum ist scheinbar die wichtigste Bürgerpflicht.

Verführung durch die Wirtschaft

Auch die Anhänger des »Lifestyles of Health and Sustainability« (LOHAS), also Personen, die einen Lebensstil pflegen, der von Gesundheitsbewusstsein und -vorsorge sowie Nachhaltigkeit geprägt ist, lassen sich von der erfolgreichen Konsumgüterindustrie und dem Marketing verführen. Und viele Unternehmen bieten tatsächlich ökologisch »nachhaltige« Produkte zu höheren Preisen an, ohne dass die Einnahmen bei den Produzenten und Arbeitern am Anfang der Lieferkette ankommen.

Doch es lohnt sich, nachzufragen, was ein Unternehmen konkret tut, um die positiven Wirkungen seiner Nachhaltigkeitsstrategien zu vergrößern. Tragen die Maßnahmen dazu bei, anderen (Mitarbeitern, Kunden, Zulieferern und Partnern) ein gutes Leben zu ermöglichen, oder verfolgen sie ausschließlich das Ziel, die eigene, gut gefütterte Geldbörse noch mehr zu füllen? Und hier haben wir alle, unabhängig davon, ob wir aus einem entwickelten Industrieland oder einer aufstrebenden Volkswirtschaft kommen, eine gemeinsame Verantwortung – die hinsichtlich der vor uns liegenden Aufgaben jedoch unterschiedlich ist: Wir in den Industriestaaten müssen unsere Unternehmen unter Druck setzen, wirksam darauf zu achten, dass sie ökologische und soziale Schäden entlang der gesamten Wertschöpfungskette minimieren und wirtschaftliche Teilhabe am profitablen Geschäft zulassen. Doch welche Rolle kommt den Entwicklungs- und Schwellenländern zu?

UNSERE AUTORIN

Yvonne Zwick (* 1976) ist Theologin und derzeit als Referentin für die Öffentlichkeitsarbeit des Rates für Nachhaltige Entwicklung verantwortlich. Kernthemen ihrer Arbeit sind nachhaltiger Konsum und Lebensstile sowie unternehmerische Verantwortung (CSR u. SRI).

INFO 1: ZWEI DEFINITIONEN VON NACHHALTIGKEIT

Aus dem Report »Our Common Future« der Brundtland-Kommission, der Weltkommission für Umwelt und Entwicklung der Vereinten Nationen (1987):

»Dauerhaft ist eine Entwicklung, die die Bedürfnisse der Gegenwart befriedigt, ohne zu riskieren, dass künftige Generationen ihre eigenen Bedürfnisse nicht befriedigen können. […] Im Wesentlichen ist dauerhafte Entwicklung ein Wandlungsprozess, in dem die Nutzung von Ressourcen, das Ziel von Investitionen, die Richtung technologischer Entwicklung und institutioneller Wandel miteinander harmonieren und das derzeitige und künftige Potenzial vergrößern, menschliche Bedürfnisse und Wünsche zu erfüllen.«
World Commission on Environment and Development, 1987

Aus der Präambel der »Agenda 21«, dem entwicklungs- und umweltpolitischen Aktionsprogramm für das 21. Jahrhundert, beschlossen von 172 Staaten auf der UN-Konferenz für Umwelt und Entwicklung in Rio de Janeiro (1992):

»Durch eine Vereinigung von Umwelt- und Entwicklungsinteressen […] kann es uns jedoch gelingen, die Deckung der Grundbedürfnisse, die Verbesserung des Lebensstandards aller Menschen, einen größeren Schutz und eine bessere Bewirtschaftung der Ökosysteme und eine gesicherte, gedeihlichere Zukunft zu gewährleisten.«

Der Begriff der Bedürfnisse (needs), so zum Beispiel in der Nachhaltigkeitsdefinition der Brundtland-Kommission (siehe Info 1), bezieht sich auf die existenziellen, für das Überleben notwendigen Bedürfnisse und nicht etwa auf die Konsumbedürfnisse, die sich an einen gewissen Sättigungsgrad anschließen.

»Zeitwohlstand« und Autonomie

Eine nachhaltige Entwicklung ist wesentlich von den Erfolgen der Armutsbekämpfung in Ländern des globalen Südens abhängig. Deshalb stellt der Rat für Nachhaltige Entwicklung, wenn es um die Frage geht, wie Menschen nachhaltiger handeln können, immer auch die Frage: »Was brauchen wir wirklich?« Wir fragen also nach dem Grad der Genügsamkeit und Bodenständigkeit unseres Lebensstils, in der Hoffnung, dass die Antworten zu mehr Zufriedenheit, »Zeitwohlstand« und Autonomie führen.

In ärmeren Gesellschaften ist es vielleicht sogar zynisch und kann missverstanden werden, wenn man diese Frage stellt. Und dennoch haben wir es gewagt, mit Partnern auf dem indischen Subkontinent einen Einkaufsführer für nachhaltigen Konsum, den »Nachhaltigen Warenkorb«, für die dortigen Bedürfnisse zusammenzustellen. Dabei haben Fragen der Religiosität und der kulturellen Identität eine große Rolle gespielt. Für die indische Adaption des »Nachhaltigen Warenkorbs« standen Fragen im Vordergrund wie: Welche regionalen Wertschöpfungsprozesse möchten wir bewahren? Welche Produkte und Märkte sind für uns so wichtig, dass wir sie erhalten sollten?

Nicht nur in Industrie-, sondern auch in Schwellen- und Entwicklungsländern müssen wir also Wege in Richtung Nachhaltigkeit gehen. In manchen Ohren klingt diese Forderung wie ein »Dogma« oder ein »Diktat«. Doch wenn man mal hinter die Fassade schaut, kommen viele Ideen und Maßnahmen ans Tageslicht, die sinnvoll und klug sind. Ich denke hier etwa an Initiativen für Energieeffizienz, mit denen viel Geld gespart werden kann, oder an Community Investments und innovative Umwelttechnologien. Manchmal fehlt uns schlicht der Mut, Dinge einzufordern und Wagnisse einzugehen. Es ist immer einfacher, ausgetretene

Pfade zu beschreiten, statt Unkonventionelles auszuprobieren.

Wir sind vernunftbegabte Menschen, die fähig sind, die Auswirkungen des eigenen Handelns zu antizipieren, also in Szenarien durchzuspielen. Im Zeitalter des Internets und dem Leben in einem »globalen Dorf« können die wenigsten behaupten, nichts von den Katastrophen, den unser derzeitiger Lebensstil anrichtet, gewusst zu haben. Das gilt natürlich in erster Linie für Führungskräfte in Unternehmen, die es teilweise bewusst in Kauf nehmen und davon profitieren, wenn sie in südlichen Wirtschaftsräumen mit einer schwachen Regierung und unzureichenden Kontrollmechanismen, etwa was die Rechte von Arbeitern oder die Gesetze für Umweltschutz betrifft, per Zulieferverträge die eigene Verantwortung für die Produktionsbedingungen auslagern.

Märkte und Menschen

Meines Erachtens hat die Wirtschaft dienenden Charakter, und daran müssen wir sie immer wieder erinnern. Dient sie nicht dem Wohlergehen der Menschen, verliert sie ihre Existenzberechtigung. Märkte oder die Wirtschaft (auch nicht die Finanzmärkte) können von sich aus handeln; es stehen immer Menschen, von Menschen geschaffene Strukturen und Prozesse dahinter. Wir sind also, egal in welcher Position und auf welcher hierarchischen Ebene wir agieren, persönlich verantwortlich und insofern rechenschaftspflichtig für unser Handeln. Wir müssen aber auch dafür sorgen, dass die politischen Rahmenbedingungen für eine nachhaltige Entwicklung stimmen.

In der globalisierten Welt hat unser Handeln Auswirkungen auf alle anderen Regionen der Welt:

- Die Schere zwischen Arm und Reich weltweit, aber auch innerhalb der entwickelten und der weniger entwickelten Gesellschaften gefährden das friedliche Zusammenleben.
- Der Klimawandel und Veränderungen in Ökosystemen machen Gesellschaften verletzbarer.
- Das Bevölkerungswachstum auf globaler Ebene und alternde Gesellschaften stellen uns vor neue Gerechtigkeitsfragen.
- Die globalen Wertschöpfungsketten verknüpfen Fragen der sozialen Gerechtigkeit und des Umweltschutzes zwischen den Staaten und auf internationaler Ebene.
- Die steigende Nachfrage nach Lebensmitteln hat Auswirkungen auf Anbaumethoden und Fertigungsstufen von Agrarbetrieben und Lebensmittelkonzernen und damit auf die Bevölkerung und Ökosysteme, die ganz am Anfang der Lieferkette stehen.
- Unsere Lebensstile prägen unser Zusammenleben in unserer Heimat und in sozialen Netzwerken, die sich mit jeder Generation dichter um den ganzen Globus spinnen.

Bei sich selbst anfangen

Diese Herausforderungen sind ein Auftrag zum Engagement, ein Auftrag, sich aufzuregen, querzudenken und einzumischen – manchmal auch, indem wir die richtigen Fragen stellen, zuhören und uns eine eigene Meinung bilden, anstatt die Aussagen von anderen einfach zu übernehmen. Beim Engagement für Nachhaltigkeit geht es darum, bei sich selbst anzufangen, anstatt darauf zu warten, dass sich »die anderen« bewegen und verändern. Wer die Änderung des eigenen Lebensstils und der eigenen Denkweise allein davon abhängig macht, dass sich Rahmenbedingungen der Wirtschaft, der Politik oder der Gesellschaft insgesamt ändern, begibt sich in eine apathische, passive Haltung, die grundsätzlich zu keiner Lösung beiträgt.

Demokratie lebt vom Mitmachen, nicht vom »geschehen lassen«. Der Lohn ist die Freiheit, das Recht auf Selbstbestimmung und auf ein menschenwürdiges Leben. Unsere Freiheit ist eng verknüpft mit der freiwilligen Bindung an Werte, sonst läuft sie Gefahr, zerstörerische Kräfte zu entfalten. Sinnbildlich gesprochen: Ein Kompass ohne Norden verliert seine Orientierung und führt in die Irre. Wir haben nicht nur die Freiheit, sondern vor allem die Verantwortung, unsere Welt und unsere Zukunft zu gestalten.

Dabei sollten wir einen dynamischen Druck aufbauen! Wenn wir nicht zu Mitläufern werden wollen, sind wir alle – als persönlich verantwortliche Wesen, als gläubige Menschen auf Gott bezogen, als soziale Wesen aufeinander bezogen – zum Agieren und Reagieren herausgefordert.

Links:

- www.nachhaltigkeitsrat.de
- www.bundesregierung.de/Webs/Breg/DE/Themen/Nachhaltigkeitsstrategie/_node.html

WELTHUNGER-INDEX 2014 NACH SCHWEREGRAD

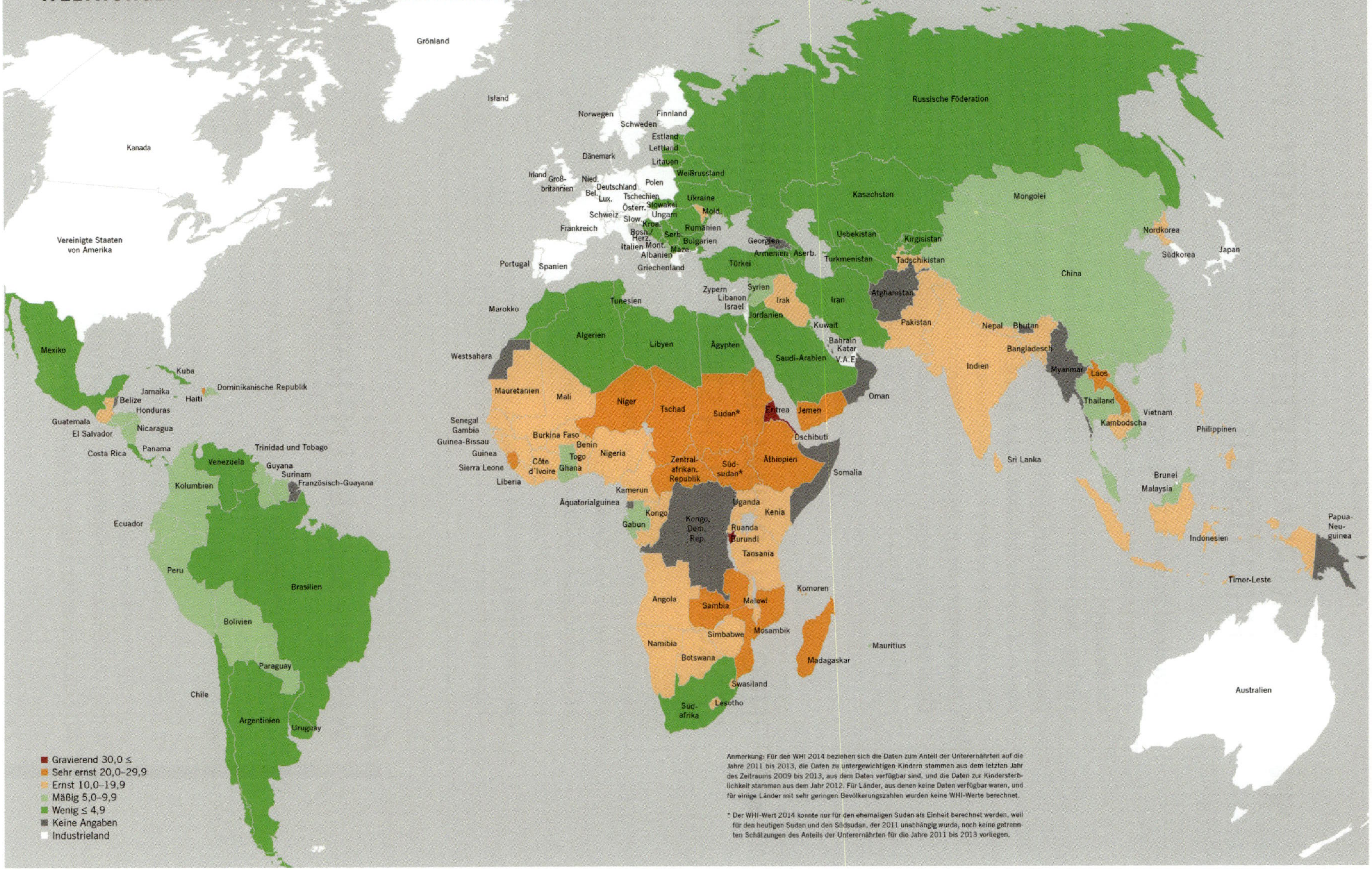

Anmerkung: Für den WHI 2014 beziehen sich die Daten zum Anteil der Unterernährten auf die Jahre 2011 bis 2013, die Daten zu untergewichtigen Kindern stammen aus dem letzten Jahr des Zeitraums 2009 bis 2013, aus dem Daten verfügbar sind, und die Daten zur Kindersterblichkeit stammen aus dem Jahr 2012. Für Länder, aus denen keine Daten verfügbar waren, und für einige Länder mit sehr geringen Bevölkerungszahlen wurden keine WHI-Werte berechnet.

* Der WHI-Wert 2014 konnte nur für den ehemaligen Sudan als Einheit berechnet werden, weil für den heutigen Sudan und den Südsudan, der 2011 unabhängig wurde, noch keine getrennten Schätzungen des Anteils der Unterernährten für die Jahre 2011 bis 2013 vorliegen.

INFO 2: KERNASPEKTE DES KONZEPTS VON »NACHHALTIGKEIT«

- **Zukunftsfähigkeit:** Intergenerationale Gerechtigkeit und Bewahrung der natürlichen Lebensgrundlagen, Bekämpfung von Krankheiten und Schutz vor Katastrophen
- **soziale Aspekte:** Intragenerationale und globale Gerechtigkeit, Befriedigung der Grundbedürfnisse und Armutsbekämpfung, Chancengerechtigkeit, Partizipation und sozialer Zusammenhalt statt Ausgrenzung und Ausbeutung
- **Ökonomie:** Wettbewerbs- und Innovationsfähigkeit, Verbesserung der Lebensqualität und gesellschaftliche Wohlfahrt
- **Ökologie:** Klima- und Umweltschutz, Biodiversität, schonender Umgang mit natürlichen Ressource

INFO 3: »NACHHALTIGKEIT« IM POLITISCHEN SPRACHGEBRAUCH STEHT FÜR:

- eine Vision des Verhältnisses von Mensch und Natur, von Individuen und Gesellschaft
- ein internationales, politisches Aktionsprogramm
- ein Leitbild für die Politik
- ein potenzielles Politikfeld (Ressort) von Regierungen
- Handlungsmaxime und konkrete Strategien

WISSEN • BEGREIFEN • HANDELN

1. Hinterfragt den Begriff der »Öko-Diktatur« kritisch. In welchem Kontext und von welchen Akteuren wird dieser häufig verwendet? Gegen wen oder was richtet sich der Begriff?

2. Setzt euch gemeinsam mit den Postulaten »selbst denken«, »quer denken« und »sich einsetzen« der Autorin auseinander. Greift dabei auf ganz konkrete Alltagssituationen und einfache Beispiele zurück. Was erschwert aus eurer Sicht die Anwendung dieser Eigenschaften?

3. Informiert euch über die Aufgabenfelder und über das Anliegen des »Rates für Nachhaltige Entwicklung«. Recherchiert dazu im Internet.

4. Die beständige Wiederholung der Frage »Was brauche ich wirklich?« führt die Autorin als ersten Schritt an, welcher in Konsumgesellschaften zu einer nachhaltigeren Lebensweise führen kann.

a) Durchdenkt mit Hilfe dieser Fragestellung unterschiedliche Situationen aus eurem Alltag.

b) Erarbeitet in Kleingruppen Fragen, um 1. das Wohlbefinden, 2. den Reichtum in Form von »Zeitwohlstand« und 3. die gefühlte Autonomie von Menschen in Konsumgesellschaften zu ermitteln oder gar zu messen. Überlegt euch individuelle Wege, diese drei Werte zu steigern und darüber einen genügsamen, bodenständigen Lebensstil attraktiver zu gestalten. Diskutiert eure Ideen dazu im Plenum.

© Klaus Fahlbusch

c) Hinterfragt in diesem Zusammenhang die Mechanismen der »grünen« Werbeindustrie und Werbebotschaften für »nachhaltige« Produkte anhand konkreter Fallbeispiele.

d) Welche Möglichkeiten und Pflichten haben aus eurer Sicht Politiker, um die Bürger zu einem genügsameren Lebensstil zu ermutigen und die Produktwerbung transparenter zu machen? Oder folgen Politiker vielleicht ganz anderen Regeln und Interessen, als vom Rat für nachhaltige Entwicklung postuliert? Diskutiert diese beiden Fragen intensiv.

5. Eine Annäherung an die Grundsätze und Ziele der Nachhaltigkeits-Definition der Brundtland-Kommission würde einen fundamentalen Wandel in der globalisierten Wirtschaftswelt bedingen.

a) Setzt euch damit auseinander. Welche groben Rahmenbedingungen und welche grundlegenden Denkweisen müssten sich verändern? Recherchiert dazu im Internet und verschafft euch einen ersten Überblick. Zu welchen Ergebnissen kommt ihr?

b) Könnt ihr einige Auswirkungen nennen, die unser alltägliches Handeln in diesem Zusammenhang unmittelbar betreffen würden?

6. Die Autorin hält es für unbedingt geboten, den journalistischen Grundsatz von J. Friedrichs: »Mache dich mit keiner Sache gemein …«, auf das Ziel der Nachhaltigkeit zu beziehen. Veranstaltet dazu ein Diskussionsforum an eurer Schule oder in eurem Jugendverband.

a) Wählt ein geeignetes Veranstaltungsmotto für die Forderung der Autorin, z. B. »Kontrovers – Unparteiisch – Grün«, und sucht nach einem Veranstaltungsraum.

b) Überlegt euch, wer auf der Referentenliste eures Forums stehen sollte.

c) Erstellt zu der Veranstaltung ein Plakat und verschickt eure Einladungen, auch an die Lokalpresse!
d) Wie sieht euer Plan zum Ablauf der Veranstaltung aus? Sucht nach geeigneten ModeratorInnen. Vielleicht könnt ihr den Event per Video aufzeichnen lassen. Holt euch Unterstützung beim *youthinkgreen*-Büro.
e) Wertet den Veranstaltungsabend aus und veröffentlicht eure Ergebnisse.

7. Unter der Schlagzeile »Unser Konsum – Was brauche ich wirklich?« führt ihr eine Befragung an eurer Schule durch.

a) Entwerft dazu einen Erhebungsbogen, der folgende Kategorien – Alter, Geschlecht, Wohnort, Kleidung, Wohnung/Zimmer, Körperpflege, Mobilität, Nahrungsmittel, digitale Medien, Kultur, Einstellung zu Markenprodukten und Werbung, Einkaufsverhalten, Auswahlkriterien bei Produkten … – beinhalten könnte. Holt euch beispielsweise Rat bei Studierenden der Sozialwissenschaften oder analysiert das Design von bisherigen Studien mit ähnlichen Fragestellungen.
b) Erstellt einen Ablaufplan für die Befragung. Vielleicht eignet sich auch eine Online-Umfrage mit Tools wie Survey Monkey etc.?
c) Fertigt nach der Erhebung Ergebnislisten an und wertet diese aus. Welche Kernaussagen könnt ihr den Listen entnehmen? Welche Schlussfolgerungen könnt ihr ziehen? Diskutiert eure Evaluierung mit ExpertenInnen.
d) Veröffentlicht eure Aktion ausführlich in der Schülerzeitung. Vielleicht erhaltet ihr Leserbriefe, dann beantwortet diese und ladet eure LeserInnen zu einer Diskussion ein. Sendet uns die Ergebnisse ins *youthinkgreen*-Büro.

8. Nachhaltige Warenkörbe

a) Erstellt ein Infoblatt zum Thema »Nachhaltiger Warenkorb«. Welche Aspekte können und müssen hier eine Rolle spielen?
b) Verteilt eure Ausarbeitung an eurer Schule und in der Kommune (Fußgängerzone, Markt, vor den Einkaufsmärkten). Nutzt dabei die Gelegenheit zu einem Meinungsaustausch.

KANN ES EIN RECHT AUF EIN »GUTES LEBEN« GEBEN?

Von Dr. Thomas Fatheuer

Vor einigen Jahren sorgten zwei Länder in Südamerika, Bolivien und Ecuador, für Aufsehen: Sie schrieben das Recht auf »Gutes Leben« – im Spanischen »Buen Vivir« – in ihre Verfassungen. Doch was hat es damit auf sich?

Bolivien und Ecuador liegen in den Anden, in beiden Ländern befinden sich Teile des amazonischen Regenwaldes. Und in beiden Ländern bilden die Nachfahren der Indigenen – früher wurden sie Indios genannt – einen Großteil der Bevölkerung. In Bolivien bilden sie sogar die Mehrheit. Die Philosophie »Buen Vivir«, die auf Quetschua – der verbreitesten indigenen Sprache – Sumak Kawsay heißt und auf Deutsch mit »Gutes Leben« oder »Gut Zusammenleben« übersetzt wird, hat ihre Wurzeln in den ayllu, den Gemeinden des indigenen Lebens.

2008 wurde Sumak Kawsay als Staatsziel in der Verfassung von Ecuador verankert (in der Präambel und Artikel 3). Als Wegbereiter dafür gilt der Ökonom Alberto Acosta, der damalige Präsident der Verfassungsgebenden Versammlung. 2009 wurde das Konzept unter der Bezeichnung »suma qamaña« (in

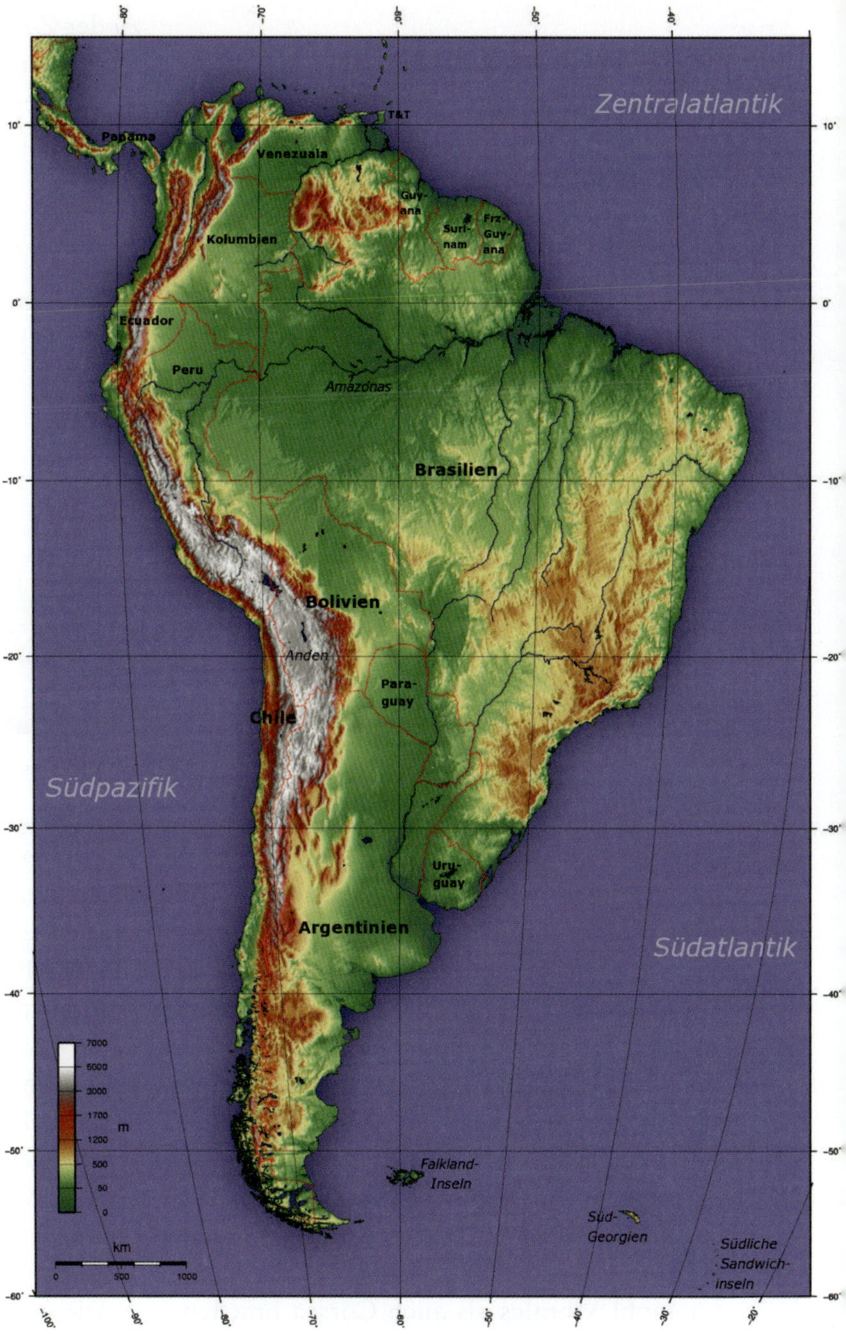

© Captain Blood

der Sprache Aymara) auch in die bolivianische Verfassung aufgenommen (im Teil 1/Titel 1/Kapitel 2/Artikel 8). Aber wie gelangen solche auf indigenen Traditionen beruhenden Konzepte in moderne Verfassungen? Und ist das mehr als nur eine verrückte Idee? Kann ein moderner Staat tatsächlich ein gutes Leben garantieren? Um diese Fragen zu beantworten, müssen wir zunächst einen Blick in die Geschichte der Länder Ecuador und Bolivien werfen.

Ein schweres Erbe und neue Anfänge

Südamerika wurde 1494 von den kolonialen Mächten Spanien und Portugal erobert und unterworfen. Die indigenen Kulturen und Sprachen wurden unterdrückt. Ganze indigene Volksstämme starben an den Folgen von Gewaltausübung und an Krankheiten, die die Kolonisatoren aus Europa mitbrachten. Auch nachdem Ecuador und Bolivien Mitte des 19. Jahrhunderts die formale Unabhängigkeit erlangten, waren kriegerische Auseinandersetzungen, Unterwerfung und Gewalt an der Tagesordnung. Die Länder galten im 20. Jahrhundert aus westlicher Perspektive als arm und »unterentwickelt«.

In den 1980er- und 1990er-Jahren hatten die Länder mit hohen Verschuldungsraten, politischen Unruhen und Inflation zu kämpfen. Die Regierungen wurden bei ihren Versuchen, politische und wirtschaftliche Stabilität und einen größeren Wohlstand zu erreichen, stark von Vorgaben internationaler Organisationen, wie etwa dem Internationalen Währungsfonds (IWF), beeinflusst. Soziale Reformen blieben dabei auf der Strecke, Besitz und Einkommen waren zu Beginn des Jahrtausends in der Bevölkerung extrem ungleich verteilt. Die tiefgreifenden, gesellschaftlichen Umwälzungsprozesse begannen mit den Wahlsiegen von Evo Morales in Bolivien (2006) und Rafael Correa in Ecuador (2007).

Sowohl Morales als auch Correa brachen mit der als neoliberal bezeichneten Politik ihrer Vorgänger. Sie erhöhten die Staatseinnahmen erheblich, insbesondere aus Öl- und Gasexporten, und finanzierten Sozialprogramme für die Ärmsten. Während zu »neoliberalen« Zeiten, unter dem Einfluss des IWF, der Abbau staatlicher Hilfen als Gebot der Stunde galt, griff nun der Staat wieder stärker in die nationalen Entwicklungspolitiken ein. Die Ergebnisse konnten sich sehen lassen. Die Zahl unterernährter Personen in Bolivien ist im Vergleich zu der Zeit vor der Regierung Morales auf ein Drittel zurückgegangen.

Zu den großen nachweisbaren Erfolgen gehört auch eine reduzierte Armutsrate. Laut Berichten der UN ist die Zahl der extrem armen Menschen in Ecuador, die weniger als 1,25 US-Dollar am Tag für ihren Lebensunterhalt zur Verfügung haben, von 19,4 Prozent (2002) auf 10,1 Prozent (2011) zurückgegangen. Kein Wunder also, dass beide Präsidenten inzwischen zweimal wiedergewählt wurden, also auch nach vielen Jahren in der Regierung große Beliebtheit, insbesondere bei der armen Bevölkerung, genießen. Die Tatsache, dass in Bolivien mit Evo Morales zum ersten Mal ein indigener Repräsentant zum Präsidenten gewählt wurde, hat zudem einen immensen symbolischen Wert.

Evo Morales © Valter Campanato/ABr.

Die Aufnahme von Buen Vivir in die Verfassungen von Ecuador und Bolivien unterstreicht den Bruch der Länder mit ihrer kolonialen und neoliberalen Vergangenheit. Sie ist Teil des Versuchs, eigene Lösungen für ihre Probleme zu finden und einen Weg zu gehen, der sich auf ihre uralten Traditionen beruft, anstatt sich ausschließlich an den Vorgaben internationaler Organisationen oder westlicher Länder zu orientieren. Europa und die USA werden nicht länger als Vorbild betrachtet – denn die Menschen in Lateinamerika haben auch die Schattenseiten der Entwicklungsmodelle industrialisierter Länder erkannt, welche häufig die Zerstörung der Natur in Kauf nehmen.

Buen Vivir – mehr als Sozialpolitik

Eine weitere wichtige Neuerung, die mit der Aufnahme des »Buen Vivir«-Konzepts in die Verfassungen beider Länder einherging, war die Stärkung der Rechte der indigenen Bevölkerung. Bolivien und Ecuador bezeichnen sich nun als plurinationale Staaten, als Staaten, in denen die verschiedenen Bevölkerungsgruppen gleichberechtigt zusammenleben (müssen). Indigene Völker haben nunmehr das Recht, die eigene Sprache zu sprechen und in Schulen in dieser Sprache unterrichtet zu werden. Sie können auch die eigenen Traditionen der Rechtsprechung ausüben – solange sie dabei nicht gegen die Menschenrechte verstoßen. Auch die Landrechte für Indigene werden in den neuen Verfassungen garantiert.

Buen Vivir – nach der Tradition der indigenen Völker – stellt das gute Zusammenleben in Gemeinschaften und mit der Natur in den Mittelpunkt. Beim Buen Vivir geht es nicht um das gute Leben aus individueller Perspektive, es geht nicht darum, besser zu leben und mehr zu haben als die anderen, sondern um die Erhaltung oder Verbesserung der Qualität des Zusammenlebens mit allen anderen Lebewesen. Buen Vivir beruft sich auf Traditionen, auf eine Vergangenheit, die noch in der Gegenwart wirkt. Zudem bezieht sich diese Kosmovision auf einen Idealzustand, nicht auf eine real existierende Wirklichkeit. Doch mit der gesetzlichen Verankerung des Buen Vivir, verstanden als »Zusammenleben in Vielfalt und Harmonie mit der Natur«, wie es in der Präambel der ecuadorianischen Verfassung heißt, sind die beschriebenen, realen Veränderungen eng verbunden.

Rechte der Natur anerkennen

Während die christliche, abendländische Tradition durch den Leitgedanken »Macht euch die Erde untertan« geprägt ist, wird in Südamerika die Natur als eine Art Mutter verehrt. Die Pachamama ist eine allmächtige

Pachamama-Statue © Carlos A. Barrio

UNSER AUTOR

Dr. Thomas Fatheuer (* 1953) ist Sozialwissenschaftler, Publizist und freier Berater. Er hat fast zwanzig Jahre in Brasilien gelebt und war bis 2010 Büroleiter der Heinrich-Böll-Stiftung in Rio de Janeiro. Sein aktuelles Buch heißt: »Neue Ökonomie der Natur«.

Gottheit, die das Leben schenkt und die Bewohner der Erde ernährt. Die Verfassung von Ecuador beruft sich ausdrücklich auf Pachamama, die »das Leben reproduziert und realisiert« (Art. 72). Aufbauend auf dieser Vorstellung von Pachamama wurde in den Verfassungen von Ecuador und Bolivien der Grundsatz verankert, dass die Natur Rechte hat.

Diese Idee – auch wenn sie manchem absurd erscheinen mag – wird in vielen anderen Kulturen hochgehalten und inzwischen auch in Europa diskutiert. Konkret hieße das zum Beispiel, dass bei der Planung eines Großprojekts, etwa dem Bau eines Staudammes oder einer Fernverkehrsstraße, die Rechte von Anwohnern berücksichtigt werden müssten. Und auch der Anspruch der Natur auf Unversehrtheit und das Lebensrecht der Tiere müsste dann in den Entscheidungs- und Planungsprozess einbezogen werden. Indirekt wurden bestimmte Rechte der Natur bereits sogar schon in europäischen Rechtssystemen verankert, etwa durch festgeschriebene Ziele staatlicher Umweltpolitik wie den Schutz bedrohter Arten und die Erhaltung von Biodiversität. Auch von zivilgesellschaftlichen Gruppen und Organisationen in der westlichen Welt, wie etwa PETA, wird Tieren eine eigene Würde zugestanden, die es zu achten gelte.

Ein kurzer Realitätscheck

Die Aufnahme des Buen Vivir in die Verfassungen von Ecuador 2008 und in Bolivien 2009 hat dort keine »paradiesischen« Zustände herbeigeführt – das war auch nicht zu erwarten. Und trotz der großen Erfolge bei der Armutsbekämpfung sind diese Länder weiterhin durch soziale und ökologische Konflikte geprägt. Das Buen Vivir konkurriert in der Tagespolitik mit vielen anderen Prinzipien und Projekten der Regierungen. So hat der Bau einer Straße durch das Amazonasgebiet in Bolivien zu gewaltsamen Protesten von indigenen Gruppen aus der betroffenen Region Tipnis geführt.

In Ecuador hat die Regierung den Vorschlag von sozialen Bewegungen aufgegriffen, das Erdöl in einem Regenwaldgebiet, dem Yasuni Park, nicht zu fördern. Bedingung dafür sollte eine angemessene Entschädigung durch die internationale Gemeinschaft sein – die Hälfte der zu erwartenden Erdöleinnahmen. Der Nutzen für das Klima und die Ökosysteme wäre groß gewesen, aber trotz einer beträchtlichen internationalen Unterstützung kam die von der Regierung geforderte Summe nicht zusammen, und die Initiative ist gescheitert.

Können Ecuador und Bolivien einen eigenen Weg finden, der nicht das Modell der industrialisierten Länder kopiert, aber dennoch ein »Gutes Leben« ermöglicht? Das Konzept des Buen Vivir bietet keine endgültigen Antworten auf diese Frage. Im Gegenteil: Die Diskussionen über diese Lebensphilosophie der indigenen Gemeinschaften tragen dazu bei, dass diese Frage erneut gestellt wird. Der Bruch mit der kolonialen Vergangenheit, der Versuch, neue Wege zu gehen, die Aufwertung der eigenen Traditionen – all diese Prozesse sind fundamental mit der Idee eines guten Lebens verknüpft.

Es ist ganz offensichtlich, dass Verfassungsinhalte nicht von einem Tag auf den anderen umgesetzt werden können. Die Verfassungen Ecuadors und Boliviens verstehen sich explizit als »transitive Verfassungen«, die eine Art »road map« (Zitat: Alberto Acosta) für Veränderungen formulieren und nicht eine Beschreibung gesellschaftlicher Realität liefern. Und auch wenn die Regierungen beider Länder nicht immer den hohen Idealen des Buen Vivir nachkommen, indigene Gruppen und Umweltorganisationen konnten dank der neuen Verfassungen ihre Verhandlungsposition stärken.

Buen Vivir – überall umsetzbar?

Die Entwicklungen in Ecuador und Bolivien werden international von vielen Ländern aufmerksam verfolgt. Die Idee des Buen Vivir trifft den Nerv einer weltweiten Debatte rund um die Frage, wie lange es Wachstum geben kann und ob die Idee von Entwicklung nicht grundsätzlich überdacht werden sollte. Denn die Gefahren für das Klima, die Natur und die Menschheit, welche mit dem Wirtschaftswachstum der Industrie- und Schwellenländer einhergehen, sind überdeutlich geworden. Da macht es Mut, dass Lösungsansätze nicht nur aus dem »reichen Norden« kommen, sondern auch in Ländern wie Bolivien und Ecuador initiiert wurden und internationale Kreise ziehen.

Auf den Weltsozialforen 2009 und 2010 in Brasilien wurde ein Aufruf zum »Guten Leben« verabschiedet und Buen Vivir als alternatives Konzept international breit diskutiert. Buen Vivir lenkt den Blick auf die wesentliche Erkenntnis, dass die Haltung des »Immer-mehr-Wollens« nicht zukunftsfähig ist. Stattdessen brauchen wir ein neues Verständnis davon, was wir unter einem guten Leben verstehen sollten.

INFO: ZENTRALE ASPEKTE DES KONZEPTS BUEN VIVIR:

- Gut Leben heißt nicht, mehr zu haben. Das erstrebenswerte Gut ist nicht die materielle Fülle, sondern die Qualität des Zusammenlebens.

- Buen Vivir stellt das Verhältnis zur Natur in den Mittelpunkt. Gut Leben heißt auch, gut mit der Natur zusammenzuleben, Lebensräume zu erhalten, Ressourcen wie Wälder und den Fischbestand nicht zu übernutzen, sondern zu schützen.

- Das Prinzip der Reziprozität oder der gegenseitigen Hilfe ist zentral, sowohl in der Beziehung der Menschen untereinander als auch in der Beziehung des Menschen mit der Natur. Anstatt starker Hierarchie, Klassen oder Oben-Unten-Denken und der damit verbundenen Ab- und Ausgrenzung strukturieren wechselseitige und gleichwertige, sich gegenseitig stützende Beziehungen die Gemeinschaften von Menschen.

- Buen Vivir bietet einen Gegenentwurf zur Idee einer linearen Entwicklung von A nach B und dem Wunsch nach stetigem Wachstum. Stattdessen verfolgen die Anhänger des Buen Vivir das Ziel, einen harmonischen Zustand, ein Gleichgewicht von Geben und Nehmen, zu schaffen bzw. zu bewahren.

Buen Vivir wirft viele Fragen auf, die der ehemalige Bundespräsident Horst Köhler in seiner Begrüßungsrede zur Podiumsdiskussion »Zukunft der Moderne« einmal so formulierte:

- »Wie viel Individualismus tut uns gut – und ab wann schlägt er um in zerstörerischen Egoismus?
- Welche ethischen Leitplanken brauchen Wissenschaft und Wirtschaft – und wer kann sie setzen?
- Was heißt Fortschritt – und welchem Ziel sollte er dienen?«

Das Buen Vivir ist keine neue Heilslehre, die uns allen vorgeben will, was ein gutes Leben ist. Jede Gemeinschaft und jede Nation muss dies selbst definieren, und sie muss dabei vor allem die Solidarität untereinander und die Harmonie mit der Natur anstreben – das ist die zentrale Botschaft des Buen Vivir.

AUS DER POLITISCHEN PRAXIS: MIT »BUEN VIVIR« NEUE WELTEN ERSCHAFFEN

Von Alberto Acosta[1]

Das Konzept des »Buen Vivir« bot uns im Jahr 2008, im Rahmen der verfassungsgebenden Versammlung in Ecuador, die Möglichkeit, die gesellschaftliche Entwicklung des Landes in eine neue Richtung zu lenken. In diesem Kontext, also der Suche nach einer neuen Gesellschaftsordnung, konnten die Auffassungen der indigenen Urvölker von Abya Yala (so wurde Amerika vor der Hispanisierung genannt) aufblühen und verschmolzen dabei zum Teil mit globalisierungs- und wachstumskritischen Ideen. Buen Vivir als Staatsziel in die ecuadorianische Verfassung zu schreiben, bildete für uns den Versuch, die Lebensweise der indigenen Gemeinden zu bewahren und sie in moderne Gesellschaftsformen zu integrieren, ohne sie dabei idealisieren zu wollen.

Buen Vivir ist aber bei weitem keine lateinamerikanische Erscheinung und auch kein Hirngespinst der Politik der andinischen Länder Anfang des 21. Jahrhunderts, sondern Teil der Jahrtausende währenden, weltumspannenden Suche nach Lebensweisen des Menschen in

1) Übersetzung von Thomas Lozano im Rahmen der PerMondo-Initiative. PerMondo wird von der Übersetzungsagentur Mondo Agit unterstützt. Redaktionelle Bearbeitung: *youthinkgreen.*

Freiheit und im Einklang mit seinen Mitmenschen und der Natur. Ähnliche Vorstellungen eines guten Lebens lassen sich schon bei Aristoteles und anderen Philosophen auf der ganzen Welt finden. Besonders an der Weltanschauung des Buen Vivir ist aus unserer Sicht, dass sie von isoliert lebenden Gruppen stammt und daher nicht von den großen geistigen Strömungen der Weltpolitik und der Weltwirtschaft beeinflusst war, weder vom westlichen Kapitalismus noch von den verschiedenen Spielarten des Sozialismus.

Auch wenn in Ecuador und in Bolivien die philosophischen Überzeugungen des guten Lebens in die Verfassung übernommen wurden, bedeutet das noch lange nicht, dass »Buen Vivir« dort auch praktiziert wird. In den aktuellen politischen Diskursen spielt das »Buen Vivir« nach wie vor eine untergeordnete Rolle und wird bisweilen sogar totgeschwiegen.

Es ist aber weiterhin ein Modell, das hilft, dominante Entwicklungstheorien und die westlichen Wege zum Fortschritt zu überdenken und Alternativen zur Wirtschafts- und Lebensweise in den Industriestaaten zu finden. Denn das derzeitige weltweite System fördert eine schlechte Entwicklung, die sich stark an der Ansammlung von materiellen Gütern orientiert und durch andere, komplexere Auffassungen von Reichtum und Armut ersetzt werden muss. Buen Vivir umfasst vielfältige Philosophien einer menschlichen Entwicklung in und mit der Natur: die Vorstellung von einem Leben, das sich in ständiger Konstruktion und Reproduktion befindet. Weitere Kernaspekte des Buen Vivir bilden das Miteinander-Teilen von Ressourcen und Gaben und eine Offenheit für andere kulturelle Einflüsse und zivilisatorische Fortschritte.

So ein zivilisatorischer Wandel im Sinne des Buen Vivir vollzieht sich allerdings nicht von allein. Dazu benötigen wir einen sozio-biozentrischen Ansatz, auf dessen Grundlage wir der Natur Rechte zugestehen und sie nicht mehr als bloßes Besitztum betrachten. Dem liegt das Verständnis zugrunde, dass alle Lebewesen den gleichen Wert haben, was allerdings nicht bedeutet, dass alle gleich sind.

Die Rechte der Natur zu verankern und zu schützen, bedingt eine neue Definition von Staatsbürgerschaft, die sich auf einem sozialen sowie auf einem ökologischen Fundament gründet und das bisherige westliche Gerechtigkeitsverständnis erweitert.

UNSER AUTOR

Alberto Acosta (* 1948): Ecuadorianischer Wirtschaftswissenschaftler und Intellektueller; 2007 Minister für Energie und Bergbau; 2008 Präsident der Verfassungsgebenden Versammlung in Ecuador; 2013 Präsidentschaftskandidat der Partei Pachakutik; Professor an der Facultad Latinoamericana de Ciencias Sociales.

© Alberto Acosta

WISSEN • BEGREIFEN • HANDELN

1. »Buen Vivir« (gutes Zusammenleben) wurde als Staatsziel in den Verfassungen von Bolivien und Ecuador verankert.

a) Welche Umstände und Gegebenheiten haben diesen ungewöhnlichen Vorgang ermöglicht?

b) Welche Signale und Neuerungen gehen von der Aufnahme des »Buen Vivir«-Konzepts in die Verfassung aus? Setzt euch damit auseinander.

c) Grenze den aktuellen Politikstil dieser beiden Länder von einer neoliberalen Politik ab.

d) Was unterscheidet das »Buen Vivir« in der Gemeinschaft von einem guten Leben aus individueller Perspektive?

e) Was sind plurinationale Staaten?

2. In Südamerika wird die Natur als eine Art Mutter verehrt.

a) Was ist »Pachamama«? Recherchiert dazu auch im Internet.

b) Erläutere die Konflikte bei der Einhaltung der in den südamerikanischen Verfassungen verankerten Rechte der Natur an Beispielen. Wie fällt euer Meinungsbild dazu aus?

c) Inwiefern gibt es vage Anknüpfungspunkte vom »Buen Vivir«-Konzept in europäischen Rechtssystemen? Sollten wir es dabei bewenden lassen oder benötigen wir eine stärkere, rechtliche Verankerung zum Schutze der Natur? Führt dazu eine Pro-Kontra-Diskussion durch.

3. Was hat das Konzept des »Buen Vivir« in diesen beiden Andenstaaten bewirkt? Wozu steht das »Buen vivir« bei der aktuellen Tagespolitik in Konkurrenz?

4. Kann ein solches Konzept auch für andere Staaten oder Gemeinschaften ein wertvolles und realistisches Leitbild oder gar ein praxisorientiertes Modell bieten? Wenn ja, unter welchen Umständen?

© Padmanaba01

5. »Buen Vivir« – eine neue oder altbekannte Kosmovision?

a) Diskutiert die zentralen Aspekte des »Buen Vivir« ausführlich in eurer Gruppe.

b) Welche Gedanken, Anregungen und Zielsetzungen des »Buen Vivir« könnten dein Leben bereichern und sollten in unserer Gesellschaft verstärkt verankert werden?

c) Lest euch das Plädoyer von Alberto Acosta nochmals gut durch. Wie könnte die von ihm geforderte »neue Staatsbürgerschaft« aussehen, um die Rechte der Natur besser zu schützen? Welche Veränderungen in eurem Alltag würde das bedingen? Erarbeitet dazu ein Positionspapier.

6. »Die Natur hat auch Rechte – nicht nur wir!«, könnte euer Appell lauten. Diese Thematik der Verankerung der Rechte der Natur in einer Ausstellung der ganzen Schule publik zu machen, könnte für euch ein erstrebenswertes Ziel sein.

© Erwin Thoma

DER WALD – EIN PERFEKT EINGESPIELTES TEAM

Von Dr. Erwin Thoma

Bäume haben ihre ganz eigene Sprache. Über das Absondern von Duftstoffen und über biochemische Prozesse können sie sich gegenseitig vor Gefahren warnen, wie etwa beim Befall des Borkenkäfers. Sie teilen Nährstoffe fair mit ihrem Nachwuchs und tauschen sich über das Wetter aus. Ich verstehe Bäume als soziale Wesen, die ihre Stärken und ihr Wissen zugunsten ihrer Baumnachbarn einsetzen und im gegenseitigen Geben und Nehmen eine Partnerschaft auf Augenhöhe pflegen, ganz so, wie es idealerweise unter den Schülern einer Klasse, in einer gut eingespielten Fußballmannschaft oder einer Dorfgemeinschaft der Fall sein sollte.

Viele Schüler, die von Klassenstufe zu Klassenstufe ihre Vorbereitung auf das spätere Leben durchlaufen, hören von Eltern oder Lehrern oftmals folgende Warnung: »Streng dich in der Schule an, denn ohne gute Noten und ein anständiges Zeugnis sind deine Chancen, später einen Ausbildungs- oder Studienplatz zu finden, viel geringer.« Der Konkurrenzdruck im Wettkampf um gute Zensuren ist hart. Gelernt wird fast nur für Klassenarbeiten und Klausuren, die Eltern zahlen Nachhilfestunden, die Jugendlichen opfern einen Großteil ihrer Freizeit und vernachlässigen ihre Freundschaften und Hobbys. Und das alles für den vermeintlichen Erfolg in einem auf Gleichförmigkeit und Leistung getrimmten Schulsystem.

Ist es wirklich das Beste für unsere Gesellschaft, wenn Lehrer Schülern mit einem Einserdurchschnitt die Türen für eine Bildungskarriere öffnen? Welche Wege und Entfaltungsmöglichkeiten bleiben dabei für mittelmäßige oder schlecht benotete Schüler verschlossen?

Hat sich jemand um die Talente dieser jungen Menschen gekümmert und diese wertgeschätzt und gefördert? Ist ein Schüler, der besonders hilfsbereit, freundlich und mitfühlend ist, nicht genauso wichtig für eine Klasse wie ein Mathematik-Ass? Kommen die Fähigkeiten von Jugendlichen, die ein großes Herz für Pflanzen, Tiere, die Musik oder die Malerei haben, im Schulalltag überhaupt zum Tragen?

Die vielfältigen Talente der Bäume

Ich möchte an dieser Stelle keine vorschnellen Antworten geben, sondern meinen Lesern lieber einen Einblick in das Pflanzenreich und die Welt der Wälder offenbaren. Vielleicht kommt dem einen oder anderen dieser thematische Schwenk zunächst komisch vor. Wer aber genauer hinschaut, wird bald entdecken, dass die vielen verschiedenen Bäume im Wald eine ähnliche Gemeinschaft bilden wie die Kinder einer Schulklasse.

Bäume sind, wenn man so möchte, mit höchst unterschiedlichen Talenten ausgestattet. Jeder Baumtyp kann etwas besonders gut, das für alle anderen unerlässlich ist. So gibt es zum Beispiel Bäume, die in den nassesten Sumpf hineinwachsen können. Erlen wurzeln und gedeihen gut im stehenden Wasser und im Morast, wo bei allen anderen Bäumen die Wurzeln abfaulen würden. Im Laufe der Jahre pumpen Erlen die Feuchtigkeit so weit weg, dass nun auch andere Bäume den trockengelegten Sumpf als Lebensraum nutzen können.

Lärchen und Eichen sind als weiteres Beispiel besonders sturmfest. Sie können dank ihrer tiefen und starken Wurzelstränge den

© Erwin Thoma

schlimmsten Orkanen trotzen. Tief verwurzelt und hoch aufragend brechen sie die Kraft des Windes, so dass auch Schwächere unbeschadet durch die Unwetter kommen. Fichten hingegen sind sogenannte Flachwurzler und werden leicht von Stürmen umgeworfen. Wenn sie im Wald von tiefwurzelnden Lärchen umgeben sind, leben sie sicherer und länger.

Außerdem gibt es Bäume, die deshalb so wertvoll und nützlich sind, weil ihr Laub besonders nährstoffreichen Humus bildet, der für alle Pflanzen und Tiere einen reich gedeckten Tisch an Nährstoffen auf dem Waldboden hinterlässt. Die Rotbuche wird deshalb von Förstern auch »fürsorgende Mutter des Waldes« genannt. Ihr kostbarer Humus bildet die »Kraftspeise« für alle anderen Waldpflanzen. Es gibt Bäume wie die Zirbe, die in der eisigsten Kälte überleben und im höchsten Gebirge Wälder bilden, in denen Gämsen den bitterstrengen Winter überleben. Andere, wie zum Beispiel Kiefern – auch Föhren genannt –, überstehen Trockenheit und Hitzeperioden auf kargen und steinigen Schotterböden an sonnenbeschienenen Südhängen.

»Pionierpflanzen«

Nach Naturkatastrophen, wenn die Bodenerosion einen Großteil des Humus vernichtet hat, hilft die Natur sich mit »Pionierpflanzen«. Diese sind besonders schnellwüchsig, genügsam und anpassungsfähig an extreme Bedingungen, so zum Beispiel Birken, Erlen, Ebereschen und Weiden. Es ist ihre Aufgabe, die Böden zu bewahren und sie aufzubereiten, um sie dann an andere Baumarten zu übergeben. Durch die besondere Schnelligkeit und Wendigkeit beim Besiedeln solcher Orte sind die Pioniere meist aber auch besonders kurzlebig. Wer am schnellsten losläuft, dem geht als Erstem die Luft aus.

Die Aufzählung der besonderen Fähigkeiten von Bäumen kann ein ganzes Buch füllen. Aber allein an den wenigen Beispielen sehen wir, dass die besondere Qualität und das Können von einzelnen Arten für alle anderen unglaublich wertvoll sind. Im Wald kommt niemand so schnell auf die Idee zu behaupten, die Erle, die uns die Sümpfe trockenlegt, sei wichtiger als die Tanne, die allen Böden genug Nährstoffe bietet. Nein, ohne Bewertung, ohne Benotung sind alle, ausnahmslos alle, gleich gut, gleich viel wert und gleich wichtig. Es geht einzig und allein darum, dass jeder Baum seinen Platz an der Stelle einnimmt, an dem er seine Fähigkeiten ausleben und in den Dienst aller anderen – in den Dienst des ganzen Waldes – stellen kann. Der Wald gleicht, wenn man so will, einer gut eingespielten Fußballmannschaft: Elf Tormänner können genauso wenig ein Match gewinnen wie elf Stürmer auf dem Feld. Die Kunst eines guten Försters ist es daher, den Boden, das Klima und alle Anforderungen auf seinen Standorten zu erkennen. Für diese Anforderungen muss er dann die Mannschaft aus den entsprechenden Baumarten wählen.

Die Bäume haben sich evolutionär so entwickelt, dass sie gute Nachbarschaft, Kooperation und sogar Freundschaften pflegen. Nur so konnten sie es über die Jahrhunderte schaffen, eine stabile Lebensgemeinschaft zu bilden. Nur so überleben sie Hitze und Kälte, Trockenheit und Hochwasser, Blitz und Hagel. Freundschaften unter Bäumen, das klingt märchenhaft und unwirklich. Jüngste wissenschaftliche Forschungsergebnisse zeigen uns aber erstaun-

UNSER AUTOR

Dr. Erwin Thoma (* 1962): Österreichischer Förster, Publizist und Leiter einer Holzbaufirma. Er baut Häuser, die ausschließlich aus Holz bestehen, also ohne Leim, Nägel und Chemikalien auskommen. Sein Buch »Die geheime Sprache der Bäume« ist ein Bestseller.

© Klaus Fahlbusch

liche Fähigkeiten von Bäumen. Zum Beispiel kommunizieren Bäume eifrig untereinander. Sie tun es nur mit einer Sprache, die wir Menschen bisher nicht hören konnten.

Mittlerweile haben Biologen Wege gefunden, die Bäume dabei mittels elektrischer Geräte, Sonden und Sensoren zu belauschen. Die so aufgenommenen Ultraschallsignale werden elektronisch in Schall umgewandelt und ergeben ganz unterschiedliche Klick- und Knackgeräusche. Biologen nennen diesen Vorgang »sonifizieren«. Sie entschlüsseln die Geräusche und können dann zum Beispiel hören, dass eine Kiefer gerade Durst hat, wenn der Wasserfluss von den Wurzeln zu den Nadeln abreißt und dabei kleine Knaller im Ultraschallbereich entstehen.
Förster und Biologen wissen schon lange, dass Bäume, die von ihrem ursprünglichen Standort an einen anderen verpflanzt werden, einen »Versetzungsschock« erleiden. Sie können mit den Bäumen in fremder Umgebung erst nach etwa acht Monaten kommunizieren. Im Falle einer Rückversetzung des Baumes an seinen angestammten Platz innerhalb der ersten zwei bis drei Monate gelingt der Informationsaustausch schnell wieder, denn sie haben ihre gemeinsame Baumsprache in dieser Zeitspanne noch nicht vergessen. Das ist vergleichbar mit den Erfahrungen, die wir Menschen in fremden Ländern machen, in denen wir die Sprache nicht beherrschen und einen »Kulturschock« bekommen.

Das »Wood Wide Web«

Die Wurzeln der meisten Pflanzen und Bäume stehen durch so genannte Mykorrhizen miteinander in Verbindung – das sind riesige unterirdische Netze symbiotisch verflochtener Wurzeln und Pilze. Im Wald können sie Bäume über eine Entfernung von 30 Metern miteinander verbinden, und über dieses Netz schicken sich Bäume mittels biochemischer Reize wichtige Informationen zu. Wenn zum Beispiel eine Fichte vom gefährlichen Borkenkäfer überfallen wird, informiert sie sofort die Baumnachbarn darüber, damit diese rechtzeitig Abwehrstoffe gegen die Borkenkäfer erzeugen können. Diese Informationen laufen sowohl über Duftmoleküle in der Luft – so genannte flüchtige organische Verbindungen – als auch über das Wurzelnetz im Erdreich. Bäume haben also bereits lange vor uns Menschen das www (hier: wood wide web) erfunden, ein Netzwerk, über das sie sich leicht austauschen können. Gefahren werden angekündigt, das gemeinsame Überleben wird organisiert.

Ein perfekt gedeckter Tisch

Bäume sind sozial handelnde Wesen! Das zeigt sich auch daran, dass sie voller Fürsorge für den »Baumnachwuchs«, der aus dem eigenen Samen gekeimt ist, einstehen: Solange unter jungen Bäumen noch keine eigenen Nachkommen, keine eigenen Kinder stehen, versuchen sie, im Wettbewerb mit den Nachbarn so schnell wie möglich zu wachsen. So rasch es nur geht, werden Nährstoffe dem Boden entnommen. Sobald aber aus den eigenen Samen die Kinder keimen, beginnt der alte Baum seine

© Erwin Thoma

Nährstoffaufnahme zu drosseln und den gedeckten Tisch sozusagen mit den Kindern zu teilen. All diese Beispiele sind nur ein kleiner Ausschnitt aus dem Leben der Bäume. Obwohl es im Reich der Pflanzen auch einen gnadenlosen Wettlauf um Sonnenlicht, Wasser und Nährstoffe gibt, bauen sie am Ende viel mehr auf Zusammenarbeit und Kooperation, und dies nützt ihnen allen.

Die Waldbäume bilden eine Gemeinschaft, in der es Arbeitsteilung und eine perfekte Kreislaufwirtschaft gibt. Es entsteht weder Müll und Abfall. Was ist das von der Natur doch für ein ausgeklügeltes und zukunftsfähiges System im Vergleich zu unserer heutigen Wegwerfgesellschaft! Auch wenn es darum geht, für die nächste Generation eine lebenswerte Welt zu erhalten, zeigen uns die Bäume der Wälder ein wirklich enkelkindertaugliches Konzept.

Wälder als Heilquellen

In den Bäumen sind des Weiteren viele Heilmittel verborgen, die uns Menschen in vielen Situationen Hilfe anbieten. Der Tee aus Lindenblüten etwa hilft bei Erkältungen, er wirkt entzündungshemmend, beruhigend und schleimlösend. Lärchenharz, eine gelblich-bräunliche, honigdicke Flüssigkeit, ist ein altbewährtes Arzneimittel, das beispielsweise in Hautsalben und Lotionen verwendet wird, da es eine durchblutungsfördernde, desinfizierende, wundheilende, wärmende und schmerzlindernde Wirkung hat. Auch bei rheumatischen Beschwerden und der Stimulation der Abwehrkräfte hilft Lärchenharzsalbe. Die Naturheilkunde der Bäume ist bereits heute für viele Menschen eine wertvolle und hilfreiche Ergänzung zur herkömmlichen Schulmedizin.

Bäume sind eine Schatzkiste, die wir nur öffnen müssen. Es lohnt sich, in den Wald zu gehen und unter einem Baum innezuhalten, ihn genau zu beobachten, ihn zu spüren. Wer einen Baum umarmt, die Erde küsst und täglich lacht, lebt in einer Welt mit mehr Vertrauen, Liebe und Dankbarkeit. Wer sich Bäumen anvertraut, der wird von ihnen getragen. Und es lohnt sich, Holz als einen nachwachsenden Rohstoff im

© Gregor Sieböck

INFO

Ein Baum zu sein, so heißt es im Film »Das Geheimnis der Bäume« von Luc Jaquet, bedeutet, »zu leben, ohne sich zu bewegen«. Stattdessen lassen die Bäume ihre Samen jahrelang im Boden schlummern, bis der Moment kommt, in dem sie wieder keimen können.

Bereich Wohnen mehr und mehr in unser Leben einzubeziehen, anstelle belastender Kunststoffe.

Uns Menschen gibt es seit etwa fünf Millionen Jahren auf dieser Welt. Bäume jedoch leben seit über 350 Millionen Jahren auf der Erde. Lernen wir von der Weisheit und Überlebenskunst dieser Pflanzen, dann werden wir auch in der Gesellschaft zu gegenseitiger Wertschätzung und Wohlbefinden finden. In Schulen beispielsweise sollten wir die unterschiedlichen Talente und individuellen Fähigkeiten der Schüler anerkennen, Reflexionen anregen sowie Empathie und Austausch untereinander fördern. Als Vorbereitung auf die komplexen Anforderungen des Lebens wäre diese Herangehensweise sicher besser als reines Auswendiglernen für gute Noten.

© Fred Kobsted

Die Weisheit des Mannes Tatanga Mani

»Weißt du, dass Bäume reden? Ja, sie reden.
Sie sprechen miteinander,
und sie sprechen zu dir,
wenn du zuhörst.
Aber die weißen Menschen
hören nicht zu.

Sie haben es nie der Mühe wert gefunden,
uns Indianer anzuhören,
und ich fürchte,
sie werden auch auf die anderen Stimmen
in der Natur nicht hören.
Ich selbst habe viel von den Bäumen erfahren:
manchmal etwas über das Wetter,
manchmal über Tiere,
manchmal über den Großen Geist.«

Tatanga Mani lebte von 1871 bis 1967 und gehörte zum indianischen Volk der Stoney in Kanada.

© Klaus Fahlbusch

WISSEN • BEGREIFEN • HANDELN

1. Bäume sind sozial handelnde Wesen, so der Autor.

a) Was ist damit gemeint? Verdeutliche diese Aussage an Beispielen. Erläutere die wichtigsten Unterschiede zwischen den Pflanzen und sozialen Geschöpfen wie Tieren und Menschen.

b) Inwiefern ist der Vergleich zwischen einer Waldgemeinschaft und einer gut eingespielten Fußballmannschaft zutreffend? Inwiefern hinkt der Vergleich aus eurer Sicht?

c) Welche Rolle spielen bei diesen Vergleichen die Hinweise des Autors in Bezug auf die bestmögliche erzieherische Tätigkeit von Eltern gegenüber ihren Kindern?

2. In verschiedenen Situationen erläutert der Autor, wie die Interaktion der Bäume in der »sozialen Gesellschaft« des Waldes funktioniert.

a) Welche Argumente für seine Annahmen und welche Methoden des Sammelns von Beweisen führt er an?

b) Wenn die Bäume und die Waldgemeinschaft so sehr um Kooperation bemüht sind, wie im Text dargestellt, wozu braucht es dann eigentlich noch Menschen als Förster? Stellt erste Vermutungen darüber an, recherchiert dazu online oder fragt bei einem Forstamt in eurer Umgebung nach.

3. »Bäume sind eine Schatzkiste, die wir nur öffnen müssen«, lautet ein weiteres Zitat aus dem Text.

a) Welche Gaben bzw. Erfahrungen und Weisheiten sind in dieser Schatzkiste verborgen?

b) Welche Wege können wir gehen, um die Kiste zu öffnen und nachhaltig zu Gunsten unserer Gesundheit zu nutzen? Verdeutlicht eure Aussagen an konkreten Alltagsbeispielen.

c) Welchen Nutzen haben wir Menschen noch von den Bäumen, abgesehen vom unmittelbaren Nutzen des nachwachsenden Rohstoffes Holz?

4. Welche Anregungen und Hinweise sollten BürgerInnen und Institutionen, insbesondere die Schulen, von der Kooperationsbereitschaft und dem Kommunikationsverhalten der Bäume aufgreifen und beherzigen?

5. Rollenspiel: »Der Baum – mein Freund.«

»Die vielen verschiedenen Bäume im Wald bilden eine ähnliche Gemeinschaft wie die Kinder einer Schulklasse«, so Thoma. Sein Buch »Die geheime Sprache der Bäume« liefert euch wertvolle Gedanken, Anregungen und Erkenntnisse für das Rollenspiel »Der Baum – mein Freund«. Nach der Lektüre wird es euch leichter fallen, euch in die Rolle des »kühlenden Ahorns«, der »fantasievollen Birke«, der »mütterlichen Buche«, der »mächtigen Eiche«, der »kooperierenden Fichte« … hineinzuversetzen. Alle diese Bäume liefern

einen wichtigen Beitrag zur Naturgemeinschaft, für die Naturheilkunde und für vielfältige Möglichkeiten ihrer Nutzung. Deren Lebensräume, Funktionen und Charaktere schauspielerisch oder mit einem kleinen Animationsvideo darzustellen, könnte für euch eine reizvolle Herausforderung darstellen.

6. »Dear Tree …«

In Melbourne, Australien, wurden vor kurzem 70 000 Bäume mit einer Registriernummer und einer eigenen E-Mail Adresse versehen. Die städtische Försterei kann so die Gesundheit der Bäume besser überwachen – und besonders rasch auf Meldungen von BürgerInnen über mögliche Beschädigungen der zum Teil weit über 100 Jahre alten Pflanzen reagieren. Und viele BewohnerInnen schicken sogar digitale Dankes- und Liebesbriefe an die Bäume und erhalten auch Antworten (welche natürlich von den kreativen MitarbeiterInnen der Försterei stammen).

a) Recherchiert mehr zu dem Projekt. Ist das nur ein simpler Presse-Gag oder steckt mehr hinter der Idee?
b) Beurteilt die Kampagne – lässt sich über solche Aktionen die Naturverbundenheit und das bürgerliche Engagement für den Klimaschutz fördern?
c) Sammelt Ideen, um den Wert des Waldes und die Fähigkeiten der Bäume wieder stärker im Bewusstsein der Menschen in eurer unmittelbaren Umgebung zu verankern. Schreibt ein Gedicht oder organisiert sogar einen Poetry-Slam zum Thema Wald an eurer Schule.

© Erwin Thoma

EIN LEBEN FÜR DEN WALD

Förster Norbert Schmelz im Interview

Bilder: © Norbert Schmelz

Warum Förster keine einsamen Menschen sind und bei ihrer Arbeit stets in langen Zeiträumen denken müssen, erklärt uns Norbert Schmelz (* 1961). Er ist Förster im Forstbetriebsbezirk Stemwede im Regionalforstamt Ostwestfalen-Lippe und Beschäftigter des Landesbetriebs Wald und Holz NRW.

youthinkgreen: Herr Schmelz, was hat Sie daran gereizt, Förster zu werden? Gab es einschneidende Erlebnisse für Ihre Entscheidung?

Schmelz: In meiner Jugend habe ich gerne draußen an der frischen Luft gespielt und gearbeitet. Ich hatte das Glück, dass mich ein Hausmeister aus unserer Nachbarschaft, der das Tischlerhandwerk gelernt hatte und zudem Waldbesitzer war, mit Gartenarbeit, Pflanzen, Holz, Bäumen, aber auch mit Maschinen und Technik vertraut machte. Aus dieser Mischung entstand bei mir der Wunsch, Förster zu werden. Nach der Schule konnte ich in einem einjährigen Praktikum zentrale Fertigkeiten im Wald, vom Holzeinschlag bis zur Pflanzung, kennen lernen. Richtig interessant wurde es dann im Fachhochschulstudium der Forstwirtschaft. Am liebsten erinnere ich mich an meine ersten Pflanzenbestimmungsübungen: Plötzlich hatte alles, was man sieht, einen Namen.

youthinkgreen: Ihre Sichtweise auf den Wald hat sich in dieser Zeit sicherlich stark verändert …

Schmelz: Ja, aber nicht nur der theoretische Wissenserwerb über Bodeneigenschaften und klimatische Bedingungen führt dazu, dass man den Wald mit ganz anderen Augen sehen kann. Auch äußere Umstände und unvorhersehbare Ereignisse spielten bei mir eine zentrale Rolle. Als ich 1986 mit dem Studium begann, haben

wir die mitgebrachten Brötchen zum Frühstück draußen im Wald noch mit frischen Bärlauchblättern belegt. Dann kam die Nuklearkatastrophe von Tschernobyl im April 1986, und wir ließen den Bärlauch lieber stehen.

youthinkgreen: Was sind heute Ihre hauptsächlichen, tagtäglichen Aufgaben?

Schmelz: Der Wald, in dem ich arbeite, gehört vielen Waldbesitzern, die manchmal nur einen Hektar Wald besitzen, welcher möglicherweise sogar auf mehrere Waldstücke aufgeteilt ist. Meine Aufgabe besteht darin, den Waldeigentümern mit Rat und Tat zur Seite zu stehen. Der eine möchte wissen, welche Baumarten er als Nächstes pflanzen soll. Der andere sucht Hilfe beim Holzeinschlag, und der dritte möchte sein Holz gut verkauft haben. In allen Fällen gebe ich Empfehlungen ab und zeige Vor- und Nachteile auf. Am Ende jedoch entscheidet der Waldbesitzer eigenständig über die Arbeit in seinem Wald. Oftmals werde ich dann mit der Organisation und Durchführung des Holzeinschlages sowie dem Verkauf des Holzes beauftragt.

youthinkgreen: Mit welchen Fragen wenden sich die Waldbesitzer ganz konkret an Sie?

Schmelz: Die übergeordnete Frage ist stets, wie sich der Wald in Zukunft entwickeln soll. Wo ist noch eine Durchforstung nötig? Wo sollten wir jetzt schon an die nächste Waldgeneration denken und welche Baumarten sollten wir pflanzen? Da Fichten bei Niederschlägen unter 700 Millimetern Probleme bekommen, wird gemeinsam analysiert, ob nicht andere Baumarten wie die Buche, die Europäische Lärche oder auch die Douglasie gepflanzt werden können, da sie mit den Bedingungen besser klarkommen. Dann hat der Waldbesitzer alles getan, um auch seinen Nachkommen eine gute Waldbewirtschaftung zu ermöglichen. All diese Fragen müssen in der Gegenwart entschieden werden, haben aber langfristige Auswirkungen. Das macht die gemeinsame Arbeit im und mit dem Wald so spannend.

Douglasienstämme © Jürgen Wittler

Tagtäglich dazulernen

youthinkgreen: Welche emotionale Verbundenheit haben Sie mit den Wäldern, in denen Sie wirken?

Schmelz: Im Wald habe ich stets das Gefühl, dass ich hier richtig bin. Das ist mein Metier, hier kenne ich mich aus und lerne doch täglich dazu. An einem sonnigen Tag durch den Wald zu laufen, rechts und links des Weges die Frühjahrsblüher zu beobachten und den Vögeln zuzuhören, das ist eine wunderbare

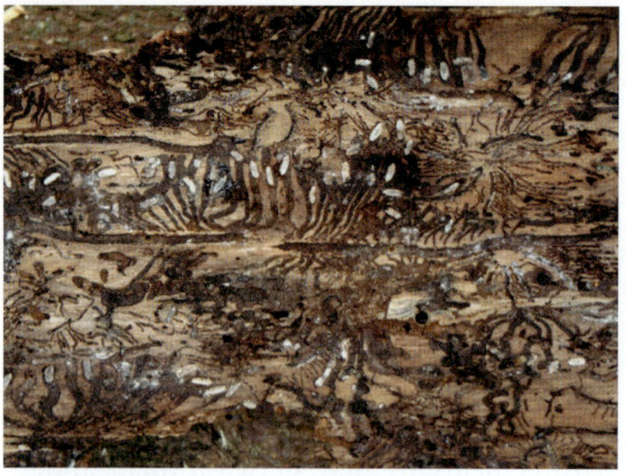

Problem: Borkenkäfer © Jürgen Wittler

Berufung. Besonders nachdenklich stimmen mich die zunehmenden Katastrophen im Wald, beispielsweise Naturereignisse wie heftige Stürme oder starke Borkenkäfervermehrungen, welche radikale Schäden und Veränderungen des Waldes nach sich ziehen. Wenn wir in den Jahren zuvor viel Arbeit in die Waldpflege investiert haben und auf einmal alle Bäume umgefallen oder abgestorben sind, macht mich das schon sehr traurig.

youthinkgreen: Als Förster haben Sie ja auch die Aufgabe, den Wald vor den Eingriffen Unbefugter oder unachtsamer Waldbesucher zu schützen. Auf welche Konfliktsituationen treffen Sie häufig?

Im Gespräch erfuhr ich, dass fünf weitere Familienmitglieder ebenfalls im Wald unterwegs waren und erst einmal alle Pilze sammelten, ohne zu wissen, welche davon essbar waren. Es war nicht leicht für mich, dem Sammler verständlich zu machen, dass Pilze nur gezielt und nur für den eigenen Hausgebrauch gepflückt werden sollten. Er sah den Wald damals als unerschöpfliches Reservoir an und wusste nichts über die negativen Konsequenzen seines Handelns.

youthinkgreen: Wie lässt sich ein respektvolles Verhalten im Wald denn gut vermitteln und fördern?

Schmelz: Nach meiner Erfahrung handeln die meisten Menschen im Wald nur dann respektlos, wenn sie es nicht besser wissen. Doch es geht natürlich auch um die richtige Grundhaltung. Viele Menschen, auch Schüler, nehmen den Wald gar nicht als »Lebensraum« wahr, sondern als allgemeinen Nutzraum, in dem man tun und lassen kann, was man möchte. Aufklärung funktioniert hier über eine direkte und gezielte Ansprache vor Ort. Die meisten Leute reagieren verständnisvoll, wenn ihnen Gebote oder Verbote sachlich erklärt werden und ihnen bewusst wird, welchem Zweck sie dienen.

INFO

Auch im Wald gibt es eine »Hausordnung« oder eben gewisse Spielregeln, die von uns Menschen einzuhalten sind, um allen Lebewesen ein möglichst harmonisches Miteinander zu sichern. Was sind die wichtigsten Eckpunkte? Sicherlich kennt ihr sie schon. Nachlesen könnt ihr diese zum Beispiel im Wald-Knigge des Kreises Reutlingen oder auf den Homepages der Forstämter (Stichworte »Verhalten im Wald«).

Schmelz: Um mal ein Beispiel zu nennen: Im letzten Herbst traf ich einen Pilzsucher, vor dem ein riesiger Haufen frisch gepflückter Pilze lag. Er war gerade dabei, anhand eines Buches die genießbaren Pilze seiner Sammlung auszusortieren. Der größte Anteil war allerdings ungenießbar, wie er dabei leider feststellen musste.

youthinkgreen: Wie schaffen Sie es, Kinder und Jugendliche für die Bedeutung des Waldes und für Ihre Arbeit zu interessieren und zu begeistern?

Schmelz: Schulklassen oder Erwachsenengruppen durch den Wald zu führen, um ihnen die Vielfalt und die Geheimnisse des Lebensrau-

mes näherzubringen, ist eine wichtige Aufgabe für mich. Doch die meisten Kinder sind heutzutage kaum noch im Wald unterwegs. Bei meinen Waldführungen stelle ich daher bewusst das Erleben des Waldes in den Vordergrund und versuche, alle ihre Sinne anzusprechen. Den Waldmeister und die Knoblauchsrauke können die Kinder riechen. Der Waldsauerklee schmeckt sauer. Eiche und Buche lassen sich beim Ertasten der Rinde gut auseinanderhalten. Sogar über den Waldboden lässt sich im Barfußgang eine Menge erfahren.

Wenn die Kinder abends im Bett liegen und sich noch an den Wald erinnern und ihn fühlen können, dann war es eine gute Erfahrung. So lernen sie den Wald kennen, als einen Ort, an dem es viel zu erleben gibt, in dem sie jedoch nur zu Gast sind und die anderen Pflanzen und Tiere respektieren müssen. Wenn sie den Wald wertschätzen können, sind sie auch bereit, sich für seinen Schutz einzusetzen. Kindergärten und Schulen können den Wald als Lernstandort besonders gut nutzen, das geht zu jeder Jahreszeit.

Nachhaltigkeit und Klimaschutz im Wald

youthinkgreen: Die öffentlichen Forstverwaltungen sind durch kontinuierlichen Stellenabbau geprägt. Welche Konsequenzen befürchten Sie dadurch und was fordern Sie von der Politik?

Schmelz: Eine gut aufgestellte öffentliche Forstverwaltung muss in der Lage sein, den

Wald zu schützen und den vielfältigen gesellschaftlichen Anforderungen gerecht zu werden. Dazu bedarf es aber eines klaren politischen Bekenntnisses zu dieser öffentlichen Aufgabe und einer entsprechenden Ausstattung der Forstverwaltungen. Gerade für Waldbesitzer mit kleinen Flächen ist es wichtig, einen kompetenten Förster vor Ort zu haben und seine Dienstleistungen zu akzeptablen Preisen in Anspruch nehmen zu können.

youthinkgreen: Es gibt Anzeichen dafür, dass unsere Wälder bereits auf die globale Erderwärmung reagieren. Wie lassen sich Wälder gegen den Klimawandel wappnen?

Schmelz: Zurzeit können wir nur erahnen, wie unsere Wälder und Baumarten auf die globale Erderwärmung reagieren werden. Ich versuche daher, die Waldbesitzer davon zu überzeugen, dass sie nicht nur auf eine Baumart setzen, sondern möglichst unterschiedliche Baumarten pflanzen lassen, die mit den örtlichen Wuchsbedingungen gut zurechtkommen. Dies kann dem Wald ein hohes Maß an Flexibilität im Hinblick auf zukünftige Klimaveränderungen ermöglichen.

youthinkgreen: Welche Bedeutung hat Nachhaltigkeit in der heutigen Zeit für die Forstwirtschaft?

Schmelz: Vor 20 Jahren blieb geschlagenes Holz oft im Wald liegen, da es nicht zu vermarkten war. Heute müssen wir wieder aufpassen, dass dem Wald nicht zu viel Biomasse entzogen wird, da die hohen Preise für fossile Energieträger zu einer starken Nachfrage nach Brennholz aus unseren Wäldern geführt hat. Einige Brennholznutzer kaufen Wald sogar als Geldanlage und Brennholzvorrat. Kernfragen, die sich jeder Waldbesitzer stellen muss, sind: Wie viel Holz aus meinem Wald kann ich nutzen? Sollen die dünneren Zweige der Baumkrone nach einer Durchforstung im Wald verbleiben? Oder kann ich sie bedenkenlos zu Hackschnitzeln für eine energetische Nutzung verarbeiten, ohne dem Wald zu viele Nährstoffe zu entziehen?

Alle diese Fragen sind zurzeit hochaktuell, da der Rohstoff Holz aus dem Wald sehr gefragt ist. Da ist und bleibt der 300 Jahre alte Nachhaltigkeitsbegriff der Forstwirtschaft ein sehr guter Wegweiser.

REGELN IM WALD

„Im Wald ist jeder Moment ein bisschen schöner. Helfen Sie mit, dass es so bleibt!“

Bleiben Sie **zu Fuß oder mit dem Rad** immer **auf den Wegen**. Abseits der Wege werden Tier- und Pflanzenwelt erheblich gestört.

Die hier wachsenden Pflanzen sind ein wichtiger Teil der Waldgesellschaft. **Bitte nicht pflücken oder beschädigen.**

Unkontrolliert herumjagende Hunde können Tiere verschrecken und Pflanzen beschädigen. **Hunde** deshalb bitte nur **auf den Wegen führen.**

Führen Sie bei Spaziergängen mit Hunden Kot-Tüten mit und **entfernen Sie** eventuelle **Hinterlassenschaften.**

Picknicken und Lagern bitte **nur an** den dafür **vorgesehenen Orten**, um Störungen zu vermeiden.

Feuer aller Art ist wegen Waldbrandgefahr verboten. **Grillen** ist **nur an** den dafür **ausgewiesenen Orten** erlaubt.

Auch Ihnen nachfolgende Besucher freuen sich über einen abfallfreien Wald. **Hinterlassen Sie** also **keine Abfälle oder Müll.**

Für einen erholsamen Aufenthalt bedürfen **Radsport und Wandern** der **gegenseitigen Rücksichtnahme.** Bitte seien Sie fair!

Das **Reiten** ist **nur auf** den dafür **vorgesehenen** sowie in Karten **ausgewiesenen Wegen** erlaubt.

Das **Befahren mit Fahrzeugen** aller Art ist nur (autorisierten Personen) **auf befestigten Wegen** erlaubt.

Genießen Sie die Geräusche des Waldes und geben sie auch Anderen Gelegenheit dazu, indem Sie **Lärm und laute Musik vermeiden.**

Respektieren Sie die Nachtruhe im Wald. Geräusche aller Art stören die Tierwelt nachts ganz besonders.

AUS DER PÄDAGOGISCHEN PRAXIS: LEHR- UND LERNPFADE IM WALD

»Den Wald nicht über den Verstand erleben, sondern über Erlebnisse verstehen lernen«

Von Josef Gebbe

Bilder: © Noller Schlucht

Im Jahr 1986 gründete der Osnabrücker Verein zur Förderung des Regionalen Lernens in einer ehemaligen Wandergaststätte den »Lernstandort Noller Schlucht«. Dieser liegt am Südhang des Teutoburger Waldes bei Dissen im Mittelpunkt des Natur- und Geoparks Terra Vita. Ziel des Umweltbildungszentrums ist es, Kindern und Jugendlichen einen möglichst aktiven und verantwortlichen Zugang zu den natürlichen und kulturellen Besonderheiten der Region und ihren Ressourcen zu verschaffen. Das schließt nachhaltigen Umweltschutz, Klimaschutz, den Schutz der Artenvielfalt sowie interkulturelles und globales Lernen im Sinne einer Bildung für nachhaltige Entwicklung (BNE) mit ein. Das Zentrum möchte angesichts der rapiden gesellschaftlichen Veränderungen die »originale Begegnung« mit der Natur wieder ermöglichen und die Lernmotivation stärken.

1. Themenbereich: Wert des Waldes

Weißt du, was ein Wald ist?
Ist der Wald etwa nur zehntausend Klafter Holz?
Oder ist er eine grüne Menschenfreude?
Bert Brecht

© Bundearchiv/Jörg Kolbe

Vom ökonomischen Wert des Waldes

Vor einer schönen Eiche stehend schätzt der Förster, dass ihr Stamm einen Meter im Durchmesser misst, neun in der Höhe. Feinstes Möbelholz gäbe sie ab. 400 Euro kann er pro Festmeter verlangen. Das Holz der Krone taugt als Brennholz und würde 960 Euro einbringen. Abzüglich der Kosten für seine Arbeiter, die den Baum fällen würden, kommt Müller auf einen Betrag von 3.260 Euro. Das ist der Marktwert der Eiche.

Und … Die Eiche bindet außerdem mehr Arten an sich als andere Bäume. Der Mittelspecht etwa findet seine Insektenmahlzeiten fast nur unter Eichenrinde. Eichen sind auch gut an ihren Standort angepasst, daher toleranter gegenüber Temperaturschwankungen als viele andere Bäume. Das ist wichtig für ein stabiles Wald-Ökosystem in Zeiten des Klimawandels. Es ist klar, dass der Wald mehr wert ist als das Holz der Bäume. Doch wie hoch ist dieser MehrWert zu veranschlagen?

Und … Ein Baum produziert im Jahr drei Milliarden Liter Sauerstoff und rund 4.000 Kilogramm organische Stoffe. Er filtert bis zu 7.000 Kilogramm Staub und 70 Kubikmeter Wasser.

Oder … Moos fühlt sich gut an, weiß doch jedes Kind. Dass der grüne Teppich auch als Nährstofffilter und Wasserspeicher dient, wissen die wenigsten. Und was ist der Preis dieser Naturleistung? Wie viel wären wir bereit, dafür zu zahlen?

Ach, der Mensch kennt von dem Baum
Nur den Preis, den Wert wohl kaum!
Bert Brecht

Entdeckendes Lernen

Schülerinnen und Schüler untersuchen ein Waldstück, um anschließend den Wert zu beschreiben. In einem abgegrenzten Waldstück (50 m x 50 m) haben Schülergruppen wechselseitig drei Aufgaben:

- Die Schüler untersuchen den Boden, um eine Aussage über die »Qualität« des Bodens zu machen. Der pH-Wert (der Säuregehalt) des Bodens wird mit einer Indikatorflüssigkeit bestimmt, und mit verdünnter Salzsäure kann der Kalkgehalt des Bodens nachgewiesen werden. Mit der Entnahme von Boden und einer Fingerprobe kann etwas über den Lehmgehalt ausgesagt werden. Mit dem Pürckhauer (Bohrstock), der einen Meter tief in die Erde getrieben wird, kann das Bodenprofil bis in einen Meter Tiefe untersucht werden.

- Als zweite Komponente werden auf Arbeitsblättern Möglichkeiten zur Untersuchung der Tierwelt des Bodens beschrieben. Der Blick soll auf die Kleinstlebewesen im Boden gerichtet sein, die ein essenzielles Netzwerk zur Verarbeitung der Laubstreu im Wald darstellen. Mit Schüttelsieben oder »Insektenstaubsaugern« werden Tiere des Bodens gesammelt

und bestimmt. Gesucht wird in den oberen Bodenschichten, unter Falllaub oder an Baumstubben. Einzelne Arten werden lebend unter dem Mikroskop bestimmt.

- Die Kartierung der Pflanzenwelt stellt den dritten Untersuchungsbereich im Waldgelände dar. Die Schülerinnen und Schüler lernen den Umgang mit entsprechender Bestimmungsliteratur – und vor allem: sie lernen hinzuschauen – auf die kleinen Unterschiede an Blüten, Blättern und Stängeln.

Nach der Freiland- und Laborarbeit tragen die Schülerinnen und Schüler wichtige Parameter zur Bewertung ihres Waldstücks zusammen. Die anschließende Diskussion zeigt spannende Erkenntnisse zur Frage: Was ist der »wahre« Wert des Waldes?

2. Themenbereich: Lebensraum Wald und Artenvielfalt

Du wirst mehr in den Wäldern finden als in den Büchern;
Bäume und Steine werden Dich lehren, was kein Lehrer dir zu hören gibt.
Bernhard von Clairvaux

2.1. Frühblüher im Teutoburger Wald

Der Teutoburger Wald beeindruckt im Frühjahr durch ein Blütenschauspiel von besonderer Qualität, welches Besucher geradezu anzieht. Auf der Höhenlinie des Teutoburger Waldes blüht die Freedenblüte, der hohle Lerchensporn. Neben anderen Frühblühern bildet der Lerchensporn imposante, duftende Blütenteppiche aus und offenbart in kurzer Zeit alle wichtigen Merkmale für effektives und gelingendes Pflanzenwachstum.

BEISPIEL:
Was machen wir im Frühjahr?

Schülerinnen und Schülern wird diese einzigartige Welt vor ihrer Haustür offengelegt und zugleich wichtige Prinzipien von Keimung, Wachstum und Verbreitung von Samen und Früchten unserer Lebensgrundlage Pflanzen verdeutlicht. Daneben entdecken die Schüler über die Baumarkt-Gartenfrühblüher Tulpe, Hyazinthe und Schneeglöckchen hinaus ein Dutzend Frühblüher des Waldes in ihrem Lebensraum:

Feigwurz, Ranunculus ficaria.

- Ein Einstieg beginnt im Lernstandort mit der Sammlung von Vorinformationen zum Pflanzenwachstum und zur Kenntnis von Bestimmungsmerkmalen. Es werden Fragen besprochen: Was ist ein Frühblüher? Welche Bedingungen sind wichtig? In Kleingruppen geht es anschließend in den Wald. Mit dabei sind spezifisch regionale Bestimmungsliteratur und weitere Hilfsmittel für die Erkundung der Frühblüher.
- Im Verlauf des Rundgangs im Umkreis des Lernstandortes finden die Schülerinnen und Schüler etwa zehn bis zwölf verschiedene Frühblüher. Zu jedem Frühblüher wird eine besondere Aktion durchgeführt, die mit dem jeweiligen Frühblüher zusammenhängt oder eine Besonderheit darstellt. Beispielsweise: Die Schülerinnen und Schüler graben eine Scharbockskrautpflanze aus (und nachher wieder ein!) und untersuchen die unterirdischen Speicherorgane – als ein wichtiges Merkmal für Frühblüher. Sie finden kleine Knöllchen, in denen Stärke gespeichert wird.
- Am Ende ihrer Wald-Exkursion haben die Schüler das Scharbockskraut, das Milzkraut, den Huflattich, den Bärlauch, das Bingelkraut oder den Lerchensporn kennen gelernt und verbinden eine spezielle Besonderheit mit der Pflanze.
- Am Nachmittag werden an speziellen Stationen die Erkenntnisse des Vormittags vertieft: Beispielsweise wird ein Stärkenachweis im Vergleich verschiedener unterirdischer Organe mit der Kartoffel oder Früchten wie dem Apfel durchgeführt.

2.2. Tierspuren im Wald

Welche Tiere leben in unseren Wäldern? Durch Tierfilme und Urlaubserfahrungen in anderen Ländern sind vielen Schülerinnen und Schülern Einblicke in die heimische Tierwelt zunehmend fremd geworden.

BEISPIEL:

Wir suchen vor unserer Haustür reichhaltige Spuren von Tieren im Wald. Dazu gehören Fraßspuren, Losung/Kot verschiedener Tiere, Baue im Wald oder Höhlen an Bäumen.

Als gemeinsame Vorbereitung wird eine kleine Ausstellung mit Details aus dem Wald aufgebaut, mit dem Ziel, dass die Schüler ein »Suchbild« für Spuren im Wald entwickeln: Kisten mit verschiedenen Losungen, unterschiedlich angefressene Zapfen oder Federn. In einer Kiste mit Holz können die Schüler Trittsiegel setzen (von Reh und Wildschwein), um zu erkennen, wonach sie im Wald suchen sollen. In Kleingruppen streifen die Schüler durch abgegrenzte Waldstücke. Tierspuren – Rehbetten, abgefressene Zapfen von Fichten, verschiedene Baue – werden beobachtet, gesammelt, vermessen oder auch fotografiert. Jede Gruppe findet eine Fülle verschiedener Spuren, die anschließend näher untersucht werden. In einer gemeinsamen Abschlussrunde bringen alle Schüler ihre Ergebnisse nach Tierarten sortiert in die Runde ein und protokollieren ihre Erkenntnisse.

3. Themenbereich: Der Boden unter unseren Füßen

Boden – »das ist doch nur Dreck«?

Der Boden unter unseren Füßen ist ein Universum für sich. In einer Handvoll Boden leben mehr Lebewesen als Menschen auf der Erde. Böden ernähren uns, Böden filtern unser Wasser, Böden sind Grundlage all unserer Aktivitäten. Dennoch wird Boden im Allgemeinen nur wenig als schützenswertes Umweltmedium wahrgenommen.

Boden einmal anders zu erleben und zu erfahren ist das Ziel dieses Aktionstages:

- Auf dem Weg zum Untersuchungsgebiet durchqueren die Schüler einen stillgelegten Steinbruch. In diesem Steinbruch können die Schüler sehen, was sich unter ihren Füßen befindet: ein Berg aus Kalkgestein mit horizontalen und schrägen Linien (Ablagerungen) und einer schmalen Bodenschicht am oberen Rand, auf der sie im Anschluss ihre Untersuchungen vornehmen.

- Am Hang des Teutoburger Waldes werden dafür drei Areale aufgesucht: erstens auf der Höhe des Kammweges, zweitens auf halber Berghöhe und drittens im Tal. Hier werden von den Schülern Bodenuntersuchungen durchgeführt und die Ergebnisse miteinander verglichen. Die Schüler sollen den Boden untersuchen, um eine Aussage über die »Qualität« des Bodens zu machen. Für diese Aufgabe werden vom Lernstandort Arbeitsmaterialien für eine einfache Bodenuntersuchung bereitgestellt.

- In weiteren Schritten werden Zeigerpflanzen mit Hilfe von Bestimmungsblättern bestimmt und ihre Verbreitung an den jeweiligen Stellen notiert. Die Sammlung von Tieren bildet den faunistischen Teil ihrer Untersuchung. Die Tiere werden lebend ins Labor mitgenommen und unter dem Binokular untersucht. Den Boden erkennen die Schülerinnen und Schüler als ein vielschichtiges und kompliziertes Wirkungsgefüge.

- Ein Loch mit einer Tiefe von zirka 80 Zentimetern wird ausgehoben, um sich die Boden-Horizonte anzuschauen, der pH-Wert (der Säuregehalt) des Bodens wird mit einer Indikatorflüssigkeit in verschiedenen Bodenschichten bestimmt, und mit verdünnter Salzsäure kann der Kalkgehalt des Bodens nachgewiesen werden. Nach der Entnahme von Boden und einer Fingerprobe kann zum Beispiel etwas über den Lehmgehalt ausgesagt werden.

- Mit dem Pürckhauer (Bohrstock), der einen Meter tief in die Erde getrieben wird, kann das Bodenprofil zusätzlich oder alternativ zur Lochgrabung bis zu einer Tiefe von einem Meter untersucht werden.

4. Themenbereich : Nachhaltigkeit im Lebensraum Wald

Zu fällen einen großen Baum,
braucht's eine halbe Stunde kaum.
Zu wachsen, bis man ihn
bewundert,
braucht er, bedenk es,
ein Jahrhundert!
Eugen Roth

BEISPIEL:
Borkenkäfer und saurer Regen

Im Rahmen unserer Umweltbildungsaktion lernen die Schülerinnen und Schüler verschiedene Themenbereiche zur Waldökologie und zur Waldbewirtschaftung kennen, mit dem konkreten Ziel, eine Fichte zu fällen. Viele Fragen stellen sich im Wald von allein und werden direkt beantwortet:

• Da ist der Nadel-/Fichtenforst als angelegte Monokultur mit erkennbar reduzierter Vielfalt und oftmals erkennbar geordneter Pflanzstruktur (die Bäume stehen in einer Reihe). Der Unterschied zwischen Laub- und Nadelwald mit seinen Besonderheiten wird angesprochen und speziell im Nadelwald auf den Platzbedarf junger und alter Bäume aufmerksam gemacht.

• Der Treffpunkt mit dem Förster und Forstwirt im Wald befindet sich an einem alten Totholzbaum. Hier wird die Bedeutung von Totholz im Wald direkt veranschaulicht durch die intensive erkennbare Besiedlung von Larven im Holz, deren Nutzern und Folgenutzern (z. B. dem Buntspecht). Eine Nahrungskette wird deutlich mit vielfältigen Verzahnungen.

• Nähere Informationen zum Thema Forstwirtschaft steuert der Förster und der Forstwirt bei. Die Schülerinnen und Schüler erfahren Details über den Borkenkäfer und seine Bekämpfung im Wald durch Pheromon-Fallen, sie bekommen Infos zu Waldschäden durch den sauren Regen, und der Forstwirt erläutert neben der Funktion seiner Sicherheitskleidung seine Forstgeräte – vor allem seine Motorsäge.

• Anschließend wird eine Fichte im Wald fachmännisch gefällt, entastet, vermessen und aufbereitet. Beim Schälen mit dem Schälmesser werden die Schüler selbst aktiv. Im Sinne der Nachhaltigkeit wird von den Schülern am Schluss ein neuer standortgerechter Baum gepflanzt, und jeder Schüler bekommt eine kleine Baumscheibe, die vom Forstwirt aus dem gefällten Baum geschnitten wird.

Den Begriff der Nachhaltigkeit im Wald exemplarisch deutlich machen – dies geschieht am Beispiel einer Baumfällaktion.

5. Themenbereich: Wald und Holz

Hättest du gewusst, …

- dass der jährliche Holzzuwachs in Deutschland bei insgesamt 120 Millionen Kubikmetern Holz liegt? Das entspricht pro Sekunde einem Holzwürfel von etwa 11,56 Metern Kantenlänge.

- dass Bäume für die Bildung einer Tonne Holz rund 1,9 Tonnen CO_2 aufnehmen und 500 Kilogramm Kohlenstoff speichern?

Unterrichtsprojekt Holz

Durch diese Unterrichtseinheit »Wald/Holz« werden die Schülerinnen und Schüler mit einem Sachbereich konfrontiert, der ihnen scheinbar oberflächlich sehr vertraut erscheint, wobei aber eine intensive Nachfrage eher gegenteilige Tendenzen sichtbar werden lässt.

Mit den Aktionszusammenstellungen wird eine interdisziplinäre und vielschichtige Auseinandersetzung mit Themen wie Waldarten, Baumarten, Waldtieren, Bodenzusammensetzungen, Waldpflanzen, Holznutzung, Waldgefährdungen usw. angeregt.

Das Thema Holz gliedert sich in drei große Blöcke: Walderfahrung und Baumfällaktion, Sägewerksarbeit und Holzbearbeitung/Werkstücksherstellung.

Unter Anleitung des Tischlermeisters in der Noller Schlucht bauen die Schüler und Schülerinnen aus einem geschnittenen Lärchenstamm eine Sitzbank. Sägen, Schleifen, Ausmessen der Lehnbretter, und Verschrauben sind hierbei konkrete Arbeitsfelder und so entsteht am Ende unter aktiver Schülermithilfe eine Sitzbank für ihr Schulgelände.

6. Themenbereich: Orientierung mit GPS

Schüler und Schülerinnen kommen »dem Boden« und ihrer Landschaft auf die Spur. Ziel dieses Angebotes ist die Erlangung von Basiskompetenzen in der Anwendung von GPS, GIS, Fernerkundung/Luftbildauswertung und der Nutzung von Geodaten mit dem PC. Die Technologien dienen zur Erfassung, Verarbeitung und Präsentation von Geodaten; allerdings werden sie ergänzt durch praktische Geländearbeit mit Pürckhauer und Messungen im Gelände.

Für den Unterricht ergeben sich vielfältige Möglichkeiten mithilfe der Bearbeitung am PC: Themengebiete wie Bodenveränderung in der Landschaft, Flächennutzung und -verbrauch oder die Versiegelung von Flächen können anschaulich mit den Schülerinnen und Schülern bearbeitet werden. Verknüpfungen zu Themen wie Stadt-/Waldentwicklung oder Untersuchung von Solarflächennutzung im jeweiligen Wohnort der Schüler sind praktische Untersuchungsthemen.

UNSER AUTOR

Josef Gebbe (* 1959), Diplom-Biologe, seit 20 Jahren Mitarbeiter des Umweltbildungszentrums Lernstandort Noller Schlucht; Multiplikator für Bildung für nachhaltige Entwicklung in Niedersachsen; zehn Jahre Tätigkeit als Dozent an der Universität Osnabrück in der Lehrerausbildung; Geschäftsführer des Osnabrücker Vereins zur Förderung des Regionalen Lernens e.V.

7. Themenbereich: Klimawald pflanzen

»Was habe ich mit dem Klimawandel zu tun?« Unter dieser Fragestellung reflektieren die Schüler ihren Wissensstand zum Thema »Klimawandel«.

Mit einem Schülerfilm des SCHUBZ Lüneburg, erstellt im Projekt »Klima-Wecker«, werden verschiedene Problembereiche der CO_2-Emission beleuchtet:

- Ernährung und Konsum (Woher kommen unsere Lebensmittel?)
- Fleischkonsum (Was ist daran problematisch?)
- Stromsparen im Alltag (Energiedetektive in der Klasse/Schule)
- Mobilität konkret

Eine Baumpflanzaktion am Nachmittag schließt sich dem theoretischen Vormittag an. Am Thema Mobilität soll praktisch eine Verbindung zwischen Verkehr und CO_2-Ausstoß und der CO_2-Speicherung in Bäumen hergestellt werden.

Ist man in kleinen Dingen
nicht geduldig,
bringt man die großen
Vorhaben zum Scheitern.
Konfuzius

1. BEISPIELAKTION: Der Straßenverkehr vor der Haustür

Auf der Landesstraße wird der Verkehr in beiden Richtungen für eine halbe Stunde notiert (Unterscheidung in Kleinwagen, Oberklassewagen und LKW). Anschließend werden anhand folgender Fragen Berechnungen durchgeführt:

1. Wie viele Autos fahren hier pro Jahr?
2. Wie viel CO_2 wird dabei pro Fahrzeugtyp und insgesamt pro Jahr emittiert?
3. Wie viele Bäume müsste man zur Kompensation pflanzen?

2. BEISPIELAKTION: Das CO_2 in unseren Bäumen

Im Wald werden Bäume untersucht, um ihre CO_2-Speicherung herauszufinden.
Mit dem Film »Der Mann, der Bäume pflanzte« wird die Brücke zur anschließenden praktischen Baum-Pflanzaktion mit dem Förster gebaut. In einem Gelände werden von den Schülerinnen und Schülern in Gruppenarbeit etwa 200 bis 250 junge Bäume gepflanzt.

INFO: JOSEF GEBBE VOM LERNSTANDORT NOLLER SCHLUCHT PLÄDIERT FÜR EINEN »WALDFÜHRERSCHEIN«.

Seine Forderungen und Wünsche:

- Achtsamkeit: Rücksichtsvolles Verhalten ist im Wald geboten. Wir betreten den Lebensraum der Waldbewohner!
- Der Aufenthalt im Wald sollte möglichst 1,5–2 Std. betragen, um in die Atmosphäre des Waldes »eintauchen« zu können.

Wahrnehmung im Wald:

- Die Sinne – Hören, Sehen, Riechen, evtl. Schmecken und taktile Wahrnehmung – sollten angesprochen werden.
- Mit geschlossenen Augen mindestens zwei Minuten lang auf Geräusche hören.
- In der Laubstreu des Laubwaldes und in der Nadelstreu des Nadelwaldes »gewühlt« und Tiere gefunden haben.
- Verschiedene Stängel von Kräutern in den Fingern drehen (runde, viereckige und dreieckige) und erkennen und wissen, welche das sind und wo sie wachsen.
- Mindestens zwei Pflanzenblätter zwischen den Fingern zerrieben und daran gerochen haben (Bärlauch im Frühjahr, Knoblauchsrauke im Sommer ...) und die Pflanze benennen können.

Wissen über den Wald:

- Neue Sachverhalte zum Waldökosystem gelernt oder vertieft haben (an einem Beispiel die Beziehung unterschiedlicher Lebeweisen aufzeigen können; z. B. Erlenblattkäfer und Erle; Brennnessel und Schmetterlingsraupe oder Aronstab und Fliegen zur Befruchtung ...).
- Mindestens zu den Blütenfarben rot, weiß, blau und gelb eine Pflanze benennen können.
- Mindestens vier Waldbaumarten auseinanderhalten können (erkennen können, dass Blätter, Rinde, Früchte und der gesamte Baumaufbau spezifisch sind).
- Mindestens vier Waldpflanzen auseinanderhalten können (wissen, wie Blüte und Blätter sich unterscheiden, sowie etwas Besonderes zu jeder Pflanze kennen).
- Mindestens vier Tierarten aus dem Wald auseinanderhalten können und etwas über ihre Lebensweise wissen.

Literatur:

- BODENATLAS (2015), Heinrich-Böll-Stiftung, BUND Deutschland, Berlin.
- Brämer, Rainer (2006): Natur obskur, Naturreport, Bonn, Marburg.
- Brämer, Rainer (2010): Natur: Vergessen? Naturreport, Bonn, Marburg.
- Bundesamt für Naturschutz, BfN (2012): Naturbewusstsein 2011, Hannover.
- Louv, Richard (2011): »Last Child in the Woods«, 2010, Deutsche Übersetzung: Das letzte Kind im Wald.
- Niedersächsische Landesforsten (1991): Das LÖWE-Programm, LÖWE-Erlass 2013, Braunschweig.
- Salzmann, Christian / Gebbe, Josef / Gregorius, F., Wenzel, S. (2003): Aktiver und nachhaltiger Naturschutz – gemeinsame Aufgabe von Schule der Region. Band 9 der Reihe »Europäische Bildung im Dialog«, 321 Seiten, Verlag Peter Lang, Frankfurt am Main.
- UNESCO, Deutsche UNESCO-Kommission (2011): Weltnaturerbe »Alte Buchenwälder Deutschlands«, Paris.
- Wohlleben, Peter (2013): Der Wald – Ein Nachruf, Ludwig-Verlag, München.

UMWELTSCHÜTZER VERSUS UNTERNEHMER

Dr. Fritz Vorholz im Interview
Von Isabelle Tisson

Dr. Fritz Vorholz ist einer der renommiertesten Journalisten, der sich intensiv mit dem Energie- und Klimawandel beschäftigt hat. Von 1988 bis 2015 schrieb er für das Wirtschaftsressort der Wochenzeitung DIE ZEIT. Ihn trieb lange die Frage um, ob Ökonomen und Ökologen miteinander zu versöhnen seien und wie Zielkonflikte vermieden werden könnten. Mittlerweile hält er das lediglich für einen frommen Wunsch. Vorholz findet, dass die Lösungen hauptsächlich von global denkenden, verantwortungsbewussten Politikern angestoßen werden müssen. Im Interview erklärt er, warum es verhaltenslenkender Instrumente wie Vorschriften, Sanktionsmechanismen sowie finanzieller Anreize bedarf.

youthinkgreen: Herr Vorholz, Sie beschäftigen sich ausgiebig mit den Wechselwirkungen von Umwelt und Wirtschaft. In einem Satz gesagt: Was macht das Spannungsverhältnis zwischen diesen zwei Bereichen aus?

Dr. Vorholz: Ein Unternehmen verursacht einen Schaden und muss nicht dafür geradestehen. Das ist der ökonomische Kern der Umweltproblematik. Früher gab es noch Dampfloks, und aus deren Schornsteinen kamen nicht nur Rauchschwaden, sondern gelegentlich auch sprühende Funken. Diese steckten dann manchmal Felder in Brand. Trotzdem musste die Eisenbahngesellschaft meistens nicht für den Schaden – in dem Fall den Ernteverlust des Bauern – aufkommen. Der Schaden taucht also nicht im wirtschaftlichen Kalkül seines Verursachers auf. Ökonomen nennen das einen negativen externen Effekt.

youthinkgreen: Und gibt es auch positive Effekte der Ökonomie auf die Ökologie?

Dr. Vorholz: Ja, sicher, etwa die Bestäubungsleistung der Bienen. Ein Imker hält sich Bienen, weil sie Honig produzieren, den er verkaufen kann. Die Bienen bestäuben aber gleichzeitig auch den Kirschbaum vom Bauern nebenan. Dafür muss der Bauer in der Regel nichts bezahlen, obwohl an seinen Bäumen keine einzige Kirsche reifen würde, gäbe es die Bienen nicht. Der Bauer profitiert also vom Imker, ohne etwas zahlen zu müssen.

Kraftwerk Scholven (Gelsenkirchen) © Sebastian Schlüter

Umweltschutz ist »keine Hexerei«

youthinkgreen: Wie können denn die negativen Effekte minimiert werden?

Dr. Vorholz: Heutzutage sind die negativen Effekte natürlich viel umfassender als das erwähnte Dampflokphänomen: Dazu zählen Feinstaub in den Städten, Gülle im Grundwasser, das Verschandeln von Landschaften und die Ausrottung ganzer Tierarten. Gut wäre es, wenn diese Faktoren im betriebswirtschaftlichen Kalkül ihrer Verursacher auftauchten. Das geht etwa mit Ge- und Verboten. Die Umweltpolitik hatte bereits einige Erfolge damit.

Ein Blick zurück: Als ich jung war, konnte man im Rhein nicht schwimmen, ohne seine Gesundheit aufs Spiel zu setzen. Wäsche im Freien zu trocknen war auch keine gute Idee, denn die Luft war so rußig, dass die Hemden auf der Leine schmutzig wurden. Diese Probleme hat die Politik erfolgreich bekämpft. Es wurde einfach verboten, Ruß und andere Schadstoffe zu emittieren. Wer es dennoch tat, wurde bestraft. Man kann die schädliche Aktivität auch besteuern. Oder das Recht so ausgestalten, dass der Verursacher für die Schäden haftet. Es ist keine Hexerei, die Luft- und Wasserverschmutzung zu vermindern oder mit Abfall so umzugehen, dass zumindest die Gesundheit von Menschen nicht gefährdet wird.

youthinkgreen: Wenn das so einfach wäre, wie Sie es beschreiben, warum schafft es die Politik dann oftmals nicht, gravierende Umweltprobleme zu beheben?

Dr. Vorholz: Die Politik steht vor der Herausforderung, dass sie Umweltschäden abwenden soll, die noch nicht sichtbar oder gar messbar sind. Und Ressourcen- und Klimaschutz sind eben nicht mehr allein national oder ausschließlich mit technischen Mitteln zu handhaben. Dazu braucht es einen internationalen gesellschaftlichen Konsens – und der ist in der Regel ohne Verteilungskämpfe nicht zu erzielen. Auch hier ein Beispiel: Der Pro-Kopf-Ausstoß von klimaschädlichem Kohlendioxid steigt in vielen reichen Ländern nicht weiter an. Manche denken deshalb, die Industrieländer seien bereits auf dem Pfad der Nachhaltigkeit. Tatsächlich muss man sich aber fragen, wem die Emissionen zuzurechnen sind, die bei der Herstellung international gehandelter Güter entstehen. Die Globalisierung hat nämlich dazu geführt, dass manches Umweltproblem nur räumlich verlagert worden ist.

Chemische Industrie am Rhein © A. Savin

youthinkgreen: Das habe ich jetzt nicht ganz verstanden.

Dr. Vorholz: Das Institut für Wirtschaftsforschung (ifo) in München stellte in einer Berechnung fest, dass der ökologische Fußabdruck Deutschlands um rund 80 Millionen Tonnen CO_2 größer war als die Menge des direkt von deutschem Boden aus in die Luft geblasenen CO_2. Flugzeug zu steigen. Aber mir ist klar: Wenn alle Menschen auf dem Planeten so leben würden wie ich, dann wären die Ressourcen und Produkte sehr schnell erschöpft – und zwar alle: vom Erdöl bis zum Brot. Dass ich trotzdem keine radikalen Konsequenzen ziehe, empfinde ich selbst als beunruhigend. Sie wahrscheinlich auch, oder?

UNSERE AUTORIN

Isabelle Tisson (* 1994) studiert Englisch und Geographie auf Lehramt. Sie war Klimabotschafterin im ersten Projekt von *youthinkgreen* und in der Osnabrücker Gruppe aktiv, hat dort den »Tauschrausch« initiiert und nach dem Abitur im *youthinkgreen*-Büro in Berlin ein Praktikum absolviert.

Diese Rechnung berücksichtigte, dass die von Deutschland importierten Güter in den Ländern, in denen sie hergestellt wurden, natürlich auch einen CO_2-Fußabdruck hinterließen, der eigentlich dem deutschen Konsum zugerechnet werden müsste.

Und der Thinktank »Global Footprint Network« berechnet jedes Jahr, wie viel der Erde dauerhaft an natürlichen Ressourcen wie Holz, Wasser, Nahrung, Fisch und fruchtbarem Boden zur Verfügung steht – und wie viel die wachsende Weltbevölkerung davon verbraucht. Das Ergebnis ist eindeutig: Wir leben über unsere Verhältnisse. Wir brauchten mehr als eine Erde, um unsere derzeitigen Ansprüche dauerhaft zu befriedigen. Unsere Zivilisation hat deshalb in dieser Form keine Zukunft.

Radikalere Konsequenzen ziehen

youthinkgreen: Leben auch Sie jenseits der Grenzen, die die Natur uns setzt?

Dr. Vorholz: Ja, das tue ich. Ich habe eine zu große Wohnung, und in meinem Kleiderschrank hängen zu viele Hemden. Ich reise zu viel und esse mit Sicherheit noch immer zu viel Fleisch. Dabei versuche ich schon, meinen Fleischkonsum zu reduzieren, mit dem Fahrrad zur Arbeit zu fahren und noch seltener in ein

youthinkgreen: Ja, und ich stelle mir die Frage: Warum reagieren wir – der Einzelne und die Zivilgesellschaft – so träge?

Dr. Vorholz: Wir sind so viele Menschen, dass der Einzelne leicht denkt: »Ich kann die Umwelt nicht retten – selbst wenn ich mein Verhalten ändere. Denn wie viele werden es mir schon gleichtun?« Deshalb erscheint es uns sogar rational, nichts zu verändern, was mit Verzicht einhergeht. Ökonomen sprechen von der Trittbrettfahrer-Haltung. Trotz des Wissens um die kaum noch kontrollierbaren negativen Folgen tun wir Dinge, die für die Umwelt verheerend sind. Soll sich das ändern, brauchen wir global denkende, Verantwortung tragende Politiker – und das ganze Arsenal an verhaltenslenkenden Instrumenten: Vorschriften, Sanktionen, finanzielle Anreize, das Haftungsrecht und vieles mehr.

youthinkgreen: Welche Vorreiterrolle kann die Wirtschaft beim Schutz der Umwelt einnehmen?

Dr. Vorholz: Keine allzu große. Unternehmen wollen Geld verdienen – das ist legitim! Aber umweltverträglicheres Verhalten ist in der Regel zunächst mit Gewinneinbußen verbunden. Deshalb ist die Wirtschaft prinzipiell gegen Umweltgesetze und kämpft – teils vehement – dagegen an. Deshalb mussten fast alle Umweltvorschriften gegen Widerstände aus der

Wirtschaft durchgesetzt werden. Die Rede von der Versöhnung zwischen Ökologie und Ökonomie halte ich für einen frommen Wunsch.

Ich ziehe daraus folgende Schlussfolgerung: Die Politik muss die Rahmenbedingungen vorgeben, und die Wirtschaft muss kreativ damit umgehen und eine Geschäftsidee daraus machen. Auf die Glühbirne folgte einst die Energiesparlampe, und diese wurde wiederum von den LEDs abgelöst. LEDs sind das Ergebnis von staatlichen Vorschriften, Umweltbewusstsein, Forschung und unternehmerischer Kreativität.

Und noch etwas: Ich habe schon vor 40 Jahren im Studium gelernt, dass das Bruttoinlandsprodukt (BIP) kein angemessener Wohlstandsindikator ist. Wir rechnen uns reicher, als wir sind, weil wir den Verschleiß an natürlichen Ressourcen, den unsere Wirtschaftsweise verursacht, nicht berücksichtigen.

Resistenz gegen Rückschläge

youthinkgreen: Wüssten Sie denn ein Konzept für ein Wirtschaftssystem, welches realisierbar ist und unseren ökologischen Ansprüchen besser gerecht werden könnte?

Dr. Vorholz: In einem solchen System dürfte Wachstum nicht das oberste Ziel des Wirtschaftens sein. Aber das sehe ich nicht mal ansatzweise irgendwo verwirklicht. Das Problem ist eben: Sobald Volkswirtschaften nicht mehr wachsen, brechen Sozialsysteme zusammen und die Armutsrate steigt. Eine der größten Herausforderungen ist es deshalb, Gesellschaften resistent gegen Wachstumsrückschläge zu machen. Mir ist bewusst, dass das einfacher klingt, als es ist.

youthinkgreen: Was lässt Sie als Wirtschaftsjournalist bei all diesen Erfahrungen und Erkenntnissen noch hoffen?

Dr. Vorholz: Es gibt auch in der Wirtschaft immer mal wieder wirklich gute Initiativen, zum Beispiel das »Carbon Disclosure Project«. Das ist ein Zusammenschluss von Finanzinvestoren, die Daten über die CO_2-Emissionen und die Klimarisiken erheben, denen große börsennotierte Unternehmen ausgesetzt sind. Potenzielle Investoren können anhand dieser Daten entscheiden, in welches Unternehmen sie investieren wollen. Dahinter steckt das wachsende Verständnis dafür, dass Phänomene wie der Klimawandel auch zu großen ökonomischen Katastrophen und zu Unternehmenskatastrophen führen können. Bei den Unternehmen entsteht dadurch ein starker Veränderungsdruck. Das ist einerseits gut, aber die Innovationen in diesem Bereich setzen sich nur langsam durch – und können kein Ersatz für das politische Handeln sein.

WISSEN • BEGREIFEN • HANDELN

1. Der Autor äußert sich zu den Wechselwirkungen von Umwelt und Wirtschaft. In diesem Zusammenhang spricht er von negativen bzw. positiven externen Effekten.

a) Gebt die zu diesem Sachverhalt angeführten Beispiele mit euren eigenen Worten wieder.

b) Erarbeitet in Kleingruppen weitere Beispiele dazu.

2. VerantwortungsträgerInnen

a) Nennt und erläutert Möglichkeiten, mit denen die Politik Umweltschäden abwenden bzw. beheben kann, um damit die negativen Effekte zumindest zu minimieren.

b) Analysiert, welche Faktoren und aktuellen Entwicklungen die politischen EntscheidungsträgerInnen hierbei beeinflussen.

c) Welche Verantwortung tragen aus eurer Sicht die VerursacherInnen von Umweltschäden? Auf welchen Wegen können BürgerInnen und PolitikerInnen sie bei dieser Verantwortung stärker in die Pflicht nehmen?

3. Weil wir über die natürlichen, planetarischen Grenzen leben, hat unsere Zivilisation in dieser Form keine Zukunft, so das Argument des Autors.

a) Diskutiert die Aussage des Journalisten. Zu welchen Ergebnissen kommt ihr?

b) Was versteht man in diesem Zusammenhang unter der Trittbrettfahrer-Haltung?

c) Welche Beiträge und Verbesserungsvorschläge könnt ihr für die Gestaltung eurer Zukunft einbringen?

4. »Wachstum dürfte nicht das oberste Ziel des Wirtschaftens sein.«

CDP™
DRIVING SUSTAINABLE ECONOMIES

a) Erläutere die Aussage von Vorholz. Greife dabei auch auf die Texte im Themenfeld 4.1. und auf die Recherche im Internet zurück. Diskutiert euer Recherchematerial miteinander.

b) Wie ordnet ihr das »Carbon Disclosure Projekt« ein? Was weiß die Presse hierüber zu berichten? Welche ähnlichen Klimaschutz-Projekte von großen Unternehmen kennt ihr?

c) Wie ließe sich der Dialog zwischen UnternehmerInnen und UmweltschützerInnen stärken, so dass eine bessere Kooperation zwischen diesen beiden Berufsgruppen und ein Perspektivwechsel möglich werden? Oder was spricht aus eurer Sicht gegen diese »Aussöhnung« von ÖkonomInnen und ÖkologInnen?

d) In welcher Rolle seht ihr hier die Medien und Wirtschaftsjournalisten wie Dr. Fritz Vorholz? Welche Aufgabe kommt der Politik und welche den BürgerInnen zu?

5. »Ohne Umbau unserer Gesellschaft keine (lebenswerte) Zukunft?!«

a) Organisiert zu diesem Thema eine Podiumsdiskussion an eurer Schule.

b) Führt zu diesem Thema eine Befragung in eurer Kommune durch. Entwickelt dazu gemeinsam geeignete Fragen.

WARUM SICH KLASSISCHE MEDIEN MIT BERICHTEN ÜBER »NACHHALTIGKEIT« SCHWERTUN

Von Eva Mahnke

Lokalurlaub statt Flug nach Übersee? Zeitwohlstand statt Shoppingtour? Regionalwirtschaft statt Agrarindustrie? Die Themen rund um das Leitkonzept »Nachhaltigkeit« haben viele Facetten, und nicht immer lassen sich die zentralen Fragen in einfache Pro-Kontra-Korsette zwängen. Deshalb tun sich besonders die klassischen, großen Medien schwer mit der Berichterstattung. Oft greifen sie nur große Ereignisse auf und berichten eher oberflächlich darüber. Zu vielen Themen findet man nur in Fachmagazinen und auf Online-Portalen ausführliche Informationen. Und wichtige Nachhaltigkeitsaspekte, die zum Beispiel einer thematischen Ausgewogenheit im Wirtschaftsressort einer Zeitung dienlich wären, bleiben unbeachtet. Warum ist das so und was lässt sich dagegen tun? Einige Thesen.

1. Nachhaltigkeitsthemen sind komplex …

Ein Beispiel: Der Verkehr ist für einen erheblichen Teil des weltweiten Kohlendioxidausstoßes verantwortlich. Klar ist: Um den Klimawandel aufzuhalten, muss hier dringend etwas passieren. Viele Regierungen setzen dabei auf Agrosprit, das ist Diesel oder Benzin, der zum Beispiel aus Weizen, Raps oder Palmöl hergestellt wird. Die Idee dahinter: Die Pflanzen nehmen bei ihrem Wachstum CO_2 auf, das bei ihrer Verbrennung freigesetzt und beim nächsten Wachstumszyklus der Atmosphäre wieder entzogen wird. Damit wird Autofahren klimaneutral und nachhaltig, versprechen die Hersteller.

Klingt gut, oder? Aber Vorsicht! Ein Medienbeitrag, der an dieser Stelle stehen bliebe, würde ganz wichtige Fragen außer Acht lassen: Reichen die globalen Ackerflächen überhaupt aus, um den Spritdurst von mittlerweile einer Milliarde Autos weltweit (Tendenz steigend!) zu befriedigen? Was haben die Investoren, die weltweit nach neuen Ackerflächen für den Agrospritanbau jagen, mit dem Anstieg der Nahrungsmittelpreise zu tun? Ist der Sprit wirklich klimaneutral, wenn er indirekt dafür sorgt, dass Regenwald gerodet wird, um neue Ackerflächen zu gewinnen? Welche alternativen, unter Umständen sehr viel besseren Konzepte gibt es für mehr Klimaschutz im Verkehrssektor? Und müssen wir überhaupt so mobil sein, wie wir immer denken?

BEISPIEL:

»Warum muss Joy hungern?«, fragt ein in der ZEIT erschienener Beitrag von Anita Blasberg und Marian Blasberg. Die Antwort hat auch etwas mit Agrosprit zu tun. Die Autoren reisen zu brasilianischen Maisbauern, Börsenhändlern in der Schweiz und einem Wissenschaftler in Rom.
www.zeit.de/2013/42/hunger-unterernaehrung-dossier

2. Nachhaltigkeitsthemen erfordern ein umfangreiches Wissen und eine sehr gute Recherche ...

Fakt ist: Um dem Leser, Zuschauer oder Zuhörer eine Orientierung zu geben, ob Agrosprit eine gute, vielleicht sogar unverzichtbare Lösung für einen klimafreundlichen Verkehr ist, muss ein Journalist sehr gut recherchieren – und zwar gleich in mehrere Richtungen. Denn zur Nachhaltigkeit gehören immer drei Bereiche: die Ökologie, die Ökonomie und das Soziale. Und in allen drei Bereichen muss man Akteure (also ExpertInnen, Betroffene, PolitikerInnen, UnternehmerInnen etc.) suchen und lernen, ihnen die richtigen Fragen zu stellen.

INFO 1

- ÖKOLOGIE
Werden die Pflanzen für den Agrosprit umweltverträglich angebaut oder in Monokulturen unter massivem Einsatz von Düngemitteln und Pestiziden?
Wie sieht die Klimabilanz von Agrosprit aus? …

- ÖKONOMIE
Welche wirtschaftliche Bedeutung hat Agrosprit? Welche Akteure verfolgen hier welche Interessen?
Wie teuer ist Agrosprit, wenn man auch die sogenannten externen Kosten (für den Einsatz von Wasser, die Umweltverschmutzung durch Pestizide und Dünger etc.) mit einrechnet? …

- SOZIALES
Welche sozialen Auswirkungen hat der Agrospritanbau? Schafft er neue Arbeitsplätze? Zerstört er traditionelle landwirtschaftliche Strukturen? Warum nimmt der Autoverkehr auf der Welt immer mehr zu? Welche Bedürfnisse erfüllt das Auto? …

© Daniel Schwen

© Analogue Kid

Diese drei Dimensionen bei einem Thema gleichermaßen zu beleuchten, ist ganz schön anspruchsvoll. Da passiert es leicht einmal, dass Journalisten den einen oder anderen Aspekt vergessen und das Thema zu einseitig darstellen. »Die Nachhaltigkeit liegt quer zu den Ressorts in den Medien«, sagt der langjährige Umweltjournalist Joachim Wille. »Es gibt nur wenige Journalisten, die den Blick auf alle Facetten werfen.« Oft fehlt es auch an dem notwendigen Vorwissen und ausreichenden Weiterbildungen.

3. Nachhaltigkeitsthemen bergen viele Stolperfallen ...

Und das ist noch nicht alles: Für einen ausgewogenen Beitrag müssen sich Journalisten möglichst nicht nur vor Ort umsehen und mit Betroffenen und Akteuren sprechen. Sie müssen sich auch durch wissenschaftliche Arbeiten kämpfen, Statistiken verstehen, Stellungnahmen von den wichtigsten Akteuren einholen, die Argumente gegeneinander abwägen, Expertengespräche führen, sich durch einen Dschungel von Studien unterschiedlichster Interessengruppen arbeiten und dürfen sich dabei nicht von einseitigen Darstellungen vereinnahmen lassen. All das braucht Zeit, Ausdauer und einen langen Atem.

Lesetipp: *Auch nichts übersehen? Das Projekt medien-doktor.de hat zehn Kriterien entwickelt, mit denen man die Qualität eines Beitrags bewerten kann. Das Projektteam von der Technischen Universität Dortmund bewertet hier regelmäßig Beiträge deutscher Medien. Eine gute Fundgrube für gelungenen Umweltjournalismus und Negativbeispiele! Link: www.medien-doktor.de/umwelt*

4. Journalisten können oft nicht so, wie sie wollen ...

Gerade aber für die Recherche, die wichtigste Grundlage eines ausgewogenen Beitrags, haben Journalisten oft nicht die Zeit oder die Mittel. »Journalisten haben immer seltener die Möglichkeit, tief genug in ein Thema einzusteigen, zu überprüfen, wie und von wem die Studien finanziert sind, aus denen sie zitieren«, kritisiert etwa Fritz Lietsch, der das Portal Forum Nachhaltig Wirtschaften betreibt. Der Grund: Die Redaktionen sind mit zu wenigen Leuten besetzt, Allrounder bearbeiten Themen, für die es eigentlich Fachjournalisten brauchte, freie Journalisten bekommen zu geringe Honorare für ihre Arbeit, der Zeitdruck für die Abgabe von Texten ist sehr hoch.

BEISPIEL KLIMAWANDEL

»Die zunehmende Bedeutung des Internets, die Konsolidierung der Medien und die sinkenden Einkünfte haben die Zahl der professionellen Journalisten sinken lassen. Das wissenschaftliche Verständnis des komplexen Phänomens Klimawandel steigt, aber viele Journalisten, die den Klimawandel erklären sollen, bekommen keine Unterstützung dabei, sich dieses Wissen anzueignen, um es dann an die Öffentlichkeit weiterzugeben.«
Beth Parke, Chefin der Society of Environmental Journalists und Dave Poulson, stellvertretender Direktor des Knight Center for Environmental Journalism an der Michigan State University

5. Nachhaltigkeitsthemen passen oft nicht in die Logik der Massenmedien …

© Frits Ahlefeldt

Manche Nachhaltigkeitsthemen haben es in den Medien besonders schwer. Allzu oft verschlechtert sich der Zustand der Umwelt nicht mit einem einzigen großen Ereignis, sondern über Jahre, Jahrzehnte oder – wie beim Klimawandel – gar über Jahrhunderte. Seit 1970 hat zum Beispiel die Artenvielfalt auf der Erde um dramatische 30 Prozent abgenommen. Dennoch spielt das Thema in der öffentlichen Berichterstattung kaum eine Rolle. In der Sprache der Medien: Es hat keinen »Nachrichtenwert«. Es mangelt an aufrüttelnden Bildern, prägnanten Ereignissen und eindeutigen Schuldigen. »Nachhaltigkeitsthemen sind […] nicht einfach erklärt – und widersprechen damit den medialen Erfordernissen nach Einfachheit«, sagt die Fachjournalistin und ehemalige Referentin beim Rat für Nachhaltige Entwicklung, Kira Crome. Um deutlich zu machen, was der Verlust der Artenvielfalt für den Planeten bedeutet, wer hieran Schuld trägt und wie er gebremst werden kann, braucht es Raum, Zeit und interessierte Leser.

Tipp: *Geo International zeigt in vielfältigen Beiträge, was Artenvielfalt bedeutet*
www.geo.de/GEO/natur/oekologie/tag_der_artenvielfalt/

6. … und Themen müssen sich »verkaufen« lassen.

Außerdem unterliegen Medien ökonomischen Zwängen. Journalismus kostet Geld, und guter Journalismus kostet erst recht Geld. »Medien sind zu profitgetrieben«, sagt Fritz Lietsch. Die Themen würden vor allem vor einem wirtschaftlichen Hintergrund ausgewählt. Der Medienmacher wirft den Verlagen vor, bestimmte Themen wie Nachhaltigkeit nicht aufzugreifen, obwohl sie gesellschaftlich hoch relevant sind. »Denn aus ihrer Sicht lässt sich Nachhaltigkeit nicht gut genug verkaufen«, so Lietsch. »Medien schielen zu sehr auf Quoten und machen daher ein Programm, von dem sie selbst sagen, es sei für Doofköpfe.« Unpolitische Boulevard-Themen (etwa menschliche Einzelschicksale, Katastrophen-Meldungen, Kriminalität, Home-Storys von Prominenten etc.) lassen sich leider oft sehr viel besser verkaufen als Nachhaltigkeitsthemen. Auch die sogenannten Qualitätsmedien sind von den Tendenzen der Boulevardisierung betroffen.

UNSERE AUTORIN

Eva Mahnke (* 1980) ist freie Journalistin mit den Themenschwerpunkten Energie- und Klimawandel und Redakteurin für das Online-Portal www.klimaretter.info.

Fazit: Und was heißt all das nun für junge Medienmacher?

Friedrich Hagedorn, Leiter der Grimme-Medienbildung, findet: »Bislang hat sich kein Königsweg zur Verknüpfung von nachhaltigen Ansprüchen und massenmedialer Wirksamkeit offenbart. Nachhaltigkeit als solche lässt sich in den klassischen publizistischen Formaten schlecht erzählen, sie hat kein mediales Gesicht. Allerdings eröffnen sich im Internet neue multimediale Möglichkeiten für ein konkretes, kommunikatives Storytelling nachhaltiger Geschichten, ohne den Begriff Nachhaltigkeit zwangsläufig erwähnen, aber auch nicht verschweigen zu müssen.«

Einen Königsweg für die dringend notwendige Vermittlung von Nachhaltigkeitsthemen gibt es also nicht, aber man kann trotzdem eine Menge tun für guten Journalismus in diesem Bereich:

- Stück für Stück: Wissen aneignen

Ob naturwissenschaftliche Erklärungen, wirtschaftliche Zusammenhänge, soziale Auswirkungen oder politische Verstrickungen – wer viel weiß, dem fällt es leichter, wichtige Themen zu sehen, die richtigen Fragen zu stellen und Lösungen von Scheinlösungen zu unterscheiden. Erschließe dir die Welt Stück für Stück – dann kannst du dein Wissen weitergeben.

Tipp: *Auf dem Portal »Grüner Journalismus« findet ihr eine umfangreiche Link-Sammlung zum Thema Nachhaltigkeit.*

- Komplexe Themen anschaulich erklären

Versuche schwierige Zusammenhänge so einfach wie möglich zu erzählen. Dabei helfen dir spannende Geschichten, anschauliche Fallbeispiele und überraschende Zusammenhänge, Reportagen und Porträts über Menschen, die den Themen ein Gesicht verleihen, und Geschichten über konkrete Orte, die im Kleinen zeigen, wie sich globale Zusammenhänge lokal auswirken. »Gefühle sind explizit erlaubt und erwünscht«, sagt der Darmstädter Journalismus-Professor Torsten Schäfer, »und zwar besonders auch in den kürzeren Formen wie Bericht, Feature oder Hintergrund.« Die Methode des »Storytelling« ist hierbei eine vielversprechende Herangehensweise (siehe hierzu Beitrag von Felix Simon zu alternativen Wohnkonzepten im Themenfeld 4.3. oder den Selbstversuch von Alisa Reimer im Themenfeld 1).

Folge der Spur des Geldes! Wie die fossile Industrie darauf wettet, dass die Politik nichts gegen den Klimawandel unternimmt und sie Öl, Gas und Kohle weiter verbrennen darf, zeigt ZEIT-Autor Felix Rohrbeck in einem Beitrag, der Komplexes verständlich macht.
www.zeit.de/2014/08/carbon-bubble-rohstoff-blase

- Über Lösungen und Erfolge berichten

Positive Beispiele motivieren eher als abschreckende Szenarien. Deshalb berichte nicht nur von Umweltverschmutzung, den Folgen des Klimawandels, Schreckensszenarien und Bedrohungen. Erzähl auch, welche Lösungen kluge Leute hierfür gefunden haben, was der Einzelne tun kann und welche Erfolge bereits erzielt wurden. Und berichte davon, was Menschen motiviert, für eine gerechte und nachhaltige Welt zu kämpfen, und welche Visionen sie verfolgen.

Übermacht der Stromkonzerne? Dass das nicht so bleiben muss, haben eine Lehrerin und ein Landarzt im Schwarzwald bewiesen. Nach zehn Jahren Kampf haben die »Schönauer Stromrebellen« das Stromnetz ihrer Stadt übernommen und ein erfolgreiches Ökostromunternehmen gegründet (siehe hierzu den Beitrag in diesem Buch im Themenfeld 4.2.).

- Die Vorteile der jeweiligen Medienformate geschickt einsetzen

In Zeitungen und Zeitschriften kann man schwierige Zusammenhänge ausführlich erklä-

ren und mit anschaulichen Grafiken und Übersichten bereichern. Mit Filmbeiträgen lassen sich die Zuschauer zu Menschen und Schauplätzen mitnehmen. Ein atmosphärisches Radio-Feature kann besonders gut Emotionen wecken. So vielgestaltig wie Nachhaltigkeitsthemen selbst sind, so vielfältig lassen sie sich verpacken. Jedes Medium hat dabei seine ganz eigenen Vorteile, die man geschickt ausspielen kann.

Wie man aus einem Cartoon einen aufschlussreichen TV-Beitrag macht und dabei den Zuschauern auf spielerische Weise komplexe Zusammenhänge vorrechnet, zeigt der WDR-Beitrag »Versteckte Kosten – Ökostrom ist günstiger als konventioneller Strom«.

www.3sat.de/mediathek/?mode=play&obj=42236

INFO 2: INTERNET – VORTEILE FÜR DIE VERMITTLUNG VON NACHHALTIGKEITSTHEMEN:

- Offen: Mit ein bisschen Knowhow startest du deine eigene Seite/deinen eigenen Blog.

- Schnell: Mit dem Internet kann man spontan auf Ereignisse reagieren.

- Vernetzt: Mit einem Link lotst du BesucherInnen zu Originaldokumenten, Datenquellen, spannenden Seiten und weiterführenden Informationen.

- Interaktiv: LeserInnen und ZuhörerInnen können direkt auf Beiträge reagieren und miteinander diskutieren.

- Crossmedial: Film, Ton, Bild, Text, Grafik, Kartenmaterial, Animation: Im Internet kann man die Medienformate miteinander verbinden.

Quellen:

Crome, Kira: »Es grünt so grün«, Fachjournalist 1/2012, S. 13–17

www.fachjournalist.de/PDF-Dateien/2012/05/FJ_1_2012-Nachhaltigkeitsthemen-in-den-Medien.pdf

Lietsch, Fritz: In: »Dürfen Journalisten Aktivisten sein? Eine Debatte zwischen Fritz Lietsch und Ulrich Brenner«, www.nachhaltigwirtschaften.net, Beitrag vom 17.12.2013.

Schäfer, Torsten: »Nachhaltigkeitsthemen journalistisch neu erzählen – ein erster Überblick«, in: http://gruener-journalismus.de/telling-sustainability-wie-sich-nachhaltigkeit-neu-erzaehlen-laesst/, Beitrag vom 04.05.2014.

Links:

Leuchtturmprojekte für journalistische Berichterstattung zu den Themen Klimawandel und Nachhaltigkeit

- http://zeozwei.taz.de
- www.enorm-magazin.de
- http://insideclimatenews.org
- www.dw.de/globalideas
- www.klimaretter.info
- http://earthjournalism.net/stories
- www.futurzwei.org
- http://amazonie.arte.tv/de/

INFO 3: UMWELTJOURNALISTISCHE QUALITÄTSKRITERIEN

1. Keine Übertreibung und keine Verharmlosung:
Risiken und Chancen werden weder übertrieben dargestellt noch bagatellisiert.

2. Belege und Evidenz
Studien, Fakten und Zahlen zu Umweltthemen werden so dargestellt, dass deren Aussagekraft (»Evidenz«) deutlich wird.

3. Experten, Quellentransparenz, Interessenkonflikte
Die Quellen für Tatsachenbehauptungen und Einschätzungen werden benannt, Abhängigkeiten und Interessenlagen deutlich gemacht und zentrale Aussagen durch mindestens zwei Quellen belegt.

4. Pro und Kontra
Es werden die wesentlichen relevanten Standpunkte angemessen dargestellt.

5. Keine Pressemitteilung
Der Beitrag geht in seinem Informationsgehalt und in der Darstellungsweise deutlich über eine Pressemitteilung/das Pressematerial hinaus.

6. Neuheit
Der Beitrag macht klar, ob es sich um ein neu aufgetretenes bzw. neu entdecktes Umweltproblem, eine innovative Umwelttechnik oder einen neuartigen Vorschlag zur Lösung/Regulierung o. ä. handelt oder ob diese schon länger existieren.

7. Lösungshorizonte und Handlungsoptionen/Kein Green-Washing
Der Beitrag nennt Wege, ein Umweltproblem zu lösen oder zu vermeiden, soweit dies möglich und angebracht ist.

8. Räumliche Dimensionen (lokal – regional – global)
Die räumliche Reichweite eines Umweltproblems sowie der Zusammenhang zwischen lokalen, regionalen und globalen Perspektiven werden dargestellt.

9. Zeitliche Dimensionen (Nachhaltigkeit)
Die zeitliche Reichweite eines Umweltproblems oder Phänomens wird dargestellt.

10. Kontext/Kosten
Über naturwissenschaftliche, gesundheitliche und technische Aspekte hinaus werden politische, soziale, kulturelle oder wirtschaftliche Aspekte eines Umweltthemas einbezogen.

Allgemeine Kriterien:

1. Themenauswahl
Das Thema ist aktuell, oder der Beitrag greift ein Thema auf, das auch unabhängig von aktuellen Anlässen relevant oder originell/ungewöhnlich ist.

2. Vermittlung
Komplexe Umwelt-Zusammenhänge werden verständlich gemacht.

3. Faktentreue
Der Beitrag gibt die wesentlichen Daten und Fakten korrekt wieder.

Quelle: www.medien-doktor.de/umwelt/bewertungen/die-kriterien

WISSEN • BEGREIFEN • HANDELN

1. Nachhaltige Entwicklung richtig kommunizieren:

a) Nenne die drei Dimensionen, die eine nachhaltige Entwicklung ausmachen.

b) Nach welchen Aspekten kategorisiert und beurteilt die Autorin die Vermittlung von Nachhaltigkeitsthemen in den Medien?

c) Was bedeutet das für einen ausgewogenen Beitrag – was muss ein Journalist hierbei beachten? Erläutert diesen Sachverhalt an einfachen Beispielen.

2. (Wie) Passen Nachhaltigkeitsthemen in die Logik der Massenmedien?

a) Vor welchen besonderen Schwierigkeiten stehen Journalisten?

b) Verdeutliche die Problematik auch am Thema Artenvielfalt.

c) Nenne weitere ökologische Themen, an denen du diese Besonderheit darlegen kannst.

d) Welchen Beitrag könnten interessierte LeserInnen leisten, um den Nachrichtenwert von wichtigen Nachhaltigkeitsthemen zu erhöhen und ihr Interesse daran zu bekunden?

© NOZ Medien

3. Die Autorin spricht von einer Art Königsweg für JournalistInnen, der allerdings erst noch gefunden werden muss.

a) Nennt die Aspekte, die die Autorin für guten Journalismus anführt. Setzt euch intensiv damit auseinander.

b) Begreift das Internet als Chance für die Vermittlung von Nachhaltigkeitsthemen. Warum?

4. »Eure (deine) Meinung ist uns wichtig.«

a) Teilt euch in Kleingruppen auf und überlegt, welches Nachhaltigkeitsthema ihr unbedingt in eurer Schule oder eurer Kommune vermitteln solltet. Haltet Gründe und Inhalte zum Thema in einer Stoffsammlung fest.

b) Präsentiert eure Ergebnisse der Großgruppe. Diskutiert diese gemeinsam und trefft eine Themenauswahl. Auf welche Literaturgrundlagen und welches Medium (Print, Online, Podcast, Video etc.) möchtet ihr dabei zurückgreifen?

c) Greift nun das Motto auf und werdet aktiv (siehe auch journalistische Schreibwerkstatt »Grünes Storytelling« im Themenfeld I). Ihr werdet auf viel Interesse stoßen!

5. Lest euch die umweltjournalistischen Qualitätskriterien durch, die das Projekt Medien-Doktor entwickelt hat (siehe Info 3).

a) Diskutiert diese in Kleingruppen und versucht sie an dem genannten Beispiel-Artikel aus der ZEIT »Warum muss Joy hungern?« nachzuvollziehen.

b) Lest Negativbeispiele auf der Online-Seite des Projekts Medien-Doktor.

c) Sucht in den Tageszeitungen, in Magazinen, im Rundfunk oder online nach weiteren Beiträgen über Nachhaltigkeitsthemen und analysiert diese anhand der Kriterien.

d) Ladet JournalistInnen, die über Nachhaltigkeitsthemen berichten, zu euch ein und diskutiert mit ihnen über die ökonomischen Zwänge im Medienbetrieb, die Tendenz der Boulevardisierung und ihre eigenen Ansprüche an eine gute Berichterstattung.

e) Diskutiert in Kleingruppen die Frage, inwiefern sich die Nachhaltigkeitsberichterstattung von der über andere Themenfelder unterscheidet und unterscheiden muss. Oder sind die Qualitätskriterien gar universell, weil Umweltjournalismus und Nachhaltigkeit quer zu allen Medienressorts liegen?

6. Die Autorin spricht in Abschnitt 5 von der »Logik der Massenmedien« und von »Nachrichtenwerten«. Was genau meint sie damit? Hier beginnt eure eigene Recherche zu folgenden Fragen:

a) Welche gesellschaftlichen Funktionen haben die Medien in einer Demokratie?

b) Nach welchen Selektionsmechanismen wählen Journalisten aus der Bandbreite der Ereignisse Nachrichten und Themen aus? Welche unterschiedlichen Theorien gibt es hierüber seitens der Medienwissenschaften?

c) Welche unterschiedlichen Nachrichtenwerte wurden von der Kommunikationsforschung identifiziert?

d) Diskutiert nach eurer Recherche die Aussage: »Medien konstruieren Realität, anstatt sie abzubilden.«

SCHULFACH »WELTRETTEN« – ODER: KANN MAN NACHHALTIGKEIT ÜBERHAUPT LERNEN?

Von Dr. Marianne Dehne

»To Save Everything, Click Here«, lautet der Titel eines zeitgenössischen Buches. Dass die Sache mit dem Weltretten leider nicht ganz so einfach und mühelos geht, hat sich jedoch mittlerweile herumgesprochen. Statt eines einzigen Klicks müssen wir unser ganzes Leben umkrempeln. Dafür muss man erst mal gerüstet sein. Wo und wie lernt man, was wichtig und richtig ist? Wie können so viele Menschen wie möglich mitgenommen werden?

Naheliegend wäre, das Thema »Nachhaltigkeit« einfach auf den Stundenplan der allgemeinbildenden Schulen zu setzen. Es gibt ja auch ein Schulfach »Religion«, »Philosophie« oder »Ethik«. Warum soll es nicht genauso ein Schulfach »Nachhaltigkeit« geben? So wie man sich mit verschiedenen Religionen und Weltanschauungen auseinandersetzt oder philosophische Ansätze und mehr oder weniger abstrakte ethische Fragen diskutiert, so könnte man auch im Fach »Nachhaltigkeit« die Geschichte dieses Begriffs, seine leidige Schwammigkeit, verschiedene Theorien, aktuelle Entwicklungen und Handlungsfelder diskutieren. Wir wüssten Bescheid über den Brundtland-Report und die magische Zwei-Grad-Grenze. Aber was wäre gewonnen?

Es geht nicht um kulturelle Allgemeinbildung und auch nicht darum, sich während eines Schuljahrs in der siebten Stunde mit Fragen zu beschäftigen, die sonst – in der Tat leider – immer zu kurz kommen. Es geht um die Fundamente dessen, was unser Zusammenleben heute und künftig ausmacht, um die Auswirkungen unseres Handelns, unser Menschenbild und unseren gesamten Lebensstil.

Nachhaltigkeit als Fragenpaket

»Nachhaltigkeit« ist ein so genanntes Querschnittsthema. Es berührt sämtliche Bereiche unseres Lebens und gehört daher auch in sämtliche Fächer und alle Lernorte integriert – vom Kindergarten bis zur Senioren-Akademie. Nicht als zusätzliches Wissenspaket, sondern als grundlegende Fragestellung. Wie ein Magnet, nach dem sich alle kleinen Eisenspäne ausrichten. Das mag in manchen Fächern näher liegen als in anderen. Aber relevant ist es für alle. Wenn wir davon ausgehen, dass in Schule, Berufsbildung und Universität, in Umweltverbänden, Kirchen, Stadtteilgruppen,

Volkshochschulen und Vereinen das vermittelt wird, was uns befähigt, diese Welt zu verstehen und in ihr zu bestehen, dann gehört Nachhaltigkeit allemal auf jede Agenda.

Und was genau soll dann auf die Agenda? Was benötigen wir ganz konkret, um uns so zu verhalten, dass wir heute nicht auf Kosten von morgen, hier nicht auf Kosten von anderswo leben und ein gutes Leben für alle als Ziel im Auge behalten? Was hilft uns dabei, uns privat und später im Berufsleben selbst nachhaltig zu verhalten, welche Unterstützung würden wir uns für unsere jüngeren Geschwister wünschen, welche Bildung erhoffen wir uns für zukünftige PolitikerInnen und Bankiers? Was wollen wir lernen und was lässt sich überhaupt erlernen?

Als Anregung für die Diskussion darüber seien hier drei Eckpfeiler genannt. Wie im Erste-Hilfe-Kurs können wir uns am Buchstaben »W« wie »Weltretten« orientieren. Letztlich handelt es sich auch um einen Erste-Hilfe-Noteinsatz. Viel Zeit bleibt uns nicht, um Ressourcenvernichtung und Klimawandel zu stoppen.

1. WER und Werte:

Von höchster Wichtigkeit ist es, die Menschen in ihrer Persönlichkeitsentwicklung und in ihren Werten zu stärken. Am besten natürlich von Kindesbeinen an. Es spielt eine große Rolle, wie sicher, gefestigt und offen wir in dieser Welt stehen, wenn wir sie mitgestalten wollen. Es geht um Empathie und Solidarität, um die Ausbildung eines Gerechtigkeitsempfindens und Verantwortungsgefühls. Studien haben gezeigt, dass man die Fähigkeit zur Empathie – das Hineinversetzen in die Perspektive eines anderen Menschen (zum Beispiel eines Kleinbauern in Afrika) und das Mitfühlen mit seiner Situation – tatsächlich trainieren kann. Auch noch im Erwachsenenalter.

Darüber hinaus geht es um Selbstvertrauen. Nur wenn wir glauben, dass unser Verhalten einen Unterschied macht, wenn wir also von einer »Selbstwirksamkeit« ausgehen, werden wir uns engagieren. Und nur dann werden wir uns auch keine simplen Schwarz-Weiß-Weltbilder stricken und einfache Antworten verlangen oder gar Sündenböcke suchen. Erfolgserlebnisse auf diesem Gebiet lassen sich im Lernprozess ebenfalls vermitteln. Weitere zentrale Kompetenzen im sozialen Bereich, in denen man durch gute Erfahrungen bestärkt werden kann, sind die Fähigkeit zur Zusammenarbeit (Kooperation) bei der Lösung von Problemen und Konflikten sowie die Fähigkeit zur Partizipation bei der Gestaltung des eigenen Umfelds.

2. WAS und Wissen:

Ohne Zweifel – wir benötigen eine ganze Reihe von Informationen zu den Auswirkungen und Wechselwirkungen gesellschaftlicher, politischer, kultureller, naturwissenschaftlicher, wirtschaftlicher Dinge. Zwar hat man hier nie ausgelernt, und die vielfältigen Zusammenhänge sind schon beeindruckend bis bedrückend. Aber Grundkenntnisse über die systemartige Vernetztheit auf diesem Planeten brauchen wir als Handwerkszeug unbedingt. Das kann auch nicht nur in ein Schulfach gestopft werden. Idealerweise werden dabei die

UNSERE AUTORIN

Dr. Marianne Dehne (* 1972) ist Literaturwissenschaftlerin. Seit 2005 arbeitet sie als Referentin rund um den Themenschwerpunkt Nachhaltigkeit. Dabei war sie u. a. mehrere Jahre im Bereich »Corporate Responsibility« der Otto Group, in der Koordinierungsstelle der UN-Dekade »Bildung für nachhaltige Entwicklung« und im Referat »Wirtschaft und Umwelt« der Politikabteilung von Brot für die Welt tätig.

theoretischen Informationen immer gleich mit der Praxis rückgekoppelt. Man kann mit außerschulischen, außeruniversitären oder entsprechenden Lernorten kooperieren, vor Ort ein Unternehmen, ein Naturschutzbiotop oder eine politische Versammlung besuchen.

3. WIE und Wege:

Was fangen wir mit diesem Wissen an? Welche Handlungsspielräume habe ich, haben wir, haben andere? Wie können wir gemeinsam etwas umsetzen, andere überzeugen und dadurch als Multiplikatoren wirken? Bei diesem »W« geht es darum, dass wir uns Handlungsmöglichkeiten erarbeiten. Handlungsmöglichkeiten, die ich als KonsumentIn, als BürgerIn, als FreundIn und Familienmensch habe. An welchen Stellen kann ich beispielsweise etwas durch einen anderen oder weniger Konsum bewirken? Welche Ansätze gibt es, und welche Vor- und Nachteile haben sie jeweils? Wichtig ist, dass wir uns dabei nicht von Komplexitäten, Widersprüchlichkeiten, Widerständen und Zielkonflikten verunsichern lassen. Mit einer Reihe solider »Daumenregeln« und einem gesunden inneren Kompass kommen wir schon ein gutes Stück weiter.

Strategien erstreiten

Ein Beispiel, das mir persönlich die Augen dafür geöffnet hat, was Bildung für nachhaltige Entwicklung kann und will: Die Michael-Otto-Stiftung für Umweltschutz hat für Grundschülerinnen und Grundschüler in Hamburg das Bildungsangebot »Aqua Agenten« rund um die Lebensgrundlage Wasser ins Leben gerufen. Bei einer Aufgabe geht es um die Zukunft eines Badesees beziehungsweise Feuchtbiotops. In mehreren Briefen an die Bürgermeisterin schildern unterschiedliche Interessenvertreter ihre Sichtweise:

»Liebe Bürgermeisterin«, schreibt die Besitzerin eines Cafés sinngemäß, »mein Café am See ist sehr gut besucht und platzt im Sommer aus allen Nähten. Gerne möchte ich es erweitern und auf dem angrenzenden Seegrundstück auch noch ein Lokal aufbauen. Dadurch können wir mehr Arbeitsplätze schaffen, und es kommen mehr Touristen in unseren Ort, die hier auch anderswo Geld ausgeben. Bitte verkauf mir doch dieses Grundstück.«

© AQUA-Agenten-Büro/C.Spielmann

Daneben gibt es einen zweiten Brief, der von den Nachbarn des Lokals geschrieben wurde und etwa so lautet:

»Liebe Bürgermeisterin, schon jetzt ist es wahnsinnig laut im Sommer, und überall liegt ständig Müll herum. Wir selbst können gar nicht mehr im See baden, weil alles voller Touristen und an anderen Stellen das Baden aus Naturschutzgründen verboten ist. Wir möchten nicht, dass das Café noch größer wird.«

Ein dritter Brief kommt von Naturschützern:

»Liebe Bürgermeisterin, auf dem Seegrundstück, das die Cafébesitzerin kaufen möchte, leben Pflanzen und Tiere, die für eine intakte Umwelt notwendig sind und teilweise nur hier bei uns vorkommen. Schon jetzt gibt es zu wenig unberührte Stellen am See, wo sich die Natur von den ganzen badenden und bootsfahrenden Touristen und Anwohnern erholen kann.«

Die Kinder müssen jetzt eine Bürgermeisterin bestimmen und eine Ratsversammlung bilden und gemeinsam nach einem Weg suchen. Es gibt keine fertige Lösung, die erraten werden

© AQUA-Agenten-Büro/C.Spielmann

muss: Die Kinder sind ganz frei, ihre eigenen Entscheidungen und Kompromisse auszuhandeln und zu beschließen.

Selbstdisziplin trotz Gruppendruck

Allerdings: »Es gibt nichts Gutes, / außer man tut es«, heißt es bei Erich Kästner. Selbst wenn die Fähigkeiten und Werte vorhanden sind, das Wissen, die Handlungsmöglichkeiten – ein Selbstgänger ist das nachhaltige Handeln im täglichen Leben auch dann nicht. So gibt es weitere »W-Fragen« oder auch »Wehs«: »WIESO ich?!« Und: »WANN, etwa jetzt?!« Am Ende geht es nicht darum, Nachhaltigkeit zu erlernen, sondern Nachhaltigkeit zu leben. Das, was wir wissen und (eigentlich) wollen, das muss »nur« noch umgesetzt werden. Konsequent. Gegen jeden Kollektivdruck von außen (»Alle meine KlassenkameradInnen tragen diese Jeans.«), gegen jede Bequemlichkeit (»Ach was, es geht schon schneller, von Frankfurt nach Berlin zu fliegen.«), gegen jeden Wunsch nach niedrigen Preisen (»Wenn ich dieses T-Shirt für drei Euro kaufe, kann ich mir auch noch die Kinokarte und die App leisten.«), gegen jedes innere Aufrechnen (»Nun war ich schon so gut und hab die Flaschen zum Glascontainer gebracht, nun darf ich mir auch den Flug auf die Seychellen gönnen.«).

Von den Werten und dem Wissen zum Wollen und Handeln zu kommen, immer wieder, das ist sicher das Schwierigste am »Nachhaltigkeits-Lehrgang«. Ein bisschen hängt dieser Punkt sicher auch von der Persönlichkeit ab: Wie stark ausgeprägt ist meine Solidarität, wie sehr schaffe ich es, mich vom Gruppendruck frei zu machen? Aber selbst dann bleibt es eine Herausforderung.

Lösungsansätze könnten sein:

1. Bestimmte Dinge gar nicht mehr in Frage stellen bzw. als gegeben voraussetzen.

2. Neue Verhaltensweisen einüben, neue Routinen ausbilden. Denn so verkrustet unsere alten Routinen sind, wenn sie einmal von neuen abgelöst worden sind, tragen uns die neuen Routinen ganz selbstverständlich durch den Alltag.

3. Mitstreiter suchen – wir umgeben uns mit Menschen, die genauso »ticken« wie wir und in deren Gegenwart uns ein bestimmtes ökologisch-nachhaltiges Verhalten leichter fällt.

4. Kontexte schaffen: Wenn an einer Schule Klimaschutz großgeschrieben wird, ist es »voll peinlich«, von seinen Eltern in einem Großwagen gebracht zu werden.

5. Andere Belohnungs- und Anreizsysteme schaffen – für sich selbst und für andere. Eine Anerkennungskultur entwickeln, die nachhaltiges Handeln wertschätzt.

6. Sich selbst als Held, als Heldin eines Märchens verstehen: Wie ein Märchenheld brechen wir aus den gewohnten Verhaltensweisen, müssen uns in der Welt bewähren, unsere Werte und Lebenstauglichkeit unter Beweis stellen. Es gibt Helferfiguren und »Schädiger« oder »Versucher«, es gibt »magische« Gegenstände, die uns die Aufgaben leichter machen.

7. Aber auch immer wieder: Sich selbst den Lernprozess nicht übel nehmen und sich auch Rückschläge verzeihen oder mal Fünfe gerade sein lassen können. Zwar werteorientiert, aber doch relativ ideologiefrei sich durchs Leben bewegen und dadurch nicht die Lebensfreude und seine Freunde verlieren. Mit Spaß bei der Sache sein, das Ganze als positive Herausforderung und trotz der Dringlichkeit der globalen Probleme doch auch als eine Art Spiel, Auftrag und Mission verstehen, die wir als Agenten für das Gute gerne annehmen.

»Gott aus der Maschine«

Im Fall des Erste-Hilfe-Noteinsatzes würde irgendwann der Notarzt die weitere Rettung des Planeten beziehungsweise unserer Lebenswelt übernehmen. In der Theaterwissenschaft spricht man von einer »Deus ex machina«-Gestalt, die im Drama plötzlich eingreift: ein »Gott aus der Maschine«, eine übergeordnete Instanz, die alles in Ordnung bringt. Das würden aber vermutlich die wenigsten erwarten, dass (ein) Gott eingreift. Entweder weil man nicht an (einen) Gott glaubt, oder weil man davon ausgeht, dass Gott von uns erwartet, dass wir es – mit seiner Hilfe – selbst richten, da uns ja die »Bewahrung der Schöpfung« aufgetragen ist und uns eigentlich alle Fähigkeiten mitgegeben wurden, die dafür nötig sind.

Allein mit positiver Gedankenkraft werden wir das Universum auch nicht überzeugen, uns unsere Weltrettungswünsche zu erfüllen. Doch wenn denn aus Gedanken wirklich Worte und Taten werden, ist ein positives und konstruktives Denken schon der Schlüssel – im Vertrauen darauf, dass alle, die Nachhaltigkeit lernen und leben, es zusammen schon hinbekommen werden. Ein weiterer schöner Buchtitel lautet: »Die Welt ist groß, und Rettung lauert überall«. Retten und lauern wir mit!

Da die Landwirtschaft für ca. ein Fünftel der weltweiten Treibhausgase verantwortlich ist, können Sie Ihre CO_2-Emission auch reduzieren, indem Sie darauf achten, was Sie essen.

Reinigen oder ersetzen Sie die Filter in Ihren Heizungs- und Klimaanlagen.
Das Reinigen eines verschmutzten Luftfilters kann jährlich 160 kg CO_2 vermeiden.

Verbrauchen Sie weniger Warmwasser.
Für Warmwasser wird sehr viel Energie benötigt. Sie können den Warmwasserverbrauch reduzieren, indem Sie einen Spar-Duschkopf installieren (160 kg CO_2/Jahr) und indem Sie Ihre Wäsche in kaltem oder warmem statt in heißem Wasser waschen (225 kg/Jahr).

Umhüllen Sie Ihren Wasserboiler mit einer Isolationsdecke.
Durch diese einfache Aktion können Sie pro Jahr 450 kg CO_2 einsparen – und weitere 250 kg, wenn Sie den Thermostat nicht höher als 50 °C einstellen.

Pflanzen Sie einen Baum.
Ein einziger Baum absorbiert in seinem Leben eine Tonne CO_2. Der Schatten, den ein Baum spendet, kann Ihre Klimaanlagenkosten um 10 bis 15 % reduzieren.

Lassen Sie Ihre Spülmaschine erst laufen, wenn sie ganz voll ist, und benutzen Sie die Energiespartaste.
Dadurch vermeiden Sie jährlich 45 kg CO_2.

Kaufen Sie frische, anstatt tiefgefrorene Lebensmittel.
Tiefgefrorene Lebensmittel benötigen für die Produktion das 10-fache an Energie.

Wechseln Sie zu grüner Energie.
In vielen Gegenden können Sie zu einer Energieform wechseln, die aus sauberen, erneuerbaren Quellen (Wind und Sonne) kommt.

Kaufen Sie nach Möglichkeit organisch angebaute Produkte.
Organische Böden speichern CO_2 in viel höherem Maße als konventionelle Acker-böden. Wenn wir all unseren Mais und unsere Sojabohnen organisch anbauten, würden wir die Atmosphäre um 260 Millionen Tonnen CO_2 entlasten!

Essen Sie weniger Fleisch.
Methan ist neben CO_2 das zweite Gas, das signifikant für den Treibhauseffekt verantwortlich ist. An dem Ausstoß von Methan sind vor allem Kühe beteiligt. Das Gras, das sie in ihren Mehrfachmägen verdauen, lässt Methan entstehen. Dieses Methan atmen die Kühe ständig aus.

Isolieren Sie Ihr Haus und machen Sie es wetterfest.
Wenn Sie Ihre Wände und Decken richtig isolieren, können sie 25 Prozent Ihrer Heizkosten einsparen und jährlich 900 kg CO_2 vermeiden. Abdichten und der Einsatz von Tür- und Fenstergummis können weitere 770 kg vermeiden.

Vermeiden Sie aufwendig verpackte Produkte.
Sie können 545 kg CO_2 vermeiden, wenn Sie Ihren Müll um 10 % verringern.

Achten Sie darauf, dass Sie möglichst viel recyceln.
Sie können jährlich 1.100 kg CO_2 vermeiden, wenn Sie die Hälfte Ihres Hausmülls recyceln.

Benutzen Sie die Wäscheleine anstatt des Trockners.
Wenn sie sechs Monate im Jahr Ihre Wäsche an der Luft trocknen, können Sie 320 kg CO_2 vermeiden.

Stellen Sie Ihr Thermostat im Winter um 2° C nach unten und im Sommer um 2° C nach oben und installieren Sie einen programmierbaren Thermostat.
Fast die Hälfte unserer häuslichen Energie wird für Heizung und Kühlung verbraucht. Sie könnten mit dieser einfachen Einstellung ca. 1.000 kg CO_2 pro J/Jahr vermeiden. Programmierbare Thermostate regeln die Heizung und die Klimaanlage nachts automatisch herunter und am Morgen wieder herauf. Dadurch können Sie Energiekosten im 2-stelligen Bereich einsparen.

Unterstützen Sie örtliche, saisonale Bauernmärkte.
Diese Märkte reduzieren den Energiebedarf für den Anbau und den Transport der Lebensmittel um ein Fünftel.

© C. Liedtke, M. J. Welfens et. al. (2008): Klima und Ozeane (KLIO), Didaktisches Modul der Bildungsinitiative Mut zur Nachhaltigkeit, Forum für Verantwortung, ASKO-EUROPA-Stiftung, Europäische Akademie Otzenhausen, Wuppertal Institut, S. 195; grafische Bearbeitung VisLab Wuppertal Institut.

WISSEN • BEGREIFEN • HANDELN

1. »Nachhaltigkeit« ist ein sogenanntes Querschnittsthema und ein Leitmodell, das viele komplexe Fragestellungen beinhaltet (s. Text).

a) Lies erneut den ersten und zweiten Textabschnitt und liste die zentralen Fragen und Themenfelder auf, die – laut der Autorin – mit Nachhaltigkeit verbunden sind.
b) Strukturiere die unterschiedlichen Themenaspekte auch grafisch – beispielsweise mit einer Mindmap.
c) Welche Frage ist aus deiner Sicht die wichtigste und warum?

2. Marianne Dehne argumentiert, dass es nicht viel brächte, Nachhaltigkeit als Schulfach einzuführen. Stattdessen sollte es in allen Unterrichtsfächern, Bildungsinstitutionen und an allen öffentlichen Lehrorten vermittelt werden, so dass man sich ständig und ein Leben lang praxisorientiert damit auseinandersetzt. Diskutiert diese Haltung der Autorin zunächst in Kleingruppen, dann in der Großgruppe. Orientiert euch dabei an folgenden Leitfragen:

a) In welchen Schulfächern wurde euch Wissen zu Themen der Nachhaltigkeit vermittelt oder wurden dazu Fragen diskutiert? Welche der im Text genannten Fragen kamen dabei bislang zu kurz?
b) Welche Lernorte der Nachhaltigkeit in eurer unmittelbaren Umgebung kennt ihr?
c) Wo und wie konntet ihr schon Praxiserfahrungen für einen nachhaltigeren Lebensstil sammeln?
d) Welche weiteren Lern- und Erfahrungsangebote für die Themen der nachhaltigen Entwicklung wünscht ihr euch und von welchen AkteurInnen?

3. Um die Welt noch zu retten, so die Autorin, benötigen wir alle individuell und als Gemeinschaft einen Erste-Hilfe-Kurs – eine Art Agenda für nachhaltiges Leben und Lernen. Dieser Kurs besteht aus drei Eckpfeilern.

a) Nenne diese Eckpfeiler der »Weltrettung« und schreibe deren Inhalte stichwortartig in einer Stoffsammlung auf.
b) Fasst eure Ergebnisse in einem gemeinsamen Schaubild zusammen.
c) Diskutiert und verdeutlicht gemeinsam die Kernaussagen und Begriffe der Stoffsammlung anhand von kleinen Beispielen aus dem Alltag. Diskutiert etwa, was die Autorin mit »soliden Daumenregeln« und einem »gesunden inneren Kompass« meinen könnte und übertragt diese auf euer eigenes Leben.

4. Die Autorin verdeutlicht an einem konkreten Fallbeispiel der Zukunft eines Feuchtbiotops und einer anstehenden politischen Entscheidung die Zielkonflikte bei der Frage, was nachhaltige Entwicklung für Bürger in unterschiedlichen Positionen bedeuten kann.

a) Erläutert die Zielkonflikte, vor der die Bürgermeisterin in dem Fallbeispiel steht.

b) Kennt ihr aktuelle Streitfälle aus eurem kommunalen Umfeld, hinter der sich Nachhaltigkeits-Zielkonflikte verbergen? Recherchiert in euren lokalen Medien dazu. Diskutiert diesen Streitfall in Kleingruppen oder als Rollenspiel in einer imaginären Ratsversammlung, wie im Text angedeutet.

5. Bei vielen Menschen zeigt sich eine Diskrepanz (Widersprüchlichkeit) zwischen ihrem Wissen über nachhaltiges Handeln und der konkreten und konsequenten Umsetzung im Alltag.

a) Wodurch kommt diese Diskrepanz zustande oder wird noch verstärkt?

b) Welche Lösungsansätze bietet die Autorin zur Minimierung dieser Abweichungen vom Wissen zum Tun in Sachen Nachhaltigkeit an?

c) Verdeutlicht diese alltäglichen Wissens- und Gewissenskonflikte in persönlichen Gesprächen in Zweiergruppen. Sucht gemeinsam nach innovativen Lösungen, welche die Vorschläge der Autorin ergänzen.

d) Die Autorin rät dabei, neben allen intensiven Bemühungen, auch zur »Ideologiefreiheit«. Worauf spielt sie an, und was könnte damit gemeint sein?

6. Der Abschlussappell von Marianne Dehne lautet: »Retten und lauern wir mit!« Diskutiert diese Aufforderung im Plenum und visualisiert eure persönliche Haltung dazu als Zeichnung, Comic oder als Foto-Serie. Veröffentlicht sie auf eurem Online-Blog oder in der Schülerzeitung und sendet sie auch an das *youthinkgreen*-Büro in Berlin: info@youthinkgreen.org

3.2. KRISE: GLOBALE ZERSTÖRUNG ZENT

Einleitung

Krisenphänomene, seien sie ökonomischer, sozialer, politischer oder ökologischer Natur, sind und waren zu allen Zeiten präsent. Doch im Zeitalter der Globalisierung sehen sich unsere Gesellschaften des 21. Jahrhunderts mit einem neuen Häufigkeits- und Schweregrad von Krisen konfrontiert, die in komplexen Wechselwirkungen miteinander verwoben scheinen und nicht mehr vor nationalen oder regionalen Grenzen Halt machen. Eine Krise scheint die andere abzulösen oder gar auszulösen oder bereits vorhandene Krisen zu verstärken. Der Ökonom Prof. Dennis J. Snower sieht diese als Folgen von ungelösten »Waisen-Problemen«, dazu zählt er unter anderen den Klimawandel, die Überfischung der Meere, Finanzkrisen, Überweidung in der Landwirtschaft, internationalen Terrorismus und die weltweite Abholzung der Wälder. Laut Snower fühle sich kein Land für diese Probleme wirklich verantwortlich oder zuständig, obwohl sie verheerende globale Auswirkungen haben.

Wir beschäftigen uns in diesem Themenfeld schwerpunktmäßig mit Klima- und Umwelt-

RWÄRMUNG UND
ALER ÖKOSYSTEME

krisen, auch wenn diese natürlich keineswegs losgelöst von Welternährungskrisen, Finanzmarkt- und Wirtschaftskrisen, Epidemien oder politischen Krisen zu denken sind. Wenn Wissenschaftler ihre neuesten Erkenntnisse über komplexe Naturphänomene erläutern, wirkt das auf viele meist theorielastig, trocken und anstrengend. Ganz anders jedoch verlief unser Gespräch mit dem Klimafolgenforscher Prof. Dr. Schellnhuber. Er verglich den Klimawandel mit einer spannenden Kriminalgeschichte, erklärte, warum er manchmal »überdramatisiert«, und erläuterte konkrete Möglichkeiten, wie wir als BürgerInnen am »Happy End« mitschreiben können, anstatt extremere Wetterereignisse zu bewirken.

Anschließend betrachten wir die Wechselwirkungen der anthropogenen Erderwärmung mit Zerstörungsprozessen in verschiedenen Ökosystemen. Dr. Thomas Fatheuer hat jahrzehntelang in Brasilien gelebt und dort beobachten müssen, wie die Abholzung des tropischen Regenwaldes, trotz mancher staatlicher Schutzmaßnahmen, weiter fortschreitet. Darunter leiden nicht nur die indigene Bevölkerung und die Artenvielfalt Brasiliens, sondern mittelfristig alle LateinamerikanerInnen und die Weltbevölkerung. Denn der Regenwald spielt eine Schlüsselrolle für das regionale und das globale Klima. Die hemmungslose Rodung von Wäldern spielt sich auch auf anderen Kontinenten in vielen ländlichen Gegenden ab, etwa zur Feuerholzgewinnung. Dr. Auma Obama beschreibt in ihrem Beitrag die Ursachen und Folgen der Abholzung im ostafrikanischen Kenia und zeigt Lösungsansätze auf, um den daraus resultierenden Katastrophen langfristig entgegenzuwirken.

Der Berliner Verein Weltfriedensdienst e. V. macht sich weltweit stark im Kampf gegen die Privatisierung, Austrocknung und Verschmutzung von Süßwasserquellen. Am Fallbeispiel einer kleinen Dorfgemeinschaft in der Salzwüste Argentiniens beschreibt Katrin Steinitz, wie sich die Menschen dort, mit der nötigen internationalen Unterstützung, erfolgreich gegen illegale Aktivitäten von Großkonzernen wehren.

Quell des Lebens: Ozean und Arktis

Ulrike Sinzel hat sich der Thematik des Korallensterbens auf unterschiedlichen Wegen angenähert. Durch viele Gespräche mit WissenschaftlerInnen erfuhr die Autorin, welche komplexen Prozesse das Leben der Meerestiere in den Ozeanen zunehmend gefährden und wie deshalb die gesamte Nahrungskette durcheinander gerät. In ihrer literarischen Kurzgeschichte lesen wir zunächst über die schicksalhafte Begegnung von Marek und Elena. Die beiden entscheiden sich, auf eigene Faust in eine geheimnisvolle Unterwasserhöhle zu tauchen, da sie hoffen, dort ein Mineral zu finden, um die Ozeanversauerung zu stoppen. In ihrem Beitrag »Warum das Meer langsam, aber stetig versauert« erläutert Sinzel die wahren Hintergründe, welche sie zu der Geschichte inspiriert haben.

Abschließend thematisieren wir die besondere Verletzlichkeit der Eislandschaften in den Polarregionen. Expeditionsleiter und Abenteurer Arved Fuchs spricht im Interview mit uns über seine Reisen zu Fuß und auf hoher See und beschreibt, wie sich seine Sichtweisen auf den Klimawandel und die Natur mit der Zeit verändert haben. Seine Beobachtungen und Einschätzungen als »Zeitzeuge« der globalen Erwärmung machen es überdeutlich: Wenn das Eis schmilzt und der Meeresspiegel steigt, ist das Leben vieler Tiere und Menschen in Gefahr, nicht nur in der Arktis, sondern weltweit.

Doch die AutorInnen und unsere InterviewpartnerInnen in diesem Themenfeld wollen nicht nur ausdrücklich warnen, sondern vor allem auch wachrütteln. WissenschaftlerInnen sowie engagierte BürgerInnen zeigen sich hierbei als »besorgte Optimisten«, die an unsere Moralvorstellungen, unser Verantwortungsbewusstsein, unseren Sachverstand und unsere Kreativität appellieren. Sie machen Vorschläge, die ein Umdenken bewirken und Schutz gewährleisten können. Es ist spät, aber noch nicht zu spät, sich dafür einzusetzen, das Ruder im Wettrennen gegen den Klimawandel endlich herumzureißen.

»MEHR ALS HEISSE LUFT«

Klimafolgenforscher Prof. Dr. Schellnhuber im Interview

Ist die Welt noch zu retten? Die Ergebnisse und Prognosen der Wissenschaftler geben, mit Blick auf den sich beschleunigenden Klimawandel, wenig Anlass zur Hoffnung. Auch Prof. Dr. Schellnhuber, Leiter des Potsdam-Institut für Klimafolgenforschung (PIK), warnt seit Jahrzehnten vor den Folgen der Erderwärmung und fordert Politiker, Unternehmer und Bürger dazu auf, endlich umzusteuern und eine kohlenstofffreie Weltwirtschaft zu etablieren. Im Interview mit *youthinkgreen* spricht er nicht nur über die Risiken des Klimawandels, sondern zeigt ganz konkrete Wege auf, wie wir das Wettrennen gegen den Klimawandel doch noch gewinnen können.

Von Karoline Kmieciak & Ariane Missuweit

youthinkgreen: Herr Prof. Dr. Schellnhuber, wir erleben immer häufiger Hitzewellen und Überschwemmungen; der Taifun Haiyan etwa hat auf den Philippinen eine Schneise der Verwüstung hinterlassen. Rekordverdächtig sind auch die Gletscherschmelzen in Arktis und Antarktis. Wann gerät die Erderwärmung endgültig außer Kontrolle?

Prof. Schellnhuber: Den Zeitpunkt eines Kontrollverlustes kann man natürlich nicht zu 100 Prozent vorhersagen, es ist jedoch ein klarer und nachweisbar durch den Menschen verursachter Trend in diese Richtung erkennbar. Was uns Wissenschaftlern noch größere Sorgen als Extremwetterereignisse wie beispielsweise Hitzewellen oder Starkregenfälle bereitet, ist die gesamte planetarische Maschinerie. Diese

Kippelemente des Ökosystems

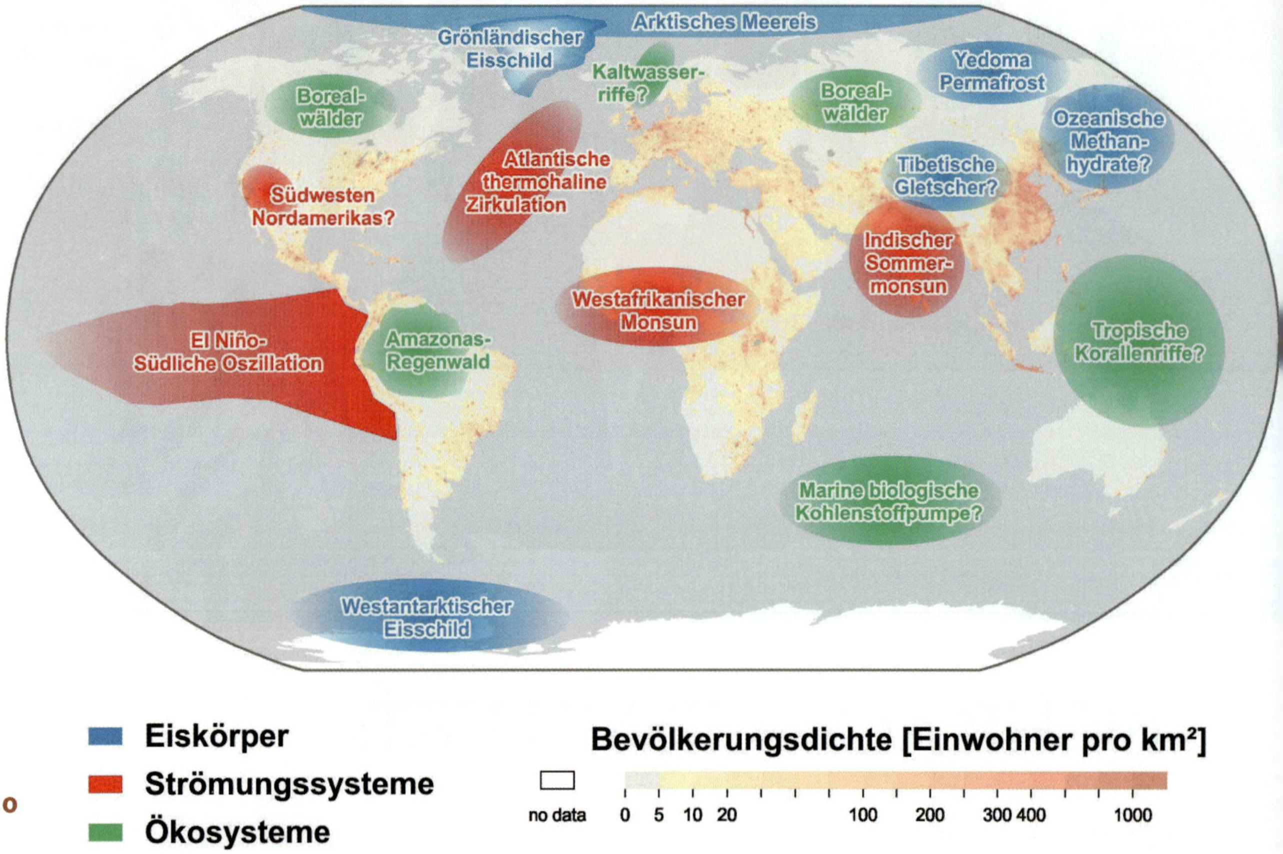

besteht aus schmelzenden Eiskörpern (die Eisschilde auf Grönland, in der West- und Ostantarktis, der tibetische Gletscher usw.), sich verändernden Strömungssystemen der Atmosphäre und der Ozeane (atlantische thermohaline Zirkulation, indischer Monsun, westafrikanischer Monsun) sowie aus den zentralen Ökosystemen wie dem Great Barrier Reef oder dem Amazonas-Regenwald. Man kann sich diese sogenannten Kippelemente (engl. Tipping Elements) auch als vitale Organe des Körpers Erde vorstellen. Wir wissen nicht, wann eines dieser Organe seinen Dienst aufgeben wird, aber wenn das passiert, müssen wir mit dramatischen Folgen rechnen. Um bei der Metapher zu bleiben: Sollte eine Niere versagen, dann muss das noch nicht den Tod des Patienten bedeuten – es kann aber eine gefährliche Kettenreaktion in Gang setzen. Also sind vorbeugende Maßnahmen und Behandlungen geboten.

***youthinkgreen*:** Seit Jahrzehnten schon untersuchen Sie mit diesem Konzept der Kippelemente, wie wir durch unsere Lebensweise zentrale Elemente des Klimasystems über kritische Grenzen hinaus belasten, so dass bestimmte Prozesse im Gesamtgefüge »kippen« und fortan nicht mehr funktionieren könnten. Was sind die neuesten wissenschaftlichen Erkenntnisse in der Kippelemente-Forschung?

Prof. Schellnhuber: Wir können mittlerweile anhand von Simulationen immer bessere Voraussagen über die Risiken treffen, also darüber, ab welcher Temperaturerhöhung sich die komplexen Prozesse in Klima- und Ökosystemen drastisch verändern werden. Die kritische Grenze für das Abschmelzen des grönländischen Eisschildes liegt bei einer globalen Erwärmung von etwa 1,6 Grad Celsius. Beim westantarktischen Eisschild haben wir unter Umständen noch mehr Zeit, beim Amazonas-Regenwald bedarf es vermutlich einer Erwärmung von vier Grad. Man kann sich diese Risikokarte auch vereinfacht als eine »Temperaturstraße« vorstellen: Entlang dieser Straße stehen überall rote Warnschilder und diese häufen sich jenseits der Zwei-Grad-Grenze. Deswegen ist das politische Ziel, die Erderwärmung auf zwei Grad zu begrenzen, so enorm wichtig.

Wahrscheinlichkeit des Scheiterns

youthinkgreen: Auf dem Flug zur Rio-Konferenz 2012 haben Sie sich auch mit Jugendlichen von *youthinkgreen* unterhalten, und es kam die Frage auf, ob die Welt überhaupt noch zu retten sei. Daraufhin antworteten Sie: »Ich glaube nicht.« Bleiben Sie dabei?

Prof. Schellnhuber: Das lag wahrscheinlich an der verdünnten Luft (sagt er und lächelt). Also, das ist keine wissenschaftliche Prognose, sondern mein gesellschaftlich-normativer Standpunkt. Ich setze die Wahrscheinlichkeit des Scheiterns so hoch an, damit wir die Gefahren sehen und den Druck zum Handeln verspüren. Wir alle müssen eingefahrene Verhaltensweisen ändern, das gilt für die Industrie und ihre Lobbyisten genauso wie für die Politiker und für uns Bürger. Die Frage, ob es gelingen kann, die Welt zu retten, halte ich für weniger relevant als die Frage, wie mein persönlicher Beitrag dazu aussehen kann. Betrachten wir eine interessante Analogie zum Sport: Als Fußballspieler gehe ich auch nicht mit der Angst

© Klaus Fahlbusch

zu verlieren in das alles entscheidende Match. Selbst wenn ich nicht der Favorit bin und die Chancen gegen mich stehen, tue ich alles, um am Schluss zu gewinnen. Und im Kampf gegen den Klimawandel spielt nicht etwa Brasilien gegen Deutschland, sondern eher Zypern gegen Argentinien. Aber einmal im Jahrhundert gewinnt eben auch Zypern.

youthinkgreen: Und wer ist dieser übermächtige Gegner im Kampf gegen den Klimawandel, wenn wir kurz mal bei Ihrem Vergleich mit dem WM-Finale bleiben?

Prof. Schellnhuber: Darauf möchte ich etwas differenzierter eingehen und zwei Antworten geben. Die klassische Antwort ist natürlich die riesige, auf Nutzung fossiler Brennstoffe basierende Industrie – das fossile Energieträger-System. Anfangs war die Industrielle Revolution ein Segen für die Menschheit, denn ohne den Einsatz von Kohle und Öl gäbe es vermutlich

UNSERE AUTORINNEN

Karoline Kmieciak (* 1988) hat in Kiel Geografie studiert und war 2014 Praktikantin bei *youthinkgreen* im Bereich Öffentlichkeitsarbeit und Projektmanagement.

Ariane Missuweit (* 1985) hat Diplom-Sozialwissenschaften studiert und als freie Journalistin gearbeitet. Seit 2014 ist sie bei *youthinkgreen* als Mitarbeiterin tätig, wirkte konzeptionell und redaktionell am Buch »Tree of Hope« mit und leitet seit 2015 das Projekt »konsumwandeln«.

heute keine moderne Technik, keine moderne Medizin, und unser Lebensstandard wäre niedriger. Aber dieses System ist so gewaltig und sich selbst erhaltend geworden, dass es automatisch weiterrotiert, obwohl die Nebenwirkungen immer gefährlicher werden und es ganz offensichtlich ist, dass wir damit gegen die Wand fahren. Die Wissenschaft nennt das »Pfadabhängigkeit«, der Gegner ist im Prinzip die eigene Erfolgsgeschichte. Und damit ist auch der zweite Gegner identifiziert: Das ist ein Teil unseres Selbst, das sind wir alle mit unserer Bequemlichkeit und Vergnügungssucht. Wir reagieren vorrangig auf unmittelbare Reize und Bedrohungen. Das kann man im Alltagsleben vermutlich noch in den Griff bekommen, aber hier als Gesellschaft umzulenken, das ist die große Herausforderung unserer Zeit.

youthinkgreen: Gerade in Hinblick auf die Industrie und den Energiesektor fordern Sie als Wissenschaftler schon seit langem, dass die Weichen für eine kohlenstofffreie Weltwirtschaft gestellt werden. Wie weit sind wir schon vorangekommen?

Prof. Schellnhuber: Ich muss sagen, die Transformation des Energiesystems vollzieht sich sogar schneller, als ich ursprünglich dachte. In einem aktuellen Strategiepapier geht die größte Schweizer Privatbank UBS davon aus, dass die klassischen Energieerzeuger wie E.ON, RWE und Co. in zwanzig Jahren verschwunden sein werden. Batterien werden dann so preisgünstig sein, dass jeder Solarenergie speichern und nutzen kann. Ich glaube, dass letztendlich nicht planbare Ereignisse wie die Nuklearkatastrophe in Fukushima, die der deutschen Energiewende auf tragische Weise Schub verliehen hat, zu dieser Transformation führen. Natürlich braucht es für die Umsetzung Vordenker, Planer und Wegbereiter, die langfristiger denken, sei es nun mit Blick auf die Erderwärmung, die Umwelt, die Gesundheit oder andere Aspekte. Viele Technologien einer nachhaltigen Energieversorgung sind längst konkurrenzfähig. Nehmen wir nur die Onshore-Windenergie. Hier liegen die Entstehungskosten für Strom sogar schon niedriger als bei der Steinkohlenutzung. Es ist ganz klar: In zwanzig, dreißig oder vierzig Jahren wird unser altes Energiesystem in dieser Form nicht mehr existieren.

Klimawandel als Kriminalgeschichte

youthinkgreen: Hören wir hier ein bisschen Optimismus heraus?

Prof. Schellnhuber: Interessant ist jedenfalls, wie das Wettrennen gegen den Klimawandel ausgeht, denn unsere Kohlekraftwerke werden natürlich noch weitere zwanzig, dreißig Jahre genutzt werden und die Gaskraftwerke voraussichtlich noch viel länger. Die Emissionen, die dabei entstehen, könnten schon ausreichen, um uns über die Zwei-Grad-Marke zu hieven. Und dann haben wir im Jahr 2050 möglicherweise die Transformation des Energiesystems geschafft, aber der Klimawandel vollzieht sich mit einer Eigendynamik, die wir nicht mehr bremsen können. Im übertragenden Sinn können wir die Klimageschichte dieses Jahrtausends als Krimi bezeichnen, nur dass wir eben nicht bequem vor dem Fernseher sitzen und zuschauen oder ausschalten können, wenn uns danach zumute ist. Wir sind Teil dieses Prozesses, und spätestens unsere Nachfahren werden die Konsequenzen unseres Handelns oder Nichthandelns tragen. Und das bereitet mir manchmal schlaflose Nächte.

youthinkgreen: Was können wir Bürger ganz konkret unternehmen, um die ausschließliche Nutzung Erneuerbarer Energien in der Wirtschaft einzufordern?

Prof. Schellnhuber: Der Schlüssel liegt meines Erachtens in der Tat bei jedem Einzelnen, bei uns als Konsumenten und Wähler. Wir sollten dabei ganz verschiedene Formen des zivilen Widerstandes gegen den Klimawandel ausprobieren. »Klimaschutz als Weltbürgerbewegung« wird übrigens der Titel des neuen Gutachtens lauten, das wir gerade im Wissenschaftlichen Beirat der Bundesregierung Globale Umweltveränderungen (WBGU) erstellt haben. Wir

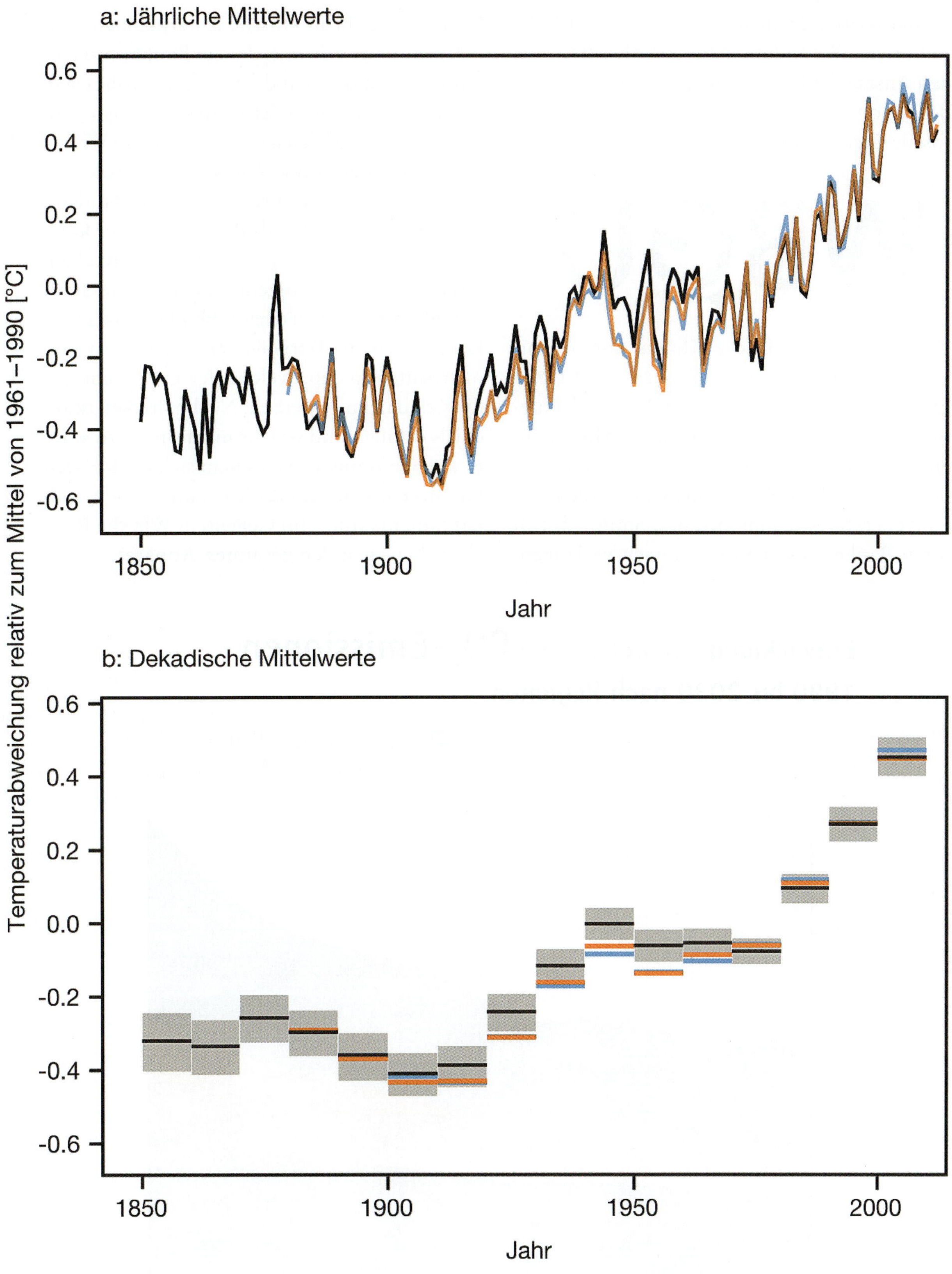

Beobachtete Entwicklung der globalen Oberflächentemperatur zwischen 1850 und 2012 aus drei verschiedenen Datenreihen. (a) Jahresmittel, (b) Zehnjahresmittel. Es ist jeweils die Abweichung der Temperatur gegenüber dem Mittelwert von 1961 bis 1990 angegeben. © WBGU – Wissenschaftlicher Beirat Globale Umweltveränderungen (2014): Klimaschutz als Weltbürgerbewegung, Sondergutachten, Berlin.

thematisieren darin diverse gesellschaftliche Initiativen. Besonders spannend aber finde ich den Ansatz der Divestition, also der Forderung des Kreditvergabe- und Investitions-Stopps für fossile Brennstoffe.

WBGU

Die zivilgesellschaftliche Klimaschutzorganisation 350.org hat beispielsweise weltweite Divestitionskampagnen gegen Erdöl-, Kohle- und Erdgasindustrien organisiert. Man kann eine globale Bewegung von Bürgern beobachten, die von ihren Kommunen, aber auch von Universitäten wie Harvard und Stanford, von ihren Banken und Pensionskassen verlangen, kein Geld mehr in »fossile Unternehmen« anzulegen. Jeder von uns, der ein Bankkonto hat, kann oder muss sich doch fragen, wohin sein Geld fließt: in eine Wirtschaft der Vergangenheit, die maßgeblich dazu beiträgt, unsere Welt zu zerstören, oder in eine Wirtschaft der Zukunft, die unsere Welt bewahren will. Ob als Student, als Steuerzahler oder als Pensionär, jeder kann sich dieser Bewegung anschließen und Rechenschaft verlangen. Angenommen, meine Stadt schreibt den Neubau einer Bibliothek aus. Dann können wir als Bürger doch nachhaken und überprüfen lassen, welche der Unternehmen, die sich darum bewerben, Nachhaltigkeitsstandards erfüllen und welche nicht. Insofern wäre es das Schlimmste, wenn man sich denkt: »Ich bin nur ein winziges Rädchen im Getriebe, ich kann nichts tun.« Im Gegenteil: Wir, die Rädchen, bewegen den gesamten Apparat.

Entwicklung der weltweiten CO_2-Emissionen 1990 bis 2030 nach Regionen

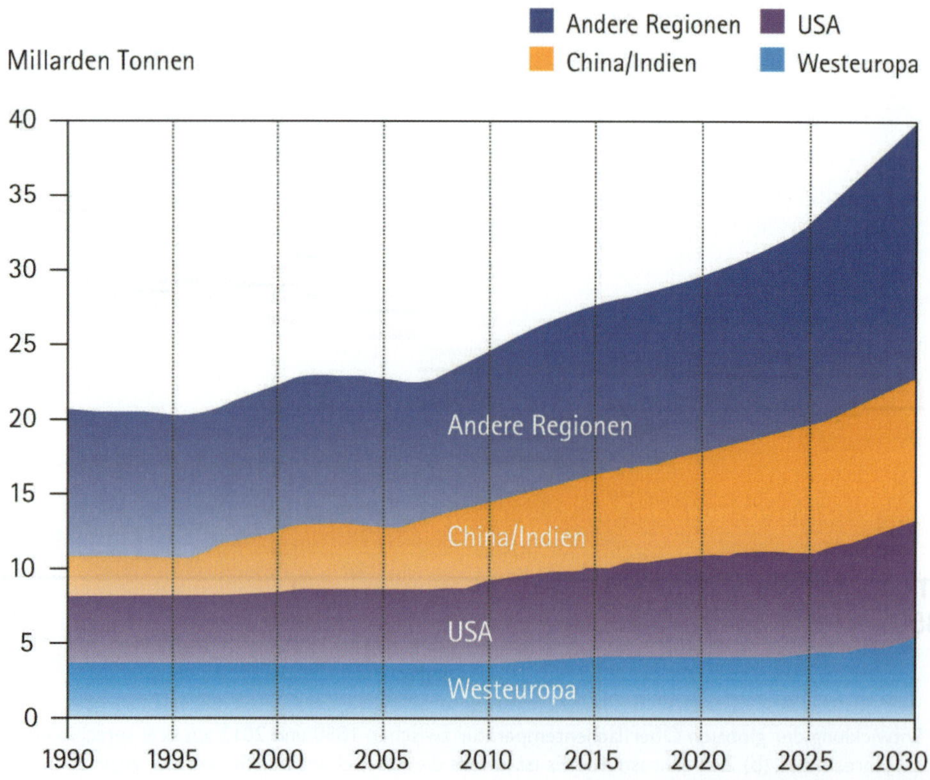

Den Mund aufmachen

youthinkgreen: Kommen wir auf diejenigen zu sprechen, die diesen Apparat, also unsere Gesellschaft, steuern und lenken. Wie es sich unsere Bundeskanzlerin Angela Merkel von Ihnen gewünscht hat, gehen Sie den Politikerinnen und Politikern oft richtig auf den Wecker. Was bedeutet das konkret?

Prof. Schellnhuber: Ein Beispiel, das ich geben möchte, ist das CO_2-Budget-Gutachten, das wir mit dem WBGU im Jahr 2009 – also kurz vor dem Klimagipfel in Kopenhagen – erstellt haben. Ausgangspunkt hier war die Überlegung, dass die Menschheit nur noch einen bestimmten Kohlenstoffkredit zur Verfügung hat, bis die Erderwärmung die Zwei-Grad-Grenze übersteigt. Unsere Forderung war, diesen globalen Kredit fair an alle Menschen zu verteilen, so dass jedem Einzelnen der gleiche Anteil am gesamten CO_2-Kredit gewährt wird. Einige Klimadiplomaten reagierten schockiert, andere haben wir damit verärgert. Und auch das neue WBGU-Gutachten, das die Bürgerbewegung in den Mittelpunkt stellt, wird einigen Bürokraten nicht ausnehmend gut gefallen. Die schon erwähnte Divestitions-Strategie ist zwar unbequem, aber sie könnte eine enorme Wirkkraft entwickeln. Meine Erfahrung ist: Ideen wie Divestition brauchen in der Regel zehn Jahre, um sich durchzusetzen. Erst werden sie verlacht, dann totgeschwiegen, und irgendwann erst fangen die Menschen an, umzusteuern.

youthinkgreen: Wir Jugendliche verspüren nach der x-ten ergebnislosen Klimakonferenz vor allem Frust und Wut. Welche Gefühle entstehen bei Ihnen nach solchen Konferenzen?

Prof. Schellnhuber: Ich kehre von diesen Konferenzen mit gemischten Gefühlen zurück, zunächst mit sehr viel Trauer. Die Nächte in Kopenhagen verliefen unglaublich deprimierend, viele meiner Freunde waren am Boden zerstört. Und natürlich verspüre ich auch Wut, zum Beispiel über das Verhalten einiger großer Industriestaaten. Leider bekommt man mit der Zeit eine gewisse Distanz zu diesen Konferenzen. Ich bin mir sicher, dass die wirkliche Transformation von anderer Stelle kommt. Insofern ist mein Appell: Wir Bürger müssen uns unabhängig von bürokratischen Institutionen unsere eigenen Gedanken und Pläne machen. Die Zukunft ist zu wertvoll, um sie einzig in die Hände der Politik zu legen.

youthinkgreen: Welche Alternativen im Bereich Mobilität und Energieversorgung nutzen Sie denn im Alltag, um Ihren ökologischen Fußabdruck schrumpfen zu lassen?

Prof. Schellnhuber: Da ich beruflich sehr viel fliegen muss, habe ich leider einen eher großen ökologischen Fußabdruck. Für den Alltag benutzen meine Familie und ich ein Elektroauto, das es uns erlaubt, klimaneutral mobil zu sein, denn unser Auto wird ausschließlich mit grünem Strom »betankt«. Ich bin der festen Überzeugung, dass sich Elektroautos langfristig durchsetzen werden. Es versteht sich von selbst, dass wir – die Privilegierten – Trends setzen und Vorreiter sein müssen in unserem Mobilitäts- und Konsumverhalten.

youthinkgreen: Nun geht es bei den Klimadebatten einerseits um Fragen der globalen Gerechtigkeit, andererseits um die Gerechtigkeit zwischen den Generationen. Wie fällt Ihre Bilanz in diesem Punkt aus?

Prof. Schellnhuber: Ich habe in einem Interview einmal von der »Diktatur des Jetzt«[1] gesprochen. Es ist eine zutiefst unmoralische Vorgehensweise, dass wir unsere Schätze der Vergangenheit – nämlich die fossilen Brennstoffe – in einer solch rasenden Geschwindigkeit verbrauchen und alle Folgekosten auf die zukünftigen Generationen abwälzen. Andererseits: Wer von uns nimmt sich heutzutage noch vor, zehn Eichen zu pflanzen, die in hundert Jahren groß sein, Schatten spenden und dem Klimaschutz dienen werden? Früher war das gang und gäbe. In dieser Hinsicht begreife ich das derzeitige System deshalb nicht nur als Marktversagen, sondern in gewisser Weise auch als Moralversagen unserer Gesellschaft.

1) Nachzulesen: www.spiegel.de/spiegel/print/d-77531589.html

youthinkgreen: Aber auch wir Jugendlichen sind ja zu einem großen Teil zu dieser selbstzerstörerischen Denk- und Verhaltensweise erzogen worden, zumindest stark davon geprägt. Wie können wir uns verändern und gleichzeitig auch die Älteren mit in die Pflicht nehmen?

Prof. Schellnhuber: Ich finde es zunächst sehr befremdlich, dass junge Menschen, die von einer historisch einmaligen Amoralität am stärksten betroffen sind, die Probleme scheinbar gar nicht wahrnehmen oder einfach ignorieren. Ihr alle solltet richtig zornig sein, ihr dürft keine Distanz haben! Es kann doch nicht angehen, dass ihr und die zukünftigen Generationen mit schwindenden Ressourcen und noch mehr Risiken und Nebenwirkungen in die Zukunft entlassen werdet. Natürlich hat man im Alter von 16 oder 18 Jahren alles Mögliche im Kopf und nicht zuerst den Umweltschutz. Aber wenn ihr euch nicht einmischt, dann wird es keine erstrebenswerte Zukunft geben. Also nervt, wo ihr könnt, egal auf welche Art und Weise. Das kann man charmant, aggressiv, hartnäckig oder humorvoll tun. Insofern hoffe ich, dass ihr wütend, witzig und leidenschaftlich seid und den Politikern und anderen Entscheidungsträgern noch viel mehr auf den Wecker fallt, als ich das in meiner Position tun kann.

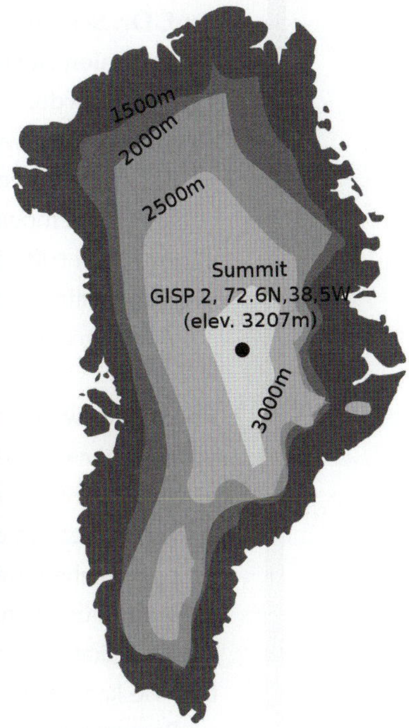

Der grönländische Eisschild und seine Mächtigkeit in Metern ©Allstrak

Temperaturgrenzwerte der Kipp-Elemente	
Kipp-Element	*Kritische globale Erwärmung*
Arktisches Meereis	0,5 bis 2 °C
Grönländischer Eisschild	bis zu 3 °C
Westantarktischer Eisschild	5 bis 8 °C
Boreale Wälder	3 bis 5 °C
Amazonas-Regenwald	3 bis 4 °C
Sahara-/Sahel- und Westafrikanischer Monsun	3 bis 5 °C
Thermohaline Atlantikzirkulation	3 bis 5 °C

WISSEN • BEGREIFEN • HANDELN

1. Prof. Dr. Schellnhuber sieht die sogenannten Kippelemente, die überregionalen Bestandteile des globalen Klimasystems, als vitale Organe des Körpers Erde.

a) Was passiert, wenn ein solches Kippelement umkippt?
Greift dabei in eurer Recherchearbeit auf die Abb. Seite 310 zurück.
Diskutiert mögliche Auswirkungen eines jeden Kippelements in der Gruppe.

b) Inwiefern trifft der Vergleich von Prof. Dr. Schellnhuber zu und stellt eine große Hilfe für das Verstehen des komplexen, globalen Klimasystems dar? Wie begründet er seinen Vergleich?

2. Im Interview spricht Prof. Dr. Schellnhuber von einer »Temperaturstraße«. Was meint er damit?

a) Wie könnte eine »Temperaturstraße« aussehen, von der im Text gesprochen wird? Skizziert eine Temperaturstraße mit den im Text genannten Warnschildern (siehe Grafik Seite 310). Sie könnte zum Beispiel wie ein Fieberthermometer aussehen, bei dem sich der Farbverlauf ändert, oder aber ihr entwerft ein Plakat – werdet kreativ!

b) Wie kann es sein, dass die kritische Temperaturgrenze für den Amazonas-Regenwald eine andere ist als für das grönländische Eisschild? Diskutiert in der Gruppe.

c) Wieso ist das politische Ziel, die Erderwärmung auf zwei Grad zu begrenzen, so wichtig?

3. Wieso ist es Prof. Dr. Schellnhuber wichtiger, dass wir als Menschen unser eigenes Verhalten ändern, als die Frage zu klären, ob man die Welt überhaupt noch retten kann? Schaue im Text nach!

a) »Wir, die Rädchen, bewegen den gesamten Apparat« – was ist damit gemeint? Und was können BürgerInnen im Alltag tun, um nachhaltig zu handeln und zu konsumieren?

b) Prof. Dr. Schellnhuber spricht davon, dass jeder Mensch, ob StudentIn oder RentnerIn, Rechenschaft verlangen kann. Welche Beispiele werden genannt? Welche Beispiele fallen euch selbst noch ein?

c) Findet ihr, dass »die Privilegierten« in der Gesellschaft eine Vorreiterrolle in Sachen Mobilitäts- und Konsumverhalten einnehmen sollen? Diskutiert in Kleingruppen!

4. Das Wettrennen gegen den Klimawandel ist völlig offen. Wir – die Menschen – sind Teil des Prozesses. Führe die wesentlichen Gründe für diesen »Krimi«, wie Schellnhuber das nennt, an.

5. Unser eigenes Verhalten (Bequemlichkeit, Vergnügungssucht …) zu ändern, ist für Prof. Schellnhuber wichtiger als die Klärung der Frage, ob man die Welt überhaupt noch retten kann. Auf welchen möglichen Gründen und Erfahrungen basiert seine Aussage?

6. »Klimaschutz als Weltbürgerbewegung« ist der Titel des aktuellen Gutachtens der WBGU.

a) Welche gesellschaftlichen Initiativen werden z. B. darin thematisiert? Erläutere diese.
b) Deine Meinung ist gefragt: Recherchiere nach Divestitionskampagnen gegen fossile Brennstoffe. Beschreibe deren Strategie und Zielsetzungen.
c) Beurteile den Erfolg der Kampagnen.

7. Besonders im Schlussteil des Interviews spricht Schellnhuber die Jugend persönlich an.

a) Diskutiert seine Erwartungshaltung und Aufforderungen in Kleingruppen.
b) Welche »Rädchen« könnt ihr in unser Zivilgesellschaft bilden?
c) Präsentiert eure Ergebnisse der Klasse und erarbeitet dazu gemeinsam ein kleines Manifest, in dem ihr euch alle wiederfindet.

©Verena Glass

DER AMAZONAS-REGENWALD – EIN LEBENSRETTER IN HÖCHSTER NOT

Von Dr. Thomas Fatheuer

»Dies alles wird verschwinden«, sagt Antonia Melo traurig mit leiser, zitternder Stimme. Sie schaut dabei auf die wunderschöne Flusslandschaft des Xingu – unweit ihrer Heimatstadt Altamira, im Norden von Brasilien. Vor ihr liegt ein Gewirr von Inseln; nur erfahrene Schiffer können hier das Wasser durchsteuern. Für große Schiffe ist der Xingu nicht passierbar. Auch das hat die Region bisher vor großflächiger Zerstörung bewahrt. Kleine Siedlungen befinden sich inmitten des dichten Regenwaldes. Nur wenige Menschen leben hier: Kleinbauern und Indigene betreiben Landwirtschaft für den Eigenbedarf, und sie nutzen den Fluss und den Wald. Sie haben von klein auf gelernt, mit und in der Natur zu leben.

»Dies alles wird verschwinden.« Der pessimistische Satz der pensionierten Lehrerin und Umweltaktivistin ist inzwischen wahr geworden. Am Xingu, einem der wichtigsten Zuflüsse des Amazonas, wird nun ein Staudamm gebaut, um elektrische Energie zu erzeugen. Belo Monte – schöner Berg – wird der drittgrößte Staudamm der Welt genannt. Seine maximale

© Ruy Sposati

Leistung beträgt über 11.000 Megawatt – ein Atomkraftwerk erreicht nur etwa 1.400 Megawatt. Mitten im Urwald existiert nun eine der größten Baustellen der Welt, hier werden mehr Erdmassen bewegt als beim Bau des Panamakanals. Trotz vieler nationaler und internationaler Proteste sowie dem breiten Widerstand indigener Völker, die in der Region leben und um die Zukunft des Flusses fürchten, der sie ernährt, wird das Megaprojekt von der Regierung durchgezogen.

Mehr als 10.000 Arbeiter, die aus aller Welt kommen, haben das verschlafene Städtchen Altamira inzwischen in ein Chaos verwandelt. Aber Belo Monte ist nur der Anfang:

Der Wald weicht den Rindern

Nicht nur Staudämme bedrohen den Regenwald. Die größte Gefahr geht tatsächlich von Rindern aus. Oder besser gesagt von den Menschen, die den Regenwald abholzen, um dann Rinderweiden anzulegen. Brasilien ist inzwischen der größte Rindfleischexporteur der Welt. 172 Millionen Hektar werden als Rinderweiden genutzt, das entspricht 70 Prozent der landwirtschaftlichen Fläche des Landes. In Brasilien leben mehr Rinder als Menschen: 211 Millionen weist die Statistik aus, nur in Indien ist die Anzahl noch größer. In den letzten zwanzig Jahren ist die Zahl der Rinder stetig gestiegen, zum größten Teil fand dieser Zuwachs in der Amazonasregion statt. Auf mehr als zwei Dritteln der bislang abgeholzten Fläche des Regenwaldes finden sich heute Rinderweiden, wie sich auf Satellitenbildern gut beobachten lässt. Die Bilder zeigen auch, dass überwiegend Großgrundbesitzer für die Vernichtung des Regenwaldes verantwortlich sind.

Mato Grosso heißt dichter Wald und ist der Name eines Bundesstaates in Brasilien, in dem

UNSER AUTOR

Dr. Thomas Fatheuer (* 1953) ist Sozialwissenschaftler, Publizist und freier Berater. Er hat fast 20 Jahre in Brasilien gelebt und war bis 2010 Büroleiter der Heinrich-Böll-Stiftung in Rio de Janeiro. Sein aktuelles Buch heißt: »Neue Ökonomie der Natur«.

An einem weiteren Nebenfluss des Amazonas, dem Tapajos, will die Regierung gleich sieben Staudämme bauen. So viel Strom können die Bewohnerinnen und Bewohner der Region gar nicht verbrauchen. Über lange Leitungen und mit großen Energieverlusten wird der Strom in das mehr als 2000 Kilometer entfernte São Paulo gebracht oder in Aluminiumfabriken, die enorme Mengen an Strom verbrauchen.

ein Teil des Amazonasregenwaldes liegt – oder lag. Denn über weite Strecken dehnen sich dort heute Sojafelder aus. Seit 2005 ist Brasilien die Nummer eins unter den Soja-exportierenden Ländern, gefolgt von Argentinien und den USA. Mato Grosso wurde sogar zur wichtigsten Sojaregion des Landes. Soja stammt eigentlich aus Asien und wurde vor allem als Speiseöl verarbeitet. Doch der größte Teil der Produktion dient mittlerweile weltweit als Futter für Tiere. Soja wird als Viehfutter exportiert und verfüttert. Die EU importiert jährlich etwa 25

© Tiago Fioreze

Millionen Tonnen Soja in Form von Bohnen und Schrot. Der größte Teil des Sojas ist übrigens Gensoja. Der Anbau genetisch veränderter Pflanzen ist in Deutschland verboten, nicht aber deren Import und Verwendung als Viehfutter. Ein Großteil des in Brasilien angebauten Gen-Sojas landet daher im Futtertrog von Rindern, Schweinen und Hähnchen. Die tierischen Produkte müssen übrigens nicht gekennzeichnet werden, so dass der Einsatz von Gen-Soja für die Verbraucher intransparent bleibt. Mit dem »Sojaboom« in Brasilien kam auch der »Hähnchenboom«. Unglaubliche 5,6 Milliarden Hühner werden jedes Jahr in Brasilien geschlachtet. Das Land ist inzwischen der zweitgrößte Produzent von Hühnerfleisch weltweit, nur die USA produzieren noch mehr. Es ist also der weltweit steigende Fleischkonsum, der den Druck auf die agrarische Nutzung des Regenwaldes verstärkt.

© Ruy Sposati

Neue Schutzgebiete und Gesetze

Aber es gibt nicht nur schlechte Nachrichten. Zwar sind große Flächen des brasilianischen Waldgebiets abgeholzt worden (etwa 755.703 km², zum Vergleich: Deutschland ist 357.168 km² groß), aber etwa zwei Drittel sind bis dato noch erhalten. Und immer stärker wird auch in Brasilien die Bedeutung des Regenwaldes erkannt und gewürdigt, sowohl von Politikern als auch von Bürgern. Der Regenwald weist nicht nur die höchsten Raten von Artenvielfalt in der Welt auf, er ist auch Heimat und Lebensraum von indigenen Völkern und spielt eine entscheidende Rolle für das regionale und das globale Klima. Wissenschaftler haben gezeigt, dass die Niederschläge in São Paulo, der größten Stadt Südamerikas, von der Wolkenbildung im Regenwald abhängen. Die Vernichtung des Regenwaldes führt dazu, dass Brasilien an der Spitze der Länder steht, die zur Klimaerwärmung beitragen. International setzten sich deshalb zahlreiche Umweltorganisationen, aber auch Verbände indigener Völker und BewohnerInnen Amazoniens aktiv für den Erhalt des Waldes ein. Und sie erzielen dabei Erfolge. So gelang es Greenpeace, 2006 ein sogenanntes Soja-Moratorium für das brasilianische Amazonasgebiet zu vereinbaren: Der Verband der Sojaanbauer des Landes, in dem die brasilianischen Großgrundbesitzer vertreten sind, verpflichtete sich, keine neuen Sojafelder in der Regenwaldregion anzulegen. Allerdings gilt dies, nach mehrmaliger Verlängerung, zunächst nur bis Mai 2016.

Und auch die Regierung in Brasilien ist gegen die Entwaldung vorgegangen. Nachdem im Jahr 2004 die Entwaldungsraten erschreckende Dimensionen erreicht hatten, wies die Regierung neue Schutzgebiete aus. 43,9 Prozent Amazoniens sind unter Schutz gestellt, etwa die Hälfte davon als indigene Territorien. Die Regierung verstärkte auch die Kontrollen gegen illegalen Holzeinschlag. Diese Aktion konzentrierte sich auf die Munizipien (die lokalen Verwaltungseinheiten), welche die höchsten Entwaldungsraten aufwiesen. Daraufhin gingen die Entwaldungsraten drastisch zurück. Seit 2009 liegen die jährlichen Entwaldungsraten bei deutlich weniger als 10.000 Quadratkilometern. Aber Entwarnung kann leider noch nicht gegeben werden: Nachdem 2012 ein neues Waldgesetz verabschiedet worden ist, das die strengen Umweltvorschriften (Landbesitzer in Amazonien dürfen demnach nur 20 Prozent ihrer Waldfläche abholzen) wieder lockert, stiegen die Entwaldungsraten im Jahr 2013 wieder um 28 Prozent. 5.843 Quadratkilometer wurden vernichtet, immerhin zweimal die Fläche des Saarlands. Kein Land der Welt zerstört damit mehr Wald als Brasilien. Und die neuesten Zahlen zeigen, dass die Entwaldung weiter steigt. Der Kampf um den Regenwald ist noch nicht entschieden.

ABHOLZUNG

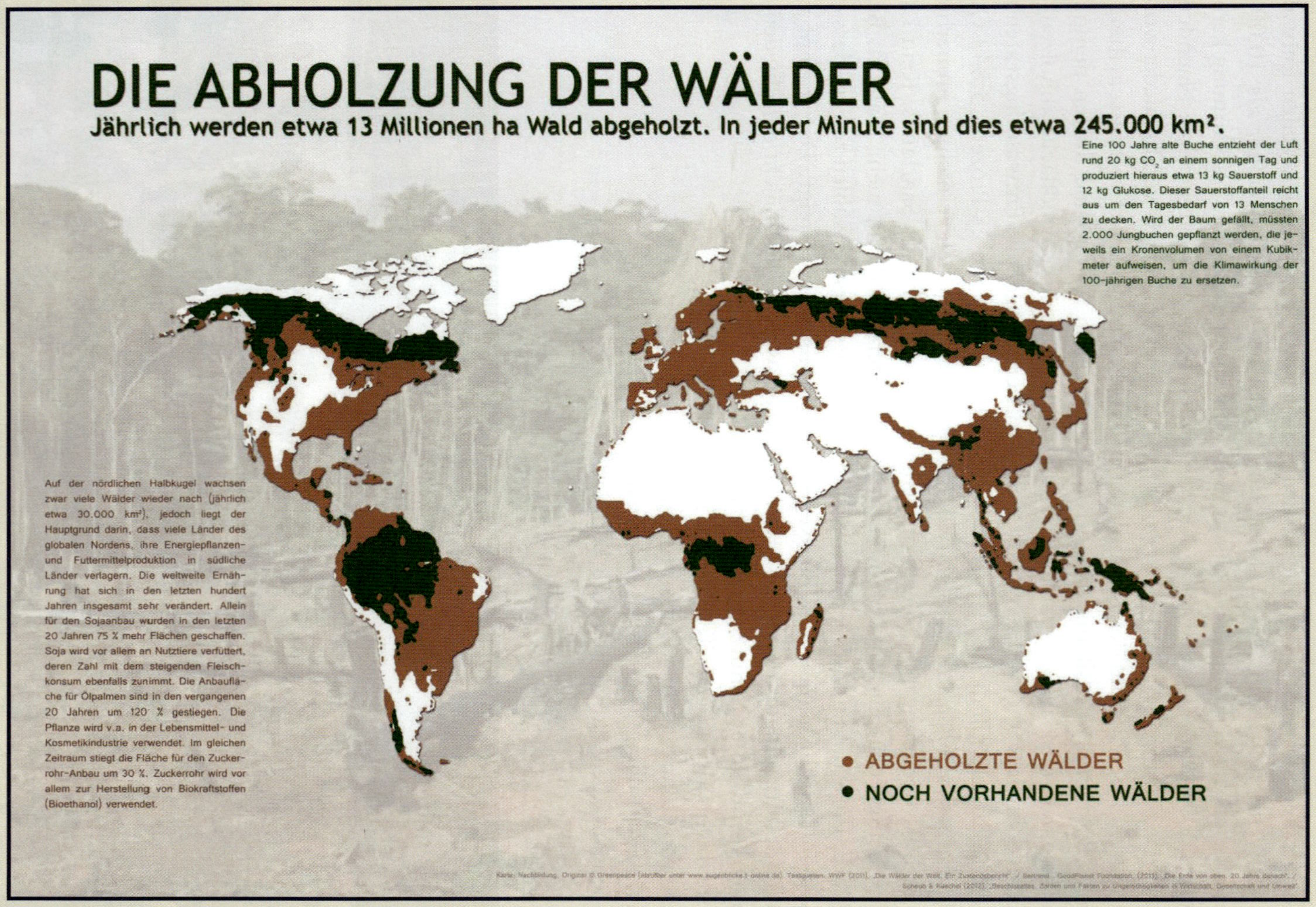

Karte Nachbildung. Original Karte: © Greenpeace
Textquellen: WWF (2011). *„Die Wälder der Welt. Ein Zustandsbericht“*. / Bertrand . GoodPlanet Foundation. (2013). Die Erde von oben. 20 Jahre danach. Frederking & Thaler.
Scheub & Kuschel (2012). *„Beschissatlas. Zahlen und Fakten zu Ungerechtigkeiten in Wirtschaft, Gesellschaft und Umwelt“*.
Daten abgerufen am 22.07.2013

WISSEN • BEGREIFEN • HANDELN

1. Mehr als die Hälfte der Gesamtfläche aller tropischen Regenwälder befindet sich im Bereich des Amazonasbeckens.

a) Beschreibt ausführlich den Lebensraum »tropischer Regenwald«. Recherchiert dazu im Internet. Spannende Geschichten und Hintergrundinformationen (auf Deutsch/Englisch und vier weiteren Sprachen) findet ihr hier: www.regenwald.org/regenwaldreport, www.abenteuer-regenwald.de (für jüngere SchülerInnen) Digital in den Amazonas-Regenwald reisen könnt ihr mit Arte: amazonie.arte.tv

b) Diskutiert miteinander seine vielfältige Bedeutung.

2. Der Staudamm Belo Monte ist der drittgrößte der Welt.

a) Hinterfragt dessen positive und negative Auswirkungen für die Region.

b) Wie bewertet ihr die Sorgen der Umweltaktivistin Antonia Melo? Was bedeutet es wohl für die Volksgruppen, wenn sie ihre Heimat verlassen müssen?

3. Welche »Feinde« und Bedrohungen gibt es für den Regenwald? Warum werden große Flächen abgeholzt? Erörtert den Sachverhalt. Recherchiert dazu auch im Internet und findet weitere Gründe, von denen im Text nicht die Rede ist.

→

By Frits Ahlefeldt

4. Mit dem »Sojaboom« in Brasilien habe auch der »Hähnchenboom« eingesetzt, so der Autor.
Wie hängen Soja- und die Fleischproduktion zusammen? Setzt euch mit der Geschichte des Sojaanbaus für den Welthandel, den Ursachen und den Folgen, auseinander.
Zu welchen Ergebnissen kommt ihr?

5. Die (Ohn-)Macht des Staates:

a) Diskutiert die verschiedenen Maßnahmen, die von der brasilianischen Regierung ergriffen wurden, um der rasanten und hemmungslosen Vernichtung des Regenwaldes entgegenzuwirken.
b) Wie beurteilt ihr deren Erfolgsaussichten? Was sind die größten Hindernisse?
c) Überlegt noch einmal, warum dringender Handlungsbedarf – aus nationaler wie auch internationaler Sicht – besteht. Beachtet dabei ökologische und soziale Faktoren.
d) Recherchiert im Internet, was die internationale Gemeinschaft bereits unternommen hat, um Brasilien bei der Rettung des Regenwaldes zu unterstützen. Welche Umweltorganisationen haben sich dem Schutz des Regenwaldes verpflichtet? Über welche Einflussmöglichkeiten, Anreizsysteme und Druckmittel verfügen die jeweiligen internationalen Akteure?

6. Häufig wird in der heutigen Zeit auf vielfältige Weise zum Schutz des tropischen Regenwaldes aufgerufen.

a) Entwerft gemeinsam einen Aufruf zum Schutz des tropischen Regenwaldes als Plakat oder Infoblatt. Welche weiteren Aktionsideen habt ihr?
b) Haltet zunächst die Gründe und Ziele eurer Aktion in einer Stoffsammlung fest.
c) Diskutiert eure (möglichen) persönlichen Beiträge als BürgerInnen und die politische Verantwortung der Industrieländer zum Schutz des tropischen Regenwaldes. Hinterfragt hierzu auch eure Ernährungsweise und euer Konsumverhalten.
d) Erstellt gemeinsam einen Forderungskatalog, der sich an die VerursacherInnen, die KonsumentInnen, die Politik und die Wirtschaft richtet und die verschiedenen berechtigten Interessenslagen berücksichtigt.

© www.aerdt.de/ aerdt gif gastronomietechnik

Dorfbewohner bestaunen den Mischer der Mikrobiogasanlage © Sauti Kuu Foundation

HOFFEN AUF REGEN

Von Dr. Auma Obama

Im Westen Kenias leben die meisten Menschen von der kleinbäuerlichen Landwirtschaft, doch dort regnet es kaum noch. Geringere Erlöse aus der Landwirtschaft sind die Folge: Hunger, Not und Armut greifen um sich. Die Situation scheint ausweglos. Doch warum bleibt der Regen fern? Und was können die Menschen vor Ort tun, um den Teufelskreis zu durchbrechen?

Die Luft ist beklemmend, drückend und schwül. Es weht ein starker Wind, der alles, was ihm im Weg steht, hochwirbelt und mitnimmt. Überall wird Staub aufgewühlt. Im Schnelltempo sammeln sich schwarze Wolken. Die Sonne verschwindet, und der Himmel zieht sich zu. Man kann schon den Regen riechen, eine Mischung aus Erde und Wasser. Hoffnung flimmert auf.

Auf der Straße sieht man, wie alle sich beeilen, um an ihr Ziel zu kommen. Manche beginnen, das zum Trocknen ausgelegte Getreide vom Hof einzusammeln, andere holen die Kleider von der Wäscheleine. Sie treiben ihre Hühner in die Ställe und schließen die Fenster ihrer kleinen Hütten fest zu. Alle kennen den temperamentvollen, tropischen Regen. Er kündigt sich nicht mit ein paar Tropfen an. Er kommt plötzlich und mit voller Wucht – ein Regenguss aus riesigen Tropfen, der einen sofort durchnässt und einem die Sicht nimmt, als trage man ein nasses Laken vor dem Gesicht.

Die Regenwolken ziehen vorüber

Und trotz der Aufregung und Hektik freuen sich alle auf den Regen. Sie sehnen ihn förmlich herbei. Die Trockenzeit war lang, und die Wasserquellen im Ort sind vollkommen leer. Deshalb schauen alle zum Himmel hoch und hoffen. Das Land ist hügelig, und man kann schon sehen, dass es in der fernen Stadt Siaya heftig regnet. Man wartet geduldig. Aber es regnet nicht! Die dunklen Wolken ziehen an Nyangoma vorbei, ohne auch nur einen Tropfen Regen herzugeben. Seit einigen Jahren wiederholt sich dieses Schauspiel. In Nyangoma, einem kleinen, verschlafenen Örtchen im Westen Kenias, wo die meisten Menschen von der kleinbäuerlichen Landwirtschaft leben, regnet es kaum noch. In jeder Saison gibt es weniger Regen und dadurch auch geringere Erlöse aus der Landwirtschaft. Hunger, Not und Armut greifen um sich. Die Situation scheint ausweglos. Doch warum bleibt der Regen fern?

Dort bei Siaya, im Westen Kenias, kochen die meisten Familien mit Holz. Sie leben in einfachen Lehmhütten, manchmal ohne Strom und ohne fließend Wasser. Ein Topf auf einer einfachen Platte, geformt aus Lehm und Steinen, dient als Herd. Der dabei entfachte Rauch überzieht die Häuser mit Qualm und verursacht ernste Augen- und Atemwegserkrankungen. Um an Brennholz zu kommen, fällen die Menschen viele Bäume in der unmittelbaren Umgebung. Wo früher Wald zu finden war, liegt heute braches, trockenes Land. Die Fläche mit Baumbestand in der Region beträgt nur noch knapp zwei Prozent. Und das ist der Grund, warum es kaum noch regnet. Die Menschen auf dem Land aber sind völlig abhängig vom Holz. Durch das Roden der Bäume geraten die Familien in einen Teufelskreis, der sie in immer größere Verzweiflung stürzt.

UNSERE AUTORIN

Dr. Auma Obama (* 1960) hat in Deutschland studiert und publiziert und referiert weltweit zu Themen der Nachhaltigkeit. Sie ist Vorsitzende der Sauti-Kuu-Stiftung – Starke Stimmen für eine starke Jugend.

AUS DER PÄDAGOGISCHEN PRAXIS: HILFE ZUR SELBSTHILFE IN KENIA

Mit Jugendlichen die Weichen für eine bessere Zukunft stellen

Wir von der Stiftung Sauti Kuu versuchen im Westen Kenias mit den Ressourcen zu arbeiten, die der Region und den Menschen dort zur Verfügung stehen. Allerdings ist das Abholzen der Bäume ein Irrweg, der nicht aus der Armut befreit, sondern diese im Gegenteil noch verstärkt. Wir alle leiden unter dieser Situation, denn auch wir sind vom Regenwasser abhängig, obwohl wir schon Wasser-Management betreiben und Regenwasser auffangen und sammeln. Deshalb haben wir nach einer Lösung gesucht. Es muss doch noch etwas anderes als Holz geben, was die Menschen zum Kochen benutzen können, so war unser erster Gedanke.

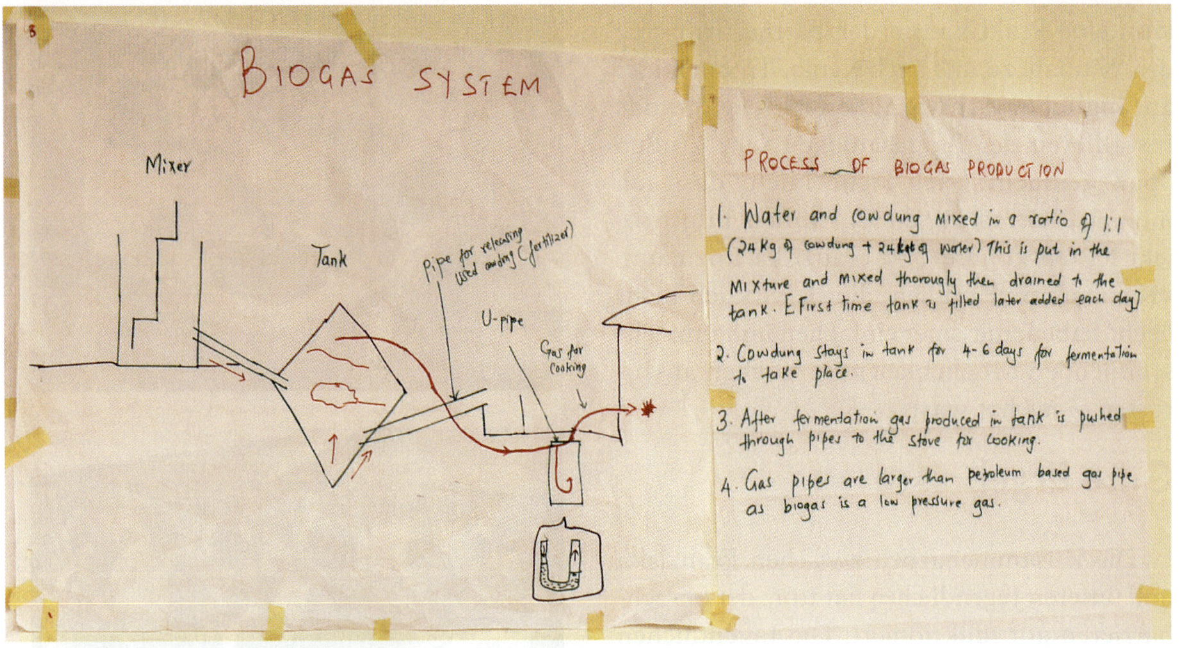

© Sauti Kuu Foundation

Auf der Suche nach Alternativen kam uns eine Partnerschaft mit einer deutschen Firma zugute. Die Firma ist in den Bereichen Wassermanagement, Energieeffizienz und Regenerative Energien spezialisiert. Bei der Zusammenarbeit mit ihnen war es besonders wichtig, eine enge Beziehung zwischen ihren Mitarbeitern und den Sauti Kuu Jugendlichen aufzubauen und ihre Expertise mit ihnen zu teilen. »Anstatt nur Geld zu spenden, möchten wir versuchen, gemeinsam mit den Jugendlichen und Projektleitern vor Ort nachhaltige Lösungen zu entwickeln«, so die Einstellung des Partners. »Hilfe zur Selbsthilfe« anzubieten, entspricht auch dem Leitmotiv bei Sauti Kuu.

Es entstand aus einer engen Zusammenarbeit mit dem Partner ein innovatives Projekt, das darauf abgezielt hat, die Abholzungsvorgänge zu stoppen.

Wir entwickelten, bauten und überwachten eine Mikrobiogasanlage, die durch Kuhdung betrieben wird. Durch das entstehende Gas wird das Verbrennen von Feuerholz gänzlich überflüssig. Die Anlage verhindert aber nicht nur das Abholzen der Bäume, sondern hat noch eine zweite positive Folge. Weil das zeitaufwändige Sammeln von Feuerholz entfällt, bleibt den Kindern mehr Zeit für die Schule. Die Zubereitung von Mahlzeiten wird insgesamt leichter. Für die Umsetzung des Projektes

INFO: DIE SAUTI-KUU-STIFTUNG

Sauti Kuu stammt aus der Sprache Kisuaheli und heißt »Starke Stimmen«. Die Stiftung möchte benachteiligten Kindern und Jugendlichen eine Stimme geben und ihr Potenzial wecken. Dies geschieht durch praxisnahe Schulungen, Motivation und Unterstützung. Die Stiftung basiert auf dem Prinzip »Hilfe zur Selbsthilfe«, damit junge Generationen in Kenia ihr Schicksal selbst in die Hand nehmen können: www.sautikuufoundation.org/sautikuufoundation.org/index.html

kam eine Praktikantin der Partnerfirma für drei Monate zu uns nach Kenia. Trotz einiger anfänglicher Schwierigkeiten hat ihr das Installieren der Biogasanlagen sehr großen Spaß gemacht. »Ich freue mich, dass ich meinen Beitrag zu diesem tollen Pilotprojekt leisten konnte«, so Franziska Enzmann. »Kenianische Familien, die es wirklich nicht leicht haben, mit einer einfachen und umweltschonenden Möglichkeit zum Kochen auszurüsten – das hat was!«

Gute Ergebnisse

Die Zusammenarbeit zwischen Franziska und unseren Jugendlichen hat trotz der Sprachbarrieren gut funktioniert. Die Jugendlichen organisierten sich weitgehend selbst und konnten ihr Wissen mit jeder Inbetriebnahme einer weiteren Anlage ausbauen und anwenden. Inzwischen wurden schon vier Mikrobiogasanlagen in Alego Nyangoma installiert. Elly, ein Jugendlicher, der von uns gefördert wurde, übernahm die Betreuung der Anlagen.

Sobald diese Biogasanlangen des Pilotprojektes über längere Zeit einwandfrei funktionieren, würden wir gerne das Angebot ausweiten und noch mehr Familien solche Anlagen zugänglich machen. Wir sind zuversichtlich, dass das Verbrennen von Feuerholz in Alego Nyangoma dann gänzlich hinfällig sein wird. Im nächsten Schritt werden wir Bäume anpflanzen und versuchen, die Region aufzuforsten, damit der Regen während der Regenzeiten auch in Nyangoma Halt macht und nicht wieder vorbeizieht.

Lesetipp: Wege aus der Hungerkrise: Die Erkenntnisse des Weltagrarberichtes und seine Vorschläge für eine Landwirtschaft von morgen.
www.weltagrarbericht.de

WISSEN • BEGREIFEN • HANDELN

1. Die Bewohner der Stadt Siaya im Westen Kenias sind in ihrer Existenz gefährdet.

a) Beschreibe den Teufelskreis der scheinbar ausweglosen Situation für Menschen, Tiere und Natur dieses Ortes.

b) Entwickle eine Teufelskreisspirale, welche die Gründe und Folgen dieser fatalen Lebenssituation mit ihren Abläufen beinhaltet.

2. Informiere dich und hinterfrage die Arbeit und die Zielsetzungen der Stiftung Sauti Kuu.
Greife dabei auch auf die Recherche im Internet und die Quellen dazu im Anhang zurück.

3. Die Installation einer Mikrobiogasanlage hat die Situation in Siaya wesentlich entschärft.

a) Beschreibe das innovative Pilotprojekt und recherchiere zur Funktionsweise einer Biogas-Anlage.

b) Inwiefern wurde der Teufelskreislauf dadurch durchbrochen?

c) Erläutere das Tätigkeitsfeld der Jugendlichen vor Ort, die in diesem Projekt eingebunden sind.

d) Diskutiert die weiteren Zielsetzungen der Stiftung in dieser Region miteinander. Zu welchen Ergebnissen kommt ihr?

e) Findet ihr ähnliche Projekte in anderen Regionen und Entwicklungsländern? Recherchiert dazu im Internet und vergleicht sie mit dem Projekt in Kenia.

4. Franziska hat als Praktikantin der deutschen Firma während ihrer Tätigkeit in Kenia viele Erfahrungen gesammelt.

a) Diskutiert diese im Einzelnen in Kleingruppen. Haltet eure Ergebnisse in einer Stoffsammlung fest und präsentiert sie der Großgruppe.

b) Welchen besonderen Wert und Reiz können derlei Erfahrungen für das weitere Leben von Jugendlichen haben? Welche Veränderungen können diese bedingen?

c) Ihr interessiert euch für ein Auslandspraktikum oder für einen Freiwilligendienst? Bekannte Förderprogramme sind hierbei der leichteste Weg, in Deutschland etwa über weltwärts, kulturweit, ASA, Europäischer Freiwilligendienst. Recherchiert zum Thema »Wege ins Ausland«, z. B. hier: www.daad.de oder www.rausvonzuhaus.de. Beide Seiten bieten auch Informationen für AusländerInnen, die nach Deutschland kommen möchten. Welche der Optionen sind für euch persönlich am interessantesten? Plant langfristig (mindestens ein Jahr im Voraus) euren Auslandsaufenthalt!

→

5. »Hilfe zur Selbsthilfe« soll der Titel eures künftigen Projekts sein.

a) Diskutiert miteinander, ob ihr auf genügend Ressourcen zurückgreifen könnt, um im Team ein eigenes Projekt »Hilfe zur Selbsthilfe« zu starten. Welche Informationen braucht ihr dafür? Entwickelt gemeinsam eine konkrete Projektidee mit Zielen und potenziellen UnterstützerInnen sowie einen Aktionsplan, um eure Idee Schritt für Schritt zu realisieren.

b) Oder überlegt, ob ihr nicht mit euren Ideen und Fertigkeiten ein bestehendes Projekt langfristig unterstützen wollt. Sucht nach KooperationspartnerInnen und erstellt eine Liste, welche Ressourcen (Zeit, Fähigkeiten, Geld?) ihr anbieten könnt.

c) Vielleicht könnt ihr mit eurem Elan sogar die Schulleitung, Eltern- und Schülervertretung für ein eigenes, langfristiges »Hilfe zur Selbsthilfe«-Projekt der ganzen Schulgemeinschaft begeistern? Die jungen Menschen in eurem künftigen Partnerland warten auf eure Hilfe, und bestimmt ergeben sich darüber interkulturelle Freundschaften. Zudem erwerbt ihr mit dem Engagement wichtige Fähigkeiten für euer späteres Berufsleben. Auch der Spaß kommt sicher nicht zu kurz! Ihr könnt Schulpartnerschaften über den Pädagogischen Austauschdienst fördern: www.kmk-pad.org/programme/alle-programme.html

Prozess der Biogasgewinnung
- Der Mischer (Kuhdung und Wasser)
- Der unterirdisch gelegene Tank (Gasgewinnung durch Gärung)
- Knotenpunkt des Verteilungssystems (u. a. Abfall als Düngemittel, Gaszuleitungen zu den Häusern)
- Die neue Kochstelle mit der Gaszuleitung

WASSER IST LEBEN – DER WELTFRIEDENSDIENST E. V. KÄMPFT GEGEN WASSERRAUB

Von Katrin Steinitz

Das Recht auf Zugang zu sauberem Wasser ist seit 2010 in der allgemeinen Erklärung der Menschenrechte der Vereinten Nationen verankert. Doch bis zur weltweiten Umsetzung dieses Rechts ist es noch ein langer, steiniger Weg. Der Berliner Verein Weltfriedensdienst kämpft an der Seite seiner Projektpartner in Lateinamerika, Afrika und Asien gegen die Privatisierung von Böden und Wasserquellen sowie gegen die industrielle Verschmutzung von Trinkwasser, wodurch die Existenz von Millionen von Menschen – zumeist Familien und Kleinbauern in ländlichen Regionen – bedroht wird.

Sauberes Trinkwasser und eine sanitäre Grundversorgung ist nicht nur Menschenrecht, sondern auch Teil der Menschenwürde und ein Grundstein nachhaltiger Entwicklung. So zumindest formuliert es die Resolution 64/292 der Generalvollversammlung der Vereinten Nationen im Jahr 2009. In vielen Teilen der Welt ist der Grundsatz »Wasser ist Menschenrecht« jedoch weiterhin eine Wunschvorstellung statt die Realität. Fast 800 Millionen Menschen haben, der UN-Resolution zufolge, keinen Zugang zu sauberem Trinkwasser. Zudem leben etwa 2,6 Milliarden Menschen ohne jegliche sanitäre Grundversorgung. Die Weltgesundheitsorganisation schätzt, dass jedes Jahr etwa acht Millionen Menschen an Krankheiten sterben, die mit verschmutztem Trinkwasser oder schlechter sanitärer Versorgung in Verbindung stehen.

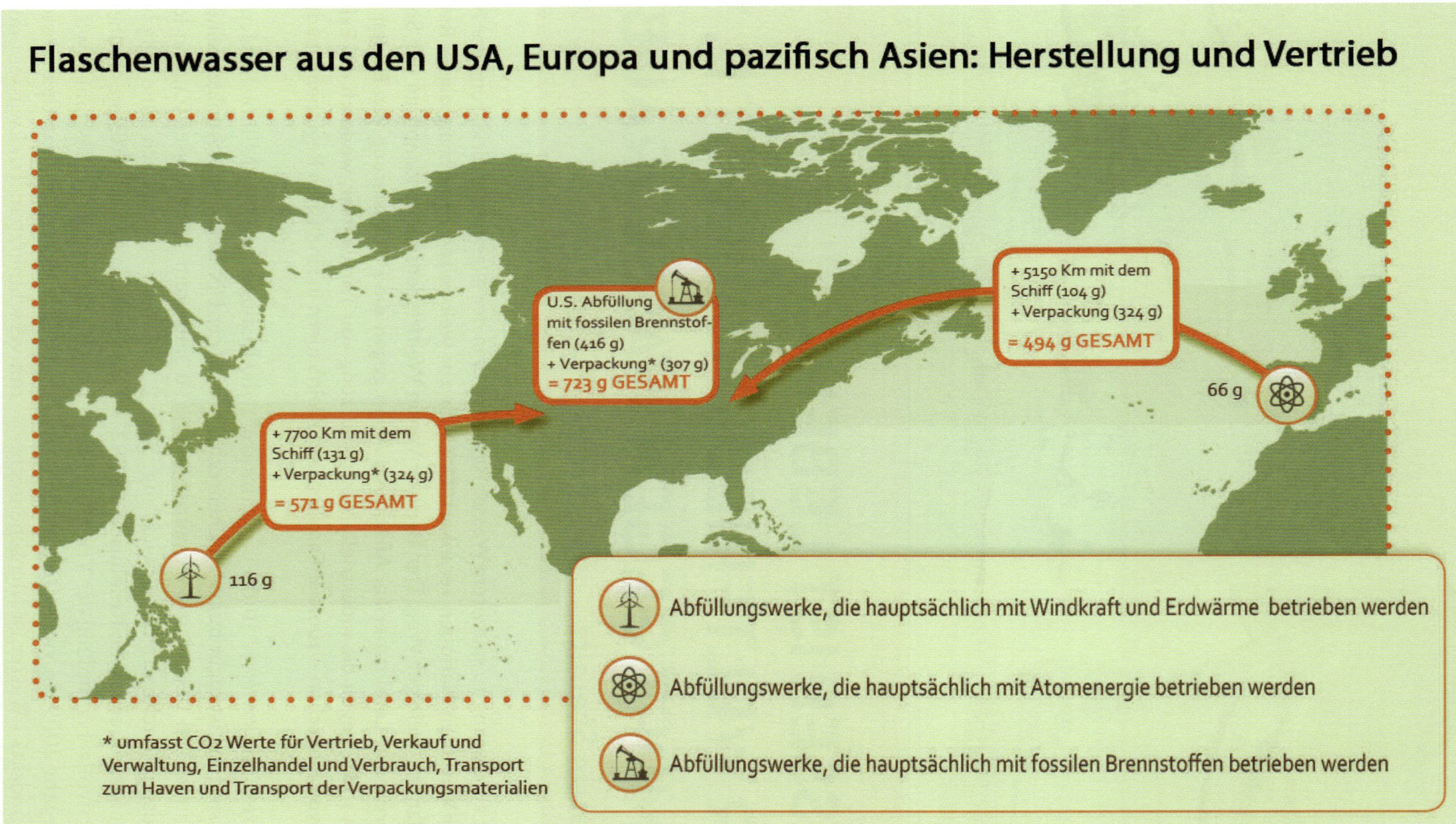
Flaschenwasser aus den USA, Europa und pazifisch Asien: Herstellung und Vertrieb
U.S. Abfüllung mit fossilen Brennstoffen (416 g) + Verpackung* (307 g) = 723 g GESAMT
+ 7700 Km mit dem Schiff (131 g) + Verpackung* (324 g) = 571 g GESAMT
116 g
+ 5150 Km mit dem Schiff (104 g) + Verpackung (324 g) = 494 g GESAMT
66 g
Abfüllungswerke, die hauptsächlich mit Windkraft und Erdwärme betrieben werden
Abfüllungswerke, die hauptsächlich mit Atomenergie betrieben werden
Abfüllungswerke, die hauptsächlich mit fossilen Brennstoffen betrieben werden
* umfasst CO2 Werte für Vertrieb, Verkauf und Verwaltung, Einzelhandel und Verbrauch, Transport zum Haven und Transport der Verpackungsmaterialien

Am stärksten davon betroffen sind die Menschen in Ländern Afrikas südlich der Sahara. Das Problem der schlechten Trinkwasserversorgung wird zusätzlich verschärft, denn international agierende Konzerne wie etwa Nestlé und Veolia, Coca-Cola und Pepsi versuchen, die Wasservorkommen weltweit zu privatisieren und kommerziell zu nutzen. Gerade in Ländern mit schwachen und korrupten Regierungen ist es für private Großinvestoren mit viel Geld und Einfluss leicht, nach modernem Bodenrecht Landtitel zu erwerben und damit traditionelle, nicht verschriftlichte Rechte der Menschen vor Ort auszuhebeln. Und wenn Unternehmen das Land erst einmal gepachtet haben, dann kontrollieren sie zumeist auch die regionalen Süßwasservorkommen.

Virtuelles Wasser

Mit dem Wasser aus Flüssen und Grundwasserschichten bewirtschaften die Konzerne ihre Großfarmen, Plantagen und Weideflächen in heißen, trockenen Regionen Afrikas, Lateinamerikas und Asiens. Besonders in tropischen Gebieten, die saisonal oder ganzjährig von Wassermangel geprägt sind, wird durch diese Formen der industriellen Landwirtschaft zwangsläufig mehr Wasser verbraucht, als durch das Ökosystem bereitgestellt werden kann. In der Folge sinken Grundwasserspiegel, versalzen die Seen und trocknen Flüsse aus. Mit der Ausfuhr von landwirtschaftlichen Produkten wie Sojabohnen, Ölfrüchten, Gemüse, Obst, Kaffee und Zierpflanzen wird auch das bei der Erzeugung verbrauchte Wasser virtuell aus den Anbauregionen exportiert. Deutschland importiert auf diese Weise pro Person und pro Tag im Durchschnitt etwa 1.500 Liter Wasser.

Hinzu kommt die Verschmutzung von Wasserreserven durch den Einsatz von Düngemitteln und Pestiziden, durch Industrieabfälle, die in Flüsse geleitet werden, sowie durch den Bergbau. Die Bevölkerung in Ländern ohne funktionierende demokratische Kontrolle ist der Ausbeutung und der Verschmutzung ihrer lebenswichtigen Wasserressourcen häufig schutzlos ausgeliefert. In den meisten dieser Länder gibt es weder politische Gesetze zum Schutz vor Wasserverschmutzung noch Regeln dafür, wie viel Wasser wann und von wem genutzt werden darf. Oder aber die Einhaltung von Gesetzen wird nicht kontrolliert. Auch wenn die kausalen Zusammenhänge und Verantwortlichkeiten nicht leicht zu durchdringen sind: Insgesamt führt die zunehmende Privatisierung von Wasser dazu, dass vielen Menschen ihr Menschenrecht auf Wasser verwehrt bleibt.

© Jonathan McIntosh

Wasserverteilung auf der Erde

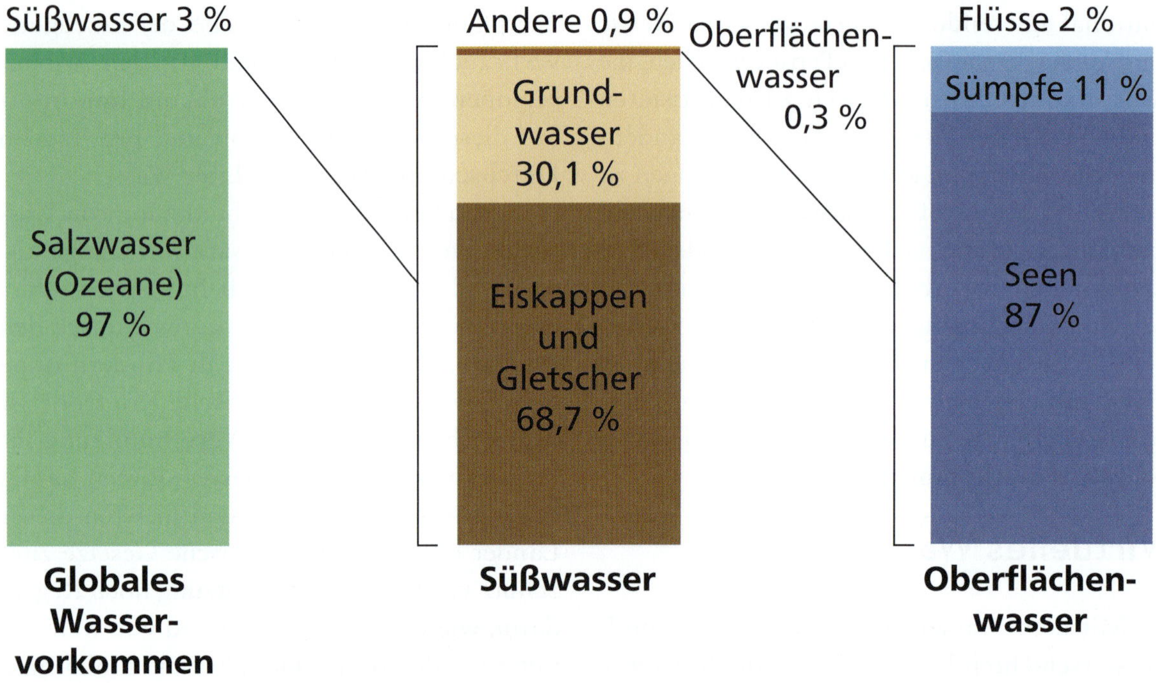

Aralsee: Dürre und Versalzung des Bodens durch den Wasserbedarf der Bewässerungsfeldwirtschaft

Fallbeispiel Argentinien: Das Wasser verteidigen, das uns bleibt

Walter Alencay lebt mit seiner Familie in der Salzwüste von Salinas Grandes im Norden Argentiniens. Sie ernähren sich von Viehzucht und Ackerbau sowie vom behutsamen Abbau des Salzes. Doch in den großen Salzseen der Region Jujuy wurden eines Tages die weltweit größten zugänglichen Vorkommen des Metalls Lithium entdeckt. Lithium wird beispielsweise für die Herstellung von Handys und Batterien für Hybrid- und Elektroautos benötigt. Mitsubishi, Toyota und andere Unternehmen aus Japan, Südkorea, Kanada und Australien wollen in der wasserarmen Region Lithium gewinnen und beginnen mit der Förderung. Für Walters Familie und die dort ansässigen indigenen Volksgruppen hat das weitreichende Folgen.

Kinder in Jujuy © Marianocecowski

»Alles begann an einem Abend vor sechs Jahren«, erzählt Walter. »Wie so oft war ich ziemlich kaputt von der Arbeit. Die Salzernte ist heute noch genauso anstrengend wie früher, denn wir verwenden keine Maschinen, damit die empfindliche Salzkruste nicht beschädigt wird. Meine Frau brachte gerade unsere beiden Kinder ins Bett, da hörte ich, wie sie laut schimpfte. Ich ging in die Waschküche. Dort beteuerte meine jüngere Tochter gerade unter Tränen, dass sie sich wirklich gründlich die Zähne geputzt habe. Meine Frau forderte sie auf, den Mund zu öffnen, und zeigte mir anklagend dunkle Flecken auf den Zähnen der Kleinen. Währenddessen versuchte meine ältere Tochter vergeblich, einen dunklen Fleck von einem ihrer Vorderzähne wegzubürsten. Das war also kein Schmutz – aber was war es dann? Noch lange, nachdem im Hause Ruhe eingekehrt war, verfolgte mich diese Frage. Ich musste herausfinden, was es damit auf sich hatte.«

Walter fragt seine Nachbarn – auch sie berichten ihm von rätselhaften Zahnschäden. Ob die Gesundheit ihrer Kinder gefährdet ist? Walter wendet sich an den Rat der Indigenen Völker in der Bergbauprovinz von Jujuy (COAJ). Er kennt die MitarbeiterInnen, die selbst aus indigenen Gemeinden kommen, und kann ihnen vertrauen. Der Rat nimmt die Sorgen von Walter sehr ernst und beauftragt die Universität von Jujuy mit einer Wasseranalyse. Finanziert wird die Untersuchung aus Mitteln eines Projekts, das COAJ gemeinsam mit dem Weltfriedensdienst in Berlin durchführt. Einige Monate später liegt das Ergebnis vor: Die WissenschaftlerInnen haben im Trinkwasser hohe Konzentrationen äußerst gesundheitsschädigender Minerale wie Arsen gefunden, wahrscheinlich Rückstände früherer Bergbauarbeiten.

Unehrliche Versprechen, illegale Aktivitäten

Von nun an verfolgt Walter wachsam alle Meldungen über Bergbauaktivitäten in Jujuy. Und was er da hört und liest, lässt ihn noch unruhiger werden. Er erfährt von Bohrungen, die von einem ausländischen Unternehmen in ihrem Salzsee durchgeführt werden, und die Presse berichtet von Lithiumfunden in diesem See. Doch Probebohrungen oder gar Bergbauaktivitäten ohne Umweltverträglichkeitsprüfung und vorherige Konsultation der betroffenen indigenen Gemeinden sind illegal. Das hatte Walter auf einer Fortbildung von COAJ für Gemeindevorsteher erfahren. Er informiert alle betroffenen Gemeinden. Gemeinsam gründen sie einen Runden Tisch und besprechen ihre Einflussmöglichkeiten sowie mögliche rechtliche Schritte.

»Wir fragten uns, warum einige Gemeinden nicht gekommen waren«, erinnert sich Walter. *»Erst später erfuhren wir, dass das US-amerikanische Unternehmen Lithium Americas Corp (LAC) mit diesen Gemeinden Separatverhandlungen geführt hatte.«* Das Unternehmen hatte sich dabei die Rechte zur Nutzung von Boden, Wegen und Wasser auf lange Zeit gesichert. Die Gemeinden erhalten Kompensationszahlungen und Versprechungen wie ein Ausbildungsprogramm für Gemeindemitglieder, ein gemeinsames Umwelt-Monitoring und die Förderung ihrer lokalen Entwicklung. *»Gemessen an den zu erwartenden Gewinnen des Unternehmens hat man sie mit einem Almosen abgespeist«, findet Walter. Er wundert sich nicht darüber, dass das Unternehmen LAC auf seiner Website frohlockt, die Lithiumförderstätte in der Salzwüste gehöre zu den günstigsten weltweit.«*

UNSERE AUTORIN

Katrin Steinitz (* 1957) ist in der Geschäftsstelle des Weltfriedensdienstes e. V. in Berlin tätig, hauptsächlich für die Kommunikation mit Mitgliedern, Partnern und Spendern. Sie hat zudem das Berliner Schulprojekt work4peace mit initiiert. www.wfd.de/work4peace.html

»Batterien kann man nicht essen«

Walter und die Gemeinden des Runden Tisches möchten sich an den Geschäften nicht beteiligen. Stattdessen versuchen sie, herauszufinden, was die Lithiumförderung für langfristige Konsequenzen hat. Ein vom Rat der Indigenen Völker in Auftrag gegebenes Gutachten bestätigt ihre schlimmsten Befürchtungen. Die Lithiumgewinnung verbraucht extrem viel Wasser. Sie zerstört die Salzoberfläche, und es besteht die Gefahr der Versalzung des Trinkwassers. Die Gemeindevorsteher beschließen, sich gegen den Lithiumabbau zur Wehr zu setzen. Sie sagen: *»Batterien kann man nicht essen. Wir möchten das Salz erhalten, unsere Kultur und die Produktionsweise, die wir von unseren Vorfahren übernommen haben. Und wir möchten das Wasser bewahren. Die Salzwüste ist unsere Mutter. Hier leben wir, und hier haben unsere Vorfahren gelebt. Wenn die Salzwüste beschädigt wird, werden wir alle beschädigt.«*

Mine und Salzsee aus der Vogelperspektive

Alicia Chalabe, eine auf Berg- und Bodenrecht spezialisierte Anwältin, vertritt die Gemeinden von Salinas Grandes beim Prozess gegen die Provinzregierung von Jujuy vor dem Obersten Nationalen Gerichtshof in Argentinien. Walter und seine Mitstreiter berufen sich dabei auf die argentinische Verfassung und auf den Paragraf 169 der ILO-Konvention der Vereinten Nationen. Beide Dokumente schreiben vor, dass die indigenen Gemeinden über alle Aktivitäten, die ihre Territorien betreffen, vorher konsultiert werden und in die Planungen

Lithiummine in Bolivien © Martin St-Amant

einwilligen. Nach zahlreichen Verhandlungsrunden weist das Oberste Gericht die Anklage mit der Begründung zurück, es sei nicht zuständig. Aber Walter und die Anwältin geben nicht auf, sondern rufen den Interamerikanischen Gerichtshof an. Hier ist das Verfahren seither anhängig. Bis zum heutigen Tag hat sich kein weiteres Lithium-Unternehmen in der Salzwüste sehen lassen – ein Erfolg des Widerstands!

Die Mitglieder des Runden Tisches und Walter werden weitermachen: »*Bei uns an den Salzseen ist Trinkwasser knapp – wir leben in einer Halbwüste. Wir kämpfen dagegen, dass die Unternehmen beim Abbau von Mineralien unser Wasser verschwenden und verschmutzen. In unserer Kultur ist Wasser daher ein Gut, das man respektieren muss, um zu überleben. Das galt schon vor 10.000 Jahren, als unsere Vorfahren sich hier ansiedelten, das gilt heute und in Zukunft.*«

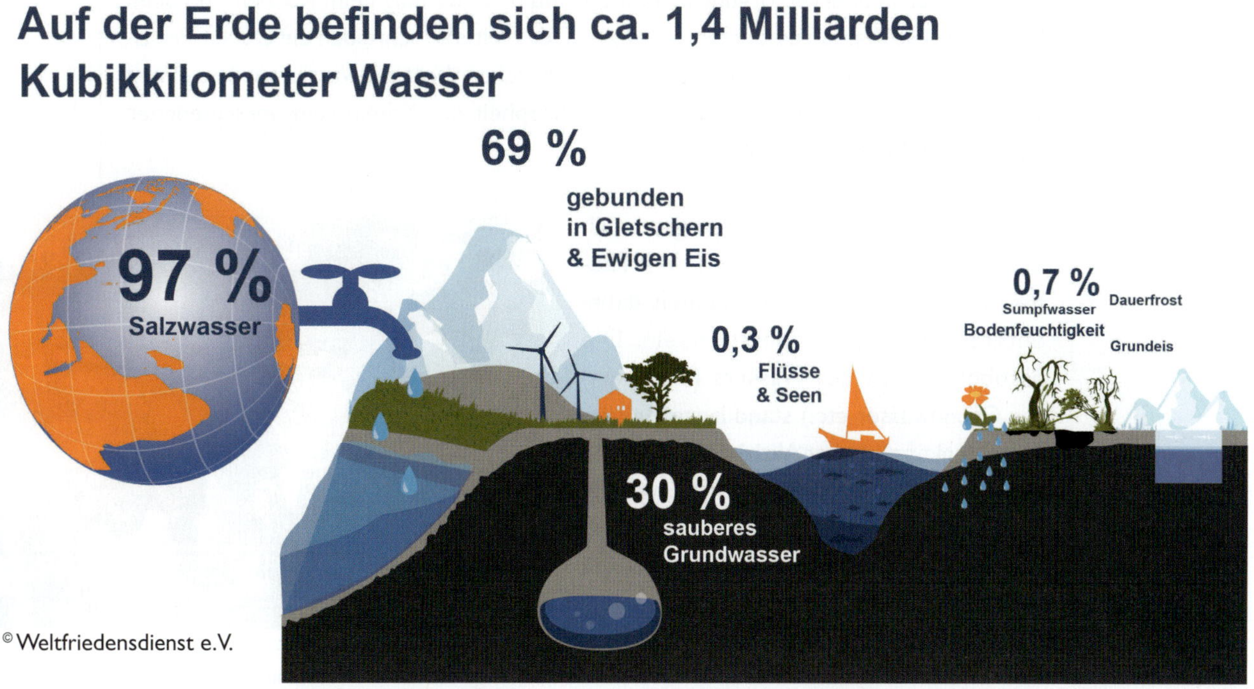

© Weltfriedensdienst e.V.

INFO 1:

Der Weltfriedensdienst e.V. fördert und berät COAJ in Argentinien seit mehr als zehn Jahren. Zu den geförderten Aktivitäten gehören Workshops zur Aufklärung von Gemeindevertretern über nationales Bergbau-, Umwelt- und Landrecht, eine Rechtsberatung betroffener Gemeinden sowie ein Ausbildungsstudiengang zu indigener Entwicklung. Zudem wird die Öffentlichkeits- und Lobbyarbeit von COAJ in Argentinien und in der internationalen Arena unterstützt, z. B. gegenüber Organen der UNO.

INFO 2:
DIE GESCHICHTE DES WASSERS IN DER ENTWICKLUNGSPOLITIK

(Von Nora Rohde)

Wasser spielt seit über 20 Jahren eine prominente Rolle in der globalen Entwicklungspolitik. Bereits 1992 wurden auf dem ersten Weltwasserforum in Dublin vier zentrale Vereinbarungen der internationalen Wassergemeinschaft entwickelt, bekannt als »Dublinprinzipien«. Darin wird die Rolle des Süßwassers als begrenzt vorhandene und daher schutzbedürftige Ressource sowie die Bedeutung des Wassers für menschliches Leben, Entwicklung und Umwelt betont. Um diesen Prinzipien auch in politischen Entscheidungsprozessen gerecht zu werden, müssen Projekte zur Wassererschließung und dem Wassermanagement auf einem partizipativen Ansatz basieren, der alle Betroffenen integriert und ihnen Mitsprache gewährt.

Eine besondere Rolle kommt dabei den Frauen zu, die in Entwicklungsländern traditionell mit der Wasserversorgung beauftragt sind und im Alltag beim Kochen und beim Waschen viele Wasserressourcen benötigen. Des Weiteren schreiben die Dublin-Prinzipien der Ressource Wasser auch einen ökonomischen Wert zu: Wasser wird zu einem wirtschaftlichen Gut, das aufgrund seiner Knappheit der Konkurrenz verschiedener potenzieller Nutzer ausgesetzt ist.

Über 20 Institutionen beschäftigten sich bei den Vereinten Nationen mit dem Themenkomplex Wasser und nehmen dabei unterschiedliche Perspektiven ein. Die »saubere Seite« des Wassers (Trinkwasser, Grundwasser etc.) stand lange Zeit im Mittelpunkt politischer Aktivitäten. Auch im Rahmen der Millenniums-Entwicklungsziele (MDG) sprach man anfangs unter dem Ziel »ökologische Nachhaltigkeit sicherstellen«

Schlange stehen für Wasser in Bosnien © Mikhail Evstafiev

lediglich davon, den Anteil derjenigen zu halbieren, die keinen Zugang zu verbesserten Trinkwasserquellen haben. Erst beim Weltgipfel 2002 in Johannesburg wurde auch die »schmutzige Seite« (Abwasser, Sanitäranlagen) des Wassers in die MDGs aufgenommen, verbunden mit dem Ziel, den Zugang zu verbesserter sanitärer Grundversorgung weltweit zu gewährleisten. Mit der Einführung des Menschenrechts auf sauberes Wasser und Sanitärversorgung im Jahr 2010 durch die UN erhielt die komplexe Thematik nochmals mehr Aufmerksamkeit. Bislang ist das Recht jedoch nicht einklagbar. Daher bleibt zu hoffen, dass den Versprechungen auch Taten folgen und die politischen Bemühungen nicht durch wirtschaftliche Ziele und Verträge konterkariert werden.

INFO 3: WASSER UND SEINE BEDEUTUNG FÜR DIE IDENTITÄT UND KULTUR DER INDIGENEN BEVÖLKERUNG

In der Publikation des Indigenen Fonds »Wasser – Gabe des Lebens« wird die Bedeutung des Wassers für die indigenen Völker beschrieben: »Das Wasser hat viele Gesichter. Es ist flüssig, wenn es aus den Gebirgen herunterströmt, es ist Dampf in den Wolken, die den Regen bringen, es schläft als Eis und Schnee in den Bergen und es ist Spiegel, es ist Sturm, es ist ein Rinnsal, es ist Wildbach oder Überschwemmung. Es liebkost als Tau in der Morgendämmerung und es bewegt auch die mächtige Maschine, die Strom erzeugt, es ist fruchtbarer Regen oder Kloake, es verdunstet in der Luft, um in seinem unendlichen Kreislauf wieder in die Erde zurückzukehren. So ähneln sich der Kreislauf des Wassers und der des Lebens, eine perfekte Maschine, in der die Zeit, das Wasser und die Materie sich unaufhörlich erneuern, um das Leben zu versorgen, das Leben im Gleichgewicht zu halten, das sich an den natürlichen Zyklus anpasst und in ihm lebt.«

Für die indigenen Völker ist das Wasser ein lebendiges Wesen und ein universelles Gemeingut. Es gehört allen und niemandem, es gehört der Erde und den Lebewesen und damit auch den Menschen. Der Umgang mit Wasser muss darauf ausgerichtet sein, es zu schützen und zu konservieren und seine gerechte Verfügbarkeit zu garantieren, damit alle Wesen auf dem Planeten leben können. In den indigenen Gemeinden gibt es seit Menschengedenken eine kommunale Wasserverwaltung. Die Familien und gesellschaftlichen Gruppen leisten, entsprechend ihrer individuellen Möglichkeiten, einen Beitrag zum Schutz des Wassers. Sie alle fühlen sich durch das Wasser zu einer Gemeinschaft verbunden. Auch wenn es manchmal Konflikte gibt, ist doch eine gerechte Verteilung die Regel – gemäß den Bedürfnissen und der Verfügbarkeit des Wassers, die von den Jahreszeiten abhängt.

WISSEN • BEGREIFEN • HANDELN

1. Steinitz fordert die Umsetzung des über die UN verankerten »Menschenrechts auf Zugang zu sauberem Wasser«.

a) Womit begründet die Autorin die Durchsetzung dieses Rechts?

b) Welche Schwierigkeiten und Gegeninteressen stehen der Realisierung dieser Forderung in vielen Teilen der Welt im Weg? Fertige dazu eine Stoffsammlung an.

2. Die Autorin erläutert die umfassende Problematik einer wasserarmen Region am Beispiel der Familie Alencay, die in der Salzwüste von Salinas Grandes lebt.

a) Gib die wesentlichen Herausforderungen, vor denen Walter Alencay und seine Dorfgemeinschaft stehen, mit deinen eigenen Worten wieder.

b) Welche Rolle spielt bei diesem Sachverhalt der »Runde Tisch« der indigenen Volksgruppen? Welche Bedeutung wird ihm zuteil?

c) Der rechtliche Streit um die Lithiumförderung durch ausländische Unternehmen in der Region ist noch nicht entschieden. Aber der Sachverhalt zeigt uns sehr deutlich, wie komplex die Fragen rund um das Thema Berg-, Boden- und Landnutzung und deren Beantwortung mittlerweile geworden sind. Welche Ursachen könntest du dazu anführen? Begründe.

© Weltfriedensdienst e.V.

d) Was ermutigt Walter, so hartnäckig gegen die ausländischen Unternehmen zu kämpfen? Was treibt ihn an?

e) Lithiumförderung: In welchen Regionen weltweit gibt es weitere große Mengen des Metalls Lithium, auch »weißes Gold« genannt? Für welche Produkte wird das Metall benötigt, und welche unterschiedlichen Akteure haben ein Interesse am Abbau der Vorräte? Vergleiche die geschilderte Situation in Argentinien mit der in einem anderen Land deiner Wahl.

3. Auf www.wasserraub.de berichtet der Weltfriedensdienst über die weltweiten Aktivitäten im Kampf gegen Privatisierung und Verschmutzung von Wasserquellen.

a) Recherchiert weitere Hintergründe hierzu im Internet. Was sind, global betrachtet, zentrale Ursachen der Süßwasserverknappung, und welche Vorgänge lassen sich als »Wasserraub« – als ein kriminelles Vorgehen – bezeichnen. Zu welchen Erkenntnissen kommt ihr?

b) Recherchiert mehr über den Weltfriedensdienst: Was sind die zentralen Themenfelder des Vereins? Welches sind Leitlinien ihrer partnerschaftlichen Projektarbeit in Ländern des Globalen Südens? Schaut hierzu auch auf die Homepage: www.wfd.de

4. Diskutiert miteinander die Bedeutung des Wassers für die indigenen Völker (Info 3). Wie unterscheidet sich diese von der Bedeutung in deiner Kultur und Region? Welche Schlüsse ziehst du aus dem Vergleich für dich persönlich?

5. 2010 hat die UN das Menschenrecht auf sauberes Wasser und Sanitärversorgung eingeführt (Info 2).
Führe mögliche Gründe dafür an, warum das Recht darauf bisher nicht einklagbar ist. Diskutiert diesen Sachverhalt. Durch welche Maßnahmen l ieße sich dies ändern? Informiert euch bei JuristInnen oder Politikwissenschaftlerlnnen, die auf internationales Recht spezialisiert sind.

6. Virtuelles Wasser – Wie viel Wasser verbrauchen wir wirklich?

a) Erkläre die Begriffe »Virtuelles Wasser« und »Wasser-Fußabdruck«.

b) Diskutiert die Auswirkungen des Konsums von virtuellem Wasser auf die Entwicklungen in den Bereichen Umwelt, Wirtschaft, Gesellschaft und Gesundheit. Unterscheidet dabei die Auswirkungen in zwei verschiedenen Ländern und analysiert deren Handelsbeziehungen (Import- und Exportgüter, bspw. Deutschland und Brasilien). Recherchiert dazu im Internet.

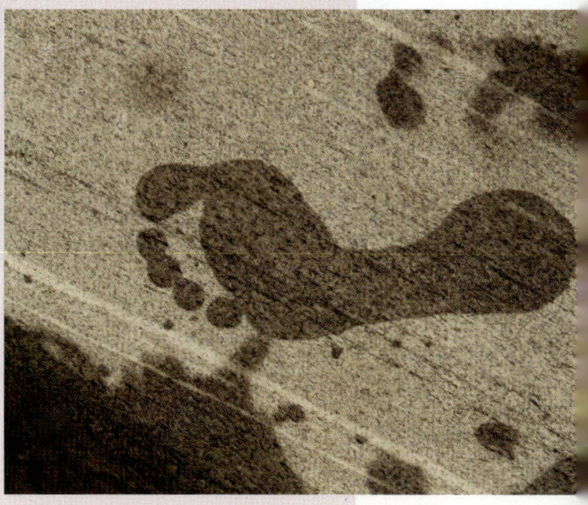

c) Wie viel Wasser wird für die Produktion von Lebensmitteln eigentlich benötigt? Erstelle zu dem Thema »Virtuelles Wasser im Einkaufskorb« eine Tabelle, damit du dir anhand von ausgewählten Produkten eine Vorstellung davon machen kannst, wie viel virtuelles Wasser wir jeweils einkaufen. In welchen Punkten lässt sich deine virtuelle Wasserbilanz erheblich verbessern?

d) »Wer bewusster einkauft und konsumiert, spart dort Wasser, wo es wirklich darauf ankommt, nämlich in den Regionen der Erde, wo Wasser mehr und mehr zu einer konfliktträchtigen Ressource wird.« Setzt euch mit dieser Aussage auseinander. Recherchiert auch dazu.

e) Virtuelles Wasser – unsere Spartipps
Haltet eure Erkenntnisse in einem Infoblatt fest und verteilt diese z. B. auf einem Wochenmarkt oder in der Fußgängerzone. Klärt die KonsumentInnen umfassend auf.

 © Frits Ahlefeldt

DAS GEHEIMNIS DER UNTERWASSERHÖHLE – EINE GESCHICHTE

Von Ulrike Sinzel

Marek wundert sich: Ein junge Frau steht am Strand hinter seinem Haus und hat eine komplette Tauchausrüstung dabei. Es scheint, als wäre sie allein. Neugierig geht er ein paar Schritte auf sie zu und betrachtet sie von oben bis unten: blasse Haut, leuchtend blau-grüne Augen, ihr blondes Haar ist von der frischen Meeresbrise verstrubbelt. Sie wirkt so zart und anmutig, geradezu zerbrechlich, doch ihr Blick ist entschlossen und konzentriert. Für Marek besteht kein Zweifel: Diese schöne Frau ist eine Fremde hier. »Sie hat etwas Geheimnisvolles an sich«, denkt Marek. Als er direkt vor ihr steht, bringt er mit einem leichten Vibrieren in der Stimme nur drei Wörter hervor: »Ich bin Marek.« Ihm fällt auf, dass die Schöne etwas gehetzt wirkt – oder ist auch sie nervös?

»Elena«, antwortet sie knapp.

»Willst du allein hier tauchen gehen?«, fragt Marek skeptisch.

»Ja, ich muss für mein Forschungsprojekt dringend ein Mineral untersuchen, das es nur hier gibt, in der Lavagrotte.«

»In der Lavagrotte?«, wiederholt Marek ungläubig. »Die befindet sich tief unter Wasser! Und mit der Tauchflasche auf dem Rücken kommst du niemals durch die engen Gänge!«

Die Lavagrotte ist für Marek immer noch ein mystischer Ort. Als Jugendlicher nahm ihn sein Vater Rick oft zu Tauchgängen ins Riff mit. Die fantastische bunte Unterwasserwelt zog ihn jedes Mal in seinen Bann: Leuchtend rote Korallen, Meerestiere, die sich als schlängelnde Gräser tarnten oder blitzschnell in einem Loch im Boden verschwanden, wenn man ihnen zu nahe kam, sowie majestätisch durch das Wasser gleitende Rochen und Schwärme gemusterter Fische fanden sich dort. Aber die Lavagrotte mieden sein Vater und er immer etwas – es wurde gemunkelt, dass Taucher in ihr schon das Bewusstsein verloren hätten.

»Ja, ich weiß, die Grotte soll recht eng sein«, reißt Elena Marek aus den Erinnerungen an seinen Vater. »Aber wenn es sein muss, werde ich die Tauchflasche vor dem Eingang ablegen und dann die Luft anhalten, bis ich in der Höhle bin. Dort drinnen kann man atmen.«

Elena mustert Marek, als sei sie noch nicht sicher, ob sie ihm trauen könne. Sie sieht ihm direkt in die Augen. »Ich hoffe, dort ein Mineral zu finden, das die Ozeanversauerung stoppen kann. Aber die Höhle fällt vielleicht bald in sich zusammen, und es wird immer gefährlicher, dort hinunterzutauchen.«

Marek erwidert mit fester Stimme: »Du willst das doch nicht allein machen! Weißt du denn nicht, dass man immer einen Tauchpartner braucht?«

»Klar weiß ich das«, antwortet Elena und schaut ihn vielsagend an: »Kommst du mit?«

Seit dem Tod seines Vaters vor sechs Jahren ist Marek kein einziges Mal mehr im Meer gewesen. Und jetzt soll er Elena zur Lavagrotte begleiten? Er fühlt sich von ihrer direkten Art überrumpelt. So eine Expedition muss man wirklich gut vorbereiten, denkt er. Andererseits ist das eine einmalige Chance, Zeit mit Elena zu verbringen. Er bittet Elena, kurz zu warten, und rennt zurück ins Haus, um seine Tauchausrüstung zu holen.

Elena lächelt erleichtert, als sie ihn damit zurückkommen sieht. Ohne viele Worte zu

© Pete Nawrocky

verlieren, ziehen sie – jeder in seine Gedanken vertieft – ihre Ausrüstung an und steigen ins warme Wasser. Anmutig gleitet Elena durch das Wasser, als sei dies ihre natürliche Umgebung. Auch Marek fühlt sich mit jedem Meter sicherer. »Herrlich, nach so langer Zeit wieder zu tauchen«, denkt er. Nach wenigen Minuten sind sie am sandigen Grund angelangt. Marek schwimmt vor. Schon nach kurzer Zeit erreichen sie das »Ricksche Riff«, wie Marek es seinem Vater zuliebe taufte. Doch als sie näher kommen, erschrickt Marek: Die bunte Unterwasserwelt, die er als Jugendlicher so liebte, ist verschwunden. Nur noch wenige Fische tummeln sich zwischen den bleichen, beigefarbenen Korallen. Das Riff wirkt wie ausgestorben.

Je tiefer sie tauchen, desto dunkler wird es um sie herum. Marek ist plötzlich ganz unbehaglich zumute. Zum Umkehren ist es noch nicht zu spät, denkt er. Doch er schwimmt weiter und führt Elena zu einem unscheinbaren, schwarzen Loch hinter einem kleinen Felsen: dem Eingang zur Lavagrotte.

Für einen erwachsenen Taucher ist der Felstunnel zur Grotte eigentlich zu schmal. Doch ohne die Tauchflasche würden sie hindurchpassen. Mareks Herz fängt wie wild an zu pochen. Plötzlich kommt es ihm völlig irrsinnig vor, mit dieser wildfremden Frau ohne Tauchflasche einen der unheimlichsten Orte der ganzen Küste zu erkunden. Seine Taucherbrille ist beschlagen. Er kann Elena nicht mehr gut sehen. Träumte er das etwa alles?

Doch er kann gerade noch erkennen, wie Elena ihr Tauchequipment mit wenigen Handgriffen auf dem Meeresgrund ablegt, einen letzten Atemzug aus der Flasche nimmt und im Loch verschwindet. Marek kämpft mit sich. Kann ihn Elena dort überhaupt gebrauchen, oder sollte er besser den Eingang bewachen? Andererseits: Es ist eine einmalige Gelegenheit, die Grotte, von der er schon so viele unheimliche Geschichten hörte, selbst zu erkunden und dieses seltene Mineral zu finden, was auch immer sich Elena davon verspricht.

Marek gibt sich innerlich einen Ruck, trennt sich von seiner Tauchflasche und folgt Elena.

Das blaue Licht

Im felsigen Unterwassertunnel, der auf den Eingang folgt, ist es so finster, dass sich Marek nur langsam an den Wänden entlangtasten kann. Er fasst in etwas Glitschiges, zieht unwillkürlich seine Hand zurück und stößt dabei mit dem Ellenbogen an die Felswand. Die Luft wird langsam knapp. Aufregung kostet Sauerstoff, also bleib ruhig, sagt sich Marek. Endlich weitet sich der Gang. Er gelangt in eine Höhle, die nur etwa zur Hälfte mit Wasser gefüllt ist. Erleichtert taucht er auf, atmet tief ein und sucht die Wände nach Elena ab. Doch alles, was er sieht, ist ein bläulicher Lichtstrahl – der sich plötzlich bewegt. Etwas Großes, Schwarzes kommt auf ihn zu. Marek rutscht das Herz in die Hose. Doch es ist Elena! Sie hält eine kleine LED-Lampe in der Hand, lächelt ihn an und zeigt an die Höhlendecke.

So etwas Zauberhaftes hat Marek noch nie gesehen: lauter bläulich schimmernde Kristalle. »Sind das die Mineralien, die du suchst?«, fragt er Elena.

Sie nickt. Ihr Blick wird ernst. »Wenn sie im Meereswasser nicht die Wirkung haben, die ich mir verspreche, weiß ich keine andere Möglichkeit mehr, die Versauerung der Ozeane zu stoppen. Die Korallenriffe werden dann alle sterben.« Als sie Mareks ratlosen Blick sieht, fügt sie noch hinzu: »Durch den Klimawandel hat das Meer zu viel CO_2 geschluckt: Der pH-Wert hat sich verändert, das Meer ist immer saurer geworden. Das saure Wasser greift die Korallen an, aber auch die winzigen Schneckenhäuser von Kleinstlebewesen, deren Dezimierung die ganze Nahrungskette durcheinanderbringen wird.«

Marek versteht immer noch nicht ... das Meerwasser als Säure? Das klingt wie aus einem schlechten Science-Fiction-Film.

»Das viele CO_2 in den Ozeanen ist genauso katastrophal wie das in der Atmosphäre«, fährt Elena fort. Aber vielleicht können diese Mineralien die Versauerung aufhalten.« Sie holt einen kleinen Hammer und einen Meißel aus einem Beutel, den sie am Körper mit sich geführt hat, und beginnt, einige Mineralien an der Grottenwand abzutragen.

Neben dem Hall der Hammerschläge nimmt Marek plötzlich noch ein weiteres Geräusch wahr: ein entferntes Grollen, das immer näher zu kommen scheint.

»Schnell, zurück, die Grotte ist instabil«, schreit ihn Elena panisch an.

Klar denken kann Marek in diesem Moment nicht. So schnell es nur geht, schwimmt er in dem dunklen, schmalen Tunnel zurück in Richtung Ausgang. Sekunden später hört er ein fürchterliches Krachen, begleitet von einem

dumpfen Unterton und einem Knirschen, als spalteten sich die Felswände auf. Voller Todesangst denkt Marek an seinen verstorbenen Vater. Er schwor sich doch, niemals so leichtsinnig zu sein wie er.

Ihm wird schwindelig. Er will nicht im Wasser sterben. Nach einer gefühlten Ewigkeit sieht er wieder etwas Licht. Es ist der Ausgang! Erleichtert taucht er aus dem Loch und greift taumelnd nach dem Mundstück des Tauchapparats: Er hat es geschafft.

Freuen kann er sich nicht – denn Elena ist noch immer in der Grotte. Wann kommt sie endlich nach?, fragt sich Marek.

Ein lautes Krachen unterbricht seine Gedanken. Eine dichte Staubwolke quillt aus dem Loch, das zur Grotte führt. Er muss noch einmal hinein, Elena retten. Erneut nimmt Marek all seinen Mut zusammen – und schwimmt mitten in die Wolke aus Schutt. Weit kommt er nicht – der Gang ist inzwischen von Felsbrocken, die sich gelöst haben, zugeschüttet. Ein Durchkommen ist unmöglich. Jeden Winkel tastet Marek ab, doch vergebens. Erst langsam begreift er: Elena hat es nicht geschafft. Eine dumpfe Leere macht sich in ihm breit.

Als Marek an der Wasseroberfläche auftaucht, steht die Sonne schon tief am Horizont. Sein Körper funktioniert, seine Stimme ruft die Wasserwacht – doch Mareks Kopf ist vollkommen leer.

Wie betäubt beobachtet er die Taucher, die nach stundenlanger Suche und mit Hilfe von Sprengungen Elenas Leiche bergen. Die Menschenansammlung an dem sonst einsamen Strand, sein bester Freund Steve, der gekommen war, um ihn zu trösten – all das nimmt Marek nur noch durch einen Schleier wahr.

»Was hast du da?«, fragt Steve und deutet auf Mareks fest geschlossene Faust.

Marek öffnet sie vorsichtig: Darin liegt ein kleiner Splitter der Mineralien.

Er wird ihn von Experten untersuchen lassen. Und er will herausfinden, in wessen Auftrag Elena unterwegs war. Was auch immer der Hintergrund für diese Tauchaktion der schönen, seltsamen Frau war – er muss ihr Anliegen weiterverfolgen und die Geschichte zu einem guten Ende bringen.

Hinweis: Was es mit Elenas Suche nach Mineralien gegen die Versauerung der Ozeane auf sich hat und was an dieser Erzählung den Tatsachen entspricht, das erfahrt ihr auf den nächsten Seiten im Beitrag: »Warum das Meer langsam, aber stetig versauert«.

UNSERE AUTORIN

Ulrike Sinzel (* 1979) hat bei der Westdeutschen Zeitung in Düsseldorf volontiert und danach als Redakteurin für verschiedene Tageszeitungen gearbeitet. Derzeit macht sie ein Sabbatjahr und reist um die Welt.

WARUM DAS MEER LANGSAM, ABER STETIG VERSAUERT

Wissenschaftlicher Text zur Kurzgeschichte: »Das Geheimnis der Unterwasserhöhle« Von Ulrike Sinzel

Dass wir Unmengen an Treibhausgasen in die Atmosphäre entlassen, gefährdet zunehmend auch die Ökosysteme in unseren Ozeanen. Denn zum einen wird das Wasser wärmer und zum anderen saurer – die Kalkschalen von Muscheln, Korallen und Seeigeln lösen sich auf, wichtige Nahrungsquellen fallen aus. Warum leiden die Meeresbewohner unter dem Klimawandel, und welche Lösungsansätze gibt es?

»Wie aus einem schlechten Science-Fiction-Film« kommt es Marek vor, dass die Ozeane versauern, wie seine neue Freundin Elena ihm berichtet. Doch die Versauerung ist real. Denn nicht nur in der Atmosphäre wächst der Anteil an Kohlendioxid (CO_2). Die Ozeane nehmen pro Jahr rund ein Drittel des von Menschen produzierten Kohlendioxids auf. Im Meer reagiert das CO_2 mit dem Wasser und wird zur Kohlensäure. Dadurch verändert sich der pH-Wert des Meerwassers; es wird saurer. Zwar wird das Wasser nur sehr langsam und geringfügig saurer, aber die Konsequenzen sind dennoch dramatisch. Wissenschaftler haben inzwischen herausgefunden, dass die Auswirkungen des Klimawandels auf die marinen Ökosysteme derzeit sogar weitaus stärker sind als solche auf das Leben an Land. So setze der Klimawandel beispielsweise den Steinkorallen gleich in mehrfacher Hinsicht zu, erläutert Professor Dr. Jelle Bijma, Leiter der Gruppe »Marine Biogeologie« am Alfred-Wegener-Institut (AWI) in Kiel. Die Korallen leben normalerweise mit einem ganz bestimmten Typ von Mikro-Algen (sog. Zooxanthellen) in enger Symbiose. Die Algen versorgen die Korallen mit Energie und Nährstoffen und erhalten im Gegenzug Stickstoff. Nun ist dieses ausbalancierte System in Gefahr. Zum einen sind die Algen äußerst empfindlich – sie können sich auf schnell steigende Wassertemperaturen nur schlecht einstellen. Zum anderen nehmen die Korallen, des thermischen Stresses wegen, die Algen zunehmend als Fremdkörper wahr und stoßen sie wieder ab.

Die Versauerung der Meere setzt den Korallen noch zusätzlich zu. »Wie viele andere Kalkbildner, so beispielsweise Muscheln, Seesterne und Seeigel, bekommen die Korallen zunehmend Schwierigkeiten, ihre Schale zu bauen«, erläutert Professor Dr. Jelle Bijma. Ihre Kalkschalen lösen sich in übersäuertem Wasser regelrecht auf. Die Kombination aus Versauerung, Erwärmung des Wassers und natürlichen Erosionsprozessen verkraften die wenigsten Korallenriffe: »Es kommt zum sogenannten ›Coral Bleaching‹ (Korallenbleiche).«

INFO 1: SÄUREMESSUNG IN DEN OZEANEN

Seit der Industrialisierung ist der pH-Wert in den Meeren von 8,20 auf 8,05 abgesunken. Das scheint nicht viel zu sein, entspricht aber bereits einer Versauerung von mehr als 30 Prozent, da der pH-Wert einer logarithmischen Skala unterliegt. Etwa 100.000 Jahre dauert es, bis sich der Kohlenstoff-Kreislauf nach einer abrupten Änderung wieder stabilisiert. Das weiß man aus Rekonstruktionen der Erdgeschichte. »Vor 55 Millionen Jahren ist der Ozean durch die Freisetzung sogenannter Methanclathrate versauert«, macht Prof. Dr. Bijma vom Alfred-Wegener-Institut deutlich. Ob der pH-Wert nach einer starken Versauerung überhaupt wieder zu seinem Ursprungswert zurückfindet, sei nicht sicher, fügt Dr. Tatiana Ilyina vom Hamburger Max-Planck-Institut für Meteorologie hinzu.

Dann sehen sie so aus wie das »Ricksche Riff« in der Kurzgeschichte. Nur wenn die globale Temperaturerhöhung auf unter 1,5 Grad weltweit begrenzt werden kann, würde etwa die Hälfte der Korallenriffe überleben. Andernfalls, schon bei einem Anstieg der Temperatur weltweit von zwei Grad, könnten über zwei Drittel der tropischen Korallenriffe im Jahr 2030 zerstört sein, so das Ergebnis einer Studie des Potsdam-Instituts für Klimafolgenforschung (PIK) aus dem Jahr 2012.

Drastischer Verlust

Wir stehen also kurz davor, das bunte Wasserparadies der Korallenriffe für immer zu verlieren, was fatal wäre. »Durch ihre Strukturen mit vielen Höhlen, Überhängen und Eingängen weisen Korallenriffe die größte Artenvielfalt auf«, weiß Professor Bijma. Mit den Korallenriffen könnte der Lebensraum für rund ein Viertel der Arten verschwinden. Damit fallen die Meeresbewohner nicht nur als Schadstofffilter, sondern auch als Futter für andere Lebewesen aus.

Auch durch die Untersuchung einer Meeresregion nahe des Vulkans Vesuv bei Neapel, Italien, in der ein erhöhter CO_2-Gehalt vorkommt, weiß man mehr über die Auswirkungen der Versauerung: »Die Biodiversität leidet stark darunter. Zum Beispiel wurden dort Muscheln gefunden, deren Schalen so dünn sind wie Papier: Die können nicht überleben«, so Bijma. Auch die Austernfischer im US-Staat Washington haben den Effekt von zu viel CO_2 im Wasser schon zu spüren bekommen. Ein

INFO 2: DAS STERBEN DER ALGEN

Der größte Teil der im Meerwasser lebenden Pflanzen sind Algen. Die winzigen und meist einzelligen Mikroalgen bilden das Phytoplankton. Algen nehmen als Nährstoffe vor allem Phosphate und Stickstoff in Form von Nitraten auf. Mit Hilfe von Sonnenlicht und Kohlendioxid wachsen sie und vermehren sich. Sie sind damit Produzenten der organischen Masse am Anfang einer Nahrungskette und somit wichtig für das Leben aller Meeresorganismen. Es wird geschätzt, dass Phytoplankton für die Produktion von 50 bis 80 Prozent des Sauerstoffs in der Atmosphäre verantwortlich ist. Vor allem durch erwärmtes Meerwasser ist die Menge des marinen Phytoplanktons seit 1950 um 40 Prozent zurückgegangen.

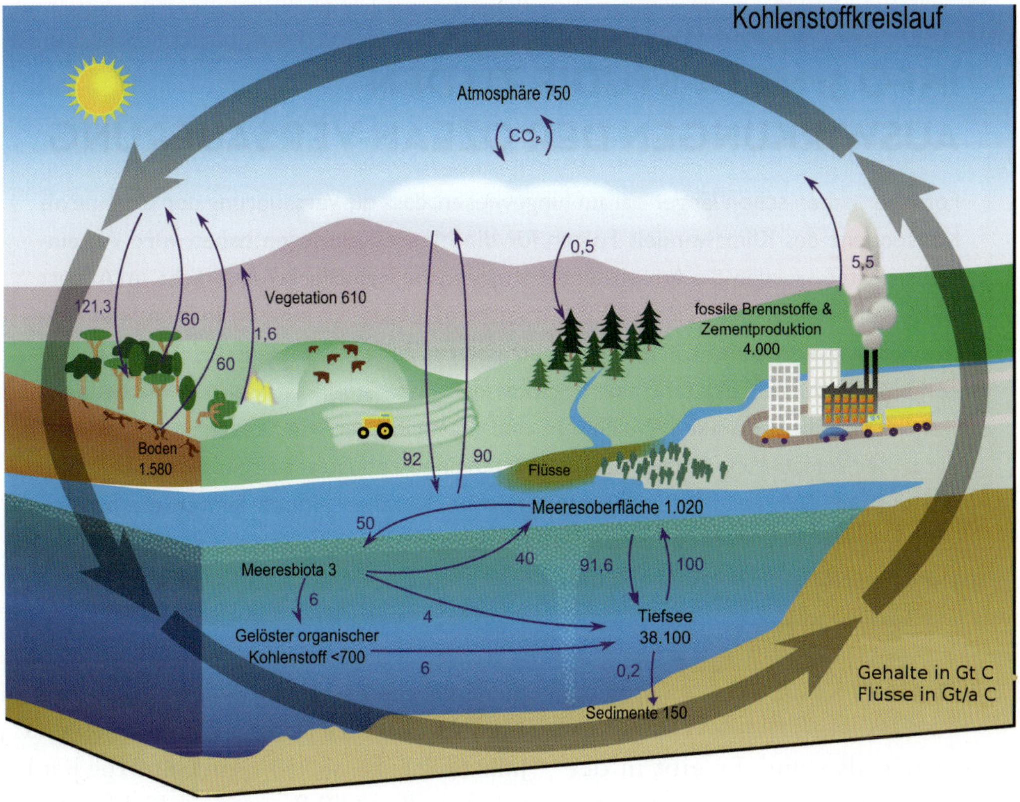

Diagramm des Kohlenstoffkreislaufes. Die schwarzen Zahlen zeigen, wie viele Milliarden Tonnen Kohlenstoff in den verschiedenen Speichern vorhanden sind. Die violetten Zahlen zeigen an, wieviel Kohlenstoff zwischen den einzelnen Speichern pro Jahr ausgetauscht wird

natürlicher Auftrieb von kohlendioxidreichem Tiefenwasser versauert dort das Meerwasser an der Oberfläche: »Es gab enorme Einbrüche bei den Austernfarmen. Man stellte fest, dass die Larven der Austern nicht mehr genug Kalk ablagern konnten, um sich im Boden zu verankern.«

Wie ein internationales Forscherteam in einer zusammenfassenden Studie, erschienen 2013 im Fachmagazin Nature Climate Change, gezeigt hat, passen sich die Meeresbewohner unterschiedlich schnell an den Klimawandel an, wodurch die Nahrungskette und das Gleichgewicht von Nahrungsbedarf und -angebot vermutlich durcheinander geraten. Manche Fischarten wandern aufgrund des Temperaturanstiegs in kältere Gefilde ab, wo sie allerdings kaum überleben können, weil ihnen pflanzliche Nahrung und Sonnenlicht fehlen, andere beginnen viel früher als üblich mit der Eiablage. Die Folgen könnten schrumpfende Bestände sein – eine Gefahr für ohnehin bedrohte Tierarten wie beispielsweise Wale.

Steht uns nun tatsächlich eine düstere Zukunft bevor? Das kann derzeit noch niemand sagen. Besonders optimistisch ist Bijma nicht: »Eine abrupte Änderung des Kohlenstoffkreislaufs – sprich die Versauerung des Meerwassers – plus eine globale Erwärmung plus der ebenfalls durch den Klimawandel hervorgerufene Verlust des Sauerstoffgehalts: Es ist der Mix aus diesen drei Ursachen, der schon fünfmal in der Erdgeschichte zu Massenaussterben geführt hat«, stellt der Wissenschaftler fest. »Wir machen jetzt genau das, was früher zum Massenaussterben geführt hat – allerdings zehnmal schneller, als es jemals zuvor in der Erdgeschichte stattgefunden hat.«

INFO 3: META-STUDIE ZU DEN AUSWIRKUNGEN DER OZEAN-VERSAUERUNG

Forscher haben schon länger darauf hingewiesen, dass die Versauerung der Ozeane als Konsequenz des Klimawandels Folgen für die Meereslebewesen haben wird. An einzelnen Arten wurden die Auswirkungen auch schon detaillierter erforscht. Im August 2013 wurde unter dem Titel »Global imprint of climate change on marine life« eine Auswertung veröffentlicht, in der die Ergebnisse von circa 200 wissenschaftlichen Studien kombiniert wurden. Ein zentrales Ergebnis der Meta-Studie ist: Bei den Wirbellosen werden vor allem Korallen, Weichtiere und Stachelhäuter wie Seesterne und Seeigel unter der Versauerung leiden. Krebstiere scheinen robuster zu sein. Fische könnten sinkende pH-Werte in ihrem Blut ausgleichen, Korallen jedoch fehlten die physiologischen Mechanismen, um erhöhte Kohlendioxid-Werte zu kompensieren.
www.nature.com/nclimate/index.html

Dünger für den Ozean?

Was können wir also tun? Es gibt in der Tat ein Mineral, das den pH-Wert des Ozeanwassers wieder erhöhen kann, ihn also alkalischer (weniger sauer) macht. Es heißt Olivin und leuchtet nicht blau, wie in der Geschichte, sondern sieht aus wie ein grüner Stein. »Es nimmt CO_2 aus der Atmosphäre auf und bildet durch Verwitterung Bikarbonat, das die Säure neutralisiert: Das Wasser wird alkalischer«, erklärt Bijma.

Könnte man die Ozeanversauerung also neutralisieren, indem man die Meere mit Olivin »düngt«? »Dafür müssen wir einen Blick auf die Dimensionen werfen«, so Bijma. »Der Mensch produziert zehn Gigatonnen CO_2 pro Jahr. Stellen Sie sich vor, ein Güterzug hat Kohle geladen, die zu 80 Prozent aus Kohlenstoff, also CO_2, besteht: Zehn Gigatonnen entsprächen einem Zug, der 60 Mal um die Erde geht.« Um die Versauerung zu stoppen, müsse man eben eine solche Menge Olivin produzieren. »Ich glaube, in diesen Mengen ist es unmöglich«, sagt der Professor und fügt hinzu: »Andererseits: So viel CO_2 zu produzieren schaffen wir ja auch.« Man könnte das Olivin beispielsweise auf dem Land ausstreuen, so dass es verwittert. Dabei reagiert es mit Regenwasser und CO_2 und bildet Bikarbonat, einen Stoff, der der Versauerung entgegenwirkt. Er würde über das Grundwasser in tropische Flüsse und so in den Ozean gelangen. Dabei entstünde natürlich die Gefahr, dass die Flüsse und Meere zu alkalisch würden. »Was das wiederum für Auswirkungen hat, ist unklar«, sagt Dr. Tatiana Ilyina vom Hamburger Max-Planck-Institut für Meteorologie. Nur eine einzige Studie über zu alkalisches Wasser ist der Leiterin der Gruppe »Ozean Biogeochemie« bekannt, und diese lasse vermuten, dass diese Prozesse für die Ökosysteme genauso gefährlich sind wie zu saures Wasser.

Mineral Olivin © Hannes Grobe, AWI

Auch Dr. Ilyina hält die Möglichkeit, die globale Versauerung der Meere mit Olivin zu stoppen, für unrealistisch: »Beispielsweise würde bei der Herstellung eines entsprechenden Düngemittels Kalkstein verbrannt werden, was auch wiederum CO_2 entstehen lässt.« Eine lokale Anwendung sei allerdings denkbar: »Etwa in Korallenriffen, die für das Ökosystem einen großen Wert haben.«

Von allen solchen unter dem Begriff Geo-Engineering zusammengefassten Methoden, die meist massiv in die Natur eingreifen, hält sie die Idee der Ozeandüngung mit Kalkstein oder Olivin aber immer noch für die Vernünftigste. »Denn diese Methode ist natürlichen Prozessen recht ähnlich.« Andere Ideen – etwa Aerosole in die Atmosphäre zu blasen, um die Erderwärmung zu stoppen – änderten dagegen nichts am CO_2-Gehalt und verdeckten somit nur das eigentliche Problem. »Es ist gefährlich, solche Methoden anzuwenden, ohne zu verstehen, wie sie im Erdsystem funktionieren«, so Dr. Ilyina.

Einig sind sich die Wissenschaftler darin, dass es besser ist, immer weniger CO_2 zu produzieren: Der Umstieg von fossilen auf andere Energieträger wie Sonne, Wind und Wasser würde dazu maßgeblich beitragen. Der Energieverbrauch kann zudem in verschiedensten Bereichen wie etwa beim Gebäudemanagement und der Mobilität eingespart werden. Wie wir diese Möglichkeiten nutzen, wird für die Meeresbewohner und damit auch für unsere Zukunft entscheidend sein.

Quellen und Links:

- www.wbgu.de
- www.geomar.de
- www.mpg.de
- www.tessi-und-tipo.de
- virtualurchin.stanford.edu/AcidOcean/AcidOcean_DE.htm
- footprint.stanford.edu/footprint_DE.html
- www.youtube.com/user/AWIresearch
- www.awi.de

Geomar nach Feeley et al., Oceanography (2009)

Mit dem Community Climate System Modell 3.1 (CCSM3) des National Center for Atmospheric Research berechnete mittlere pH-Werte an der Meeresoberfläche für die Jahre 1875, 1995, 2050 und 2095.
Quelle: nach Feely *et al.*, *Oceanography* (2009).

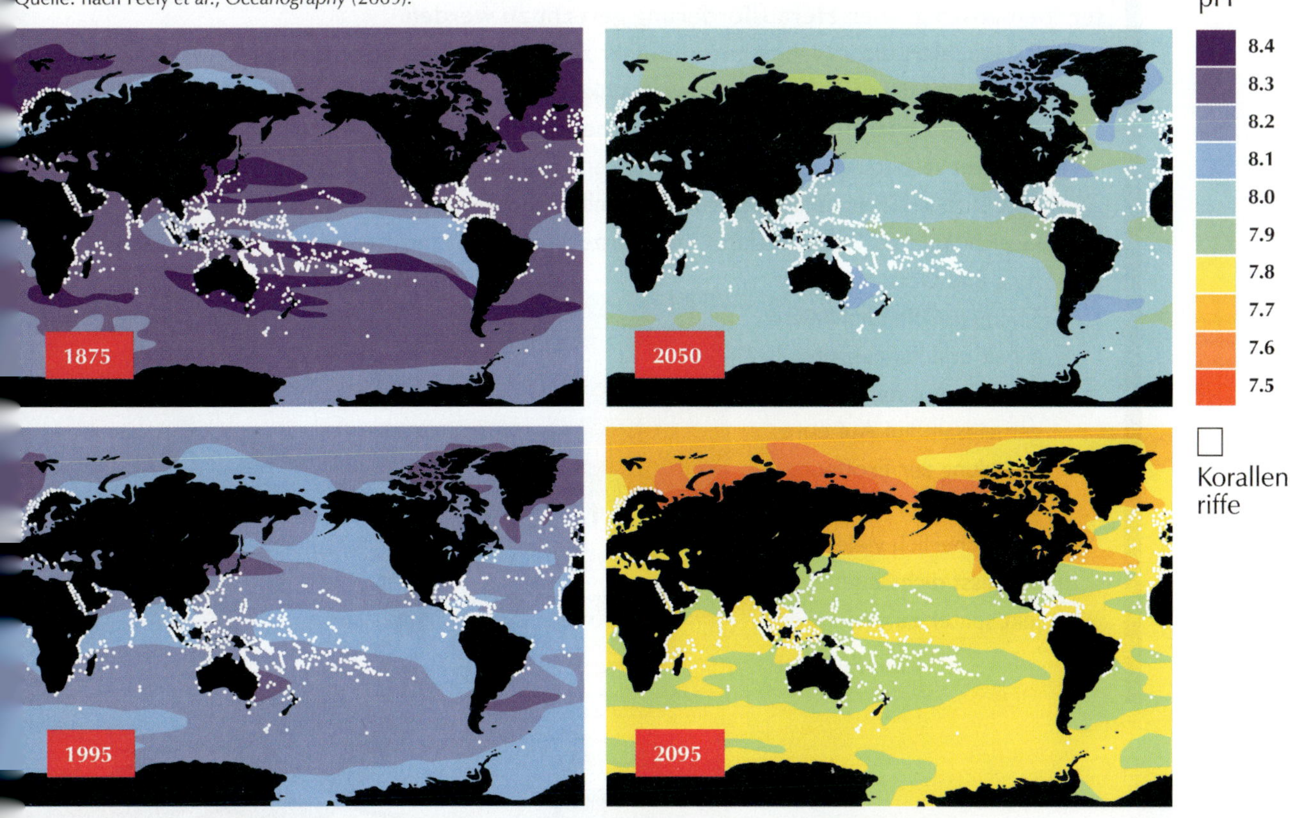

WISSEN • BEGREIFEN • HANDELN

1. »Die Versauerung der Meere ist real.« Recherchiere dazu auch im Internet.

a) Was kann man an dem pH-Wert des Meerwassers ablesen? Was trägt in den Weltmeeren insbesondere zu dessen Veränderung bei?

b) Beschreibe Auswirkungen und Konsequenzen, die die Versauerung der Meere für das Ökosystem Ozean mit sich bringt.

c) Welche Funktion übernehmen die Korallenriffe in diesem System?

2. Der rapide Anstieg der CO_2-Konzentration im Meer ist besorgniserregend. Diskutiert Ursache und Wirkung dieses Sachverhalts miteinander.

3. In der Erdgeschichte ist es schon fünfmal zu einem Massenaussterben gekommen. Nenne und erläutere deren Ursachen.

4. Es gilt, die globale Versauerung der Meere zu stoppen.

a) Welche Rolle könnte dabei das Mineral Olivin spielen?

b) Diskutiert Möglichkeiten und Folgen eines Einsatzes dieses Minerals miteinander. Recherchiert dazu auch im Internet.

c) Nennt und erläutert weitere Maßnahmen – frei von unsicheren Begleiterscheinungen –, wozu jeder von uns seinen Beitrag leisten könnte, um der folgenschweren Ozeanversauerung entschieden entgegenzutreten.

5. »Ökosystem Ozean in Gefahr« könnte ein besonders wichtiges und interessantes Thema einer Ausstellung an eurer Schule oder Universität sein, um dieser thematisch großen Herausforderung gerecht zu werden.

a) Recherchiert dazu. Nehmt auch Kontakt zu ExpertInnen auf. Setzt möglichst gemeinsam die thematischen Schwerpunkte der geplanten Ausstellung fest.

b) Präsentiert euer Ausstellungskonzept einer Parallelklasse. Arbeitet Verbesserungen und Korrekturen dazu ein.

c) Teilt euch in Gruppen auf, um euer Ausstellungskonzept zu realisieren. Mögliche Gesichtspunkte: Organisation, UnterstützerInnen und FördererInnen, Erarbeitung und Gestaltung der Themen, Öffentlichkeitsarbeit und Führungen …

d) Baut die Ausstellung gemeinsam auf. Auf eure Einladung zur Eröffnung eurer Ausstellung freuen sich sicherlich viele.

e) Vergesst nicht, euer Projekt später zu evaluieren.

© Arved Fuchs Expeditionen

DAS EWIGE EIS SCHMILZT – EIN LEBENSRAUM VERSCHWINDET

Arved Fuchs im Interview

Arved Fuchs leitet seit 30 Jahren Expeditionen durch die Eislandschaften der Arktis und Antarktis. Er reist am liebsten zu Fuß, mit dem Hundeschlitten oder seiner »Dagmar Aaen«, einem alten und doch längst nicht seemüden Segelschiff. Im Interview spricht er über Teamwork auf hoher See, den Klimawandel und die besondere Verletzlichkeit der Natur in den Polarregionen. Er fordert uns auf, endlich tätig zu werden. Denn nur gemeinsam, so sein Fazit, können wir es schaffen, das Ökosystem Ozean und damit auch das Gleichgewicht der Erde wiederherzustellen und zu bewahren.

Von Ariane Missuweit

youthinkgreen: Herr Fuchs, Sie haben in mehr als 30 Expeditionen fast die ganze Welt erkundet, und Sie lieben die Extreme: 1989 haben Sie als erster Mensch überhaupt innerhalb eines Jahres mit dem Schlitten sowohl den Nord- als auch den Südpol erreicht. Wie begann Ihre Entdeckerlust?

Fuchs: 1977 startete ich meine erste Expedition, mit einem Kanu nach Labrador, Kanada. Danach entdeckte ich die grazile Schönheit der Eislandschaften in den Polargebieten für mich. Früher bin ich aufgebrochen, weil ich das Leben in der freien Natur mag. Diese Herausforderungen, auch auf sportlicher Ebene, haben mich immer gereizt. Aber die Unbefangenheit ist mir inzwischen ein bisschen abhandengekommen. Bei unserer Nordpolexpedition 1998 dachte noch niemand an den Klimawandel. Es ging um andere Umweltprobleme wie das Ozonloch, das sich bereits in den 1980er-Jahren über der Südpolarregion gebildet hatte. Wir wollten zusammen mit der kanadischen Umweltbehörde und im Auftrag der Vereinten Nationen herausfinden, ob Derartiges auch am Nordpol passieren könnte.

youthinkgreen: Und wie können wir das erforschen?

Fuchs: Wir starteten in einigen Abständen Wetterballone, die bis in die Stratosphäre aufstiegen und mit Messsonden versehen waren. Damals wurde uns der Vorwurf gemacht, wir würden mit der Angst der Menschen kokettieren, denn ein Ozonloch wie über der Antarktis könne über dem Norden gar nicht entstehen. Dafür sei es dort oben in der Stratosphäre nicht kalt genug. Aber wie man heute weiß, entstand wenig später auch im Norden ein Ozonloch. Die internationale Staatengemeinschaft hat darauf reagiert und sich im Protokoll von Montreal verständigt, die sogenannten Fluorchlorkohlenwasserstoffe, die als Treibmittel eingesetzt wurden, zu verbieten. Heute lässt sich beobachten, dass sich das Ozonloch langsam zu schließen beginnt. Das zeigt: Veränderung zum Guten ist immer möglich!

Natur ist kein Stadtpark

youthinkgreen: Wir als Menschen haben also einen großen Einfluss auf die Abläufe in der Natur?

Fuchs: Wenn meine Expeditionen mich eines gelehrt haben, dann ist das Demut vor der Natur und vor der Schöpfung. Dazu ist es wichtig, uns auch mal aus dieser digitalisierten Welt zu lösen. Es ist ein Irrglaube, dass sich alles wieder reparieren lässt. Die Natur ist nicht der Stadtpark. Die Natur ist nicht der Garten, den man vielleicht zu Hause hat, oder das Naherholungsgebiet um die Ecke. Die Natur ist alles Belebte und Unbelebte um uns herum, was nicht vom Menschen erschaffen wurde. Und wir sind ein Teil dieses Ganzen. Wir müssen unsere Verantwortung, unsere Rolle in dieser Natur wahrnehmen.

youthinkgreen: Was braucht man aus Ihrer Sicht für eine gelungene und nachhaltige Expedition?

Fuchs: Ich muss die Spielregeln der Natur kennen und mich ihnen unterordnen. Ich reise

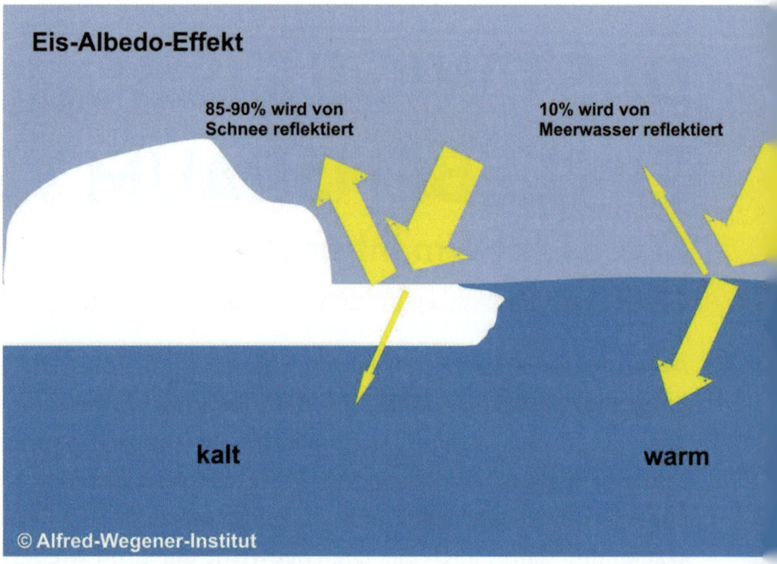

ja nie mit großem technischen Aufwand, sondern versuche, mit den einfachsten Mitteln zurechtzukommen.

Besonders wichtig ist, dass ich mit meinem Expeditionsteam gut zusammenarbeite und wir zu einer Einheit verschmelzen, Menschen und Tiere. Oder wenn ich mit meinem alten Schiff unterwegs bin, der »Dagmar Aaen«, dann ist das wie ein kleiner Mikrokosmos. Wir haben uns im Team gründlich vorbereitet, die jeweiligen Wind- und Eisverhältnisse und die Strömung vorab analysiert. Man fährt aus dem Hafen heraus und lässt das Festland hinter sich. Solange das Wetter sonnig ist und ein

© Arved Fuchs Expeditionen

moderater Wind weht, ist alles unproblematisch. Aber wenn es stürmisch wird oder wir auf Schwierigkeiten im Eis treffen, dann zeigt sich, wie gut eine Mannschaft eingespielt ist. Es gibt einen schönen Satz von Joseph Conrad: »Schiffe sind in Ordnung, aber es kommt auf die Menschen an.« Und genauso ist es doch mit unserer Erde.

Eisschmelze und die Folgen

youthinkgreen: Der Klimawandel ist derzeit die größte Herausforderung, vor der wir stehen. Die Erderwärmung geht einher mit häufigeren und stärkeren Dürren, Überschwemmungen, Wirbelstürmen und extremeren Sommer- und Winterlagen. Wie erleben Sie als Polarforscher diesen Prozess?

Fuchs: Die Arktis erwärmt sich etwa doppelt so schnell wie der Rest der Welt. Sie ist eine Art Frühwarnsystem der Natur. Nur ein Beispiel: 2003 unternahmen wir eine Expedition durch die Nord-West-Passage, ein Inselarchipel nördlich des nordamerikanischen Kontinents. Damals gab es dort noch so viel Eis, dass wir auf halber Strecke auf unserem Schiff überwintern mussten. Wir sprachen mit den Inuit, und sie waren sich ziemlich sicher, dass es bei ihnen in der kanadischen Arktis kalt bleibt, trotz des Klimawandels. Doch leider hat sich das nicht bewahrheitet. Mittlerweile fahren Kreuzfahrtschiffe dort durch, sogar Yachten ohne Maschinenantrieb und ohne Verstärkung gegen das Eis. Im Sommer ist die Passage durchgehend eisfrei, und die Phasen im Winter, in denen das Eis gefriert, werden kürzer (s. Grafik). Mich zerreißt es, diesen Prozess mit ansehen zu müssen.

youthinkgreen: Wozu brauchen wir denn das Eis überhaupt?

Fuchs: Im Prinzip funktioniert das Eis wie ein riesiger Parabolspiegel. Es reflektiert einen Großteil der Sonneneinstrahlung zurück ins All und ist damit so etwas wie das Thermostat der Erde, indem es dafür sorgt, dass sich die Umgebung nicht erwärmt. Je mehr dunkles Wasser und dunkles Land vorhanden sind, desto mehr Wärme und Sonnenenergie werden aufgenommen. Und das setzt eine Kettenreaktion in Gang. Wenn etwa ganz Grönland, die größte Insel der Welt, mit ihrem riesigen Eispanzer abschmilzt, dann steigt der Spiegel der Weltmeere um sieben Meter. Das passiert nicht von heute auf morgen, aber dieser Prozess wäre irreversibel, und die Konsequenzen möchte ich mir nicht ausmalen. Und dass Grönland an Eismasse verliert, ist bereits Realität. Tausende Eisberge treiben dort vor der Küste im Wasser. Das ganze Ökosystem der Ozeane, die Tier- und Pflanzenwelt ist dadurch massiv bedroht. Das Eis ist ein wichtiger Lebensraum! Nicht nur für Eisbären und Ringelrobben, auch für viele kleine indigene Bevölkerungsgruppen. Sie haben keine Lobby, und die Politik achtet kaum auf ihre Interessen (siehe Info 2).

Was auf dem Spiel steht

youthinkgreen: Was können wir unternehmen, um das Abschmelzen der Polkappen zu verhindern?

Fuchs: Der Klimawandel ist keine Idee der »Ökofantasten«. Es gibt unter Wissenschaftlern heute keinen Zweifel mehr daran, dass der Klimawandel zum größten Teil von Menschen gemacht ist. Und deshalb müssen wir bei unserem Verhalten ansetzen. Wir brauchen neue Energieformen und einen effektiven, hocheffizienten Umgang mit den unterschiedlichen Arten von Energien. Klimaschutz ist ein Investment in die Zukunft. Wenn der Meeresspiegel aufgrund der Schmelze an den Polkappen weiter steigt, dann sind Hunderte Millionenstädte am offenen Meer davon betroffen. Dazu gehören New York, Shanghai, Rio de Janeiro, Hamburg, Rotterdam. Es geht dabei auch um ungeheure Vermögenswerte, die auf dem Spiel stehen.

youthinkgreen: Und was sind die Folgen für uns, wenn wir nichts tun?

Fuchs: Wenn wir den Klimawandel nicht aufhalten, wird es in der Zukunft immer mehr Klimaflüchtlinge geben. Das birgt natürlich ein riesiges Konfliktpotenzial: die Dürren, der Kampf um Wasser, all das. Zudem wird nicht nur das Meereis warm, sondern auch das Land drumherum. Der einst dauerhaft gefrostete Boden, auch »Permafrostboden« genannt, taut auf. In einigen Regionen Sibiriens entweicht das giftige Methan, das im Frostboden dauerhaft gebunden ist und einen zwanzigmal so starken Treibhausgaseffekt verursacht wie CO_2. Bodenerosion ist die Folge. In Nordkanada und Alaska zieht sich die Küste bereits um bis zu 16

UNSERE AUTORIN

Ariane Missuweit (* 1985) hat Diplom-Sozialwissenschaften studiert und als freie Journalistin gearbeitet. Seit 2014 ist sie bei *youthinkgreen* als Mitarbeiterin tätig, wirkte konzeptionell und redaktionell am Buch »Tree of Hope« mit und leitet seit 2015 das Projekt »konsumwandeln«.

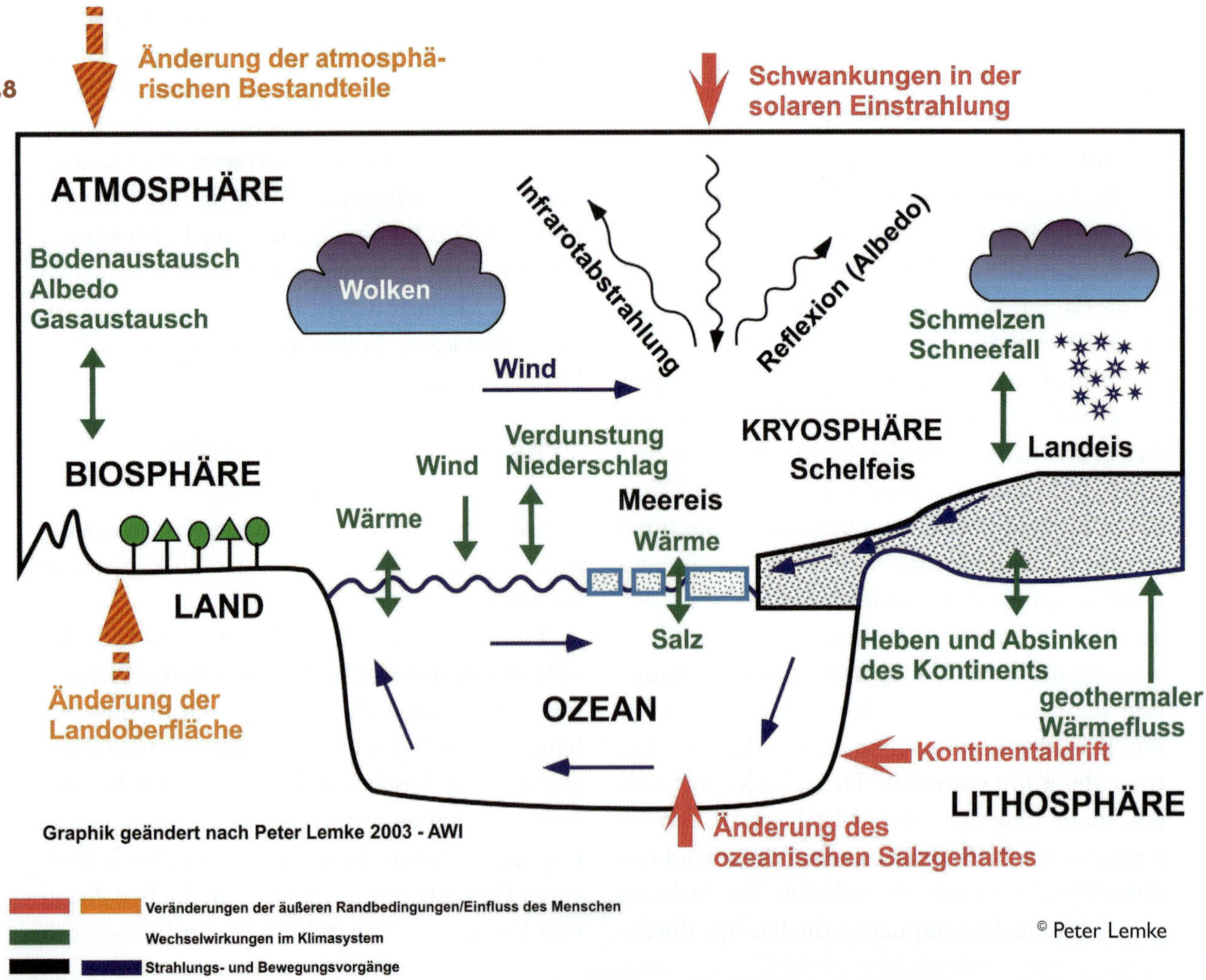

© Peter Lemke

Meter pro Jahr zurück. Viele Häuser, die dort noch vor 20 Jahren standen, gibt es heute nicht mehr. Aber der Klimawandel macht nicht in der Arktis halt. Er wird, mit einiger Verzögerung, die ganze Welt erreichen.

youthinkgreen: Das klingt alles sehr ernüchternd! Ist der Klimawandel denn überhaupt noch zu stoppen?

Fuchs: Ja, ich glaube es! Ich bin ein notorischer Optimist, sonst könnte ich die Expeditionen in dieser Form nicht machen. Wir werden es rechtzeitig packen. Denn die Möglichkeiten, um unseren Energiebedarf durch Solareinstrahlung, Wind und andere alternative Formen zu decken, sowie deren technische Realisierung gibt es doch schon. Wir müssen das nur wirklich wollen, und wir brauchen Ideen. Wir brauchen junge Leute, so wie ihr, die grün denken und sagen: »Jawohl, ich will meinen Beitrag leisten, und deshalb engagiere ich mich jetzt.« Wir haben nur diese eine Erde, und wir sollten sie gut behandeln. Hoffentlich setzt jetzt endlich ein umfassender Denkprozess ein. Denn eine Gesellschaft ohne Visionen hinterlässt eine Generation ohne Perspektiven. Und perspektivlos wollen wir alle nicht leben!

Links und Lesetipps:

Forschen im Eis am Alfred-Wegener-Institut – Helmholtz-Zentrum für Polar- und Meeresforschung www.awi.de/de/entdecken und www.polarjahr.de/Schueler-Lehrer.58.0.html

Klimaforscher bloggen über ihre aktuellen Erkenntnisse: www.scilogs.de/klimalounge

Planet Schule: Arbeitsblätter zum Thema Grönland: Reichtum durch Klimawandel www.planet-schule.de/wissenspool/klimawandel/inhalt/unterricht/groenlands-gier-reichtum-durch-klimawandel.html

Rohstoffpolitik im Arktischen Raum: www.bpb.de/apuz/33498/arktischer-raum

Forschung am National Snow and Ice Data Center (NSIDC), neueste Daten und Satellitenaufnahmen: http://nsidc.org/arcticseaicenews/

Buchtipp: Arved Fuchs u. a. (2013): Polarlicht in den Segeln: Eine Winterreise zu den Lofoten, Delius Klasing Verlag, Bielefeld.

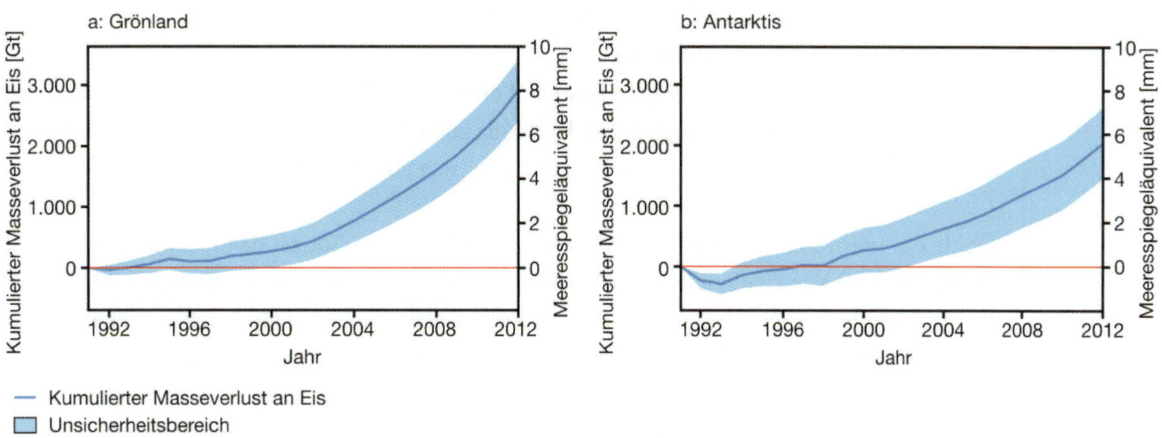

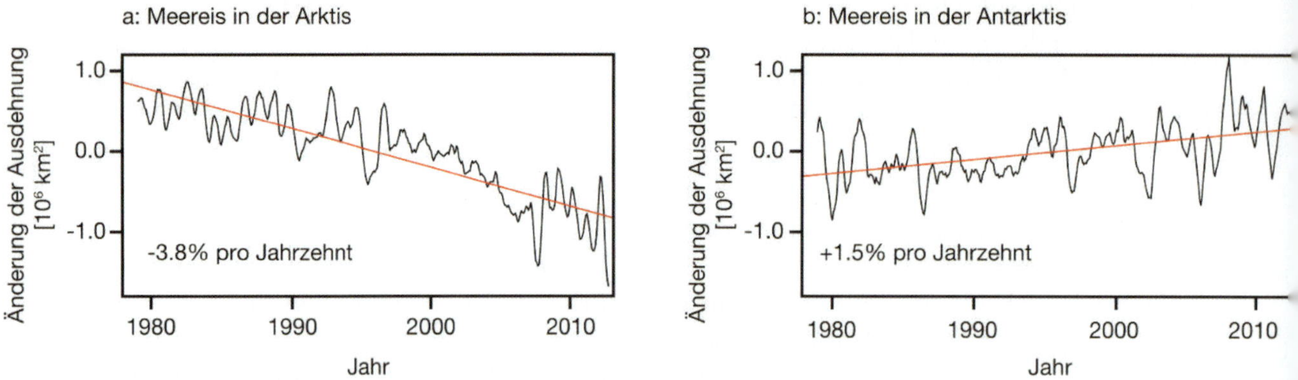

© WBGU – Wissenschaftlicher Beirat Globale Umweltveränderungen (2014): Klimaschutz als Weltbürgerbewegung, Sondergutachten, Ber

INFO 1: PORTRÄTIERT – DIE INUIT AUF GRÖNLAND

Wenn wir an Inuit denken, dann haben wir vielleicht in Felljacken vermummte Menschen vor Augen, die sich ein Iglu bauen, im Holzboot auf die Jagd gehen und Walfleisch zerlegen. Mit dem Leben der Inuit auf Grönland hat das nicht mehr viel zu tun. Sie kamen um 1400 von Alaska über's Eis auf die Insel. Jahrhunderte lang lebten sie – ideal an die Kälte angepasst – als Jäger und Fischer. Doch der Eispalast auf der Insel schmilzt langsam zusammen.

© Arved Fuchs Expeditionen

Sollte die Menschheit den Ausstoß von Klimagasen unvermindert fortsetzen, könnten die Temperaturen auf Grönland im Sommer um acht Grad steigen. Das grönländische Eis wäre dann innerhalb von 2000 Jahren fast komplett verschwunden.
Die winterliche Jagd mit Hundegespannen auf dem zugefrorenen Meer ist für die Inuit schon heute nicht mehr so möglich wie früher, da auch das Meereis zurückgeht. Traditionelle Konservierungsmethoden für Fleisch lassen sich ebenfalls schwieriger umsetzen.

Doch das wärmere Klima hat auch Vorteile. Landwirte im Süden der Insel können Erdbeeren und Kartoffeln anbauen. Der Weg zu Bodenschätzen, etwa wertvollen Mineralien und Erzen, wird frei und die Touristensaison länger. Allerdings ist es in einigen Sommerwochen nun so trocken, dass die Pflanzen auf dem Feld förmlich verbrennen. Ein beträchtlicher Teil der Grönländer ist noch immer von staatlicher Hilfe der einstigen Kolonialmacht Dänemark abhängig. Einnahmen aus dem Rohstoffgeschäft könnten dieses Problem lösen. Doch das wiederum birgt Risiken für Mensch und Umwelt. Die Arktis-Bewohner lassen sich also nicht pauschal als »Gewinner« oder »Verlierer« des Klimawandels porträtieren. Aber eines ist sicher: Ihre Lebensumstände verändern sich mit der Erderwärmung rasant.

INFO 2: AUSGEHANDELT - WEM GEHÖRT DER NORDPOL?

Laut internationalem Seerecht ist der Nordpol im offenen Meer angesiedelt. Das heißt, er gehört allen Menschen dieser Welt. Insgesamt leben etwa vier Millionen Menschen in der Region. Etwa zehn Prozent werden zur indigenen Bevölkerung gezählt. Ihre Lebensweise wird durch den westlichen Lebensstil und den Klimawandel bedroht. Die Temperaturen in der Arktis steigen überproportional, das Wetter wird unberechenbar. Auf der anderen Seite verkürzen sich mit den Schmelzprozessen auch Handelswege wie etwa die Nordostpassage. Rohstoffvorkommen wie Erdöl und Erdgas, Mangan oder Gold werden zugänglicher.

Die Nordpol-Anrainerstaaten Kanada, die USA oder Russland, aber auch Norwegen und Dänemark bereiten deshalb große Gebietsforderungen bei den Vereinten Nationen vor. Sie entsenden ökonomisch motivierte Expeditionen in diese Gebiete, um ihren Festlandsockel vermessen zu lassen. Wenn sich feststellen lässt, dass Rohstoffvorkommen im Bereich des Festlandsockels eines Landes zu verorten sind, dann dürfte dieses Land die Rohstoffe exklusiv abbauen. Das Tauziehen um die Arktis ist also in vollem Gange. Dabei geht es um Meeresboden, der bisher zum gemeinsamen Erbe der Menschheit gehörte.

WISSEN • BEGREIFEN • HANDELN

1. Rund um die Person Arved Fuchs

a) Wer ist Arved Fuchs? Was macht Arved Fuchs beruflich, und wie begann seine Reise- und Entdeckerlust? Recherchiere dazu im Internet, um die Informationen aus dem Interview zu ergänzen.

b) Expeditionsplanung: Suche dir eine Expedition von Arved Fuchs aus, mit der du dich näher beschäftigen möchtest. Du kannst auch eine wählen, von der im Text nicht die Rede ist.
Recherchiere dazu im Internet und fertige einen kurzen Expeditionsplan an. Folgende Leitfragen helfen dir dabei:
- Welche Route legte Fuchs zurück, und wie reiste er?
- Auf welche Ausrüstungsgegenstände konnte er nicht verzichten?
- Mit welchem Team reiste Fuchs? Welche Kriterien spielten bei der Auswahl seiner Begleiter eine Rolle?
- Was könnten mögliche Risiken und Herausforderungen bei der Expedition sein? Wie kann man diese meistern?

c) Nachhaltiges Reisen: Arved Fuchs plant seine Forschungsreisen sehr gewissenhaft und immer gemeinsam mit seinem Team. Was bedeutet »nachhaltiges Reisen« für ihn? Nenne und erläutere mögliche Aspekte.

d) Unsere Rolle in der Natur: Arved Fuchs sagt: »Wir müssen unsere Verantwortung und unsere Rolle in dieser Natur wahrnehmen.« Was könnte er damit meinen? Beschreibt in wenigen Sätzen euer persönliches Rollenverständnis als Geschöpf der Natur und als Mitglied der Gesellschaft. Diskutiert eure Gedanken und entwickelt gemeinsam einen Katalog mit Forderungen für einen achtsamen Umgang mit der Natur. Überlegt, an wen sich eure Forderungen in erste Linie richten.

2. Ökologie, Ökonomie und Politik

a) Themen- und Begriffsklärung: Lies das Interview nochmals sorgfältig durch und notiere die Kernaussagen des Expeditionsleiters. Erarbeitet gemeinsam eine Stoffsammlung, welche die wesentlichen Feststellungen von Arved Fuchs enthält. Klärt vorab die Begriffe und Textpassagen, zu denen ihr Fragen habt.

b) Halte in einer Tabelle die Unterschiede zwischen Arktis und Antarktis fest. Nenne Gründe, warum das Eis an den Polkappen für unser Ökosystem Erde von großer Bedeutung ist.

c) Der Klimawandel bedingt große Veränderungen in den Polarregionen. Was zieht dieser Sachverhalt an lokalen Konsequenzen für Flora, Fauna und indigene Völker nach sich? Recherchiere auch in deinen Schulbüchern und im Internet.

d) Machtstreitigkeiten am Nordpol: Wem gehört eigentlich der Nordpol? Um welche Konflikte geht es dort? Recherchiere die Hintergründe (siehe Info 2) in der Bibliothek oder im Internet und nutze auch die Grafik.

3. Zukunft und Klimawandel

Infolge des Klimawandels schmelzen die Eispanzer in Grönland. Das hat weitreichende Folgen, z. B. für die Landwirtschaft und das Leben dort (siehe Info 1).

a) Und was ändert sich bei dir in deiner Region? Nenne Auswirkungen des Klimawandels, die in deinem Land bereits sichtbar und spürbar geworden sind. Erläutere diese.

b) Welche Anpassungen an die klimatischen Veränderungen wurden schon diskutiert bzw. ergriffen?

c) Die Erderwärmung wird sich weiter verstärken. Wie verändert das wohl in Zukunft deinen Alltag? Veranschauliche mögliche Veränderungen anhand von Beispielen.

d) Es gibt auch Stimmen, die sagen, dass der Klimawandel für manche Menschen in bestimmten Regionen Vorteile bringen könnte. Überprüfe diese Aussage und nimm Stellung dazu.

4. Lernen durch Reisen

Kennst du andere berühmte AbenteurerInnen oder ExpeditionsteilnehmerInnen aus deinem Land? Wohin brechen sie auf, wie bereiten sie sich vor und was haben sie erlebt? Vielleicht beantworten sie dir deine Fragen in einem Interview. Sprich sie doch mal an!

5. Wege in die Wissenschaft

a) Mache dich mit dem Beruf von PolarforscherInnen und MeeresbiologInnen noch besser vertraut. Welche Fähigkeiten bringen sie mit? Welche Tätigkeiten üben sie aus?

b) Recherchiere dazu im Internet und nimm, wenn möglich, Kontakt zu ForscherInnen und MeeresbiologInnen auf. Stelle ihnen auch deine Fragen, die der Text unbeantwortet ließ. So eine Frage könnte etwa sein: Gibt es einen Zusammenhang zwischen den schwindenden Eisflächen im Nordpolargebiet und den Kälteeinbrüchen auf der Nordhalbkugel im Winter? Stellt eure Fragen und Rechercheergebnisse der Gruppe vor.

→

6. Von der Forschung in die Praxis: Plant eure eigene Expedition: Jetzt seid ihr dran, die Welt zu entdecken!

a) Zielort auswählen: Sammelt und diskutiert mögliche Zielorte eurer Reise, die ihr mit Klima- und Umweltschutz in Verbindung bringen könnt (Försterei, Bio-Bauernhof, Wattenmeer, Stadtwerke etc.). Anregungen könnt ihr euch auch im Internet holen. Viele Umweltverbände bieten Exkursionen an.

b) Aufgabenverteilung: Teilt euch unterschiedliche Rollen und Aufgaben für die nachhaltige Planung der Expedition zu, wie z. B. ZeitwächterIn, ModeratorIn, TechnikerIn, ProtokollantIn, QuerdenkerIn etc.

c) Nachhaltige Planung: Überlegt euch wichtige Eckdaten wie etwa die Dauer der Expedition, Reiseroute, Forschungsfragen, Finanzierung, Ausrüstungsgegenstände, mögliche Begleitpersonen (JournalistInnen, PolitikerInnen oder FotografInnen), potenzielle Kontaktpersonen vor Ort, mögliche Risiken etc. Was gehört für euch zu einer nachhaltigen Reiseplanung, und wie könnt ihr diese umsetzen?

d) Umsetzung: Führt eure Expedition durch, sammelt Daten, Bilder und Eindrücke, sprecht mit den Kontaktpersonen, lasst euch eure Fragen beantworten, dokumentiert alles Wichtige.

e) Dokumentation: Gesund wieder zu Hause angekommen? Dann wartet nur noch die Nachbereitung auf euch. Gestaltet einen Vortrag mit Fotos oder schreibt einen Zeitungsartikel und berichtet anderen von der Reise.

EXKURSIONSBEISPIEL: Anton berichtet

Das Wattenmeer – eigentlich direkt vor unserer Haustür in Friesland – war das Ausflugsziel, welches meine Klasse und ich uns selbst ausgesucht hatten. Das Wattenmeer vereint gleich mehrere Länder: Dänemark, Deutschland und Holland, und vieles davon zählt zum UNESCO-Weltnaturerbe. Wir konnten mit dem Fahrrad hinfahren und mussten so nicht die Umwelt durch eine Busfahrt oder ähnliches belasten. Eine gute Vorbereitung bedeutete für uns, an die passende Kleidung zu denken, den Gezeitenkalender zu studieren, uns über das Wattenmeer zu informieren und dadurch konkrete Fragen an unsere Wattführerin stellen zu können:

1. Welche Eigenschaften hat das Wattenmeer, die den Klimawandel mindern können?
2. Hat der Klimawandel bereits Auswirkungen auf das Wattenmeer sowie die Menschen, die dort leben?
3. Welche Maßnahmen werden im Küstenschutz vorgenommen?

Ingrid, unsere Wattführerin, beantwortete alle Fragen geduldig. Das Wattenmeer könne Kohlenstoff speichern und breche die Wellen, bevor sie die Küsten erreichen. Aufgrund des Klimawandels und des damit einhergehenden, steigenden Meeresspiegels werde die Fläche des Wattenmeers kleiner, somit auch die Kohlenstoffspeicherung und die Leistung als Wellenbrecher. Die Politik komme im Küstenschutz nicht so voran, wie es notwendig sei. Müssen die Anwohner an dieser Stelle also vielleicht auf Eigeninitiative setzen?

Das Faszinierendste an diesem Tag war jedoch für mich der Moment, in dem Ebbe durch Flut abgelöst wurde. Barfuß mitten im Watt stehend, kam das Wasser immer näher und wurde mehr und mehr. Bevor die Flut einsetzte, erlebten wir einen lustigen Moment, als Clara bis zu den Knien im Watt einsackte. Doch gemeinsam konnten wir sie wieder herausziehen. Jeder von uns hat seine Eindrücke am Tag nach der Rückkehr notiert und seine Fotos ausgewertet. Daraus haben wir dann in der Schule ein »Erlebnis-Poster« gestaltet.

3.3. KRAFTAKT: DER KAMPF FÜR KLIMA KLIMAGERECHTIG

Einleitung

Schon jetzt sind die Folgen des Klimawandels für Millionen von Menschen spürbar. Die Meeresspiegel steigen an, extreme Wetterereignisse wie Stürme und Hitzewellen nehmen zu. Und das Ungerechte daran ist: Verantwortlich für den Klimawandel sind allen voran die Industrieländer, die ihre Wirtschaftssysteme und ihren Wohlstand auf Basis fossiler Energieträger und emissionsträchtiger Industrien aufgebaut haben. Doch die Menschen in Entwicklungs- und Schwellenländern, die am wenigsten zur Erderwärmung beigetragen haben, sind diejenigen, die derzeit am stärksten unter den Folgen leiden. Hinzu kommt noch, dass sich Industrieländer besser an die Auswirkungen des Klimawandels anpassen können, während in den betroffenen Regionen im globalen Süden die finanziellen und technischen Mittel dafür fehlen.

Das Konzept der »Klimagerechtigkeit« folgt dem Grundsatz, dass die Verursacher des Klimawandels auch für die Schäden und Verluste haften und die betroffenen Menschen entschädigen beziehungsweise ihnen zur Hilfe kommen müssen. Dieses Leitprinzip genießt mittlerweile in der internationalen Klima- und Menschenrechtspolitik, in der staatlichen sowie der zivilgesellschaftlichen Entwicklungszusammenarbeit eine hohe Akzeptanz, auch wenn über die Wege zur Realisierung weiterhin kontrovers gestritten wird. Alle AutorInnen dieses Themenfeldes sind sich jedoch darin einig, dass uns der Klimawandel vor große Menschenrechtsprobleme stellt und wir früher oder später alle davon betroffen sein werden. Der globale Kampf gegen den Klimawandel ist also ein Kampf für die Rechte zukünftiger Generationen und für internationale Solidarität, um ein menschenwürdiges Überleben auf unserem Planeten zu ermöglichen. Essentiell für den Erfolg ist das Bewusstsein für eine gemeinsame, aber differenzierte Verantwortlichkeit auf allen

© Frits Ahlefeldt

TERNATIONALE
HUTZ UND
IT

© Klaus Fahlbusch

gesellschaftlichen und politischen Ebenen.

Prof. Dr. Manfred Nowak lenkt in seinem Beitrag den Blick auf Klima- und Umweltflüchtlinge. Denn nicht nur Küsten- und Inselbewohner werden infolge des steigenden Meeresspiegels gezwungen sein, ihre Heimat zu verlassen. Auch Menschen in der Sahelzone Afrikas und in anderen Trockenregionen werden von der klimabedingten Vertreibung betroffen sein, wenn sie ihre Familien aufgrund zunehmender Dürren nicht mehr ernähren können.

Dr. Andrea Schapper analysiert in ihrem Beitrag die verschiedenen menschenrechtlichen Facetten des Klimawandels und diskutiert, inwiefern die Stärkung von Menschenrechten einen Beitrag zu Klimagerechtigkeit leisten kann. Sie argumentiert, dass ökologisch sinnvolle Klimaschutzmaßnahmen sogar dazu führen können, dass Menschenrechte verletzt werden, zum Beispiel wenn die lokale Bevölkerung nicht miteinbezogen wird und sie etwa im Zuge eines Damm-Bauprojekts den Zugang zu ihrem Land oder zu Wasservorräten verliert.

Auch der UN-Sondergesandten für den Klimawandel, Prof. Dr. Mary Robinson, liegen diese menschlichen, sozialen und rechtlichen Komponenten des Themas sehr am Herzen. Sie erläutert in ihrem Beitrag zentrale Faktoren für die Umsetzung von Klimagerechtigkeit und betont die Bedeutung der UN-Klimakonferenz 2015 in Paris, bei der endlich ein gemeinsames, tragfähiges, gerechtes und verbindliches Klimaschutzabkommen verabschiedet werden soll.

Und Jessica Fritz vom Deutschen Jugendrotkreuz beschreibt, wie sich engagierte Jugendliche in mehreren großen Verbänden in Deutschland für den Schutz und die Anerkennung von Klimaflüchtlingen einsetzen.

KLIMAFLÜCHTLINGE: BRAUCHEN WIR EINE ERWEITERUNG DER MENSCHENRECHTE?

Von Univ. Prof. Dr. Manfred Nowak

Wir wissen heute durch wissenschaftliche Untersuchungen, dass der Klimawandel ein durch Menschen verursachtes Phänomen und nicht etwa ein Hirngespinst von »Gutmenschen« oder Weltverbesserern ist. Die Auswirkungen des Klimawandels auf das globale Ökosystem sind noch nicht wirklich abschätzbar. Klar jedoch ist: Sobald die Erderwärmung mehr als zwei Grad Celsius beträgt, wird dies katastrophale Folgen haben, und viele Menschen werden ihre Heimat verlieren. Welche Möglichkeiten des Schutzes und der Hilfe finden wir?

Überschwemmungen in Bangladesch

Mit der Gewissheit, dass der Klimawandel und seine Auswirkungen von Menschen verursacht werden, wächst auch die Einsicht, dass es sich hier um eines der größten menschenrechtlichen Probleme des 21. Jahrhunderts handelt. Besonders unfair ist dabei, dass der Klimawandel primär von den Menschen in den reichen Industrieländern des globalen Nordens verursacht wurde und durch unseren exzessiven Lebensstil weiter verursacht wird, während die Auswirkungen vor allem die ärmsten Menschen in den Ländern des globalen Südens zu spüren bekommen. Diese haben auch in der Regel nicht die finanziellen und technischen Möglichkeiten, sich wie wir gegen die Auswirkungen des Klimawandels durch sogenannte Adaptionsmaßnahmen zu schützen.

Die in den Niederlanden oder Venedig lebenden Menschen haben jahrhundertelange Erfahrung, wie sie sich durch Deichbauten oder ähnliche Barrieren gegen das Meer schützen, während die Menschen in Bangladesch oder den Philippinen den zunehmenden Überschwemmungen noch hilflos ausgeliefert sind. Manche Inselstaaten im Pazifik wie Tuvalu werden bei einem massiveren Anstieg des Meeresspiegels buchstäblich untergehen und von der Landkarte verschwinden. Was passiert mit ihren Einwohnern? Werden die Amerikaner oder Europäer, deren Treibhausgase schuld am Untergang dieser Inselstaaten sind, bereit sein, deren Einwohner, die nunmehr staatenlos sind, aufzunehmen? Damit sind wir beim Phänomen der sogenannten Klima- oder Umweltflüchtlinge.

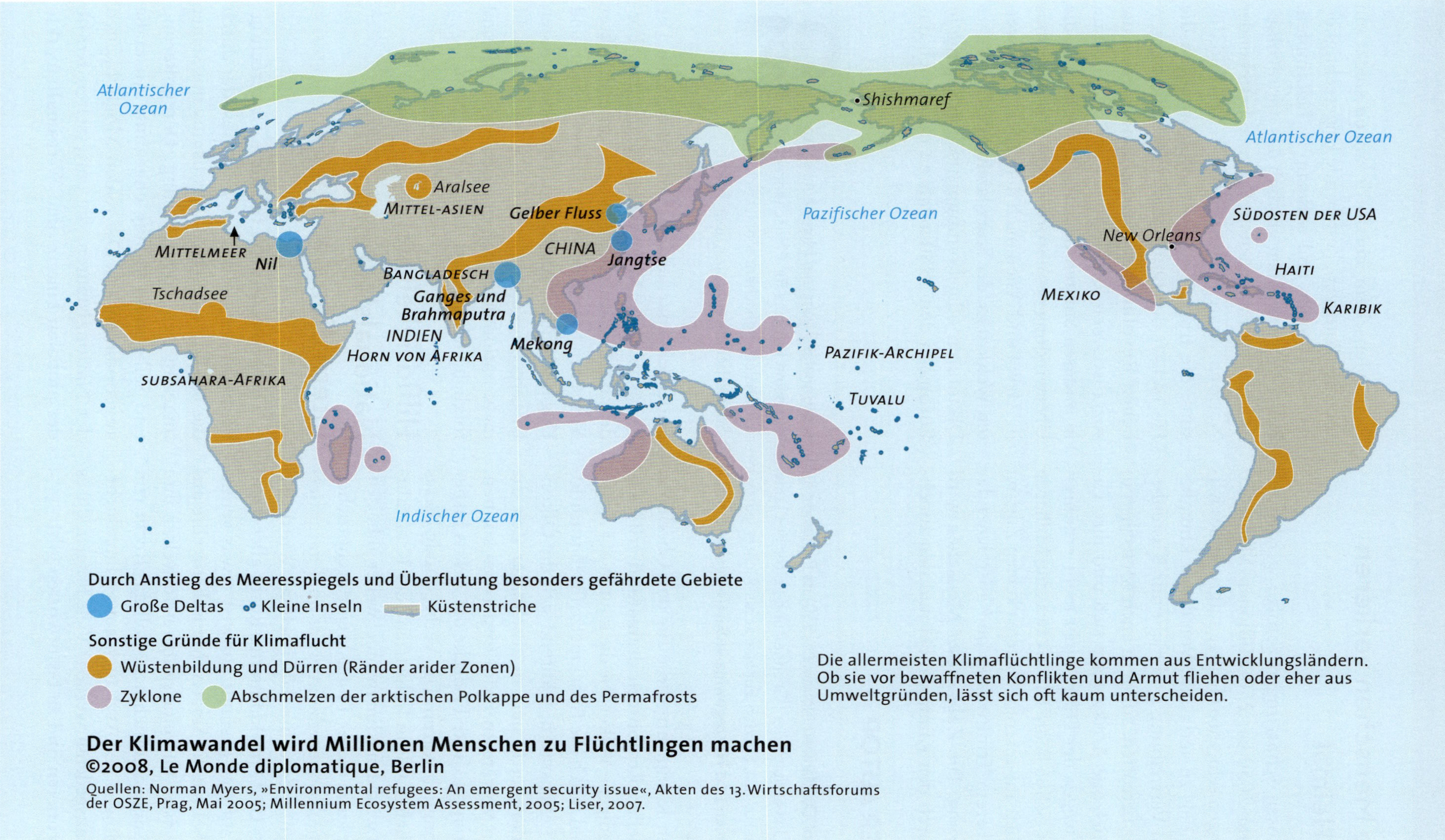

Der Klimawandel wird Millionen Menschen zu Flüchtlingen machen
©2008, Le Monde diplomatique, Berlin

Quellen: Norman Myers, »Environmental refugees: An emergent security issue«, Akten des 13. Wirtschaftsforums der OSZE, Prag, Mai 2005; Millennium Ecosystem Assessment, 2005; Liser, 2007.

© Quelle: Le Monde diplomatique (Hg.), Atlas der Globalisierung, Klima, Berlin (taz Verlag) 2008

Viele Menschen verlieren ihre Heimat

Seriösen Schätzungen zufolge werden bis zum Jahr 2050 ca. 250 Millionen Menschen gezwungen sein, ihre Heimat aufgrund des Klimawandels zu verlassen. Von dieser klimabedingten Vertreibung sind nicht nur Küstenbewohner betroffen, sondern auch Menschen in der Sahelzone Afrikas, die sich und ihre Familien wegen der Dürre nicht mehr ernähren können. Schon heute haben etwa eine Milliarde Menschen auf unserem Planeten keinen Zugang zu sauberem Trinkwasser und ausreichender Ernährung. Die Zahl dieser Menschen wird sich durch den Klimawandel und den zunehmenden Kampf um diese für das Überleben essentiellen Ressourcen dramatisch erhöhen. Viele indigene Völker wie die Inuit in der Arktis verlieren durch die Eisschmelze ihren traditionellen Lebensraum, während sich die Ölkonzerne darüber freuen, in absehbarer Zeit die riesigen Vorräte an Erdöl fördern zu können, die durch die dicke Eisdecke der Arktis bisher unzugänglich waren. Die Verbrennung dieses zusätzlichen Öls in Industrien oder Kraftfahrzeugen wird den Klimawandel weiter anheizen.

Wie kann dieser Teufelskreis durchbrochen werden? Können die international garantierten Menschenrechte dabei helfen? Würde ein von der UNO proklamiertes Recht aller Menschen auf eine gesunde Umwelt etwas verändern? Sollten die Staaten Menschenrechte auf Trinkwasser und eine saubere Umwelt in ihre Verfassungen aufnehmen? Soll das Recht von Flüchtlingen auf Asyl auch auf »Klimaflüchtlinge« ausgedehnt werden? Viele Fragen, die es zu diskutieren und zu beantworten gilt!

In Menschenrechtsforderungen steckt ein enormes Potenzial, bestehende Ungerechtigkeiten zu erkennen und wirksam zu bekämpfen. In der Vergangenheit geschah das mit revolutionären Umwälzungen im Rahmen bestehender Nationalstaaten. Historische Beispiele dafür sind: die französische Revolution gegen die Herrschaft der Bourbonen 1789, die bürgerlichen Revolutionen Deutschlands 1848, die sozialistischen Revolutionen in Russland und in anderen Staaten des 20. Jahrhunderts, die Überwindung des europäischen Kolonialismus in Afrika und Asien nach dem Ende des Zweiten Weltkriegs, der Sturz lateinamerikanischer Diktaturen oder kommunistischer Regime in Europa in den 1980er-Jahren oder auch das Ende der Apartheid in Südafrika 1994. Die Philosophie der Menschenrechte mit ihrer Forderung des »Empowerment« unterdrückter Menschen hat ein Bewusstsein von Unrecht und Ungerechtigkeit geschaffen. Doch die größten Ungerechtigkeiten der Gegenwart sind nicht mehr nationaler, sondern globaler Gestalt und folglich viel schwieriger zu bekämpfen.

Hilflosigkeit der Nationalstaaten und der internationalen Politik

Die Hauptursache für diese Ungerechtigkeiten ist der globale Kapitalismus, der durch die Ideologie des Neoliberalismus mit seiner ungezügelten Privatisierung, Deregulierung und Selbstsucht bislang ungeahnte Ausmaße angenommen hat. Die realen Möglichkeiten der Nationalstaaten, die entfesselten Kräfte der globalen Finanz- und Wirtschaftsmärkte

UNSER AUTOR

Univ. Prof. Dr. Manfred Nowak (* 1950) ist Professor für Internationales Recht und Menschenrechte an der Universität Wien; Gründer und Leiter des Ludwig Boltzmann Instituts für Menschenrechte. Er fungierte u. a. für den Europarat als Richter eines internationalen Menschenrechtsgerichtshof für Bosnien und Herzegowina in Sarajevo sowie als UNO-Sonderberichterstatter über Folter.

zu kontrollieren, sind drastisch gesunken. Das Ergebnis dieser gefährlichen Entwicklung sind globale Wirtschafts-, Finanz- oder Nahrungsmittelkrisen, organisierte globale Kriminalität wie Waffen-, Drogen-, Menschen- und Organhandel, globaler Terrorismus und bewaffnete Konflikte, extreme Armut, ökologische Katastrophen und nicht zuletzt ein ungebremster Klimawandel. Die Nationalstaaten sind nicht mehr wirklich in der Lage, diese gefährlichen Entwicklungen unter Kontrolle zu bringen, was zum Teil auch am kurzfristigen Denken der politischen Eliten liegt. Die Mechanismen des sogenannten »global governance« (der Weltordnungspolitik) und des universellen Menschenrechtsschutzes sind leider noch viel zu schwach, um diese Fehl- oder Nicht-Entscheidungen der nationalen Regierungen zu kompensieren.

Es bedarf daher eines radikalen Bewusstseinswandels auf globaler Ebene, um die entfesselten Kräfte der globalen Märkte, einschließlich der gefährlichen Auswüchse des Klimawandels, wieder unter Kontrolle zu bringen. Die etablierte Politik scheint dazu nicht mehr in der Lage zu sein und in Wahrheit resigniert zu haben. Die erforderlichen Veränderungen können also nur von einer globalen Zivilbevölkerung und sozialen (Jugend-) Bewegungen ausgehen: von Bürgern, die sich ihrer Verantwortung für die Zukunft unseres Planeten bewusst sind. Es braucht Bürger, die bereit sind, für eine gerechte Weltordnung auf der Basis der universell anerkannten Menschenrechte zu kämpfen, wenn nötig mit revolutionären Mitteln.

Herausforderungen an die Jugend

Dass der Klimawandel heute allmählich als eines der größten Menschenrechtsprobleme des 21. Jahrhunderts wahrgenommen und anerkannt wird, ist ein wichtiger erster Schritt. Vom Klimawandel sind nicht nur das Recht auf eine gesunde Umwelt, sondern so gut wie alle Menschenrechte der in den unmittelbar betroffenen Gebieten lebenden Bewohner bedroht. Aus menschenrechtlicher Sicht geht es vor allem um die Einsicht, dass wir nicht in unterschiedlichen (ersten, zweiten oder dritten) Welten leben, sondern nur eine gemeinsame Welt zum Überleben haben. Es geht um die Rechte zukünftiger Generationen und um internationale Solidarität, um ein menschenwürdiges Überleben auf unserem Planeten zu ermöglichen.

Um das nötige politische Bewusstsein und die erforderlichen globalen Strukturen zu schaffen, dem Klimawandel und den sonstigen Auswüchsen des globalen Kapitalismus Einhalt zu gebieten, sind daher noch viele weitere und oft auch schmerzhafte Schritte zu gehen. Jugendbewegungen wie *youthinkgreen – jugend denkt um.welt* sind aber auf dem richtigen Weg in die einzig mögliche Richtung.

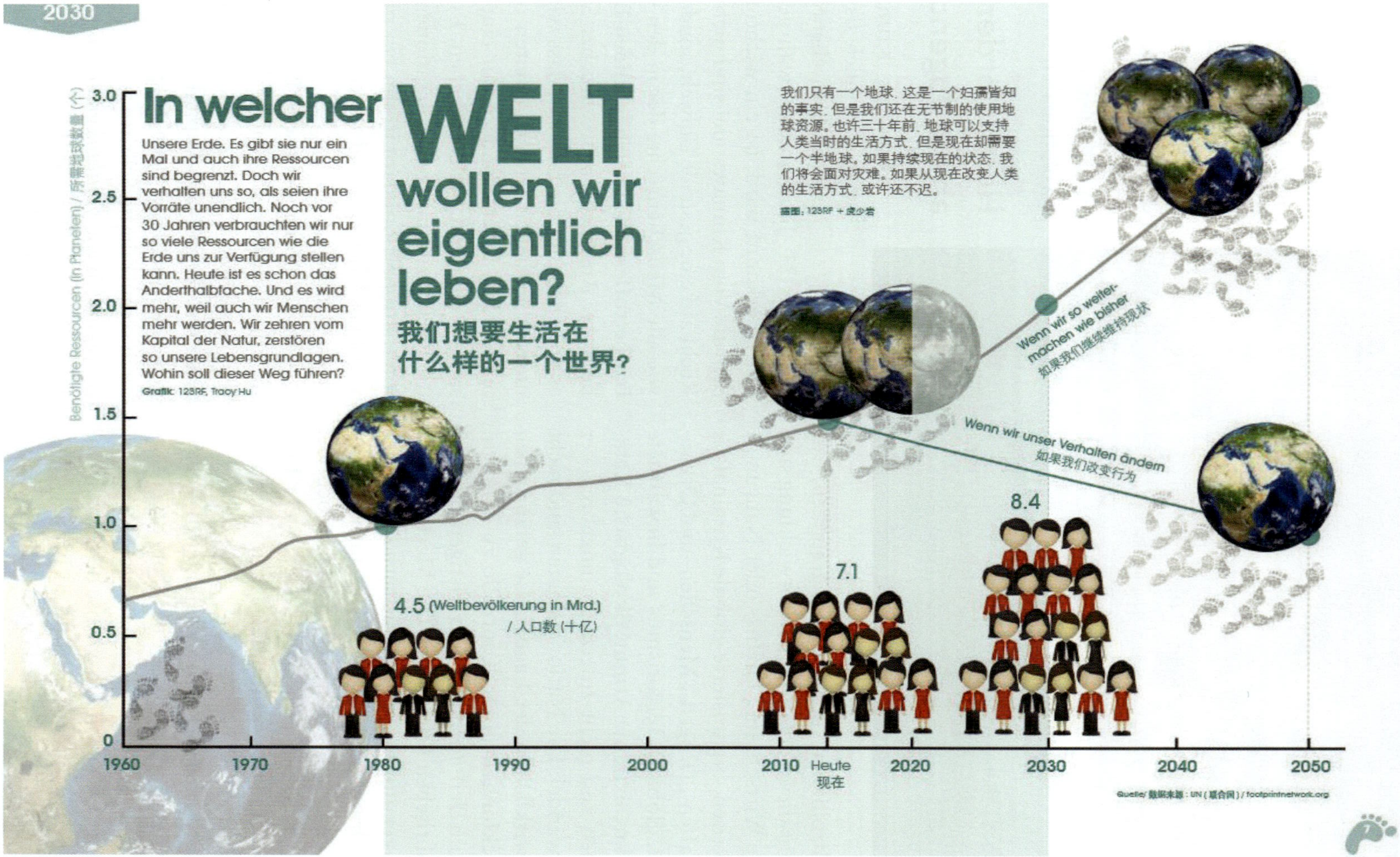

© KAS / Büro Shanghai

WISSEN • BEGREIFEN • HANDELN

1. Der Autor beschreibt reale Ursachen und mögliche Folgen des Klimawandels:

a) Welche Hauptursachen für den Klimawandel werden angesprochen? Welche würdet ihr unbedingt ergänzen? Und wer trägt aus eurer Sicht die Hauptverantwortung?
b) Benennt die unterschiedlichen Folgen und unterteilt diese in ökologische, ökonomische und soziale Folgen.
c) Welche der genannten Folgen können bereits als Realität (Fakten) gelten, welche liegen noch in der Zukunft?
d) Inwiefern unterscheiden sich die Folgen des Klimawandels für Entwicklungs- und Schwellenländer?
e) Der Autor benennt Klimaanpassung und Klimaschutz als zwei Ziele. Diese müssen über unterschiedliche Maßnahmen erreicht werden, und dennoch gehören sie strukturell zusammen. Recherchiert zu den beiden Oberzielen in Kleingruppen im Internet und stellt mögliche Maßnahmen im Plenum vor.

2. Der Autor spricht von einem »circulus vitiosus«, einem Teufelskreis im Kampf um Ressourcen und im Umgang mit der globalen Erderwärmung.

a) Stellt diesen Teufelskreis anhand mehrerer Beispiele dar.
b) Welche grundlegenden Fragen bestimmen die internationalen Debatten über einen Ausweg aus dem Teufelskreis, laut Nowak?

3. Der Autor sieht in den Menschenrechten ein enormes Potenzial, bestehende Ungerechtigkeiten wirksam zu bekämpfen.

a) Was sind Menschenrechte, im Gegensatz zu Bürgerrechten?
b) Der Autor begründet seine Aussage anhand der Geschichte der Menschenrechtsbewegungen. Erweitert seine knappen Ausführungen um einige wichtige Details, die ihr aus dem Geschichtsunterricht kennt bzw. im Internet recherchiert. Teilt ihr seine Auffassung? Begründet.
c) Welche Menschenrechte kennt ihr, und in welchen Institutionen sind die Rechte mittlerweile auch auf internationaler Ebene verankert?
d) Inwiefern können BürgerInnen auf die Einhaltung der Menschenrechte bestehen – national und international betrachtet?

4. Der Autor spricht von der »Hilflosigkeit der Nationalstaaten« bei der Bekämpfung der Ungerechtigkeiten.

a) Womit belegt und begründet er diese Aussage? Welche Phänomene tragen zur Hilflosigkeit bei, und welche Akteure nutzen diese für ihre Zwecke aus?
b) Was schlussfolgert Nowak aus seinen Annahmen? Welche unterschiedlichen Lösungsansätze stellt er vor?

→

5. Welche zentrale Einsicht fordert der Autor von uns allen, um ein menschenwürdiges Überleben auf unserem Planeten zu ermöglichen?

a) Diskutiert diesen Grundgedanken und formuliert eigene Botschaften oder Slogans.

b) »Menschenwürdiges Überleben« ist das Motto eurer Aktion.
Haltet eure Botschaften in Plakaten fest. Mit einer kleinen Ausstellung möchtet ihr andere Gruppen für die Thematik sensibilisieren und für ein soziales Engagement motivieren.

6. Wir debattieren!

Vielfach wird gefordert, das Recht von Flüchtlingen auf Asyl auch auf Klimaflüchtlinge auszudehnen. Bereitet dazu eine Debatte (Pro und Kontra) in eurer Klasse vor. Zur eigentlichen Debatte ladet ihr auch andere Gruppen ein. Führt auch eine Meinungsbildung zu dem Thema vor und nach der Debatte durch. Zu welchen Ergebnissen seid ihr gekommen? Veröffentlicht diese.

7. »Mich will keiner – ich bin Klimaflüchtling!«

a) Versucht, die Problematik eines Klimaflüchtlings in kleinen Theaterszenen zum Ausdruck zu bringen. Holt euch dafür Inspiration im Internet, z. B. bei Theatervereinen oder bei anderen Jugendverbänden, z. B. hier: www.72stunden.de/mitmachen/projektideen/ideenpool/flucht.html

b) Dreht kleine Film-Spots zu euren Theater-Szenen und veröffentlicht diese auf youtube oder der *youthinkgreen*-Homepage.

Nach der Flucht über das Mittelmeer: Schwimmwesten am Strand

Menschen am Omo River, Äthiopien
© Alison M. Jones for www.NoWater-NoLife.org

DAS MENSCHLICHE ANTLITZ DES KLIMAWANDELS

Von Dr. Andrea Schapper

Wesentliche Folgen des Klimawandels, beispielsweise der Anstieg der Meeresspiegel und extreme Wetterereignisse, führen dazu, dass die Rechte auf Nahrung, Wasser, Gesundheit, eine angemessene Unterkunft und teilweise sogar das Recht auf Leben gefährdet sind. Betroffen sind heute schon die Bewohner vieler Regionen in Afrika südlich der Sahara, in Südasien, Lateinamerika und die der kleinen Inselstaaten. Dieser Beitrag zeigt verschiedene menschenrechtliche Facetten des Klimawandels auf und diskutiert, inwiefern die Stärkung von Menschenrechten einen Beitrag zu Klimagerechtigkeit leisten kann.

In jüngerer Zeit wird dem globalen Klimawandel zunehmend »ein menschliches Gesicht« (Cordes-Holland 2007, S.13) verliehen: Er wird als menschenrechtliche Angelegenheit betrachtet. In dieser Debatte macht insbesondere die Zivilgesellschaft darauf aufmerksam, dass die Folgen von Umweltveränderungen bereits heute in vielen Teilen der Welt dazu führen, dass soziale, ökonomische und kulturelle Menschenrechte nicht mehr gewährleistet werden können (z. B. CIEL 2013). Fragen der Klimagerechtigkeit sind in den vergangenen Jahren vorwiegend in der politischen Theorie und Philosophie angestoßen worden. Dabei wurden verschiedene Dimensionen von Gerechtigkeit in den Blick genommen.

- **Internationale Gerechtigkeitsfragen** werden zwischen entwickelten und weniger entwickelten Ländern über die Nutzung CO_2-intensiver Industrien (z. B. Bulkeley/Newell 2010, S. 29) thematisiert. Weniger entwickelte Staaten bestehen hier auf ihr kollektives Recht auf Entwicklung, welches in der Declaration on the Right to Development festgeschrieben ist (Orellana 2010, S. 5–6). Dieses Recht auf Entwicklung, so argumentieren viele staatliche Vertreter, verkleinere die Pflicht, im Zuge ihres Entwicklungsprozesses auf die Reduzierung von CO_2-Emissionen zu achten. Denn schließlich hätten dies die sogenannten entwickelten Länder in der Vergangenheit auch nicht getan.

- Fragen einer **inter-generationellen Gerechtigkeit** zielen darauf ab, für eine ökologisch nachhaltige Gestaltung der Zukunft zu sorgen, so dass grundlegende Bedürfnisse – wie der Zugang zu Wasser, ausreichender Ernährung und Gesundheit – auch für kommende Generationen befriedigt werden können (z. B. Hiskes 2009, Caney 2008, Shue 2011).

- Weiterhin von Bedeutung sind Formen einer **intra-gesellschaftlichen Gerechtigkeit,** in der besonders verletzliche Gruppen innerhalb einer Gesellschaft in den Fokus der Aufmerksamkeit geraten. So identifiziert ein Bericht des Menschenrechtsrats der Vereinten Nationen, dass Frauen, Kinder und indigene Bevölkerungsgruppen, aber auch ältere Menschen und Menschen mit Beeinträchtigungen angesichts des Klimawandels besonderen Schutz benötigen (United Nations 2009).

Declaration on the Right to Development at 25

Alle diese Gerechtigkeitsdimensionen sind durch das Konzept der Menschenrechte miteinander verknüpft: Würden verbindliche Rechte, wie sie in der Allgemeinen Erklärung der Menschenrechte (und im verbindlichen Zivil- und Sozialpakt) formuliert sind, tatsächlich auch umgesetzt und eingehalten, wären wichtige Schritte in Richtung einer Klimagerechtigkeit bereits getan (vgl. Hiskes 2009). Insbesondere Ungleichheiten und Ungerechtigkeiten zwischen gesellschaftlichen Gruppen und verschiedenen Ländern könnten damit abgebaut werden. Die Gewährleistung fundamentaler Menschenrechte wird in der Klimadiskussion als moralische Grenze verstanden (Caney 2010): Mit dem Bekenntnis zu grundlegenden Menschenrechten haben Staaten die Pflicht übernommen, auch unter veränderten klimatischen Bedingungen Politik so zu gestalten, dass die Rechte aller Menschen auf der Welt geschützt und gewährleistet werden.

Welche Menschenrechte werden verletzt?

Spezifische Folgen des Klimawandels können ganz konkret möglichen Rechtsverletzungen zugeordnet werden. Hitzewellen, Überflutungen, Dürren und extreme Wetterbedingungen können das Recht auf Leben gefährden, welches im Zivilpakt von 1966 und in der Kinderrechtskonvention aus dem Jahr 1989 verankert ist. Das Recht auf Leben – ein Recht der bürgerlichen und politischen Dimension – ist eng mit der Gewährleistung einer Reihe grundlegender ökonomischer und sozialer Rechte verknüpft. Dazu gehören das Recht auf Nahrung, Wasser, Gesundheit und angemessene Unterkunft.

Das Recht auf Nahrung wird insbesondere durch die globale Erderwärmung und extreme Klimaereignisse gefährdet. Das Schmelzen von Gletschern oder auch Dürren und Überflutungen können zudem dafür sorgen, dass der Zugang zu sauberem Trinkwasser erheblich erschwert wird. Gesundheitsrechte werden ebenfalls durch Wetterereignisse beeinflusst; diese können zu Unterernährung oder zum erhöhten Auftreten von Durchfall-, Atemwegs- und Infektionskrankheiten führen. Die globale Erderwärmung kann außerdem die Verbreitung von Malaria und Vektorkrankheiten beeinflussen.

Das Recht auf angemessene Unterkunft ist vorwiegend in Küstenregionen bedroht; hier können der Anstieg des Meeresspiegels und das vermehrte Auftreten von Stürmen die Gewährleistung dieses Rechts einschränken. Auf tiefliegenden Inselstaaten und in der Arktis hat das in der Vergangenheit bereits dazu geführt, dass Teile der Bevölkerung umgesiedelt wer-

UNSERE AUTORIN

Dr. Andrea Schapper (* 1980) lehrt und forscht seit 2012 an der Technischen Universität Darmstadt im Bereich Internationale Beziehungen über die Themen Menschenrechte (und Klimawandel), internationale Organisationen und Governance.

den mussten (vgl. United Nations 2009). Alle diese betroffenen ökonomischen und sozialen Rechte sind seit 1966 verbindlich im Sozialpakt festgehalten und bilden gleichzeitig einen festen Bestandteil verschiedener Kernverträge des Menschenrechtssystems der Vereinten Nationen.

Klima(un)gerechtigkeit? Fallbeispiel Äthiopien

Klimapolitische Maßnahmen, die den eben genannten Gefährdungen eigentlich entgegenwirken und die Auswirkungen abmildern sollen, greifen jedoch oftmals massiv in den Lebensraum indigener Bevölkerungsgruppen und lokaler Gemeinschaften ein. Ein konkretes Länderbeispiel liefert Äthiopien. Das Land am Horn von Afrika hat eine vielversprechende »Green Economy«-Strategie verabschiedet. Das bedeutet, dass das Land versucht, auf dem afrikanischen Kontinent eine Vorreiterrolle bei der Verwirklichung einer (ökologischen, ökonomischen und gleichzeitig sozialen) nachhaltigen Entwicklungsstrategie einzunehmen (UNEP 2011). Investitionen in Erneuerbare Energien sind dabei von besonderer Bedeutung (Federal Democratic Republic of Ethiopia 2011). Vor diesem Hintergrund ist im südlichen Teil des Landes, im Lower Omo Valley, ein massiver hydroelektrischer Damm gebaut worden. Der sogenannte Gibe III am Fluss Omo soll zukünftig der größte Damm in ganz Afrika werden (Human Rights Watch 2012, S. 1).

Mit dem Bau des Damms sind allerdings erhebliche Menschenrechtsverletzungen verbunden. So sind indigene Bevölkerungsgruppen, die den langen Fluss für ihre landwirtschaftliche Planung nutzen, unter Einsatz von Belästigungen, Gewalt, der Zerstörung von Eigentum und willkürlichen Verhaftungen von ihrem ureigenen Land vertrieben worden. Den sich dort aufhaltenden agro-pastoralen Gemeinschaften wurde über die staatlichen Behörden ausgerichtet, dass sie ihren Viehbesitz reduzieren und an einem neuen Ort ansässig werden müssten. Zudem würden sie den Zugang zum Fluss Omo verlieren. Das wiederum gefährdet ihr Recht auf Nahrung und den Zugang zu Subsistenzmitteln, so wie es im Sozialpakt festgehalten ist. Zudem haben weder Konsultationen mit der lokalen Bevölkerung stattgefunden, noch wurde ihre Zustimmung eingeholt oder der Landverlust kompensiert. Das Recht auf Eigentum und das Recht auf Entwicklung sind weitere Menschenrechte, die mit dem Dammbau verletzt werden (Human Rights Watch 2012, S. 2–4).

Zusammengefasst wird deutlich, dass durch klimapolitische Maßnahmen vorwiegend Landrechte, das Recht auf Selbstbestimmung und soziale Rechte verletzt werden können. Vor diesem Hintergrund wird von Wissenschaftlern, Juristen, Bürgerrechtlern und Politikern nicht nur auf die Einhaltung **substanzieller Menschenrechte** gepocht, sondern auch die Einführung sogenannter **prozeduraler Rechte** gefordert. Dazu zählen insbesondere das Recht auf Information und das Recht auf Teilhabe, das den betroffenen lokalen Bevölkerungsgruppen in den Entscheidungsprozessen derartiger politischer Programme eine stärkere Stimme verliehe.

Assuan Staudamm, Ägypten © Hajor

Menschenrechte in der globalen Klimapolitik

Erste Schritte auf dem Weg zu einer stärkeren Verankerung von Menschenrechten in der globalen Klimapolitik können schon heute beobachtet werden. In einigen klimapolitischen Maßnahmen – beispielsweise im Bereich des Waldschutzes – ist es bereits zur Einführung prozeduraler Rechte gekommen. Sowohl auf der internationalen als auch auf der regionalen und nationalen Ebene werden wir in den nächsten Jahren beobachten können, wie gerade zivilgesellschaftliche Akteure, aber auch einige Staatenvertreter, eine noch stärkere Berücksichtigung menschenrechtlicher Aspekte in der Klimapolitik fordern.

Momentan wird intensiv darüber diskutiert, ob und inwiefern Menschenrechte im neuen Klimavertrag, der 2015 in Paris verabschiedet wird, eine Rolle spielen. Ein Schwerpunkt wird hier zunächst darauf liegen, Kanäle der Information, Teilhabe und Konsultation für betroffene Menschen in den Entwicklungsländern zu stärken. Denn alle klimapolitischen Maßnahmen sollten auf informierten Entscheidungen beruhen, in denen die lokale Bevölkerung gleichermaßen miteinbezogen wird und vor denen ihre Sorgen Gehör finden.

Damit können wesentliche Schritte getan werden, um einer inter-nationalen, inter-generationellen und intra-gesellschaftlichen Klimagerechtigkeit ein Stück näher zu kommen. Und gerade weil solche integrativen Lösungen angesichts der Komplexität der Probleme, die der anthropogene Klimawandel mit sich bringt, gefordert sind, werden wir in Zukunft noch weitere Institutionalisierungsprozesse an der Schnittstelle von Klimawandel und Menschenrechten beobachten können.

Literatur:

Bulkeley, Harriet/Newell, Peter (2010): Governing Climate Change, London: Routledge.

Caney, Simon (2008): Human Rights, Climate Change and Discounting, in: Environmental Politics, 17(4), S. 536–555.

Caney, Simon (2010): Climate Change, Human Rights, and Moral Thresholds, in: Gardiner, Stephen M. et al. (Hrsg.): Climate Ethics: Essential Readings, Oxford: Oxford University Press, S. 163–177.

CIEL (2013): Climate Change and Human Rights: A Primer, Washington/Geneva: The Center for Environmental Law (CIEL).

Cordes-Holland, Owen (2007): The Sinking of the Strait: The Implications of Climate Change for Torres Strait Islanders' Human Rights Protected by the ICCPR, in: Melbourne Journal of International Law, 9(2), S. 405–439.

Federal Democratic Republic of Ethiopia (2011): Ethiopia's Climate Resilient Green Economy: Green Economy Strategy, Addis Ababa: Government of Ethiopia.

Hiskes, Richard (2009): The Human Right to a Green Future: Environmental Rights and Intergenerational Justice, Cambridge: Cambridge University Press.

Human Rights Watch (2012): What Will Happen if Hunger Comes? Abuses Against the Indigenous Peoples of Ethiopia's Lower Omo Valley, Research Report Published by Human Rights Watch.

Orellana, Marcos A. (2010): Climate Change and the Millennium Development Goals: The Right to Development, International Cooperation and the Clean Development Mechanism, in: SUR: International Journal on Human Rights, 7(12), S. 145–171.

Shue, Henry (2011): Human Rights, Climate Change and the Trillionth Ton, in: Arnold, Denis G. (Hrsg.): The Ethics of Global Climate Change, Cambridge: Cambridge University Press, S. 292–314.

UNEP (2011): Towards a green economy: Pathways to sustainable development and poverty eradication. Nairobi: United Nations Environment Programme.

United Nations (2009): Report of the Office of the United Nations High Commissioner for Human Rights on the Relationship between Climate Change and Human Rights, Human Rights Council, A/HRC/10/61, 15 January 2009.

WISSEN • BEGREIFEN • HANDELN

1. Der Klimawandel gefährdet zunehmend Menschenrechte.
Verschaffe dir einen Überblick über klimabedingte Menschenrechtsverletzungen im nationalen wie internationalen Bereich. Recherchiere dazu im Internet.

2. Klimagerechtigkeit bezieht sich unter anderem auf globale Umweltveränderungen. Welches Konzept und welche Grundgedanken stecken hinter dem Begriff Klimagerechtigkeit?

3. Das Konzept von Klimagerechtigkeit hat viele verschiedene Facetten und Dimensionen.

a) Diskutiert in der Gruppe die drei im Text angesprochenen Gerechtigkeitsdimensionen.
b) Welche Rolle spielt in diesem Zusammenhang das Konzept der Menschenrechte?

4. Welche verschiedenen Rechte sind im »Sozialpakt« der Vereinten Nationen festgehalten?
Erläutere die Gefährdung dieser Rechte an konkreten Folgeerscheinungen, die durch den Klimawandel bedingt sind.

5. Fallbeispiel Äthiopien.

a) Beschreibe anhand dieses Beispiels den Einfluss klimapolitischer Maßnahmen auf die Einhaltung bestimmter Menschenrechte.
b) Welchen Beitrag hätten in diesem Zusammenhang prozedurale Rechte leisten können?
c) Diskutiert den Begriff Klimagerechtigkeit an diesem Fallbeispiel. Zu welchen Ergebnissen kommt ihr?

6. Als Delegierter der Weltklimakonferenz in Paris (2015) ist es dein Anliegen, insbesondere die Menschenrechte in der globalen Klimapolitik zu verankern.

a) Welche Aspekte sollte dein Entwurf dazu unbedingt enthalten? Begründe dein Vorgehen.
b) Wo sähest du mögliche UnterstützerInnen deines Vorhabens?

7. Aufruf zur Aktion »Pro Klimagerechtigkeit«

a) Ihr wollt gemeinsam eine Einrichtung in Afrika unterstützen, die insbesondere die Folgen des Klimawandels vor Ort abmildern möchte.
Erstellt dazu in Absprache mit der Schulleitung einen Aktionsplan.
b) Sucht UnterstützerInnen und MitstreiterInnen, verschickt Einladungen, trefft alle erforderlichen Vorkehrungen …
c) Setzt euren Plan in die Tat um.
d) Evaluiert eure Maßnahme. Zu welchen Ergebnissen kommt ihr?

Junge Hamar in Äthiopien © MauritsV-Flickr

WEGE ZUR KLIMAGERECHTIGKEIT: DAS RINGEN UM MULTILATERALE ABKOMMEN [1]

Von Prof. Dr. Mary Robinson

Wir müssen den Fokus unserer Debatten rund um das Thema Klimawandel verändern und erkennen, dass es nicht länger ausreicht, eine wissenschaftliche oder ökologische Perspektive einzunehmen, sondern es sich im Kern um zentrale Fragen der Entwicklungspolitik und der Menschenrechte handelt. Der Klimawandel hat einen bedeutsamen Einfluss auf uns Menschen heute und in Zukunft – er wird unsere Gesellschaften in den kommenden Jahren und Jahrzehnten prägen.

Viel zu lange haben wir das Thema der Wissenschaft überlassen, und diese hat ja auch bewiesen, dass der Klimawandel tatsächlich existiert und durch menschliches Handeln verursacht wird. Menschen sind also zugleich Verursacher und Betroffene des Klimawandels, und daher müssen wir die Probleme, die damit einhergehen, auch lösen. Die Auswirkungen betreffen sowohl unsere physische Existenz als auch unser Sozialgefüge, und die Lösungen müssen daher sowohl rechtlicher als auch technischer Art sein. Deshalb beschäftige ich mich in diesem Beitrag mit sozialen und legalen Aspekten des Klimawandels und des Klimaschutzes.

Ich habe bei meinen Besuchen in Ländern des Globalen Südens eindringlich beobachtet, welchen konkreten Einfluss der Klimawandel auf das Leben der Menschen dort hat. Extreme Wetterereignisse sowie veränderte Jahreszeiten mit unvorhersehbaren Temperaturen und Niederschlagsmengen bedrohen das Leben von Menschen und Gemeinschaften, die schon jetzt hart um ihre Existenzgrundlage und das Überleben kämpfen müssen. Meine Freundin Constance Okellet, die in einem Dorf im Norden Ugandas lebt, sagte mir, dass die klimatischen Verhältnisse sich so dramatisch verändert hätten wie nie zuvor. Ich musste erkennen, dass der Klimawandel Menschenrechte bedroht, für deren Realisierung und Schutz ich mich ein Leben lang stark gemacht habe. Es ist eine enorme Ungerechtigkeit, dass Menschen in den Ländern des globalen Südens am akutesten von der Erderwärmung betroffen sind, obwohl sie am wenigsten zur Ursache des Problems beigetragen haben.

Die Ungerechtigkeit trifft aber nicht nur gegenwärtige, sondern auch zukünftige Generationen, die auf einem wärmeren und instabileren Planeten leben müssen und zudem mit größerer Ressourcenknappheit sowie sozialer Unsicherheit zu kämpfen haben werden. Das Anwachsen der Weltbevölkerung auf schätzungsweise neun Milliarden Menschen bis 2050 wird diese Probleme noch verschärfen. Diese Entwicklungen stellen die Entscheidungsträger vor das moralische Dilemma, die Bedürfnisse der heutigen Bevölkerung mit denen zukünftiger Generatio-

1) Dieser Beitrag entstammt der Rede von Prof. Dr. Mary Robinson auf dem Dahrendorf-Symposium am 14. Nov. 2013 in Berlin. Übersetzung von Aline Höfer innerhalb der PerMondo-Initiative, mit der Unterstützung von Mondo Agit, einer Agentur, die Übersetzungen in alle Weltsprachen anbietet.
Stilistische Textbearbeitung: *youthinkgreen*-Redaktion.

nen in Einklang zu bringen und dabei auch die Stimmen derjenigen zu hören, die (noch) nicht mit am Entscheidungstisch sitzen.

Gegen diese gegenwärtigen und zukünftigen Ungerechtigkeiten müssen wir etwas unternehmen und daran arbeiten, dass auf der UN-Klimakonferenz 2015 in Paris ein tragfähiges, gerechtes und verbindliches Klimaschutzabkommen verabschiedet wird.

Das oberste Beratungsgremium des »Dialoges für Klimagerechtigkeit« – eine Initiative der »Mary-Robinson Foundation – Climate Justice« und des »World Resource Insitute« – veröffentlichte daher im September 2013 eine »Deklaration zur Klimagerechtigkeit«. Die Deklaration zeigt Wege zur Umsetzung von Klimagerechtigkeit auf (siehe Info) und legt dabei ein besonderes Augenmerk auf Rechtsprinzipien sowie eine transformationale Führungskultur.

Mary Robinson Foundation
Climate Justice

Im Folgenden möchte ich diese zwei Komponenten noch mal ausführlicher betrachten, da sie soziale und legale Aspekte der klimapolitischen Maßnahmen tangieren, welche dringend notwendig sind, um die vermutlich größte Bedrohung für die Realisierung der Menschenrechte im 21. Jahrhundert abzuwenden.

UNSERE AUTORIN

Prof. Dr. Mary Robinson (* 1944) war Staatspräsidentin Irlands und UN-Hochkommissarin für Menschenrechte. 2010 gründete sie die Mary-Robinson-Stiftung für Klimagerechtigkeit (www.mrfcj.org). Seit Juli 2014 ist sie UN-Sondergesandte für den Klimawandel.

Neue Rechtsprinzipien

Ein internationales, rechtlich bindendes Klima-Abkommen, in dem sich die entwickelten Staaten dazu verpflichten, ihre Treibhausgas-Emissonen zu reduzieren, um den Klimawandel zu verlangsamen, ist ein wichtiger Schritt für den Schutz der am meisten gefähr-

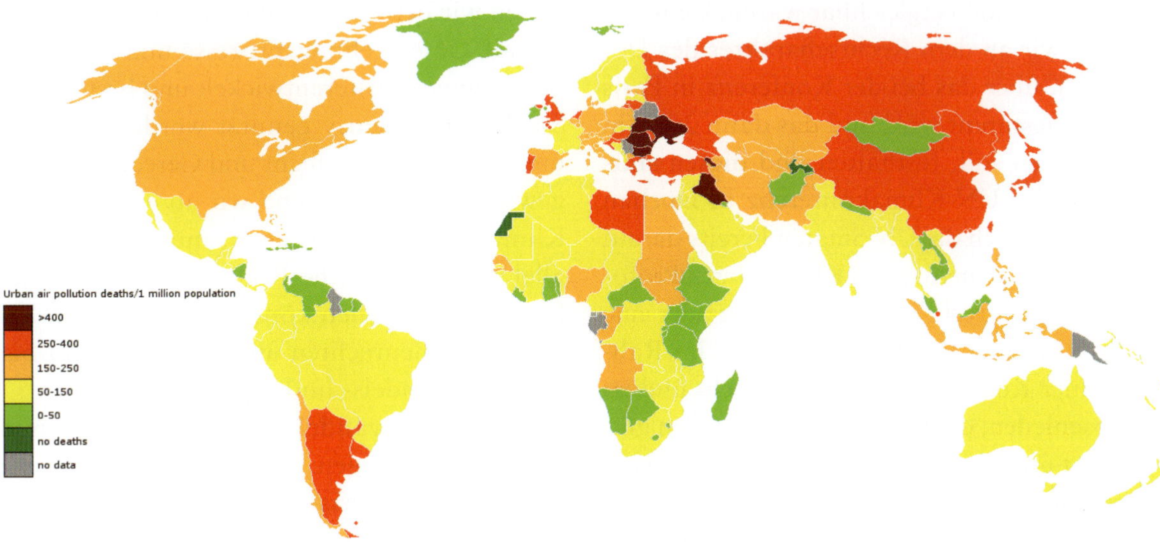

Anzahl der durch Luftverschmutzung verursachten Todesfälle pro 1 Million Einwohner (Daten geschätzt, Stand 2004) © KVDP deten Menschen in den betroffenen Regionen. Solch ein Abkommen müsste auch sicherstellen, dass reichere Nationen die ärmeren Länder finanziell und technisch unterstützen, sowohl bei der Anpassung an den Klimawandel als auch in Hinblick auf eine emissionsarme wirtschaftliche Entwicklung. Ohne solch ein internationales Übereinkommen gibt es für die Staaten keinerlei Handlungsverpflichtung.

Rechtsprinzipien, die zunächst auf internationaler Ebene entwickelt und dann auf nationale Politiken und konkrete Maßnahmenkataloge übertragen werden müssen, sind der Schlüssel zur Realisierung von Klima-Gerechtigkeit. Sie bilden die Voraussetzung für politische Verpflichtungen und Haftbarkeit und geben einen Rahmen für Transparenz und angemessene Handlungen vor. Ein internationales Abkommen müsste also Grundsätze und Maßnahmen beinhalten, die sowohl die internationale Gemeinschaft als auch die Nationalstaaten in die Verantwortung nehmen. Nur ein neuer internationaler Vertrag kann ein intensives Engagement und eine Verbindlichkeit gewährleisten, die wir für einen effektiven Klimaschutz und Klimagerechtigkeit benötigen.

Es wird immer deutlicher, dass es bei den laufenden Klimaverhandlungen wohl zu keinen Ergebnissen kommen wird, die mit dem Kyoto-Protokoll vergleichbar wären. Dennoch müssen wir an dem Rechtscharakter des Dokuments, über das bei der Konferenz in Paris 2015 abgestimmt wird und das dann 2020 in Kraft treten soll, festhalten und diesen stärken. Bei der UN-Klimakonferenz in Durban 2011 haben sich die UN-Staaten bereits darauf geeinigt, ein gemeinsames Klimaschutz-Protokoll, ein neues rechtliches Instrument oder eine rechtswirksame Vereinbarung (z. B. im Rahmen einer Konvention) zu entwickeln und zu verabschieden, die für alle gleichermaßen gilt.

Es ist unerlässlich, diese Forderungen nach einem internationalen, rechtlich bindenden Instrument weiterzuverfolgen, welches weitreichende Selbstverpflichtungen der Staaten zu Aspekten der Klimagerechtigkeit beinhaltet, Verantwortlichkeiten festlegt und durch ein hohes Maß an Übereinstimmung und Durchsetzungskraft (z. B. über Kontroll- und Sanktionsmaßnahmen) gekennzeichnet ist. Der Rechtscharakter, also die Verbindlichkeit eines Dokuments auf internationaler Ebene, kann als

Ausdruck oder sogar als Erweiterung des politischen Willens verstanden werden. Der Einsatz verschiedener multilateraler Umweltabkommen hat bereits gezeigt, dass rechtliche, bindende Dokumente und starke Kontrollmechanismen wirksamer sind als freiwillige politische Verpflichtungen (vgl. Mehling 2012).

In der Deklaration zur Klimagerechtigkeit haben wir betont, dass internationale und nationale Gesetzgebungsprozesse und Rahmenbedingungen weiterentwickelt und bestehende Spielräume kreativ genutzt werden müssen, um Rechenschaftspflicht und Gerechtigkeit zu gewährleisten. Während wir an einem neuen Klimaabkommen arbeiten, müssen wir parallel schauen, welche Rolle andere rechtliche Instrumente spielen können – angefangen bei den Menschenrechten und dem Asylrecht bis hin zum Handels- und Gesellschaftsrecht.

Der Klimawandel thematisiert nicht nur ökologische Fragen, sondern auch Entwicklungs-, Wirtschafts- und Rechtsfragen. Das bedeutet, dass wir bei unserem Ansatz, eine gerechte gesetzliche Lösung zu finden, alle relevanten rechtlichen Aspekte auf nationaler, regionaler und internationaler Ebene beachten müssen. Ich bin sehr dafür, Erfahrungen aus dem Bereich der Transitional Justice (deutsch: Übergangsjustiz) zu nutzen, um Menschen für Schäden und Verluste, die sie infolge des Klimawandels erleiden, zu entschädigen. Es bedarf kreativer Denkansätze und der Bereitschaft, von verschiedenen Rechtsdisziplinen zu lernen, um eine tragfähige juristische Antwort auf die Herausforderungen, die der Klimawandel mit sich bringt, zu finden.

Transformationale Führungskultur

Ralf Dahrendorf, mit dem ich bereits zusammenarbeiten durfte, hat davor gewarnt, scheinbar komfortable politische Rahmenbedingungen und Positionen hinzunehmen. Er hat Akademiker dazu aufgefordert, den Status quo und den politischen Zeitgeist infrage zu stellen. Denn wenn wir so weitermachen wie bisher, werden wir weder Klimagerechtigkeit noch eine nachhaltige Entwicklung noch soziale Inklusion in unseren Gesellschaften realisieren können. Um neue Wege zu gehen, brauchen wir eine mutige, visionäre und vor allem transformationale Führung.

Diese Führungskultur brauchen wir auf allen Ebenen – angefangen mit Kleinbauern wie Mulualem Brhane, der im Gebiet von Amhara in Äthiopien lebt und dort versucht, mit den unvorhersehbaren und immens hohen Niederschlagsmengen umzugehen, über die Stärkung der Kompetenzen der Kommunalebene und eine funktionierende Leitung auf Distriktebene bis hin zur höchsten politischen Ebene, wo zunehmend Führungspersonen wie Präsident Joyce Banda von Malawi und UN-Generalsekretär Ban Ki Moon die Notwendigkeit für Maßnahmen zur Klimagerechtigkeit erkennen. Der Klimawandel betrifft uns alle, aber er trifft uns nicht gleichermaßen. Um die damit einhergehenden Probleme zu lösen, bedarf es globaler Anstrengungen. Doch diese Mühe wird belohnt werden.

Auf der Konferenz »Aufstrebendes Afrika«, an der ich im Oktober 2013 in Addis Abeba teilnahm, lautete die Kernfrage: »Bieten die Veränderungen im Zuge des Klimawandels Chancen für eine transformationelle Entwicklung des Kontinents?« Die Diskussionen kreisten um die Herausforderung der Armutsbekämpfung, der Schaffung von Arbeitsplätzen und der Förderung von Wirtschaftswachstum, und zwar in einer Art und Weise, die nicht nur die kurzfristigen Bedürfnisse der gegenwärtigen Bevölkerung berücksichtigt, sondern auch den jungen und kommenden Generationen Afrikas den Weg in eine nachhaltige und sichere Zukunft weist. Wir brauchen visionäre Führungspersönlichkeiten, um den gesellschaftlichen Wandel voranzutreiben und den Sprung von einer fossil betriebenen Industrie und Wirtschaft zu neuen Modellen einer CO_2-armen Entwicklung zu schaffen, in der Klima und Umwelt weniger belastet werden und die Menschen wieder im Vordergrund stehen.

Ich denke, ein Großteil dieser Führungspersönlichkeiten und Innovationen wird aus den

Hirseernte in Äthiopien
© A. Davey from Where I Live Now: Pacific Northwest

Entwicklungsländern kommen, wo derzeit – wie nie zuvor – Möglichkeiten für Investitionen in die benötigte Infrastruktur vorhanden sind, die diese Transformation voranbringen können und somit eine attraktive Alternative zur teuren Nachbildung der westlichen Infrastrukturmodelle bieten. Aber um erfolgreich zu sein und diese ambitionierten Pläne umzusetzen – und zwar in dem Maße, wie es einer sozialen Transformation bedarf – brauchen afrikanische Führungspersönlichkeiten und Investoren Unterstützung aus dem privaten Sektor und von internationalen Finanzorganisationen. Und sie benötigen ein internationales Klimaschutzabkommen, das ihnen die ehrgeizigen Verpflichtungen der Industriestaaten – entsprechend ihrer Verantwortlichkeit – rechtlich zusichert.

Starke Koalitionen bilden

Wichtiger Bestandteil der gemeinsamen globalen Initiative muss es sein, den Fokus auf die Rolle und das Mobilisierungspotenzial der verschiedenen Koalitionen zu lenken, die bereits auf kommunaler, lokaler, regionaler und nationaler Ebene zu diesen Themen arbeiten. Eine globale Lösung zu finden, liegt also nicht nur in der Verantwortung der Entscheidungsträger auf internationaler Ebene. Lösungsansätze, die als Triebkraft für eine Transformation dienen können, kommen von Unternehmern, Kleinbauern, Forschern, Wissenschaftlern, Stadtplanern, Frauen, jungen Leuten und Menschen, die über das Wissen der indigenen Kulturen verfügen.

© Frits Ahlefeldt

Koalitionen von Bürgermeistern, Vereinigungen von Geschäftsführern und Unternehmensvorständen sowie Frauengruppen haben eine große Bedeutung inne, nämlich zu demonstrieren, was alles getan werden kann. Sie können politische Führungskräfte dazu inspirieren, den politischen Willen zu entwickeln, den es braucht, um die Gefahren des Klimawandels abzuwenden und Klimagerechtigkeit zu realisieren.

Zum Abschluss möchte ich einen Appell zitieren aus der berühmten »I have a dream«-Rede von Martin Luther King Junior, die er vor 50 Jahren gehalten hat: »Die unerbittliche Dringlichkeit des Jetzt« – sie ist aktueller als je zuvor.

Literatur:

Mehling, M.(2012): Enforcing compliance in an evolving climate regime in »Promoting Compliance in an Evolving Climate Regime« (Brunnée, Doelle and Rajamani, Eds), Cambridge University Press.

INFO: DEKLARATION ZUR KLIMAGERECHTIGKEIT

Die Deklaration benennt fünf zentrale Prinzipien, um Klimagerechtigkeit zu verwirklichen:

Mitspracherechte: Wir als Weltgemeinschaft können dem Klimawandel nur dann erfolgreich begegnen, wenn wir den meist betroffenen Menschen eine Stimme verleihen, uns ihre Lösungsvorschläge anhören und sie in ihrem Handeln unterstützen.

Neue Wege zum Wachstum: Um die Treibhausgas-Emissionen beträchtlich zu senken, müssen wir auch unser derzeitiges Wirtschaftssystem transformieren und es auf die Basis einer emissionsarmen Produktion- und Konsumweise stellen, die zu einer inklusiven nachhaltigen Entwicklung beiträgt und soziale Ungleichheiten reduziert.

Investition in die Zukunft: Wir brauchen ein neues Investitionsmodell, um den Risiken, die der Klimawandel heute und in Zukunft mit sich bringt, entgegenzuwirken. Sichere politische Rahmenbedingungen sind essenziell für Investitionen in nachhaltige Alternativen.

Verpflichtung und Rechenschaftspflicht: Um Klimagerechtigkeit zu erreichen, ist es notwendig, die umfassenden Themen der sozialen Ungleichheit und der schwachen Regierungsführung zu thematisieren, sowohl innerhalb der Länder als auch auf globaler Ebene. Rechenschaftspflicht ist der Schlüssel zum Erfolg.

Rechtsstaatlichkeit: Stabile rechtliche Rahmenwerke sind unerlässlich, um Transparenz, Glaubwürdigkeit, Kontinuität und eine wirksame Durchführung von klimapolitischen und damit zusammenhängenden Maßnahmen zu gewährleisten. Diese sind notwendig, um die am meisten gefährdeten Menschen vor den Auswirkungen der Klimaveränderungen zu schützen.

Quelle: www.climatejusticedialogue.org

© Klaus Fahlbusch

WISSEN • BEGREIFEN • HANDELN

1. Worin liegt die größte soziale Ungerechtigkeit des Klimawandels?

2. Setzt euch mit der Deklaration zur Klimagerechtigkeit auseinander (siehe Info).

a) Wie würdet ihr die fünf genannten zentralen Wege gewichten?
b) Diskutiert, welche Maßnahmen sinnvoll und notwendig wären, um diese Wege in eurem Land zu beschreiten?
c) Welche dieser Maßnahmen und Wege werden von der Politik in eurem Land unterstützt, welche nicht?

3. Auf dem Weg zu einem verbindlichen Abkommen:

a) Warum ist es nötig, der Bedrohung und den schon sichtbaren Folgen durch den Klimawandel mit Hilfe von international verbindlichen Rechtsgrundsätzen entgegenzutreten?
b) Wer könnte dazu Lösungsansätze beitragen?
c) Welche zusätzlichen rechtlichen Instrumente könnten dabei eine Rolle spielen?

4. Soziale und politische Strukturen, die scheinbar richtig sind und sich bewährt haben, infrage zu stellen, hat schon der Soziologe Ralf Darendorf gefordert.

a) Wie könnte eine transformationale Führung aussehen? Welche unterschiedlichen AkteurInnen und welche gesellschaftlichen Ebenen spielen dabei eine Rolle?
b) Welche Koalitionen von AkteurInnen müssten sich bilden und gestärkt werden, um den Veränderungen im Zuge des Klimawandels gerecht zu werden?
c) Inwiefern würde ein internationales Klimaschutzabkommen den Koalitionen von Führungspersönlichkeiten, die an einer gesellschaftlichen Transformation arbeiten, helfen?

5. Die Autorin zitiert Martin Luther King und seine Analyse: »Die unerbittliche Dringlichkeit des Jetzt.«

a) Diskutiert den Appell miteinander.
b) Zu welchen Ergebnissen kommt ihr?

6. »Wir müssen umdenken«, ist eine Grundsatzforderung von Robinson.

a) Erstellt dazu einen Kampagnenplan.
b) Diskutiert Maßnahmen der Transformation, um diesen Appell sinnvoll und zielführend umzusetzen.

7. Führt ein Interview – wenn möglich – mit einem Klimaflüchtling und veröffentlicht es.

AUS DER PRAXIS: DIE KLIMA-KAMPAGNE DES DEUTSCHEN JUGENDROTKREUZES

Von Jessica Fritz

2012 haben wir im Jugendrotkreuz eine bundesweite Kampagne gestartet, unter dem Motto: »Klimahelfer. Änder' was, bevor's das Klima tut«. Dabei setzen wir fünf Schwerpunkte: Gesundheit, Bildung, Katastrophenschutz, Klimaschutz und Klimaflucht. Zu jedem dieser Themen haben wir Forderungen erarbeitet, um die Öffentlichkeit und die Politik wachzurütteln.

Das Thema Klimaflucht steht leider weit unten auf der politischen und medialen Agenda. Um das zu ändern, haben wir uns starke Verbündete gesucht. In zahlreichen Debatten und Veranstaltungen, gemeinsam mit der klima-allianz deutschland, Oxfam, der Kindernothilfe und Brot für die Welt haben wir deutlich gemacht, dass die größte Herausforderung darin liegt, klimabedingte Migration durch aktiven Klimaschutz und wirksame Klimaanpassungsmethoden zu vermeiden. Die bisherigen Klimaschutz- und Anpassungsmaßnahmen reichen jedoch bei weitem nicht aus. Die Bundesregierung und die internationale Staatengemeinschaft müssen daher Lösungen zum Schutz von Klimaflüchtlingen finden, die keine Möglichkeit haben, in ihrer Heimat zu bleiben, sei es, weil sie durch ein Unwetter ihr Hab und Gut verloren oder weil anhaltende Dürren ihren Boden unfruchtbar gemacht haben. Dafür bedarf es jedoch zunächst der genauen Definition von Klimaflucht. Uns ist klar, dass wir breite zivilgesellschaftliche Bündnisse brauchen, um das Thema »klimabedingte Migration« in der Öffentlichkeit zu diskutieren und effektive politische Lobbyarbeit zu betreiben.

Deswegen haben wir gemeinsam mit der Naturschutzjugend (NAJU) und der Jugend im Bund für Umwelt und Naturschutz Deutschland (BUNDjugend) eine Petition erstellt, die sich an den deutschen Bundestag richtet. Unter anderem fordern wir darin, dass die direkten Folgen des Klimawandels als Fluchtgrund im Rahmen von Asylverfahren anerkannt werden, wenn eine Rückkehr der Flüchtlinge ins Herkunftsland unmöglich ist. Zwischen Mai und August 2014 haben wir für die Petition immerhin 3.500 Unterschriften gesammelt. Damit haben wir die Vorgabe des Bundestages für eine Anhörung im Petitionsausschuss leider verpasst. Doch das ist nicht weiter von Nachteil, weil wir die Liste an zwei Bundestagsabgeordnete von Bündnis 90/Die Grünen, Luise Amtsberg und Peter Meiwald, überreichen konnten. Im Gespräch haben beide zugesagt, sich für unsere Anliegen im Bundestag einzusetzen.

Darauf aufbauend haben wir zusammen mit der NAJU und der BUNDjugend einen Antrag erarbeitet, damit diese Forderungen noch mehr Unterstützung finden, und zwar vom Deutschen Bundesjugendring (DBJR), der größten Interessenvertretung von Kindern und Jugendlichen gegenüber dem Parlament und der Regierung. Unser Antrag »Folgen des Klimawandels als Fluchtgrund anerkennen!« wurde schließlich im Oktober 2014 von den Mitgliedsverbänden in der Vollversammlung des DBJR ohne Gegenstimmen angenommen – und ist damit offizielle Position. Für uns als Jugendrotkreuzler, die wir unsere Forderungen eher im eigenen Jugendverband streuen, war das ein großer Erfolg! Nun müssen wir überlegen, wie wir noch aktiv werden können. Wir wollen nicht locker lassen, unseren Forderungen noch mehr Nachdruck verleihen und diesen begonnenen Prozess weiterführen. Und dann, so hoffen wir, wird das Thema immer größere Kreise ziehen.

Auszug aus dem Beschlusstext des Deutschen Bundesjugendrings im Oktober 2014:

»Fluchtursachen bedingen einander und können nicht einzeln betrachtet werden. Oftmals ist es ein ganzes Bündel von sich gegenseitig verstärkenden Ursachen, das Menschen zwingt, die Heimat zu verlassen. Dazu zählen beispielsweise extreme Armut und hohe Arbeitslosigkeit, bewaffnete Konflikte und Spannungen oder fehlender Zugang zu Bildung und Gesundheitsversorgung. Der Klimawandel verschärft all diese Fluchtgründe.

Kinder und Jugendliche sind davon besonders betroffen, vor allem weil sie die Auswirkungen dieser Entwicklung auch in Zukunft am meisten spüren werden. Sie haben das Recht, in einer intakten Umwelt aufzuwachsen, ein

UNSERE AUTORIN

Jessica Fritz (* 1978), Bildungsreferentin im Bundesverband des Deutschen Jugendrotkreuzes, hat zusammen mit ehren- und hauptamtlichen Mitarbeitenden des Verbands die Klimahelfer-Kampagne konzipiert. Neben Klimawandel sind Nachhaltigkeit, Humanitäres Völkerrecht sowie Flucht und Migration weitere thematische Schwerpunkte ihrer Arbeit.

© DRK

© Klaus Fahlbusch

gesundes Leben zu führen und sich in ganzheitlicher Weise zu entwickeln […].

Deutschland hat eine humanitäre Verantwortung gegenüber den besonders Hilfebedürftigen und steht auch als ein Verursacher des Klimawandels im Sinne einer sozialen und ökologischen Gerechtigkeit in der Pflicht, jene Menschen zu unterstützen, deren Lebensgrundlagen vom Klimawandel bedroht sind. Im Koalitionsvertrag hat die Bundesregierung sich darauf verständigt, sich zum Thema »Klimaflüchtlinge« zu engagieren. Doch den Worten müssen Taten folgen. Deshalb fordern wir von der deutschen Bundesregierung, die direkten Folgen des Klimawandels, wie etwa den Anstieg des Meeresspiegels oder extreme Wetterereignisse, als Fluchtgrund im Rahmen von Asylverfahren anzuerkennen, wo sie die Lebensgrundlage von Asylsuchenden nachweislich bedrohen und daher eine Rückkehr ins Herkunftsland ausgeschlossen ist. Dafür ist ein Kriterienkatalog zu entwickeln.

Dabei ist eine enge Zusammenarbeit mit der Europäischen Union zwingend notwendig. Denn nur eine gesamteuropäische Reform der Asylpolitik kann zu einer nachhaltigen und menschenwürdigen Lösung führen. Auch indirekte Folgen des Klimawandels führen zu Migration. Wir fordern im Hinblick darauf die Weiterentwicklung des Einwanderungsrechts, das eine Migration bspw. aufgrund des Klimawandels nach Deutschland grundsätzlich ermöglicht.«

Materialien und Links

- www.jugendrotkreuz.de
- www.mein-jrk.de/klimahelfer (u. a. ein Leitfaden »Schutz für alle!« mit Spielen und Methoden zum Thema Klimaflucht)
- DBJR-Position »Folgen des Klimawandels als Fluchtgrund anerkennen«: www.dbjr.de/gremien/87-vollversammlung.html
- Handreichung »Vom Klimawandel vertrieben« von JRK, Oxfam, Kindernothilfe, klima-allianz und Brot für die Welt: www.mein-jrk.de/fileadmin/user_upload/11-Klimahelfer/Vom_Klimawandel_vertrieben.pdf
- Animationsfilm-Video zur Petition: www.youtube.com/watch?v=JQfONK1eJZI

Zitate von engagierten Jugendlichen:

Tevin Harris, Mitglied in der Kampagnen-AG: *»Gerade wir Jugendlichen sind es, die später am meisten von Hochwasser oder Hitzewellen betroffen sein werden. Wir müssen aktiv werden – für unseren eigenen Schutz und den der anderen.«*

Christoph Röttgers, Bundesjugendsprecher der NAJU: *»Dem NAJU ist wichtig, dass die Lebensgrundlagen weltweit geschützt und erhalten werden. Wo das nicht gelingt, ist die Gesellschaft in der Verantwortung, den Opfern des Klimawandels – und damit auch unseres Lebensstils – zu helfen. Unabhängig davon, ob nun Menschen, Tiere oder Pflanzen ihren Lebensraum verlieren.«*

Mandy Merker, stellvertretende JRK-Bundesleiterin: *»Wir wollen, dass zum Thema Klimaflucht endlich etwas passiert. Schwammige Formulierungen und Absichtserklärungen reichen uns nicht.«*

Deutsches Rotes Kreuz Generalsekretariat, Bundesgeschäftsstelle Jugendrotkreuz (Hrsg., 2013): »Klimajournal. Kampagnen-Magazin des Jugendrotkreuzes«, Berlin.

ANDERE WEGE G
LÖSUNGSINITIAT
HANDLUNGSOPT

HEN –

EN UND

NEN

4.1 Einblicke in neue Gesellschafts- und Wirtschaftsmodelle

4.2 Die Energiewende voranbringen und mittragen

4.3 Nachhaltig wohnen und mobil sein, aber wie?

© Simon Dale

4.4 Sich zum Konsumwandel bekennen

:laus Fahlbusch

4.5 Ein neuer Blick auf unsere Bedürfnisse

© André Stern

4.1 EINBLICKE IN NE
UND WIRTSCHAFTS

Einleitung

Stetiges Wirtschaftswachstum, ausgedrückt über das Bruttoinlandsprodukt (BIP), gilt in weiten Teilen unserer Gesellschaften noch immer als Nonplusultra, als wichtigster Maßstab für die Entwicklung eines Landes und daher als Grundlage für politische Entscheidungen. Denn über Wachstum, so die feste Überzeugung, schaffen wir Arbeitsplätze, bekämpfen die Armut, generieren die Kosten für Umweltschutz und stabilisieren unsere Sozialsysteme.

© Jona Hölderle / Jugendfotos.de

Doch die zahlreichen sozialen, ökologischen und finanziellen Krisen der vergangenen Jahre haben gezeigt, dass unser derzeitiges Wirtschaftssystem auf wackeligen Füßen steht. Der Kapitalismus, das bislang erfolgreichste Wirtschaftssystem, beginnt langsam zu bröckeln.

Längst suchen nicht mehr nur politisch links orientierte BürgerInnen oder GlobalisierungskritikerInnen nach Auswegen aus den Krisen. Viele Menschen, jüngere wie ältere, JournalistInnen, WissenschaftlerInnen, KonsumentInnen und UnternehmerInnen, hinterfragen immer stärker die bisher geltenden Überzeugungen zum gesamtgesellschaftlichen »Nutzen« des Wachstums.

- Ist mit einem Wirtschaftswachstum im herkömmlichen Sinn tatsächlich ein besseres Leben verbunden?
- Führt Wirtschaftswachstum wirklich zu mehr Wohlstand für möglichst viele Menschen auf der Welt?
- Wie soll das gehen – ein unendliches Wachstum in einer Welt mit begrenzten, endlichen Ressourcen?
- Brauchen wir andere Wirtschaftsmaßstäbe und -modelle, um unsere Bedürfnisse und die der zukünftigen Generationen besser bestimmen und befriedigen zu können?

So unterschiedlich die Lösungsansätze der ReformerInnen auch ausfallen, ihnen allen geht es darum, unser jetziges kapitalistisches System so zu verändern, dass durch das Wirtschaften unsere menschlichen Bedürfnisse gedeckt und dabei ökologische Grenzen eingehalten werden. Denn Fakt ist, dass für Wachstum und Wohlstand, wie wir sie heute verstehen, die Umwelt und Länder des Globalen Südens einen

GESELLSCHAFTS-
ODELLE

hohen Preis zahlen. Das bedeutet im Klartext, dass wir die ökologischen Grenzen mit unserem momentanen Weltwirtschaftssystem immer mehr überschreiten.

Der »Earth Overshoot Day«, also der symbolische Tag, ab dem weltweit mehr Ressourcen verbraucht werden, als die Erde für das Jahr »hergeben« beziehungsweise »erzeugen« kann, fiel 2013 bereits auf den 20. August, und er rückt mit jedem Jahr weiter vor. An den restlichen Tagen, bis zum Jahresende, leben wir sozusagen auf Kosten des Klimas, der Artenvielfalt und der natürlichen Ressourcen von Mutter Erde. Die Medien berichten vom »Peak Oil« und sogar vom »Peak Everything« – also den Zeitpunkten, ab dem wir kein weiteres Öl oder andere Rohstoffe mehr zur Verfügung haben. Dass wir deshalb an einer Weggabelung stehen, dass wir die richtigen Weichen für unsere Zukunft heute stellen müssen, ist mehr als deutlich.

© Gerhard Mester

Die grundlegende Diskussionsfrage, auf die es weiterhin unterschiedliche Perspektiven gibt, lautet: Können wir uns innerhalb unseres jetzigen kapitalistischen Systems so weitreichend und so schnell verändern, dass wir die überlebenswichtigen Klimaschutzziele noch erreichen und die Zerstörung der Ökosysteme noch stoppen können? Oder braucht es Massenproteste, eine »Revolution«, eine umfassende Systemtransformation, eine schrumpfende Wirtschaft, ein ganz neues Gesellschaftskonzept?

Das Spektrum diskutierter, alternativer Wirtschaftsmodelle reicht von solchen, die erstens Teilkorrekturen des Systems durch technischen Fortschritt befürworten, um Wirtschaftswachstum nachhaltiger zu gestalten und von der Umweltzerstörung zu entkoppeln (vgl. Ökologische Modernisierung, Green Growth, Green Economy, Blue Economy, Green New Deal, Cradle to Cradle, Faktor X), bis hin zu solchen, die zweitens Wachstum als Problem thematisieren und ein Schrumpfen der kapitalistischen Wirtschaftssysteme fordern (Degrowth, Postwachstum). In eine dritte Richtung zeigen Modelle, die das Wohlbefinden der Menschen ins Zentrum der Wirtschafts- und Lebensweise rücken (Gemeinwohlökonomie, Solidarische Ökonomie,

Transition-Bewegung). Jeweils einen Vertreter dieser drei Richtungen stellen wir euch in diesem Themenfeld 4.1 vor.

Die drei Autoren in diesem Unterkapitel finden ganz unterschiedliche Antworten auf diese Fragen. Während sich Ernst Ulrich von Weizsäcker für technische, ökologische und soziale Innovationen und für neue politische Anreizstrukturen im Sinne einer ökologischen Modernisierung des Kapitalismus ausspricht, fordert Niko Paech den »Rückbau der globalen, arbeitsteiligen Weltwirtschaft«. Christian Felber hingegen plädiert für eine Orientierung der Unternehmen, Kommunen und Nichtregierungsorganisationen am Gemeinwohl. Damit meint Felber eine jährliche Bilanzierung der Fortschritte in Bereichen wie Menschenwürde, Solidarität, Mitbestimmung und Gerechtigkeit.

Trotz der scheinbar gegensätzlichen Ausrichtung dieser alternativen Wirtschaftsmodelle und Philosophien ähneln sie sich doch auf den zweiten Blick in ihren Zielstellungen, Bestrebungen und Hoffnungen – nämlich eine gute Lebensqualität für uns, unsere Kinder und Enkelkinder, in allen Regionen der Welt zu erreichen und zu gewährleisten. Verständlich, dass dieses Themenfeld 4.1 euch viel Diskussionsstoff bietet.

- Welches der Modelle haltet ihr für unrealistisch oder gar utopisch?
- Welche Ansätze könnten sich in eurer Gesellschaft am ehesten durchsetzen und finden eure Unterstützung?
- Wie können aus den abstrakten, theoretischen Ideen neue Handlungsspielräume entstehen?
- Inwiefern stehen die Vorschläge der drei Autoren tatsächlich im Widerspruch zueinander?

Havanna (Kuba)

WIE ÖKOLOGISCHE MODERNISIERUNG WELTWEIT GELINGEN KANN: EIN PLÄDOYER

Von Prof. Dr. Ernst Ulrich von Weizsäcker[1]

Klassischerweise wird nachhaltige Entwicklung über den ökologischen Fußabdruck gemessen. Damit lässt sich das Gebiet ausdrücken, das wir für die Herstellung aller von uns konsumierten Güter und aller in Anspruch genommenen Dienstleistungen benötigen. Bezogen auf die derzeitige Weltbevölkerung von sieben Milliarden Menschen gilt ein ökologischer Fußabdruck von zwei Hektar pro Person als nachhaltige Lebensweise. Entwicklung hingegen verbinden wir vor allem mit Wohlstand, also einem hohen Pro-Kopf-Einkommen, hoher Lebenserwartung sowie einem hohen Bildungsstandard in einer Gesellschaft.

Um die Entwicklungen der Länder in diesen Bereichen zu messen, haben die Vereinten Nationen den Human Development Index (HDI) entwickelt. Mit dem Index wird jedem Land, je nach Entwicklungsstand, ein Wert zwischen 0 und 1 zugewiesen. Alle Länder mit einem Wert von 0,8 oder höher gelten als entwickelt. Das Global Footprints Network hat beide Konzepte – den ökologischen Fußabdruck und den HDI – miteinander gekoppelt, um darüber herauszufinden, welche Länder sich als nachhaltig und entwickelt bezeichnen ließen. Die erschütternde Antwort lautete vor wenigen Jahren: einzig und allein Kuba! Inzwischen ist auch Kuba nach diesen Maßstäben nicht mehr »nachhaltig«. Doch warum ist das so?

Gier nach Ressourcen

Die Kubaner haben zwar schlechte wirtschaftliche Bedingungen, aber profitieren dennoch von einem relativ intakten Gesundheits- und Bildungssystem. Kuba gilt als schönes Reise-

1) Dieser Text entstand auf Basis des freien Vortrages von Prof. Dr. Ernst Ulrich von Weizsäcker beim 1. Weltjugend-Nachhaltigkeitsgipfel in Berlin im Mai 2013, organisiert von *youthinkgreen – jugend denkt um.welt e.V.*

ziel, doch aufgrund der politischen Situation nicht gerade als Einwanderer-Oase – ganz im Gegensatz zu den USA. Der durchschnittliche ökologische Fußabdruck der Amerikaner liegt übrigens bei über neun Hektar. Wenn alle Bewohner der Erde es den Amerikanern gleichtäten und genauso viel konsumierten, bräuchten wir fünf Weltkugeln. Das ist natürlich eine rein hypothetische Rechnung. Denn wir haben nur diese eine Erde. Und der Reichtum ist zu einem Problem geworden, wie es scheint. Erst seit 60 Jahren etwa lassen sich ein rasanter Anstieg des Energieverbrauches und eine grenzenlose Gier nach natürlichen Ressourcen beobachten. Die Frage lautet also: Wo, an welchem Hebel müssen wir ansetzen, um die Zerstörungsdynamik, die damit einhergeht, zu stoppen?

Natürlich gibt es viele kleine Möglichkeiten, um den eigenen Fußabdruck zu verkleinern: nur noch regionales Obst und Gemüse einkaufen, weniger Fleisch essen, mit dem Fahrrad statt mit dem Auto in die Uni fahren, sich höchstens alle vier Jahre ein neues Handy gönnen und so weiter und so fort. Das alles hilft uns ein bisschen und beruhigt unser Gewissen. Aber welche messbaren Auswirkungen auf unser Klima und den Umweltschutz hat das wirklich? Mag sein, vielleicht bräuchten wir dann nur noch viereinhalb Planeten! Eine tragbare Lösung sieht anders aus, und hier beginnen die großen Gerechtigkeitsfragen. Werden die Menschen in den Entwicklungsländern und die zukünftigen Generationen den gleichen Lebensstandard genießen dürfen wie wir derzeit in Europa? Und wann sind die planetarischen Grenzen überschritten? Wenn wir so weiter machen, schon bald!

Ich behaupte, wir brauchen technische Fortschritte und eine Verfünffachung unserer Ressourcenproduktivität, um unseren Wohlstand global zu verdoppeln und den Ressourcenverbrauch zu halbieren. Nur dies führt letztlich zu einer wirksamen ökologischen Modernisierung, also einer tragfähigen Ko-Evolution von Mensch und Natur. Als Ressourcenproduktivität wird das Verhältnis zwischen der Wirtschaftsleistung und dem dafür beanspruchten Verbrauch von Ressourcen an Wasser, Energie, Land, Rohstoffe etc. bezeichnet. Nur wenn wir die Ressourcenproduktivität massiv steigern, ist es möglich, dass alle Länder sowohl ihre Wohlstandsziele als auch die der Nachhaltigkeit erreichen. Dies ist möglich, auch ohne den »Umweg« der massiven CO_2-Emissionen und der industriellen Umweltverschmutzung, den die westlichen Länder gegangen sind.

Wer wagt den ersten Schritt?

Seit 2009 stellen wir eine Stagnation bei den Klimaverhandlungen fest, keinerlei Fortschritt bei der verbindlichen Reduktion von CO_2-Emissionen. Weshalb ist das der Fall? Ich denke, wir haben eine Situation wie bei einem Mikado-Spiel. Wer sich zuerst bewegt, hat verloren. Niemand möchte den ersten Schritt gehen und seine CO_2-Emissionen, unabhängig von den anderen, reduzieren.

Es gibt den fest verankerten Glauben in der Welt, dass man sich nur Sorgen um die Umwelt und das Klima machen kann, wenn man reich ist! Diese Annahme aus der Umweltökonomik wird dargestellt durch die sogenannte Umwelt-Kuznets-Kurve (siehe Abbildung). Nach dem Kurvenverlauf zu urteilen, nehmen die Emissionen verschiedener Umweltschadstoffe in einer wachsenden Volkswirtschaft zunächst parallel zum steigenden Pro-Kopf-Einkommen zu. Ab einem gewissen Wohlstandsniveau und der Entwicklung der Industrie- zur Dienstleistungsgesellschaft sinkt die Verschmutzung jedoch mit zunehmendem Pro-Kopf-Einkommen wieder. Der Ärger ist, dass dies bislang nur für die lokale Verschmutzung gilt. Bei CO_2-Emissionen überhaupt nicht: Je reicher ein Land, desto schlimmer seine CO_2-Emissionen.

DER WEG ZUR NACHHALTIGEN ENTWICKLUNG

Der **Human Development Index (HDI)** wird im jährlichen Bericht für menschliche Entwicklung des Entwicklungsprogramms der Vereinten Nationen (UNDP) veröffentlicht. Er bemisst menschliches Wohlergehen, indem er Indikatoren für Lebenserwartung, Alphabetisierung und Bruttoinlandsprodukt (BIP) pro Kopf miteinander kombiniert. 2010 hat der Bericht damit begonnen, drei weitere Indizes einzubeziehen, unter anderem den **Inequality-adjusted Human Development Index (IHDI),** der das Maß der Ungleichheit einer Gesellschaft miteinberechnet.

Damit ein Land im globalen Maßstab als nachhaltig bezeichnet werden kann, darf zum einen sein Ökologischer Fußabdruck pro Kopf nicht größer sein als die weltweit zur Verfügung stehende Biokapazität, also höchstens 1,7 gha pro Kopf. Zur Einordnung: Ein Ökologischer Fußabdruck dieser Größe bedeutet allerdings, dass die Menschheit die gesamte Biokapazität der Erde in Anspruch nimmt. Zum anderen sollten sich die Bewohner eines Landes, das sich nachhaltig nennt, eines akzeptablen Lebensstandards erfreuen können. Dafür haben die Vereinten Nationen einen Wert des Index der gesellschaftlichen Entwicklung von mindestens 0,71 ermittelt (IHDI – korrigiert um Aspekte der sozialen Ungleichheit im jeweiligen Land). Nirgendwo auf der Erde erfüllt ein Land beide Bedingungen – also die eines angemessenen Lebensstandards und die eines erdverträglichen Ökologischen Fußabdrucks. Das heißt: Kein Land der Erde darf sich bisher als nachhaltig bezeichnen (s. Abb. 9).

Ökologischer Fußabdruck und korrigierter menschlicher Entwicklungsindex (IHDI)

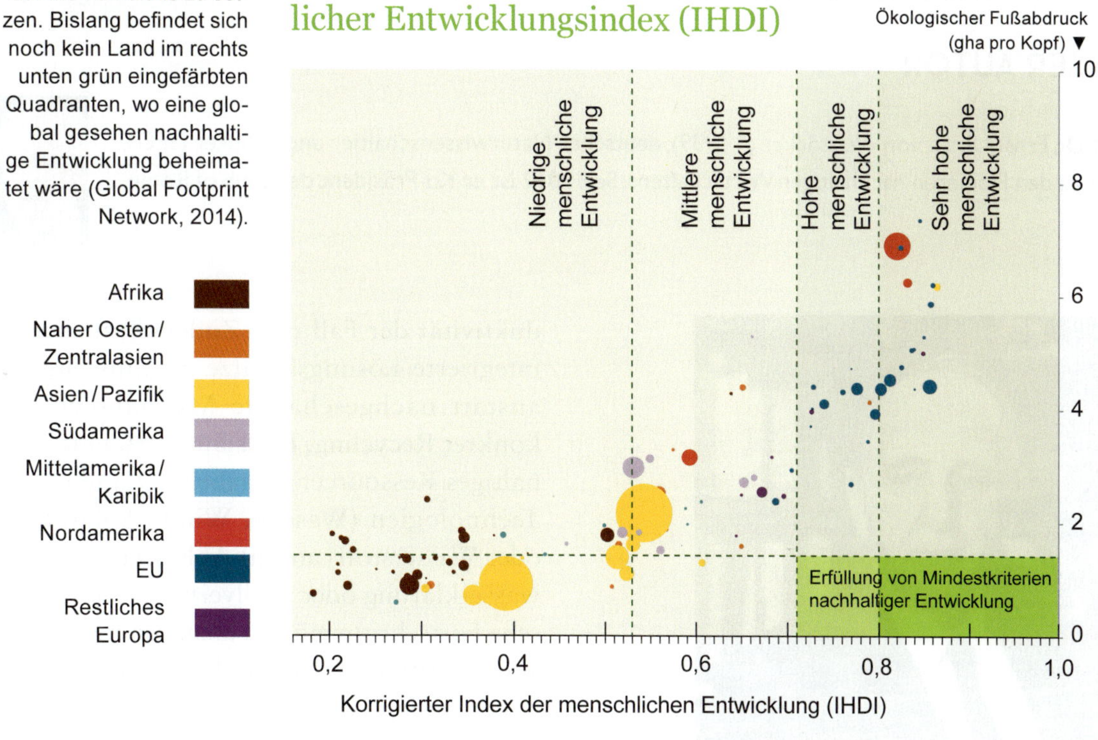

Abb. 9
Wechselbeziehung von Ökologischem Fußabdruck (2010) und menschlichem Entwicklungsindex IHDI (2013). Die Farben der Kreise sind geografischen Regionen zugeordnet. Die Größe der Kreise soll jeweils helfen, die Bevölkerungsgröße der Länder ins Verhältnis zu setzen. Bislang befindet sich noch kein Land im rechts unten grün eingefärbten Quadranten, wo eine global gesehen nachhaltige Entwicklung beheimatet wäre (Global Footprint Network, 2014).

Alle haben die Kuznets-Kurve im Kopf: Erst reich werden und später Umweltschutz machen! Und man denkt, das geht beim Klimaschutz ebenso.

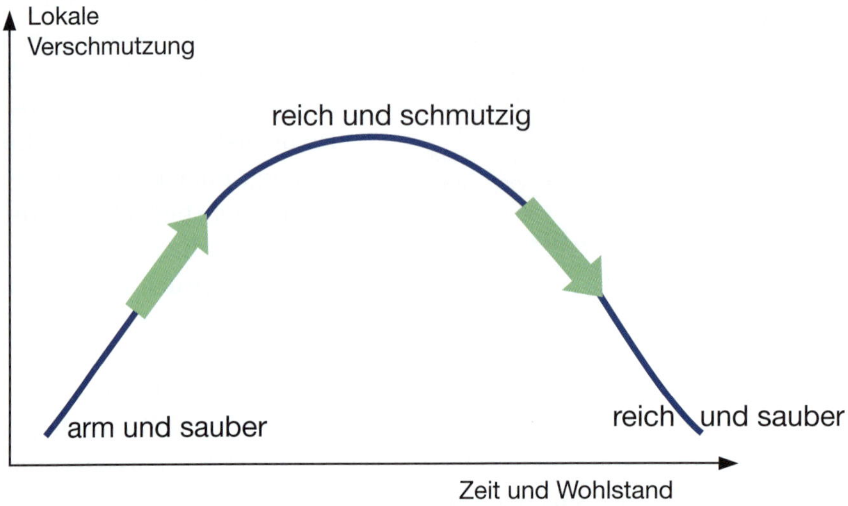

404 Wir im Norden müssen nun endlich in den absteigenden Ast der »CO_2-Kuznetskurve« einsteigen. Für Entwicklungsländer könnte das das Signal sein, eben diese Kurve zu durchtunneln, also mehr Wohlstand und Wirtschaftswachstum zu erreichen und dabei gleichzeitig CO_2-arm zu bleiben. Die Steigerung der Umwelt - und Ressourcenproduktivität muss zu einer finanziellen Gewinnquelle werden, so wie das bislang mit der Arbeits- und Kapitalproduktivität der Fall war. Zudem brauchen wir integrierte Lösungsansätze im Umweltschutz anstatt nachgeschaltete Maßnahmen, also konkret Recycling, Kreislaufwirtschaft, nachhaltiges Ressourcenmanagement und saubere Technologien (Wasser-, Wind-, Solarenergie oder Wasserstoff) anstatt Abluftreinigung, Abwasserklärung oder Müllverbrennung. Technische Fortschritte müssen dazu genutzt werden, Wirtschaftswachstum und Umweltzerstörung voneinander zu entkoppeln.

UNSER AUTOR

Prof. Dr. Ernst Ulrich von Weizsäcker (* 1939), deutscher Naturwissenschaftler und Politiker (SPD), zählt zu den Pionieren nachhaltigen Wirtschaftens. Seit 2012 ist er Ko-Präsident des Club of Rome.

Simon Smith Kuznets

Aber Ressourcenproduktivität lässt sich langfristig nur erhöhen, wenn wir die Kosten von Energie, CO_2-Emissionen und materiellen Ressourcen kontinuierlich anheben und die indirekten Arbeitskosten, die Nebenkosten, verringern. Deshalb plädiere ich für eine permanente ökologische Steuerreform, wie wir sie von 1999 bis 2003 in Deutschland eingeführt haben. Das Schritttempo des Preisauftriebs könnte sich an der Steigerung der Ressourcenproduktivität orientieren, so dass die beim Verbraucher ankommenden Ressourcenkosten im Durchschnitt konstant bleiben. Dieser Vorschlag ist vergleichbar mit der sukzessiven Erhöhung der Arbeitsproduktivität und der Bruttolohnkosten während der Industrialisierung.

Beide Prozesse verstärkten sich wechselseitig. Steigende Energie- und Ressourcenpreise würden neue technische Entwicklungen für eine höhere Ressourcenproduktivität beständig ankurbeln. Berechnungen ergaben, dass die ökologische Steuerreform in Deutschland etwa 200.000 bis 300.000 Jobs geschaffen oder gerettet hat. Politisches Ziel war und muss es sein, dass die monatlichen Energiekosten für den Verbraucher in etwa gleich bleiben, weil idealerweise die Effizienz den Preisauftrieb kompensiert.

Ohne diese kontinuierlichen Preisanhebungen bestünde die Gefahr des »Rebound-Effektes« (die über Ressourceneffizienz erzielten Einsparungen werden durch einen erhöhten Konsum und damit den Mehrverbrauch von Energie und Ressourcen neutralisiert). An einem Beispiel verdeutlicht: Bessere Motorentechnik und der dadurch gesenkte Benzinverbrauch führen ohne Preisanhebungen vermutlich dazu, dass Autofahrer noch mehr Fahrkilometer zurücklegen. In den USA hat sich diese theoretische Annahme schon bewahrheitet. Der individuelle Autoverkehr ist dort einfach zu billig.

Neue Gewinner und Verlierer

Ich schlage zudem zwei Korrekturen zu dem Pfad der Preissteigerung vor: erstens einen sozialen Niedrigtarif für den Grundbedarf, so dass ärmere Familien nicht zu stark von den steigenden Energie- und Wasserpreisen betroffen sind; und zweitens eine »Aufkommensneutralität« für besonders energieabhängige Industriezweige, die den Standort Deutschland ansonsten verlassen würden. Wenn es jedes Jahr lukrativer wird, in Effizienz zu investieren, wird das globale Schiff der Ökonomie umschwenken von einer bloßen Beachtung der Arbeitsproduktivität hin zu einer steigenden Ressourcenproduktivität.

Kurz gesagt:

niedrige Energie- und Rohstoffpreise fördern Verschwendung und den Rebound-Effekt,

hohe Preise steigern Effizienz und Vernunft und eine mutige und ökologische Modernisierung.

Wer wären dann Gewinner und Verlierer? Auf der Gewinnerseite stünden Unternehmen der Hightech-Industrie, die gesamte Ökobranche, das Handwerk, der Schienenverkehr, Wartungs- und Recyclingfirmen, Bildungsinstitutionen, Wissenschaft, die Beratungs- und die Kulturbranche. Zu den Verlierern zählten womöglich die Lastwagen-Logistikbranche, Flugzeugbau sowie die Bergbau- und Grundstoffindustrie – einfach weil die Nachfrage nach ihren Produkten langsam abnimmt. Geografisch gesehen wären Europa, Ostasien und die rohstoffarmen Entwicklungsländer auf der Gewinnerseite, also etwa 80 Prozent der Weltbevölkerung. Aus dieser Perspektive zählten nur solche Länder zu den Verlierern, die vom Verkauf ihrer Bodenschätze leben oder die es nicht schaffen, Lebensstile zu überwinden, die mit Ressourcenverschleuderung einhergehen.

Zu den letzteren gehören bislang die USA, und die sollten in dieser Hinsicht nicht unser Vorbild sein, es sei denn, wir wollen noch in 50 Jahren mit gähnender Miene und gefalteten Händen vor unseren Mikado-Stäbchen sitzen, während draußen Stürme, Dürre und der steigende Meeresspiegel das Leben von Menschen bedrohen. Packen wir

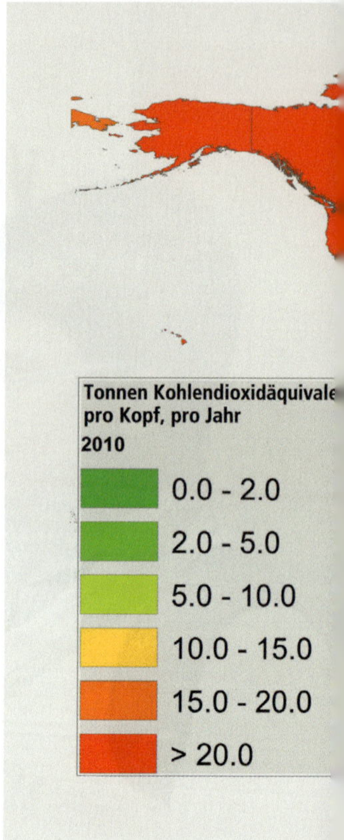

© www.sakurai-cartoons.de

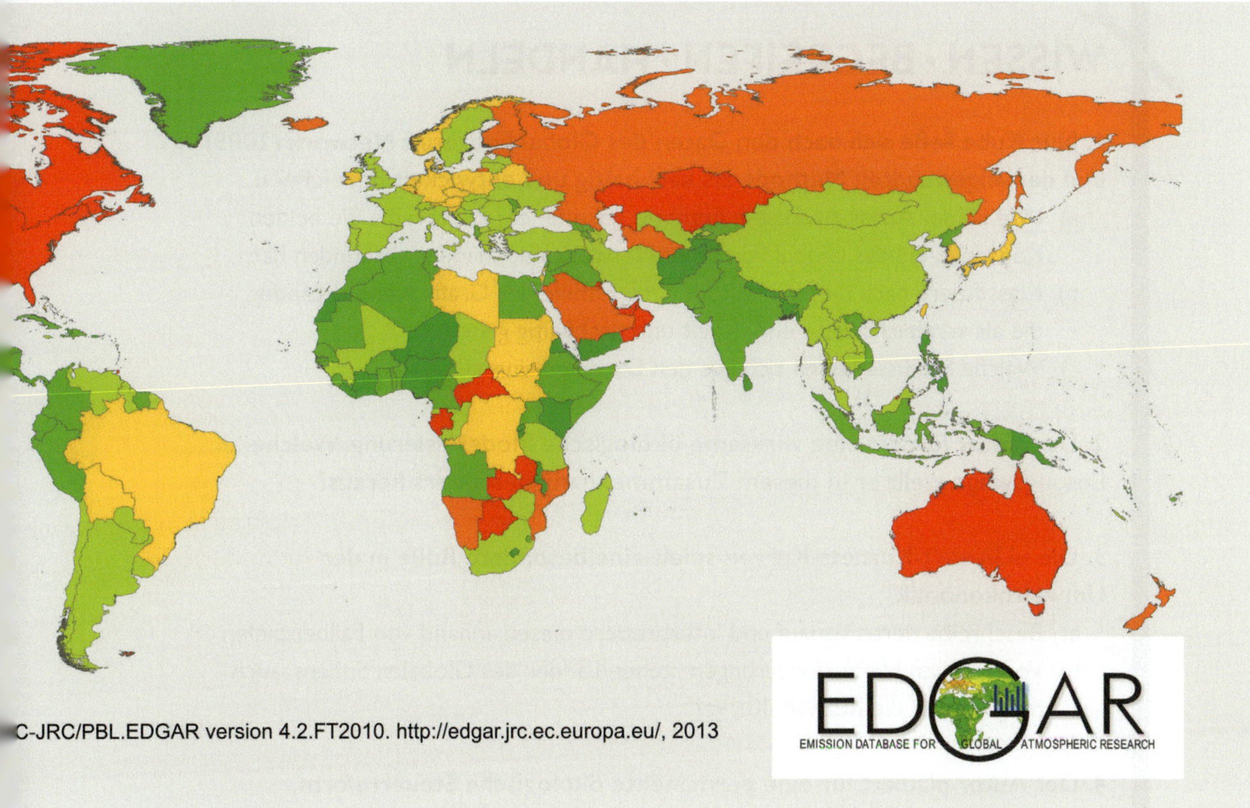

eine ökologische Modernisierung an, die zwar zahm und bruchlos, aber mutig und wirksam vorankommt. Lösen wir uns von der Dominanz des angelsächsischen Menschenbildes, das den Markt über alles stellt, bei dem Egoismus hofiert und staatlich organisierte Solidarität verspottet wird. Setzen wir auf technische Innovationen und einen wirtschaftspolitischen Strukturwandel, in dem nachhaltige Branchen wachsen können sowie umweltschädliche Aktivitäten und Wirtschaftszweige schrumpfen. Oder sinnbildlich gesprochen: Lassen wir Kuba nicht alleine im grünen Eck der Nachhaltigen Entwicklung stehen!

WISSEN • BEGREIFEN • HANDELN

1. Nur Kuba ließe sich nach den Daten des Global Footprint Network (2005) und der angewandten Methode als nachhaltig und entwickelt bezeichnen.

a) Wie ist der Autor zu diesem Ergebnis gekommen? Beschreibe die beiden Konzepte, die das Global Footprint Network miteinander verbunden hat.
b) Klassifiziere nach dieser Methode und mithilfe der Grafik weitere Länder, die als vergleichsweise entwickelt und nachhaltig gelten.
c) Welche Schlüsse lassen sich aus den Daten gewinnen?

2. Der Autor fordert eine wirksame ökologische Modernisierung. Welche Lösungswege stellt er in diesem Zusammenhang besonders heraus?

3. Die »Umwelt-Kuznets-Kurve« spielt eine besondere Rolle in der Umweltökonomik.

a) Beschreibe deren Verlauf und interpretiere diesen anhand von Fallbeispielen.
b) Vor welchen Herausforderungen stehen Länder des Globalen Südens, auch mit Blick auf die Kuznets-Kurve?

4. Der Autor plädiert für eine permanente ökologische Steuerreform.

a) Verdeutliche die Zielsetzung solch einer Reform an Beispielen.
b) Mit welcher Maßnahme begegnet der Autor der Gefahr des Rebound-Effektes? Erläutere seine Ausführungen anhand mehrerer Beispiele.
c) Beschreibe die Rolle der VerbraucherInnen im Rahmen dieser Reform.
d) Halte mögliche Handlungsoptionen, die die Forderung des Autors unterstützen, in einer Stoffsammlung fest.

5. Der Autor will die Zerstörungsdynamik stoppen. Dazu fordert er auch eine Verfünffachung unserer Ressourcenproduktivität.

a) Erläutere den Begriff Ressourcenproduktivität.
b) Nenne mögliche GewinnerInnen und VerliererInnen dieses Schwenks – von der Arbeits- hin zur Ressourcenproduktivität.

6. Im letzten Abschnitt appelliert der Autor eindinglich an uns alle. Teilt ihr seine Aussagen? Diskutiert diese miteinander.

7. Von Weizsäcker fordert: »Packen wir eine ökologische Modernisierung an, die nicht zahm, sondern mutig und wirksam ist.« Entwerft dazu einen Flyer.

AUF DEM WEG ZUR POSTWACHSTUMSÖKONOMIE

Ein kleiner Ratgeber zur Überwindung der »Konsum- und Wachstumsdiktatur« von apl. Prof. Dr. Niko Paech

In seinem neuesten Buch »Befreiung vom Überfluss. Auf dem Weg in die Postwachstumsökonomie« fordert der Ökonom und Nachhaltigkeitsforscher apl. Prof. Dr. Niko Paech die radikale Abkehr vom westlichen Wohlstandsmodell und den Rückbau der globalen, arbeitsteiligen Weltwirtschaft. Im Gegenzug verspricht er ein glücklicheres Leben auf Basis von regionaler Selbstversorgung, handwerklicher Betätigung, Gemeinschaftsnutzung von Konsumgütern und genügsamer Grundhaltung. Seine feste Überzeugung ist: Wenn wir die Welt retten wollen, darf niemand mehr über seine Verhältnisse leben.

Ich wage mal gleich zu Beginn ein paar harte Thesen: Die bisherigen Nachhaltigkeitsbemühungen sind allesamt gescheitert, ganz gleich, ob man sich politische, technologische oder pädagogische Maßnahmen anschaut. Auch progressiv-ökologische Lebensstile sind längst unter einer Flut der materiellen Aufrüstung, Digitalisierung und Vermüllung durch Einwegverpackungen versunken. Es lässt sich kein einziges Handlungsfeld finden, in dem die ökologischen Schäden nicht permanent zugenommen hätten.

© www.andysinger.com

Gleichzeitig sprießen allerorts neue Veranstaltungsformate zur Nachhaltigkeit, grüne Netzwerke, Initiativen und Projekte rund um die Thematik aus dem Boden. Und auch die finanziellen Gewinne durch den Verkauf »grüner« Produkte und die Verbreitung »nachhaltiger« Technologien nehmen unaufhaltsam zu. Ist Nachhaltigkeit also nicht längst zu einem ökologischen Versteckspiel geworden?

Konsumhandlungen sind in unserer westlichen Welt verstärkt einem ethischen Druck ausgesetzt. Wer umweltfreundliche Produkte wie etwa Getränke mit Ökosiegel kauft oder ein Elektromobil nutzt, der zeigt eine politisch korrekte Haltung. Denn Produkte und Technologien sind vor allem eines: Träger von Botschaften, die ihrem Nutzer oder Eigentümer eine Identität verleihen, ganz nach dem Motto: »Sag mir, welches Auto du fährst, welches Smartphone du bedienst und wo du den letzten Urlaub verbracht hast – und ich sage dir, wer du bist!«

Das viel kritisierte »Greenwashing« dient also keineswegs nur dazu, das Ansehen von

Unternehmen aufzuhübschen, sondern auch dem Ziel, Konsumenten zu einem guten Gewissen zu verhelfen. Eine Photovoltaikanlage auf dem Dach und die Mitgliedschaft in einer Carsharing-Initiative lassen sich von den Verbrauchern zu einem symbolischen Gegengewicht aufschichten, welches andere umweltfeindliche Praktiken aus der Wahrnehmung verdrängt.

»Nachdem ich mir in letzter Zeit ausschließlich Öko-T-Shirts gekauft habe und schon frühzeitig auf Ökostrom umgestiegen bin, wird an meinem Langstreckenflug in die Karibik ja wohl nichts auszusetzen sein«, so der Gedanke. Was für eine schöne Illusion!

Grenzen der »Selbstverwirklichung«

Nicht wenige Zeitgenossen glauben tatsächlich, eine nachhaltige Lebensweise an einzelnen Handlungen oder Kaufentscheidungen festmachen zu können. Doch was ausgerechnet mit dem Einsatz für »Nachhaltigkeit« und Klimaschutz an Flugreisen und Ressourcen verschlingenden Konferenzen legitimiert wird, spricht Bände. Auf welchem Kontinent findet noch gleich der nächste (vermutlich ergebnislose) Sozial- oder Klimagipfel statt? Und wann wird der nächste Schüleraustausch mit Nicaragua oder das Auslandspraktikum in Südafrika organisiert?

Solange das Programm »Bildung für Nachhaltigkeit« dem Tenor einer egozentrischen, räumlich entgrenzten Selbstverwirklichung nichts entgegenzusetzen hat, bringt es bestenfalls Legionen selbsternannter »Weltretter« und »Vernetzungstouristen« hervor. Abenteuer erleben, die Welt sehen, als wichtig wahrgenommen werden, die Aussichten auf einen guten Job erhöhen: Das Engagement für »Nachhaltigkeit« macht's möglich.

Wir brauchen also einen ehrlicheren Maßstab, an dem sich nachhaltiges Handeln erkennen lässt: Ausschließlich individuelle Öko- oder CO_2-Bilanzen können dabei helfen, das ökologische Versteckspiel zu beenden. Die zentrale Frage lautet also: Was darf sich ein jeder und eine jede von uns insgesamt an materiellen Freiheiten leisten, ohne sozial oder ökologisch über seine beziehungsweise ihre Verhältnisse zu leben?

© Dirk Uhlenbrock / ersteliga.de

Eine neue Logik der Genügsamkeit

Bezogen auf das Klimaschutz-Ziel, die Erderwärmung auf zwei Grad Celsius zu begrenzen, dürfte jeder Mensch lediglich 2,7 Tonnen CO_2-Ausstoß pro Jahr verursachen. Der aktuelle Durchschnittswert individuell verursachter Emissionen beläuft sich in Deutschland jedoch auf knapp elf Tonnen. Eine Flugreise von Deutschland nach New York (Hin- und Rückflug) verursacht pro Person mehr als vier Tonnen CO_2, und nach Neuseeland sogar mehr als vierzehn Tonnen.

Ohne lange rechnen zu müssen, wird klar: Der einzige Ausweg besteht darin, nicht nur das globale Industriesystem zurückzuschrauben, sondern die globale Mobilität prägnant zu reduzieren. Das setzt genügsamere Lebensstile voraus – in der Nachhaltigkeitsdiskussion spricht man hier von »Suffizienz«. Und mal ehrlich: Wären wir damit wirklich unglücklicher?

Stress, Orientierungslosigkeit und Konsum-Burnout charakterisieren den Normalzustand moderner »Bequemokratien«, die längst zu einem Hort der Reizüberflutung geworden sind. Unser Leben ist vollgestopft mit Produkten, Dienstleistungen, Reisen, Ereignissen und digitalen Kommunikationskanälen. Es fehlt die Zeit, dies alles so abzuarbeiten, dass es unserem Wohlbefinden nützt und Glücksgefühle auslöst. Zeit ist die knappste Ressource, über die wir verfügen, und Empfindungen lassen sich weder automatisieren noch an jemanden delegieren. Und diese Zeitknappheit durch Multitasking überlisten zu wollen, also verschiedene Dinge gleichzeitig zu verrichten, führt uns nicht weiter – im Gegenteil. Neurologen haben längst herausgefunden, dass wir uns bestenfalls auf zwei Dinge gleichzeitig konzentrieren können.

Da der Tag nach wie vor nur 24 Stunden hat, die Anzahl der Dinge und Erlebnisse, die wir uns leisten könnten, jedoch geradezu explodiert, geben wir diesen immer weniger Aufmerksamkeit. Gleichzeitig sitzt uns die Angst im Nacken, etwas anderes zu versäumen, wenn wir uns zu lange einem Objekt oder einer Tätigkeit widmen. So wird Konsumwohlstand zur Strapaze, weil wir überall mit neuen Optionen konfrontiert werden, die wir zeitaufwändig zur Kenntnis nehmen und über die wir entscheiden müssen. Suffizienz – sich klug jener Last des Wohlstandsschrottes zu entledigen, der viel Zeit kostet, aber nur minimalen Nutzen stiftet – führt meines Erachtens zu mehr Unabhängigkeit von Geld und Erwerbsarbeit und reduziert somit Zukunftsängste, denn: Wer weniger benötigt, ist auch weniger gefährdet!

Selbstversorgung im 21. Jahrhundert?

Neben der Suffizienz ist ein zweites Prinzip wichtig, das den Weg in die Postwachstumsökonomie (Paech 2012) ebnen kann, nämlich kooperative Formen der Selbstversorgung, bezeichnet als »Subsistenz«. Dafür gibt es viele verschiedene Ansätze. Unterscheiden lassen sich: erstens Formen der gemeinschaftlichen Nutzung von Konsumgütern (Teilen, Tauschen, Verschenkmärkte), zweitens die Verlängerung der Nutzungsdauer von Produkten durch Reparatur, Instandhaltung, Umbau etc. und drittens die Eigenproduktion von Konsumgütern.

Im Nahrungsmittelbereich erweisen sich Haus-, Dach- und Gemeinschaftsgärten sowie andere Formen der urbanen Landwirtschaft als dynamischer Trend, der zur De-Industrialisierung dieses Bereichs beitragen kann. Künstlerische und handwerkliche Betätigungen reichen von der kreativen Wiederverwertung ausrangierter Gegenstände (Re- und Upcycling) über selbstgefertigte Holz- oder Metallobjekte bis hin zur semi-professionellen Marke »Eigenbau«. Doch dazu sind drei Ressourcen nötig:

UNSER AUTOR

Dr. Niko Paech (* 1960) ist seit 2010 Gastprofessor am Lehrstuhl für Produktion und Umwelt an der Universität Oldenburg. Er gilt als einer der wichtigsten Vertreter einer »Wirtschaft ohne Wachstum«.

© normanemil / Jugendfotos.de

Dachgarten als Lebensraum © FBB e.V.

erstens Improvisationsgeschick und einfache handwerkliche Kompetenzen, zweitens eigene Zeitressourcen und drittens soziale Beziehungen, also Netzwerke. Letztere brauchen wir, damit sich unsere verschiedenen Neigungen und Talente synergetisch ergänzen können.

Auf gesellschaftlicher Ebene betrachtet, wäre die Wirtschaftspolitik von Grund auf umzudefinieren. Nicht Konsumversorgung durch Industrieproduktion, sondern die Befähigung zur möglichst unabhängigen Selbstversorgung müsste zum Leitbild werden. Die Aufgabe für Politiker bestünde darin, eine Reduktion und Umverteilung der durchschnittlichen Wochenarbeitszeit von 40 Stunden durch entsprechende gesetzliche Maßnahmen zu erleichtern. Wenn das industrielle Wirtschafts- und Mobilitätssystem zunächst auf die Hälfte seiner jetzigen Größe zurückgebaut werden könnte – was schon aus ökologischen Gründen unabdingbar ist –, wäre für jede erwachsene Person eine 20-Stunden-Beschäftigung verfügbar. So hätten wir Vollbeschäftigung auf Basis einer 20-Stunden-Woche. Die freigestellten 20 Stunden ermöglichten handwerkliche und kooperative Formen der Selbstversorgung.

Eine für das 21. Jahrhundert taugliche Sozialpolitik kann sich nicht mehr allein auf Transferleistungen oder eine Umverteilung von Einkommen und Vermögen beschränken. Sie müsste Krisenrobustheit, also ökonomische Resilienz zum Ziel haben. Kommunale Verwaltungen könnten Anbauflächen, brach gefallene Immobilien und Werkstätten verfügbar machen, um neuen Formen einer urbanen Subsistenz Raum zu geben. Bildung und Erziehung könnten sich stärker an geldlosen Versorgungspraktiken orientieren und handwerkliche Befähigungen fördern. Unternehmen könnten Reparaturkurse anbieten, um Instandhaltungswissen anstelle von Produkten anzubieten. Die vielen derzeit entstehenden Reparatur-Cafés, Initiativen (wie ifixit.com oder murks-nein-danke.de) sowie Reparatur-Initiativen in den Transition-Town-Initiativen sind wegweisende Vorzeige-Projekte.

Denkbar wären auch gesetzlich verankerte, langjährige Gewährleistungs- und Garantiefristen für Produkte. Über politische Maßnahmen müsste stärker gegen den von Unternehmen eingeplanten Verschleiß der Güter vorgegangen werden. Das ist der Weg, damit aus hilflosen Konsumenten souveräne Reparateure werden können.

Literatur

- Hopkins, R. (2008): The Transition Handbook: From Oil Dependency to Local Resilience, Totnes.
- Müller, C. (2011): Urban Gardening. Über die Rückkehr der Gärten in die Stadt, München.
- Paech, N. (2012): Befreiung vom Überfluss. Auf dem Weg in die Postwachstumsökonomie, München.

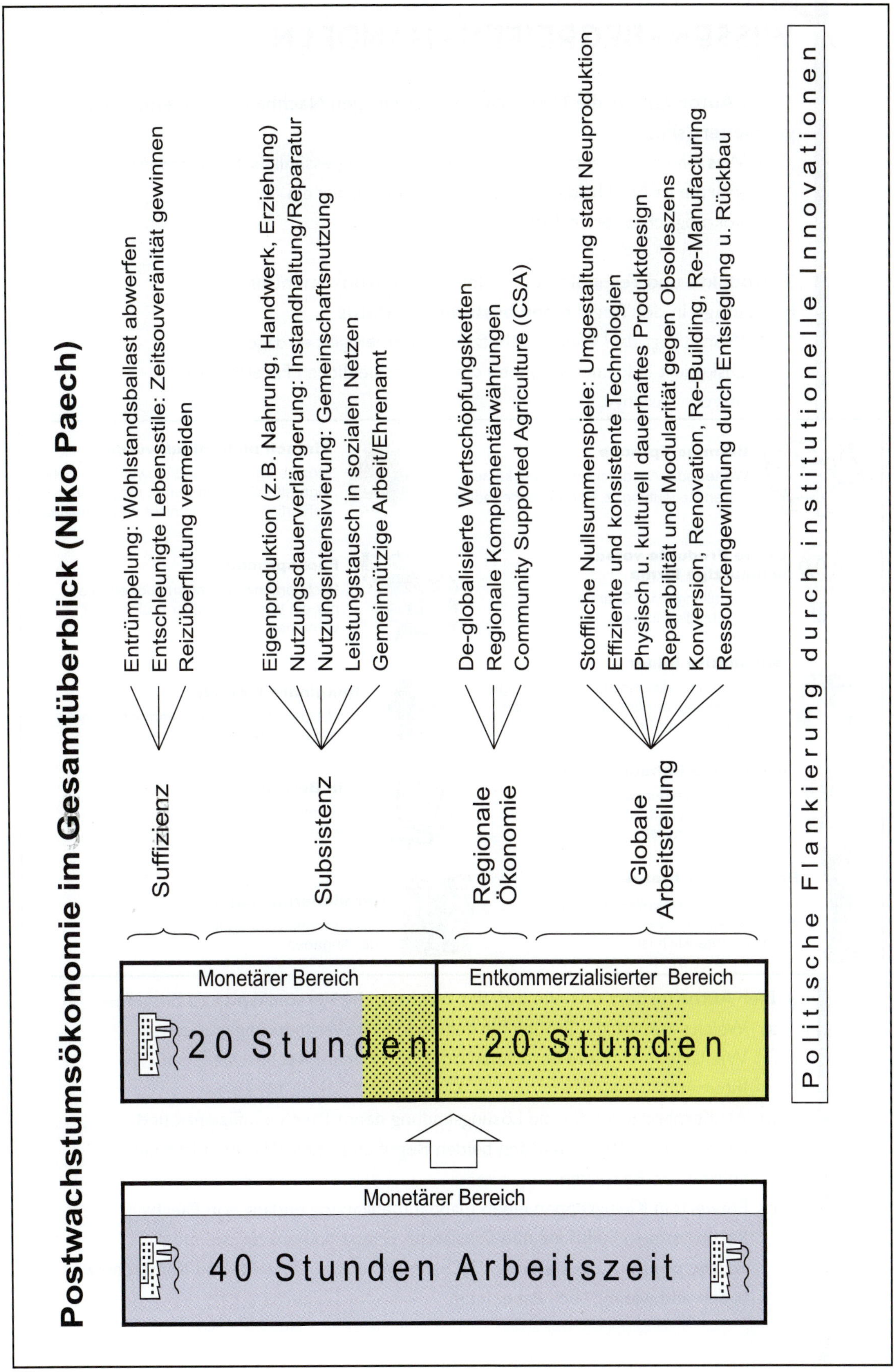
Postwachstumsökonomie im Gesamtüberblick (Niko Paech)
Monetärer Bereich
40 Stunden Arbeitszeit
Monetärer Bereich
20 Stunden
Entkommerzialisierter Bereich
20 Stunden
Suffizienz
Entrümpelung: Wohlstandsballast abwerfen
Entschleunigte Lebensstile: Zeitsouveränität gewinnen
Reizüberflutung vermeiden
Subsistenz
Eigenproduktion (z.B. Nahrung, Handwerk, Erziehung)
Nutzungsdauerverlängerung: Instandhaltung/Reparatur
Nutzungsintensivierung: Gemeinschaftsnutzung
Leistungstausch in sozialen Netzen
Gemeinnützige Arbeit/Ehrenamt
Regionale Ökonomie
De-globalisierte Wertschöpfungsketten
Regionale Komplementärwährungen
Community Supported Agriculture (CSA)
Globale Arbeitsteilung
Stoffliche Nullsummenspiele: Umgestaltung statt Neuproduktion
Effiziente und konsistente Technologien
Physisch u. kulturell dauerhaftes Produktdesign
Reparabilität und Modularität gegen Obsoleszens
Konversion, Renovation, Re-Building, Re-Manufacturing
Ressourcengewinnung durch Entsieglung u. Rückbau
Politische Flankierung durch institutionelle Innovationen

WISSEN • BEGREIFEN • HANDELN

1. Der Autor vertritt die These, dass alle bisherigen Nachhaltigkeitsbemühungen gescheitert sind.

a) Was sind seine zentralen Argumente für diese pessimistische Sichtweise?

b) Warum ist Nachhaltigkeit aus seiner Sicht oft nur ein »ökologisches Versteckspiel«?

2. Produkte und Technologien verleihen den KonsumentInnen heutzutage in der Regel einen bestimmten Status

a) Woran liegt das? Welche Schutzmechanismen gibt es dagegen?

b) Diskutiert in kleinen Gruppen die unterschiedlichen Facetten von »Greenwashing«.

Blumige Sprache
Wörter oder Ausdrucksweise mit keiner klaren Bedeutung, z. B »umweltfreundlich«

Einfach nicht glaubwürdig
Möchte irgendjemand umweltfreundliche Zigaretten? »Begrünung« macht ein gefährliches Produkt nicht ungefährlicher

Grüne Produkte versus schmutzige Firma
Die Herstellung einer Sparlampe verschmutzt die Flüsse

Fachsprache
Fachsprache und Informationen, die nur ein Wissenschaftler prüfen oder verstehen kann

Suggestive Bilder
Grünes Image, das eine ungerechtfertigte grüne Wirkung vorgibt, wie Blumen, die aus den Auspuffrohren kommen

Imaginäre Freunde
Ein Etikett, das wie ein Kommentar einer dritten Partei wirkt, aber erfunden ist

Irrelevante Behauptungen
Hervorhebung einer winzigen grünen Eigenschaft, wenn alles andere »ungrün« ist

Kein Beweis
Es könnte richtig sein, aber wo ist der Beweis?

Bester in der Klasse
Behaupte, du seist etwas »grüner« als der Rest, auch wenn der Rest ziemlich schrecklich ist

Geradeheraus lügen
Völlig erfundene Behauptung oder Angaben

3. Der Autor fordert uns alle auf, das ökologische Versteckspiel zu beenden.

a) Welche messbaren Größen für deine mögliche Veränderung gibt es? Wie lassen sich diese berechnen oder bestimmen? Recherchiert dafür im Internet.

b) Als Kernprinzipien für die Lösungsfindung nennt Paech »Suffizienz« und »Subsistenz«. Was ist mit den beiden Begriffen gemeint? Verdeutlicht diese anhand von Beispielen.

c) Entwerft in Kleingruppen einen Maßnahmenkatalog entlang von Paechs Kernprinzipien Suffizienz und Subsistenz. Erfasst so konkret wie möglich, welche positiven Effekte diese Maßnahmen auf den Umwelt- und Klimaschutz haben und wie ihr euch dabei fühlt.

d) Präsentiert eure Ergebnisse im Plenum, diskutiert diese und verabschiedet möglichst gemeinsam getragene Vereinbarungen/Zielsetzungen.
e) Sinnvoll wäre es, eure Vereinbarung und eure Vorhaben in einen Wochen- oder Monatsplan einfließen zu lassen.

4. Erläutere, wie sich der Autor die Postwachstumsökonomie, bezogen auf die Gesamtgesellschaft, vorstellt. Können Unternehmen überhaupt bestehen, ohne zu wachsen oder Gewinne zu erzielen? Recherchiert Fallbeispiele wachstumsneutraler Unternehmen im Internet (auch unter Verwendung des englischen Begriffs »degrowth«).

5. Nimm kritisch zu den Vorschlägen des Autors Stellung. Erläutere und hinterfrage dabei den Schlusssatz des Textes: »Das ist der Weg, damit aus hilflosen Konsumenten souveräne Reparateure werden können!«

6. Ihr wollt eine Schülerfirma gründen:

a) Dafür gilt es zunächst, eine Geschäftsidee zu entwickeln, ein Unternehmenskonzept, eine Marktanalyse und einen Finanzplan zu erstellen sowie Informationen zu rechtlichen Fragen einzuholen. So lernt ihr, was es bedeutet, längerfristig zu planen, zu produzieren und die erstellten Produkte zu verkaufen oder Dienstleistungen anzubieten. Der Wunsch, damit reich zu werden, sollte eher zweitrangig sein. Dafür könnt ihr euch als ExistenzgründerIn ausprobieren und wertvolle Fähigkeiten für euer Berufsleben erwerben.
b) Holt euch Tipps und Unterstützung, z. B. online http://schuelerfirmen.com/, oder lasst euch von anderen Schülerfirmen inspirieren.
c) Probiert aus, inwiefern die Vorschläge und Kriterien von Paech im Rahmen eurer Schülerfirma anwendbar sind, und veröffentlicht eure Erfahrungen.

7. »Gegen Fremdbestimmung und Reizüberflutung für Suffizienz und Subsistenz«, ist eine etwas umständliche Botschaft, mit der Nichtregierungsorganisationen, Verbraucherinitiativen und Ökodörfer werben.

a) Analysiert die tragenden Begriffe des Leitgedankens. Folgende Stichworte helfen euch dabei sicherlich weiter: Konsumverzicht, Selbstbegrenzung, Entschleunigung, Abwerfen von Ballast, Entkommerzialisierung, Selbstversorgung ohne nennenswerte Überschüsse, eine neue Sicht auf die Ökonomie, Lebensproduktion statt Warenproduktion …
b) Erschließt die Thematik der Botschaft durch ein Bündel von Fragen, z. B.: Wie viel ist dir genug? Müssen wir alles in Geld bezahlen? Welche Bedeutung wird Subsistenz in »modernen« Wirtschaften zuteil? Gibt es Schutzmechanismen gegen Produkte? Welche Botschaften sollten von Produkten ausgehen?
c) Eure Aufgabe ist es nun, zu dem obigen Slogan ein Schülerforum zu organisieren. Welche Schlagzeile, die auch für Jugendliche ansprechend und verständlich ist, wählt ihr für euer Plakat?

DIE GEMEINWOHL-ÖKONOMIE – EIN WIRTSCHAFTSMODELL MIT ZUKUNFT ?!

Von Dr. Christian Felber

88 Prozent der Deutschen und 90 Prozent der ÖsterreicherInnen wünschen sich laut einer Umfrage der Bertelsmann-Stiftung eine »neue Wirtschaftsordnung«. Die Gemeinwohl-Ökonomie bietet eine Alternative zu kapitalistischer Markt- und zentraler Planwirtschaft. Sie baut auf Beziehungs- und Verfassungswerten auf und misst ihre Umsetzung mit Gemeinwohl-Bilanzen und dem Gemeinwohl-Produkt. Mittlerweile tragen 1.500 Unternehmen aus 30 Staaten die Bewegung, Gemeinwohl-Gemeinden sind am Entstehen, und immer mehr Universitäten kooperieren. Über das Konzept und warum wir damit Erfolg haben!

Die »Wirtschaftsreformbewegung Gemeinwohl-Ökonomie« wurde 2010 auf meine Initiative hin von einem Dutzend österreichischer UnternehmerInnen ins Leben gerufen, die mit der gegenwärtigen Wirtschaftsordnung unzufrieden waren: Sie empfinden es als ungerecht, dass sie Wettbewerbsnachteile erleiden, wenn sie sich ethisch verhalten. Die Gemeinwohl-Ökonomie (GWÖ) ist erstens eine »vollethische Marktwirtschaft«, welche die Grundwerte Menschenwürde, Gerechtigkeit, Nachhaltigkeit, Solidarität und Demokratie ernst nimmt, und zweitens eine wirklich liberale Marktwirtschaft. Damit grenzt sie sich deutlich zur gegenwärtigen kapitalistischen und tendenziell illiberalen Marktwirtschaft ab, in der die Freiheit und andere Grundwerte zunehmend gefährdet sind.

Die tragenden Säulen der GWÖ sind dabei nicht »neu«, sondern eine Anpassung der Wirtschaftsordnung an die Ziele und Werte der Verfassungen demokratischer Staaten. Die GWÖ definiert die Werte, Ziele und Mittel des Wirtschaftens. So werden Geld, Gewinn und Kapital vom reinen »Zweck« zu den »Mitteln« des Wirtschaftens. Derzeit gibt es keine Verfassung, die besagt, dass Geld oder die Mehrung des Kapitals der Zweck des Wirtschaftens seien oder sein sollten.

Hingegen sagt zum Beispiel die bayrische Verfassung: »Die gesamte wirtschaftliche Tätigkeit dient dem Gemeinwohl« (Art. 151). Die italienische Verfassung legt als Ziel für die öffentliche und private Wirtschaft das »Allgemeinwohl« fest (Art. 41). Das deutsche Grundgesetz sieht vor, dass Eigentum verpflichtet und sein Gebrauch zugleich dem Wohl der Allgemeinheit dienen soll (Art. 14).

Fortschritte und Gemeinwohlorientierung

Diese Ziele werden aber in der realen Wirtschaft weder zufriedenstellend erreicht noch gemessen. Es fehlen die geeigneten Erfolgsindikatoren. Das Bruttoninlandsprodukt (Volkswirtschaft) und der Finanzgewinn (Betriebswirtschaft), die beiden zentralen Erfolgsindikatoren der Wirtschaft von heute, sagen nichts Verlässliches über die Zielerreichung aus: die Befriedigung von Grundbedürfnissen, Lebensqualität, Gemeinwohl. Das »Gemeinwohl-Produkt« würde zukünftig über 20 Indikatoren etwa die Fortschritte in den Bereichen Ernährung, Gesundheit, Wohnung, Beziehungsqualität, Vertrauen, soziale Sicherheit, Grundrechte, Mitbestimmung, Geschlechtergleichheit, Friede etc. messen und damit den »Erfolg« einer Volkswirtschaft bestimmen. Die Indikatoren würden von der Bevölkerung in kommunalen BürgerInnenbeteiligungsprozessen selbst definiert.

Der »Erfolg« eines Unternehmens müsste anhand seines Beitrages zum Gemeinwohl ebenfalls neu definiert werden. Gemessen werden könnte dieser mit einer Gemeinwohl-Bilanz, welche über die brennendsten sozialen Fragen Rechenschaft ablegt, beispielsweise: Wie sinnvoll ist das Produkt, die Dienstleistung? Wie ökologisch wird produziert, vertrieben und entsorgt? Wie human sind die Arbeitsbedingungen? Werden Frauen und Männer gleich behandelt und bezahlt? Werden die Erträge gerecht verteilt? Wie kooperativ verhält sich das Unternehmen am Markt? Oder: Wer trifft die Entscheidungen?

Gemessen wird in Punkten, jedes Unternehmen kann maximal 1.000 Punkte erreichen. Das Ergebnis könnte in einer farblich unterscheidbaren Ampel auf allen Produkten und Dienstleistungen erscheinen. Streichen die Konsumenten mit dem Handy über den QR-Code, blinkt auf dem Display die gesamte Gemeinwohl-Bilanz auf. Damit würde die GWÖ das Grundversprechen der Marktwirtschaft nach transparenter Information – die Grundlage für eine rationale Kaufentscheidung – erfüllen. Je besser das Gemeinwohl-Bilanz-

© GWÖ

Werte

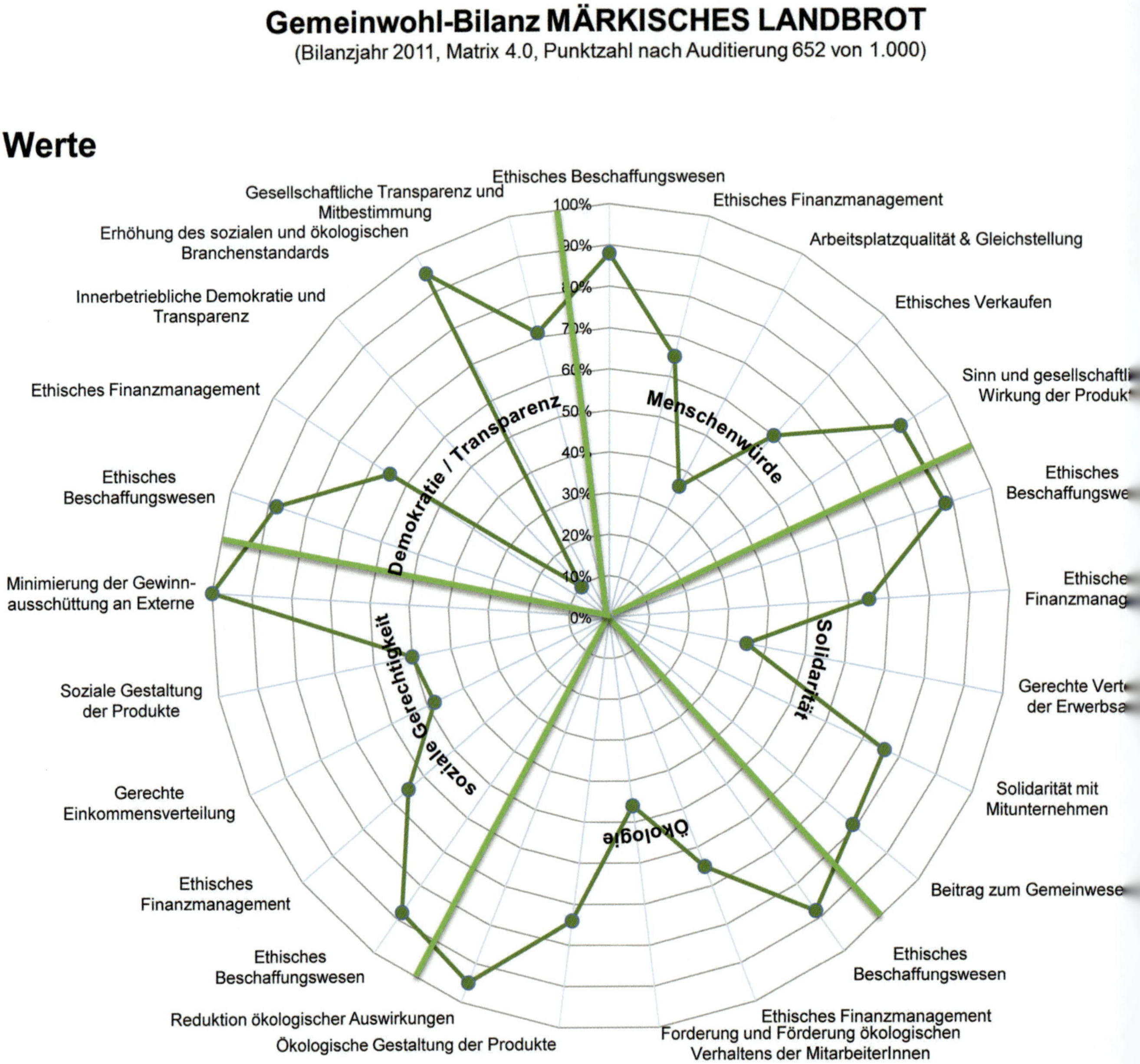
Gemeinwohl-Bilanz MÄRKISCHES LANDBROT
(Bilanzjahr 2011, Matrix 4.0, Punktzahl nach Auditierung 652 von 1.000)
Ethisches Beschaffungswesen
Ethisches Finanzmanagement
Arbeitsplatzqualität & Gleichstellung
Ethisches Verkaufen
Menschenwürde
Solidarität
Solidarität mit Mitunternehmen
Beitrag zum Gemeinwese
Ethisches Beschaffungswesen
Ethisches Finanzmanagement
Forderung und Förderung ökologischen Verhaltens der MitarbeiterInnen
Ökologie
Ökologische Gestaltung der Produkte
Reduktion ökologischer Auswirkungen
Ethisches Beschaffungswesen
Ethisches Finanzmanagement
Gerechte Einkommensverteilung
Soziale Gestaltung der Produkte
soziale Gerechtigkeit
Minimierung der Gewinnausschüttung an Externe
Ethisches Beschaffungswesen
Ethisches Finanzmanagement
Innerbetriebliche Demokratie und Transparenz
Erhöhung des sozialen und ökologischen Branchenstandards
Gesellschaftliche Transparenz und Mitbestimmung
Demokratie / Transparenz
100%
0%

Ergebnis eines Unternehmens, desto mehr rechtliche Vorteile erhält es, zum Beispiel: niedrigeren Mehrwertsteuersatz, Zoll-Tarif oder Zins bei Krediten. Oder aber Vorrang beim öffentlichen Einkauf und bei Forschungskooperationen mit öffentlichen Universitäten.

Mithilfe dieser marktwirtschaftlichen Anreizinstrumente wird die verkehrte Situation von heute zurechtgerückt: Die Ethischen, Nachhaltigsten und Verfassungstreusten werden belohnt, weil ihre Produkte billiger wären als die Produkte unethischer und rücksichtsloser Unternehmen. Letztere müssten sich wandeln oder vom Markt verschwinden: Die »Gesetze« des Marktes stimmten endlich mit den Werten der Gesellschaft überein.

Die GWÖ ist vier Jahre nach ihrem Start von einer Idee zu einer internationalen Bewegung geworden: Der gesamte Prozess, der im Oktober 2010 in Wien startete, setzt sich aus drei sogenannten Pionier-Gruppen zusammen: Unternehmen (zum Beispiel Sparda-Bank München, VAUDE, Bodan, La Fageda, Hotel La Perla, Märkisches Landbrot, Sonnentor…), Gemeinwohl-Gemeinden (Mals, Schlanders, Laas und Latsch in Südtirol; Carcaboso und Miranda de Azán in Spanien) sowie Hochschulen.

An der Universität Salzburg wird gerade der erste »MBA Gemeinwohl-Ökonomie« entwickelt, in Zusammenarbeit mit der UNESCO entsteht ein internationaler Lehrstuhl. Rund um die PionierInnen-Gruppen bilden sich AkteurInnen-Kreise: BeraterInnen und AuditorInnen begleiten die Unternehmen, ReferentInnen und BotschafterInnen gehen an die Öffentlichkeit. Das »Matrix-Entwicklungsteam« sammelt laufend Feedbacks von den PionierInnen-Gruppen und verbessert die Gemeinwohl-Bilanz.

Jeder kann mitmachen

In den Gemeinwohl-Gemeinden werden »Kommunale Wirtschaftskonvente« organisiert, in denen die Bevölkerung die Wirtschaftsordnung der Zukunft formuliert – ausgehend von 20 Schlüsselfragen, welche der GWÖ zugrunde liegen. Ziel der Bewegung ist nicht die Durchsetzung eigener Inhalte, sondern die demokratische Diskussion und Entscheidung einer zukunftsfähigen Wirtschaftsverfassung. Ein historisch würdiges Datum dafür könnten 2019 und 2020 sein: 100 Jahre Demokratie in Deutschland und Österreich.

Die wohl häufigste Kritik, die an unserem Konzept der Gemeinwohl-Ökonomie geübt wird, betrifft unser Menschenbild. Der Mensch sei nicht »so gut« wie er in der GWÖ gezeichnet werde, heißt es oft. Doch die GWÖ zeichnet vordergründig gar kein Menschenbild, sondern sie setzt positive Anreize für unumstrittene Tugenden und Verfassungswerte. Hintergründig widerlegt die GWÖ das kapitalistische Menschenbild. Derzeit schwenken zahlreiche Wissenschaften in Richtung Kooperation als Erfolgsstrategie um. Verbundenheit, Empathie und Mitgefühl gelten als Kernqualitäten, die zwar verschüttet und durch patriarchale Werte überlagert werden können, aber eben doch sehr »menschlich« in jeder Hinsicht sind.

Die Politik nimmt die Ideen der GWÖ von der kommunalen Ebene mehr und mehr auf: Neben einer Hundertschaft von Städten und Kommunen, die Interesse am Konzept der Gemeinwohl-Gemeinde haben, hat die frisch gewählte Salzburger Landesregierung in ihrem Regierungsprogramm 2013 die Förderung von Gemeinwohl-Betrieben festgehalten. Das Land

UNSER AUTOR

Christian Felber (* 1972) ist Buchautor und Universitätslektor in Wien. Er hat Attac Österreich mitbegründet und das Konzept der »Gemeinwohl-Ökonomie« entwickelt.
www.christian-felber.at und www.gemeinwohl-oekonomie.org

© Susanne Ehlerding

Südtirol überlegt, zu einer »Gemeinwohl-Ökonomie-Modellregion« zu werden. Bis dato unterstützen 62 PolitikerInnen aus unterschiedlichsten Parteien die Bewegung, die sich in bald 100 Regionalgruppen in Europa, Nord- und Südamerika ausbreitet.

Das Modell ist inhaltlich offen. Seine Grundstruktur: Klärung von Werten, Zielen und Mitteln ist universell anwendbar sowie lokal und kulturell unterschiedlich auffüllbar. Die GWÖ bietet eine Vision und niedrigschwellige Beteiligungsmöglichkeit für Einzelpersonen, Unternehmen, Kommunen und Bildungseinrichtungen, auch wenn der rechtliche Rahmen noch nicht vorhanden ist. Die konkrete Vorgehensweise wird aber von den lokalen AkteurInnen, zum Beispiel in Lateinamerika, selbst entschieden. Am Prozess der Gemeinwohl-Ökonomie kann sich jeder beteiligen. Auch du – mach mit!

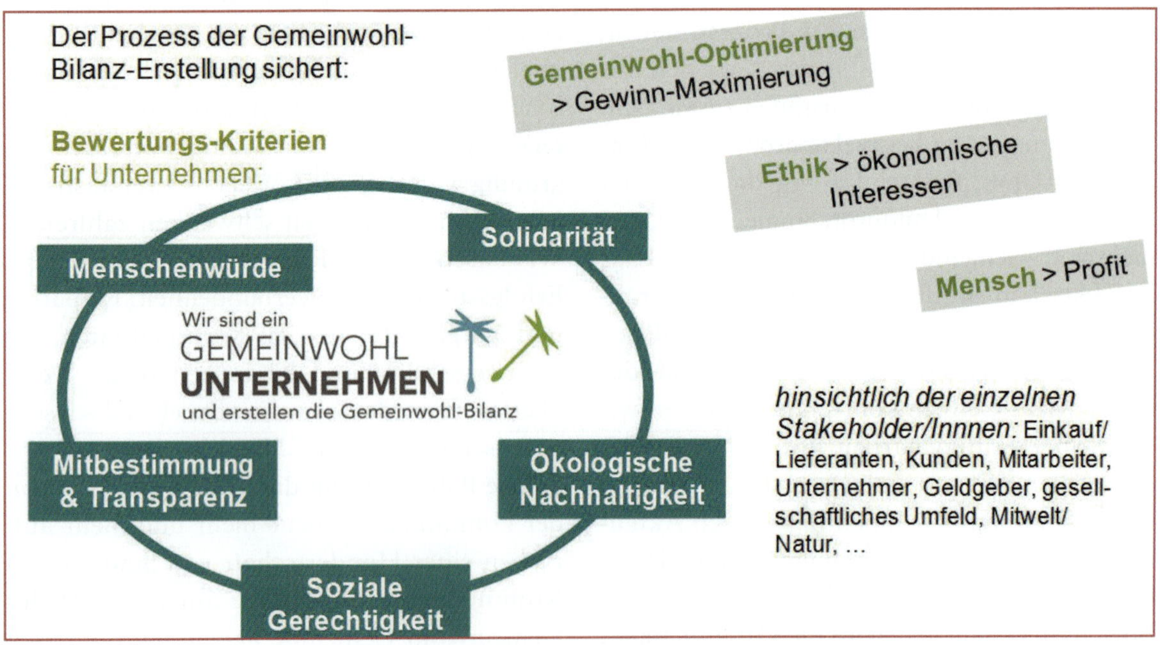

© GWÖ

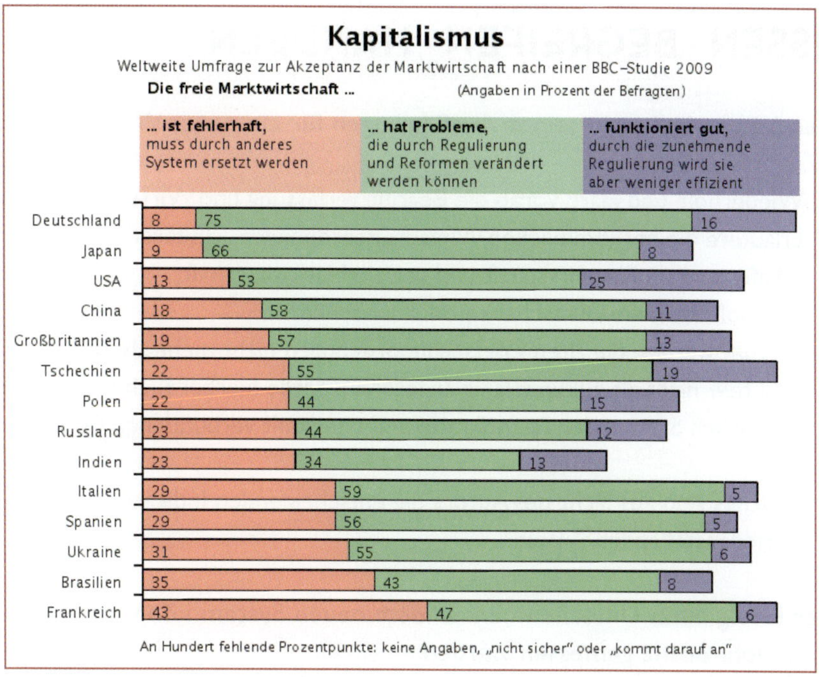
Kapitalismus
Weltweite Umfrage zur Akzeptanz der Marktwirtschaft nach einer BBC-Studie 2009
Die freie Marktwirtschaft ...
(Angaben in Prozent der Befragten)
... ist fehlerhaft, muss durch anderes System ersetzt werden
... hat Probleme, die durch Regulierung und Reformen verändert werden können
... funktioniert gut, durch die zunehmende Regulierung wird sie aber weniger effizient
Deutschland 8 75 16
Japan 9 66 8
USA 13 53 25
China 18 58 11
Großbritannien 19 57 13
Tschechien 22 55 19
Polen 22 44 15
Russland 23 44 12
Indien 23 34 13
Italien 29 59 5
Spanien 29 56 5
Ukraine 31 55 6
Brasilien 35 43 8
Frankreich 43 47 6
An Hundert fehlende Prozentpunkte: keine Angaben, „nicht sicher“ oder „kommt darauf an“

PFFF
PFFF
PFFF
WACHSTUM STATT "WACHSTUM"!
BROMUNDT/14

WISSEN • BEGREIFEN • HANDELN

1. Der Autor plädiert in seinen Ausführungen für ein neues Wirtschaftsmodell mit Zukunft.

a) Wiederhole und kläre vorab die Begriffe Verfassung und Wirtschaftsordnung.
b) Erläutere die herkömmlichen Wirtschaftsordnungen: kapitalistische Marktwirtschaft, zentrale Planwirtschaft und soziale Markwirtschaft.
c) Wie soll das neue Wirtschaftsmodell aussehen?
d) Warum werden die alten Wirtschaftsordnungen nicht mehr als zufriedenstellend bzw. nicht als zukunftsfähig angesehen? Stelle hierbei auch Bezüge zum politischen System der Demokratie und die damit verbundenen Grundwerte her.
e) Welches sind aus Sicht des Autors die entscheidenden Indikatoren für ein zufriedenstellendes System?

2. Der Erfolg eines Unternehmens in dem neuen System könnte anhand einer Gemeinwohl-Bilanz gemessen werden.

a) Welche Kriterien sollte diese Bilanz erfüllen bzw. beachten?
b) Welche Kriterien hieltest du zusätzlich für erforderlich? Begründe!

3. Christian Felber möchte viele Menschen für sein Modell begeistern.

a) Welche Anreize könnten geschaffen werden, um dieses neue System in möglichst vielen Betrieben und Ländern durchzusetzen?

b) Recherchiert online, in welchen nicht-europäischen Ländern die Idee der Gemeinwohl-Ökonomie bereits Anklang gefunden hat.

4. Erfasst die im Text beschriebene Aufforderung zum Mitmachen möglichst in einem Struktur-Diagramm (sortiert nach AkteurInnen und Möglichkeiten der Beteiligung).

a) Was bedeutet die Gemeinwohlökonomie ganz konkret für BürgerInnen?

b) Welchen Einfluss kann der oder die Einzelne ausüben? Wie können wir an den Bestrebungen partizipieren?

c) Findest auch du deinen Platz in diesem Diagramm?

5. Ihr wollt diese Wirtschaftsreformbewegung (GWÖ) an eurer Schule/in eurer Kommune bekannt machen.

a) Sucht nach AkteurInnen in euer unmittelbaren Umgebung, die sich bereits nach dem Konzept der Gemeinwohlökonomie richten (am besten eine Schule, Hochschule oder eine Institution im Bildungsbereich) oder nach Workshop-Angeboten zum Thema »GWÖ an der Schule«.

b) Nehmt zu diesen AkteurInnen oder BeraterInnen Kontakt auf und entwerft zusammen einen Kampagnenplan für eine Gemeinwohlbilanz-Erstellung an eurer Schule. Überzeugt eure Eltern und LehrerInnen, euer Vorhaben tatkräftig zu unterstützen. Stellt dafür eine Liste mit potenziellen positiven Auswirkungen auf die Lernkultur, die Lernatmosphäre sowie das Ansehen der Schule zusammen.

c) Vergleicht eure Gemeinwohlbilanz mit anderen Schulen oder stellt das Konzept an benachbarten Schulen in eurer Umgebung vor. Informiert auch die lokalen Medien.

4.2 DIE ENERGIEW VORANBRINGEN U

Einleitung

Bei der sogenannten Energiewende in Deutschland geht es um nichts weniger als den kompletten Umbau unserer bisherigen Energieversorgung – weg von der dreckigen Braunkohle und anderen fossilen Energieträgern, hin zur Versorgung über Windkraft, Sonnen- und Meeresenergie, Biogas und Erdwärme. Doch alle Vorhaben und Projekte in der Energiepolitik müssen die drei Aspekte Wirtschaftlichkeit, Versorgungssicherheit und Umweltverträglichkeit beachten und gegenseitig gut ausbalancieren: ein echter Drahtseilakt, und ein gutes Stückchen des Weges liegt noch vor uns!

Der Unternehmer Max Schön (siehe Interview) vermisst im Rahmen der Energiewende verlässliche politische Rahmenbedingungen für Investitionen sowie nennenswerte steuerliche Vergünstigungen für BürgerInnen, die beispielsweise ihr Haus sanieren oder sich eine neue Heizung anschaffen wollen. Am Beispiel der Mobilität erläutert der Unternehmer, wie er sich ein langfristiges, vernetztes Denken und Handeln im Rahmen der Energiewende vorstellt und welche Rolle hierbei die junge Generation spielen sollte.

Klar ist: Das Mammut-Projekt Energiewende tangiert nicht nur Prozesse in Unternehmen und in der Politik, sondern unsere sozialen und demokratischen Strukturen. Anstatt

DE

D MITTRAGEN

der bisherigen Stromversorgung durch große Industriekonzerne, Kohle- und Atom-Großkraftwerke setzen sich zunehmend kleinere, dezentrale Modelle durch. BürgerInnen und VerbraucherInnen erzeugen ihre Energie selbst und vermarkten sie auch (siehe Beitrag von Ursula Sladek). In vielen Regionen steigen die Anzahl der Energiegenossenschaften und die Bereitschaft der BürgerInnen, in die Energiewende zu investieren. Die sozialen Rollen und damit verbunden Erwartungshaltungen verändern sich – Stromproduzenten, Netzbetreiber und Verbraucher sind künftig stärker miteinander vernetzt.

Die deutsche Energiewende wird im Zuge der Erderwärmung, aber auch angesichts der Endlichkeit der fossilen Rohstoffe international breit diskutiert. Und letztendlich muss das Modell der Versorgung mit Erneuerbaren Energien international Schule machen, um den Klimawandel zu verlangsamen. Denn rund die Hälfte der weltweiten Kohlendioxid-Emissionen aus der Verbrennung fossiler Energieträger wird allein von den vier Staaten China, den USA, Russland und Indien verursacht. Wie Christian Hübner in seinem Beitrag darlegt, beobachten vor allem die Schwellenländer die Energiewende mit großem Interesse und sprechen Deutschland eine Vorreiterrolle zu, wenn es um die parallele Nutzung von fossilen und Erneuerbaren Energien geht.

Auch China investiert vor dem Hintergrund seines Wirtschaftswachstums und dem stetig steigenden Energiebedarf des Landes Milliarden in Erneuerbare Energien, wie Lea Deuber in Peking und Shanghai recherchiert hat. Dennoch

INFO

Der Energieverbrauch verursacht in Deutschland 80 Prozent der Treibhausgasemissionen. Mit dem Ausbau der Erneuerbaren Energien konnten 2013 nach Angaben der Bundesregierung rund 148 Millionen Tonnen CO_2 vermieden werden. Maßgeblich für den rasanten Ausbau der Erneuerbaren Energien in Deutschland ist das Erneuerbare-Energien-Gesetz (EEG) der rot-grünen Bundesregierung aus dem Jahre 2000. Deutschland hat sich ehrgeizige Ziele gesetzt. Der Anteil Erneuerbarer Energien an der Stromversorgung soll bis 2020 mindestens 35 Prozent und bis 2050 gut 80 Prozent betragen.

Die Treibhausgasemissionen sollen bis 2020 um 40 Prozent und bis 2050 um mindestens 80 Prozent sinken. Der Ausstieg aus der Atomenergie bis 2022 macht dieses Vorhaben noch ambitionierter. Doch Energiewende bedeutet mehr als die Festlegung verbindlicher Kernziele. Es ist ein langfristiger Prozess, der – sinnbildlich gesprochen – nicht nur über Schnellstraßen führt, sondern auch über Umwege, Hindernisse und in Sackgassen.

gewinnt China den Großteil seiner Energie weiterhin aus der Kohle, die das Land mehr als genug hat. Zudem ist die Luftverschmutzung in den Städten ein akutes Problem, für das China endlich Lösungen finden möchte.

»Energiewende« meint aber nicht nur den verstärkten Einsatz Erneuerbarer Energien, sondern auch eine gesteigerte Energieeffizienz. Den beiden Bereichen Immobilien/Wohnen und Mobilität, in denen große Energie-Einsparpotenziale liegen, widmen wir uns daher noch ausführlicher im darauffolgenden Themenfeld 4.3.

Strompreiserhöhungen in Großstädten:
Echter Ökostrom ist in 89% der Fälle* günstiger als die Grundversorgung

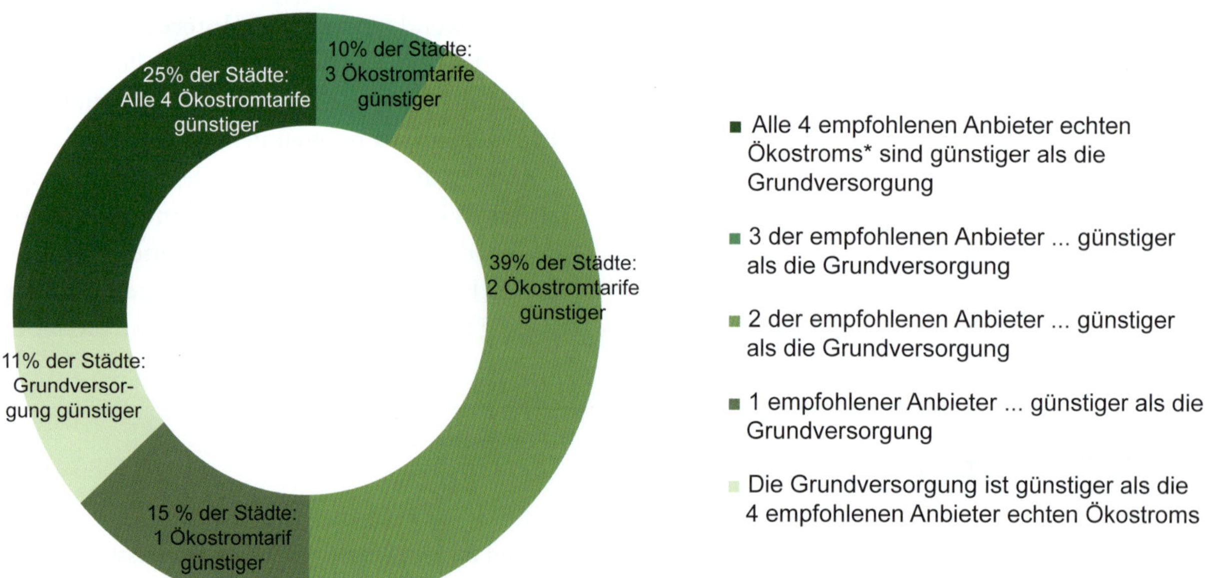

*Betrachtet wurden 72 der 100 größten Städte des Landes, da in den restlichen Städten keine Preiserhöhung stattfand. Zugrundegelegt sind Strompreise für Haushaltskunden mit 4000 kWh Jahresverbrauch. Daten vom 23.11.2012, Quelle: www.verivox.de, Grafik: M. Ball/ Atomausstieg selber machen

*Die empfohlenen Ökostromanbieter sind EWS Schönau, Greenpeace Energy, Lichtblick und Naturstrom.

UNTERNEHMER BRAUCHEN MEHR INVESTITIONS-SICHERHEIT

Max Schön im Interview

Max Schön ist ein erfolgreicher Unternehmer aus Lübeck in Norddeutschland. Er war über viele Jahre Vorstandsvorsitzender eines Stahlgroßhandels, der Max Schön AG, und Vorsitzender der »Stiftung 2° – Deutsche Unternehmer für Klimaschutz«. Im Gespräch mit *youthinkgreen* beschreibt Schön zentrale gesellschaftliche Herausforderungen, damit Unternehmen nachhaltiger agieren können, aber auch seine ganz persönlichen und alltäglichen Entscheidungskonflikte bei einer nachhaltigen Lebensgestaltung. Außerdem fordert Schön Jugendliche auf, sich stärker an der Lösungsfindung zu beteiligen.

Von Judith Gebbe

youthinkgreen: Herr Schön, oft wird der Klimawandel als größte Herausforderung des 21. Jahrhunderts bezeichnet. Welche Impulse und Initiativen brauchen wir, um diese Herausforderung zu meistern?

Schön: Für jede Region, für jede Person und für jedes Unternehmen muss ein individueller »Dekarbonisierungs-Pfad« entwickelt und verfolgt werden. Die Leitfrage hierfür lautet: Wie reduzieren wir CO_2 und Ruß als die beiden Hauptverursacher des Klimawandels in unserem gesamten Handeln? Dieses Denken ist völlig unzureichend im Alltag verankert, auch in einem entwickelten Land wie Deutschland. Wir haben grobe Ziele, aber einen richtigen Fahrplan haben wir eigentlich nicht. Dazu müsste es neben den Nachhaltigkeitszielen einen konkreten Maßnahmenplan geben und eine Kontrollinstanz samt Nachsteuerung, die eingreift, wenn ein Ziel droht, verfehlt zu werden.

youthinkgreen: Im Forum für nachhaltiges Wirtschaften haben Sie darauf hingewiesen, dass das Handeln verantwortungsbewusster Unternehmen von klaren Rahmenbedingungen seitens der Politik abhängt. Wie müssten diese Rahmenbedingungen ganz konkret aussehen?

Schön: Wenn ich als Unternehmer ein Kraftwerk, ein Haus oder eine neue Fabrik baue, dann muss meine Entscheidung mindestens für die nächsten zehn bis 15 Jahre wirtschaftlich von Bestand sein. Die Hürde für diese oder ähnliche Investitionen ist, dass wir eigentlich nicht wissen, welchen Kurs unsere Regierung für die nächsten zehn bis 20 Jahre fährt. Ich muss darauf vertrauen können, dass der Rahmen, der jetzt mit der Energiewende kommt, meine Investitionen berücksichtigt. Dies weiß momentan jedoch niemand. Deshalb bleiben viele gute Investitionen zum Beispiel in Erneuerbare Energien einfach aus. Es geht den möglichen Investoren dabei gar nicht um die Art und Weise von Vorgaben, sondern darum, überhaupt einen neuen und verlässlichen politischen Rahmen zu haben.

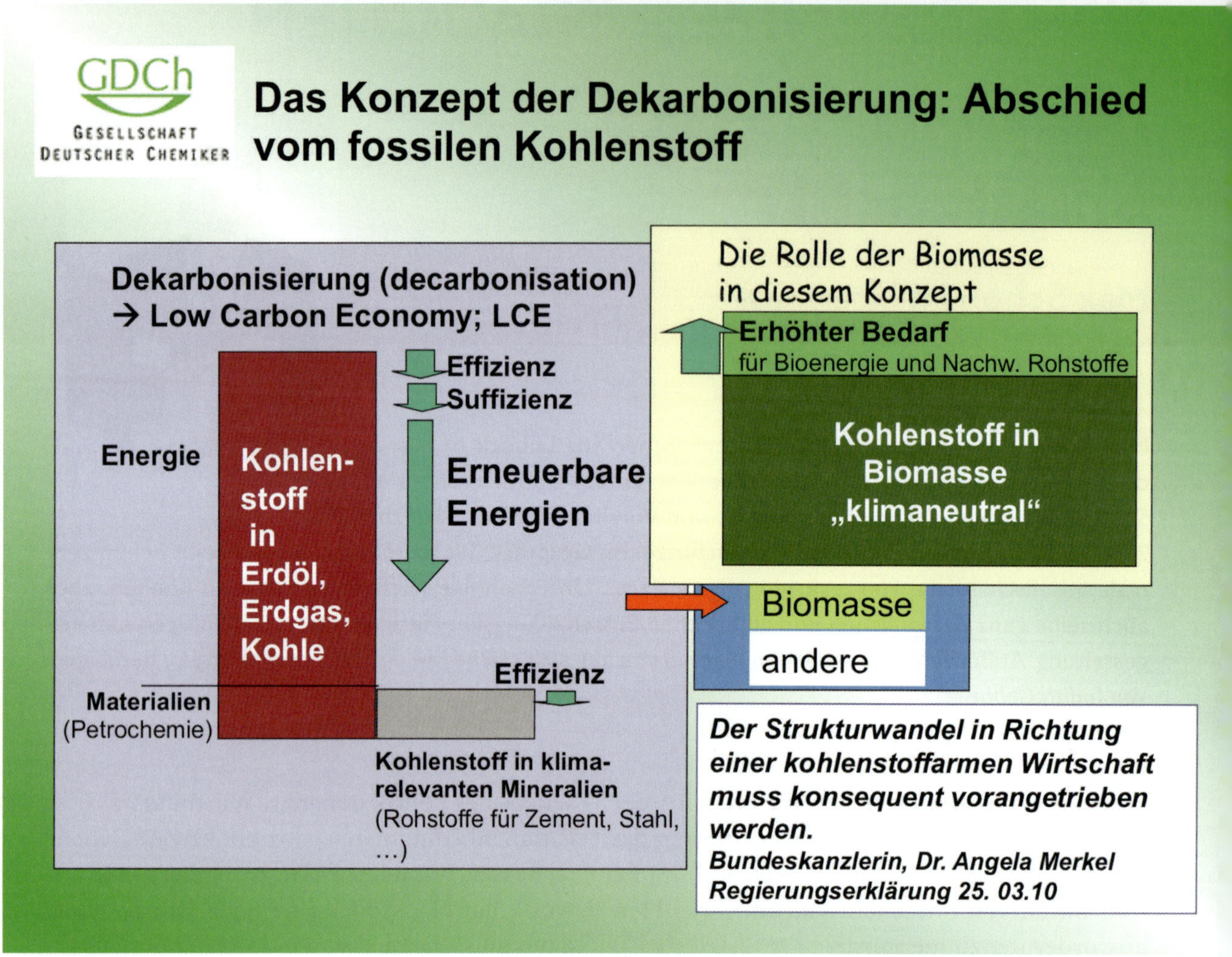

Langfristiger Denken

youthinkgreen: Es fehlt sozusagen die Investitionssicherheit seitens der Politik?

Schön: Ja, Investitionssicherheit ist dann der statische Begriff dafür. Wir könnten auch sagen, dass es momentan einfach noch recht nebelig um die Energiewende ist. Die Energiewende umzusetzen, bedeutet auch eine Mobilitätswende hin zu anderen Fahrzeugen und einem veränderten Verkehrsverhalten. Eine Energiewende bedeutet ferner, dass auch das Bauministerium involviert sein muss, denn wir müssen die Art und Weise des Bauens und Dämmens ändern. Daran gekoppelt sind Energieherstellung, -transport und -speicherung sowie die Preise für den Strom – alles primär im Zuständigkeitsbereich des Wirtschaftsministeriums. Ein Teil davon, also die Erneuerbaren Energien, sind aber im Umweltministerium verankert. Das Gesamte wird im Kanzleramt koordiniert, denn dort laufen die Fäden in der Nachhaltigkeitsstrategie zusammen. Aber es gibt Abstimmungsschwierigkeiten. Als Unternehmer kann ich kurzfristige Investitionen tätigen, zum Beispiel ein neues Handy für den Betrieb kaufen und dann zwei Jahre warten, bis es neue Vorgaben oder neue Handys gibt. Investiere ich jedoch langfristig in eine neue Halle oder eine neue Heizungsanlage, dann muss ich den politischen Rahmen und die Pläne kennen. Deswegen warten viele ab, dass sich der Nebel um die Energiewende lichtet. Für den Klimaschutz ist das verlorene Zeit.

youthinkgreen: Als Vorstand der »Stiftung 2° – Deutsche Unternehmer für Klimaschutz« haben Sie versucht, den Dialog zwischen Politikern und Unternehmern anzukurbeln. Welchen Herausforderungen begegnen Sie in dieser Rolle?

Stiftung 2°
Deutsche Unternehmer für Klimaschutz

Schön: Es gibt immer noch einige wenige Zweifler des Klimawandels. Für sie sind Ausgaben für etwas, das aus ihrer Sicht nicht existiert, verlorenes Geld. Die meisten »Klimaskeptiker« finden wir in Wirtschaftskreisen: Einerseits weil es unbequem ist, sein Verhalten zu ändern, und andererseits, weil es teuer ist, Unternehmen umzusteuern. In der klassischen ökonomischen Denkweise wird direkt an den Verlust der kurzfristigen Rendite gedacht.

Der zweite Aspekt ist eng mit dem ersten verbunden, es mangelt den meisten an langfristigem und vernetztem Denken, das sieht man auch am Beispiel Mobilität. Für das Auto mit Verbrennungsmotor besitzen wir in Deutschland eine komplette Infrastruktur: Öltanker, Raffinerien, Pipelines, Tankstellen etc. Entscheiden wir uns stattdessen für Elektromobilität, brauchen wir zukünftig Steckdosen und müssen unter anderem andere Reichweiten und andere Ladezeiten von Elektroautos berücksichtigen. Es müsste also die gesamte Infrastruktur rund um das Elektroauto erneuert werden. Es geht also nicht nur um die Frage der Antriebsenergie – Öl und Gas oder Strom –, sondern um die komplette dazugehörige Infrastruktur.

In diesem systemischen Denken geht es nicht nur darum, dass der Fahrer mit dem Fahrzeug von Ort A nach Ort B kommt und dabei möglichst viel Spaß an seinem Auto hat. Es geht dabei vor allem um Fragen der Versicherung oder der Karosserie-Schäden. Das Elektroauto ist nicht mehr aus Blech, sondern aus Karbonfasern. Wir brauchen also keine Karosseriewerkstätten, sondern Fachkräfte, die Plastik bearbeiten können. Hinzu kommen Überlegungen zur »vernetzten Mobilität«: Wie könnten wir das Fahrrad, die Bahn und das Auto für einen bestimmten Transportzweck in optimaler Kombination direkt per Smartphone-App auswählen? Es gibt tolle separate Informations-, Buchungs- und Ticketsysteme für jedes Verkehrsmittel, aber für eine Vernetzung gibt es noch keine ideale Lösung.

CO_2 -neutraler Leben

youthinkgreen: Wie sehen denn Ihre persönlichen Maßnahmen für eine CO_2-arme Lebensweise aus?

Schön: Die langfristigen Entscheidungen betreffen ja vor allem die Aspekte Wohnen und Mobilität. Meine Familie und ich wohnen in einer zweihundert Jahre alten Schule, einem denkmalgeschützten Fachwerkhaus mit Ziegelsteinen. Wir konnten den Baukörper aufgrund technischer Schwierigkeiten nur bis zu einem bestimmten Grad dämmen, haben aber mit Lehmputz und Hanffasern nachgeholfen. Zudem bauten wir eine Pelletheizung ein, um Holz als nachwachsendes Heizmaterial zu nutzen. Diese Lösung ist nicht ideal und nur eine Übergangsmaßnahme, denn der weltweite Bedarf an Hölzern wird in Zukunft stark ansteigen. Außerdem besitzen wir eine Solaranlage für Warmwasser und beziehen Ökostrom. Aber das Beste wäre sicherlich, das Haus später komplett auf Sonnenenergie oder Erdwärme umzurüsten.

Im Bereich Mobilität spielt das Auto als Verkehrsträger bei uns noch eine zu starke Rolle. Wir haben einen kleinen und einen großen Wagen, da meine Freundin Bildhauerin ist und Steine transportieren muss. Im Alltag fahre ich aber meistens mit der Bahn. Bei meiner Ernährung versuche ich möglichst wenig oder noch besser gar kein Fleisch zu verzehren. Aber es gibt immer Momente, in denen ich meine Überzeugungen hinten anstelle. Wenn mich jemand zum Abendessen einlädt, dann sage ich nicht: »Pack mal den Braten weg und tisch besser Gemüse auf.« Es bleibt noch eine Menge zu tun. Zum Jahresende, wenn wir mit der Familie unsere CO_2-Belastung kompensieren, indem wir Bäume bei »Plant-for-the-Planet«

erwerben, muss ich immer wieder feststellen, dass wir unser Ziel, CO_2-neutral zu leben, noch immer nicht erreicht haben.

***youthinkgreen*:** Was können Jugendliche zu einer nachhaltigen Entwicklung beitragen?

Schön: Die Jugend sollte Druck machen! Unzufriedenheit signalisieren, rumdrängeln und quengeln. Am leichtesten geht das natürlich in der eigenen Familie. Wenig nachhaltige Verhaltensmuster, die bei den Eltern zur Gewohnheit geworden sind, könnt ihr kritisieren, zum Beispiel für eine neue Heizung plädieren, wenn deren Effizienz völlig unzureichend ist. Die zweite Empfehlung ist, sich mit Gleichaltrigen aus der ganzen Welt zusammenzuschließen und euch gemeinsam für Nachhaltigkeit stark zu machen. »Next Green Heroes« oder »Plant for the Planet« sind Beispiele für solche internationalen Netzwerke. Sie bieten euch nicht nur die Möglichkeit, Gutes zu tun, sondern sind auch eine hervorragende Chance, rund um die Welt Leute kennen zu lernen.

***youthinkgreen*:** Diese Erfahrungen konnte ich bereits mit *youthinkgreen* machen. Manchmal habe ich als Jugendliche trotzdem das Gefühl, dass die Entscheidungsträger in Politik und Wirtschaft auf der Stelle treten und sich nicht viel bewegt – egal, wie oft wir gegen die Tür hämmern. Wollen die Erwachsenen unsere Stimme nicht hören?

UNSERE AUTORIN

Judith Gebbe (* 1994) ist ein *youthinkgreen*-Urgestein, war jahrelang in der Osnabrücker Lokalgruppe aktiv und bei den internationalen Begegnungen in Berlin und Doha mit dabei. Derzeit studiert sie Green Business Management in Iserlohn und ist Mitglied im *youthinkgreen*-Jugendbeirat.

Schön: Doch! Der Nachhaltigkeitsrat der Bundesregierung – bei dem ich Mitglied bin – arbeitet mindestens einmal im Jahr gezielt mit Jugendlichen zusammen. Wir wollen ganz bewusst herausfinden, welche Ideen junge Menschen haben und wie sie sich die Zukunft

© www.plant-for-the-planet.org

vorstellen. Im Anschluss publizieren wir die Ergebnisse und veranstalten Gruppenmeetings. Die Themen gehen auch in die Jahreskonferenz des Rates für Nachhaltige Entwicklung ein. Das ist also eine wichtige Sache: Dass die älteren Generationen für die Jugendlichen solche Treffen ermöglichen, finanzieren und organisieren.

youthinkgreen: Reden ist die eine Sache – wie sieht es mit dem Handeln aus?

© sebastian2 / jugendfotos.de

Schön: Ich finde es wichtig, dass ihr euch selbst konkrete Dinge vornehmt. Wenn du eher schnelle, direkte Erfolge erleben willst, dann geh etwas an, das du kurzfristig realisieren kannst. Bäume pflanzen! Da spürst du direkt, was du tust, und kannst das Wachstum der Bäume begleiten. Wenn du jedoch jemand bist, der lange an einem Thema dranbleiben möchte, dann setze dich zum Beispiel für die Rettung der Wale ein. Es ist besser, eine Aufgabe zu wählen, bei der ihr positives, bestärkendes Feedback erhaltet, als eine, bei der ihr das Gefühl habt: »Das wird sowieso nichts, aber probieren wir es mal.«

youthinkgreen: Welche Forderungen stellen Sie als Unternehmer an uns Jugendliche, damit wir den großen Herausforderungen unserer Zeit gerecht werden können?

Schön: Leg mal einen Zettel vor dich und frage dich selbst: »Wie kann ich meine CO_2-Emission in den nächsten zwei Jahren um 30 bis 50 Prozent reduzieren? Pinn dir diesen Zettel in deinem Zimmer an die Wand. So kannst du deine persönlichen CO_2-Ziele überprüfen, anpassen und ändern. Die zweite Forderung: Nutzt euer Wahlrecht! Wenn ihr mit den politischen Entwicklungen nicht zufrieden seid, dann wählt konsequent die Person oder die Partei ab, die gerade an der Macht ist. Die größte Motivation von Politikern ist die Wiederwahl. Wenn ihr das im Hinterkopf habt, dann können auch Briefe und Mails an eure lokalen Abgeordneten viel bewirken.

WISSEN • BEGREIFEN • HANDELN

1. Der Interviewte bemängelt, dass wir, um der größten gesellschaftlichen Herausforderung, dem Klimawandel, zu begegnen, nur grobe Ziele haben, aber keinen richtigen Fahrplan.

a) Welche Elemente sollte solch ein Fahrplan grundsätzlich enthalten?

b) Verdeutlicht die Aussage des Interviewten an einfachen Beispielen. Greift dazu auch auf eine gute Recherche zurück.

YTG – Demo in Hannover

Flyeraktion in Wolfsburg

2. Der Interviewte setzt sich für den Dialog zwischen Unternehmen und Politik ein, um solche Fahrpläne auf den Weg zu bringen.

a) Welche Hindernisse hat er in diesem Zusammenhang erlebt oder beobachtet?

b) Welche Forderungen stellt er an die Politik, welche an die Wirtschaft?

3. Aber Ansprüche stellt der Unternehmer Schön letztendlich auch an jeden Einzelnen.

a) Welche Aktivitäten erwartet er insbesondere von den Jugendlichen? Diskutiert diese.

b) Welche ganz konkreten Ratschläge richtet er an die Jugend? Diskutiert auch diese.

c) Dekarbonisierung wird als eine wichtige Vorgehensweise im Kampf gegen den Klimawandel gesehen. Ziel ist die CO_2-Neutralität der Wirtschaft. Holt dazu Erkundigungen ein: Welche Aspekte umfasst der Prozess der Dekarbonisierung und welche Strategien gibt es hierfür?

4. Als KlimabotschafterIn unterwegs:

a) Sucht einzelne Firmen – auch Energieunternehmen – auf und erkundigt euch nach deren Dekarbonisierungs-Pfaden. Versucht möglichst Grafiken und Statistiken zu erhalten, die Tendenzen über einen längeren Zeitraum abbilden (z. B. eine Grafik von 1990 bis 2030). Welche Aussagen vermitteln die jeweiligen Pfade? Fragt in diesem Zusammenhang nach den Gründen der Entwicklung und weiteren (verbindlichen) Zielsetzungen des Unternehmens. Überlegt euch vorher gut, mit welchen Argumenten und auf welcher gesetzlichen Grundlage ihr von den Unternehmen Transparenz einfordern könnt.

b) Wertet in einem Gespräch in der Großgruppe eure Ergebnisse und Eindrücke aus. Die Kommune und die Öffentlichkeit sind an eurem Endergebnis interessiert.

c) Ihr wollt den Begriff »Dekarbonisierungs-Pfad« publik machen. Fußgängerzonen, Wochenmärkte etc. sind dafür sehr geeignet. Vielleicht findet ihr auch Begriffe oder Wortgruppen, die den Prozess einprägsamer und ansprechender bezeichnen. Gestaltet Plakate oder Flyer, um die Aufmerksamkeit der Passanten zu gewinnen. Erstellt zudem ein Infoblatt und führt eine Befragung durch (z. B. Was verstehen Sie unter einem Dekarbonisierungs-Pfad?). Anschließend bietet ihr den Befragten euer Infoblatt an. Ein intensiver Meinungsaustausch ergibt sich in der Regel zwangsläufig. Erahnt kritische Bemerkungen und Nachfragen der BürgerInnen und überlegt euch gute Gegenargumente. Veröffentlicht eure Erkenntnisse in der lokalen Zeitung.

STROMREBELLEN: DER STEINIGE WEG ZUR »BÜRGERENERGIE«

Von Ursula Sladek

© Netzkauf EWS

Das Beispiel der Elektrizitätswerke Schönau im Südschwarzwald zeigt: Es lohnt, sich für ein Ziel zu engagieren, dafür zu kämpfen – und durchzuhalten, auch wenn die Schwierigkeiten unüberwindlich scheinen. Es offenbart, welche Kraft, Kreativität und Freude eine große Aufgabe in jedem Menschen freisetzen kann. Und dass uns ein Weg, den wir mit vollem Engagement und Herz gehen, weiter tragen kann, als wir uns je hätten vorstellen können.

Heute träumen viele Menschen davon, in ihre eigene Energieversorgung zu investieren, quasi selbst Energieversorger zu werden und über saubere Energie zu verfügen. Das war früher nie mein Traum. Als kleines Mädchen wollte ich Tierärztin werden, später Rechtsanwältin, in der Realität wurde ich dann Lehrerin, Frau eines Landarztes und Mutter von fünf Kindern.

Doch Tschernobyl platzte 1986 wie eine Bombe in unser behagliches Leben auf dem Lande. Das Reaktorunglück von Tschernobyl rüttelte uns auf, und es lag nahe, sich nicht nur darum zu kümmern, wie man die Kinder mit unverstrahlter Nahrung versorgt, sondern wie Energie überhaupt hergestellt werden und wie eine zukünftige Energieversorgung optimalerweise aussehen sollte. Da wir in unserer Gruppe »Eltern für atomfreie Zukunft«, die sich nach Tschernobyl zusammengefunden hat, alle nicht viel von Energie wussten, mussten wir uns vorrangig kundig machen.

Natürlich haben wir damals überhaupt nicht daran gedacht, einmal selbst Energieversorger zu werden, das ergab sich sozusagen. Zunächst wurde uns klar, dass die Energieverschwendung ein sehr großes Problem ist – damals wie heute. Also haben wir uns als Erstes mit Energieeffizienz und Energieeinsparung beschäftigt, auch

© Carl Montgomery

heute noch sehr wichtige Themen für die aus unserem Engagement hervorgegangenen Elektrizitätswerke Schönau (EWS).

Eine ungewöhnliche Initiative

Die Eltern für atomfreie Zukunft hielten Stromsparberatungen ab, veröffentlichten Energiespartipps und schrieben Stromsparwettbewerbe aus, die von vielen Initiativen und Kommunen übernommen wurden. In einem zweiten Schritt gründeten Schönauer Bürger eine Firma, um kleine Wasserkraftwerke zu reaktivieren und Bürger zu unterstützen, die in Blockheizkraftwerke und Photovoltaikanlagen investierten. Der örtliche Energieversorger und Atomkraftwerksbetreiber KWR jedoch behinderte die Aktivitäten der Bürger und bot 1990 der Stadt 100.000 Mark, wenn diese den Konzessionsvertrag frühzeitig für 20 Jahre verlängert – natürlich sollte der Vertrag die ökologischen Forderungen der Bürger nicht einmal ansatzweise berücksichtigen. Die Initiative bot der Stadt daraufhin die gleiche Summe, wenn die Stadt den Vertrag nicht verlängern würde. Doch der Gemeinderat entschied, das ungewöhnliche Angebot der Bürgerinitiative abzulehnen und den Vertrag mit dem bisherigen Energieversorger KWR sofort zu verlängern. Aber die Initiative leitete einen Bürgerentscheid in die Wege.

1000 Lebkuchen als Flugblatt zum Wahltag © Netzkauf EWS eG

Es entbrannte ein harter Wahlkampf, bei dem um jede Stimme gekämpft wurde – mit Erfolg: Die Bürgerinitiative gewann, und die Verlängerung des Konzessionsvertrags wurde gestoppt.

Der Sieg der »Stromrebellen«

Im Januar 1994 wurden die Elektrizitätswerke Schönau GmbH (EWS) gegründet. Einziger Gesellschafter war die Netzkauf GbR, an der über 650 Bürger beteiligt waren. Jetzt wollten sie die Schönauer Energieversorgung

UNSERE AUTORIN

Ursula Sladek (* 1946) leitet seit 1997 gemeinsam mit ihrem Mann den ersten deutschen Ökostromanbieter, die Elektrizitätswerke Schönau (EWS). Dafür hat Ursula Sladek 2013 den Deutschen Umweltpreis erhalten. Mehr Informationen: www.ews-schoenau.de

© Netzkauf EWS eG

und den Netzbetrieb übernehmen und bewarben sich um die Strom-Konzession der Stadt. Da sich im Stadtrat inzwischen die politischen Mehrheiten verändert hatten, wurde im November 1995 tatsächlich die Konzession an die EWS vergeben. Nun witterten die Gegner der Bürgerinitiative ihre letzte Chance und leiteten einen zweiten Bürgerentscheid in die Wege, um dies rückgängig zu machen. Der Wahlkampf wurde noch heftiger geführt als 1991, doch abermals siegten wir – die »Stromrebellen«.

Nun versuchte der bisherige Versorger und Atomkraftwerksbetreiber KWR mit einer hohen Geldforderung für das Netz die EWS in die Knie zu zwingen: Über 8,7 Millionen D-Mark sollten sie für das Schönauer Stromnetz bezahlen – ein »Fantasiepreis«. Bald musste KWR jedoch eingestehen, viel zu hoch gepokert zu haben: Statt 8,7 Millionen sei das Netz nun doch nur 6,5 Millionen Mark wert. »Peinlich, peinlich«, kommentierte daraufhin die »Badische Zeitung«.

Zwar fanden die Netzkäufer, dass auch dieser Kaufpreis noch zwei Millionen Mark zu hoch sei, dennoch wollten sie getreu der Strategie »erst kaufen, dann klagen« bezahlen, um nicht von einem langjährigen Rechtsstreit aufgehalten zu werden. Der überhöhte Teil des Kaufpreises ließ sich aber nur über Spenden finanzieren, da sonst die Wirtschaftlichkeit des Unternehmens und so die notwendige Zulassung als Energieversorger gefährdet worden wäre.

Wie treibt man zwei Millionen auf?

Wieder schien ein Scheitern wahrscheinlich: Wie sollten über zwei Millionen Mark gesammelt werden? Man kam auf die Idee, die größten deutschen Werbeagenturen zu bitten, eine

© Netzkauf EWS eG

kostenlose Spendenkampagne zu entwickeln. Und tatsächlich sagten mehrere Agenturen zu. Die Energie-Initiativen entschieden sich für die »Störfall-Kampagne« – diese brachte bundesweite Resonanz und einen überwältigenden Erfolg: Zeitungen veröffentlichten kostenlose Anzeigen, Umweltschutzverbände riefen zur Unterstützung auf, bei Privatfeiern wurde für Spenden auf Geschenke verzichtet.

Nach wenigen Monaten waren rund zwei Millionen Mark und damit das zusätzlich benötigte Geld für den Netzkauf zusammengekommen. Vor Gericht bekamen die Stromrebellen, lange nachdem sie schon die ökologische Stromversorgung in Schönau übernommen hatten, Recht: Das Schönauer Stromnetz war nur 3,5 Millionen D-Mark wert, und KWR musste das zu viel verlangte Geld mit Zins und Zinseszins an EWS zurückzahlen.

Ab Juli 1997 waren die EWS Schönaus Energieversorger und boten ihren Kunden energiesparfördernde Tarife sowie gute Vergütungen für ökologische Stromerzeugung. Die größte Solaranlage im Ort wurde auf der evangelischen Kirche errichtet. Mit der Installation der ersten Module am Jahrestag der 1848er-Revolution ist auch eine »solare Revolution« verbunden: In Revolutionskostümen wurden Module der vom Denkmalamt abgelehnten Anlage unter »prophetischer Vorwegnahme der Genehmigung« errichtet.

Das Medieninteresse sorgte für ein kleines Wunder: Die Genehmigung erfolgte am gleichen Tag. Aber nicht nur in Schönau entstanden in der Folge neue Ökokraftwerke: Mit dem Förderprogramm »Sonnencent« unterstützen die EWS mittlerweile bereits rund 2.575 kleine dezentrale Bürgerkraftwerke in Bürgerhand, die nicht dem Unternehmen, sondern dessen Kunden gehören.

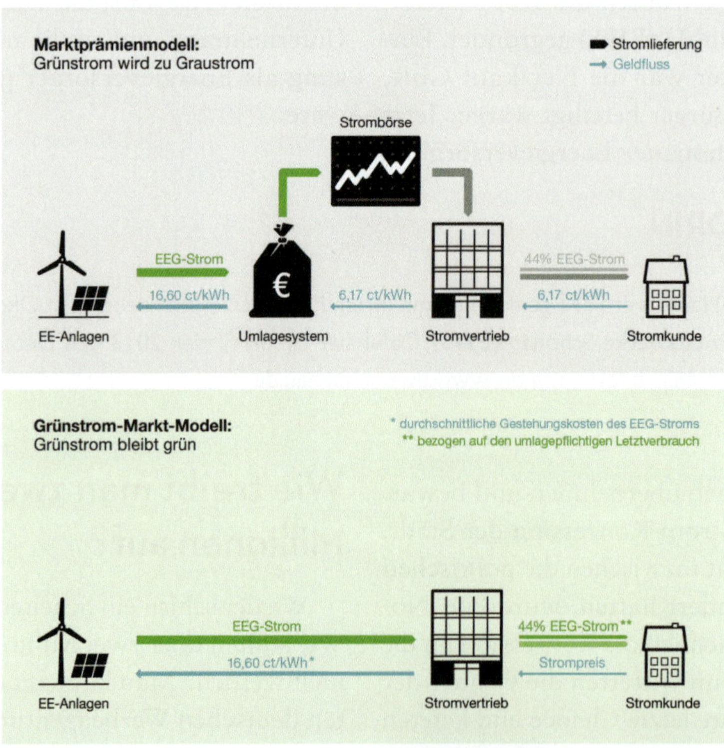

© Grafik: Carsten Raffel / www.gruenstrom-markt-modell.de

Mut zur Eigeninitiative

1998 wurde der Strommarkt liberalisiert: Seither hat jeder Stromkunde in Deutschland das Recht, selbst zu entscheiden, woher er seinen Strom bezieht. Und die EWS waren eines der ersten Unternehmen, die bundesweit Ökostrom angeboten haben. Viele Mitstreiter aus Bürgerbewegungszeiten wechselten sofort zu den »Stromrebellen«, und immer mehr Menschen entscheiden sich gerade heute für eine atomstromlose und ökologische Energieversorgung, um einen Beitrag zur proklamierten Energiewende zu leisten. Mittlerweile sind rund 150.000 Haushalte und Hunderte von kleinen und großen Unternehmen sowie Institutionen zu den EWS gewechselt, denen die Stiftung Warentest (2/2012) im Ökostromtest ein starkes ökologisches Engagement bescheinigt.

Von einem kleinen Betrieb mit einer Handvoll Mitarbeiter hat sich die EWS zu einem mittelständischen Betrieb mit 100 Mitarbeitern entwickelt. Die Elektrizitätswerke Schönau sind ein bürgerschaftliches Unternehmen, das neben Atomausstieg und Klimaschutz die Dezentralisierung und Demokratisierung der Energiewirtschaft mit aller Kraft vorantreibt. Die EWS sind selbst aus einer Bürgerinitiative entstanden und daher wohl nicht nur der ungewöhnlichste Stromversorger des Landes, sondern auch der mit den engagiertesten und weitreichendsten Zielen. Die Elektrizitätswerke Schönau wollen nicht nur den Wechsel zu sauberem Strom ermöglichen, sie wollen den Menschen Mut machen, die Dinge selbst in die Hand zu nehmen, zu verändern und zu gestalten. Und es gelingt: Überall in Deutschland finden sich immer mehr Menschen, die nicht nur Ökostrom beziehen, sondern selbst Zeichen setzen und Veränderungen anstoßen.

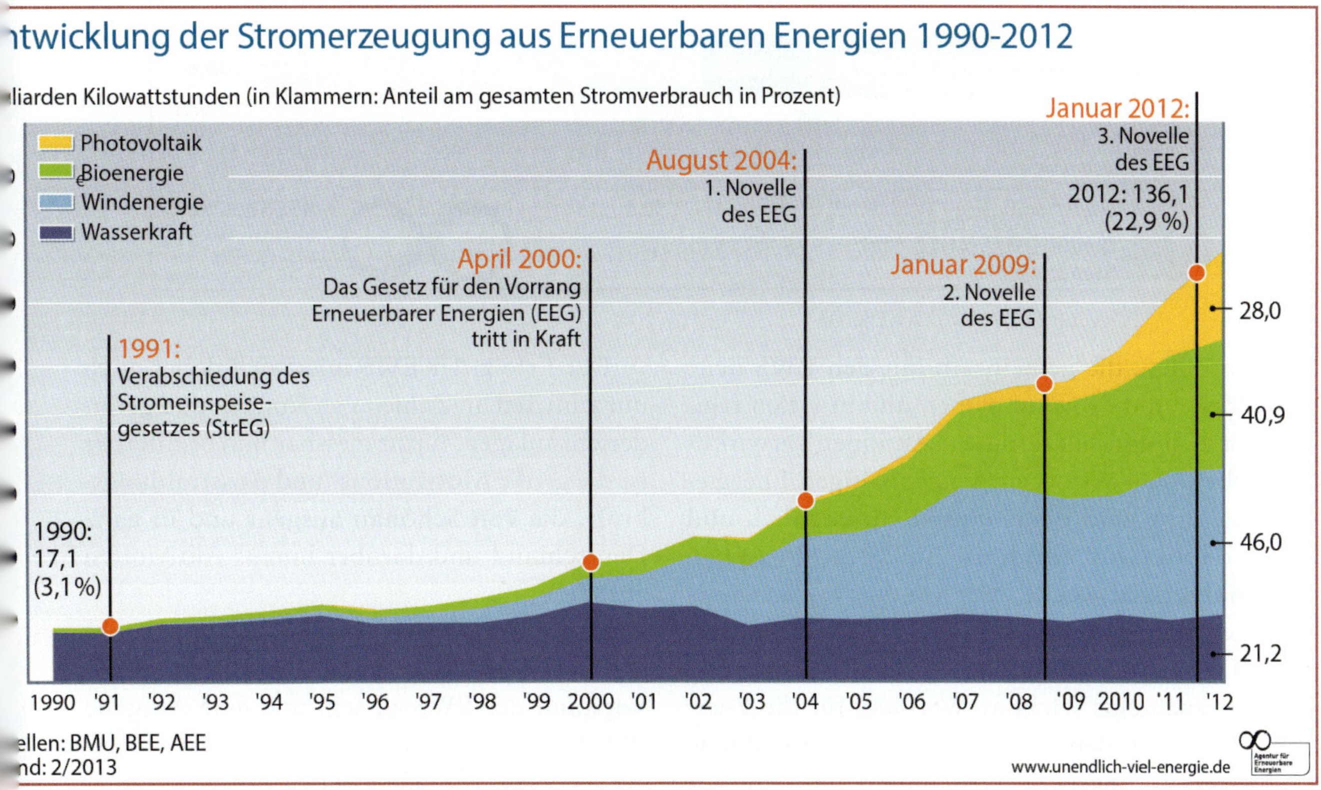

© Agentur für Erneuerbare Energien

Nachhaltige Energiezukunft

Über die Jahre entwickelte sich ein stetig wachsender Kreis von bundesweit vernetzten Mitstreitern, Initiativen und Umweltorgani-

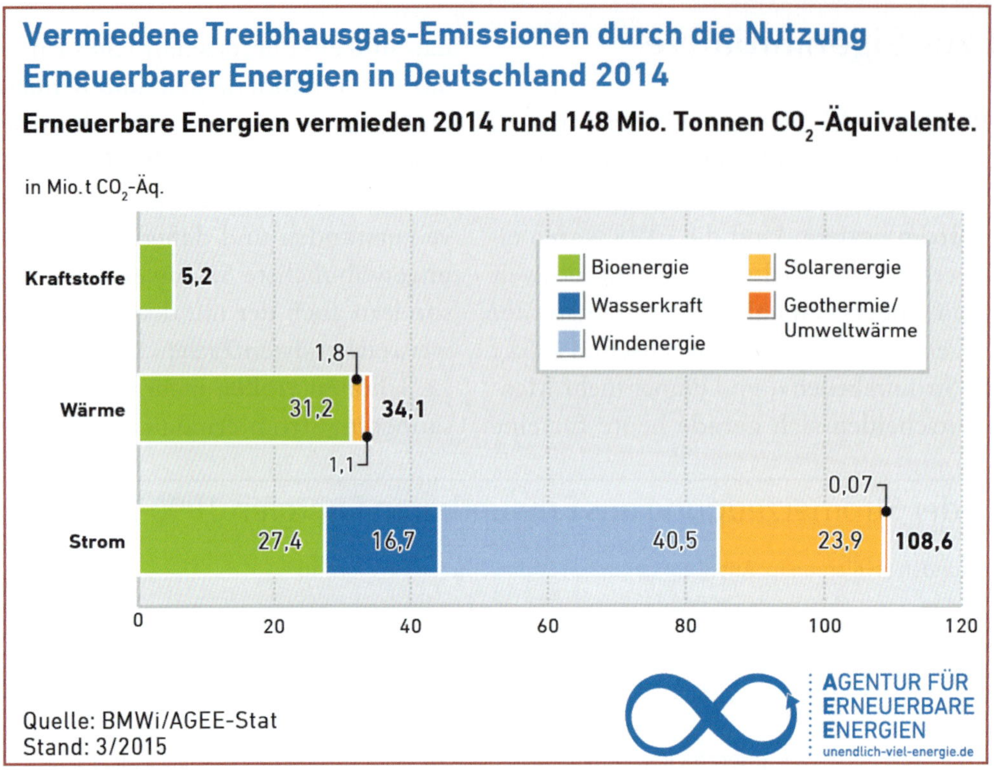

© Agentur für Erneuerbare Energien

sationen, die gemeinsam mit den EWS neue Ideen und Projekte planen und in vielen regionalen und bürgernahen Aktionen verwirklichen. Die Vision einer nachhaltigen Energiezukunft wird dabei ebenso anschaulich und erlebbar wie durch die 2.575 ökologischen Bürgerkraftwerke, die von den EWS bereits gefördert werden. Der Erfolg der Projekte und die damit verbundene Medienöffentlichkeit ist auch eine wichtige Werbung für die Energiewende, denn sie hat eine ebenso einfache wie wirkungsvolle Botschaft: Es kommt auf jeden Einzelnen an! Jeder kann am Umbau der Energiewirtschaft hin zu einer zukunftsfähigen und nachhaltigen Energieversorgungsstruktur mitwirken und durch die vielfältigen Angebote der EWS ein aktiver Teil der Veränderung werden. Er kann mit Unterstützung der EWS in eigene Stromproduktionsanlagen investieren, sich über genossenschaftliche Beteiligungen an Strom- und Gasnetzen beteiligen oder sich in einer der vielfältigen Aktionen und Kampagnen für die Energiewende einsetzen.

Der Erfolg der EWS misst sich daher auch nur zum Teil an Zahlen von Kunden und geförderten Anlagen. Nicht messbar und bezifferbar ist die große Motivations- und Ausstrahlungskraft, die von Schönau ausgeht und in ganz Deutschland und darüber hinaus Aktivitäten auslöst.

Energieversorger zu werden, war nicht geplant. Aber heute ist es ein tolles Gefühl, Vorstand der EWS zu sein und eine Aufgabe zu haben, die wirklich Sinn ergibt: an der Energiewende mitzuarbeiten, die Energieversorgung für heutige und kommende Generationen um-

© Netzkauf EWS eG

weltfreundlich und unabhängig zu gestalten, einen Beitrag zum Klimaschutz zu leisten und Menschen für das gleiche Ziel zu begeistern.

Ich hätte mir niemals träumen lassen, dass mich diese Arbeit sogar bis ins Weiße Haus zum Präsidenten der Vereinigen Staaten von Amerika, Barack Obama bringt, oder dass nach Fukushima beinahe wöchentlich japanische Gruppen nach Schönau kommen, um sich hier bei uns Rat und Ermutigung zu holen. Nun träume ich davon, dass die Energiewende wirklich umgesetzt wird – meinen Teil werde ich dazu beitragen.

WISSEN • BEGREIFEN • HANDELN

1. Die Gruppe »Eltern für atomfreie Zukunft« hat ursprünglich nicht daran gedacht, Energieversorger zu werden. Erläutert die verschiedenen Entwicklungsschritte dieser Gruppe bis zur Gründung der Elektrizitätswerke Schönau (EWS).

2. Wer hat die Stromrebellen in ihrem Vorhaben behindert, wer hat sie unterstützt? Diskutiert diesen Sachverhalt.

3. Das Unternehmen EWS ist aus einer Bürgerinitiative entstanden.

a) Warum hat dieses Beispiel Modellcharakter?
b) Welche Botschaften könnt ihr am Beispiel der EWS formulieren?
c) Welchen persönlichen Gewinn beinhalten diese für euch?

4. Die Vision einer nachhaltigen Energiezukunft wurde in Schönau realisiert. Warum ist die EWS mehr als ein Vorbote für die Energiewende?

Leitlinien der EWS

- Demokratisierung der Stromerzeugung
- Atomausstieg
- Klimaschutz
- Energiegerechtigkeit
- Aufbau einer regenerativen Energiewirtschaft
- Bürgerliches Engagement
- Transparente Unternehmenspolitik
- Vereinbarkeit von Ökonomie und Ökologie

© Netzkauf EWS eG

5. Aus Schönau lernen heißt auch: Mut zur Eigeninitiative entwickeln.

a) Organisiert an eurer Schule ein Energieforum.
b) Überlegt dabei folgende Aspekte: Zielsetzungen, Wahl der ReferentInnen, Moderation, konkretes Thema, Einladungen und Öffentlichkeitsarbeit, mögliche UnterstützerInnen usw.
c) Wertet eure Aktion aus und veröffentlicht eure Ergebnisse.

6. Grüner Strom?

a) Was unterscheidet »Grünen Strom« von dem »Ökostrom«, den die vier großen Energiekonzerne E.ON, EnBW, RWE und Vattenfall anbieten? Recherchiert dazu!
b) Welche Energieversorger bieten in eurer Region zertifizierten grünen Ökostrom an? Überzeugt ggf. eure Familien oder MitschülerInnen, den Stromanbieter zu wechseln.
c) Woher bezieht eure Schule eigentlich den Strom? Hakt nach!

DIE DEUTSCHE ENERGIEWENDE – EIN EXPORTSCHLAGER?

Von Dr. Christian Hübner

Im Ausland betrachtet man das Mammut-Projekt »Energiewende« mit einer Mischung aus Neugierde, Skepsis und Staunen.

Eine zentrale Herausforderung in der Bekämpfung des weltweiten Klimawandels liegt im teuren Umbau der Energieversorgung. Vor allem Industrieländer fürchten dabei den Verlust ihrer Wettbewerbsfähigkeit. Mit großer Aufmerksamkeit beobachtet die internationale Gemeinschaft daher, wie Deutschland die »Energiewende« gestaltet. Von besonderem Interesse sind dabei die gesamtgesellschaftlichen Kosten für Deutschland – sind diese geringer als der Nutzen aus der Energiewende, dann steigt auch die internationale Attraktivität des deutschen Modells. Die Energiewende in Deutschland ist noch kein wirtschaftlicher »Selbstläufer«. Insbesondere die Energiewirtschaft und die energieintensive Industrie stehen vor großen Herausforderungen. Allerdings zeigt sich schon heute, dass es eine zunehmende Anzahl an neuen Unternehmen mit innovativen Geschäftsmodellen gibt, die mit der Energiewende Geld verdienen wollen.

UNSER AUTOR

Dr. Christian Hübner (* 1981) ist seit 2010 bei der Konrad-Adenauer-Stiftung (KAS) in Berlin als Koordinator für Umwelt-, Klima- und Energiepolitik zuständig. 2015 übernahm er die Leitung des Regionalprogramms Energiesicherheit und Klimawandel Lateinamerika der KAS.

Globale Entwicklungen

Die deutsche Energiewende wird sich auch internationalen Trends stellen müssen. Gegenwärtig ist die globale Energienachfrage von einem kontinuierlichen Wachstum geprägt. Maßgebliche Faktoren dafür sind die steigende Weltbevölkerung, Urbanisierungseffekte und das wirtschaftliche Aufstreben von Schwellenländern wie China oder Indien. Zudem erholen sich die Industriestaaten langsam von den Auswirkungen der Finanz- und Wirtschaftskrise. Einher gehen diese Prozesse mit einer sich rasant verändernden energiepolitischen Weltkarte: Die meisten Industriestaaten gestalten ihre Energieversorgung sukzessive autonomer, durch:

1.) die Steigerung ihrer Energieeffizienz im Gebäudebereich oder effizientere Nutzung fossiler Energieträger,
2.) die Nutzung heimischer Ressourcen wie Schiefergas,
3.) den Ausbau der Kernkraft.

Auf der anderen Seite steigen Schwellenländer zu Verbrauchermächten auf und dominieren zunehmend die globale Energienachfrage nach fossilen Energieträgern wie Kohle, Gas und Öl.

International haben die USA als Nachfrager und Anbieter von Öl, Gas und Kohle einen starken Einfluss auf den globalen Ausstoß von klimaschädlichen Treibhausgasen. Die intensive Nutzung der heimischen Schiefergas- und Ölvorkommen werden diesen Einfluss noch stärken. Schon heute haben die USA ihre internationale Energienachfrage signifikant gesenkt,

Verbrauch von Primärenergie pro Kopf

In Tonnen Öläquivalent*, nach Regionen und ausgewählten Staaten, 2007

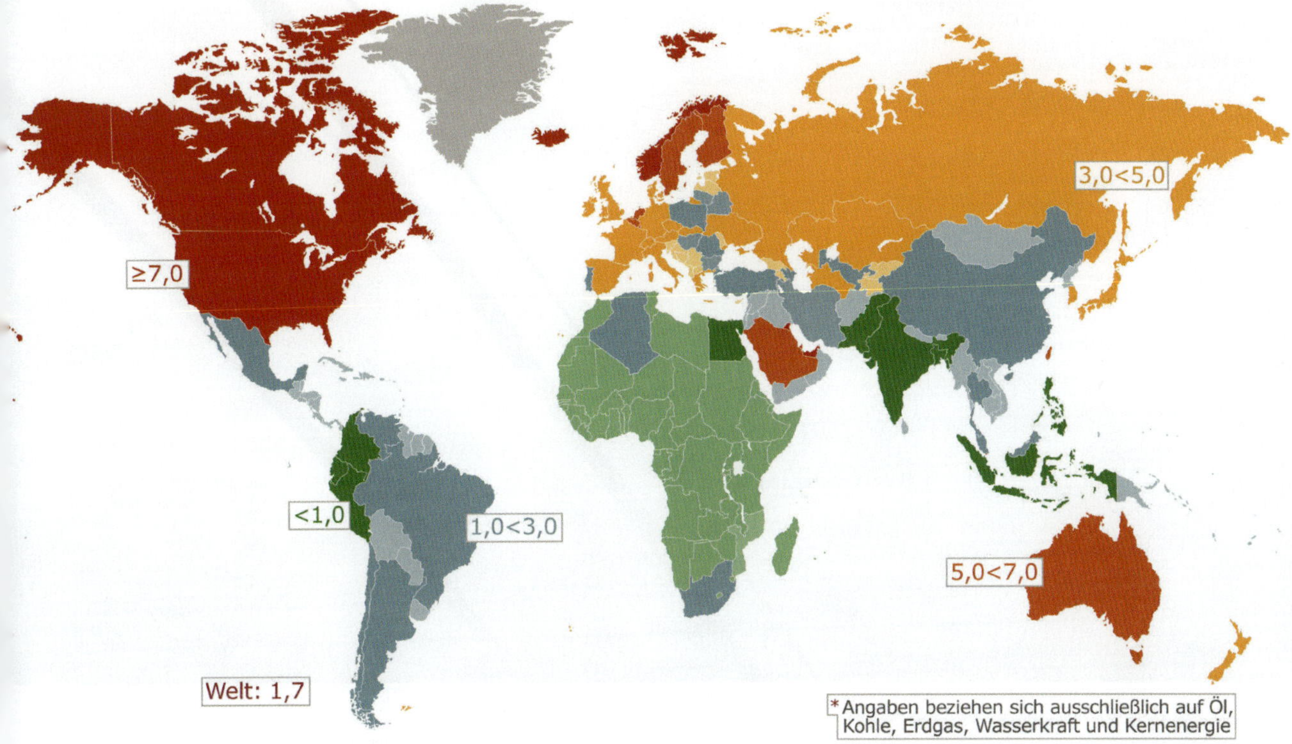

Quelle: British Petroleum (BP): Statistical Review of World Energy 2008; United Nations Population Fund (UNFPA): State of world population 2007

Bundeszentrale für politische Bildung, 2009, www.bpb.de

wodurch die Preise für Gas und Öl gefallen sind. Insbesondere für die Erneuerbaren Energien entsteht dadurch eine neue Konkurrenzsituation. Aus Sicht des Umweltschutzes wird dem Schiefergas im Allgemeinen eine ambivalente Rolle zugeschrieben: Einerseits verdrängt es die klimaschädlichere Kohle, so dass sich die CO_2-Bilanz der USA schon deutlich verbessert hat. Andererseits kann das »Fracking« zur Erschließung von Schiefergas negative Langzeitfolgen für die Umwelt haben, indem etwa die dabei verwendeten Chemikalien mit dem Grundwasser in Berührung kommen.

China als wirtschaftlich und politisch bedeutsames Schwellenland ist vor allem durch seine extrem hohe Energienachfrage für die internationale Energiepolitik von Bedeutung. Das Land kauft überall auf der Welt Energieträger wie Gas, Kohle und Öl ein. Der wirtschaftliche Aufschwung in China und der damit verbundene Mehrbedarf an fossilen Energieträgern führten in den vergangenen Jahren dazu, dass Kohle derzeit der Hauptemittent von klimaschädlichen Treibhausgasen ist. In China selbst ist dieser Umstand zwar als Problem erkannt und wird auch angegangen. Allerdings sind klassische Umweltprobleme wie die Luftverschmutzung in Städten in der chinesischen Politik gegenwärtig ein viel akuteres Problem. Darüber hinaus stellen die Erneuerbaren Energien in China mittlerweile auch eine wichtige Säule dar.

Die Perspektive der Schwellenländer auf die Energiewende

Anhand der internationalen Entwicklungen im Energiebereich zeigt sich, dass es heute

Emissionen in Rio, Brasilien © Thomas Frick

vor allem die Schwellenländer sind und sein werden, die neben den USA die energiepolitische Landkarte zeichnen. Brasilien, Russland, Indien, China und Südafrika als Gruppe der BRICS-Staaten nehmen dabei eine besonders wichtige Position ein.

Während in der innerdeutschen Debatte vor allem die Probleme, Kosten und Risiken diskutiert werden, erkennen die BRICS-Staaten das wirtschaftliche und politische Potenzial der Energiewende an. In einer zweiteiligen, von der Konrad-Adenauer-Stiftung in Auftrag gegebenen Befragung zur Wahrnehmung der deutschen Energiewende in den BRICS-Staaten zeigt sich, dass die befragten Energie-Experten die Energiewende zwar als ein ambitioniertes Projekt mit vielen Herausforderungen wahrnehmen, es Deutschland als »Land der Planer« aber durchaus zutrauen, die damit verbundenen Probleme schnell in den Griff zu bekommen. In der langfristigen Perspektive werden die Herausforderungen im Bereich der Energieversorgungssicherheit und den Kosten kaum noch als relevant betrachtet.

Brasilien, China und Südafrika

In Brasilien, China und Südafrika wird mit der Energiewende vor allem der Wunsch Deutschlands nach mehr Umwelt- und Klimaschutz, nach einer langfristigen Steigerung der deutschen Wettbewerbsfähigkeit sowie einer langfristigen Verbesserung der Energieversorgungssicherheit gesehen. Die Befragten interpretieren die Energiewende als ein umfassendes Umwelt- und Klimaprojekt mit wirtschaftlichem Kalkül. Für die wirtschaftliche Entwicklung erwarten die Befragten noch günstigere Rahmenbedingungen im Bereich der Entwicklung und Vermarktung neuer Technologien mit internationalen Wettbewerbsvorteilen. Hieraus können nach ihrer Einschätzung auch Impulse für andere Wirtschaftssektoren entstehen. Insgesamt könnten von der deutschen Energiewende globale Ansteckungseffekte ausgehen. Ausgereifte deutsche Technologien, die durch Serienproduktionen geringe Kosten aufweisen, könnten zu einem noch stärkeren Transfer deutscher Technologien führen.

Auf der anderen Seite werden auch negative Aspekte der Energiewende gesehen. Insbesondere die hohen Anfangskosten durch hohe Strompreise und Investitionen in den Netzausbau könnten nach Meinung der Befragten kurzfristig zu Risiken für Industrie, Beschäftigung und Wettbewerbsfähigkeit führen. Hinzu kommt, dass der Zeitplan als zu ambitioniert gesehen wird, woraus auch Widersprüche mit Blick auf die Klimaziele entstehen könnten. Außerdem verweisen die Befragten auf die noch ungelösten technologischen Probleme zum Beispiel im Bereich der Fluktuation und Speicherung der Erneuerbaren Energien.

Insgesamt bewerten die Befragten Deutschland als energiepolitischen Vorreiter im Bereich der Nutzung von Erneuerbaren Energien. Die Energiewende gilt aufgrund des Umfangs, der Kosten, des Zeitplans und fehlender Beispiele als einzigartiges Projekt. Allerdings werden auch die günstigen Rahmenbedingungen in Deutschland, unter anderem durch seine industrielle Stärke und den Druck einer wachsenden Energieimportabhängigkeit, gesehen. Die Entscheidung zur Energiewende wird zudem in einen globalen Energietrend eingeordnet, der insbesondere in Europa durch eine ambitionierte Klimapolitik geprägt ist. Deutschland fällt damit die Rolle eines prädestinierten Vorreiters zu.

Ein wichtiger Aspekt der Befragung beschäftigte sich damit, inwieweit die Befragten selbst Auswirkungen der deutschen Energiewende auf ihr eigenes Land identifizieren können. Als positiver Effekt wurde dabei ein grundsätzlicher Lerneffekt konstatiert, der großes Interesse an technologischen Lösungsansätzen, aber auch an Planung, Prozesssteuerung und Organisation beinhaltet. Es wurde auch die Hoffnung auf einen Technologietransfer artikuliert, der zum Beispiel durch die Entwicklung gemeinsamer Produktionsanlagen erfolgen könnte. Außerdem wurde die Hoffnung auf die Entstehung eines Motivationseffektes deutlich. Danach könnte die deutsche Energiewende die Eliten in den Befragungsländern zu weiteren Schritten im Bereich »Nachhaltigkeit« anhalten.

Es wird zudem darauf hingewiesen, dass eine unmittelbare Übertragbarkeit der Energiewende aufgrund landesspezifischer Unterschiede kaum vorstellbar ist. Insbesondere das Fehlen heimischer Expertise und der Mangel an technischem Personal könnten zu Problemen führen. Die Untersuchung zeigt, dass aus Sicht der Befragten eine Übertragung einzelner Elemente der deutschen Energiewende durchaus sinnvoll, eine Kopie aber kontraproduktiv wäre.

Russland und Indien

Für Indien sind die Ergebnisse der Befragung durchaus vergleichbar mit denen von Brasilien, China oder Südafrika. Für Russland weichen sie jedoch aufgrund seiner geopolitischen Bedeutung als Energieanbieter im Einzelnen erheblich ab. Insgesamt wird die deutsche Energiewende von den Befragten in Indien und Russland als Programm zum Ausbau der Erneuerbaren Energien und Kernkraftausstieg wahrgenommen. Als Hauptziele werden mit der Energiewende die Erhöhung der Unabhängigkeit von Energieimporten sowie des Umwelt- und Klimaschutzes in Verbindung gebracht. Für die Befragten in Russland ist die Energiewende dabei ein erwarteter und logischer Schritt, um Energieimporte langfristig zu verringern. Dies wird auch als strategische Entscheidung zur Stärkung der politischen und wirtschaftlichen Unabhängigkeit Deutschlands gesehen. Zudem weisen die Befragten auf die Gefahr einer erfolgreichen deutschen Energiewende für Russland hin, da dadurch langfristig ein Exportmarkt wegfallen könnte.

Für die Befragten in Indien stellt die Energiewende indes eine außergewöhnliche Entscheidung dar. Sie wird als Ausdruck politischer Entschlossenheit und Responsivität gegenüber einer gesellschaftlichen Mehrheitsposition gesehen. Kritisch werden von Befragten aus beiden Ländern die hohen Kosten und die hohen kurzfristigen Risiken für die Energieversorgungssicherheit gesehen. Die Befragten aus Indien und Russland erhoffen sich, wie auch die Befragten

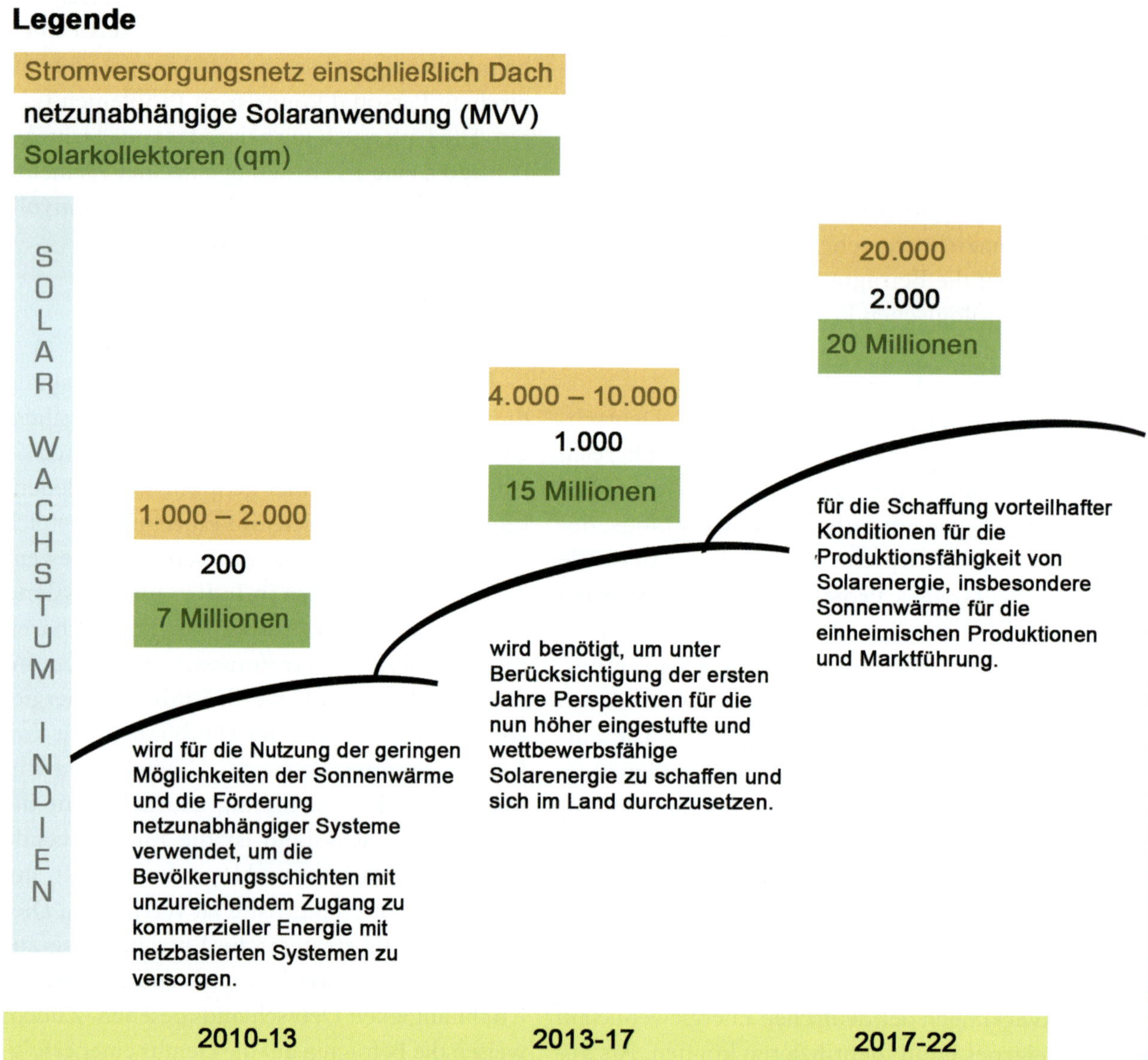

aus Brasilien, China und Südafrika, von den Erfahrungen in der Umsetzung der Energiewende zu profitieren. Hierbei steht die Unterstützung beispielsweise durch einen Technologietransfer im Bereich der Modernisierung und Diversifizierung des Energiesektors im Vordergrund. Eine Nachahmung der Energiewende wird indes als nicht sinnvoll gesehen. Allerdings könnte die Energiewende als Orientierungsmaßstab beim Ausbau der Erneuerbaren Energien und der Energieeffizienz dienen.

FAZIT

Um den Klimawandel erfolgreich zu bekämpfen, braucht es eine Kultur der Technologieoffenheit, der Innovationsfreude und die Bereitschaft, die Energiewende als wirtschaftliche Chance zu verstehen. Schon heute zeigt sich, dass die Energiewende in Deutschland umfassende Investitionen in teils völlig neue Industrie- und Wirtschaftszweige angestoßen hat. Eine volkswirtschaftliche Modernisierung Deutschlands könnte somit zur langfristigen internationalen Wettbewerbsfähigkeit Deutschlands beitragen. Es ergeben sich zudem neue Exportmärkte, da die effiziente Nutzung von Energie und der Ausbau Erneuerbarer Energien ein globaler Trend ist.
Für die internationale Anschlussfähigkeit der deutschen Energiewende sind vor allem die Schwellenländer von Bedeutung, die die wirtschaftlichen und politischen Potenziale der Energiewende durchaus anerkennen. Letztlich sind für sie aber die geopolitischen Konsequenzen einer stärkeren Nutzung heimischer Erneuerbarer Energien am wichtigsten. Die potenzielle Verringerung von Energieimporten und die Diversifikation der nationalen Energieversorgung stehen dabei im Vordergrund. Für den globalen Klimaschutz können aber auch daraus neue Chancen entstehen.

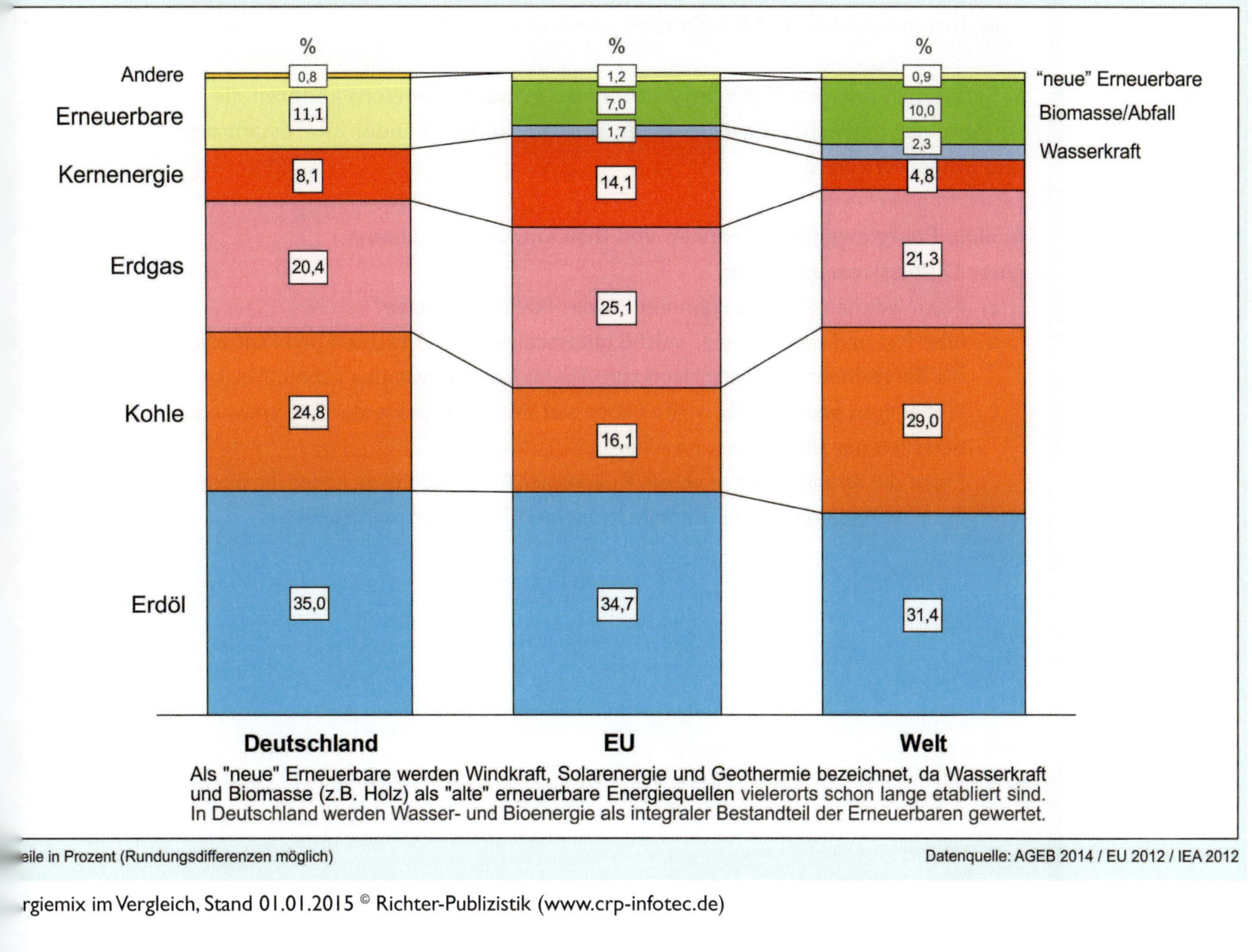

rgiemix im Vergleich, Stand 01.01.2015 © Richter-Publizistik (www.crp-infotec.de)

WISSEN • BEGREIFEN • HANDELN

1. In welchem Zusammenhang stehen der weltweite Klimawandel und der Umbau der Energieversorgung? Welche Positionen nimmt Deutschland in Bezug auf die Energieversorgung ein?

2. Der Autor analysiert die derzeitige globale Energienachfrage und beschreibt die sich rasant verändernde energiepolitische Weltkarte.

a) Welche Länder haben darauf einen besonders großen Einfluss und warum?

b) Welche globalen Gegebenheiten sprechen – neben dem Klimawandel – noch für die Nutzung der Erneuerbaren Energien? Diskutiert gemeinsam diesen Sachverhalt.

3. Welchen Weg gehen momentan die USA, um ihren Energiebedarf zu decken?

4. Welchen Eindruck hinterlässt das Projekt der Energiewende in Deutschland bei Energieexperten aus den Ländern:

a) Brasilien, China und Südafrika?

b) Russland und Indien? Erstellt dazu eine Stoffsammlung.

5. Setzt euch mit dem Fazit des Autors auseinander. Inwiefern könnten die Ansätze der deutschen Energiewende auch für andere Länder interessant sein und umgesetzt werden?

6. »Die Energiewende – Chancen und Risiken« soll das Thema einer Diskussionsrunde sein.

a) Nach welchen Kriterien könntet ihr das Podium besetzen?

b) Überlegt und recherchiert, welche unterschiedlichen Ansichten und Haltungen die BürgerInnen in Deutschland zum Thema »Energiewende« haben. Welche Hoffnungen und Befürchtungen haben sie? Welche Aspekte der Energiewende betreffen uns alle konkret im Alltag?

c) Probt die Veranstaltung in einem Rollenspiel. Auf diese Weise könnt ihr euch mit den Perspektiven der PodiumsteilnehmerInnen vertraut machen.

7. Die Energiewende ist kein Selbstläufer. Jeder kann seinen persönlichen Beitrag dazu leisten.

a) Unter dem Motto »Bereit zur Energiewende« ruft ihr zu einem Plakatwettbewerb an eurer Schule auf.
b) Präsentiert die Ergebnisse in einer (möglichst interaktiven) Ausstellung.
c) Überlegt, welchen Beitrag eure Schule zur Energiewende leisten kann, und gründet dafür eine AG. Entwickelt etwa ein Wissensquiz zur Energiewende oder geht der Frage nach, ob es sich für die Schule lohnt, z. B. eine Photovoltaikanlage auf dem Dach zu installieren.
d) Nutzt auch audio- und visuelle Medien, um bei euren MitschülerInnen Interesse zu wecken. Online-Spiel-Tipp: Powerado. Film-Tipp: Die 4. Revolution – Energy Autonomy.

Links:
www.ufu.de/de/projekte/lehrerbildung/themen%C3%BCbersicht.html
www.ufu.de/de/projekte/lehrerbildung/skripte.html

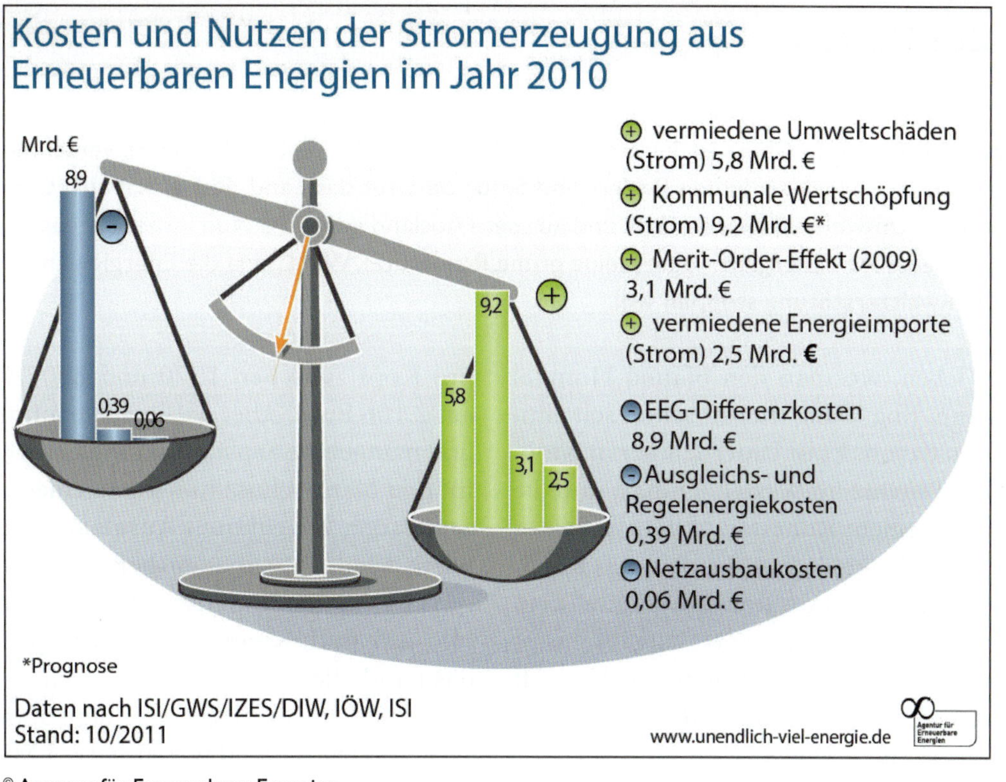

© Agentur für Erneuerbare Energien

In Wuhan, China
© Thomas Frick

CHINA: GRÜNE REVOLUTION IM STINKENDEN BOOM?

Von Lea Deuber

Die Umweltsituation in China ist katastrophal. Ein Drittel aller Anbauflächen ist verschmutzt, Abwasser versickert ungeklärt in den Boden, und Smog belastet das Land. Bisher hat sich China gegen internationale Umweltauflagen der UN und aus dem Ausland gewehrt. Nun investiert das Land Milliarden in Erneuerbare Energien – eine kleine grüne Revolution. Wie China die Energiewende schaffen und die Umweltzerstörung stoppen will.

Dort leben, wo man den blauen Himmel sehen kann. Jing Wang träumt schon seit einigen Jahren davon. Er ist Unternehmer in Xinjiang, einer Provinz im Westen Chinas, und die Frage nach seinem Ruhestand beantwortet er ohne nachzudenken. »Ich werde nach Kanada ziehen, weil die Luft dort gut ist und man die Sonne sehen kann«, sagt er. Ungebremstes Wachstum habe in seiner Provinz die Umwelt zerstört, die Luft verschmutzt. Aber in Kanada, hat er gehört, da gibt es blauen Himmel.

Die Umweltverschmutzung in China ist dramatisch. Doch nur wenige Menschen haben die Möglichkeit, dieser zu entkommen. Seit Chinas Öffnung zum Westen in den 1970er-Jahren entwickelt sich die Wirtschaft rasant. Allein in Festland China stieg das Bruttoinlandsprodukt pro Kopf zwischen 1970 und 2009 von 118 auf 2.106 Euro. Aber die veraltete Infrastruktur und mangelnde Sensibilisierung der Menschen für den Naturschutz führten zu einer Umweltzerstörung ungeahnten Ausmaßes. Und auch wenn Menschen dies bisher im Alltag nicht merken, hat die chinesische Regierung das Problem erkannt. Knapp 56 Milliarden Euro hat das Land allein 2013 in Erneuerbare Energien investiert – mehr als jeder andere Staat in der Welt. In Deutschland waren es 16,3 Milliarden Euro.

Wachstum und Nachhaltigkeit

Wu Changhua ist einer dieser Menschen, die für diesen Wandel arbeiten. Sie ist Leiterin der Climate Group in China in Peking und seit mehr als 20 Jahren im Bereich des Umweltschutzes tätig. Die internationale Organisation arbeitet vor allem mit Führungskräften des Landes zusammen. Denn die müssen lernen, warum Umweltschutz wichtig ist und wie er sich finanzieren lässt. »Es geht darum, ein Gleichgewicht zwischen Wachstum und Nachhaltigkeit zu schaffen«, sagt Wu, die bereits mit Tony Blair bei der UN-Klimakonferenz in Kopenhagen 2009 an Fortschritten im Klimaschutz gearbeitet hat. China steckt in seiner industriellen Entwicklung. 1978 lebten laut der WHO noch 530 Millionen Menschen in China von unter einem US-Dollar am Tag. Heute sind es nur noch 130 Millionen. Auf verstärktes Wachstum wird das Land nicht verzichten.

Aber die Opfer, die für den Fortschritt nötig waren, sind groß. In vielen Städten verdunkelt der Smog den Himmel, in manchen Städten ist die Sonne nie zu sehen. Menschen wie Jing Wang überlegen, wegzuziehen. Immer mehr Chinesen kaufen sich, wenn sie es sich leisten können, Häuser außerhalb der Stadt oder sogar des Landes. Viele gehen nicht mehr ohne Mundschutz vor die Tür. In manchen Städten gibt es bei besonders hohen Feinstaubwerten »smogfrei«, so dass die Menschen zu Hause bleiben können. In Peking beispielsweise, wenn der Feinstaubgehalt in der Luft drei Tage in Folge mehr als 300 Mikrogramm pro Kubikmeter beträgt, das Zwölffache des von der Weltgesundheitsorganisation als gesundheitlich unproblematisch eingestuften Grenzwerts. Mittlerweile liegt der Kohlendioxid-Ausstoß pro Kopf laut dem Global Carbon Project-Bericht bei 7,2 Tonnen – fast so hoch wie der durchschnittliche EU-Wert von 7,5 Tonnen.

Verseuchtes Wasser, Smog, Wüstenbildung

Das Wasser in vielen Flüssen und Seen ist vergiftet. Das Grundwasser ist vielerorts mit Schwermetallen, Chemikalien, Ölen und Stickstoff verseucht. Abwasser wird auf dem Land kaum geklärt und wieder auf die Felder geleitet. 2013 gab die Regierungskommission an, dass rund 43 Prozent der Flüsse Chinas stark verschmutzt sind. Unter diesen ist beispielsweise auch der Jangtsekiang, der in China »Mutterfluss« genannt wird. Früher Nationalstolz des Landes, ist der Fluss heute aus der öffentlichen Wahrnehmung fast verschwunden. Vom Ufer aus kann man heute nicht nur den Schiffen nachsehen, sondern auch Millionen Plastikflaschen und anderen Abfällen, die in dem Fluss in Richtung Ostchinesisches Meer fließen.

Durch das verseuchte Wasser und den Einsatz von Pestiziden sind auch große Teile der Anbauflächen gefährdet, weil damit die Felder bewässert werden. China muss mit einem Siebtel der Anbauflächen weltweit ein Fünftel der Weltbevölkerung ernähren. 2013 wurde bekannt, dass ein Fünftel der Anbauflächen

Emissionen in Peking © Thomson Reuters

so stark verschmutzt ist, dass es nicht mehr zum Anbau von Lebensmitteln genutzt werden kann. Dazu kommt die unkontrollierte Abholzung der Wälder, die zu Überschwemmungen, Erosion und Desertifikation führt. Allein 400 Millionen Menschen sind von fortschreitender Wüstenbildung betroffen, die knapp ein Drittel der gesamten Landesfläche Chinas ausmacht. Laut einer Studie der Ernährungs- und Landwirtschaftsorganisation der Vereinten Nationen 2013 wächst die Wüste in China jedes Jahr um rund 1.717 Quadratkilometer. Das sind mehr als 240.000 Fußballfelder.

Und diese Probleme betreffen nicht allein die Chinesen. Fehlen die Anbauflächen, muss der hohe Bedarf an Lebensmitteln durch Importe gesichert werden. Dies führt zu steigenden Preisen vieler Grundnahrungsmittel auf dem Weltmarkt. Werden in China weniger Bäume gefällt, um die Natur zu schonen, fallen in anderen Ländern mehr Bäume. Denn der Bedarf nach Holz ist der Gleiche. Und die verschmutzte Luft belastet natürlich nicht nur Chinas Städte, sondern zieht auch weiter nach Japan oder Korea und in die Himalaya-Region.

Diese Probleme sind nicht von heute auf morgen entstanden. Der Grund, warum China sie jetzt nicht länger ignoriert, ist nicht der internationale Druck. Es sind die Menschen im Land, die die Situation nicht mehr länger hinnehmen wollen, und die Erkenntnis, dass die Verschmutzung dem Land teuer zu stehen kommt. Laut Weltbank muss China fast sechs Prozent der jährlichen Wirtschaftsleistung für Folgen der Umweltverschmutzung aufwenden. In den USA waren es 2006 rund 2,7 Prozent. Der »Krieg gegen die Verschmutzung«, wie Premier Li Keqiang das im Jahr 2013 genannt hat, umfasst unter anderem die Kosten für die Säuberung von Gewässern und Anbauflächen und die Ausfälle im Flugverkehr bei Smogalarm. Dazu kommen die steigenden medizinischen Ausgaben. Laut der Global Burden of Disease Study 2010 sollen in China über eine Million Menschen pro Jahr durch Folgen der Luftverschmutzung sterben.

UNSERE AUTORIN

Lea Deuber (* 1991) hat Journalismus, Wirtschafts- und Europawissenschaften studiert und arbeitet als freie Journalistin für mehrere überregionale Tageszeitungen in Deutschland. Im Fokus ihrer Berichterstattung: die Entwicklungen in Ostasien. http://deuber-lea.de

Emissionen in Peking, China © Nora Jakob

Investitionen in Umweltschutz

China ist mittlerweile das Land mit den höchsten Ausgaben für den Umweltschutz. Ungefähr 91 Milliarden Dollar investieren die Chinesen hier jährlich. Immerhin 1,3 Prozent ihres Bruttoinlandsprodukts. Deutschland investiert laut Bundesumweltministerium rund 0,5 Prozent. Auch Wu glaubt: »Die neue Führungsgeneration hat den Umweltschutz ganz oben auf ihrer Agenda.« Anders gehe es schon gar nicht mehr.

Zeichen für eine neue Politik sieht Wu, die Jura und Umweltpolitik studiert hat, vor allem im Ausbau der Erneuerbaren Energien. 2030 werden die Chinesen doppelt so viel Strom verbrauchen wie heute. Den Großteil seiner Energie gewinnt China bisher aus Kohle, die das Land mehr als genug hat. Die meisten Kraftwerke stoßen hohe Mengen Kohlenstoffdioxid aus. Noch viele Kilometer um sie herum sieht man die dunklen Wolken, die die Schornsteine wie Vulkane ausstoßen. China steht mit einem Anteil von 26 Prozent ganz oben auf der Liste der Staaten mit den höchsten Kohlendioxid-Emissionen. Deutschland rangiert bei gerade mal 2,5 Prozent. Aber immer mehr Kraftwerke mit veralteter Technik nimmt China vom Netz. Und in der Hafenstadt Tianjin im Norden Chinas ist 2014 das erste emissionsfreie Kohlekraftwerk eröffnet worden.

Energie aus Sonnen- und Windkraft

Zudem setzt das Land auf Solar- und Windkraft. Allein zwischen 2010 und 2013 haben die Photovoltaikkraftwerke in China die Leistungskapazität von 0,8 auf 18 Gigawatt ausgebaut. Laut der Nationalen Entwicklungs- und Reformkommission (NDRC) und der Nationalen Energiebehörde (NEA) in China sollen 2015 bereits 40 und 2017 später 70 Gigawatt erreicht werden.

Auch die Bürger in China profitieren von der Solarkraft. Obwohl sie ihre Dächer provisorisch angelegt haben – manchmal bestehen sie nur aus ein paar Dachziegeln oder locker aufeinandergestapelten Steinen und ein paar Balken –, haben viele Familien immerhin einen Sonnenkollektor auf dem Dach. Ob in einer Metropole wie Shanghai oder in einem kleinen tibetanischen Dorf im Norden Sichuans, einer vergleichbar armen Gegend: Die Menschen haben die Vorteile dieser Energieerzeugung erkannt. Auch die Reihen von Windkrafträdern, welche weite Teile der chinesischen Landschaft prägen, treiben den Wandel voran. Rund 100 Gigawatt sollen bereits 2015 mit Windkraft erzeugt werden. Mehrere Großprojekte sind geplant. Insgesamt 30 Prozent der Stromerzeugung hat China im ersten Halbjahr 2014 über Erneuerbare Energien gedeckt, mehr als

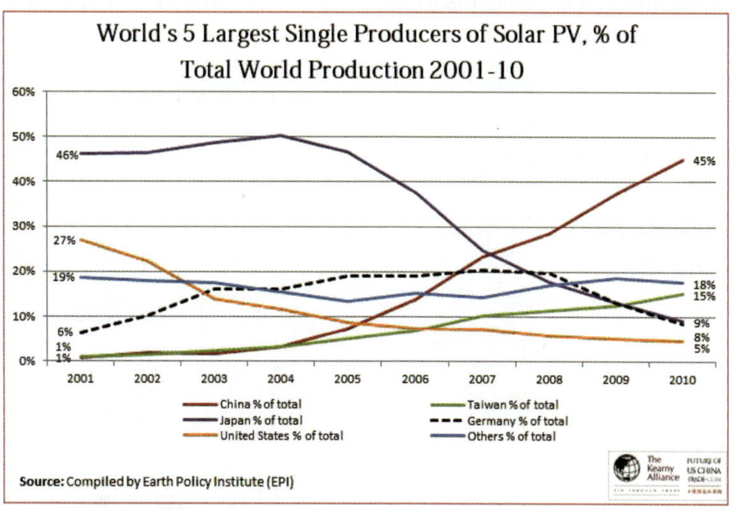

© Uschinatrade

Deutschland, dessen Ökostrom-Kraftwerke etwa 28 Prozent der Stromerzeugung leisteten.

Ähnlich ambitioniert geht das China auch mit seinen Massen an Autos um und setzt dabei auf Elektroantriebe. Schon heute fahren viele der Motorroller mit Strom. Wo man in Deutschland lange suchen kann, bis man eine Ladestation findet, gibt es sie in China überall. »Es hat sich bereits viel geändert«, sagt Wu. Und auch wenn sich bisher vor allem die Bilder verstaubter Städte in den Köpfen der Menschen halten, glaubt sie, dass diese dem Land schon lange nicht mehr gerecht werden. »Die Luft wird immer besser, die Werte sinken seit Jahren.«

Unser Weg zu einem Green Champion: Peggy Liu im Interview

Peggy Liu ist davon überzeugt: In China entscheidet sich der Kampf gegen den Klimawandel. Sie hat 2007 die Nichtregierungsorganisation Juccce (Joint US China Collaboration for Clean Energy) in Shanghai gegründet, die chinesische Politiker für eine grüne Revolution schult. In einem modernen Hochhaus im Zentrum von Shanghai arbeitet sie mit ihrem Team an nationalen und teils internationalen Kampagnen. Sie selbst hat viele Jahre in den USA und China gelebt, bevor sie Juccce aufgebaut hat. Ihr Alter verrät sie nicht. Die Organisation finanziert sich über Spendengelder. *Von Lea Deuber*

youthinkgreen: Frau Liu, viele Menschen denken zuerst an durch Smog verpestete Städte, wenn sie an China denken. Woran liegt das?

Liu: Die Bilder mit von Smog verdunkelten Städten halten sich besser in den Köpfen der Menschen. Aber sie spiegeln nicht mehr in allen Städten die Realität wider. Spätestens seit 2007 hat sich China in diesem Bereich stark verändert. Außerhalb von China ist das natürlich kaum bekannt, weil kaum jemand Chinesisch spricht. Aber China ist eines der führenden Länder im Kampf gegen den Klimawandel und in meinen Augen schon jetzt ein »Green Champion«. Im Moment ist das Leben in China schwierig. Die Menschen in den Städten merken heute noch kaum Veränderungen. Man muss sich vor der Umwelt schützen, anstatt sie zu genießen. Wir werden in den kommenden Jahren auch nicht zu einer Green City wie etwa Freiburg in Deutschland werden. Es ist eine gewaltige Aufgabe, die mindestens noch 20 Jahre dauern wird.

youthinkgreen: Was hat die chinesische Regierung denn in den vergangenen Jahren unternommen?

Liu: Unter anderem den Ausbau des Schienennetzes, der U-Bahn-Systeme, die Begrünung von Städten oder die Umstellung auf Erneuerbare Energien. Dann gibt es eine steigende Nachfrage nach Bio-Lebensmitteln und strenge Gesetze zum Schutz von bedrohten Arten, die nun nicht mehr gegessen werden dürfen. Auch die Luftqualität steht ganz oben auf der Liste.

youthinkgreen: Warum ist die Situation in China trotzdem so dramatisch?

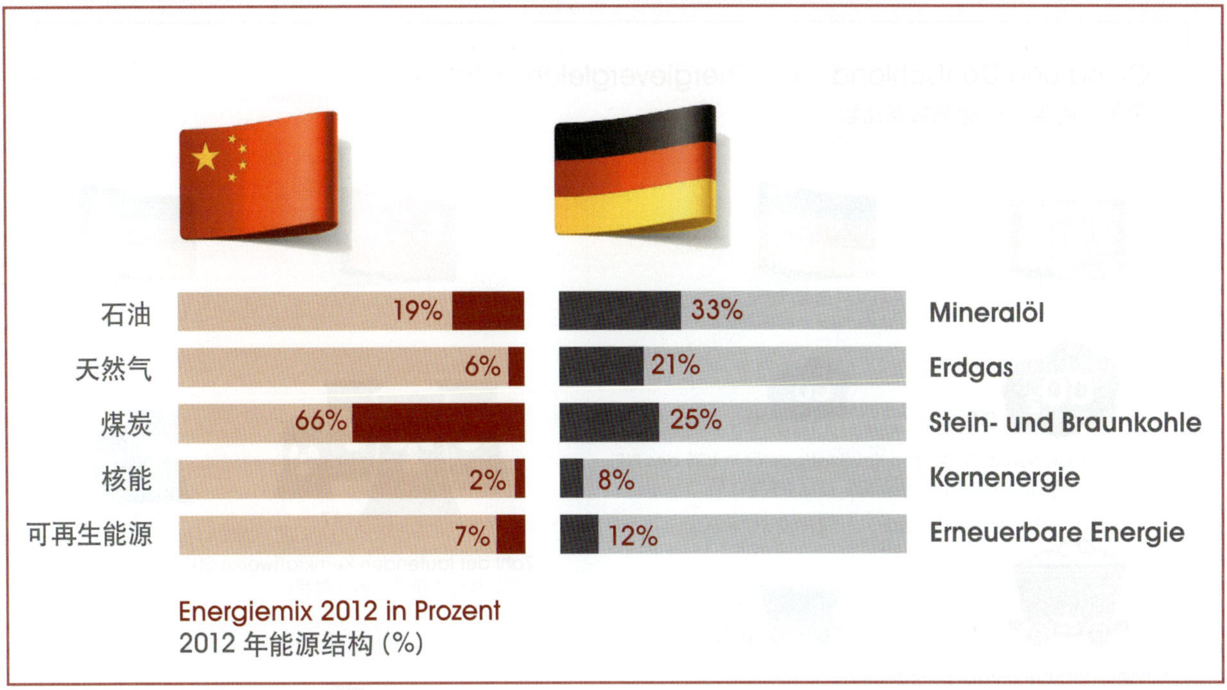

© KAS / Büro Shanghai

Liu: Chinas industrielle Revolution hat erst in den 1970er-Jahren eingesetzt. Die USA oder England waren bei ihrer Entwicklung noch weniger stark bevölkert. Und auch diese Länder haben 40 Jahre gebraucht, um die verschmutzten Lebensräume dieser Zeit wieder zu reinigen. London ist heute noch nicht so weit.

youthinkgreen: Mit welcher Motivation kommen die Politiker und Führungskräfte zu Ihnen?

Liu: Wir haben bisher beispielsweise rund 800 Bürgermeister in China geschult. Die Bürgermeister kommen und sagen: Wir wollen einen Wandel. Überzeugen muss ich niemanden. Die Menschen merken jeden Tag, was mit ihrer Umwelt vor Ort passiert. Sie haben eigene Kinder und leben selbst in den Städten. Sie sind also sehr interessiert daran, Veränderungen anzustoßen. Aber man muss ihnen Projektideen an die Hand geben, die sie in ihrer Regierungszeit umsetzen können, die sich finanzieren lassen und von denen man am Ende noch ein Foto machen kann. Dafür stellen wir vor allem Projekte aus dem Ausland vor und zeigen, wie diese umgesetzt werden können. Beispielsweise die Nutzung von Fahrrädern als Verkehrsmittel in den Städten.

youthinkgreen: Was haben Sie in den vergangenen Jahren bei Ihrer Arbeit gelernt?

Liu: Wir versuchen nicht mehr nur, zu den Köpfen der Menschen zu sprechen, sondern auch zu ihren Herzen. Es geht nicht um irgendwelche Zahlen und Messwerte. Es soll darum gehen, ein China zu erschaffen, auf das wir und unsere Kinder stolz sein können. Zudem sprechen wir nicht mehr so viel über »das Klima retten«. Wir haben beispielsweise ein Programm, in dem wir Kindern beibringen, wie sie sich gesund ernähren. Die Ernährung steht im Vordergrund, aber solange sie ausgewogen essen, schützen sie damit gleichzeitig auch den Planeten.

youthinkgreen: Was wollen Sie jungen Menschen mit auf den Weg geben?

Liu: Es geht nicht mehr um die Frage, ob der Klimawandel existiert. Die junge Generation muss sich heute schneller als jede andere Generation an die Herausforderungen des Klimawandels gewöhnen. Jugendliche sollten keine Zeit damit verschwenden, darüber zu diskutieren, warum die vergangene Generation versagt hat. Sie müssen selbst handeln.

Die *youthinkgreen*-Gruppe in Wuhan

WISSEN • BEGREIFEN • HANDELN

1. China steckt, was die Umwelt angeht, in einer scheinbar ausweglosen Situation.

a) Beschreibt das Ausmaß der katastrophalen Umweltzerstörung. Worin liegt es begründet?
b) Erläutert die globalen Folgen dieser Umstände in China.
c) Welche Möglichkeiten haben die Chinesen, dieser schlimmen Lage zu entkommen?

2. Gleichwohl hat die chinesische Regierung die Dimension der Umweltprobleme erkannt.

a) Welche Maßnahmen hat die chinesische Regierung inzwischen ergriffen, um diese »Umweltsünden« in den Griff zu bekommen?
b) Welches langfristige Konzept verfolgt sie, um den verheerenden Kreislauf zu durchbrechen?

3. Wie begründet Liu ihre auf den ersten Blick fragwürdige Ansicht, China sei eines der führenden Länder im Kampf gegen Klimawandel?

a) Erscheint dir ihre Argumentation gerechtfertigt bzw. für wie glaubwürdig hältst du ihre Aussagen?
b) Recherchiere dazu im Internet und tauscht euch anschließend in der Gruppe dazu aus.

4. Liu appelliert an die Jugend, selbst zu handeln und nicht länger über die Fehler der älteren Generationen nachzudenken.

a) Lassen sich Umweltprobleme grundsätzlicher Art dadurch lösen, indem man einfach den Stab an die Jugend weitergibt? Diskutiert ihren Vorschlag.
b) Wodurch könnten sich Jugendliche in China in ihrem Denken und Handeln gebremst und eingegrenzt fühlen? Welche Rolle spielt hierbei das Bildungssystem in China? Recherchiert dazu im Internet (Stichwörter »Generation Fly« und »China«).
c) Recherchiert zur Situation von umweltpolitischen Nichtregierungsorganisationen in China. Welchen Spielraum haben sie, um tätig zu werden? Beachtet dabei politische und finanzielle Aspekte. Zu welchen Ergebnissen kommt ihr?

5. Überlegt, wie ihr die Jugendlichen in China unterstützen könnt, Klimaschutz- und Umweltprojekte zu initiieren. Informiert euch über mögliche Schulpartnerschaften oder bereits bestehende Kooperationsprojekte (z. B. Mercator Schulpartnerschaftsfonds Deutschland – China oder die *youthinkgreen*-Gruppe in China etc.).

a) Erstellt dazu in Kleingruppen Aktionspläne mit möglichen Ansprechpartnern, euren Zielen und Projektideen. Anregungen könnt ihr evtl. auch dem »Aktionsrahmen für die deutsch-chinesische Zusammenarbeit« der Bundesregierung entnehmen.
b) Präsentiert eure Pläne der Großgruppe und diskutiert diese miteinander.
c) Einige eurer Aktionspläne gemeinsam mit externen PartnerInnen umzusetzen, dürfte jetzt euer Ziel sein.

4.3 NACHHALTIG W
MOBIL SEIN, ABER V

Einleitung

Wir alle spüren tief in uns die Sehnsucht, einen Ort »mein Zuhause« nennen zu können. Selbstbestimmtes Wohnen bedeutet idealerweise an einem Ort anzukommen, es sich gemütlich einzurichten, Sicherheit und Freiheit zu genießen. Die Frage, wie wir wohnen (wollen), hängt natürlich stark von der individuellen Lebenssituation ab (Ausbildung, Beruf, Familienstand etc.) Aber auch gesellschaftliche Entwicklungen wie etwa Urbanisierung, demografischer Wandel, ökonomische Faktoren und Trends in der Immobilienbranche sowie die kommunale Siedlungspolitik beeinflussen unser Wohnverhalten. Ressourcenverbrauch und Energie-Effizienz sowie Komfort spielen dabei eine immer größere Rolle.

Felix Simon hat für seinen Beitrag drei höchst unterschiedliche Projekte nachhaltigen Bauens und Wohnens aufgespürt: ein kleines energiearmes Wald-Häuschen, das von einer Familie in West-Wales in Handarbeit gebaut wurde, Containerbauten für wohnungslose StudentenInnen in Amsterdam und ein technologisch und architektonisch hochmodernes »Effizienzhaus Plus« in Berlin, das mehr Energie produziert als eine vierköpfige Familie für Strom und Warmwasseraufbereitung durchschnittlich pro Jahr verbraucht.

Wie Gerd Würdemann in seinem Text herausarbeitet, sind die Fragen von Wohnraum und Mobilität untrennbar miteinander verknüpft. Mobilität gilt, ähnlich wie das Wohnen, als Schlüssel für ein aktives, selbstbestimmtes Leben und hat als menschliches Grundbedürfnis ebenso den Stellenwert eines Menschenrechts. Und auch in diesem Bereich, also in unserer alltäglichen Wahl der Verkehrsmittel und der Wege, die wir täglich zurücklegen (müssen), stecken enorme Potenziale, um CO_2-Emissionen zu sparen und die Umwelt zu schonen. Um diese Potenziale zu nutzen, so Würdemann, bedarf es nicht nur technischer Innovationen, sondern auch einer besseren Balance von Nähe und Ferne bei der Lebensgestaltung, aktiver Formen der Mobilität unter dem Einsatz der eigenen Körperkraft und einer gelasseneren Haltung zur Dauer des Unterwegsseins.

YTG-Klimabotschafter aus Wuhan (China) präsentieren ihre Ideen auf dem Klimagipfel in Wolfsburg

Für die SiedlungspolitikerInnen und BürgerInnen in den Metropolen in Ländern des Globalen Südens stellen sich auf dem Weg ins postfossile Zeitalter ähnliche Fragen. Hanna Marzinkowksi hat sich in Brasília mit Mobilitätskonzepten für eine nachhaltigere Stadtplanung beschäftigt und UmweltaktivistInnen

INEN UND
?

Das Ökohaus von Simon Dale
© Simon Dale

gefunden, die mit Fahrrad-Karawanen gegen das Verkehrschaos und die Belastung durch Abgase aufbegehren.

Die Fragestellungen für die Bereiche »Nachhaltiges Wohnen und Mobilität« sind schon innerhalb einer Stadt, einer Region und eines Landes so komplex, dass wir in unseren Beiträgen nur einige wenige Ausschnitte präsentieren können. Lösungsansätze, die wir aus Kapazitätsgründen vernachlässigen mussten, sind beispielsweise mobile Unterkünfte für Menschen, die häufig umziehen, für Menschen auf der Flucht und für Obdachlose, aber auch sozial-ökologische Initiativen im Güter- und Urlaubsverkehr.

Wohnen und Mobilität sind zwei in der öffentlichen Debatte vernachlässigte Bereiche, in denen sich das Gelingen der Energiewende mitentscheiden wird (siehe 4.2.). Aber bei allen angesprochenen Themen geht es nicht nur um ökologische Zwänge und unsere individuellen Komfort-Bedürfnisse, um CO_2-Bilanzen und Umweltschutz, sondern auch um zentrale Fragen der sozialen Gerechtigkeit. Das beinhaltet Überlegungen, wie wir Wohnen und Mobilität für alle Menschen erschwinglich machen, dabei Stadtquartiere wieder stärker durchmischen und somit unsere Lebensqualität insgesamt steigern können. Das Themenfeld möchte euch dazu ermutigen, die Frage zu diskutieren, wie öffentlicher (städtischer) Wohn- und Lebensraum besser gestaltet und gemeinschaftlicher genutzt werden kann.

© Johann Mayr

© Simon Dale

ALTERNATIVE WOHNKONZEPTE – VON DER HOBBITHÖHLE ZUM CONTAINER

Von Felix Simon

Einmal so leben wie Bilbo Beutlin und seine Hobbit-Freunde im Roman »Herr der Ringe«, das wäre doch was. Oder? Ein gemütliches Erdhaus, umgeben von blühender Landschaft, inmitten der Natur. Im Winter lodert ein Feuer im Kamin und verbreitet behagliche Wärme, im Sommer strömt der Duft der Blumen durch die geöffneten Fenster. Wer könnte dieser Versuchung schon widerstehen?

Der Brite Simon Dale hat sich diesen Traum erfüllt und kann eine solche Behausung jetzt sein Eigen nennen. Von Beruf eigentlich Fotograf, hatte er anfangs nur die Absicht, ein herkömmliches Wohnhaus für sich und seine Familie zu errichten. Doch für einen Neubau reichte das Geld nicht. Zudem bereitete ihm die fortschreitende Umweltzerstörung, die auch auf den verschwenderischen Wohn- und Lebensstil in westlichen Gesellschaften zurückzuführen ist, seit Langem Kopfzerbrechen. Und er fragte sich, was er dem entgegensetzen könnte, damit die Erde auch noch für seine Kinder und Enkelkinder einen intakten und bewohnbaren Lebensraum böte.

Eines Tages machten Simon und seine Familie die Bekanntschaft eines walisischen Landbesitzers, der ihnen anbot, auf seinem Farmland in West-Wales ein »Ökohaus« zu errichten. Ökohäuser oder auch »Niedrigstenergiehäuser« sind Gebäude, die von der Grundsteinlegung an umweltfreundlich und effizient gebaut werden, und in denen die Bewohner schonend mit Ressourcen wie Strom, Wasser und Heizmaterialien umgehen können. Der sehr geringe Energiebedarf von Ökohäusern wird vor dem Hintergrund des anthropogenen Klimawandels, schwindender natürlicher Ressourcen und steigender Energiepreise aus erneuerbaren Quellen gedeckt.

Simon Dale begann bereits 2005 – gemeinsam mit seinem Schwiegervater – mit der Planung eines Öko-Hauses, ohne Vorkenntnisse oder Erfahrungen im Hausbau zu haben. Zu den ökologischen Aspekten der nachhaltigen Qualität von Gebäuden zählen etwa die beanspruchte Fläche, Baustoffe und Bauweise, Dämmung und Wärmeschutz, effiziente Anlagetechnik und Nutzung erneuerbarer Energieträger, die Wassernutzung und Wassertechnik sowie die Rückbaufähigkeit, also die Rezyklierbarkeit der verwendeten Materialien.

Wohnen inmitten der Natur

Fast alle Arbeiten verrichteten sie in über 1.500 Stunden von Hand – vom Ausheben der Baugrube bis hin zur Verkleidung der Außenwände mit Stroh und Lehm. Verwendet haben sie fast ausschließlich nachwachsende natürliche Materialien. Gebaut wurde auf einem Fundament aus gestampftem Lehm und Steinen. Äste und Stämme bilden das Grundgerüst, Lehm und Stroh dienten zur Abdichtung und Isolierung. Ein paar Rohre, Kabel und ein kleiner Ofen kamen auch aus abgerissenen Gebäuden und vom Schrottplatz. Solarpaneele erzeugen Strom, eine Komposttoilette spart Wasser. Im Winter verströmt der kleine Holzofen behagliche Wärme. Vier Monate dauerte es, bis im Dezember 2005 ein kleines Öko-Häuschen entstanden war.

Betrachtet man das Gesamtergebnis, erinnert dieses tatsächlich an eine jener Höhlen, in denen Tolkiens fiktive Hobbits ihr Leben verbringen. Es ähnelt, aus der Ferne betrachtet, jenen Bauten in den ersten menschlichen Siedlungen der Jungsteinzeit. Etwas gedrungen steht es da, umgeben von Bäumen und Sträuchern. Simon hat das Waldhaus zum Teil in den dahinter liegenden Hang gegraben. »So sorgt das Erdreich auf der Rückseite für eine natürliche Isolierung«, sagt er stolz. Das Dach ist grasbewachsen und fügt sich fast nahtlos in die umgebende Landschaft ein.

Simon ist es wichtig, dass sein Projekt nicht bloß als ein Hippie- oder Aussteigertraum wahrgenommen wird, sondern als Beitrag zum Klima- und Umweltschutz und der Schonung von natürlichen Ressourcen. In der Europäischen Union entfallen 40 Prozent des Energieverbrauchs auf den Gebäudebestand. Rund 85 Prozent davon für Heizwärme und Warmwasseraufbereitung, 15 Prozent für Strom. Gemeinsam verursachen sie etwa ein Drittel aller CO_2-Emissionen. Dabei liegt die Energieeffizienz von Gebäuden laut EU »Green Paper on Energy Efficiency« lediglich bei »rund 50 Prozent«. Simon suchte nach einer besonders preiswerten Variante eines energieeffizienten Neubaus. Die Größe des Hauses beträgt nur ca. 50 Quadratmeter, die Kosten rund 3.000 Pfund.

© Simon Dale

© Simon Dale

für Schritt gemeinschaftlicher und energieeffizienter zu gestalten. Aspekte der Nachhaltigkeit – wie die Wiederverwertung von Stoffen, der Einsatz von nachwachsenden Materialien und modernen Methoden zur Energiegewinnung wie Solarmodule – werden auch von Architekten, Politikern und Städteplanern immer mehr berücksichtigt. Ein interessantes, urbanes Wohnprojekt findet sich in den Niederlanden. Denn das Waldhäuschen von Simon Dale bietet den Milliarden Menschen, die in Städten leben, keine realistische Alternative.

UNSER AUTOR

Felix Simon (* 1993) studiert Film- und Medienwissenschaften sowie Anglistik in Frankfurt und absolviert eine cross-mediale Journalistenausbildung bei der Konrad-Adenauer-Stiftung.

Anfragen aus aller Welt

Während der Bauarbeiten dokumentierte er die Fortschritte mit seiner Kamera, um sie dann gemeinsam mit Bildern und Bauplänen des fertigen Hauses auf einer kleinen Website online zu stellen. In den folgenden Monaten erhielt er eine Flut an Anfragen von Gleichgesinnten und Neugierigen aus der ganzen Welt, die ähnliche Bauvorhaben umsetzen wollten. Mittlerweile sind Simon und seine Familie weitergezogen – das Waldhäuschen dient jetzt Wanderarbeitern als temporäre Unterkunft. Simon und seine Frau setzen ihre Arbeit für eine nachhaltige und umweltbewusste Lebensweise als Mitglieder des Lammas-Projekts, einer 2009 gegründeten Selbtsversorger-Kommune in der westwalisischen Grafschaft Pembrokeshire, fort.

Überall auf der Welt gibt es Menschen wie die Gründer und Mitglieder des Lammas-Projekts, die beginnen, umzudenken und ihre Wohn- und Lebensweise Schritt

Wohnen in der Metallkiste

Amsterdam an einem trüben Herbstnachmittag im September 2014. Es nieselt, und ein schwacher Wind pfeift durch den H. J., den Henri-Johan-Eduard-Wenckebachweg im Süden der Stadt. Hier türmen sich Hunderte von Schiffscontainern in fünf Stockwerken übereinander. Die roten Container – alle haargenau 2,4 Meter breit, zwölf Meter lang und 2,6 m hoch – formen sich zu zwölf großen Gebäuden entlang der Straße, lediglich getrennt durch kleine Grünflächen, bewachsen mit jungen Birken und Büschen. Hier in einem Industriegebiet am Hafen befindet sich seit 2005 eine der weltweit größten Containerstädte.

Angefangen hat alles mit 60 Wohncontainern, mittlerweile sind es an die tausend. Jeder Container bietet ungefähr 30 Quadratmeter Grundfläche und einen Rauminhalt von 75 Kubikmetern. Er hat einen kleinen Balkon und ist mit Bad und Küche voll ausgestattet – ganz so wie eine kleine Wohnung. Bewohnt wird die Anlage hauptsächlich von Studenten. Amsterdam leidet wie viele andere Universitätsstädte in Europa an akuter Wohnraumknappheit. Auch wenn es sich in Amsterdam um neue Container handelt, können theoretisch auch ausgediente Schiffscontainer ohne größeren Aufwand in kleine Gebäude umgewandelt werden. Ihre Konstruktion ist darauf ausgelegt, widrigen Umständen wie salziger Gischt auf hoher See zu trotzen, und ihre Standardgröße vereinfacht Planung und Transport. Gleichzeitig kann man sie wie riesige Bauklötze problemlos zu größeren Gebäuden oder Siedlungen verbinden. Ein Containerbau kann in der Horizontalen beliebig erweitert werden – nur nach oben hin sind dem Bauen Grenzen gesetzt.

www.tempohousing.com

Im Vergleich zu einer Wohnung sind Container sogar preisgünstig – nur knapp 5.000 Euro muss man für ein ausrangiertes Exemplar auf den Tisch legen. Während der Ansatz der Selbstversorgung auf dem Lande, wie von Simon Dale und seinen Mitstreitern propagiert, vielen vielleicht zu radikal erscheint, ist die Transformation von Containern zu Wohnungen die weniger romantische, aber sehr praktische Variante des ressourcenschonenden Bauens, bei welchem vorhandenes Material auf intelligente Art wiederverwendet wird. Doch die Pioniere des nachhaltigen und umweltfreundlichen Bauens haben noch weitaus mehr zu bieten.

Das Energiekraftwerk – das Haus der Zukunft

Das Haus der Zukunft steht nicht im Silicon Valley, sondern in Berlin-Charlottenburg, ganz in der Nähe vom Bahnhof Zoo. Umgeben von monotonen Bürobauten und direkt gegenüber der Universität der Künste steht ein architektonischer Glasbau, der so gar nicht zur restlichen Architektur der Umgebung passen will. Spiegelnde Platten verkleiden das Gebäude an zwei Außenwänden und lassen es ein wenig wie eine Mischung aus Schuhschachtel und Raumschiff aussehen. Hinter der Fassade verbirgt sich jedoch modernste Technik und ein kluges Konzept. »F87« haben die Bauherren um den Bauingenieur und Architekten Prof. Dr. Werner Sobek den Prototyp getauft – nach der Hausnummer in der Fasanenstraße 87.

Das Bundesministerium für Verkehr, Bau und Stadtentwicklung fördert durch Wettbewerbe die Planung und den Bau solcher »Effizienzhäuser Plus«, die deutlich mehr Energie produzieren, als für deren Betrieb nötig ist. Die in den klimaneutralen Gebäuden erzeugte Energie soll dann beispielsweise für das eigene Elektroauto zur Verfügung stehen. Energieeffizienz ist ein zentraler Ansatzpunkt bei der Suche nach klimafreundlichen und ressourcenschonenden Lösungen, sowohl im Bereich Verkehr als auch bei Gebäuden. Denn beide Sektoren zusammen sind in Deutschland aktuell für rund 70 Prozent des End-Energieverbrauchs und für rund 40 Prozent aller CO_2-Emissionen verantwortlich.

Dialog und Technik

Das F87 ist deshalb weit mehr als nur ein 130 Quadratmeter großes Einfamilienhaus. Es ist zugleich ein Kleinkraftwerk, ein Forschungsprojekt, ein Ort der Begegnung und des Dialogs für interessierte Bürger, Unternehmer und Politiker und nicht zuletzt auch ein Beitrag zu moderner Baukultur. Es kann komplett demontiert und an anderer Stelle neu errichtet werden. An den Außenwänden sind

Das Effizienzhaus F87 in Berlin © Werner Sobek Stuttgart

großflächige Solarpaneele angebracht. Durch die verglaste Südost- und Nordwestseite wird ein Maximum an Tageslicht in das Gebäude geholt und innen ein großzügiges Raumgefühl erzeugt. Die kompakte Form des Hauses minimiert gleichzeitig die Flächen, an denen Wärme verloren gehen könnte. Im Inneren sorgt mo-

dernste Technik für den Komfort der Bewohner. Eine Luft-Wasser-Wärmepumpe gewinnt zum Beispiel thermische Energie aus der Außenluft und steht für die Heizung der Innenräume und die Warmwasseraufbereitung für den täglichen Bedarf zur Verfügung.

Alle Vorgänge werden von einem Computer gesteuert, der je nach Wetterlage die Heiz- und Lüftungssysteme anpasst. Wird es zu warm, regelt sich automatisch die Heizung herunter, und die Solarenergie, die nicht mehr zum Heizen benötigt wird, fließt dann in die hauseigenen Energiespeicher. Das umweltfreundliche Haus »denkt« mit. An sonnenreichen Tagen erzeugt es wesentlich mehr Strom, als die Bewohner verbrauchen. Die Erbauer rechnen mit einem jährlichen Energieüberschuss von 6.000 Kilowattstunden, der nach Abzug des hauseigenen Gesamtverbrauchs noch übrig bleibt und zum Beispiel für das Aufladen von Elektroautos verwendet werden kann.

Berliner und Berlin-Besucher sind eingeladen, an den integrierten Monitoren und Displays im öffentlich zugänglichen Teil des Hauses, dem sogenannten Schaufenster, die Energiebilanz des Gebäudes mitzuverfolgen, sich über das Haus der Zukunft zu informieren und sich für den eigenen Hausbau inspirieren zu lassen. Dennoch sind solche Häuser für die Allgemeinheit viel zu teuer. Zwei Millionen Euro hat der Neubau in der Fasanenstraße gekostet – ein stolzer Preis für ein Vier-Personen-Wohnhaus. Doch mit dem wissenschaftlichen Fortschritt wird die erforderliche Technik voraussichtlich immer billiger werden und damit potenziell auch vielen Menschen im Alltag zur Verfügung stehen.

Was wir tun können

Drei ganz unterschiedliche, zukunftsweisende und nachhaltige Wohnkonzepte haben wir jetzt kennen gelernt: Simon Dale und sein Waldhaus auf Basis nachwachsender Baumaterialien und Energieversorgung dank Solarkraft, die Containerwohnungen in Amsterdam mit ihrem Recyclingansatz sowie das Effizienzhaus Plus »F87«, welches Ideen der Energieeinsparung im Gebäude- und im Mobilitätsbereich miteinander verzahnt und viele vorhandene Technologien und Bautechniken unter einem Dach vereint. Am Ende stellt sich natürlich die Frage, was wir von diesen Projekten lernen, möglichst in unseren eigenen Alltag mitnehmen und realisieren können.

Die Verantwortung für die Lösung der großen Probleme, Klimawandel und Ressourcenschwund, liegt sicherlich nicht nur bei Politikern, Verwaltungsangestellten und Unternehmen, sondern auch bei jedem Einzelnen von uns. Wir alle müssen versuchen, umweltbewusster und energieeffizienter zu leben, zu wohnen und zu bauen beziehungsweise bauen zu lassen. Solarzellen auf dem Dach, seien es zur

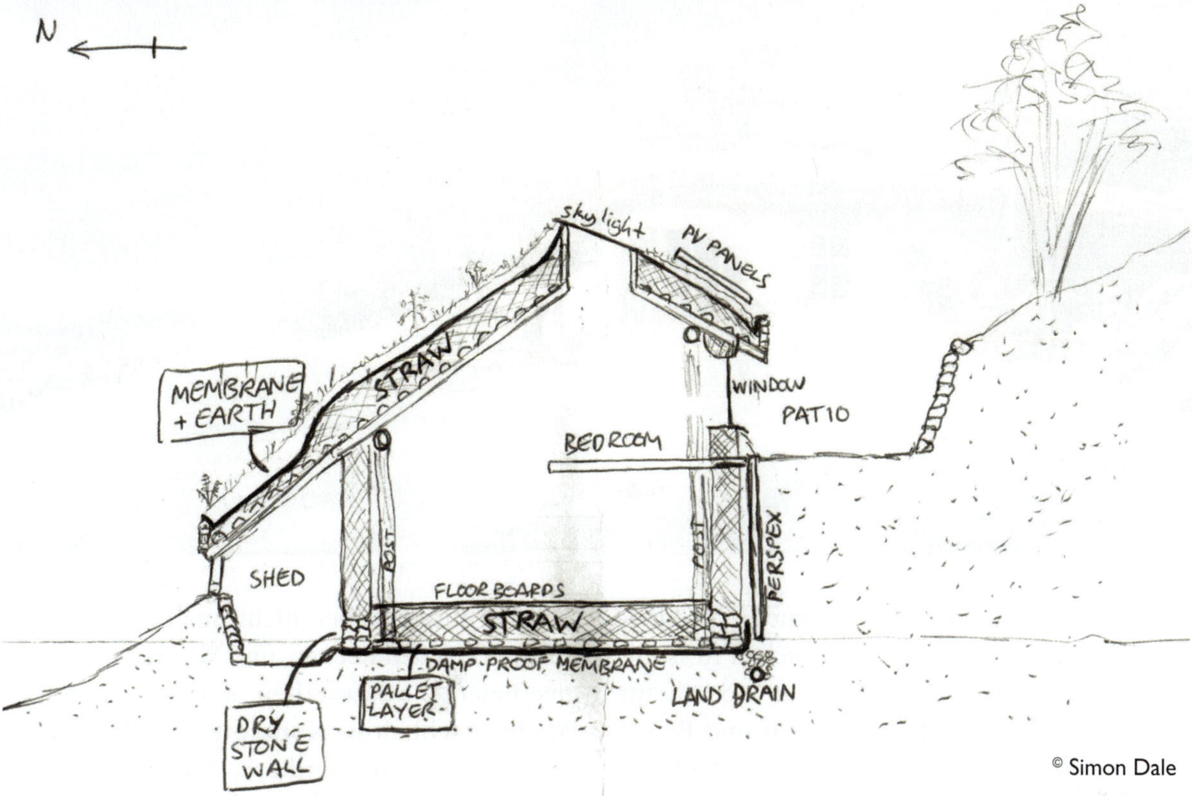

© Simon Dale

Stromerzeugung oder zur Wärmegewinnung, sind mittlerweile für jeden Erwerbstätigen erschwinglich geworden; und deren Anschaffung rentiert sich je nach Lage des Hauses und der Sonneneinstrahlung oft schon nach wenigen Jahren. Auch Baumaterialien aus recycelten beziehungsweise recycelbaren Stoffen oder aus natürlichen Materialien wie zum Beispiel Flachs oder Hanf zum Dämmen werden immer häufiger eingesetzt.

Nicht zuletzt sollten wir uns aber an den Gedanken gewöhnen, unseren eigenen Raumbedarf zu verringern und genügsamer zu leben, den Pullover anzuziehen und die Heizung auszulassen oder in die Gebäudesanierung zu investieren. Kleine, aber gut durchdachte Gebäude können genauso schön sein wie große Häuser mit Unmengen an Platz, den man meist doch nicht braucht. Im Unterschied zu einem großen Haus (oder einer großen Wohnung) braucht man für den Bau eines kleineren Exemplars weitaus weniger Rohstoffe. Auch die Heizkosten sinken, denn kleine Räume erwärmen sich wesentlich schneller als große, und die Wärme geht nicht so leicht verloren. Und je weniger geheizt werden muss, desto geringer ist insgesamt der Energieverbrauch und damit auch der Emissionsausstoß. Zudem werden für den Bau kleinerer Gebäude kleinere Flächen versiegelt.

Ein schönes Leben kann auch auf kleinem Raum gelingen, die beliebten Containerbauten in Amsterdam sind dafür ein gutes Beispiel. Natürlich geht es nicht darum, dass wir uns beengt fühlen sollen. »Downsizing« ist das Stichwort. Man könnte es auch als ein gesundes Schrumpfen bezeichnen – ein Loswerden des Überschusses, den wir meist gar nicht brauchen. Schon eine geringfügige Einschränkung in unserem Raumbedürfnis sorgt dafür, dass die Umwelt geschont wird. »Klein, aber fein« ist in Sachen Klima- und Umweltschutz nicht bloß eine Redensart, sondern vielleicht das Prinzip, das unseren Planeten vor noch größeren Schäden bewahren kann.

Wir werden bis 2050 neun Milliarden Menschen auf der Erde sein, aber mehr Platz und Wohnraum wird es nicht geben, jedenfalls

© Simon Dale

nicht, ohne die noch verbleibenden Waldflächen zu zerstören und die natürlichen Ressourcen zu vernichten. Die Ideen und Modelle für energieeffizientes Leben, Wohnen und Bauen sind längst da. Auch für Kommunen stellt sich die Frage nach nachhaltigen Baukonzepten, zum Beispiel bei anstehenden Sanierungen von Schulgebäuden, öffentlichen Einrichtungen wie Bibliotheken und städtischen Krankenhäusern.

Wir als Bürger haben nicht nur die Aufgabe, unseren eigenen Lebens- und Wohnraum energieeffizienter zu gestalten, sondern auch die Pflicht, nachhaltige Konzepte und Projektrealisierungen von Politikern, Architekten und Städteplanern einzufordern und uns an den Diskussionen zum nachhaltigen Bauen und Wohnen in urbanen Kontexten zu beteiligen.

WISSEN • BEGREIFEN • HANDELN

1. Welche Standards muss ein Ökohaus erfüllen? Recherchiere dazu.

2. Das Waldhäuschen von Simon Dale stieß weltweit auf großes Interesse.

a) Welche ökologischen Aspekte wurden bei der Realisierung seines Hauses besonders berücksichtigt?
b) Welchen klimapolitischen und gesellschaftspolitischen Zielen wollte er unbedingt Genüge leisten?
c) Welche Umstände haben ihn in seinem Vorhaben begünstigt?
d) Welchen Wandel hat Simon Dale durch dieses Projekt selbst durchlaufen?
e) Warum kann dieses Bauvorhaben Vorbild für alternative Baukonzepte sein? Tauscht euch dazu aus und holt weitere Meinungen ein.

3. In Amsterdam befindet sich in einem Industriegebiet am Hafen eine der weltweit größten Containerstädte.

a) Was ist das Besondere an diesen Wohncontainern?
b) Warum sind sie gerade bei StudentInnen sehr beliebt?

4. Das F87 ist zugleich ein Kleinkraftwerk, ein Forschungsprojekt etc. und nicht zuletzt ein Beitrag zu moderner Baukultur.

a) Welches kluge Konzept verbirgt sich hinter der Fassade von F87?
b) Welche Rolle spielt die modernste Technik in diesem Gebäude?
c) Diskutiert die Aussage des Autors: »Das umweltfreundliche Haus denkt mit.«

5. Der Autor fordert uns alle in seiner Zusammenfassung »Was wir tun können« zum Umdenken und Handeln auf.

a) Fasst seine Vorschläge und Anregungen in einer Stoffsammlung zusammen und diskutiert diese miteinander.
b) Womit begründet der Autor seinen Appell für ein Gesundschrumpfen (Downsizing) hinsichtlich der Wohnungsgröße? Könnt ihr euch diesem Appell anschließen?

6. »Wir als Bürger haben (…) auch die Pflicht, nachhaltige Konzepte und Projektrealisierungen von Politikern, Architekten und Städteplanern einzufordern …«, so der Autor.

a) Diskutiert und entwickelt Ideen, um dieser Aufgabe und Verantwortung für das Gemeinwesen gerecht zu werden.
b) Setzt, wenn möglich, einige eurer Ideen in der Praxis um.
c) Welche Erfahrungen habt ihr gemacht? Wer hat euch unterstützt? Was würdet ihr anders machen?
Schickt uns eure Berichte an das *youthinkgreen*-Büro in Berlin.

Links und Anregungen:
www.bpb.de/apuz/183450/zum-wandel-des-wohnens
www.bpb.de/apuz/183456/urbanisierung-megastaedte-und-informelle-siedlungen
www.bpb.de/gesellschaft/umwelt/klimawandel/38586/bauen-und-wohnen

conceptual key aspects

1 photovoltaic modules in the facade and on the roof
2 energy core
3 battery
4 information display and conductive charging station
5 fixed louver
6 staircase
7 inductive charging station

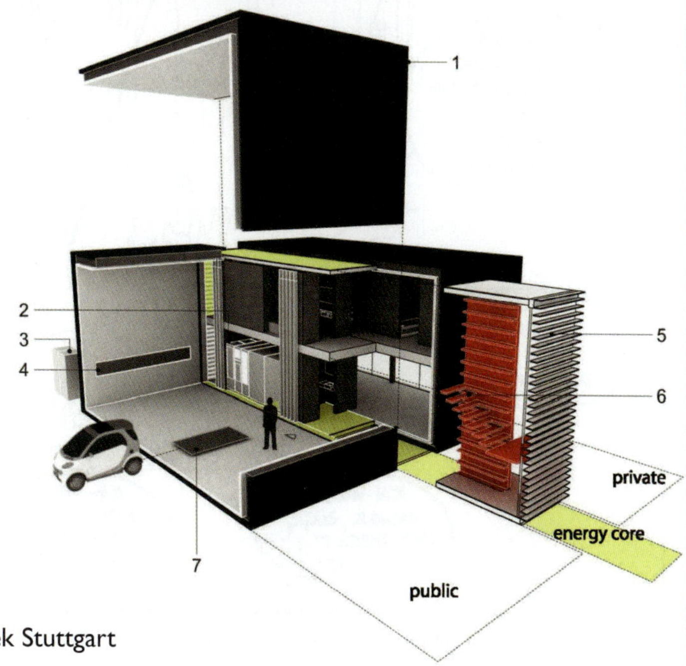

Das F87-Konzept © Werner Sobek Stuttgart

MOBILITÄT – EIN HOCHWERTIGES GUT!

Mit Gedanken von Gerd Würdemann, Lena Kasper und Prof. Dr. Peter Seeger

Wer seine Umgebung erkunden und am gesellschaftlichen Leben teilnehmen will, muss mobil sein – räumlich und sozial. Der Begriff Mobilität kommt von mobilatas (lat.) und bedeutet Beweglichkeit und Fortbewegung. Sie ist der Schlüssel für ein aktives, selbstbestimmtes Leben und hat als menschliches Grundbedürfnis den Stellenwert eines Menschenrechts. Aber wie kann Mobilität in Deutschland und global im Sinne einer nachhaltigen Entwicklung vor dem Hintergrund des Klimawandels und ökologischer Grenzen, dem Ende des billigen Öls und anderer Umweltbelastungen für eine wachsende Menschheit sichergestellt werden?

Wachsenden Handlungsdruck gibt es aber nicht nur durch ökologische Probleme. Da weltweit mehr und mehr Menschen in die Städte und Metropolregionen ziehen, stoßen die Verkehrssysteme dort immer häufiger an die Grenzen ihrer Funktionsfähigkeit. Sie können nur noch punktuell, und oft gegen Widerstand der Anwohner, erweitert werden. Das gilt insbesondere für das Straßennetz, aber auch für neue Flughäfen und Flugrouten oder Teile der Bahninfrastruktur. Es geht bei der Frage nach der Zukunftsfähigkeit der Verkehrssysteme gleichzeitig immer auch um gesellschaftspolitische Fragen: Wie und für wen soll welche

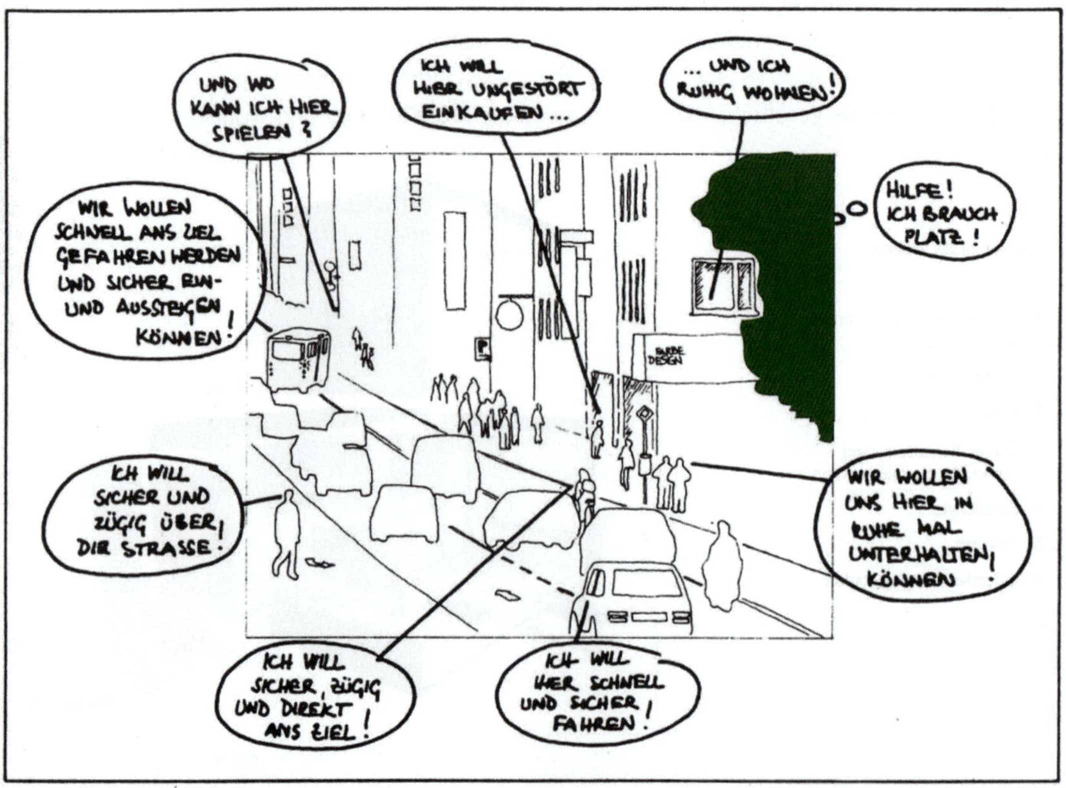

»Chor der Ansprüche« an Hauptverkehrsstraßen © BSV Büro für Stadt- und Verkehrsplanung Dr.-Ing. Reinhold Baier GmbH

Form von Verkehr und Mobilität ermöglicht werden? Und zu welchen Bedingungen soll das geschehen? Wer Verkehrssysteme in eine bestimmte Richtung verändern will, muss technische, politische, ökonomische, rechtliche und soziokulturelle Weichen stellen. Verantwortung und Handlungsspielräume gibt es dabei natürlich auch bei jedem Einzelnen. Quelle: Lena Kasper und Peter Seeger (2014): gruener-journalismus.de/grundlagen-neue-mobilitaet

te Umdenken, Umsteuern und Handeln muss HEUTE stattfinden! Hier liegt der Schlüssel für die Zukunft.

2. Wie sieht nachhaltige Mobilität ganz konkret aus?

Mobilität ist ein facettenreiches Thema. Individualverkehr, öffentlicher Personenverkehr (ÖPV) – jeweils als Nah-, Regional- und Fernverkehr – sind die technischen Begriffswelten,

UNSERE AUTORINNEN UND AUTOREN

Gerd Würdemann (* 1944), Verkehrsplaner, wissenschaftlicher Politikberater und Publizist zum Thema umweltverträgliche Gestaltung von Mobilität und Verkehr in Städten. Er war u. a. Projektleiter für Verkehr und Umwelt im Bundesamt für Bauwesen und Raumordnung in Bonn.

Lena Kasper (* 1990) hat in Darmstadt Online-Journalismus und Medienentwicklung studiert. Sie arbeitet als freie Journalistin und war u. a. Redakteurin für die Online-Rechercheplattform »Grüner Journalismus«.

Prof. Dr. Peter Seeger (* 1956) hat 2013 das Medienportal »Grüner Journalismus« ins Leben gerufen. Er ist seit 1996 Professor für Kommunikationswissenschaften an der Hochschule Darmstadt und forscht u. a. zum Qualitätsjournalismus und der Darstellung von Nachhaltigkeitsthemen in den deutschen Medien.

Der von Gerd Würdemann vorgelegte Fragen- und Antwortenkatalog eröffnet die Diskussion und gibt erste herausfordernde Antworten.

1. Ist Mobilität in Zukunft ein Luxusgut?

Nein, wenn die bisherige Verkehrspolitik bereit ist zu erkennen, dass der fossile, der nicht-nachhaltige Verkehr an ein Ende kommt und der Übergang vom fossilen Verkehr zu einer postfossilen Mobilitätspolitik jetzt gestaltet werden muss. Denn die Anforderungen an einen äußerst sparsamen Umgang mit Erdöl in Wechselwirkung mit den Klimaschutzzielen werden durch den Ausstieg aus der Kernkraft noch verstärkt.

Die postulierte Energiewende braucht auch die Verkehrswende, das heißt, das vielzitier-

die nur jeweils ein Segment der Mobilität bezeichnen. Der Begriff ist jedoch viel weiter zu fassen. Grundlagen von nachhaltiger Mobilität sind:

- eine gute, einfache und sichere Zugänglichkeit von Orten und Gebäuden in
- einer vielfältigen Siedlungs-/Versorgungsstruktur,
- korrespondierend mit einem attraktiven, bezahlbaren umweltverträglichen Verkehrsmittelangebot inklusive GEHräumiger Fußverkehrsflächen.

Für eine **nachhaltige Mobilität** brauchen wir – im doppelten Wortsinn – neue Wege, einen neuen schonenden Umgang mit den endlichen Rohstoffen und einen sozial verträglichen, ökologischen Umgang mit Raum, Zeit und Geschwindigkeit. Nötig für das Umsteuern in Richtung postfossile Zukunft ist ein grundlegender gesellschaftlicher Transformationsprozess. Die postfossile Mobilität lässt sich definieren als eine durch erneuerbare Energieträger, hohe Energieeffizienz und Körperkraft ermöglichte Bewegung und Beweglichkeit für Ortsveränderungen von Personen, Gütern und Informationen.

© dontworry

3. Was wird in nachhaltigen Mobilitätskonzepten berücksichtigt?

Im letzten Jahrzehnt sind in Deutschland Mobilitätskonzepte mit dem Ziel entstanden, Verkehr ressourcenschonender zu gestalten, indem Autofahrten durch die kombinierte Nutzung der Verkehrsmittel des Umweltverbunds (Bus/Bahn, Fahrrad, zu Fuß gehen) ersetzt werden. »Mobilitätsmanagement« ist die entsprechende Vokabel dafür. Dazu gehören Innovationen und Dienstleistungen wie Velo-Taxi, öffentlicher Fahrradverleih, Tarif-, Fahrplanauskunfts- und Buchungssysteme für mobile Geräte wie Smartphones, Anrufbusse, CarSharing, soziale Fahrdienste, Sammeltaxis, Mobilitätszentralen etc.

Kritisch betrachtet bieten diese sogenannten Mobilitätskonzepte lediglich eine systemimmanente Optimierung zur Bewältigung des Status-quo-Verkehrs. In der Ferne liegende Ziele sind dadurch einfacher zu erreichen. Verkehrssparende Veränderungen der jeweiligen Zielorte durch attraktive Nahmobilität, also vielfältige Angebotsstrukturen im Stadtquartier, sind mit diesen Konzepten in aller Regel nicht verbunden. Doch für nachhaltige Mobilitätskonzepte muss vorrangig das stadtplanerische Leitbild der »Stadt der kurzen Wege« umgesetzt werden. Wir brauchen daher multifunktionale Stadtquartiere mit möglichst vielen »Wunschorten« in der Nähe zum Wohn- beziehungsweise Arbeitsort. Darüber hinaus ermöglicht das Smartphone intermodal zu planende Wege zum Einkauf, zum medizinischen Versorgungszentrum etc., etwa über eine Handy-App, die eine Auswahl möglichst nachhaltiger Verkehrsmittel mit den entsprechenden Zeitangaben bis zum Wunschort anbietet.

INFO 1

Aspekte und Lösungsansätze der Mobilitätswende (vgl. Kasper/Seeger 2014):

- die Minimierung der Entfernungen (Verkehrsleistung in Personen- und Tonnenkilometer)
- attraktive und vielfältige Angebotsstrukturen in der Stadt-Region der kurzen Wege
- die Verkehrsverlagerung auf umweltfreundliche Verkehrsmittel
- die Vernetzung und Optimierung von Transportsystemen sowie
- die Neubewertung der aktiven Mobilität (Radfahren und zu Fuß gehen).

4. Darf die Politik den motorisierten Individualverkehr (MIV) einschränken?

Der Siegeszug des fossilen Verkehrs, dank des billigen und reichlich verfügbaren Erdöls, hat uns in den vergangenen Jahrzehnten vieles ermöglicht. Entfernungsintensive Lebensstile einerseits wie auch Flexibilität des Arbeitsmarkts andererseits erfordern weites Pendeln zwischen unterschiedlichen Standorten. Das Prinzip lautet »Zeit ist Geld« und »Mehr Möglichkeiten durch höhere Geschwindigkeiten«. Eine »schnelle« Raumüberwindung erscheint als das Maß aller Dinge. Eine Einschränkung des schnellen MIV stößt insofern auf erhebliche Vorbehalte bei der Bevölkerung.

An die oben genannten Prinzipien und die Auto-Mobilität haben wir uns gewöhnt, aber die Kehrseiten dieses Verhaltens – Lärm und krankmachende Luft, mangelnde Bewegung und damit einhergehende Krankheiten, die Zerstörungen unseres Lebensraums, Klimawandel und den Verlust an Biodiversität – verdrängen manche immer noch sehr erfolgreich. Hinzu kommen die drohende Deckungslücke in der Erdölversorgung (»Peak Oil«) sowie Energieversorgungsrisiken, steigende Verkehrskosten, Flächenknappheit und leere Kassen. Allein der Investitionsbedarf der Kommunen in Deutschland in Straßen wird bis 2020 auf 160 Milliarden Euro geschätzt (vor allem für die Instandhaltung). Kurzum: Die externen Kosten muss die Gesellschaft, insbesondere auch der Nicht-KFZ-Nutzer, zahlen.

Vor diesem Hintergrund sind Forderungen, den MIV einzuschränken, absolut gerechtfertigt. Dafür jedoch bedarf es einer Entzauberung verkehrs- und wirtschaftpolitischer Mythen, ein neues Mobilitätsverständnis und eine neue Raumentwicklungs- und Verkehrsinfrastrukturpolitik.

5. Soll der Parkplatz vor dem Haus, am Arbeitsplatz, beim Einkauf kostenpflichtig sein?

Für das Parken oder für die öffentliche Flächeninanspruchnahme fallen Erschließungskosten und Unterhaltungskosten an. Diese Kosten sind bei einem PKW-Einzelfahrer mindestens zum Beispiel in Höhe des Tickets im Öffentlichen Personennahverkehr (ÖPNV) zu erheben. Das gilt auch bei Benutzung von Ladesäulen beim E-Fahrzeug.

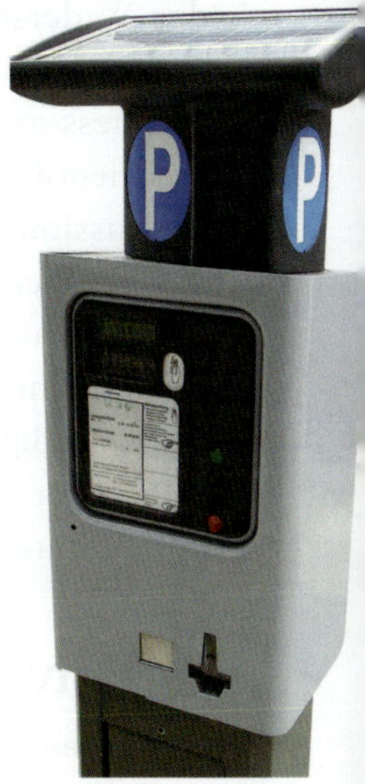

© KMJ

6. Einmal in die nahe Zukunft geschaut: Was passiert, wenn der Spritpreis bis auf fünf Euro pro Liter ansteigt?

Steigende Ölpreise, hier am Beispiel der fünf Euro pro Liter, führen – soweit sie nicht durch Effizienzsteigerungen etwa im Bereich der Antriebstechnologien aufgefangen werden – zu einer stärkeren finanziellen Belastung der Bevölkerung. Einmal durch höhere Benzinkosten, aber auch durch Umlegung der erhöhten Güter-Transportkosten auf den Verbraucher. Die aktuelle Politik setzt hier auf Lösungen durch neue, alternative Antriebe im KFZ-Verkehr, etwa Elektrofahrzeuge. Allerdings besteht hierbei die Gefahr, dass sich Gesellschaft und Politik durch die explizite Festlegung auf einen ausschließlich technikorientierten Ansatz der Möglichkeit berauben, auch andere effiziente Lösungswege frühzeitig zu beschreiten. Denn auch noch so umweltfreundliche (E-)Autos lösen nicht die altbekannten Verkehrsprobleme wie Stau, Flächenbedarf, Unfälle und Lärmemissionen (bei hohen Geschwindigkeiten über 30 Stundenkilometer). Hinzu kommt der hohe Ressourcenverbrauch für die Produktion der nicht besonders langlebigen Batterien.

Steigende Treibstoffkosten in vorrangig Auto-abhängigen Siedlungsstrukturen gefährden in einer alternden und angesichts sinkender Alterseinkommen tendenziell auch ärmeren Gesellschaft die Mobilität für alle Bevölkerungsschichten. Aber je klarer es wird, dass die Welt sich im fossilen Endspiel befindet, desto größer wird, so scheint es zumindest, der Widerstand gegen diese Erkenntnis und gegen ein Umsteuern. Als Beispiel für das Business-as-usual-Denken möchte ich die industriepolitische Öffentlichkeitsarbeit und die Diskussionen zum Fracking (= hydraulisches Aufbrechen von Gesteinsschichten, um das darin gebundene Gas- und Ölvorkommen zu fördern) nennen. Doch Fracking zur Gewinnung von light tight oil (LTO) und shale gas/oil (ölhaltiger Schiefer) ist eben keine nachhaltige und zukunftsfähige Lösung.

7. Soll der ÖPNV für Einkommensschwächere stärker gefördert werden?

Der ÖPNV sollte planerischen, rechtlichen und gesellschaftlichen Vorrang im Alltagsverkehrsgeschehen genießen. Wenn sich die Politik/Gesellschaft schon nicht zum Nulltarif bekennt, so sollte zumindest ein sozialverträglicher, also bezahlbarer Tarif den erforderlichen Verkehrsaufwand für alle ermöglichen (Stichwort: Altersarmut). Der demografische Wandel stellt die älteren Menschen und den ÖPNV vor neue Herausforderungen.

Entwicklung der Altersstruktur

Jugend-, Alten- und Gesamtquotient, 1960 bis 2060*

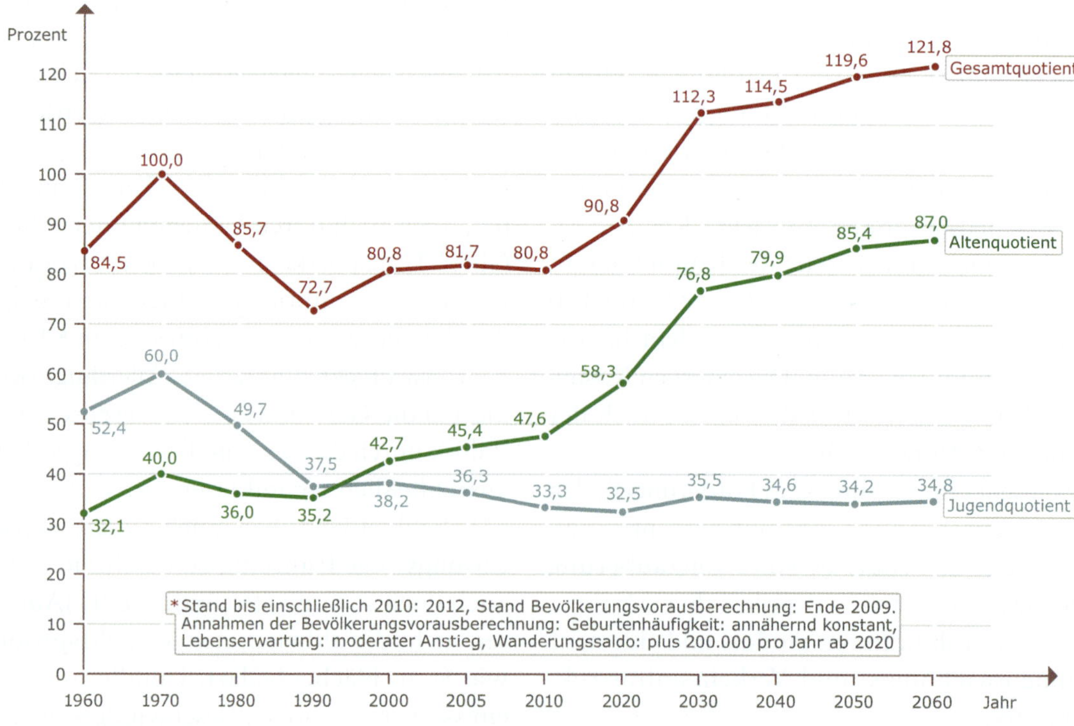

Quelle: Statistisches Bundesamt: Lange Reihen, 12. koordinierte Bevölkerungsvorausberechnung

8. Wie mobil können und wollen wir in Zukunft sein? Wie kann der Aufbruch in eine postfossile Mobilität gelingen?

Der Wunschtraum ist doch – seit Raumschiff Enterprise – das »Beamen«. Die gegenwärtige Realisierung des »Beamens« erfolgt entweder durch den starken Druck auf das Gaspedal (ob mit Verbrennungsmotor oder zukünftig mit CO_2-neutraler Antriebstechnik, ob Elektro, Wasserstoff oder Brennstoffzelle), mit dem Hochgeschwindigkeitszug (TGV, ICE) und/oder durch den superbilligen und zugleich unseren Planeten Erde zerstörenden expansiven Luftverkehr.

Aber die Kernfrage lautet: Können sich die Völker dieser Erde beziehungsweise die »fossilen Verschwender« die weltweite Verkehrsexpansion noch leisten? Und was ist heute »Standard« und was »Fortschritt«? Das »Schreiten« im Begriff »Fortschritt« entstammt einer gemächlichen Gangart, daran sollten wir uns wieder erinnern. Stattdessen träumen wir von einer technologisch aufgerüsteten »Smart City« und einer digitalen Infrastruktur, damit sich die Verkehrsnutzer mit intelligenten Systemen in unserer hochentwickelten Dienstleistungs- und Informationsgesellschaft noch viel schneller von A nach B managen können.

Als es noch keine Verkehrsmittel gab, sind Menschen pro Tag etwa fünf Kilometer gelaufen; heute legt ein Erwachsener mit allen Verkehrsmitteln durchschnittlich zirka 40 Kilometer zurück. Zentral für den Verkehr, wie wir ihn heute kennen, sind also in erster Linie die hohen Geschwindigkeiten, die unseren entfernungsintensiven Lebensstil – solange er noch bezahlbar ist – ermöglichen (vgl. Kasper/Seeger 2014 u. MiD 2008).

Die Geschichte der Geschwindigkeit und der Geschwindigkeitsbegrenzungen macht deutlich, dass es sich nie ausschließlich um technische Fragen handelte, sondern gesellschaftliche Interessen und Bewertungen damit aufs

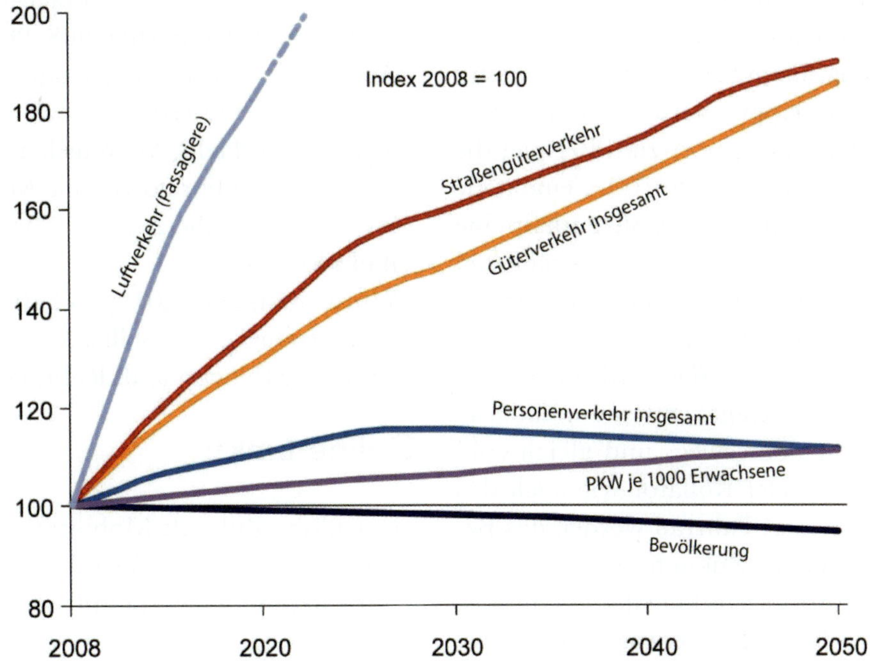

Datenbasis: Raumordnungsprognose BBSR, BMVBS 2006, BMVBS 2009, ProgTrans 2007, Initiative Luftverkehr 2006

© Annika Koch

Engste verknüpft sind. Wir brauchen daher neue mentale Landkarten mit einer besseren Balance von Nähe und Ferne. Das postfossile Zeitalter fordert andere Energie-, Verkehrs- und Produktionsstrukturen und verändert damit auch die Raumstrukturen. Diese sollten sich auf mehr Nähe, auf ein buntes, durchgrüntes und lebendiges Stadtquartier, auf qualitätsvolle öffentliche Räume und auf eine innovative Planungs- und Baukultur mit einer postfossilen Mobilitätsvielfalt und Energiesparsamkeit konzentrieren. Dazu gehört eine Straßenraumgestaltung, die zu aktiver Mobilität ermuntert und das »Umsteigen« auf die eigenen Füße respektive verträgliche Verkehrsmittel unterstützt. Elektrofahrräder und dezentrale Leihfahrradsysteme erobern Stadt und Land. Der elektrische, öffentliche Verkehr braucht eine massive Renaissance. Bahnnetze müssen erweitert und durchgängig elektrifiziert werden. Die Straßenbahn muss sich die Städte zurückerobern, auch Busse können diese gut ergänzen.

Am Ende wird klar: Städte und Regionen dürfen nicht länger vom Autoverkehr überrollt und entstellt werden. Autos müssen ressourcenleichter und umweltverträglicher – also kleiner, leichter, langsamer – und die Nutzer »beweglicher im Kopf« werden. Zum Statussymbol der Zukunft gehört zum Beispiel die bezahlbare »Mobilitätskarte100«, eine neue und erweiterte BahnCard100. Sie enthält eine umfassende ÖV- und Leihfahrrad-Nutzung und als integrierten Baustein Optionen für Carsharing und das öffentliche Auto.

Zugespitzt formuliert: Wir werden uns umorientieren müssen, weniger entfernungsintensiv leben, langsamer unterwegs und gleichwohl dabei mobil sein. Der Rollator wie auch das drei- und vierrädrige Fahrrad werden das Bemessungsfahrzeug der Zukunft sein. Die gesellschaftliche Innovation steckt in der Erkenntnis, dass es um den **Anfang von etwas Neuem** geht, die Sicherung von Beweglichkeit und Bewegung in nachhaltiger und attraktiver Weise. Wir sollten auf den Übergang vom fossilen Verkehr zur postfossilen Mobilität vorbereitet sein. Dieser Übergang muss gestaltet werden. Dazu braucht es Akteure, alle Akteure. Dann können wir uns Mobilität auch leisten. Gleichwohl sollten wir das »Beamen«, das Träumen und Reisen im Kopf zu unseren Wunschorten, nicht verlernen.

Literaturauswahl zur Vertiefung

- ARL – Akademie für Raumforschung und Landesplanung (Hrsg., 2011): Postfossile Mobilität und Raumentwicklung, Positionspapier aus der ARL Nr. 89, Hannover.
- BBR (Hrsg., 2009): Steigende Verkehrskosten – bezahlbare Mobilität, Themenheft, Bonn = Informationen zur Raumentwicklung 2009, H. 12.
- Kasper, L./Seeger, P. (2014): Neue Mobilität, Grundlagen für die journalistische Recherche (Abruf: 31.10.2014): gruener-journalismus.de/grundlagen-neue-mobilitaet, Dieburg.
- MiD 2008 – Mobilität in Deutschland: Alltagsverkehr in Deutschland (Abruf: 01.12.2014): www.mobilitaet-in-deutschland.de/pdf/MiD2008_Praesentation_Abschlussveranstaltung_August2009_FassungMaerz2010.pdf
- Schindler, J./Held, M./Würdemann, G. (Mitarb.) (2009): Postfossile Mobilität, Wegweiser für die Zeit nach dem Peak Oil, Bad Homburg.
- Würdemann, G. (2014): Schaffen wir eine zukunftstaugliche Mobilität! (?), In: Verkehrszeichen, Mülheim a. d. Ruhr, H. 3, S. 4–10.

Online-Links:

- Der Blog »Zukunft Mobilität« erhielt 2012 den Grimme Online Award in der Kategorie Information: www.zukunft-mobilitaet.net
- Smartphone-App: www.moovel.com/en/DE
- Geschichten rund um das Thema nachhaltige Stadtgestaltung: thisbigcity.net/de
- Medienportal für nachhaltigen Journalismus: gruener-journalismus.de

SIEBEN LEITPLANKEN – ZUR ORIENTIERUNG AUF DEM WEG ZUR POST-FOSSILEN MOBILITÄT

(1) Energieeffizienz im motorisierten Verkehr

In Zukunft wird mit der knappen Energie gewirtschaftet. Deshalb kommt der Energieeffizienz ab jetzt eine grundlegende Bedeutung zu.

© Monkeyboy 1933

In Bezug auf die Energieeffizienz (1) für den Personenstraßenverkehr müssen beachtet werden:

- Fahrstil: niedrigere Höchstgeschwindigkeiten, geringere Beschleunigung etc.
- Fahrzeuge: niedrigeres Gewicht, Optimierung der Fahrzeugabmessungen in Bezug auf Sitzplätze und Nutzlast
- Lebensstil: Wohnortwahl, veränderte Zielorte zur Verminderung von Entfernungen (Einkaufs- und Freizeitverhalten), Kombinationen von verschiedenen Fahrtzwecken, Bildung von Fahrgemeinschaften)

Dies ist noch nicht alles: Es geht nicht nur darum, den Energieverbrauch im motorisierten Individualverkehr zu minieren. Vielmehr kommt es darauf an, den gesamten Energieverbrauch des Verkehrs zur Erfüllung aller individuellen Mobilitätsbedürfnisse zu minimieren. Durch die Substitution von Autofahrten durch Fahrradfahren und Zufußgehen, Kombination von Fahrradverkehr, Auto und öffentlichen Verkehrsmitteln etc. kann der Energieverbrauch darüber hinausgehend gesenkt werden (siehe auch Leitplanke 5).

Die aufgeführte Systematik der Ansätze für größere Effizienz gilt auch für den Güterverkehr, etwa den Schiffsverkehr, der das Rückgrat der weltweiten Arbeitsteilung bildet.

(2) Verstärkter Einsatz Erneuerbarer Energien

Auf Dauer wird die Energie für den Verkehr nur aus erneuerbaren Quellen kommen. Welcher Übergangspfad tatsächlich realisiert wird, hat auch mit der Tatsache zu tun, dass die Erzeugung von Wasserstoff als Kraftstoff in einem erneuerbaren Stromerzeugungskontext zu weiteren Synergien führen kann.

(3) Effizientere Raum- und Siedlungsstrukturen mit einer neuen Balance von Nähe und Ferne

Anstatt zu fragen: »Wie kann ich das Angebot/die Einrichtung, die weit von mir entfernt liegt, noch schneller erreichen?«, sollte die Planungs- und Handlungsmaxime lauten: »Wie lassen sich Raumnutzung und Verkehrsinfrastruktur so gestalten, dass wir unsere Zielorte gut und bequem erreichen können und dabei unsere Lebensqualität steigt?« Vordergründig langsame Verkehrsmittel, wie etwa das Fahrrad, können bei entsprechenden räumlichen Strukturen zu einer höheren Mobilität führen.

→

(4) Mobilitätschancen für alle erhöhen (Gleichwertigkeit)

Am Beispiel eines hochbetagten Menschen, der zwar noch selbst laufen kann, aber zur Unterstützung auf einen Rollator angewiesen ist (wie viele Menschen auf eine Brille als Sehhilfe), wird diese Leitplanke illustriert. Wenn das Umfeld so gestaltet ist, dass sich diese Menschen selbstständig ohne fremde Hilfe bewegen können, ist dies gemäß dieser Maxime genauso bedeutsam wie die in der bisherigen Verkehrspolitik dominanten Infrastrukturprojekte für den fossilen Verkehr. Mit dem hier formulierten Gleichwertigkeitsanspruch der postfossilen Mobilität verliert beispielsweise die a priori bevorzugte schnelle Fortbewegung gegenüber einer »langsamen« Mobilität ihre Berechtigung. Die Fortbewegung erwerbstätiger Erwachsener wird damit nicht länger automatisch wichtiger als die Selbstbeweglichkeit von Kindern.

(5) Einsatz von Körperkraft für Mobilität, Gesundheit und Wohlbefinden

© KAS / Büro Shanghai

Damit der Mensch gesund bleibt, muss er sich regelmäßig körperlich betätigen. Empfohlen wird mindestens eine Stunde gemäßigt intensive Bewegung, und das nahezu täglich. Und was der Autofahrer gegenüber dem Fahrradfahrer täglich an Zeit einspart, verschwendet er wieder für körperliche Bewegung (z. B. durch Anfahrt und Aufenthalt im Fitnessstudio). Auf der individuellen Ebene folgt daraus, dass es insbesondere auf die körperliche Aktivität im Alltag ankommt. Statt den Aufzug zu nehmen, sollte man Treppen steigen. Fußwege in der Stadt sollten nicht unbedingt minimiert werden, sondern zum alltäglichen Verhalten zählen. All dies ist ein gewichtiger Vorteil für das Wohlbefinden, gesunden Schlaf und generell die Gesundheit. Aus der Bewegungsarmut wird so im Laufe der Zeit ein Bewegungswohlstand.

(6) Flexibilität durch die Verbindung von digitalen Diensten und Verkehrsangeboten

Durch digitale Dienste kann physischer Verkehr ersetzt, aber auch erzeugt werden. Mit dieser digitalen Infrastruktur kann sich der Verkehrsnutzer multimodal von A nach B »managen«. Der Möglichkeitsraum der Mobilität erweitert sich, und Mobilitätsvielfalt wird verfügbar. Das verlangt zugleich robuste, bedienungs- und fehlerfreundliche sowie bezahlbare digitale Dienste. Gleichwohl darf die Kritik hier nicht fehlen, denn diese elektronische Kommunikation benötigt seltene Metalle wie Indium und Lithium, deren verschwenderischer Verbrauch sich nicht mit ressourcenschonendem Wirtschaften verträgt und im schlimmsten Fall die Ausbeutung von Schwellenländern fördert, in denen Despoten die Metalle für die Industriestaaten auf Kosten der Bevölkerung abbauen.

(7) Emotional ansprechende Gestaltung postfossiler Mobilität

Die Attraktion des bisherigen vom Verbrennungsmotor und Erdöl angetriebenen Verkehrs wird nur langsam nachlassen. Es kommt deshalb darauf an, entlang der vorgestellten Leitplanken möglichst rasch neue attraktive Eigenschaften aufzubauen. Nur damit entwickeln und fördern wir nachhaltige Mobilitätsformen und Raumnutzungen, die entsprechend verträgliche Konsum- und Produktionsmuster unterstützen, Teilhabechancen und Wahlfreiheiten bei geringerem Verkehrsaufwand ermöglichen und auch zukünftige Generationen nicht beeinträchtigen.

Quelle: J. Schindler, M. Held, G. Würdemann (Mitarb.):

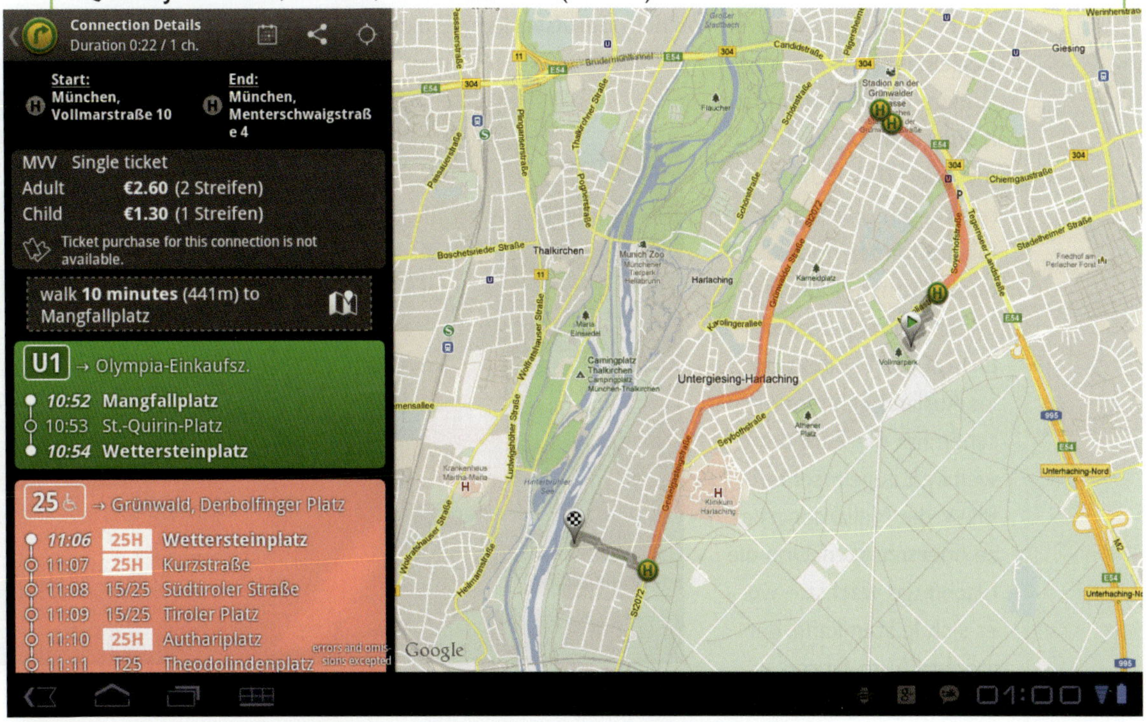

Lokaler Nahverkehr auf dem Smartphone © oeffi.schildbach.de

INFO 2: AUTOS – WARUM DIE UMGEWÖHNUNG SCHWERFÄLLT ...

Der gesellschaftliche Stellenwert des Autos ist eng mit der Nachkriegsgeschichte Deutschlands verknüpft. Als wichtigstes Symbol des Wirtschaftswunders prägen das Auto und das engmaschige Straßennetz bis heute den Alltag und die Lebenswelt vieler Menschen. Für viele war der wachsende Wohlstand in den Nachkriegsjahrzehnten vor allem an immer größeren und schnelleren Autos abzulesen. Das Auto beeinflusste aber auch die Raum- und Stadtplanung. Im Zuge des Leitbilds einer »autogerechten Stadt« in den 1960er- und 1970er-Jahren wurden viele Straßenbahnnetze demontiert, von denen einige heute mit großem Aufwand wieder aufgebaut werden.

Erste Zweifel an der Zukunftsfähigkeit des Autos kamen in den 1970er-Jahren mit der ersten Ölkrise auf. Immer noch sind Veränderungen rund ums Auto (Tempolimit, Umweltzonen, Parkplatzbewirtschaftung etc.) insbesondere in Deutschland emotional und interessenpolitisch stark aufgeladen und gelten für viele sogar als Tabuthemen.

Interessante Fakten am Rande: Nach Immobilien stehen Autos auf Platz zwei der Dinge, für die Deutsche am meisten Geld ausgeben. Sie kaufen durchschnittlich drei Neu- und fünf Gebrauchtwagen. Für Anschaffung und Unterhalt geben sie im Schnitt 332.000 Euro aus (ohne Subventionierung der verlagerten Folgekosten des Autos, die von der Gemeinschaft getragen werden). Und die gesamte Bevölkerung Deutschlands passt auf die Vordersitze aller zugelassenen PKW (2012: Bevölkerung 81,9 Mio.; PKW Inland: 41,9 Mio.). Erstaunlich ist auch, dass der Urlaubs- und Freizeitverkehr mit rund 43 Prozent Anteil am Personenverkehr weit vor dem Berufsverkehr, Einkaufsfahrten, Geschäftsfahrten und Begleitfahrten liegt.

Zudem ist die Automobilindustrie in Deutschland mit über 700.000 Beschäftigten (Hersteller im Inland) immer noch der bedeutsamste Industriezweig, wobei gut zwei Drittel der Produktion ins Ausland geht. Inzwischen hat die Zahl der weltweit zugelassenen PKW die Milliardengrenze überschritten. Und die Nachfrage wächst – wer es sich leisten kann, der möchte Auto fahren. Schätzungen gehen von weltweit 2,7 Milliarden Autos bis 2050 aus, sofern es dann noch genügend bezahlbaren Kraftstoff gibt. Zudem hängen viele weitere Wirtschaftsbereiche indirekt vom Auto ab. Die Branche verfügt in Deutschland und auf der EU-Ebene über mächtige Verbands- und Lobbystrukturen. Besonders hervorzuheben ist hier der Verband der Automobilindustrie (VDA). Entsprechend stark ist die politische und publizistische Einflussnahme, wie in der Diskussion um die zukünftigen CO_2-Grenzwerte deutlich wird.

Das Interesse deutscher Premiumhersteller an einer ambitionierten Verbrauchssenkung durch Downsizing der gesamten Produktpalette (also kleinere, leichtere Autos und leistungsschwächere Motoren) oder an einer schnellen Umstellung auf Elektromobilität hält sich bei der Mehrzahl der Hersteller in Grenzen, weil es ihr renditeträchtiges Geschäftsmodell gefährdet. Einzelne Hersteller wie BMW gehen aber auch mutig neue Wege mit Neuentwicklungen wie dem BMW i3, einem kompakten Elektroauto mit Carbon-Aufbau zum Ausgleich des Mehrgewichts durch die Batterie. Auch international konnten deutsche Hersteller bereits Trends setzen. Im Elektrobereich dominieren weltweit aber weiterhin andere Hersteller: Toyota mit Lexus bei Hybridautos und Tesla (Kalifornien) bei reinen Elektroautos im Oberklassensegment.

Quelle: Lena Kasper und Peter Seeger (2014):
gruener-journalismus.de/grundlagen-neue-mobilitaet/2

WISSEN • BEGREIFEN • HANDELN

1. »Mobilität hat als menschliches Grundbedürfnis den Stellenwert eines Menschenrechts.«

a) Diskutiert diese Aussage, auch im Vergleich mit anderen Menschenrechten, die ihr kennt.

b) Zu welchen Bedingungen und Einschränkungen könntest du dem sicherlich zustimmen? Einigt euch auf eine kurze Ausformulierung des Menschenrechts auf Mobilität und recherchiert nach gesellschaftlichen AkteurInnen oder Institutionen, die sich dafür stark machen.

2. Beschreibt den Problemkreis, in den die Fragen nach der »Zukunftsfähigkeit der Verkehrssysteme« zwangsläufig führen.

3. Wie sehen nachhaltige Konzepte aus, um das Kulturgut Mobilität für möglichst jeden zu erhalten bzw. auszubauen? Welche Aspekte müssen diese Konzepte idealerweise berücksichtigen?

4. Wo liegen vertretbare Einschränkungsmöglichkeiten der Mobilität mit Blick auf unsere planetarischen Grenzen? Ist es z. B. sinnvoll und notwendig, Güter aus jeglicher Richtung, zu jeder Jahreszeit von A nach B zeitnah bewegen zu können? Diskutiert die Frage auch in Bezug auf den motorisierten Individualverkehr.

5. Erläutert die Aspekte und Lösungsansätze der Mobilitätswende (siehe Infokasten).

6. Welche politischen Möglichkeiten gibt es, das Mobilitätsverhalten der Menschen in einem Land zu steuern?

7. Die AutorInnen stellen eine zunehmende Verknüpfung von technischen sowie administrativen Fragestellungen mit gesellschaftlichen Interessen und Bewertungen fest.

a) Welche Schlussfolgerungen ziehen die AutorInnen daraus? Diskutiert diese.

b) Wie sähe euer Positionspapier aus?

8. Die AutorInnen laden euch ein, den Übergang vom fossilen Verkehr zur postfossilen Mobilität mitzugestalten. »Unser Weg zur postfossilen Mobilität«, lautet das Thema einer AG an eurer Schule.

a) Erarbeitet dazu unter Mithilfe von ReferentInnen (aus kommunalen Bereichen wie Stadtplanung und Verkehr …) und Entscheidungsträgern (aus den Bereichen Wirtschaft, Politik …) Grundsätze und Leitplanken, die den Rahmen für eine postfossile Mobilität der Schülerschaft und des Lehrerkollegiums eurer Schule bilden könnten.

b) Versucht, eure Ergebnisse in einem Konzept zu verankern. Inspiration dazu findet ihr auch im Themenfeld 2 des Buches (Feldarbeiten, Bike-Bus Namibia).

© Henrik Pavelec

DER KAMPF FÜR EINE NACHHALTIGE STADTENTWICKLUNG: MOBILITÄT IN BRASÍLIA

Von Hanna Marzinkowski

50 Jahre Entwicklung in fünf Jahren – dieses Versprechen gab Juscelino Kubitschek, der damalige Präsident Brasiliens, als er 1956 den Bau der neuen Hauptstadt Brasília verkündete. Brasília sollte den ruralen, ärmeren Norden mit dem urbaneren und reicheren Südosten verbinden sowie die Dezentralisierung fördern. Es galt als Sinnbild des neuen, modernen Brasiliens ohne Armut. In den 1950er-Jahren gehörte zu diesem Zukunftsbild auch die Vorstellung, dass in einem Land mit viel Wohlstand jeder Mensch ein eigenes Auto hat. Doch heute ist die Stadt dem täglichen Verkehr nicht mehr gewachsen.

Wenn wir uns mit dem Thema Mobilität in Brasília beschäftigen, müssen wir die gesamte Stadtplanung und Geschichte beachten:

1. Brasília ist ein Sonderfall. Die brasilianische Hauptstadt wurde am Reißbrett entworfen – und in nur 41 Monaten erbaut. Aus dem Zukunftsbild der automobilen Gesellschaft resultierten breite, weitläufige Straßen, wenig Ampeln, dafür umso mehr Über- und Unterführungen sowie lange Umwege bis zur nächsten Wendemöglichkeit.

2. Brasília ist ein Exempel. Gleichzeitig ist dort der Autoverkehr genauso ein Problem wie in vielen anderen Großstädten auf der ganzen Welt. Dies liegt auch daran, dass die ursprünglich geplante Stadt mit damals ca. 200.000 Bewohnern nicht groß genug war: Im Laufe der Zeit hat die neue Hauptstadt so viele Menschen

angezogen, sowohl durch den Bau als auch durch die später dort entstandenen Arbeitsplätze, dass rund um sie herum Satellitenstädte entstanden, in denen heute mehr als zwei Millionen Menschen wohnen, von denen ein Großteil in der kleinen Kernstadt arbeitet und somit täglich in die Stadt fährt. Das Ergebnis sind logischerweise täglich verstopfte Straßen zu den Hauptverkehrszeiten.

Autofahrer in der Überzahl

Diese Kombination aus Spezialfall und Beispiel verdeutlicht uns eines: Auch die komplette Neuplanung einer urbanen Infrastruktur schützt nicht davor, dass die Stadt dem täglichen Verkehr nicht gewachsen ist. Heute wissen wir, dass die Emissionen der Autos schädlich für die Umwelt sind, mitverantwortlich für den Klimawandel und zudem zu einem großen Teil endliche fossile Ressourcen verfeuern. In Brasília gibt es Schätzungen zufolge ca. 700.000 Autos, die jährlich 2,8 Millionen Tonnen CO_2 ausstoßen – was der Zerstörung und Verbrennung von fast 10.000 Fußballfeldern im Amazonas-Regenwald entspricht. Ganz zu schweigen von Stress, Nervosität und Krankheiten, die von Staus und Unfällen ausgehen. 2007 gab es 1.139 Unfälle, an denen Fahrräder beteiligt waren, im Schnitt sterben dadurch 56 FahrradfahrerInnen pro Jahr. Einer Studie zufolge nehmen die Straßen für den Automobilverkehr in den großen urbanen Zentren Brasiliens im Schnitt 70 Prozent des öffentlichen Raumes ein, transportieren jedoch nur 20–40 Prozent der EinwohnerInnen.

Dennoch ist das Auto weiterhin der Status quo der Fortbewegung, dank des Komforts und anderer Privilegien, die (scheinbar) mit ihm verbunden sind – die Kennzahlen des städtischen Verkehrs steigen weltweit stetig an.

Dies hängt auch damit zusammen, dass die Straßenplanung der meisten Städte immer zunächst für den Autoverkehr ausgelegt wird – und dafür ist Brasília das Paradebeispiel schlechthin. Die Stadt durchzieht eine Hauptverkehrsachse, die aus einer sechsspurigen Haupt- und zwei vierspurigen Nebenachsen besteht – das heißt, 14 Spuren ziehen sich durch die ganze Stadt und verbinden den nördlichsten mit dem südlichsten Punkt. Möchte man als Fußgängerin auf die andere Seite, muss man durch drei hintereinanderliegende Unterführungen, die oft schlecht beleuchtet und immer übelriechend sind. An manchen Kreuzungen oder Einmündungen gibt es keinen für Fußgänger vorgesehenen Übergang, an anderen braucht man insgesamt drei Ampelphasen. So erscheint es einfacher und offensichtlicher, mit dem Auto zu fahren. Wer sich in Brasília dafür entscheidet, mit dem Fahrrad zu fahren, gehört noch immer zur Avantgarde – das Fahrrad wird weitläufig eher als Sportgerät denn als Fortbewegung verstanden und den bereits erwähnten 700.000 Autos stehen nur ca. 228.000 Fahrräder gegenüber.

Radfahrer suchen die Aufmerksamkeit

Es sollte Aufgabe der Politik sein, Anreize zur Nutzung nachhaltiger Fortbewegung zu schaffen und die notwendige Infrastruktur dafür bereitzustellen. 2009 wurde von der Regierung des Bundesdistrikts Brasília, zu dem die Kernstadt und die Satellitenstädte zählen, ein Gesetz zum Bau von Fahrradwegen beschlossen. Bis 2011 wurde dieses nicht in die Tat umgesetzt. Mit der Zeit sind daher verschiedene Gruppen entstanden, die dafür kämpfen, dass es in Brasília mehr Fahrradwege und weniger Autos gibt. Sie gehen dabei mithilfe verschiedener Aktionsformen vor und sprechen unterschiedliche Zielgruppen an:

Einerseits richten sie ihre Kritik direkt an die Regierung des Bundesdistrikts Brasília. Die NGO Rodas da Paz (»Friedensräder«), die größte und bekannteste Fahrrad-NGO in Brasília, führt ein Monitoringprogramm der schon bestehenden Fahrradwege durch und veröffentlicht ihre Analysen im Internet. Dadurch fördern sie den politischen Dialog, schaffen

Transparenz und Daten, auf deren Grundlage weiterdiskutiert werden kann, und spielen den Ball den politisch Verantwortlichen zu. Zudem schreiben sie und andere Aktive offene Briefe an die Regierung, in denen sie dazu auffordern, die eigentlich schon beschlossenen Reformen zum Ausbau der Radwege in Brasília umzusetzen.

Andererseits führen sie Aktionen durch, die einen Bewusstseinswandel in der Bevölkerung herbeiführen sollen. Eine Gruppe lässt sich auf die vielen Machtdemonstrationen ein, die die FahrradfahrerInnen tagtäglich ertragen müssen, und blockiert einmal im Monat einen Teil der Straßen während der Rushhour. Das Konzept der Critical Mass folgt der These, dass RadfahrerInnen, die als Gruppe unterwegs sind, eine so große Dynamik entwickeln können, dass sie einen spürbaren Einfluss auf den Straßenverkehr nehmen.

Andere Aktionen wollen eher mit positivem Beispiel auf nachhaltigere Optionen der Fortbewegung aufmerksam machen. So gibt es einmal im Jahr eine große Fahrraddemo mit kreativen Nebenaktionen, die inzwischen Tausende von Menschen anzieht. Organisatorin ist auch hier Rodas da Paz. Seit 2003 betreibt die NGO zudem eine Fahrradwerkstatt, die immer am Jahresende Fahrradspenden annimmt und an soziale Zwecke weitergibt. Gleichzeitig können dabei Jugendliche in Workshops lernen, Fahrräder zu reparieren. Am autofreien Tag 2014 haben mehrere Fahrrad-NGOs dazu aufgerufen, auf einem großen Parkplatz im Zentrum ein ganztägiges Picknick zu feiern, um zu verdeutlichen, wie viel Platz Autos in unserem Leben und unserem Stadtbild einnehmen.

Dieses Jahr fand zum sechsten Mal ein Wettlauf auf einer Strecke von 13 Kilometern statt, um herauszufinden, welches Fortbewegungsmittel das effizienteste ist. Ausprobiert wurde dies an einem Werktag zur Hauptverkehrszeit. Am schnellsten war das Motorrad, jedoch nur knapp zwei Minuten schneller als das Fahrrad, das bekanntermaßen ohne Brennstoffe

UNSERE AUTORIN

Hanna Marzinkowski (* 1989) studiert Öffentliche Kommunikation in Jena. In Brasilien arbeitete sie für die Gesellschaft für Internationale Zusammenarbeit (GIZ) im Bereich Landesplanung zu den Aspekten Erneuerbare Energien und Energieeffizienz.

auskommt und dessen Einsatz somit von Rodas da Paz als effizienter bewertet wird. Mit allen anderen Fortbewegungsmitteln hat die Strecke aufgrund des zähen Verkehrs länger gedauert. Besonders besorgniserregend war das Ergebnis des Linienbusses, der für die Strecke fast eine Stunde brauchte und nur 20 Minuten schneller war als die Person, die die Strecke lief.

© Rodas da Paz

Sport – Spaß – Strategie

Die NGO Bike Anjos (»Fahrradengel«) bietet einmal im Monat ein kostenloses Training an, bei dem man das Fahrradfahren erlernen kann. Neben diesen Organisationen gibt es außerdem kleine und informellere Gruppen, zum Beispiel Passeio Noturno (»Nächtliche Spazierfahrt«), die sich mehrmals in der Woche nachts zum Fahrradfahren treffen – wenn der Verkehr sich beruhigt hat – und die daraus ein sportliches Training machen. Oder De Bike em Bar (»Mit dem Fahrrad an die Bar«), ursprünglich eine Gruppe von Freunden, die sich nach Feierabend verabreden und mit dem Fahrrad gemeinsam zu einer Kneipe fahren.

Es gibt auch eine offensichtliche Vernetzung mit Gruppen und Personen aus anderen Bereichen. So findet man Fahrradständer, von denen es insgesamt wenige gibt, vor vegetarischen Restaurants und Biosupermärkten. In manchen Restaurants bekommen diejenigen Rabatt auf ihr Gericht, die mit dem Fahrrad da sind. Jedes Jahr zum Frühlingsbeginn organisiert die lokale Tageszeitung Correio Braziliense einen großen gemeinsamen Fahrradausflug, mit dem das Ende der Trockenzeit gefeiert werden soll. Daher wird dabei auch auf die vielfältige Vegetation der Region aufmerksam gemacht, und eine Umwelt-NGO aus dem Cerrado, der Savannenregion, in der Brasília liegt, verteilt passend dazu Samen der dort typischen Pflanzen. 2014 nahmen etwa 1.300 Menschen an der Fahrradtour teil.

Ein weiterer Akteur kommt aus der Privatwirtschaft: Eine brasilianische Bank finanziert schon seit ein paar Jahren Fahrradleihstationen in brasilianischen Großstädten, seit 2014 sind diese auch in Brasília verfügbar. Aufgrund der besonderen Stadtplanung und der Verteilung der Fahrradwege sind diese Stationen jedoch hauptsächlich entlang der politischen Institutionen und touristischen Attraktionen im Zentrum verteilt und werden nur langsam nach und nach in den Wohnvierteln installiert – was wichtig wäre, wenn die Fahrräder im Alltag und nicht nur beim Wochenendausflug genutzt werden sollen. Die Fahrräder werden gut angenommen, am Wochenende sind die Stationen häufig wie leergefegt.

Seit 2011 entstehen mehr und mehr Fahrradwege, inzwischen sind zirka 430 Kilometer Radwege fertig. Diese sind jedoch an vielen Stellen unterbrochen – dort muss stets den Autos Vorrang gegeben werden –, nicht immer gut ausgeleuchtet und in erster Linie für die sonntägliche Spazierfahrt geeignet, denn man muss oft große Umwege und Kurven fahren. Bei einer Untersuchung im Januar 2014 verfügten 17 von 33 Verwaltungseinheiten des Bundesdistrikts über Fahrradwege. Zudem wird kritisiert, dass die Regierung keine begleitenden Kampagnen zur Bewusstseinsförderung durchführt.

Die Autorin vor der Catedral Metropolitana de Brasília

Fazit

Die große Zahl an TeilnehmerInnen der Aktionen und an NutzerInnen der Leihfahrräder sowie die ersten Ergebnisse in der Politik der letzten Jahre zeigen, dass die Themen der NGOs einem großen Interesse in der Bevölkerung entsprechen. Die Schritt für Schritt erreichten Erfolge, aber auch die weiterhin hartnäckige Dominanz der AutofahrerInnen zeigen, dass es notwendig ist, mit einem mehrdimensionalen Ansatz heranzugehen, wenn man aus der Zivilgesellschaft heraus etwas verändern möchte. Der Ansatz der AktivistInnen in Brasília setzt sich wie folgt zusammen und kann als Vorbild für andere Kontexte herangezogen werden:

1. Einfluss auf EntscheidungsträgerInnen ausüben. Beim Thema Mobilität sieht man sich großen Interessensgruppen gegenüber, etwa aus der Automobilindustrie, die einen großen Einfluss auf die Politik haben. Daher ist es wichtig, ebenfalls als selbstbewusster Akteur aufzutreten und stetig zu verdeutlichen, dass in der Bevölkerung, von der die PolitikerInnen abhängen, der Wille zu einem veränderten Stadtbild besteht.
2. Bewusstseinswandel herbeiführen. Gerade beim Thema Mobilität kann das nur geschehen, wenn ein breiter Wandel in der Bevölkerung stattfindet. In dieser Hinsicht befinden sich die Projekte in Brasília momentan in einer spannenden Phase, weil der Zulauf immer größer wird, die allgemeinen Zahlen des motorbetriebenen Individualverkehrs jedoch stetig ansteigen. Hier gilt es, in den nächsten Jahren mehr Menschen von den Alternativen zu überzeugen.
3. Ganzheitlich denken. Zu einem ressourcensparenden Leben gehört nicht nur das Thema Mobilität – und gleichzeitig ist das Fahrradfahren ganz eng mit Gesundheitsaspekten verbunden. Man sollte daher versuchen, Allianzen mit Gruppen aus anderen Bereichen zu bilden und sich somit gegenseitig zu unterstützen – durch gemeinsame Veranstaltungen, das gegenseitige Verteilen von Informationsmaterial, das Bilden von Netzwerken und das gemeinsame Mobilisieren, das Erstellen von Studien oder durch Anreizaktionen wie den Rabatt im Restaurant. Je dringender die globalen Herausforderungen werden, desto mehr wird das Thema

Aufruf der Aktivisten zum Aktionstag

Mobilität in unserem Alltag eine Rolle spielen, und desto mehr müssen wir uns über unsere eigenen Lebensweisen Gedanken machen. Auf jeden Fall ist Mobilität ein gutes Beispiel dafür, wie die Summe vieler einzelner Handlungen große Konsequenzen mit sich bringen kann – und im Rückschluss die einzelne Handlung zu einer sozialen Handlung macht.

Online-Links

- www.cultura.df.gov.br
- www.cidades.ibge.gov.br
- www.rebasdocerrado.com.br
- www.wwf.org.br
- www.antaq.gov.br
- www.vejabrasil.abril.com.br/portal
- www.rodasdapaz.org.br
- www.copa2014.df.gov.br

WISSEN • BEGREIFEN • HANDELN

1. Welche Vorstellung lag der gesamten Stadtplanung Brasílias zugrunde?

2. Liefert die Beschäftigung mit dem Thema Mobilität in Brasília Hinweise dafür, dass die Stadtplanung ein (typisches) Exempel oder gar einen Sonderfall darstellt? Begründe deine Aussagen. Beschreibe zudem das Ausmaß der negativen Begleiterscheinungen.

3. Das Verkehrschaos gehört in Brasília zur Tagesordnung. Welche Aufgaben ergeben sich daraus für die Politik? Wie nimmt sie diese Aufgaben wahr?

4. Teile der Zivilgesellschaft waren nicht mehr bereit, sich von der Politik vertrösten zu lassen. Rund um das Thema der Fahrradnutzung ist inzwischen ein komplexes Szenario entstanden.

a) Erfasst die verschiedenen Gruppen und Aktionen mit ihren Zielsetzungen und Tätigkeitsfeldern in einer Tabelle.

b) Welche Initialzündungen und weitreichenden Folgen hat das Engagement einzelner Gruppen zusätzlich mit sich gebracht? Inwiefern beteiligen sich auch AkteurInnen der Privatwirtschaft?

c) Sucht nach ähnlichen Aktionen und Vereinigungen in eurer Region oder in eurem Land.

5. In ihrem Fazit hält die Autorin den Ansatz der AktivistInnen in Brasilien für nachahmenswert und wegweisend. Diskutiert miteinander die drei Kernpunkte, die beachtet werden sollten, um als zivilgesellschaftliche AkteurInnen gesamtgesellschaftliche Entwicklungen anzustoßen.

6. »Zu Fuß oder mit dem Fahrrad«

a) Organisiert unter dem Motto »Zu Fuß oder mit dem Fahrrad« für eure Jahrgangsstufe bzw. für die ganze Schulgemeinschaft in Zusammenarbeit mit der Schulleitung und der Schülervertretung einen CO_2-freien Mobilitäts-Schulalltag.

b) Wertet dieses besondere Erlebnis aus und veröffentlicht die Ergebnisse.

c) Ihr wollt eine Schülerfirma gründen. Bietet einen regelmäßigen Fahrrad-Reparatur-Service an oder verhandelt mit einer Fahrrad-Werkstatt in eurer Nähe günstige Reparatur-Angebote und Rabatte für SchülerInnen.

4.4 SICH ZUM KONS BEKENNEN

Einleitung

Wenn du in einen saftigen Apfel beißt, spielt es für dich dann eine Rolle, ob er aus deinem Nachbarort oder aus Neuseeland stammt und vielleicht 10.000 Kilometer um die Welt geflogen ist? Und hast du dich schon mal gefragt, wo die Tausenden von Einzelteilchen herkommen, die in deinem Smartphone stecken, oder wer sie zusammengebaut hat? Wer soll das bei dieser Warenflut noch alles überblicken können und hat im Alltag schon die Zeit, sein Kauf- und Essverhalten zu hinterfragen? Wohl niemand! Doch wir versuchen das wenigstens in Ansätzen in diesem Themenfeld. Denn nicht nur unfaire Arbeitsbedingungen in Ländern des Globalen Südens, Abfallberge und Belastungen der Umwelt werfen die Frage nach alternativen Konsum- und Nutzungsformen auf. Was wir wo einkaufen, verkörpert zunächst unsere Konsumhaltung, hat aber in jedem Fall einen Einfluss auf unsere persönliche Lebensqualität. Shopping-Stress und Markenzwang, Discounter-Ware und Fast-Food-Sucht – immer mehr Menschen haben das satt und suchen nach Wegen aus der Überflussgesellschaft.

Wie schon in den Bereichen Wohnen und Mobilität geht es auch beim »Konsumwandel«, den wir in diesem Themenfeld thematisieren, nicht vorrangig um das »Verzicht-Üben«. Stattdessen machen wir uns auf die Suche nach Alternativen – beispielsweise für einen gesünderen und genussvollen Konsum von Nahrungsmitteln, die nachhaltig und fair produziert wurden. Sarah Wiener sprach im Interview mit uns über das gemeinsame Kochen als Akt der Kreativität, der Kommunikation und der Liebe und warnte davor, sich von Großkonzernen und Fast-Food-Ketten »fremdfüttern« zu lassen. Stattdessen seien selbstzubereitete Speisen wichtig, um unser Geschmacksgedächtnis zu entwickeln. Wir fanden zudem Konsumformen, die den Wert der Gemeinschaft sowie die Haltbarkeit der Güter wieder mehr in den Vordergrund rücken und parallel dazu führen, dass wir die Umwelt schützen, Abfall vermeiden und den Klimawandel verlangsamen. Maike Gossen zeigt in ihrem Beitrag Trends im Umgang mit Konsumgütern auf, die sich unter dem Leitgedanken »Nutzen statt Besitzen« zusammenfassen lassen und eigentlich schon uralt sind. Denn immer mehr Menschen möchten Gegenstände, die sie nicht tagtäglich benötigen, durch Tauschen und Teilen gemeinschaftlich nutzen und dabei natürliche Ressourcen wie auch den eigenen Geldbeutel schonen.

Christian Wölbert hat sich hingegen genau angeschaut, wie Smartphones fairer und nachhaltiger produziert und genutzt werden können. Und Catherina Rust, aufgewachsen im brasilianischen Regenwald, berichtet uns über ihre Erfahrungen in ganz unterschiedlichen Konsumwelten: von der Naturverbundenheit bei den indigenen Aparai über ihren Kaufrausch in den USA bis zu einem bewussten Konsum in Deutschland.

Alle Beiträge in diesem Themenfeld machen deutlich, dass wir Kompromisse eingehen können, wenn wir eine Haltung einnehmen, die weder verschwenderischen, egozentrischen VerbraucherInnen noch bedingungslos sparsamen,

Genuss verweigernden AsketInnen nacheifert. Stattdessen lassen sich bei den möglichen Antworten auf die Frage nach alternativen Konsumformen soziale Verantwortung mit einem größeren persönlichen Wohlbefinden verbinden!

WAS UNSEREN KÖRPER UND UNSERE SEELE WIRKLICH NÄHRT

Sarah Wiener im Interview

Schon in ihrer Schulzeit hat sich Sarah Wiener über Hormonreste im Fleisch aufgeregt und sogar konsequent auf zuckrige Limonaden verzichtet. Sie trank am liebsten Wasser und vertilgte Berge von Obst, Brot und Grießbrei. Kurz vor dem Abitur brach sie die Schule ab, reiste durch Europa und lebte von kleinen Gelegenheitsjobs, bis sie in Berlin ihre Kochleidenschaft entdeckte. Mittlerweile ist sie eine erfolgreiche Unternehmerin, betreibt einen Catering-Service, mehrere Restaurants und ist in deutschen Kochsendungen zu Gast. Im Gespräch mit *youthinkgreen* erklärt Wiener, was genussvolles Essen und Kochen ausmacht und warum das nicht nur eine Frage der kulturellen Tradition, sondern auch eine brisante gesellschaftspolitische Angelegenheit ist. *Von Sandra Kirchner & Ariane Missuweit*

youthinkgreen: Frau Wiener, wissen wir eigentlich instinktiv, welche Nahrungsmittel wir brauchen, welches Essen uns guttut? Anders gefragt: Ist der gute Geschmack angeboren?

Wiener: Nein, ich glaube nicht. Wir sind ja Allesfresser. Geschmack ist etwas, das du trainieren musst. Heute essen wir Hunderte Stoffe aus dem Labor, ohne dass es die Zunge so recht merkt. Wenn du schon einmal erlebt hast, dass Hühnersuppe heilend ist, weil sie die Abwehrkräfte stärkt und entzündliche Prozesse mindert, dann kannst du in schwachen Momenten intuitiv darauf zurückgreifen. Wenn du in deinem Leben aber immer nur Hühnersuppe aus der Büchse oder der Tüte gegessen hast, dann fehlt dir diese Erfahrung. Wenn du kein frisches Obst und kein frisches Gemüse kennst und noch nie Wildkräuter gegessen hast, dann wirst du den Unterschied zur Dose und Tiefkühlkost zwar bemerken, den verarbeiteten Geschmack aber vorziehen, weil du damit groß geworden bist. Es ist wichtig, dass wir möglichst unterschiedliche Lebensmittel probieren und uns so ein »Geschmacksgedächtnis« anlegen, worauf wir immer zurückgreifen können. In der westlichen Gesellschaft ist das allerdings immer seltener der Fall.

Industrielle Lebensmittel

youthinkgreen: Liegt das vor allem an der ständigen Verfügbarkeit von Fertiggerichten und der Omnipräsenz von Fast-Food-Ketten?

Wiener: Es beginnt schon damit, dass ganze Generationen mit schwerstverarbeiteten Produkten aufwachsen und kaum noch die Vielfalt der Sorten und Rassen erfahren dürfen. Ein Beispiel: Die Milch aus dem Supermarkt wird heutzutage nicht mehr sauer, weil sie kaum Milchsäurebakterien enthält. Milch ist eigentlich ein lebendiger Organismus und kann

© Philipp Kasserando / jugendfotos.de

sehr unterschiedlich schmecken, je nachdem, welche wilden Gräser die Kuh gefressen hat, welcher Rasse sie angehört, welches Alter sie hat und welche Jahreszeit gerade ist. Doch wer von uns kennt noch den Eigengeschmack von Rohmilch? Die Bauern in Deutschland dürfen Rohmilch nicht einmal mehr verkaufen. Die Milch, die es im normalen Laden zu kaufen gibt, ist »totsterilisiert«, homogenisiert, separiert, tiefgekühlt und hocherhitzt. Sie verdient nicht mal mehr den Namen »Lebensmittel«.

© Alexander Viebig / jugendfotos.de

Zudem werden sehr viele Produkte mit künstlichen Vitaminen, Aromen, Geschmacksverstärkern, Konservierungsstoffen und Zusatzstoffen angereichert, die unser Stoffwechsel womöglich gar nicht verarbeiten kann. Bis vor wenigen Jahrzehnten hat es diese Stoffe nicht in unserer Nahrung gegeben und die langfristigen Auswirkungen auf unsere Gesundheit sind überhaupt noch nicht bekannt und werden auch nicht erforscht.

youthinkgreen: Frisches Obst und Gemüse ist besonders wichtig, aber was heißt denn »frisch«? Was ist der Unterschied zwischen einem Apfel aus einem privaten Obstgarten und den Äpfeln, die man im Supermarkt ganz bequem einkaufen kann?

Wiener: Ich möchte auf die Frage nicht aus wissenschaftlicher Sicht antworten, sondern aus meiner Lebenserfahrung heraus. Es gibt Lageräpfel und Äpfel, die man nur sehr kurz genießen kann. Die Welt der Äpfel ist unüberschaubar. Wer schon mal verschiedene Äpfel von Bäumen geerntet oder unbehandelte Äpfel aus seiner Region verzehrt hat, der weiß, wie unterschiedlich diese schmecken und aussehen können. Schon beim ersten Biss merkt man, ob die Sorte einem schmeckt oder nicht. Ich habe mir früher genüsslich den Magen mit halbsauren Äpfeln vollgeschlagen, direkt vom

Apfelbaum – ein Traum. Ich habe es geliebt, wie nach dem ersten sauren Bissen doch noch eine Süße nachgekommen ist, das hat mir in dem Moment spürbare Kraft verliehen. Jeder »frei gewachsene« Apfel sieht anders aus, hat seine eigene Form und Reife, Druckstellen und eine einzigartige Färbung.

In unseren Supermärkten hingegen findest du oft nur noch gespritzte und polierte Hybrid-Äpfel, meist von Spindelbäumen, die auf den kleinsten gemeinsamen Nenner von Geschmack, von Lagerfähigkeit, von Aussehen und von Größe genormt wurden. Solche Bäume sind nach zehn Jahren ertragsarm, regelrecht ausgelaugt und werden abgeholzt. Ein richtiger Apfelbaum kann locker 80 Jahre alt werden. Was für ein Verlust an Respekt für die Natur, den Geschmack, an Freude, an der Diversität.

»Frisch« bedeutet für mich also das Maß an Natürlichkeit. Das beinhaltet aber auch kurze Wege vom Anbauort bis zum Menschen. Wir essen hingegen Nahrungsmittel, von denen wir nicht mehr wissen, was drin ist, wie sie geerntet wurden und ob sie 10.000 Kilometer um die Welt geflogen sind. Und ich glaube, dass das auch einhergeht mit einem Lebensgefühl von Entwurzelung und Kontrollverlust bis hin zur Ohnmacht.

Lieber nach Omas Küche

youthinkgreen: Die meisten Menschen haben aber keine Zeit und auch nicht die Möglichkeit, selbst Obst anzubauen und zu ernten oder genau zu erforschen, unter welchen Bedingungen die Nahrungsmittel aus dem Supermarkt produziert wurden. Hauptsache, der Preis stimmt, scheint das Motto zu sein. Interesse flammt bei vielen erst dann auf, wenn mal etwas gehörig schiefläuft, Stichwort Gammelfleisch. Wie ließe sich das ändern?

Wiener: Ich denke, dass immer mehr Menschen den Zusammenhang zwischen Gesundheit und Ernährung begreifen und unsere Nahrungsmittelproduktion auch kritisch hinterfragen. Es muss uns doch klar sein, dass unser Organismus nicht davon verschont bleibt, wenn wir Lebensmittel von kranken Böden, kranken Pflanzen und kranken Tieren essen. Für mich hat Gesundheit sehr viel mit Genuss und Bewusstsein zu tun, und der überkommt mich nicht, wenn ich in schwerstverarbeitete Industriekekse beiße, die mit Transfetten beschmiert und zuckrig-süß sind und eine Zutatenliste haben, die ich nicht verstehe.

Und dann schmecke ich zum Beispiel noch die Zitronensäure und ekle mich bei dem metallischen Nachgeschmack. Wir müssen in unserer Gesellschaft beobachten, dass sich chronisch entzündliche Erkrankungen häufen, dass Allergien überhandnehmen und dass auf einmal kleine Kinder sogenannte Altersdiabetes, Diabetes Typ II, bekommen. Also an Omas selbstgebackenem Pflaumenkuchen wird das nicht liegen! Aber anstatt an den Ursachen zu

© Oxfam International, Behind the Brands wall chart (www.behindthebrands.org)

© Rita Kohel

arbeiten, behandeln wir immer nur die Symptome. Für mich ist es erstaunlich, dass wir nicht alle geschlossen aufstehen und sagen: So wollen wir nicht leben! Ich esse nichts, von dem ich nicht ganz klar erkennen kann, was es ist und wer es hergestellt hat.

youthinkgreen: Wogegen genau sollen wir aufstehen, gegen Supermarktketten, gegen die konventionelle Tierhaltung, gegen die Produktionsbedingungen der industriellen Landwirtschaft?

Wiener: Mittlerweile bestimmen weltweit zehn Großkonzerne über 80 Prozent aller verfügbaren Nahrungsmittel. Und die Vielfalt, die uns die Supermärkte mit ihren 80.000 verschiedenen Produkten signalisieren wollen, ist eine Lüge. Lest mal die Etiketten, es ist immer das Gleiche drin, nur der Aggregatzustand, der Zuckergehalt und die Zuckerart, die verwendeten Färbemittel oder Aromastoffe unterscheiden sich.

Brauchen wir denn global agierende Großkonzerne, die ihre Milliarden scheffeln, die nur ihre eigene Gewinnmaximierung im Blick haben und dort ihre Einkommensteuer machen, wo es am billigsten ist? Die kleinbäuerliche Strukturen in ländlichen Regionen zerstören, also unsere eigene Region, unsere eigene Wirtschaft? Ich denke nicht! Was wir brauchen, ist eine Systemveränderung. Industrielle Landwirtschaft, die auf Monokulturen basiert und Unmengen chemischer Mittel einsetzt, ist nicht zukunftsfähig, weder für uns Menschen noch für die Natur.

Vor 60 Jahren war unsere Ernährungsweise insgesamt ökologisch und regional. In allen Familien wurde selbstgekocht. Jede Region hatte ihre Rezepte, ihre angepassten Gemüse- und Obstsorten, ihre angepassten Getreidesorten und ihre eigene Kultur. Wir dürfen unsere Ernährungssouveränität nicht so leicht aus der Hand geben und uns »fremdfüttern« lassen. Wir sollten uns immer fragen: Wem nützen diese Strukturen?

»Krieg gegen uns selbst«

youthinkgreen: Was für Auswirkungen hat die industrielle Landwirtschaft auf unsere Natur?

Wiener: Mit Pestiziden, mit Fungiziden und Mineraldünger zerstören wir die fruchtbaren Böden. In der Landwirtschaft wird unfassbar viel Wasser verbraucht, weltweit etwa 70 Prozent unserer Trinkwasservorräte. Die Biodiversität nimmt rapide ab. Das Menschenerbe Saatgut wird von Konzernen patentiert und immer öfter genmanipuliert. Agroindustrielle Strukturen und Großkonzerne bestimmen, was und wie angebaut wird.

Wir roden zum Beispiel den Regenwald ab, begehen Landraub in fernen Ländern, um dort Platz zu schaffen für den Anbau von Soja, mit dem wir die Tiere in Massenhaltung füttern. Wir führen – radikal ausgedrückt – Krieg gegen die Natur, weil

Monsanto

Ein Logo der Protestbewegung

wir glauben, wir wissen es besser. Aber wir hängen doch mit unserem Sein und unserem Schicksal an der Natur. Überall, wo wir Krieg gegen die Natur führen, führen wir Krieg gegen uns selbst. Wir wissen aber auch, dass unsere Ressourcen endlich sind und wir dreimal die Welt verbrauchen. Man muss also kein »Öko« sein, um zu wissen: So kann es nicht weitergehen.

youthinkgreen: Welche Alternativen dazu haben wir denn? Immerhin werden 2050 neun Milliarden Menschen auf der Erde leben und täglich ziehen 60.000 vom Land weg in die Städte, in der Hoffnung auf eine bessere Existenz.

Wiener: Die Lösung kann nur in ökologischer Landwirtschaft liegen und in dezentralen, kleinbäuerlichen Strukturen. Die sind weniger stressanfällig. Eine solche Landwirtschaft ist das einzige System, das Humus wachsen lässt, also Boden fruchtbarer macht. Jedes Land sollte sich im Prinzip von Grund auf selbst ernähren können, oder es zumindest probieren. Und das fängt dabei an, dass Regionen ihren Boden und ihre Samen schützen! Es gibt so viele alte Sorten, die perfekt an bestimmte Bedingungen angepasst sind, aber leider in Sachen Ertrag nicht mit hochgezüchteten Hybridsorten mithalten können.

Wenn Landwirte eben nicht mehr ihr althergebrachtes Saatgut anbauen, sterben die Sorten irgendwann aus. Irgendwann merken die Bauern dann, dass sie sich leider von Saatgut-Konzernen wie Monsanto abhängig gemacht haben, weil man deren »Produkte« jedes Jahr wieder neu einkaufen muss, inklusive Dünger und Pestiziden, die diese Pflanzen besonders benötigen. Man kann die Samen von Hybridsaatgut nicht einfach aufheben und im nächsten Jahr anbauen, wie man das Jahrtausende lang gemacht hat, weil sie degenerativ unfruchtbar sind. Das heißt, sie haben nur im ersten Jahr einen hohen Ertrag.

Deshalb sage ich: Nieder mit diesen Hybridsamen, die uns so abhängig vom Weltmarkt und die vorhandene Vielfalt zunichtemachen. Für mich ist es keine Lösung, dass wir alle Veganer werden, weil wir frustriert und erschüttert darüber sind, was in der industriellen

Kochkurs für Kinder mit Sarah Wiener © Sarah Wiener

Massenzucht abläuft. Wir essen aber alle viel zu viel Fleisch und dann auch nur das Filet und den Rücken.

Doch anstatt unsere Tierhaltung zu verbessern und Fleisch als die Ausnahme und das Besondere zu ehren, konsumieren wir lieber importierte Produkte, etwa Algen aus Japan und Quinoa, den Mais der Inka, aus Peru, wo sich die armen Leute dieses Grundnahrungsmittel plötzlich nicht mehr leisten können, weil bei uns die Nachfrage steigt. Das ist kein fairer Ansatz. Industriell schwerstverarbeitete Fleischersatzprodukte können nicht die Lösung sein.

Das Ziel muss doch sein, dass wir uns alle ökologisch und gesund ernähren können und die Vielfalt bewahren. Es genügt nicht, dass eine kleine Gruppe von Besserverdienern mit entsprechendem soziokulturellen Hintergrund darauf achtet, regionale und saisonale Lebensmittel einzukaufen, während sich der Großteil weiterhin von industrieller, stark verarbeiteter Discounterware aus den konventionellen Tierbetrieben und der Agroindustrie ernährt. Zudem werden die anderen Entwicklungs- und

Schwellenländer nicht so leben können, unser Planet hält das nicht aus. Wir werben aber schon in Asien um mehr Konsum, mehr Industrienahrung und zum Beispiel um mehr Milchtrinker, weil es hier eine Überproduktion gibt.

Kochen als Akt der Hingabe

***youthinkgreen*:** Inwiefern möchten Sie mit Ihrer Arbeit als Köchin und mit Ihren Kochkursen für Kinder auch das politische Bewusstsein für diese Zusammenhänge der Nahrungsmittelproduktion in unserer profitorientierten Weltwirtschaft fördern?

Wiener: Die Sarah-Wiener-Stiftung verstehe ich als einen Pfeiler für Ernährungssouveränität. Über das gemeinsame Kochen kann man lernen, die Qualität von Nahrungsmitteln zu erkennen und auch einzufordern. Wenn du keine Sicherheit und kein Selbstwertgefühl zu dir, deinem Können und deinem Körper hast, wie willst du dann hochkomplexe, politische Zusammenhänge beurteilen?

»Man ist, was man isst«, sagt ein altes deutsches Sprichwort. Der Kopf agiert nicht abgeschnitten vom Körper, oder anders gesagt: Unsere Ernährung ist nicht nur der Antriebsmotor für unsere Muskeln, sondern beeinflusst unser Denken und unsere Seele, wie du dich und die Welt, in der du lebst, empfindest und beurteilst. Unser Körper hat sich in den letzten zehntausend Jahren evolutionär perfekt an Nahrungsquellen in den jeweiligen Regionen angepasst. Das möchte ich uns und unseren Kindern mit Spaß und in der Praxis wieder bewusst machen, zum Beispiel, indem wir zusammen Hühnersuppe kochen.

***youthinkgreen*:** Ist das gemeinsame Kochen und Essen nicht eigentlich eine klassische Aufgabe der familiären Erziehung?

Wiener: Wenn Eltern nicht mehr in der Lage sind, ihren Kindern Kochen beizubringen, dann muss diese wichtige Aufgabe der Staat übernehmen, zum Beispiel über die Schulen. Ich meine, das ist doch eine elementare Fähigkeit, die jeder Mensch braucht: sich selbst ernähren zu können, zu wissen, wie man Reis kocht oder Pellkartoffeln mit Kräuterquark macht, und zu unterscheiden, wann die Zwiebeln in der Pfanne glasig, wann sie goldbraun und wann sie angebrannt sind. Kochen können ist in meinen Augen ein Recht, das uns allen zusteht. Außerdem ist Kochen ein Akt der Kreativität, der Hingabe und Zuneigung, Kochen ist ein Akt der Liebe, zu sich selbst und zu anderen. Das darf uns nicht verloren gehen.

***youthinkgreen*:** Sie sind viel gereist, um die Kochtraditionen in anderen Ländern zu studieren. Welche sozialen und ökologischen Werte sind beispielsweise in Asien mit Nahrungsmitteln und dessen Zubereitung verbunden?

Wiener: In Entwicklungs- und Schwellenländern stopfen sich die Menschen nicht, wie bei uns, aus Stress oder Langeweile Fertigprodukte in den Mund. Lebensmittel sind kostbar, du hast sie der Mutter Erde oder deinen Tieren abgerungen. Jede Mahlzeit ist ein willkommener Anlass zur Kommunikation, sie ist das verbindende Element in Gemeinschaften, in Familien, in Gruppen, in Dörfern, genauso wie bei uns früher. Doch wir haben uns in der westlichen Gesellschaft immer mehr vereinzelt. Sind wir

© Klaus Fahlbusch

dadurch nun reicher, glücklicher, schöner, befriedigter, klüger, großzügiger geworden? Das ist die Frage, die wir uns stellen müssen. Und wenn wir sie mit »Nein« beantworten, dann lautet die Anschlussfrage: Was ist der wahre Preis, den wir für diese Lebensweise zahlen?

Ein kleiner Ratgeber

youthinkgreen: Was sind Grundregeln, die sie Jugendlichen und Familien mit auf den Weg geben wollen für ihre Ernährung, für einen ökologischen und gesunden Essenstisch?

Wiener: Esst keine abgepackten Produkte, deren Etikett-Aufschriften ihr nicht versteht. Anders gesagt: Esst nichts, was eure Oma nicht als Essen erkannt hätte. Greift lieber zu Grundnahrungsmitteln und kocht euch daraus die unterschiedlichsten Gerichte, überlegt mal, was man aus Karotten alles machen kann! Esst frische und vielfältige Lebensmittel, die eure Region um die Jahreszeit zu bieten hat. Sucht nachhaltige Möglichkeiten, wie diese Nahrungsmittel zu euch kommen, besucht vielleicht Gemüsegärten und Bauernhöfe in eurer Umgebung und seid sparsam beim Fleischverzehr. Kocht gemeinsam mit anderen, mit euren Nachbarn, Freunden, älteren Menschen und mit Immigranten. So lernt ihr verschiedene Gerichte und Kochtraditionen kennen und könnt euch austauschen. Veranstaltet eine Resteessen-Kochparty, ladet andere dazu ein.

Wenn ihr in den Urlaub fahrt, dann schmeißt nicht euren halben Kühlschrankinhalt weg, sondern fragt die Nachbarn, ob sie die Lebensmittel haben möchten. Und noch etwas ganz Wichtiges: Wir sind nicht in einem Kochwettbewerb, wo es darum geht, jeden Tag ein exotisches Gericht zu zaubern. Wenn euch danach ist, dürfen es auch jeden zweiten Tag Nudeln sein, am besten mit unterschiedlichen Gemüsesoßen oder Beilagen dazu. Für einen kleinen Snack zwischendurch beißt einfach in ein paar rohe Radieschen oder in eine Paprika. Lernt wieder mit wahrem Genuss zu essen und zu schmecken.

youthinkgreen: Kann die Umstellung unserer Ernährungsweise der erste Schritt auf dem Weg in eine ökologisch verträgliche und nachhaltige Lebensweise sein, heute und in Zukunft?

Wiener: Nachhaltig ernährt sind wir, wenn wir alle drei Ebenen, unseren Körper, unsere Seele und unseren Geist, gesund und hingebungsvoll versorgen und auf unsere Bedürfnisse achten. Man kann hierfür ein ganz einfaches Experiment machen: zunächst ein handwerklich gebackenes Vollkornbrot und dann ein industriell hergestelltes Brot langsam kauen und schmecken. Manche Dinge kann man nicht erklären, man muss sie erfahren. Und das, was deinem Körper und deiner Seele langfristig guttut, ist auch für unsere Ökosysteme verträglich. Diesen Gedanken finde ich sehr tröstlich. Das ist kein Gegeneinander »Mensch versus Natur«, sondern ein Miteinander. Wenn wir diesen Grundgedanken beherzigen, wird uns das in unserem wirtschaftlichen und politischen Umdenken und Handeln bestärken.

WISSEN • BEGREIFEN • HANDELN

1. Sarah Wiener beurteilt und kritisiert die Ernährungsweise in unserer Gesellschaft. Sie stellt ihren LeserInnen konkrete Forderungen und hat viele Ratschläge formuliert. Recherchiert zu den folgenden Aussagen und diskutiert diese anschließend im Plenum.

a) »Geschmack ist etwas, das du trainieren musst. Ein Geschmacksgedächtnis ist eine wertvolle Hilfe für den Menschen.«

b) »Die Milch, die es im normalen Laden zu kaufen gibt, ist ›totsterilisiert‹, homogenisiert, separiert, tiefgekühlt und hocherhitzt. Sie verdient nicht mal mehr den Namen ›Lebensmittel‹.«

c) »Viele Produkte werden mit künstlichen Vitaminen, Aromen, Geschmacksverstärkern, Konservierungsstoffen und Zusatzstoffen angereichert, die unser Stoffwechsel womöglich gar nicht verarbeiten kann.«

d) Zum Thema Apfel/Apfelbaum: »Der Verlust an Respekt für die Natur, den Geschmack, an Freude, an der Diversität ist riesig.«

e) Zum Thema frische Nahrung: »Ich glaube, dass unser Kaufverhalten auch einhergeht mit einem Lebensgefühl von Entwurzelung und Kontrollverlust bis hin zur Ohnmacht.«

f) »Ich denke, dass immer mehr Menschen den Zusammenhang zwischen Gesundheit und Ernährung begreifen.«

g) »So wollen wir nicht leben! Ich esse nichts, von dem ich nicht ganz klar erkennen kann, was es ist und wie es hergestellt wurde.«

© Klaus Fa

h) »Wir dürfen unsere Ernährungssouveränität nicht so leicht aus der Hand geben und uns ›fremdfüttern‹ lassen. Wir sollten uns immer fragen: Wem nützen diese Strukturen?«

i) »Die Lösung kann nur in ökologischer Landwirtschaft liegen und in dezentralen, kleinbäuerlichen Strukturen.«

j) »Kochen können ist in meinen Augen ein Recht, das uns allen zusteht. Außerdem ist Kochen ein Akt der Kreativität, der Hingabe und Zuneigung, Kochen ist ein Akt der Liebe, zu sich selbst und zu anderen. Das darf uns nicht verloren gehen.«

k) »Was ist der wahre Preis, den wir für diese Lebensweise zahlen?«

l) »Lernt wieder mit wahrem Genuss zu essen und zu schmecken.«

2. Handeln auf dem Prüfstand
Die meisten Lebensmittel enthalten viele verschiedene Zusatzstoffe – Zucker, Färbemittel. Prüft eure Nahrungsmittel zu Hause auf Zusatzstoffe. Erstellt dazu eine Tabelle wie im Beispiel. Die Zutatenliste auf Lebensmittelverpackungen wird stets nach dem Mengenanteil sortiert.

Zusatzstoffe / Produkte	Emulgatoren	Aroma	Glutamat	Farbstoffe	Säurungsmittel: Zitronensäure
Nuss-Nugat-Creme			X	X	
Scheibenkäse			X		
Tomatensoße		X	X		X

a) Welche Zusatzstoffe kommen am häufigsten vor? Hinterfragt diese Zusatzstoffe.
b) Welche Lebensmittel haben unter den ersten drei Zutaten eine Form von Zucker oder Süßstoff angegeben?
c) Haltet eure Ergebnisse in einem Protokoll fest und veröffentlicht diese in eurer Schülerzeitung.

3. Debatte zu veganer Ernährung
Organisiert eine große Debatte zum Thema vegane Ernährung in eurer Jahrgangsstufe – auch unter Berücksichtigung des von Sarah Wiener beleuchteten Aspekts der Regionalität.
Unter www.sn.schule.de/~sud/methodenkompendium/module/ansatz1/3_2_20.htm erhaltet ihr wertvolle Hilfen für die Vorbereitung, den Ablauf und die Auswertung einer Debatte.

Eine mögliche Podiumsbesetzung mit den jeweiligen Rollen wäre z. B.:

- **A: ModeratorIn**

- **B: VeganerIn aus Tierschutzgründen bzw. AktivistIn:**
  Du ernährst dich schon seit deiner Kindheit vegan, hauptsächlich aufgrund deiner kritischen Haltung gegenüber der modernen Tierhaltung. Deiner Ansicht nach sollte kein Lebewesen das Recht haben, ein anderes einzusperren – geschweige denn zu seinem eigenen Nutzen zu missbrauchen. In deiner Vergangenheit hast du bereits viele Tiere in Nacht- und Nebelaktionen »aus der Gefangenschaft befreit« und hattest deshalb auch schon Probleme mit dem Gesetz. Doch du hast auch eine Schwäche: Du liebst immer noch den Geschmack von Fleisch und versuchst daher mit veganen Ersatzprodukten aus Seitan oder Tofu dein ehemaliges Genussmittel Fleisch zu ersetzen.
  Über die weitreichenden Folgen für Mensch und Umwelt von veganen,

→

»schwerstverarbeiteten« Fertigprodukten und die kritisch zu bewertende Herkunft der einzelnen Rohstoffe, wie Soja oder Palmöl, bist du dir zwar bewusst, hältst sie jedoch für ein unvermeidbares Übel.

- **C: ChefIn eines großen Fleischverarbeitungskonzerns:**
  Du leitest einen der größten deutschen Konzerne für Hähnchen- und Rinderverarbeitung, der Supermärkte in ganz Deutschland beliefert. Pro Woche schlachtet deine Unternehmensgruppe rund fünf Millionen Hähnchen und 20.000 Rinder. Wegen zahlreicher öffentlichkeitswirksamer Skandale steht dein Unternehmen in der Kritik.
  Dabei gibt es kaum etwas, was deinem Konzern nicht vorgeworfen wird. Umetikettiertes, nichtdeutsches Rindfleisch, schwere Verstöße gegen das Tierschutzgesetz, Korruption und Aushöhlung des Arbeiterschutzes sowie eine Lohnpolitik, nach der angeblich osteuropäische ArbeiterInnen mit einem Stundenlohn von unter drei Euro beschäftigt werden. Du siehst dich jedoch als Opfer einer medialen Hetzjagd.
  Das Familienunternehmen, welches du führst, leistet deiner Ansicht nach einen »sehr großen sozialen Beitrag« und ermöglicht jedem/jeder BundesbürgerIn, täglich ein »gutes und günstiges Stück Fleisch« zu essen. Veganismus führt deiner Meinung nach zu Mangelerscheinungen. Außerdem missfällt dir das Selbstverständnis, mit dem VeganerInnen andere Leute missionieren und für deren Ernährungsart diskriminieren.

- **D: PolitikerIn**
  Du bist AbgeordneteR einer großen Volkspartei in Deutschland und hast eine ordentliche Karriere hinter dir. Geboren in einem kleinen Dorf, bist du für die Probleme der Massentierhaltung sensibilisiert und ursprünglich auch aufgrund dieses Themenkomplexes überhaupt erst in die Politik eingestiegen. Privat versuchst du zumindest deinen Fleischkonsum möglichst gering zu halten. Jedoch bietet die Fleischindustrie eine Menge Arbeitsplätze in Deutschland und repräsentiert den »Luxus für alle«-Gedanken der Nachkriegsgeneration.
  Sowohl ein Teil deiner durchaus betagteren WählerInnen als auch die Fleischlobby sieht es demnach gar nicht gerne, wenn du Kritik an Massentierhaltung übst. Du hast Sorge sowohl deine Partei, einen Teil deiner StammwählerInnen und die großen Konzerne zu verärgern und versuchst daher, dich eher diplomatisch zu äußern.

Als weitere mögliche Rollen (Podiumsmitglieder) kämen infrage:
- E: Koch/Köchin
- F: ErnährungsberaterIn
- G: LandwirtIn

4. regional – saisonal – fair – sparsam
Sarah Wiener legt großen Wert auf regional hergestellte und verarbeitete Lebensmittel.

a) Überlege und recherchiere, wo du in einem Umkreis von fünf Kilometern regionale Lebensmittel kaufen kannst.
b) Halte deine Ergebnisse in einem Info-Blatt mit einer Ortskarte und wichtigen Daten (Kontaktmöglichkeiten und Öffnungszeiten) über kleine Bio-Läden, Bio-Bauernhöfe und Ökodörfer (die vielleicht sogar ihre Ware zu dir liefern) fest.
c) Recherchiere auch, ob es in deiner Nähe eine »Food-Coop« bzw. Essenskooperative gibt, der du dich anschließen könntest.
d) Werde LebensmittelretterIn und frage auf dem Wochenmarkt oder beim Bäcker nach Lebensmittelspenden und verschenke sie weiter oder koche etwas daraus für deine Freunde und Nachbarn. Bei dieser Gelegenheit könnt ihr darüber ins Gespräch kommen, wie viel Nahrung in Deutschland täglich weggeschmissen wird.

ALTERNATIVE KONSUMFORMEN: TEILEN, TAUSCHEN, AUSLEIHEN

Von Maike Gossen

Ob in Bibliotheken, Waschsalons oder Wohngemeinschaften, überall teilen sich Menschen Gegenstände und Ressourcen. Und dass man sich von Freunden oder der Familie Gegenstände wie einen Pürierstab oder gar ein Fahrrad ausleihen kann, ist eigentlich eine Selbstverständlichkeit. In vielen Ländern gehört das Teilen sogar zur traditionellen Esskultur. Und dennoch gelten soziale oder unternehmerische Initiativen nach dem Motto »Nutzen statt besitzen« in westlichen Ländern als neuer Trend. Manche sehen darin Alternativen zum materialistisch geprägten Individualkonsum, andere ein vielversprechendes Geschäftsmodell und wiederum andere einfach eine smarte Idee, um im Alltag ein bisschen Geld zu sparen.

Besitz oder Nicht-Besitz?

Eigentumsersetzende Konzepte (»Sharing«) erlauben den zeitlich begrenzten Gebrauch eines Produkts, ohne es selbst zu besitzen. Das Produkt verbleibt dabei im Besitz des Eigentümers. Meist ist das ein Unternehmen, das üblicherweise für die Dienstleistung eine Leihgebühr fordert. Bekanntestes Beispiel ist wahrscheinlich das Carsharing, aber auch Bibliotheken und der Werkzeugverleih funktionieren so. Mittlerweile gibt es sogar Angebote, die das Leihen zwischen Privatpersonen organisieren, zum Beispiel die Autonutzung von mehreren Privatpersonen. Das Prinzip kann also auf nahezu alle denkbaren Produktgruppen und Zielgruppen übertragen werden. Am besten aber lässt sich das Sharing auf Produkte anwenden, die vergleichsweise teuer in der Anschaffung sind, nach standardisierten Funktionsprinzipien bedienbar sind und nicht zu den sogenannten schnelllebigen Konsumgütern zählen (Scholl et al. 2010, S. 18).

498

Bei eigentumsbasierten Angeboten bleibt – wie der Name schon sagt – das Produkt im Eigentum des Nutzers beziehungsweise geht durch Weitergabe in sein Eigentum über. Beispiele sind Online-Tausch- und Verkaufsbörsen, Umsonstläden für Bücher, Spielzeug, DVDs etc. oder Reparatur-Werkstätten, die Werkzeug und gute Ratschläge für das Instandsetzen beschädigter Dinge anbieten. Der Vorteil dieser Angebote: Statt jedes Produkt, das kaputt ist oder nicht mehr gebraucht wird, durch ein neues Produkt zu ersetzen, wird es in den Nutzungskreislauf zurückgegeben. So werden die Ressourcen geschont und Abfallmengen reduziert.

© cambio Carsharing / Greenpeace Energy

Eine repräsentative Studie des Umweltministeriums, die alle zwei Jahre das Umweltbewusstsein der Deutschen erhebt, belegt das wachsende Interesse an alternativen Konsumformen in der Bevölkerung. Demnach finden

© Tobias Vogler

mehr als die Hälfte der Befragten Miet- oder Leihangebote für gebrauchte Produkte sehr oder eher attraktiv (vgl. BMU und UBA 2013). In einer anderen wissenschaftlichen Untersuchung wurden die Befragten in Konsumtypen aufgeteilt. Fast ein Viertel gehören demnach zu der Gruppe der »sozialinnovativen Ko-Konsumenten«, also Menschen, die bereits alternative Besitz- und Konsumformen praktizieren (vgl. Heinrichs und Grunenberg 2012). Sie verfügen über eine hohe Bildung und ein höheres Einkommen als der Durchschnittsdeutsche.

Online-Portale und Intelligente Software

Doch warum erlebt der Trend »Nutzen statt Besitzen« gerade jetzt diesen Aufschwung? Das Internet und die sozialen Netzwerke machen es möglich! Früher waren Aufwand und Kosten einer analogen Tausch- oder Verleihtransaktion häufig höher als ihr jeweiliger Nutzen. Durch die Vielfalt der Online-Angebote und die Verbreitung intelligenter Softwarelösungen sind derartige Aktionen heute leichter zu realisieren. Das Internet beschleunigt außerdem die Kommunikation und Vernetzung untereinander, ermöglicht unkomplizierte Zahlungsvorgänge und stärkt mit Bewertungssystemen Vertrauen zu fremden Nutzern. Dazu kommen ein wachsendes Bewusstsein für die ökologischen und sozialen Folgen unseres Handelns bei der Bevölkerung und pragmatische sowie finanzielle Motive (Kostenvorteile).

Aus Sicht der Nachhaltigkeits- und Umweltforschung sind vor allem die ökologischen Entlastungspotenziale wichtig. Weniger Autos auf der Straße führen außerdem zu weniger Emissionen und Schadstoffen in der Luft. Ein gut erhaltendes Kleidungsstück, das statt auf dem Müll in einem anderen Kleiderschrank landet, also länger und intensiver genutzt wird, steigert die Ressourcenproduktivität. Zusammengefasst werden durch eine gemeinschaftliche und folglich längere sowie intensivere Nutzung die Produktionsprozesse entschleunigt und die natürlichen Ressourcen geschont (Hirschl et al. 2001, S. 15).

Doch man muss genau hinschauen. Nicht jede Form des kollaborativen Konsums hat tatsächlich positive Effekte für die Umwelt. Werden ausgelesene Bücher auf Online-Marktplätzen wie eBay verkauft und in der Folge mit der Post quer durchs Land zu dem Käufer geschickt, können sich die positiven Effekte, die ursprünglich durch die Nutzungsdauerverlängerung entstehen, schnell in Luft auflösen. So werden auf der einen Seite zwar Ressourcen eingespart, auf der anderen Seite erhöhen sich aber Schadstoffausstöße durch den Transport, und auch die Verpackung ist nicht in jedem Fall umweltfreundlich. Ungünstig für die Umwelt ist es ebenso, wenn das durch den Kauf günstiger, gebrauchter Gegenstände eingesparte Geld in andere Besitztümer investiert und somit unterm Strich mehr konsumiert wird. Diese unerwünschten Wirkungen werden in

UNSERE AUTORIN

Maike Gossen (* 1984) ist seit 2013 wissenschaftliche Mitarbeiterin am Institut für ökologische Wirtschaftsförderung in Berlin und beschäftigt sich dort hauptsächlich mit nachhaltigen Konsumweisen, sozialen Innovationen sowie Nachhaltigkeitsmarketing.

Umweltladen in Berlin © Thomas Bölke

der Fachsprache Rebound-Effekte genannt und sind wissenschaftlich noch kaum untersucht.

So eindrucksvoll die wachsenden Nutzerzahlen von Tausch-, Teil- und Leihangeboten auch erscheinen mögen – sie sind und bleiben (noch) Nischenphänomene. Dennoch ist ihr Potenzial für einen Wandel unserer Konsum- und Lebensstile in Richtung Nachhaltigkeit groß, auch wenn sich viele der Fragen, zum Beispiel die des Autobesitzes, erst im Erwachsenenalter stellen. In Brasilien wurde das Thema »Nutzen statt besitzen« sogar in den Schulen aufgegriffen und ein »Tauschraum« eingerichtet, in dem Schülerinnen und Schüler Gegenstände, die sie selbst nicht mehr verwenden, die aber noch gut erhalten und zu schön zum Wegwerfen sind, anderen zur Mitnahme hinterlassen können.

Links zu Angeboten für »Nutzen statt besitzen«

- Klamottentauschbörse und Fashionblog Kleiderkreisel: www.kleiderkreisel.de
- Bike-Sharing der Deutschen Bahn Call a bike: www.callabike-interaktiv.de/index.php
- Übersicht über (analoge) Tauschringe in Deutschland: www.tauschen-ohne-geld.de
- Mitfahrbörsen: www.mitfahrgelegenheit.de
- Tauschbörsen im Internet: www.netcycler.de, www.frents.com, www.klamottentausch.net

INFO 1:

Statt von »Nutzen statt besitzen« wird häufig auch von »Ko-Konsum«, »Sharing« oder auf Englisch von »collaborative consumption« gesprochen. Teilweise wird die Idee sogar als ein eigener Wirtschaftszweig beschrieben, nämlich als »Sharing Economy«.

INFO 2: FAKTEN ZUM RESSOURCENVERBRAUCH

Der Ressourcenverbrauch der Welt hat sich in den vergangenen 30 Jahren um 80 Prozent erhöht. In den USA liegt der Pro-Kopf-Ressourcen-Verbrauch bei 27,5 Tonnen, in Europa bei 14,7 Tonnen und in Asien bei 13,8 Tonnen. Während 18 Länder für den Verbrauch von mehr als drei Vierteln der globalen Ressourcen verantwortlich sind, verbrauchen die 100 ressourcensparsamsten Länder gerade einmal 1,5 Prozent aller Rohstoffe (vgl. Dittrich et al. 2012).
Abfallproblematik: 100 Millionen Tonnen Plastikmüll treiben mittlerweile im Meer (vgl. 3sat 2012).

INFO 3: FAKTEN ZU ALTERNATIVEN KONSUMFORMEN

2012 nutzten fast 500.000 Deutsche **Carsharing** – entweder als Mitglied einer Organisation, die stationsbasiertes Carsharing anbietet, oder als Nutzer der seit einigen Jahren stark expandierenden flexiblen Angebote von Autoherstellern (z. B. DriveNow oder car2go). Im internationalen Vergleich steht Deutschland sowohl in absoluten Zahlen als auch im Verhältnis der Carsharing-Nutzer zur Gesamtbevölkerung auf Platz zwei hinter den USA (vgl. BCS e.V. 2013).
Der internetgestützte **Verkauf oder Tausch von Gebrauchtwaren** boomt ebenfalls. eBay Deutschland zählte zu Jahresbeginn 2014 5,4 Millionen private Verkäufer, die jeden Monat mehr als 20 Millionen Artikel zum Verkauf anboten. Auf der Online-Plattform Kleiderkreisel tauschen mittlerweile über eine Million Mitglieder ihre gebrauchten Kleidungsstücke (vgl. eBay 2014).

© givebox.net

© Iwan Gabovitch

INFO 4:

Ein **Carsharing-Fahrzeug** ersetzt bei einer Jahresleistung von 30.000 Kilometern etwa sechs Privat-PKWs. Carsharing-Kunden setzen im Jahr pro Person durchschnittlich 142 kg CO_2 weniger frei als in einer theoretischen Situation, in der es kein Carsharing-Angebot gibt (vgl. Wilke 2009, S. 114).

INFO 5:

Die **Give Box** ist eine lokale Geschenkbox, in der jeder ungenutzte Dinge zum Mitnehmen hinterlegen kann. Es gibt keinen Betreiber oder Eigentümer, die Idee lebt vom Engagement und dem Verantwortungsbewusstsein aller. Mittlerweile gibt es in vielen Städten solche öffentlich zugänglichen Geschenkboxen.

Quellenverzeichnis

- 3sat (2012): Ozeane voller Plastik, www.3sat.de/page/?source=/nano/umwelt/156409/index.html

- BMU und UBA (2013): Umweltbewusstsein in Deutschland 2012: www.bmub.bund.de/fileadmin/Daten_BMU/Pools/Broschueren/studie_umweltbewusstsein_2012_bf.pdf

- BCS – Bundesverband CarSharing e. V. (2013): Jahresbericht 2012/2013. www.carsharing.de/sites/default/files/uploads/ueber_den_bcs/pdf/bcs_jahresbericht_2012-13.pdf

- Dittrich, M., S. Giljum, S. Lutter und C. Polzin (2012): Green economies around the world? Implications of resource use for development and the environment, Wien, seri.at/wp-content/uploads/2012/06/green_economies_around_the_world.pdf (Letzter Zugriff: 17.02.2014).

- eBay (2014): Fakten eBay 2014, presse.ebay.de/fakten-deutschland

- Heinrichs, H. und H. Grunenberg (2012): Sharing Economy: Auf dem Weg in eine neue Konsumkultur, CSM, Leuphana Universität Lüneburg.

- Hirschl, B., W. Konrad, G. Scholl und S. Zundel (2001): Nachhaltige Produktnutzung: Sozial-ökonomische Bedingungen und ökologische Vorteile alternativer Konsumformen, Berlin, Edition Sigma.

- Scholl, G., L. Schulz, E. Süßbauer und S. Otto (2010): Nutzen statt Besitzen – Perspektiven für ressourceneffizienten Konsum durch innovative Dienstleistungen, Paper des Projekts »Materialeffizienz und Ressourcenschonung« ressourcen.wupperinst.org/downloads/MaRess_AP12_4.pdf

- Scholl, G., M. Gossen, M. Grubbe und T. Brumbauer (2013): Alternative Nutzungskonzepte – Sharing, Leasing und Wiederverwendung, Berlin, www.ressourcenpolitik.de/wp-content/uploads/2013/04/PoLRess_ZB_AP2-Vertiefungsanalyse_alternativ-eNutzungskonzepte.pdf

- Wilke, G. (2009): Ressourcenschonung durch Car-Sharing – Aussichten veränderlich, in: Umwälzung der Erde: Konflikte um Ressourcen, Jahrbuch Ökologie 2010, hg. v. Günter Altner, S. 112–118, Stuttgart, Hirzel.

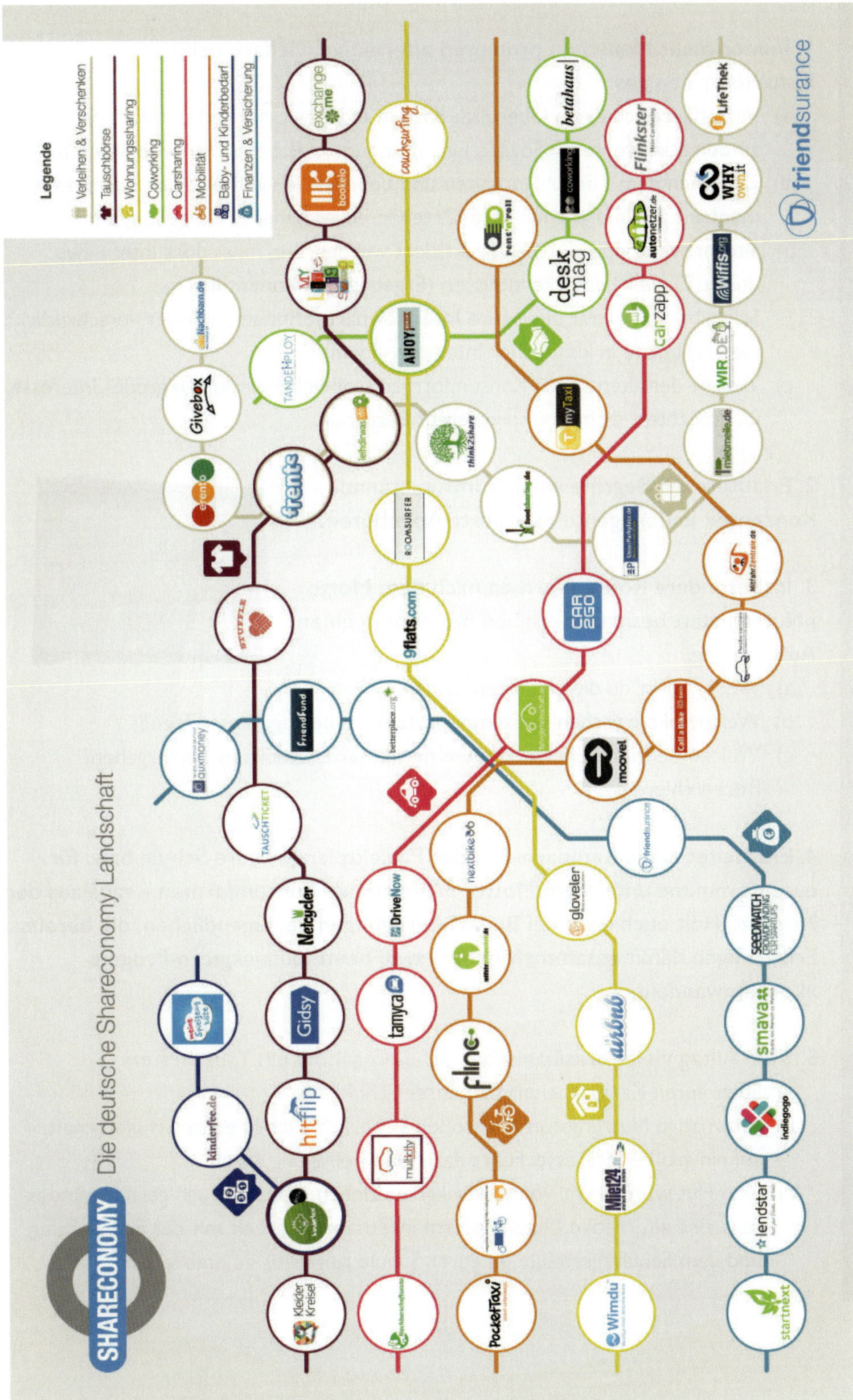

© Friendsurance/Alecto GmbH

WISSEN • BEGREIFEN • HANDELN

1. Immer mehr Menschen probieren alternative, vielfach neue Konsumformen aus.

a) Verschafft euch einen Überblick dazu in Tabellenform. Recherchiert dafür auch zu den Stichwörtern »Soziale Innovationen«, z. B. beim Umweltbundesamt.

b) Zwischen dem Konsumverhalten und Lebensstilen gibt es einen engen Zusammenhang. Erkundigt euch nach Orten in eurer näheren Umgebung, an denen alternative Konsumformen praktiziert werden, und führt dort Interviews durch. Zu welchen Erkenntnissen (Ergebnissen) kommt ihr?
Schreibt ein Porträt über eure InterviewpartnerInnen und/oder verschriftlicht die Ergebnisse in klassischer Interview-Form

c) Welche der alternativen Konsumformen stoßen bei dir auf ein großes Interesse und möchtest du bald ausprobieren? Begründe.

2. Erläutere die Begriffe »eigentumsersetzende Konzepte« und »eigentumsbasierte Angebote«.

3. Insbesondere Konsumformen nach dem Motto »Nutzen statt besitzen« erleben momentan einen Aufschwung.

a) Worin siehst du die Ursachen dafür?

b) Welche ökologischen Entlastungspotenziale bedingt dieser Trend?

c) Welche Rebound-Effekte können mit dieser Entwicklung einhergehen? Recherchiere dazu.

4. Erarbeitet einen Kampagnen- oder Projektplan für eure Schule bzw. für eure Kommune unter dem Motto: »Alternative Konsumformen – raus aus der Nische«. Holt euch dazu bei Bedarf Anregungen bei Jugendlichen, die bereits Erfahrungen damit gesammelt haben, z. B. beim *youthinkgreen*-Projekt »konsumwandeln«.

5. Zum Alltag vieler brasilianischer Schulen gehört ein Tauschraum.

a) Setzt euren Kampagnenplan an eurer Schule um.

b) Alternative Nutzungsformen stoßen sicherlich auch in eurer Schülerschaft auf ein großes Interesse. Führt dazu eine Befragung durch.

c) Den Hut würden wir von *youthinkgreen* ziehen, wenn es euch gelingt, mindestens eine alternative Nutzungsform in Zusammenarbeit mit der Schulleitung und dem Schülergremium an eurer Schule langfristig zu etablieren.

© Goldener Käfer

© Diakonie Hannover-Land

© Kelvin Song

FAIR UND NACHHALTIG PRODUZIERT: DIE NEUESTEN SMARTPHONE-TRENDS

Von Christian Wölbert

In deinem Smartphone stecken deine Lieblingsmusik, deine Fotos und diverse Apps. Du kannst mit ihm spielen, whatsappen und facebooken. So überlebst du auch die langweiligsten Schulstunden. Trotzdem lohnt es sich, dein Smartphone einmal kurz ausgeschaltet zu lassen und es von allen Seiten zu betrachten. Denn dieses hochkomplexe Produkt besteht aus Tausenden von Einzelteilen, die aus der ganzen Welt kommen. Wenn du weißt, wie dein Smartphone hergestellt wurde, weißt du auch ziemlich viel darüber, wie das globalisierte Wirtschaftssystem funktioniert und wie du es als Konsument verbessern kannst.

Ungefähr zwei Milliarden klassische Handys und Smartphones werden pro Jahr verkauft. Doch bei der Herstellung geht es manchmal ziemlich unfair zu: Einige Menschen verdienen dabei sehr schnell sehr viel Geld, die meisten Beteiligten jedoch bleiben ein Leben lang arm. Auch Umweltschutzkriterien werden bei der Produktion im Ausland nicht immer eingehalten. Auf den ersten Blick verrät dir dein Smartphone gar nichts über seine Herstellung. Auf dem ausgeschalteten Bildschirm siehst du nur dein Spiegelbild, an den Seiten nur ein paar Knöpfe und Anschlüsse. Aber auf der Rückseite steht meistens in winzigen Buchstaben »Assembled in China«, »Made in China« oder »Made in Korea«. Die meisten Smartphones, zum Beispiel alle von Apple, werden in China hergestellt. Einige von Samsung und LG kommen aus Südkorea. Egal, welche Marke und welches Land: Smartphones werden immer von Hand zusammengebaut. Es gibt noch keine Roboter, die so kleine und empfindliche Geräte zuverlässig produzieren könnten.

Fließbandarbeit

Die Bedingungen in den chinesischen Smartphone-Fabriken sind besonders schlecht – deutlich schlechter als zum Beispiel in deutschen oder französischen Autofabriken. Die Geräte wandern auf einem Fließband durch riesige Hallen. Links und rechts des Fließbandes sitzen oder stehen die Arbeiter. Viele sind erst 17 oder 18 Jahre alt, also noch Jugendliche. Hin und wieder entdeckt die Polizei sogar 15-Jährige in den Fabriken. Diese Form von Kinderarbeit ist in China verboten, aber strenge Kontrollen gibt es meistens nicht.

Jeder Arbeiter muss ein bestimmtes Teil in das Smartphone einbauen, zum Beispiel den Akku. Wenn er fertig ist, legt er das Smartphone zurück auf das Fließband und baut auch ins nächste Smartphone den Akku ein. Meistens dauert der Einbau solcher Teile weniger als eine halbe Minute, manchmal auch nur zwei Sekunden. Deshalb machen die jungen Frauen und Männer während eines Arbeitstags Tausende Male dasselbe. In einer Fabrik für Smartphone-Gehäuse in Dongguan, im Südosten Chinas, müssen manche Arbeiter pro Tag 15.000-mal eine Abdeckung in ein Plastikteil kleben, berichtete Ende 2013 eine Mitarbeiterin der Organisation China Labor Watch, die heimlich einige Tage lang in dieser Fabrik gearbeitet hatte.

Essen, Trinken, Sprechen nicht möglich

Trinken und essen können die Arbeiter am Fließband nicht. Das ist entweder verboten oder unmöglich, weil sie an jedem Tag hohe Zielvorgaben erfüllen müssen, zum Beispiel 8.000 Smartphone-Gehäuse pro Tag zusammenbauen. Erreichen sie die vorgegebene Stückzahl nicht, verdienen sie weniger Geld und bekommen Ärger. In einigen Fabriken in China können die Arbeiter während der Arbeit noch nicht einmal miteinander sprechen, so hoch ist das Tempo.

Die Arbeitstage dauern länger als in deutschen Fabriken. Bei uns sind sieben bis acht Stunden normal, in China sind es zehn bis zwölf Stunden. Ungefähr alle drei Stunden gibt es eine kurze Trinkpause. Einmal pro Schicht gibt es eine Essenspause von einer halben bis ganzen Stunde. Nachts und am Wochenende wird ebenfalls gearbeitet. Die Fließbänder stehen nie still. Vor Weihnachten, wenn in Europa besonders viele Smartphones gekauft werden, arbeiten viele Arbeiter in China mehrere Wochen ohne einen einzigen freien Tag durch. Das ist zwar verboten, wird aber ebenso kaum kontrolliert.

Die meisten Arbeiter der chinesischen Fabriken wohnen in Hochhäusern direkt nebenan, in Zimmern mit sechs, acht oder zehn Betten. Einfach mal alleine sein und seine Ruhe haben ist dort unmöglich. Viele sind nur wegen der Arbeit vom Land in die Stadt gekommen und sehen ihre Familien nur ein- oder zweimal im Jahr. Niemand hier arbeitet 35 bis 40 Stunden pro Woche, wie das in deutschen Fabriken normal ist. Erst bei 50, 60 oder sogar 70 Stunden pro Woche verdienen sie genug zum Leben und können ein bisschen für die Zukunft sparen.

In der oben bereits erwähnten Smartphone-Gehäuse-Fabrik in Dongguan lag der Basislohn Ende 2013 bei nur 168 Euro pro Monat. Durch Überstunden und Zuschläge, die aber nicht garantiert sind, verdienten die Arbeiter

© ARD / Tagesschau

dort im Durchschnitt 320 Euro pro Monat. Einige träumen davon, mit dem gesparten Fabriklohn irgendwann einen kleinen Laden in ihrem Heimatdorf aufzumachen. Viele wollen lieber in der Stadt bleiben, eine bessere Arbeit finden, in eine eigene Wohnung ziehen und eine Familie gründen. Diese Träume sind allerdings so schwer zu erreichen, dass viele Arbeiter ihre Hoffnung aufgeben.

Netze gegen Selbstmordversuche

508 Eine chinesische Universität hat herausgefunden, dass 60 Prozent der Wanderarbeiter in Shenzhen, der Stadt mit den meisten Elektronik-Fabriken, unter Depression leiden. In der normalen Bevölkerung sind es nur 20 Prozent. Manche sind sogar so verzweifelt, dass sie sich das Leben nehmen. Davon lesen wir dann auch in Deutschland in den Nachrichten. Vielleicht hast du schon gehört, dass die Firma Foxconn vor einigen Jahren sogar Netze an ihren Hochhäusern anbringen musste, weil so viele Arbeiter von den Dächern gesprungen sind. Foxconn stellt für Apple fast alle iPhones her, produziert aber auch Smartphones und Computer für andere Marken.

Das heißt zusammengefasst: Smartphones gibt es bei uns auch deshalb so günstig zu kaufen, weil die ArbeiterInnen in China so wenig verdienen, sich ein Zimmer mit sieben KollegInnen teilen müssen, 60 Stunden pro Woche arbeiten und trotzdem kaum etwas sparen können. In Südkorea gibt es kürzere Arbeitszeiten und weniger Gesetzesverstöße

UNSER AUTOR

Christian Wölbert (* 1983), Journalist, schreibt für die Computerzeitschrift c't, vor allem über Technik, Verbraucherschutz und die Arbeitsbedingungen in der Produktion sowie Nachhaltigkeit. Er tritt dafür ein, Geräte länger zu nutzen, und steigt Herstellern aufs Dach, die kurzlebige Smartphones verkaufen.

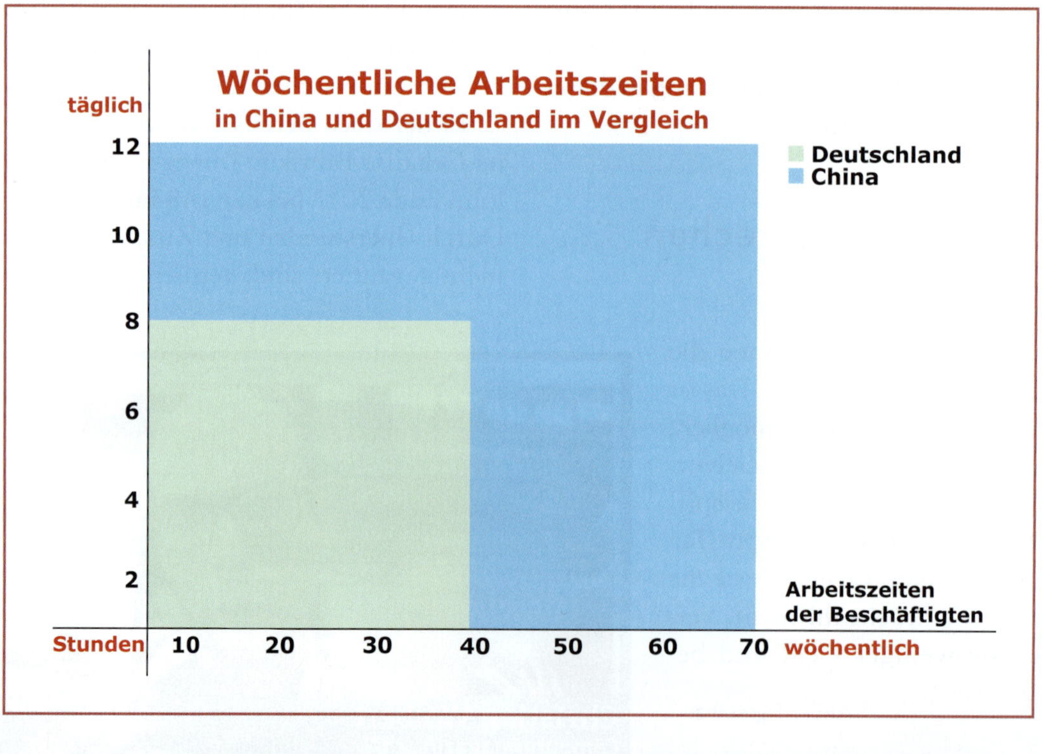

© FairPhone

der Teile durch Foxconn in China kostet vier Dollar. Hinzu kommen die Kosten für Entwicklung, Design, Werbung und Patentgebühren. Berücksichtigt man alle diese Kosten, ist das iPhone vermutlich 300 bis 400 Dollar wert. Im Laden kostet es aber 700 Dollar – das ergibt 300 bis 400 Dollar Profit.

Akku wechselbar oder fest eingebaut?

Es gibt noch mehr zu entdecken: Kannst du bei deinem Smartphone den Akku einfach mit der Hand herausnehmen? Wenn ja, sparst du Zeit, Geld und Nerven. Und du schonst die Umwelt. Denn Akkus werden mit der Zeit schwächer. Viele schaffen nach zwei Jahren nur noch die Hälfte ihrer ursprünglichen Laufzeit. Und sind vermutlich gerade dann leer, wenn man sie am dringendsten braucht. Wenn der Akku sich einfach herausnehmen lässt, kannst du dir für zehn oder 20 Euro einen neuen kaufen und ihn selbst einsetzen. Ist der Akku nicht von Hand auswechselbar, musst du dein Handy in die Werkstatt bringen oder es an den Hersteller schicken. Der Akkutausch kostet dann deutlich mehr – vielleicht 50 Euro, vielleicht aber auch 80.

Und was hat die Umwelt vom Wechsel-Akku? Ganz einfach: Wenn du den Akku einfach und günstig austauschen kannst, steigt die Wahrscheinlichkeit, dass du dein Smartphone länger benutzt. Und je länger du es benutzt, desto besser für die Umwelt. Denn die Herstellung von Smartphones belastet die Umwelt viel stärker als die Nutzung. Ein Beispiel: Jedes iPhone 6 verursacht 95 Kilogramm des Treibhausgases CO_2. Satte 85 Prozent davon entstehen durch die Produktion. Nur elf Prozent entstehen durch den Strom, mit dem du

(wie Kinderarbeit). Aber auch dort sind die Arbeitsbedingungen bei weitem nicht so gut wie in Deutschland. Der kleine Schriftzug »Made in China« oder »Made in Korea« verrät dir also schon eine ganze Menge über dein Smartphone.

Was tun?

Sollte man also lieber keine Smartphones mehr kaufen? Doch das würde den Arbeitern nicht helfen, denn dann würden sie ihren Job verlieren. Besser wäre es, ihnen höhere Löhne zu zahlen. Genau das tun ein paar junge Holländer bereits: Sie lassen in einer chinesischen Fabrik das »Fairphone 2« zusammenbauen und zahlen jedem Arbeiter dafür einen Bonus in Höhe von rund einem halben Monatsgehalt – eine Summe, die den Arbeitern wirklich hilft, ihre Träume zu verwirklichen. Das ist möglich, obwohl das Fairphone 2 deutlich weniger kostet als das iPhone. Denn die jungen Holländer, die Fairphone gegründet haben, wollen nur wenig Gewinn machen: Sie geben sich mit ein paar Euro Profit pro Fairphone zufrieden. Bei Apple und den anderen großen Herstellern sieht die Rechnung anders aus. Zum Beispiel kosten die Teile im iPhone 6 insgesamt 196 US-Dollar, schätzen Marktforscher. Der Zusammenbau

© MikroLogika

den Akku aufladst, wenn du dein iPhone drei Jahre lang benutzt. Also: Je länger du das Gerät nutzt, desto weniger neue Geräte müssen produziert werden und desto weniger CO_2 wird in die Atmosphäre emittiert. Zum Glück gibt es eine ganze Reihe von Smartphones mit leicht wechselbarem Akku: nicht nur das Fairphone, sondern auch Dutzende andere Modelle, etwa welche von Samsung und anderen Herstellern.

Gold, Kobalt, Kupfer, Indium, Zinn ...

Für den nächsten Abschnitt brauchst du ein bisschen Vorstellungskraft. Denn an die restlichen »Innereien« deines Handys kommst du nur mit Spezialwerkzeug und viel Bastelerfahrung heran. Aber du kannst auch einfach das Stichwort »Repair iPhone« oder »Repair Samsung Galaxy« bei YouTube eingeben – dann siehst du, wie dein Smartphone von Innen aussieht: Das größte Teil ist eine grüne Plastikkarte (das Mainboard). Auf ihr befinden sich jede Menge Kabel, Stecker und schwarze Kästchen (der Prozessor und andere Chips). Die insgesamt über 1.000 kleinen, gar winzigen Einzelteile stammen aus modernen Fabriken in Ländern wie Japan, Deutschland, Südkorea, Taiwan und den USA. Die Arbeitsbedingungen in diesen Teile-Fabriken sind besser als in den Smartphone-Zusammenbau-Fabriken. Dort erledigen Roboter die meisten monotonen Aufgaben.

Die Teile bestehen aus Plastik und rund 30 verschiedenen Metallen. Im Akku stecken Kobalt und Lithium, in den Steckern Gold, in den Kabeln Kupfer, zwischen Chips und Mainboard Zinn, in den Schrauben Eisen, im Vibrationsmotor und in den Lautsprechern die sogenannten »Seltenen Erden« und im Display Indium. Das Problem daran: Nicht alle diese Metalle kann man wieder aus den Teilen herausholen, wenn du dein

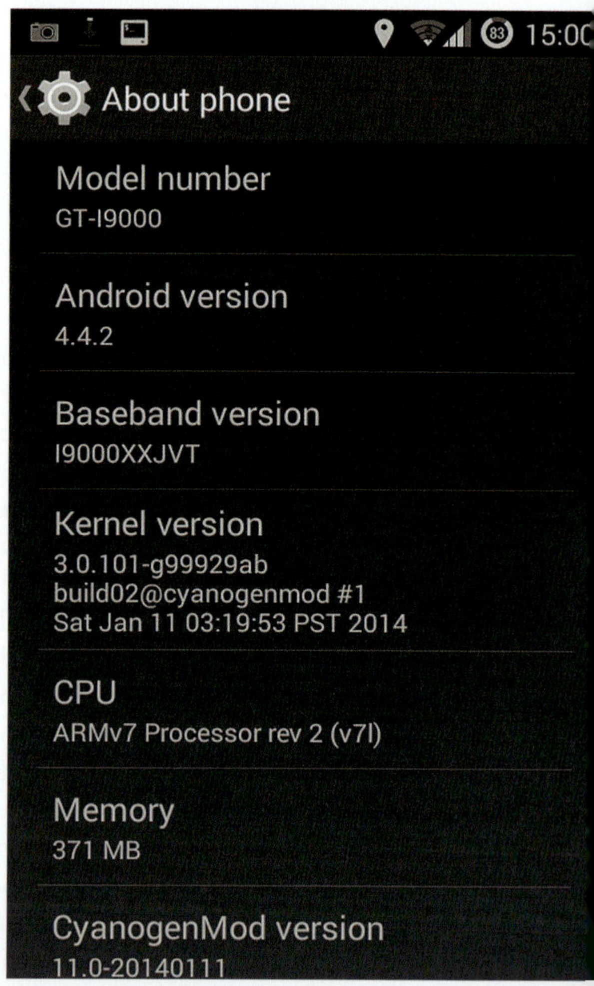

© Amrith Raj

Smartphone irgendwann beim Wertstoffhof abgibst. Kupfer und Gold kann man leicht recyceln – Indium und Seltene Erden bislang aber noch gar nicht.

Die Metalle, die man nicht recyceln kann, werden irgendwann knapp. Außerdem leidet die Umwelt bei der Förderung der Metalle durch den Bergbau: In Indonesien, Chile, Brasilien, China und vielen weiteren Ländern werden für Zinn, Gold, Kupfer, Eisen und Seltene Erden ganze Berge abgetragen, Wälder verwüstet und Flüsse vergiftet. Der hohe Metallgehalt ist also ein weiteres Argument dafür, dein Smartphone lange zu nutzen. Denn dann müssen weniger Metalle aus der Erde gebuddelt werden.

Frisches Betriebssystem

Vielleicht wünschst du dir schon nach zwei Jahren ein neues Smartphone, weil sich deines nicht mehr so flüssig bedienen lässt wie am Anfang. Aber dagegen kannst du wahrscheinlich etwas tun: Für viele Smartphones mit Android (zum Beispiel die von Samsung und HTC) gibt es Software-Updates von CyanogenMod, mit denen sie flüssiger laufen als vorher.

Ein solches Update solltest du allerdings erst dann installieren, wenn dein Handy schon zwei Jahre oder älter ist – sonst verlierst du die Garantie. Ob es das Update für dein Handy gibt, und wie die Installation funktioniert, steht auf cyanogenmod.org. Vorher solltest du deine Daten sichern, also wichtige Dinge vom internen Handy-Speicher auf die SD-Karte oder auf einen Computer kopieren.

Neuer Akku, neues Betriebssystem – jetzt fühlt sich dein Handy komplett neu an. Nebenbei hast du einiges über Technik gelernt und Geld gespart. Einen kleinen Beitrag zu leisten, um die Welt zu retten, ist also leichter, als gedacht.

WISSEN • BEGREIFEN • HANDELN

1. Die Herstellung von Smartphones ist ein hochkomplexer Prozess. Inwiefern liefert dieser Einblicke in und Rückschlüsse auf das globalisierte Wirtschaftssystem?

2. Auch die Arbeitsbedingungen in vielen Ländern des Globalen Südens lassen sich am Beispiel der Produktion von Smartphones analysieren.

a) Stellt dazu die Arbeitsbedingungen in Deutschland mit denen in China in einem Vergleich gegenüber. Zu welchen Ergebnissen kommt ihr?

b) Erstellt einen Kriterienkatalog für menschenwürdige, faire Arbeitsbedingungen. Orientiert euch dabei zum Beispiel an den Forderungen von entwicklungspolitischen Nichtregierungsorganisationen in eurem Land oder eurer Region, die zu dem Thema kompetent Auskunft geben können.

3. Rund ums »Fairphone«.

a) Welche Geschäftsidee und welches Unternehmen stehen hinter dem Namen Fairphone?

b) Auf welcher finanziellen Grundlage wurden die ersten Fairphones produziert?

c) Kritische Stimmen sagen, dass das Fairphone die bestehenden Probleme und Ungerechtigkeiten der Weltwirtschaft nicht umgehen kann. Inwiefern ist das Fairphone wirklich fairer als andere Smartphones? Recherchiert dazu und bildet euch eine eigene Meinung. Wie sieht, darauf aufbauend, deine Kaufempfehlung aus?

d) Wird die (Weiter-) Entwicklung des Fairphones einen Einfluss auf die gesamte Mobilbranche haben? Diskutiert dazu im Plenum.

4. Bei einigen Smartphones ist nach einer gewissen Zeit häufig ein Akku-Wechsel erforderlich. Warum sollte gerade dieser Punkt beim Kauf eines Smartphones beachtet werden?

5. In vielen Umweltbroschüren steht die Aufforderung: »Nutze dein Smartphone so lange wie möglich!«

a) Welche Argumente kannst du finden, die diese Forderung stützen? Warum kaufen sich viele Menschen nach ein oder zwei Jahren ein neues Smartphone, und wie könnte man dem entgegenwirken? Diskutiert diese Fragen miteinander.

b) Pimp your smartphone: Welche Möglichkeiten gibt es, Smartphones zu »erneuern« und aufzuwerten?

6. Ihr startet die Aktion »Umweltfreundlicher Gebrauch von Smartphones«.

a) Wie sähe eure Gebrauchsanweisung aus? Recherchiert dazu.

b) Erstellt ein Infoblatt »Umweltfreundlicher Gebrauch von Smartphones« und verteilt es an eurer Schule. Beachtet dabei auch Fragen der »Entsorgung« von funktionsuntüchtigen Smartphones.

Catherina Rust als Kind inmitten der Aparai

»IM DSCHUNGEL WIRD ALLES REPARIERT«

Catherina Rust im Interview

Bilder in schwarzweiß © Catherina Rust

Catherina Rust lebte vom ersten Lebensjahr bis zum Schuleintritt bei der indigenen Gemeinschaft der Aparai im brasilianischen Regenwald, wo ihre Eltern ein völkerkundliches Forschungsprojekt leiteten. Fernab von westlicher Zivilisation führte sie ein konsumfreies Leben, ohne Supermärkte, Elektrizität oder Telefonanschluss, wohlbehütet von ihrer indianischen Wahlfamilie. Sie lernte die Sprache der Aparai und verinnerlichte deren Traditionen und Verhaltensweisen. Zurück in Deutschland erlitt sie einen Kulturschock, so fremd war ihr diese Welt der Waren und das Streben nach immer größeren Reichtümern. Mittlerweile hat die Journalistin einen Mittelweg gefunden und ihre Erfahrungen im Buch »Das Mädchen vom Amazonas« festgehalten. ***Von Helmut Spiering***

youthinkgreen: Frau Rust, wie haben Sie als Kind die komplett unterschiedlichen »Konsumwelten«, die Sie durchlaufen haben, erlebt?

Rust: In meiner frühen Kindheit im nordöstlichen Amazonasgebiet erlebte ich ein System des Tauschhandels, da es dort kein oder nur selten Geld gab. Die Aparai im brasilianischen Urwald haben fast alles selbst hergestellt. Der eine Indianerstamm war besonders geschickt im Anfertigen von Körben und im nächsten

Dorf gab es gute Bootsbauer usw. Also wurde untereinander verhandelt und getauscht, was jeweils gerade benötigt wurde. Das hat aus meiner kindlichen Sicht gut funktioniert. Wenn die Errichtung einer neuen Hütte anstand, wurden die Bewohner aus den umliegenden Dörfern als Helfer eingeladen und mit den besten Speisen, wie zum Beispiel Tapirfleisch, gegrilltem Fisch, Spießbraten und mit Getränken wie Maniokbier empfangen. Wenn die neue Behausung fertig war, gab es zudem ein großes Dankesfest. Die Tauschwährung – also auch eine Art Kredit – war einzig und allein die Bereitschaft, die anderen zu einem unbestimmten Zeitpunkt in einer ähnlichen Situation zu unterstützen.

Während meiner Grundschulzeit in Deutschland erschien es mir sehr merkwürdig, dass jeder so viel wie möglich besitzen wollte: Mein Haus, mein Auto, meine Stereoanlage, meine Klamotten, mein Rasenmäher etc. lauteten die Wünsche. Doch der Wohlstand eines Einzelnen lässt wenig Platz für die Gemeinschaft. Auch die Tatsache, dass man sich sofort etwas Neues kaufte, wenn ein Gegenstand kaputt ging, verstand ich nicht. Im Dschungel wurde alles repariert, bis es auseinanderfiel. Und danach wurde recycelt. In meiner Jugend an der High School in den USA hörte ich öfter den Satz: »Money makes the world go round«. Konsum und Besitz galten dort als Lebenselixier. Deshalb verschulden sich Menschen oder werden zu Sklaven ihrer eigenen Arbeit, um Wohlstand zu erlangen oder ihren Status zu erhalten. Diese Belastung hält kein Mensch auf Dauer aus, denke ich. Irgendwie habe ich, was den Umgang mit Konsum betrifft, wohl Extreme erfahren.

Gruppenzwang und Shopping-Drang

***youthinkgreen*:** Wie erging es Ihnen in Ihrer Jugend? Wie sind Sie mit dem Gruppenzwang

umgegangen, den es im Kampf um die schicksten Markenklamotten sicherlich an der High-School gab?

Rust: Als ich in die USA kam, hatte ich genau zwei Sweatshirts und zwei Paar Hosen im Koffer. Und das in einer Zeit, in der sich Teenager dort mehrmals am Tag umzogen und immer der neuesten Mode folgten. Um mir das ebenfalls leisten zu können, jobbte ich wie verrückt neben der Schule. Irgendwann, als meine Rückkehr nach Deutschland anstand, merkte ich: Mein Kleiderschrank platzt aus allen Nähten. Das meiste davon hatte ich selten oder kaum getragen. Das war ein erschreckender Moment.

***youthinkgreen*:** Haben Sie denn als Erwachsene mittlerweile einen Kompromiss gefunden zwischen Verzicht und Verschwendung?

Rust: Ja, heute ist es eher so, dass ich mich zwingen muss, Dinge auszusortieren. Vieles habe ich schon sehr lange, und ich hege und pflege alles. Schuhe werden zum Schuster gebracht und siehe da: Die Stiefel sehen auch nach einem Jahrzehnt noch ganz prima aus. Ausgewaschene Sachen färbe ich zuweilen nach oder nähe Altes um. Dadurch entstehen ganz individuelle Stücke, die man nirgends im Geschäft kaufen könnte. Wackelige und durchgesessene Stühle werden in einer Behindertenwerkstatt meines Vertrauens restauriert. Natürlich könnte ich mir von dem Geld locker einen neuen Stuhl kaufen, aber darum geht es mir nicht. Manchmal muss ich über Menschen lachen, die mir erzählen, dass Shopping Spaß macht. Mich stresst es inzwischen gewaltig. Wir sollten verstärkt hinterfragen, was uns wichtiger ist: nur eine Marke (zur Schau) zu tragen oder in eine besonders gute Qualität und gerechte, faire Arbeitsbedingungen zu investieren? Sind wir bereit, für unseren Konsum einen angemessenen Preis zu bezahlen? Oder finden wir den Geiz – also möglichst vieles für möglichst wenig Geld besitzen zu wollen – tatsächlich so geil? Ich setze auf Klasse statt Masse! Das wäre ein Slogan, der mir gefallen würde.

Das Geheimnis des Glücks

youthinkgreen: Wie eng hängen für Sie Lebenszufriedenheit, Glück, Gemeinschaft und der Schutz von Ressourcen und Umwelt zusammen?

Rust: Stellen wir uns einmal zwei Kinder vor. Das eine lebt in der westlichen Welt und hat Eltern mit einem guten Verdienst. In seinem schönen großen Kinderzimmer stapeln sich die teuersten und allerneuesten Spielsachen. Das Kind ist vollkommen überfordert. Mit den meisten Spielsachen hat es noch nie gespielt. Und das andere Kind wächst in einem ärmlichen Vorort auf, zum Beispiel in einem Schwellen- oder Entwicklungsland. Eines seiner wenigen Spielzeuge ist ein aus Lumpen zusammengenähter Fußball, mit dem die ganze Kinderbande aus der Nachbarschaft stundenlang auf der Straße spielt. Welches Kind von den beiden wird wohl an solch einem Nachmittag das glücklichere gewesen sein?

Allgemein gesprochen glaube ich nicht, dass Entbehrungen und Verzicht allein zur Erleuchtung führen. Jeder von uns wünscht sich doch ein gutes und gesundes Leben mit entsprechenden Sicherheiten, denn Existenzängste machen uns krank. Aber die Annahme, dass Wohlstand

Catherina Rust beobachtet das Handwerk der Aparai

© Tobias Mittmann / jugendfotos.de

und der dadurch bedingte hemmungslose Konsum automatisch zum Glück führen, halte ich ebenfalls für einen Trugschluss. Ist es nicht interessant, wie viele wohlhabende Menschen man in der westlichen Welt antrifft, die zutiefst unglücklich sind? Oder gelangweilt und frustriert? Welchen Sinn hat es, sich noch etwas zu wünschen, wenn nahezu jeder materielle Wunsch erfüllt werden kann? Das ist ja, als ob jeden Tag Weihnachten wäre.

***youthinkgreen*:** Welche Tipps und Ratschläge möchten Sie jungen Menschen mit auf den Weg geben?

Rust: Ich finde, dass wir alle verstärkt hinterfragen sollten, was uns die Werbeindustrie, die Politik und die Wirtschaft suggerieren. Deshalb möchte ich meine Ratschläge in Fragen verpacken: Brauche ich wirklich einen 60-Stunden-Job? Und wozu, nur um mir den neuesten Porsche zu kaufen oder mir den Wochenendflug nach New York leisten zu können? Erfahre ich dadurch mehr gesellschaftliche Anerkennung? Oder arbeite ich vielleicht lieber in einem Umfeld, das mich erfüllt, wo ich mir meine Zeit besser einteilen kann, wo ich etwas bewirken darf? Brauche ich immer die neuesten Sachen, Markenklamotten, elektronische Spielsachen (jedes Jahr ein neues Handy, ein iPad Air)? Oder bin ich vielleicht erfinderisch und kreativ in der Art, wie ich lebe und wie ich die mir zur Verfügung stehenden Ressourcen nutze?

Unbequem und kritisch sein

***youthinkgreen*:** Noch einmal anders gefragt: Macht unser westliches System viele in unserer Gesellschaft krank?

Rust: Ja, und zwar dann, wenn wir uns als Opfer eines Systems betrachten. Es wird immer auf »die Gesellschaft« geschimpft, als ob wir einem Diktat zu folgen hätten. Die sogenannte Gesellschaft sind aber wir selbst. Jeder Einzelne von uns hat es in der Hand, Dinge im eigenen Umfeld zu verändern und dadurch positive Akzente zu setzen. Dazu gehört aber eigenständiges Denken und ein starker Wille. Ich muss in der Lage sein, Entwicklungen, Strömungen und Hierarchien zu hinterfragen. Ich muss es ertragen, auch mal als »unbequem« bezeichnet zu werden. Wie viele Menschen, die zunächst belächelt, beschimpft oder sogar bedroht wurden, gelten heute als Vorbilder? Es liegt an uns, ob wir uns wie Lemminge verhalten, die blind jeder Ansage folgen und sich wie auf Befehl jedem noch so perfiden System unterordnen, oder ob wir vielleicht Adler sein wollen. Unabhängig und frei. Wählerisch und kritisch, die Sinne geschärft.

***youthinkgreen*:** Wodurch gewinnen wir an Abgeklärtheit und innerer Zufriedenheit?

Rust: Sicher wäre es manchmal hilfreich, ein wenig abgeklärter zu sein und bei bestimmten Dingen nicht so emotional zu reagieren. Andererseits kann Abgeklärtheit auch schnell zur Abstumpfung führen. Persönlich habe ich noch nie eine sympathische Abgeklärte oder einen sympathischen Abgeklärten kennen gelernt. Eiskalte Strategen mögen zuweilen beruflich

Spielkameraden von Catherina Rust

Lebensmittel kaufen

Eben noch schnell was einkaufen, aber der nächste Bio-Markt ist am anderen Ende der Stadt? Vielleicht hilft dieser Wegweiser, auch im Supermarkt um die Ecke die „richtige Wahl" zu treffen.

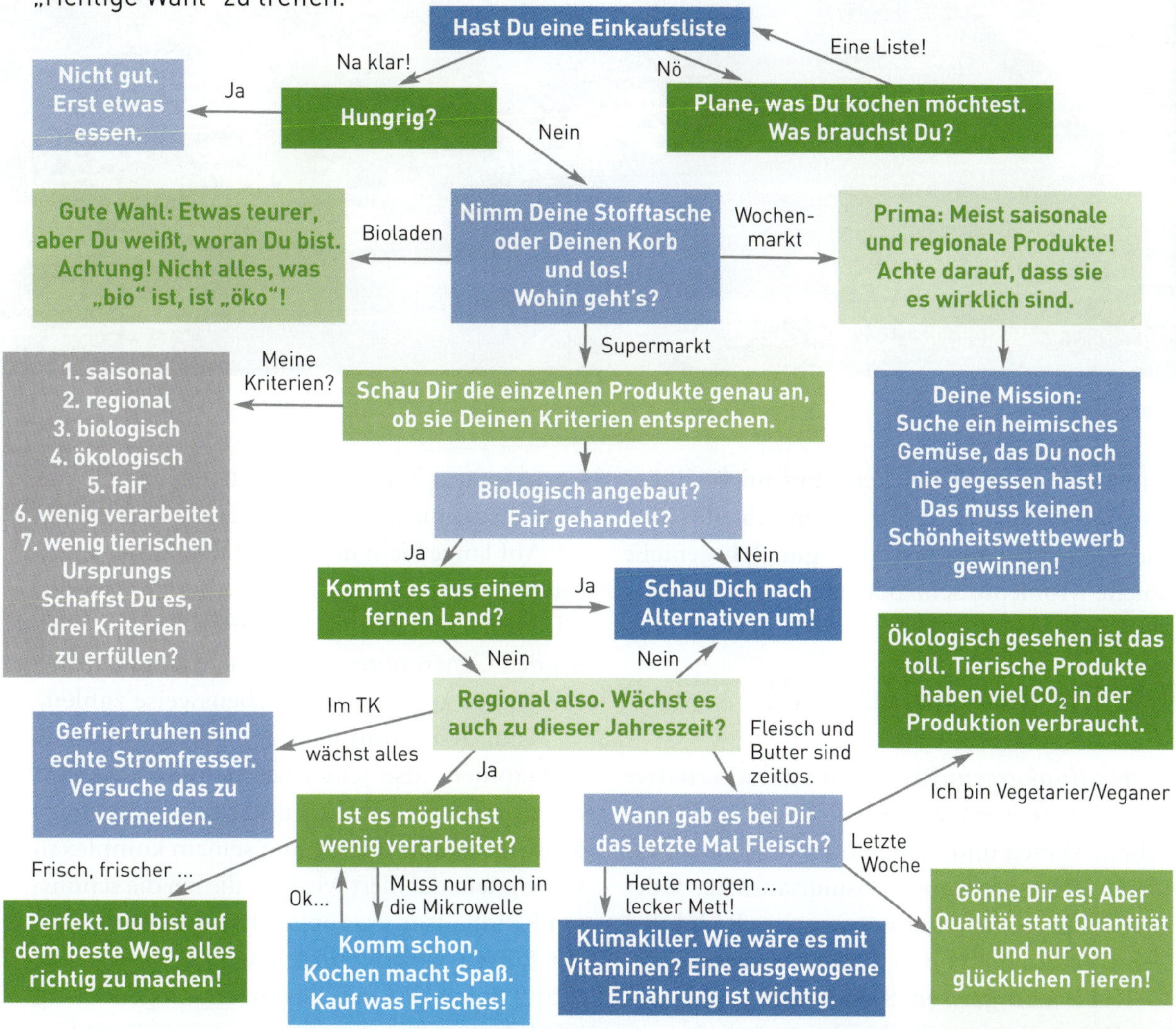

© *youthinkgreen* Osnabrück

sehr erfolgreich sein, besonders in der Wissenschaft, in der Wirtschaft und in der Politik. Aber möchte man einen solchen Menschen im eigenen Freundeskreis haben?

Innere Zufriedenheit hingegen halte ich für etwas sehr Erstrebenswertes, man kann sie sich nicht für alles Geld der Welt erkaufen. Vielleicht ist sie sogar das Paradies auf Erden. Allerdings halte ich es für vermessen, sich nach dem permanenten Zustand der inneren Zufriedenheit zu sehnen. Das wäre ja kaum menschlich. Man muss sich auch mal über etwas aufregen, und man darf auch mal traurig sein. Nur wer zuweilen an sich zweifelt,

© Neil Palmer/CIAT

kann sich weiterentwickeln. Für mich sind es eher diese Momente, in denen ich plötzlich merke: Jetzt gerade ist alles gut. Ich genieße solche Momente sehr bewusst.

Ein Blick in die Zukunft

***youthinkgreen*:** Inwiefern sind alternative Nutzungsformen wie etwa Teilen und Tauschen, Mieten und Leihen oder Re- und Upcycling vielversprechende Lösungsansätze? Oder hilft auf lange Sicht nur konsequente Reduktion beim Verbrauch von materiellen Gütern?

Rust: Die ganzen Strömungen, die sich zur Zeit verbreiten, finde ich persönlich wunderbar: Tauschringe, Repair-Cafés, Gib- und Nimm-Märkte, Couchsurfing, Carsharing, Lebensmittel-Retter, Upcycling oder Läden, in denen es keine Verpackungen mehr gibt – das alles entwickelt sich in eine sehr vielversprechende Richtung. Man merkt den Beteiligten auch an, wie viel Spaß ihnen ihr Engagement bringt. Allerdings bin ich auch skeptisch bei der Frage, ob es sich mal wieder nur um einen kurzfristigen Trend handelt, bei dem viele nur deshalb mitmachen, weil es gerade »angesagt« ist. Auf lange Sicht hilft eigentlich nur Reduktion und zeitweiliger Verzicht. Aber das werden wir vielleicht nicht mehr schaffen. Die nachfolgenden Generationen werden einen hohen Preis für unsere gegenwärtige Lebensweise zahlen.

Wenn ich daran denke, dass zum Beispiel Amazonien, also jene urzeitliche Landschaft, die durch den größten noch zusammenhängenden Regenwald mitsamt seinem komplexen Ökosystem definiert wird, an die ich die schönsten Kindheitserinnerungen habe, in nur zwanzig Jahren verschwunden sein könnte, dann erfüllt mich das mit Entsetzen. Gegenwärtig wird dort in Brasilien ein exzessiver Raubbau betrieben, um unseren westlichen Lebensstil zu bedienen. Ein Ende ist nicht in Sicht. Es macht mich fassungslos, dass wir bereit sind, unsere eigene Existenz auf Erden zu vernichten, damit transnationale Konzerne und Regierungen ungehindert ihrer Profitgier nachgehen können. Sind wir wirklich derart ignorant, dass wir erst merken, was wir zerstört haben, wenn es unwiderruflich zu spät ist?

Intakte Natur als Kulturgut

youthinkgreen: Welchen Stellenwert hat Natur in Ihrem Leben?

Rust: Mir persönlich ist gute Waldluft sehr wichtig, der Blick in ein Blätterdach, Bewegung, einen organischen Boden unter den Füssen zu haben. Meist laufe ich sogar mitten in der Großstadt auf den Grasnarben entlang, weil der Asphalt unter den Füßen schmerzt. In heißen Sommern verschafft uns der kühlende Schatten der Bäume Linderung. Ich atme automatisch anders, wenn ich in der Natur bin, und bilde mir ein, entsprechend wacher und konzentrierter zu sein. Das Leben in und mit der Natur ist doch eigentlich ein Grundbedürfnis, das wir mit allen Menschen teilen. Natur hat viele Funktionen, sie bietet uns Orte der Besinnung und Erholung, sie ist auch ein Stück Kulturgut. Verlieren wir ganz und gar den Bezug zur Natur, macht uns das krank.

youthinkgreen: Was könnten Jugendliche unternehmen, um den Zugang zur Natur wieder zu spüren und ein Leben im Einklang mit ihr zu erlernen?

Rust: Wir müssten Babys vom ersten Lebenstag an mit der Natur in Berührung bringen. Dazu benötigen wir keine großen Programme. Hin und wieder ein Spaziergang durch den Wald, Ausflüge mit dem Kindergarten ins Grüne, Camping in der Wildnis, das reicht doch schon, um die Kleinsten für die Natur mit all ihren Wundern zu begeistern. Hast du mal beobachtet, wie lange sich ein Kleinkind für einen Käfer begeistern kann? Kinder sind von Geburt an kleine Forscher und Entdecker. Dieser Geist verkümmert oftmals, weil er nicht gefördert wird.

Für Jugendliche, die noch nie einen Bezug zur Natur hatten, ist es schwieriger. Ihnen fehlt oftmals das Grundvertrauen, die Erkenntnis, der Blick für die Details. Sie verbinden mit der Natur vielleicht nur einen Garten oder einen künstlich angelegten Park. Großartig finde ich die Möglichkeiten für junge Menschen, sich innerhalb eines Freiwilligen Sozialen Jahres zum Beispiel an Naturschutz- oder Aufforstungsprogrammen zu beteiligen. Dort lernt man viel über die Natur und ist zugleich aktiv an Prozessen beteiligt. Die wertschätzende und demütige Haltung zur Natur entsteht dann von ganz alleine.

WISSEN • BEGREIFEN • HANDELN

1. Welche Extreme hat die Autorin in ihrer Kindheit im Umgang mit Gebrauchsgegenständen, Nahrungsmitteln und Waren durchlebt?

2. »Ich setze auf Klasse statt Masse«, so die Autorin.

a) Setzt euch mit ihren angeführten Beispielen zu diesem Lebensmotto auseinander.

b) Welche weiteren Beispiele aus eurem Alltag würden diesen Slogan unterstreichen?

3. Welche Fragen richtet Rust an euch Leser in Bezug auf eure Verhaltensmuster? Wie entscheidet ihr euch in diesen Fragen? Begründet eure Antworten.

4. Die Autorin fordert uns zum Verzicht und zur Reduktion von materiellen Gütern auf, alternative Nutzungsformen helfen zudem beim Hinterfragen unserer Lebensweise.

a) Wie begründet Rust ihre Aussagen? Diskutiert diese miteinander.
b) Wie könnte deine persönliche Verzichts- und Reduktionsliste aussehen?
c) Was hindert dich daran, diese umzusetzen? Und wie kannst du die Hindernisse umgehen bzw. nicht-nachhaltige Routinen leichter durchbrechen?

5. Setzt euch mit den Aussagen der Autorin zur Natur auseinander.

a) Haltet die Funktionen der Natur in einer Stoffsammlung fest. Recherchiert dazu.
b) Warum mangelt es vielen von uns an einer wertschätzenden und demütigen Haltung zur Natur? Zeige Wege auf, um dies zu ändern.

6. »Es liegt in der menschlichen Natur, vernünftig zu denken und unlogisch zu handeln.« (Anatole France, 1844–1924, eigentlich Anatole François Thibault, französischer Erzähler, Lyriker, Kritiker und Historiker, Nobelpreis für Literatur 1921)

a) Diskutiert diese Diskrepanz zwischen Wissen und Handeln im menschlichen Leben an Beispielen, die euch vertraut sind. Zu welchen Ergebnissen kommt ihr?
b) Es lohnt sich, die Aussage des Autors in Bildern (z. B. den Zwiespalt oder die Zerrissenheit im Menschen) zu veranschaulichen. Entwickelt dazu gemeinsam ein Ausstellungskonzept.

7. Aktion: Konsumkritischer Stadtrundgang

Im Rahmen einer Stadtführung mit unterschiedlichen Stationen informierst du andere Jugendliche und Bürger deiner Stadt über Fakten und Hintergründen zum Welthandel, dem typischen Konsumverhalten sowie über Wege eines ethischen Konsums. Dafür musst du dich vorher gut darüber informieren, welche Geschäfte Produkte verkaufen, die z. B. umweltschädigend oder unfair produziert werden, und auch alternative Einkaufsmöglichkeiten finden. Mehr Infos und Unterstützung erhältst du hier: www.weltbewusst.org

4.5. EIN NEUER BLIC UNSERE BEDÜRFNI

Einleitung

In den nachfolgenden Beiträgen bündeln wir nochmals Antworten auf die bereits mehrfach aufgeworfene Frage, wie wir unsere innere Zufriedenheit und das persönliche Wohlbefinden steigern können und dabei dennoch die ökologischen Grenzen der Erde beachten. Denn bei den Diskussionen über Lösungsoptionen für eine nachhaltigere Entwicklung geht es ja nicht nur um technologische, wirtschaftliche und politische Superstrategien, sondern auch um einen radikalen Kulturwandel. Das reicht bis hin zur grundlegenden Veränderung individueller Betrachtungsweisen und Gewohnheiten. Wir brauchen neue Formen der Lebensgestaltung und Persönlichkeitsentfaltung, welche von Achtsamkeit, Respekt, Zeitwohlstand und gegenseitiger Wertschätzung geprägt sind, anstatt auf Einkommen und materielle Statussymbole zu schielen. Eine Frage dabei lautet: Wie können wir unsere Mentalitäten verändern und im Alltag »umdenken« sowie andere überzeugen und mitreißen, ohne mit der Moralkeule zu schwingen?

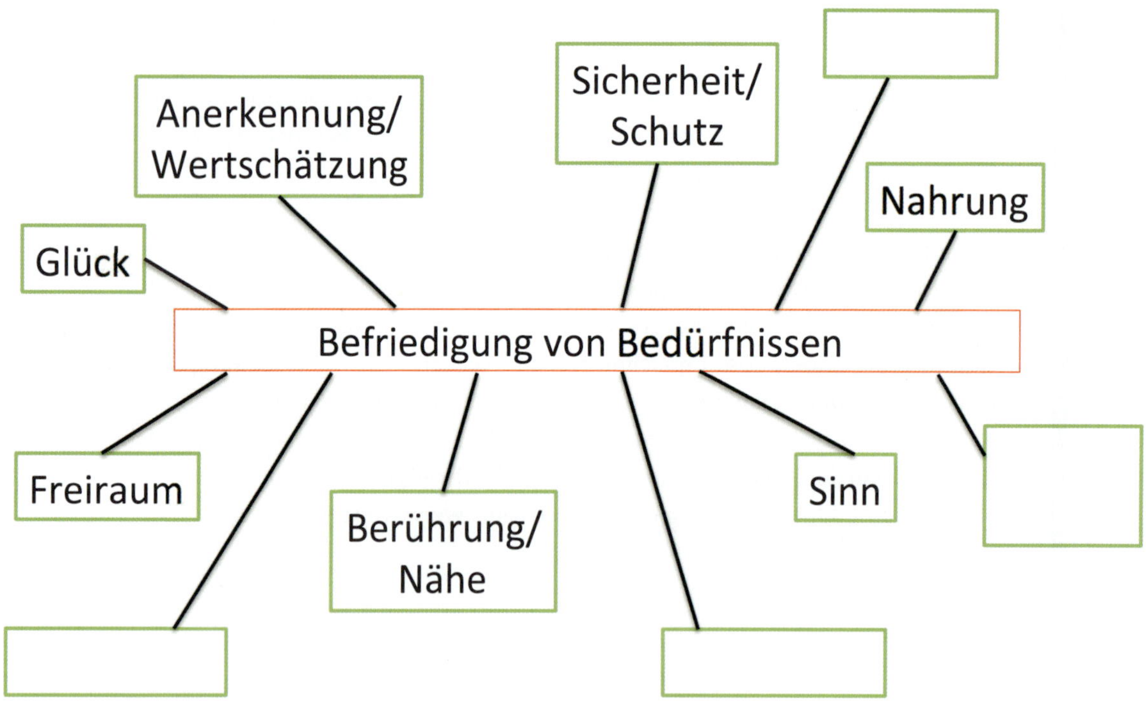

AUF
E

Boris Woynowski hat das Modell der Postwachstumsökonomie von Niko Paech (vgl. 4.1.) genauer betrachtet und die Sozialpsychologie dahinter zu ergründen versucht. Welche individuellen Denkweisen begünstigen nachhaltige Verhaltensmuster und welche hemmen diese eher? Welche tiefen inneren Bedürfnisse stecken hinter unseren Konsumgewohnheiten, und wie können wir sie wahrnehmen und besser erfüllen? Auch Prof. Dr. Rainer Dollase beschäftigt sich mit der Frage nach dem Konzept der »glücklichen Genügsamkeit« und beantwortet sie mit einem Blick auf die eigene Lebensgeschichte. Zudem erklärt uns der Überzeugungsforscher, wie wir Gleichgesinnte für unsere Nachhaltigkeitsinitiativen und -projekte gewinnen können – und welche Mobilisierungsversuche hingegen wenig fruchten.

Der Musiker und Autodidakt André Stern spricht im Interview darüber, wie wir die Bedürfnisse von Kindern und ihre natürliche Veranlagung leichter erkennen und wertschätzen können, anstatt die kindliche Neugierde zu zügeln und Talente zu verschwenden. Denn eines ist unbestritten: Unser Potenzial für individuelle Veränderungsprozesse, Lernfreude, Selbstentfaltung und Frustrationstoleranz, aber auch für eine umsichtige und empathische Haltung den Mitmenschen gegenüber, gilt es von Kindesbeinen an zu fördern. Und dazu gehört natürlich in erster Linie die Fähigkeit, angenehme und sinnstiftende menschliche Kontakte aufzubauen und zu pflegen. Nur wenn uns das gelingt, werden wir schließlich in der Lage sein, gesellschaftliche Strukturen und ganze soziale Systeme nachhaltig zum Positiven zu verändern.

© www.janun.de

WEGE VOM »MEHR HABEN WOLLEN« HIN ZUM »WENIGER HABEN KÖNNEN«

Von Boris Woynowski

Bereits 1987 haben die Vereinten Nationen im sogenannten Brundtland-Bericht festgestellt, dass wir in einer »ungleichen, überbevölkerten, verschmutzten und störanfälligen Welt« leben. Die vielen Umwelt-, Klima- und Ressourcenkrisen lassen keinen Zweifel mehr daran, dass unsere derzeitige Wirtschaftsweise die Tragfähigkeit ökosystemarer Grenzen überschreitet. Doch sind moderne Gesellschaften ohne Wirtschaftswachstum überhaupt denkbar? Welche sozial-ökologische Alternativen dazu gibt es, und wie würde sich unser Alltag dann verändern? Eines scheint klar: Wenn die ökonomische Wachstumswende gelingen soll, müssen wir auch unsere Mentalitäten und Sozialstrukturen verändern.

Meine Diagnose der typischen Lebenssituation in entwickelten Gesellschaften fällt leider so aus: »Wir arbeiten gehetzt in Jobs, die uns nicht erfüllen, um Geld zu verdienen, mit dem wir uns Dinge kaufen können, die wir nicht brauchen, um Leuten zu imponieren, die wir nicht mögen.« Für mich bringt dieser Satz aus dem Film »Fight Club«, der sich manchmal auch als Postkarten-Motiv, auf Plakaten oder auf T-Shirts wiederfindet, pointiert zum Ausdruck, dass uns der westliche Kapitalismus und unser exorbitanter Konsum-Anspruch nicht sonderlich glücklich zu machen scheinen.

Als zentrale Triebkräfte unserer Wachstumsabhängigkeit und des »Mehr-haben-Wollens« lassen sich also erstens unsere Arbeitstruktur, zweitens Geld- und Zinssysteme, drittens der Konsum und viertens die Sozialpsychologie ausmachen. Grundsätzlich beruht dieses Verhalten, Gegenstände anzuhäufen und sich immer steigern zu wollen, auf einem natürlichen Bedürfnis. Spannend ist der Blick auf unsere immateriellen Bedürfnisse, wie zum Beispiel Anerkennung durch andere, Sicherheit, Autonomie und Freiraum, persönliche Weiterentwicklung oder Lust- und Spaßerlebnisse. Aber auch die Sinnhaftigkeit in unserem Tun und Handeln oder das Bedürfnis nach Berührung und Nähe sind in ihrem Einfluss auf unser Konsumverhalten nicht zu unterschätzen. »Unsere Freundschaft ist das Geld, mit dem wir bezahlen, was man zahlen muss. Alles muss im Überfluss vorhanden sein. Dann sind wir nie allein«, sangen Tocotronic 2002 in ihrem Song »Hi Freaks«.

Anamnese – Ursachen des Wachstumsparadigmas

Wir arbeiten gehetzt in Jobs die uns nicht erfüllen,
um Geld zu verdienen mit dem wir uns Dinge
kaufen die wir nicht brauchen, um:
Leuten zu imponieren, die wir nicht mögen.

Zentrale Triebkräfte der Wachstumsabhängigkeit:

- Arbeit
- Geld- und Zinssystem
- Konsum
- Sozial-Psychologie

= **„Mehr haben wollen müssen"**

© Boris Woynowski

Verlust- und Verzichtsängste

© Frits Ahlefeldt

In den letzten 50 Jahren hat sich die Mentalität des »Mehr-haben-Wollens« bei vielen Menschen verändert. Neue Konsumgüter befriedigen unsere immateriellen Bedürfnisse immer weniger. Ein Beispiel: Ein Smartphone in der Kombination mit Facebook ermöglicht es mir, scheinbar jederzeit mit der ganzen Welt verbunden zu sein. Ich fühle mich zwar nah, gleichwohl kann ein Smartphone nicht die persönliche Nähe zwischen zwei Menschen ersetzen. Ich gebe dem Gerät eine Bedeutung, die es gar nicht verdient hat. Das nennt man auch psychologische Überkompensation. Doch damit nicht genug. Dieses Verhalten verstärkt sogar noch meine natürlichen Verlust- oder Verzichtsängste: Ich fühle mich abgeschnitten von der Welt, wenn ich mein Smartphone plötzlich verliere oder gerade nicht bei mir habe. Jetzt kann ich mich zwar persönlich dazu entscheiden, komplett auf das Gerät oder auf bestimmte Funktionen zu verzichten und zu versuchen, mir stattdessen mehr Nähe zu meinen Mitmenschen aufzubauen. Doch die Frage ist: Wie kann eine persönliche Entscheidung wie diese leichter auf gesellschaftliche Zustimmung treffen und nicht mit Kulturpessimismus oder Fortschrittsfeindlichkeit verwechselt werden?

Wir leben immer noch in einer Risiko- und Unsicherheitsgesellschaft, die versucht, ihre Verluste durch Überkompensation in den Griff zu bekommen. Deshalb wird die Verweigerung technischer Fortschritte und einer beschleunigten Kommunikations- und Arbeitsweise oft als nicht »zukunftsfähig« wahrgenommen. Es wirkt auf das soziale Umfeld faszinierend und doch komisch, wenn jemand für Stunden oder gar Tage sein Smartphone abschaltet oder ganz abschafft oder wenn jemand nur noch halbtags arbeiten möchte, sich ein Jahr Auszeit gönnt oder sein Leben auf andere Art und Weise »entschleunigt«. Das widerspricht einfach der Logik unserer Wirtschaftsweise und den inneren wie sozialen Zwängen.

UNSER AUTOR

Boris Woynowski (* 1984) hat Forstwissenschaft studiert und in Berlin den eingetragenen Verein »Wachstumswende« mit gegründet. Zudem ist er als Strategieberater für die Medienagentur »Sinnwerkstatt« tätig. www.sinnwerkstatt.com und www.wachstumswende.org

Weniger – Anders – Besser

Es lassen sich drei verschiedene Ansätze unterscheiden, die aus den beschriebenen Dilemmata führen könnten (vgl. Adler/Schachtschneider 2010). Die erste Möglichkeit besteht in einem radikalen Systemwechsel und basiert auf Herrschafts- und Kapitalismuskritik, wie ihn etwa die Vertreter des sogenannten Ökosozialismus fordern. Die zweite Möglichkeit wäre eine ökologische Modernisierung, auch bekannt unter der Bezeichnung Green New Deal. Die grundlegende Annahme hier ist: Wir können weiter wachsen dank technologischer Innovationen, die uns dabei helfen, Umweltschäden zu reduzieren. Mit halbem Ressourcenverbrauch soll der Wohlstand sogar verdoppelt werden. Ein prominenter Vertreter dieses Ansatzes in Deutschland ist Prof. Dr. Ernst Ulrich von Weizsäcker. Die dritte Möglichkeit, für die ich votiere, ist eine Wachstumswende hin zu einer Postwachstumsgesellschaft, in der es möglich ist, »weniger haben zu können«. Dabei handelt es sich um eine Synthese aus beiden erstgenannten Ansätzen. Die Wachstumswende beinhaltet also einen Systemwechsel, der sich phasenweise samt technologischer und sozialer Innovationen vollzieht.

Durchschnittliches jährliches Produktivitätswachstum bis 201 nach Leitmarktfokus (in Prozent)

Quelle: Roland Berger, Unternehmensbefragung

© BMUB, 2014, Greentech-Atlas

Am Beispiel Mobilität sei der Unterschied zwischen ökologischer Modernisierung und

its Ahlefeldt

Postwachstumsökonomie verdeutlicht. »Ändern Sie nicht Ihren Fahrstil! Ändern Sie Ihr Auto!« So bewirbt die Volkswagen AG ihren neuen VW GTI (Grand Tourisme Injection), ein Modell mit einem vergleichsweise effizienten Motor und geringerem Kraftstoffverbrauch. Allerdings muss das Auto trotzdem produziert und gegebenenfalls das alte Auto irgendwo entsorgt werden. Soziale Innovationen bestehen stattdessen in neuen Nutzungskonzepten wie Carsharing. Die Frage aus Sicht der Postwachstumsökonomen lautet daher: Wie können wir es schaffen, mit den schon vorhandenen Autos weniger zu fahren, um mit den noch vorhandenen Ressourcen besser zu haushalten? Wie können wir durch ausgefeilte Mobilitätskonzepte des öffentlichen Nahverkehrs und gute Stadtplanung insgesamt unabhängiger vom Auto werden?

Niko Paech, einer der prominentesten Vertreter der Postwachstumsökonomie, sagt: »Es gibt per se keine nachhaltigen Produkte oder Technologien, sondern nur nachhaltige Lebensstile.« Die Postwachstumsökonomie von Niko Paech besteht aus zwei Dimensionen (siehe Abbildung Seite 528). Zum einen geht es um das Ziel »Reduce to the max«, sich also beim Konsumieren auf das Wesentliche zu konzentrieren und einen Mittelweg zu finden zwischen Askese und Opulenz. Dies bezeichnet man auch als Suffizienz (vom Lateinischen sufficere = ausreichen, genügen). Zum anderen ist es wichtig, die ökonomische Souveränität wiederzuerlangen. Dafür braucht es eine Balance aus Eigenversorgung (Subsistenzwirtschaft) und Fremdversorgung (globalisierte Wirtschaft).

Eine Reise ins Unbekannte

Postwachstumsökonomie heißt für mich nicht, dass wir alle ausschließlich subsistent leben und unseren eigenen Bauernhof auf dem Land bewirtschaften sollten. Auf der anderen Seite ist es verantwortungslos und unfair gegenüber den nachwachsenden Generationen sowie ärmeren Ländern, wenn wir diesen globalisierten Konsum mit seinen negativen Folgewirkungen für die Umwelt und das Klima aufrechterhalten. Was Niko Paech vorschlägt, sind zwanzig Stunden Erwerbsarbeit zur Fremdversorgung und zwanzig Stunden Eigenarbeit zur Selbstversorgung, also eine gute Mischung zwischen lokaler und globaler Produktionsweise. Dazu braucht es eine politische Flankierung und Innovationen auf institutioneller Ebene sowie eine breite Akzeptanz in der Bevölkerung, denn: Veränderungen von realen Infrastrukturen und der Wandel von mentalen Infrastrukturen bedingen sich immer wechselseitig.

Und jetzt – wie geht es weiter? Die Wachstumswende ist wie eine Reise in ein unbekanntes Land. Noch wissen wir nicht genau, was uns dort erwartet. Wir befürchten vielleicht, es könnte zeitweise ziemlich unangenehm werden. Doch je mehr Unterstützer und Reisebegleiter wir für diese Expedition gewinnen und je vernetzter wir agieren, desto weniger angreifbar sind wir, desto sicherer können wir uns fühlen und desto leichter fällt uns das »Weniger-haben-Können«. Transition-Town-Bewegungen stellen dafür ein gutes Beispiel dar. Der erste Schritt ist schon getan, die Vision ist da! Jetzt müssen wir – jeder für sich und wir alle gemeinsam – vom Träumen ins Planen kommen. Denn wie Franz Kafka so schön sagte: »Wege entstehen dadurch, dass man sie geht.«

Literatur:

Adler/Schachtschneider (2010): Green New Deal, Suffizienz oder Ökosozialismus? Konzepte für gesellschaftliche Wege aus der Ökokrise, München, Oekom-Verlag.

WISSEN • BEGREIFEN • HANDELN

1. Aus dem Brundtland-Bericht: »Wir leben in einer ungleichen, überbevölkerten, verschmutzten und störanfälligen Welt.«

a) Diskutiert diesen zentralen Satz in Kleingruppen. Verdeutlicht diese Aussage an Beispielen.

b) Präsentiert eure Ergebnisse der ganzen Gruppe und haltet diese gemeinsam schriftlich und/oder als Mindmap fest.

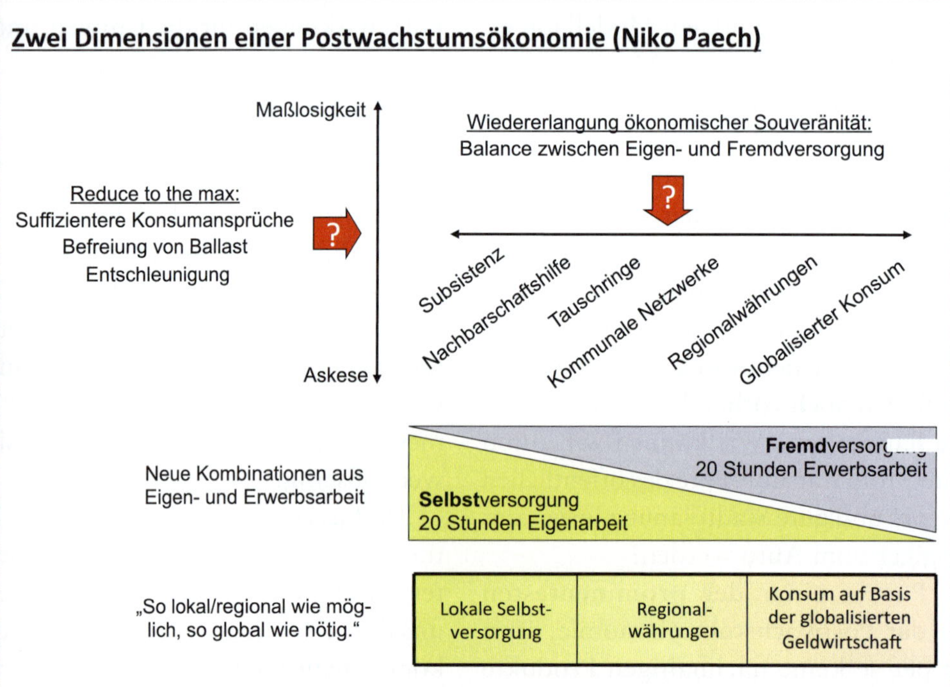

2. Der Autor untersucht, wieweit dieser Befund mit unserer Lebensweise zu tun hat. Erläutert und hinterfragt seine »Diagnose der typischen Lebenssituation in entwickelten Gesellschaften«.

3. Der Autor stellt aber auch zunehmend einen Mentalitätswandel fest, der dazu führt, dass wir unsere immateriellen Bedürfnisse besser verstehen und unsere Konsumgewohnheiten hinterfragen.

a) Beschreibt und diskutiert diesen Prozess. Analysiert auch die Folgen dieses Wandels.

b) Welche immateriellen Bedürfnisse sind euch besonders wichtig? Wie könnt ihr sie euch im Alltag erfüllen, ohne dabei die Umwelt zu belasten? Diskutiert in Kleingruppen.

4. Woynowski unterscheidet drei Ansätze, die als Lösungen für dieses Dilemma diskutiert werden.

a) Beschreibt und diskutiert die beschriebenen potenziellen Lösungswege.

b) Welche haltet ihr für besonders erfolgversprechend, welcher ist vermutlich am leichtesten zu realisieren? Zur Beantwortung bedarf es einer zusätzlichen Recherche.

5. Die Transition-Town-Bewegungen (»Stadt im Wandel«) setzen in der heutigen Zeit nachahmenswerte Akzente und zeichnen uns Bürgern neue Wege auf, um die Zukunft mitzugestalten.

a) Informiert euch dazu allgemein und tretet möglichst in Kontakt mit einer dieser Bewegungen. Tauscht euch intensiv aus!

b) Diskutiert in diesem Zusammenhang das angeführte Zitat von Franz Kafka.

© Transition Town Initiative

6. Die Grafik zur »Wachstumswende« liefert euch eine sogenannte »Wortwolke« (engl. tag cloud) von wichtigen Begriffen. Bringt diese Begriffe in ein solches Ordnungsraster, dass sie die Inhalte zur Kernüberschrift »Notwendigkeit und Ansätze einer Wachstumswende« strukturiert darstellen. Der Begriff und das Thema Wachstumswende sollten dabei an Tragweite, Klarheit und Stärke gewinnen.

7. Aufruf zur Kampagne »Wachstumswende«.
Entwickelt dazu einen Plan. Sucht euch BeraterInnen und UnterstützerInnen.

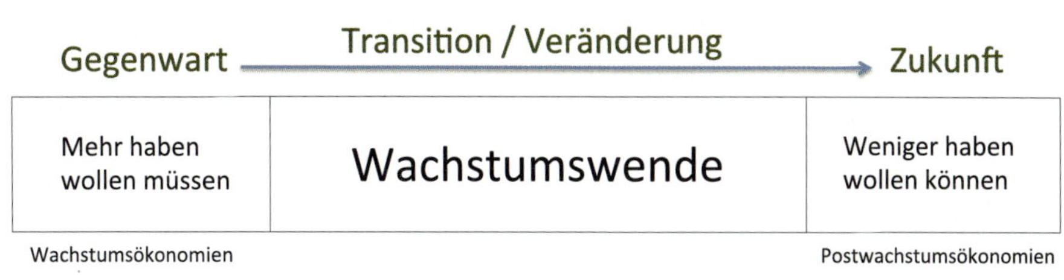

© Lucas Jans

GLÜCKLICHE GENÜGSAMKEIT VORLEBEN – SOZIALEN WANDEL ANSTOSSEN

Von Prof. Dr. Rainer Dollase

Wie können wir andere Menschen für nachhaltige Lebensweisen begeistern? Wie können junge Umweltschützer Verhaltensänderungen anstupsen, ohne die Moralkeule zu schwingen und die Gesprächspartner vor den Kopf zu stoßen? Welche missionarischen Ansätze fruchten gar nicht? In diesem Beitrag möchte ich einige Antworten auf diese Fragen geben. Mein Fazit lautet: »Die gesellschaftliche Veränderung bist du selbst!«

Ich bin in der Nachkriegszeit in Deutschland groß geworden. Bis zu meinem zehnten Lebensjahr haben wir in großer Armut gelebt. Ich litt an Hunger und besaß so wenig Spielzeug, dass es in eine kleine Holzkiste passte. Und trotzdem verspürte ich so etwas wie Glück und Zufriedenheit. Die Menschen redeten noch miteinander. Wir Kinder legten uns mit Streichhölzern ein Spielfeld auf dem Boden. Wir brauchten keine teure Unterhaltungsindustrie. »Glückliche Genügsamkeit« nenne ich das Gefühl von damals. Und genau so stelle ich mir das gute Leben vor.

Es gibt viele Umweltschützer, die Energie sparen wollen oder aufs Auto verzichten, aber sie können es nicht wirklich. Sie verhalten sich zwiespältig, denn sie sind durch diese materialistische Gesellschaft so dressiert worden, dass sie auf nichts verzichten wollen. Ich denke, jeder, der andere Menschen für Umweltschutz mobilisieren möchte, muss zunächst mit sich selbst ins Reine kommen und sich überlegen: Was kann ich in meinem Leben unternehmen, um etwas weniger Ressourcen zu verbrauchen? Um etwas bescheidener und trotzdem glücklich zu leben? Das ist die erste große Herausforderung.

Verantwortungsgefühl entwickeln

Doch Menschen ändern sich ungern. Viele möchten, dass die Gesellschaft oder jemand anderer eine nachhaltige Entwicklung in Gang bringt. Sie selbst wollen nichts dafür tun. Sie hoffen, ja vielleicht erwarten sie sogar, dass etwas für sie getan wird. Wir alle schieben die Verantwortung lieber auf die anderen. Dabei hat doch jeder einen Einfluss darauf, wie unsere Welt in zehn oder fünfzig Jahren aussehen wird.

Das bedeutet für mich: Die individuelle Frage der Verantwortung ist am wichtigsten. Erst wenn ich diese beantworten kann, versuche ich, andere Menschen von meinen Ideen zu überzeugen und nachhaltiges Gedankengut zu verbreiten. Das ist allerdings gar nicht so einfach, wie es scheint. Ein kleines Beispiel: Ich fahre nicht Auto. Ich habe zwar einen Führerschein, aber ich bin nach der Fahrschule nie wieder selbst Auto gefahren. Ich nehme aus Überzeugung die öffentlichen Verkehrsmitteln. Wenn das allerdings jeder so machen würde, ginge die gesamte Autoindustrie bankrott. Millionen Arbeitsplätze hängen weltweit an dieser Industrie.

Außerdem sind die öffentlichen Verkehrsmittel in vielen ländlichen Regionen noch unzureichend ausgebaut und stark subventionierungsbedürftig, weil sie erstens noch zu wenige Menschen nutzen, aber weil zweitens diese Menschen angesichts des unzureichenden Angebots auch keinen Anreiz zum Umstieg verspüren.

Es ist also gar nicht so leicht zu entscheiden, welche Konsequenzen unsere »nachhaltigen« Verhaltensweisen haben. Wir können nicht von heute auf morgen auf den Individualverkehr verzichten, sondern brauchen einen sanften Übergang hin zu ökologisch verträglicher Mobilität: Autos, die wenig Benzin verbrauchen. Das Leben ist also voller Kompromisse.

Radikalisierung stößt Menschen ab. Der Fortschritt ist langsam, sehr langsam. Er kriecht vor sich hin, wie eine Schnecke. Ich habe viele Umweltaktivisten erlebt, die sehr radikal waren und die Leute nur verprellt haben. Wie also kann man andere überzeugen?

UNSER AUTOR

Unser Autor Prof. Dr. Rainer Dollase (* 1943) war als Hochschullehrer im Fachbereich Psychologie an der Universität Bielefeld tätig. Sein Wissen über Erziehung, Wertevermittlung und Vorbilder bezieht er nicht nur aus internationalen Studien, sondern auch aus der intensiven Arbeit mit Pädagogen und aus seinem ehrenamtlichen Engagement für die »Schutzgemeinschaft Deutscher Wald«, der er schon als Kind angehörte.

Sehnsüchte, Vorbilder, Empathie

Die erste wichtige Antwort auf die eben aufgeworfene Frage ist Glaubwürdigkeit, und die gewinne ich im persönlichen Kontakt, von Mensch zu Mensch. Wer pädagogischen Einfluss haben möchte, muss gute Beziehungen zu anderen aufbauen. Wir lernen durch Vorbilder, nicht durch Bücher. Man braucht zudem ein realistisches Bild von der Welt und die Überzeugung, die eigenen Fähigkeiten und Ideen für seine Interessen einzusetzen.

Zweitens: Wir sind schon seit unserer Geburt auf Natur programmiert. Ich habe mich intensiv damit beschäftigt, wie Kleinkinder auf die Umwelt reagieren. Sie haben generelle Freude an Naturerkundungen, spielen am liebsten mit Pflanzen, im Wald und auf Wiesen oder – je nach Lebensraum – mit Sand und Steinen. Wir

sollten die uns angeborenen Sehnsüchte nach einer intakten Natur als Ausgangspunkt für unsere Überzeugungsarbeit nehmen.

Drittens: Wir brauchen Veranstaltungen, in denen Menschen neue Erfahrungen machen können, aber auch zum kritischen Nachdenken und zu ehrlichen Streitgesprächen angeregt werden. Für den Schulunterricht sind diese Komponenten besonders wichtig. Lehrer und Lehrerinnen schaffen es dann, zu überzeugen, wenn sie eine einfühlsame, herzliche Haltung an den Tag legen und Impulse für Verhaltensänderungen geben, anstatt direkte Forderungen zu stellen. Die Psychologie hat gezeigt, dass es nicht die rabiaten Methoden sind, die Menschen verändern, sondern die sanften.

Viertens: Unwirksame Methoden meiden! Wie Richard Lazarus bereits festgestellt hat: Katastrophenmeldungen führen zu Abstumpfungen. Man gewöhnt sich nämlich mit der Zeit daran. Und manche denken: Wenn ich jetzt etwas weiß, dann reicht es schon. Dem ist aber nicht so! Wir müssen unser Verhalten ändern, und dazu ist der persönliche Kontakt notwendig. Was auch nicht gut funktioniert, ist die Besserwisser-Haltung: Menschen, die über alles Bescheid wissen und den anderen sagen: »So isses und nicht anders! Du liegst falsch!«, erzeugen nur Ablehnung.

Abraham Maslow sagte sinngemäß: »Denke an die Bedürfnisse deines Gegenüber, auch wenn er in der Sache dein Gegner ist. Versuche, ihn zu verstehen.« Der nächste Schritt beinhaltet, dein Gegenüber anzuerkennen, aufzubauen, sogar zu ermuntern! Tritt in eine kritische Diskussion mit ihm ein, aber auf Basis einer empathischen Beziehung.

Abraham Maslow

Maslow hat diese berühmte Hierarchie der Bedürfnisse entworfen. Verkürzt gesagt, geht er davon aus, dass Menschen sich erst selbst verwirklichen können, wenn sie keine Existenzsorgen mehr haben. Solange du Hunger hast und in Unruhe oder sogar in kriegsähnlichen Zuständen lebst, kannst du dich nicht weiterentwickeln. Du hast dann keine Kapazitäten, um dich sozial zu engagieren. Es ist zudem sehr wichtig, dass du Anerkennung erhältst und sozial integriert bist. Erst dann hast du die Kraft, Verantwortung zu übernehmen, und kannst beginnen, die Welt, in der du lebst, zu gestalten.

INFO: DIE THEORIE VON MASLOW

Maslow nahm an, dass man die menschlichen Bedürfnisse nach einer bestimmten Rangordnung einteilen kann.

Zur Stufe 1 zählen: physiologische, existenzielle Bedürfnisse: Trinken, Essen, Schlafen, Sexualität …

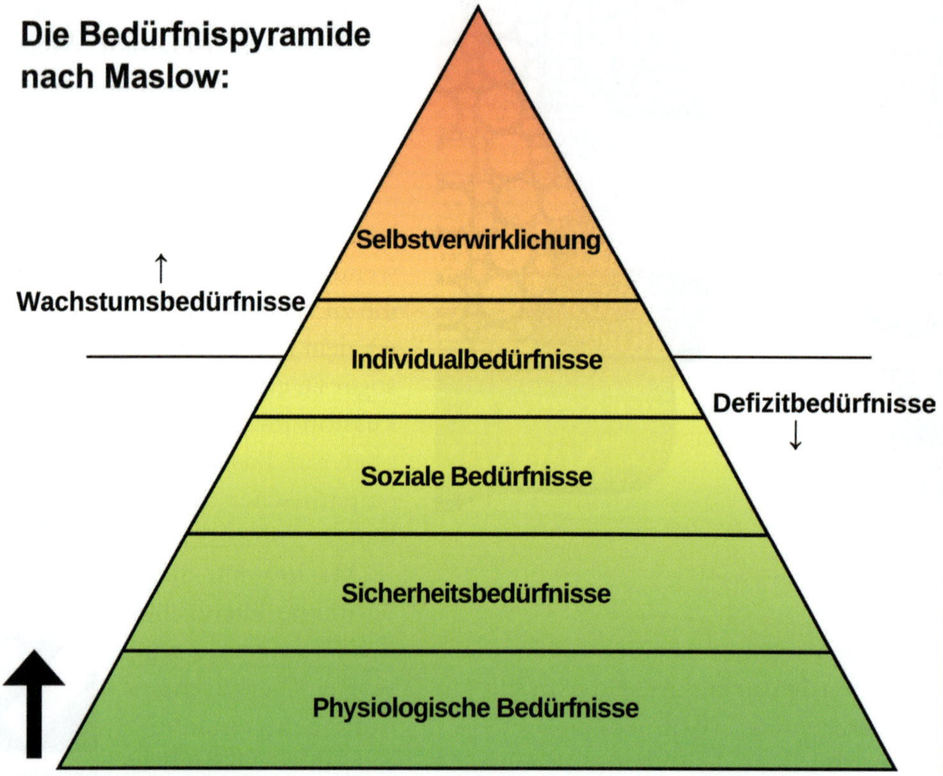

Zur Stufe 2 zählen: materielle und berufliche Sicherheitsbedürfnisse: ein Zuhause haben, Versicherungen, Kündigungsschutz, Stabilität, Geborgenheit, Schutz, Angstfreiheit, Ordnung, Gesetze, Grenzen

Zur Stufe 3 zählen: Soziale Bedürfnisse: Kommunikation, Partnerschaft, Liebe, Freundschaft, Gruppenzugehörigkeit

Zur Stufe 4 zählen: Individualbedürfnisse: Anerkennung, Geltung (Macht und Einfluss), Ansehen, Prestige, Wertschätzung, Achtung und Wichtigkeit, Verwendung eines Produktes als Statussymbol

Zur Stufe 5 zählen: Selbstverwirklichung: Individualität, Güte, Gerechtigkeit, Selbstlosigkeit, mentale und körperliche Stärke, Erfolg, Unabhängigkeit und Freiheit, Tragen extravaganter Kleidung

Das Modell von Maslow kann benutzt werden, um die Motivation von Menschen zu erkunden und besser zu verstehen, nicht nur in der humanistischen Psychologie, sondern auch in der Wirtschaft, zum Beispiel um das Kundenverhalten zu beeinflussen.

Die Bedürfnisse unterteilte Maslow nach Defizitbedürfnissen (Mangelbedürfnissen) und Wachstumsbedürfnissen (unstillbaren Bedürfnissen). Erst wenn die Defizitbedürfnisse sicher befriedigt seien und sich auf physischer Ebene Zufriedenheit in Form von höherer Lebenserwartung, weniger Krankheit und einer besseren Ernährungssituation einstellten, gelangten die Wachstumsbedürfnisse wie etwa das nach Selbstverwirklichung in den Vordergrund, so Maslow.
Ihre Befriedigung wiederum führe zu tieferem Glück, Gelassenheit, Reichtum des inneren Lebens und verstärkter Individualität. Mit zunehmender Befriedigung eines Bedürfnisses nehme zudem dessen motivierende Kraft ab. Des Weiteren hätten die höheren Bedürfnisse und ihre Befriedigung weitreichende bürgerliche und soziale Folgen, so der Psychologe.

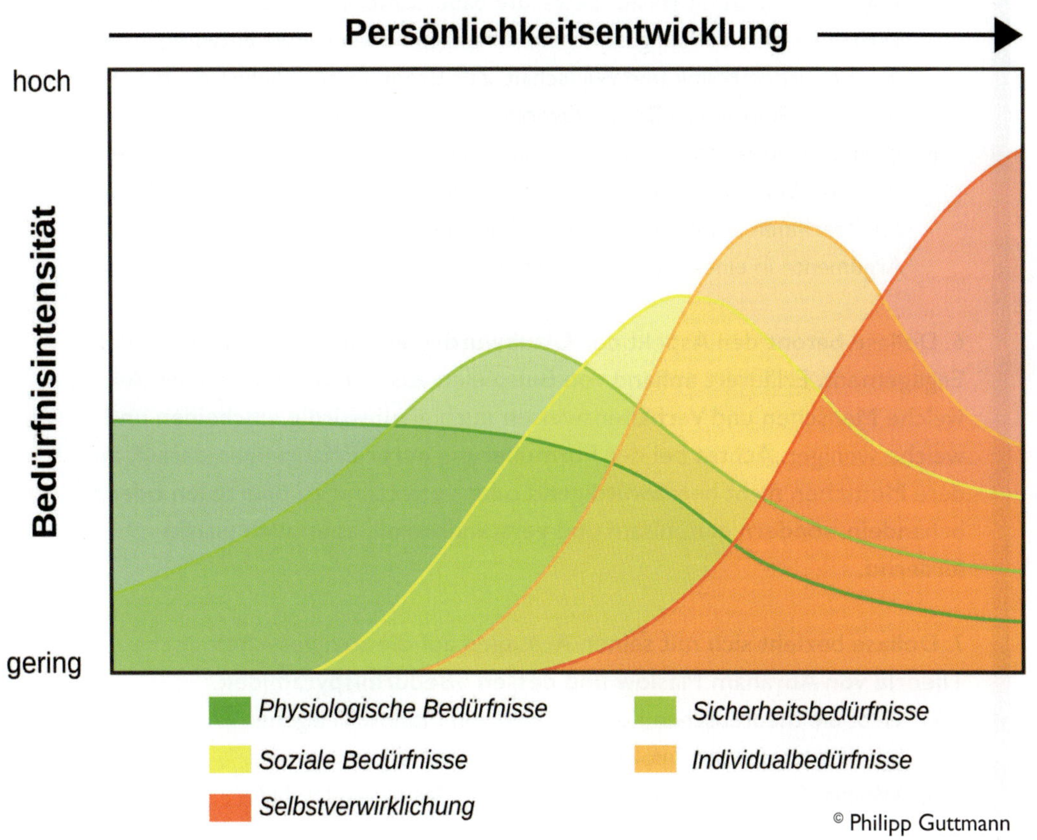

© Philipp Guttmann

WISSEN • BEGREIFEN • HANDELN

1. Dollase spricht von glücklicher Genügsamkeit in seiner Kindheit. Worin liegen Ursachen und Wurzeln seines Gefühls von glücklicher Genügsamkeit begründet?

2. Warum ändern sich die Menschen so ungern?
Diskutiert diese Frage in Kleingruppen.

3. Ihr möchtet als UmweltschützerIn tätig werden. Welche Grundanforderungen sollte jeder möglichst beachten? Welche Verhaltensweisen solltet ihr an den Tag legen und welche meiden?
Diskutiert eure Ergebnisse in der Großgruppe.

4. Soziales Engagement zeichnet eine Gesellschaft aus. Finde Argumente für diese Aussage und verdeutliche diese anhand von Beispielen. Inwiefern engagierst du dich selbst für soziale oder ökologische Anliegen? Wer könnte an deinem sozialen Engagement partizipieren, und wer wird profitieren? Begründe!

5. Dollase spricht von einem »sanften Übergang« zu einer nachhaltigen Gesellschaft und fordert dafür Kompromissbereitschaft.

a) Was meint er damit genau? Betrachte dabei sowohl die individuelle Ebene des Verhaltens als auch die gesamtgesellschaftliche Ebene, etwa Entwickelungen in den Bereichen Politik und Wirtschaft. Zur Beantwortung liefert dir zudem der vorherige Beitrag von Boris Woynowski Anhaltspunkte.

b) Welche Argumente sprechen für einen sanften Übergang, welche für einen radikalen Umbruch? Führe dazu, wenn möglich, auch Interviews mit UmweltschützerInnen aus deiner näheren Umgebung. Stelle die gesammelten Argumente in einer Tabelle gegenüber.

6. Dollase betont den Aspekt der Glaubwürdigkeit für erfolgreiches soziales Engagement. Erläutert anhand von Beispielen aus eurem persönlichen Alltag, welche Menschen und Verhaltensweisen euch glaubwürdig erscheinen und welche weniger. Achtet bei der Formulierung eurer Erfahrungen darauf, andere Menschen nicht herabwürdigend oder verletzend zu beurteilen oder zu behandeln, sondern einfühlsam und verständnisvoll, aber auch (sanft) fordernd.

7. Dollase bezieht sich mit seinen Aussagen auf die sozialpsychologische Theorie von Abraham Maslow und dessen »Bedürfnispyramide«.

a) Gebt die theoretischen Kernaussagen von Maslow in eigenen Worten wieder. Studiert hierfür den Infokasten und recherchiert im Internet.

b) Welche Kritikpunkte an der Theorie von Maslow findet ihr?

c) In welchen Bereichen findet die Theorie heute noch Anwendung?
d) Welche Weiterentwicklungen bzw. neue Theorien hat es, nach Maslow, hinsichtlich der Psychologie menschlicher Bedürfnisse gegeben, z. B. von Manfred Max-Neef? Vergleicht die Kernaussagen miteinander.

8. Projektarbeit unter dem Motto »Verzichten und Gewinnen«
Dollase hat am eigenen Leibe erlebt, dass Materialismus nicht glücklich macht, sondern dass vielmehr Empathie und zwischenmenschliche Beziehungen unser Leben enorm bereichern.

a) Hinterfragt gemeinsam diese Botschaft und haltet eure Erkenntnisse und Ergebnisse in einem Protokoll fest.
b) Über- und durchdenkt nun euren Alltag über die Dauer einer Woche. Auf welche Gegenstände/Hilfsmittel könntet ihr vielleicht im Alltag verzichten? Welche eurer Gewohnheiten bedürfen vielleicht einer Korrektur?
c) Haltet eure Ergebnisse dazu in einer Tabelle fest.
d) Startschuss: Jeder von euch möge für sich entscheiden, auf welche Gegenstände/Gewohnheiten er in der kommenden Woche (Monat) verzichten will. Dann geht es los!
e) Auf dem Prüfstand: Halte deine Selbsterfahrungen (positive und negative) während dieser Zeit schriftlich fest und tauscht euch untereinander aus. Welche eurer Bedürfnisse konntet ihr dabei besser befriedigen, welche weniger?
f) Es lohnt sich, euer Projekt und seine Auswertung in die Öffentlichkeit zu tragen. Schreibt darüber u. a. für eure Schülerzeitung und die Broschüre eurer Kommune.

»BEGEISTERUNG IST DER DÜNGER FÜRS GEHIRN«

André Stern im Interview
Von Christian Vock

Bilder © André Stern

André Stern als Kind

André Stern ist Komponist, Musiker, Gitarrenbaumeister und Autor – und hat nie eine Schule besucht. Mit seiner Bewegung »Die Ökologie des Lernens« möchte er die natürliche Veranlagung des Kindes gegen restriktive Bildungskonzepte und auferlegte Lernprogramme verteidigen. Im Interview macht Stern deutlich, dass jedes Kind perfekt ist und dass wir die Talente unserer Kinder oft verschwenden.

youthinkgreen: Herr Stern, Sie haben nie eine Schule besucht. Wie war das möglich?

Stern: In Frankreich, wo ich aufgewachsen bin, gibt es keine Schulpflicht. Viele, die das hören, haben sofort die Vermutung: »Dann wurde er eben zu Hause unterrichtet.« Aber auch das war bei mir nicht der Fall.

youthinkgreen: Was haben Sie in der Zeit gemacht, in der Ihre Altersgenossen in die Schule gegangen sind?

André Stern in seiner Werkstatt

Stern: Für mich gab es keinen typischen Ablauf, jeder Tag sah anders aus. Ich bin zum Beispiel irgendwann der deutschen Sprache begegnet und war sofort begeistert davon. Von da an war ich nur noch damit beschäftigt, Deutsch zu lernen, und zwar sechs bis acht Stunden am Tag. In dieser Zeit haben meine Tage natürlich anders ausgesehen als zu einer anderen Zeit, in der ich mich für Lokomotiven oder Algebra interessiert habe. Man kann bei mir vielleicht von Perioden sprechen, aber nicht von Tagesabläufen. Aber, um Ihre Frage vielleicht doch noch zu beantworten: Ich habe das gemacht, was alle Kinder tun, wenn man ihnen die Freiheit dazu lässt: Ich habe gespielt. Und das tue ich seit 43 Jahren.

Spielerisches Lernen

youthinkgreen: Das heißt, Sie haben über das Spielen Dinge entdeckt, die Sie besonders interessieren, und diese dann intensiv betrieben?

Stern: Ganz genau. Die moderne Hirnforschung hat gezeigt, dass es, um etwas zu lernen, nichts Besseres gibt als das Spielen. Für Kinder sind Spielen und Lernen Synonyme, beides geht Hand in Hand. Deshalb ist es für ein Kind absurd, wenn man ihm sagt, es soll aufhören zu spielen und stattdessen lernen. Genauso könnte man verlangen, zu atmen, ohne Luft zu holen. Spielen ist die erste spontane Veranlagung aller Kinder – ausnahmslos. Die Entwicklung eines Kindes, das in seinem eigenen Umfeld, in seinem eigenen Rhythmus und seinen eigenen Neigungen entsprechend aufwächst, kann man nicht mit der Entwicklung eines Kindes vergleichen, die nach einem von Erwachsenen auferlegten Bildungsprogramm getaktet ist.

Eigentlich ist es merkwürdig: Kinder kommen mit einer unglaublichen Menge an Fertigkeiten und Veranlagungen auf die Welt. Aber viele Erwachsene sind so sehr damit beschäftigt,

Kinder zu erziehen, dass niemand auf die Idee kommt zu fragen: »Was könnte ich von dem Kind alles lernen?« Kinder sind uns Erwachsenen in puncto Offenheit und Vorurteilsfreiheit meistens weit voraus, und sie sind fähig, sich unglaublich ernsthaft und mit einer großen Hingabe Dingen zu widmen, die sie begeistern. Und Begeisterung ist Dünger für unser Gehirn! Wir sollten Kinder besser beobachten, anstatt sie ständig belehren zu wollen.

André Stern als Musiker

youthinkgreen: Wie kann man sich denn beispielsweise Algebra alleine beibringen?

Stern: Ich wurde zwar nie unterrichtet, aber das bedeutet nicht, dass ich die Dinge alleine gelernt habe. Man lernt ja in Verbindung mit anderen. Mathematik zum Beispiel habe ich stückchenweise gelernt, nämlich immer nur die Bereiche, die für mich zu einem bestimmten Zeitpunkt relevant waren. Ich hatte mir als Kind beispielsweise ein Auto aus Lego gebaut und wollte wissen, wie schnell es fahren kann. Also habe ich versucht, das zu berechnen. Gelernt habe ich also immer praxisbezogen und mit Dingen, die meine emotionalen Zentren angesprochen haben.

Dass ich aber immer danach gefragt werde, wie ich Dinge wie Mathematik gelernt habe, finde ich sehr bemerkenswert. Warum werde ich nicht gefragt, wie ich Kochen, Tanzen oder Singen gelernt habe? Weil es diese bescheuerten Hierarchien in unserer Welt gibt, nämlich zu denken, dass Mathematik und Deutsch wichtiger sind als andere Sachen. Dabei ist gerade die hohe Kunst der Mathematik im alltäglichen Leben der meisten Menschen gar nicht relevant.

»Netzwerken« ist uns angeboren

youthinkgreen: Wie kann man sich Ihre Kindheit in der Praxis vorstellen? Haben Sie zu Hause gesessen, während Ihre Eltern die ganze Zeit auf Sie aufpassten?

Stern: Nein, das wäre das Schlimmste, was einem Kind passieren könnte. Kinder sind von Geburt an bestrebt, in die weite Welt zu ziehen und mit anderen Beziehungen einzugehen. Würde man sie zu Hause mit den Eltern einsperren, würde man ihre Veranlagung, mit den verschiedensten Menschen Netzwerke zu knüpfen und sich so zu orientieren und ihre Talente zu entdecken, unterdrücken.

youthinkgreen: Die meisten Menschen dürften den Großteil dessen, was sie in der Schule gelernt haben, als Erwachsene wieder vergessen haben. Ist Schule für die Katz?

Stern: Das haben Sie jetzt gesagt *(sagt er und lacht)*. Hoffentlich schreiben Sie das jetzt auch so auf, denn damit werden sich 99,99 Prozent der Leser identifizieren! Im Ernst: Das ist eine gute Frage, denn die erste Erfahrung, die ein Kind mit der Schule macht, ist: Ich muss Dinge lernen, die mich nicht interessieren. Wir können aber nur nachhaltig lernen, wenn wir begeistert sind und unsere emotionalen Zentren aktiviert werden. Das erklärt auch, dass Sie so viel von dem vergessen haben, was Sie in der Schule gelernt haben. Nur zum Verständnis: Ich bin nicht der Schulfeind Nummer eins. Aber ich schwimme schon immer im weiten Ozean und jede Form von Aquarium wäre für mich und meine Entwicklung problematisch, so naturgetreu

das auch gestaltet sein mag. Wir müssen begreifen, dass es so viele Möglichkeiten zu lernen gibt wie Individuen. Dann erst sind wir frei, unsere persönlichen Entscheidungen zu treffen. Solange wir glauben, dass es nur eine ideale Art von Schule gibt, solange werden wir sie nicht finden.

youthinkgreen: Es gibt den schönen Spruch, dass man nicht für die Schule lernt, sondern für das Leben. Ich persönlich kann heute noch Vergils Äneis auf Latein aufsagen, aber keinen Reifen wechseln. Was soll das für ein Leben sein, auf das mich die Schule vorbereitet?

Stern: Das passt nicht zusammen, da haben Sie Recht. Die Sache ist: Wenn man wüsste, worauf es im Leben ankommt, dann hätte man eine Art Wissensproviant. Aber so ist es eben nicht. Wir sind Anpassungsmeister. Deswegen konnten wir so lange überleben, obwohl wir gar nicht so gut ausgestattet sind. Eine wirklich starke Gesellschaft ist eine, die die Vielfältigkeit pflegt und in der nicht alle das Gleiche wissen. Sonst sind wir wie die Lemminge, die alle den gleichen Weg gehen und sich gegenseitig ins Unglück stürzen, indem wir uns vergleichen und der gewinnt, der mehr und schneller auswendig lernen kann. Wir brauchen aber in der Gesellschaft eine Vielfältigkeit von Fähigkeiten und Kenntnissen und eine gute Vernetzung, den gegenseitigen Austausch.

Begeisterung vorleben

youthinkgreen: Wie sähe dementsprechend der ideale Lehrer und die Lehrerausbildung für Sie aus?

Stern: Keine Ahnung. Ich bin kein Ratgeber. Wenn ich allgemeingültige Lösungen anbieten würde, so wäre ich höchst verdächtig. Was ich aber sagen kann: Wenn wir wissen, dass Begeisterung das Wichtigste ist und dass in jedem Menschen ein Genie steckt, dann würden wir die Sache anders angehen. Ich bin damals zu dem Gitarrenbaumeister Werner Schär gegangen, und er hat mir gesagt: »Ich kann dir diesen Beruf zeigen. Aber beibringen kann ich ihn dir nicht.« Das ist für mich die Kernaussage eines Lehrers. Das ist jemand, der von seiner Sache begeistert ist und diese Begeisterung vorlebt. Dann entsteht ein Feuerwerk.

Es wäre sehr spannend, einmal Lehrer für Menschen zu sein, die freiwillig in die Schule gehen, wenn man also nicht diese total künstliche Zusammenkunft von Gleichaltrigen erzwänge. Es ist so unnatürlich, dass man Kinder zum Lernen nach Alter und Wohnort zusammensteckt. Ich weiß nicht, wem das eingefallen ist. Da entsteht keine gegenseitige Bereicherung, sondern nur Vergleich und Wettbewerb.

youthinkgreen: In Deutschland müssen wir unsere Kinder aber in eine Schule schicken …

Stern: Ja, aber uns fällt gar nicht mehr auf, dass das vielleicht nicht in Ordnung ist. Immerhin leben wir doch in einer Demokratie. Sie dürfen als Vater in Deutschland kaum mitbestimmen über die Lernumgebung ihrer Kinder – ist das nicht unglaublich diskriminierend? Noch dazu in dem Wissen, dass es in anderen Ländern wie England, den USA oder Frankreich keine Schulpflicht gibt. Die Schulpflicht grenzt uns ein, eine freie Entscheidung zu treffen. Ich hätte Lust zu sagen: Es liegt an Ihnen, ob Sie sich das gefallen lassen. Es gibt immer mehr Menschen in Deutschland, die deshalb auswandern.

UNSER AUTOR

Christian Vock (* 1977) ist als freier Fachjournalist für Umwelt- und Nachhaltigkeitsthemen in Leipzig tätig. Zudem leitet er an der Leuphana-Universität Lüneburg Projekte der Nachhaltigkeitskommunikation. www.christian-vock.de

youthinkgreen: Viele glauben, dass, wenn man Kindern so viel Freiraum ließe, wie Sie es fordern, Chaos entstünde. Was entgegnen Sie Ihren Kritikern?

Stern: Kinder lieben Rituale. Sie mögen Dinge, die in einem Rahmen stattfinden und ihnen Orientierung geben. Kinder hassen es, wenn Dinge nicht so laufen, wie sie es gewohnt sind. Das heißt, Kinder mögen Strukturen. Diese Strukturen müssen aber nicht rigide von außen auferlegt werden, sondern von innen kommen. Das gehört zu der Veranlagung von Kindern. Außerdem geht es auch gar nicht darum, Kinder nach der »Laissez-faire-Einstellung« leben zu lassen. Es geht stattdessen darum, eine Welt zu gestalten, in der jedes Kind wertgeschätzt wird. Kinder wollen ein Teil der Welt sein, und sie wollen sich an anderen orientieren. Wenn wir ihnen also kein Chaos vorleben, dann werden Kinder auch kein Chaos haben wollen. Wenn Sie ein Kind ab dem Alter von fünf oder sechs Jahren in ein Konzert oder in eine Theatervorstellung mitnehmen, werden sie beobachten, wie es sich am Benehmen der anderen orientiert und eben nicht einfach über alle Stühle klettert.

Und noch etwas ist wichtig: Es wird immer gesagt, man müsse Kindern Grenzen setzen. Das ist eine sehr hierarchische Sicht, in der ich über dem Kind stehe und ihm sage, wo es langgeht. Wir sind aber alle Teamworker. Kinder wollen in ihrer Umwelt mitarbeiten und sie mitgestalten. Wenn man Kinder als einen solchen Partner anerkennt, dann ist ein »Nein« auch überhaupt kein Problem für ein Kind, weil es einem vertraut. Wenn man aber ständig dem Kind gegenüber eine Nein-Haltung einnimmt und ihm – nicht unbedingt nur in Worten – signalisiert, dass es sich noch gar nicht verdient hat, dass man mit ihm wie mit allen anderen spricht, dann bekommt das Kind eine Krise. Und dann heißt es wieder, das Kind braucht eine bessere Erziehung, damit es eine höhere Frustrationstoleranz entwickelt. Will man ein Kind, dass kein Problem mit Frustration hat, dann gebe man ihm so viel Zufriedenheit wie nur möglich!

Urvertrauen vermitteln

youthinkgreen: Es fehlt also die gleiche Augenhöhe?

Stern: Absolut. Vielen Erziehern wird gesagt, dass sie in die Hocke gehen sollen, wenn sie mit Kindern sprechen. Das nützt aber nichts, wenn man im Kopf und im Herzen immer noch über ihnen steht.

youthinkgreen: Gibt es bestimmte Werte, nach denen Ihr Sohn aufwachsen soll?

How the education system is failing the kids © Frits Ahlefeldt

A different approach to eduacation © Frits Ahlefeldt

Stern: Ich hoffe, dass ich meinem Sohn das geben kann, was mir meine Eltern gegeben haben – das Gefühl: »So wie du bist, bist du perfekt.« Das ist ein ganz anderer Ausgangspunkt, als zu sagen: »Perfekt wirst du erst dann sein, wenn du dieses und jenes gelernt und dich hierhin oder dorthin entwickelt hast.« Wenn wir alle dieses Urvertrauen in die Selbstentfaltungspotenziale und in die Neugierde und Lernfreude unserer Kinder hätten, dann könnten wir sie mit ihren unermesslichen Talenten wirklich wertschätzen. Mein Lieblingswort ist Haltung. Wenn wir mit dieser neuen Haltung beginnen, menschliche Kontakte aufzubauen und zu pflegen, dann kann sich vieles ändern, auch gesellschaftliche Strukturen und schädliche Verhaltensmuster. Wir sehen in Kindern unsere Vergangenheit, aber Kinder sehen in uns ihre Zukunft.

***youthinkgreen*:** Wann ist für Sie ein Mensch gebildet?

Stern: Ich weiß gar nicht, was Otto Normalbürger unter Bildung versteht. Aber ich bin mir sicher, dass Bildung kein passives Objekt ist, das man sich aneignet und anhäuft, um dann sagen zu können: »Ich habe eine große Bildung.« Ich glaube, ein freier Mensch ist immer seiner Umwelt und seinen Talenten entsprechend perfekt gebildet. Wir sind »Optimierungsweltmeister«, und schon vor der Geburt müssen wir uns an die Bedingungen anpassen, unter denen die Eltern leben. Wenn wir also nach der Geburt auf diese unsere Fähigkeit vertrauen und dazu noch unsere Begeisterung ausleben, dann werden wir quasi magnetisch für all das, was unser Interesse gerade stützt und füttert. Dann ist man im Einklang mit sich und der Umwelt.

WISSEN • BEGREIFEN • HANDELN

1. André Stern setzt auf die natürlichen Veranlagungen von Kindern und leitet daraus einige Forderungen ab.

a) Haltet diese natürlichen Veranlagungen und seine Forderungen schriftlich in einer Stoffsammlung fest.

b) Tauscht euch darüber ausführlich aus. Welche daraus abgeleiteten Wünsche möchtet ihr an eure Schule und an euer Elternhaus richten?

2. Stern »spielt« seit 43 Jahren. Er hält das für richtig und wichtig. Wie begründet er seine Meinung, die unserer amtlichen Philosophie von Bildung und Schule widerspricht?

3. Institutionen – Wofür sind sie gut?

a) Wie steht Stern zu der Institution »Schule«, die er nie besucht hat? Welche Gründe führt er an?

b) Diskutiert die Haltung des Autors. In welchen Punkten teilt ihr seine Meinung? Findet ihr genügend Gegenargumente, die aus eurer Sicht für Schulpflicht und den Besuch einer regulären Schule sprechen?

4. Sind die Vorstellungen des Autors von einer guten Erziehung realistischer Weise auf alle Familien übertragbar? Hinterfragt dies an einfachen Beispielen.

5. »Wir sehen in Kindern unsere Vergangenheit, aber Kinder sehen in uns ihre Zukunft«, so Stern. Holt euch Meinungen zu dieser Aussage ein und diskutiert ausführlich darüber.

6. Ihr möchtet euren schulischen Alltag bereichern und verändern. Dazu sucht ihr das Gespräch mit der Schulleitung und der Elternvertretung. Zuvor begrünt ihr euren Tree of Hope (siehe hierfür Themenfeld 2). Welche Forderungen, Gedanken, Wünsche, Anregungen, Leitsätze stehen auf euren Blättern?

EIN BLICK VORA
- TRENDS UND
KONFRONTATIO
MIT FRAGEN
FÜR DIE ZUKUN

S

5.1. Perspektiven für die Zukunft und deren Gestaltungsspielräume

5.2. Blicke über den Tellerrand – ins Ausland

© Brooklyn Community Orchard

5.3. Bildung: Wie Nachhaltigkeit Schule machen kann

5.1. PERSPEKTIVEN UND DEREN GESTA

Einleitung

Wer hoffnungsvoll und zuversichtlich in die Zukunft schaut, der ist nachweislich aktiver und intensiver an der Suche nach innovativen Lösungen für die bestehenden Herausforderungen beteiligt. Doch auch die Furcht vieler Menschen vor unkalkulierbaren Risiken und Katastrophen, seien sie ökologischer oder sozialer

Natur, ist verständlich. Was können wir tun, um diese ernst zu nehmen und abzumildern, anstatt einer fatalistischen, passiven Trägheit Vorschub zu leisten? Wie lassen sich kreative Prozesse für nachhaltige Entwicklungen langfristig fördern und wo nehmen Zukunftspioniere ihren Mut und ihre Ideen her? Ganz unterschiedliche Antworten auf diese Fragen findet ihr in den nachfolgenden Beiträgen. Drei Aussagen ziehen sich wie ein roter Faden durch die Autorentexte:

1. Wir können die Zukunft nicht kennen.
2. Der Weg zu einer lebenswerteren Welt führt über bessere Zusammenarbeit.
3. Zukunft findet bereits JETZT statt.

Aus unterschiedlichsten Perspektiven folgen wir in diesem Themenfeld also der Leitfrage, wo wir als Individuen, als Organisationen, Gemeinschaften und Gesellschaften gerade stehen und welche »Möglichkeitshorizonte« sich erkennen lassen. Denn wer die Zukunft erfolgreich mitgestalten möchte, kommt gar nicht umhin, die heutigen gesellschaftlichen Prozesse zu analysieren, sich darin selbst zu verorten und Blicke in die Vergangenheit zu werfen. Klar ist, dass es genauso viele unterschiedliche Vorstellungen von unserer Zukunft – oder besser gesagt: von unseren »Zukünften« – gibt wie Ansichten über unsere Gegenwart.

James Goodman identifiziert in seinem Beitrag unterschiedliche »Heilmittel«, um den diffusen Zukunftsängsten entgegenzuwirken, welche teilweise über die Hollywood-Filmindustrie und die Science-Fiction-Literatur geschürt werden. Er zeigt uns sehr eindringlich, welche Chancen darin liegen, Herausforderungen wissenschaftlich zu analysieren, die vielfältigen Lösungsinitiativen unter die Lupe zu nehmen und neue Erzählmuster des Gelingens auszuprobieren.

Der Wissenschaftler Prof. Rammler wirft in seinem Beitrag ähnliche zukunftsrelevante Fragen auf: Wie und worüber erhalten wir Impulse für unsere Fantasie, welche die sozio-politischen Prozesse ganz neu zu denken vermag? Wodurch gewinnen wir positive Vorstellungen von unseren Gestaltungsfähigkeiten für nach-

UR DIE ZUKUNFT UNGSSPIELRÄUME

haltige Entwicklungen? Antworten auf diese Fragen sieht er in »Mitmachräumen«, solidarischer Lebensgestaltung und gemeinschaftlichen Allianzen für die Zukunft.

Pragmatismus und globale Verbundenheit, die selbstverständliche Nutzung digitaler Technologien, ein nomadischer Lebensstil und der Wunsch nach Flexibilität prägen die nachwachsenden Generationen, so Wolfgang Müller-Pietralla in seinem Beitrag »Agiles Futures«. Der Autor erforscht Gegenwartsperspektiven und Einstellungen zur Mobilität und entwickelt auf dieser Basis Zukunftsstrategien für die Volkswagen-AG. Die Erkenntnis vieler junger Menschen, dass wir alle in einem Boot sitzen, erzeuge eine ungeheure Kraft und Motivation, die gegenwärtigen Herausforderungen mutig anzugehen.

Abschließend präsentieren wir mit dem Beitrag von Prof. Dr. Grießhammer eine ausführliche Analyse der jüngsten Geschichte und der Nachhaltigkeitsprozesse in der Stadt Freiburg. Anhand der Stadt Freiburg lässt sich beispielhaft verdeutlichen, wie langsam und zäh gesellschaftliche Transformationen manchmal ablaufen und welcher vorausschauender Denkweise und Hartnäckigkeit es bedarf, um Zukunftsvisionen Schritt für Schritt in die Tat umzusetzen.

Langer Atem bis zur »One World«

Die Autoren der nachfolgenden Beiträge sind sich darüber einig, dass die Mischung aus optimistischem Zukunftsdenken, der Glaube an die Selbstwirksamkeit, Gestaltungswille und Ver-

INSTITUT FUTUR

Freie Universität Berlin

„Damit es eine Zukunft gibt!"

Eine Exploration der Beweggründe und Zielvorstellungen der Initiatoren von Nachhaltigkeitsprojekten

Josefa Kny

SCHRIFTENREIHE | 05/14

Sozialwissenschaftliche Zukunftsforschung

Impressum

Institut Futur
Freie Universität Berlin
Fabeckstr. 9
14195 Berlin
© 2014

Herausgeber: Gerhard de Haan
Redaktion: Sascha Dannenberg, Bernd Stegmann

ISBN: 978-3-944843-05-6

© Josefa Kny

antwortungsbewusstsein eine ideale Ausgangsbasis für die Arbeit von Pionieren bildet. Hinzu kommt die Überzeugung der Sinnhaftigkeit, die eigeninitiatives Handeln mit sich bringt, wie Josefa Kny in ihrer Masterarbeit mit dem Titel »Damit es eine Zukunft gibt« herausfand. Wichtig für Visionäre und Zukunftsgestalter seien zudem realistische Einschätzungen des eigenen Wirkungsradius, ein langer Atem und eine gesunde Frustrationstoleranz. Dazu zähle, so Kny, auch die Fähigkeit, Unsicherheiten und Widersprüche auszuhalten, diese nicht unter den Teppich kehren zu wollen, sondern sie als Chancen unterschiedlicher Gestaltungsoptionen wahrzunehmen. Die neuen Informations- und Kommunikationstechnologien lassen die Vision einer »One World« in gegenseitiger Achtung und Wertschätzung in greifbare Nähe rücken, ohne dass wir unsere diversen Identitäten einander angleichen müssten.

Lese-Tipp:

Josefa Kny (2014):
Damit es eine Zukunft gibt.
www.ewi-psy.fu-berlin.de/einrichtungen/weitere/institut-futur/aktuelles/1410_if-schriftenreihe_kny.html

HEILMITTEL GEGEN FUTURPHOBIE

Von James Goodman

Wenn man der Hollywood-Filmindustrie Glauben schenken mag, steht uns keine rosige Zukunft bevor. In Science-Fiction-Filmen wie »Planet der Affen«, »Die Tribute von Panem«, »The Day After Tomorrow« und »Children of Men« sehen wir uns repressiven Technologien, sozialer Spaltung und grassierender Armut ausgesetzt. Wir werden konfrontiert mit ökologischer Zerstörung bis hin zum weltweiten Kollaps. Wie können wir uns von der diffusen Angst vor einem tragischen Schicksal der Menschheit befreien und die Zukunftsgeschichte positiv umschreiben?

Der Inbegriff des finsteren Filmgenres ist »The Road«, eine filmische Adaption des Romans »Die Straße« von Cormac MyCarthy aus dem Jahr 2006, für den der Autor den Literatur-Pulitzer-Preis gewann. Vater und Sohn reisen in der Geschichte durch die verwüstete Landschaft des postapokalyptischen Amerikas – alle Tiere und Pflanzen sind durch eine gewaltige Katastrophe ausgelöscht worden. Zwischen den Überlebenden der Menschheit entfesselt sich ein brutaler Kampf um die rapide schwindenden Nahrungsvorräte. Manche schrecken selbst vor Kannibalismus nicht zurück. Die Ursachen des Unglücks und die Art der Katastrophe bleiben bis zum Ende nebulös, und genau das ist wohl das Unheimlichste an diesem Szenario. Die Vagheit der Geschichte wirkt wie ein wohldurchdachtes Spiel mit unseren tief verwurzelten Zukunftsängsten: Autor und Regisseur schöpfen daraus ganz bewusst und treiben den Horror auf die Spitze, bis an die Grenzen unserer Vorstellungskraft.

Zukunftsphobie, wie ich das nennen möchte, basiert also auf diffuser Bedrohung – einer sich scheinbar irgendwo da draußen zusammenbrauenden, schemenhaft anmutenden Apokalypse. Doch was schlussfolgern wir daraus? Zunächst mal, dass ein wichtiges Heilmittel gegen diese ausufernde Angst in der präzisen Beschreibung und Konkretisierung künftiger Gefahren liegt. Macht und Einfluss, den die Zukunftsphobiker in unserer Gesellschaft genießen, gewinnen wir nur zurück, indem wir unsere wahren Gegner kennen. Dieser Grundsatz lässt sich auf jegliche Herausforderungen einer nachhaltigen Entwicklung beziehen, von denen es schier unzählige gibt, angefangen von Süßwasserknappheit und Bodenerosion bis hin zur steigenden Rate von Adipositas-Erkrankungen.

Komplexes Wissen und neue Unsicherheiten

Ich war sehr überrascht, als ich vor kurzem herausfand, dass Urbanisierung eine Hauptursache für den Hunger in der Welt ist. Weil immer mehr Menschen vom Land in die Städte ziehen, werden die Lebensmittel auch dorthin transportiert. Dabei landen viele Nahrungsmittel jedoch auf Mülldeponien oder in Abflüssen, anstatt den Menschen in der Region zur Verfügung zu stehen, in der sie geerntet wurden. Wir haben zudem ein großes Problem mit sinkender Bodenqualität. Das hängt mit dem systematischen Schwund von Mikronährstoffen im Boden, wie etwa Zink und Mangan, zusammen. Ein geringer Mikronährstoffgehalt im Boden hat in der Regel geringere Ernteerträge und eine geringere Nahrungsqualität zur Folge, so dass die Menschen von ihren landwirtschaftlichen Erzeugnissen nicht mehr satt werden und in die Stadt flüchten: ein Teufelskreis! Doch das Wissen darüber gibt mir zugleich die Hoffnung, dass diese Probleme auch angegangen und behoben werden können.

Das Thema Bodenqualität und Ernährung deutet die Komplexität der Schwierigkeiten an, mit denen wir es im Umgang mit dem Klimawandel zu tun haben. Obwohl mit großer Sicherheit festgestellt werden konnte, dass der von Menschen verursachte Klimawandel tatsächlich stattfindet und dieser Prozess sich sogar beschleunigt, gibt es bislang kein Computerprogramm, das die spezifischen Auswirkungen vorhersagen kann. Die große Unsicherheit über die Folgen erschwert auch internationale Einigungen über Vorgehensweisen, Gegenmaßnahmen und Anpassungsoptionen. Vor etwa einem Jahr galt zum Beispiel noch die Vermutung, dass das Inlandeis der westlichen Antarktis erst ab einer Erderwärmung von vier Grad Celsius abzuschmelzen droht. Doch dieses Jahr fanden Forscher von der NASA und der Universität Washington in unabhängig voneinander durchgeführten Studien Hinweise dafür, dass der wohl 200 Jahre oder länger dauernde Abschmelzungsprozess bereits begonnen hat, und zwar bei einer Erderwärmung, die derzeit weniger als ein Grad Celsius beträgt. Folglich könnte sich der für dieses Jahrhundert antizipierte Anstieg des Meeresspiegels sogar verdoppeln.

Blicke auf Lösungen lenken

Aufgrund des Klimawandels könnten wir den Amazonas-Regenwald und die Korallenriffe verlieren, die Wetterlagen in Nordeuropa könnten sich wesentlich abkühlen, oder vielleicht passiert auch nichts von alledem. Zu wissen, dass uns große Veränderungen bevorstehen, ohne dass wir die konkreten Auswirkungen abschätzen können, macht den Klimawandel so bedrohlich. Seinen »Gegner« zu kennen, ist jedoch nur eine zentrale Komponente des Heilmittels gegen Futurphobie. Es ist weitaus wichtiger und hilfreicher, sich konkreten Lösungsansätzen zu widmen, die bereits entwickelt wurden. Erst dann kann sich die panische Angst in eine feste Überzeugung verwandeln,

© Photo Courtesy of Swire Pacific Offshore Operations (Pte) Ltd and Forum for the Future

dass unsere Zukunft besser aussehen wird als unsere Gegenwart. Dieser Glaube und der Wille zu positiven Veränderung ist die zweite Zutat zum Heilmittel gegen Futurphobie.

Um mal ein Beispiel zu geben, wie fiktive Literatur uns diesen Weg ebnen kann: Das neueste Buch von Jonathon Porritt heißt »The World We Made« und spielt im Jahr 2050 in einer Gesellschaft, die nachhaltige und gerechte Lebensweisen implementiert und verinnerlicht hat. Aus dieser Gesellschaft berichtet der Protagonist Alex McKay, quasi rückblickend, welche Ereignisse und Entwicklungen die Welt von 2014 bis 2050 geprägt haben. Er vermittelt uns somit eine positive und realistische Vision, wie unser Leben in naher Zukunft aussehen könnte, wenn wir die Weichen richtig stellen. Porritt zeigt auf, dass eine nachhaltige Lebensgestaltung bereits heute im Bereich des Möglichen liegt und dass die Saatkörner für diese Zukunft schon überall verstreut wurden. Das Buch erforscht Veränderungen und Erfahrungen hin zu einer ausbalancierten Lebensgestaltung in diversen Bereichen wie Gesundheit und Wohlbefinden, Technologie, Energieproduktion sowie Energienutzung.

Jonathon Porritt beschreibt dabei auch die Wendung seiner eigenen Sichtweise während des Recherche- und Schreibprozesses für das Buch, die in ihm aufkeimende Hoffnung, dass eine nachhaltige und gerechte Zukunftsgestaltung möglich, ja sogar wahrscheinlich ist. Zu einer positiven Haltung zu gelangen, ist nicht so leicht, wie es vielleicht den Anschein haben mag, vor allem, wenn man bedenkt, dass Jonathon – bevor er das Buch schrieb – schon mehr als vierzig Jahre in Umweltbewegungen aktiv gewesen ist. Lasst uns diese Geschichte im Hinterkopf behalten und den Blick auf ein paar zentrale Herausforderungen unserer Gegenwart und Zukunft werfen, welche in »The World We Made« angesprochen werden.

Themenkomplexe Wasser und Energie

Der meiste Wasserbedarf entsteht bei der Produktion von Nahrungsmitteln (die Landwirtschaft macht insgesamt 70 Prozent unseres Süßwasserverbrauchs aus), in der Industrie (vor allem für die Energieproduktion) sowie in den Haushalten. Der »Durst der Zivilisation« führt dazu, dass Grundwasserspiegel sinken und vormals niederschlagsreiche Gebiete austrocknen. Nur ein Beispiel: Der Gelbe Fluss in China – mit einer Länge von 5.464 Kilometern der sechstlängste Fluss der Erde – hörte infolge der massiven Wasserentnahme in der Landwirtschaft im Jahr 1997 für 230 Tage durchgängig auf zu strömen. Da die Weltbevölkerung wächst, brauchen wir immer mehr Süßwasser. Studien zufolge wird unsere globale Wassernachfrage vermutlich schon im Jahr 2030 die vorhandenen Ressourcen um 40 Prozent übersteigen, sollten wir diese Herausforderung nicht endlich lösungsorientiert angehen und Vorsichtsmaßnahmen treffen. Ein integriertes Wassermanagement (effizientere künstliche Bewässerungsmethoden, Regenernte, weniger Süßwasserverschwendung, modernste Kläranlagen zur Reinigung von Schmutzwasser sowie Entsalzungsanlagen, in denen Meerwasser in Süßwasser umgewandelt wird) könnte dafür sorgen, dass in Zukunft allen Menschen genug sauberes Wasser zur Verfügung steht. Skeptikern, für die das nach Hirngespinst klingt, möchte ich drei der neuesten Entwicklungen in diesem Bereich vorstellen.

PepsiCo, ein Unternehmen, das bei der Herstellung seiner Produkte stark von Wasser abhängig ist, hat es geschafft, seinen Wasserverbauch beim Kartoffelanbau (z. B. für Kartoffelchips benötigt) zu halbieren und die Ernteerträge dennoch zu steigern. Gelungen ist das dank einer Kombination aus Tröpfchenbewässerung, dem Einsatz modernster Messgeräte und Netzwerktechnologien. Beispielsweise wird der Bodenfeuchtigkeitsgehalt – einer der zentralen Faktoren für optimales Wachstum von

Wasserstress

Aktuell leben bereits 2,5 Milliarden Menschen in Regionen mit Wasserstress. Bis 2025 werden dies mehr als die Hälfte der Weltbevölkerung sein,
wobei mindestens 3 Milliarden Menschen deutlich unter dem Wassermangel leiden werden.

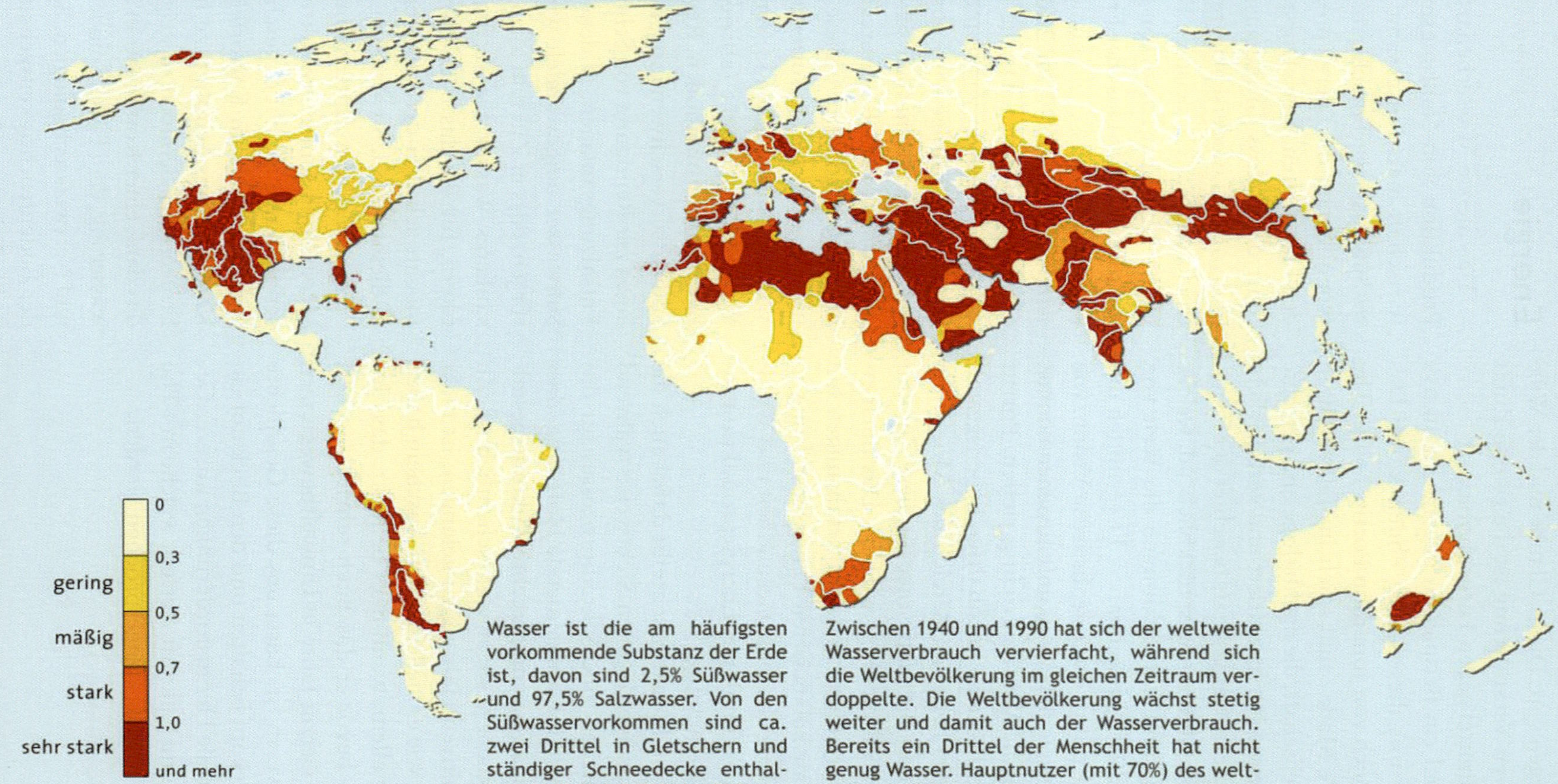

Der Wasserstress-Index gibt Auskunft über das Verhältnis zwischen dem Wasserbedarf und der Verfügbarkeit von sich erneuerndem Süßwasser.

Wasser ist die am häufigsten vorkommende Substanz der Erde ist, davon sind 2,5% Süßwasser und 97,5% Salzwasser. Von den Süßwasservorkommen sind ca. zwei Drittel in Gletschern und ständiger Schneedecke enthalten. Lediglich 0,03% des Süßwassers kann für die Trinkwassergewinnung gewonnen werden.

Zwischen 1940 und 1990 hat sich der weltweite Wasserverbrauch vervierfacht, während sich die Weltbevölkerung im gleichen Zeitraum verdoppelte. Die Weltbevölkerung wächst stetig weiter und damit auch der Wasserverbrauch. Bereits ein Drittel der Menschheit hat nicht genug Wasser. Hauptnutzer (mit 70%) des weltweit verfügbaren Süßwassers ist die Landwirtschaft. Haushalte (10%) und Industrie (20%) verbrauchen hingegen deutlich weniger.

Quelle Karte: www.monde-diplomatique.de / Quellen Texte: www.unesco.de / Le Monde diplomatique (März 2013). „Fleischatlas - Daten und Fakten über Tiere als Nahrungsmittel".

WASSERSTRESS

Wasser ist die am häufigsten vorkommende Substanz der Erde, davon sind 2,5 % Süßwasser und 97,5 % Salzwasser. Von den Süßwasservorkommen sind etwa zwei Drittel in Gletschern und ständiger Schneedecke enthalten. Lediglich 0,03 % des Süßwassers kann für die Trinkwassergewinnung gewonnen werden. Zwischen 1940 und 1990 hat sich der weltweite Wasserverbrauch vervierfacht. Die Weltbevölkerung wächst stetig weiter und damit auch der Wasserverbrauch. Bereits ein Drittel der Menschheit hat nicht genug Wasser. Und 1,1 Milliarden Menschen haben keinen Zugang zu sauberem Trinkwasser. Schätzungen zufolge benötigt die Weltbevölkerung bis zum Jahr 2030 mindestens 30 % mehr Wasser. Aktuell leben bereits 2,5 Milliarden Menschen in Regionen mit „Wasserstress", bis 2025 werden dies bereits mehr als die Hälfte der Weltbevölkerung sein, wovon etwa 3 Milliarden deutlich unter dem Wassermangel leiden werden.

Wasservorkommen weltweit	
Meerwasser	1.348.000.000 km³
Süßwasser	36.000.000 km³
Gletscher, Polkappen	28.000.000 km³
Grundwasser	8.000.000 km³
Seen	126.000 km³
Bodenwasser	61.200 km³
Atmosphäre	14.400 km³
Flüsse	1.100 km³

Abb. 1

WOHIN FLIESST DAS WASSER?

Hauptnutzer (mit 70 %) des weltweit verfügbaren Süßwassers ist die Landwirtschaft. Haushalte (10 %) und Industrie (20 %) verbrauchen hingegen deutlich weniger. Ein Drittel der von der Landwirtschaft verbrauchten Wassermenge kommt durch Nutztierhaltung zustande, wobei der überwiegende Anteil für die Nahrungsmittelerzeugung der Tiere verwendet wird. Das Trinkwasser der Tiere sowie die Stallreinigung nehmen dagegen weniger Wasser in Anspruch. Nicht nur Fleisch, sondern Tierprodukte verbrauchen im Allgemeinen viel Wasser. Für die Produktion von 1 kg Käse werden ca. 5.000 l Wasser benötigt, für 1 kg Eier ca. 3.300 l. Bei der Herstellung von Tomaten (184 l) und Möhren (131 l) ist der Verbrauch deutlich niedriger. Zudem ist die Verschmutzung des Grundwassers (und somit oft des Trinkwassers) besonders in solchen Region gravierend, wo Arzneimittel sowie phosphorhaltige Düngemittel bei der Tierhaltung eingesetzt werden und die Viehdichte sehr hoch ist. Auch die Trinkwasserverschwendung ist in vielen Haushalten enorm. In Deutschland verbraucht jeder Einwohner durchschnittlich ca. 123 l pro Tag, davon allein 44,5 l für die Körperpflege und 33,5 l für die Toilettenspülung. Der geringste Anteil (5 l) nimmt die Nahrungsmittelzubereitung sowie Trinkwasser ein.

Wasserverbrauch zur Herstellung von 1kg Rindfleisch

7.200 kg	Raufutter
1.300 kg	Getreidefutter
24 m³	Trinkwasser
7 m³	Stallreinigung

= 15.500 l Wasser
(bei 200kg Rindfleisch pro Rind)

Abb. 2

Quellen:
www.unesco.de/uho_03_2013_nexus.html
Le Monde diplomatique (März 2013). „Fleischatlas - Daten und Fakten über Tiere als Nahrungsmittel". S. 28-29.
wasserwerke-sonneberg.de/v4/wasser/
Abb. 1: www.wasserwerke-sonneberg.de/v4/wasser/wissenswertes/wasser-weltweit.html
Abb. 2: Daten entnommen aus: Le Monde diplomatique (März 2013). „Fleischatlas - Daten und Fakten über Tiere als Nahrungsmittel". S. 28-29.
Daten abgerufen am 31.05.2013

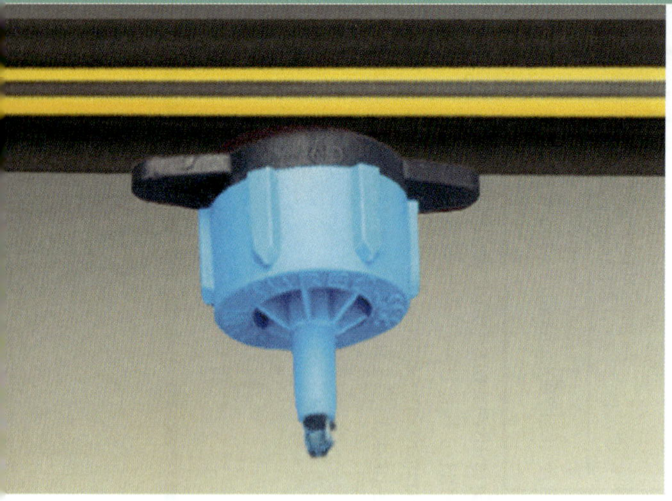

© Jisl

© Goldlocki

Pflanzen und Feldfrüchten – alle 15 Minuten gemessen. Die Daten werden digital übertragen und durch Angaben lokaler Wetterstationen ergänzt. Die Landwirte können dann wiederum über regelmäßige Mitteilungen auf dem Smartphone verfolgen, wie viel Bewässerung ihre Pflanzen an diesem oder jenem Tage zusätzlich benötigen. In den vergangenen 20 Jahren hat sich der Einsatz der Tröpfchenbewässerungsmethode weltweit versechsfacht. Vor allem bei heißen und trockenen klimatischen Bedingungen, also in Regionen, in denen Wasser schnell verdampft, ist diese Technik sehr sinnvoll, weil dadurch Wasser gespart werden kann. In den Ländern mit der intensivsten Bodenbewässerung haben sich die Gebiete mit eingesetzter Tröpfchenbewässerungstechnik enorm vergrößert, nämlich um das 87-fache in Indien und um das 111-fache in China.

Wasserlose Waschmaschinen

Zweitens sei an dieser Stelle eine weitere Methode des Wassersparens erwähnt, die künftig unseren Verbrauch in den Haushalten verringern könnte: die wasserlose Waschmaschine, welche bereits in Großwäschereien Verwendung findet. Die Schmutzwäsche wird dabei mittels wiederverwendbarer Nylon-Kügelchen gesäubert, 80 Prozent Wasserersparnis und 50 Prozent Energieersparnis versprechen die Hersteller. Es ist vermutlich nur noch eine Frage der Zeit, bis diese Technologie in unseren Alltag integriert wird. Ergänzt man diese Errungenschaft um wasserlose Toiletten, die Reinigung und Aufbereitung von Abwasser, Regenernte und Speichermethoden, dann steht einer weltweiten, effizienten Wasserversorgung der Haushalte nicht mehr viel im Wege.

Drittens werden Meerwasser-Entsalzungsanlagen immer geläufiger und die Kosten dafür immer geringer. Seit 2009 hat sich das Leistungsvermögen der Anlagen um beinahe 60 Prozent gesteigert, und sie nimmt stetig zu. 150 Länder nutzen bereits Methoden der Meerwasserentsalzung, führende Nationen hierbei sind Saudi-Arabien, USA, Australien (infolge der Millennium-Dürre 1997–2012) und Israel. Wissenschaftler und Ingenieure aus aller Welt arbeiten daran, dass Entsalzung kostengünstiger und effizienter wird: 2013 wurde in Masdar (Vereinigte Arabische Emirate) ein Pilotprojekt gestartet. Dabei sollen energieeffiziente Meerwasserentsalzungstechnologien künftig mit erneuerbaren Energiequellen betrieben werden. Unzählige Innovationen und Initiativen wie diese lassen sich weltweit finden. Die Herausforderungen bleiben zwar groß, aber die Aussichten auf eine nachhaltige Wassernutzung werden realistischer, wenn man sich auf die Lösungsansätze fokussiert anstatt auf die Probleme.

Energieversorgung der Zukunft

Ähnliches gilt auch für Fragenkomplexe rund um das Thema Energie. In vielerlei Hinsicht ist die künftige globale Energieversorgung noch eine größere Herausforderung als die Wasserversorgung. Die Energienachfrage steigt rapide an. Gründe hierfür sind das Bevölkerungswachstum und die Industrialisierungsprozesse in vielen Ländern, während auf der anderen Seite zirka eine Milliarde Menschen immer noch keinen Stromanschluss besitzen (dazu zählen 85 Prozent der ländlichen Bevölkerung in Subsahara-Afrika). Hinzu kommen die komplexen Veränderungen infolge des Klimawandels, verursacht vor allem durch fossile Brennstoffe wie Kohle, Gas und Erdöl. Nur wenn wir diese Rohstoffe konsequent meiden, können wir von nachhaltigen Lösungen bei der Energieversorgung sprechen.

Dezentrale, solarthermisch betriebene Entsalzungsanlage zur energieautarken Aufbereitung von Trinkwasser aus Meer- oder Brackwasser © Fraunhofer Institut

Wie beim Themenkomplex Wasser lässt sich auch im Bereich Energie ein rapider und fundamentaler Wandel beobachten. In dem schon erwähnten Buch zitiert Jonathon Porritt die Schriften von Thomas Edison, der vor über 100 Jahren sinngemäß schrieb: »Ich setze mein Geld auf die Sonne und die Solarenergie. Was für eine Energiequelle! Hoffentlich warten wir nicht erst, bis Erdöl und Kohle zur Neige gehen, bevor wir das anpacken.«

Nun, wir haben fast bis zum Ende der fossilen Brennstoffe gewartet. Doch zurzeit wachsen die Investitionen in die Elektrizitätserzeugung durch Solarenergie weltweit an und eine Zukunft durch Solartechnik erscheint eine reale Möglichkeit. Die Leistungsfähigkeit von

UNSER AUTOR

James Goodman (* 1972) arbeitet für die Organisation »Forum for the Future«. Er entwickelt Zukunftsszenarien und -visionen für Arbeitsbereiche wie strategische Entwicklung und Innovation, recherchiert zu zukunftsträchtigen Techniken und führt Trendanalysen durch. www.forumforthefuture.org

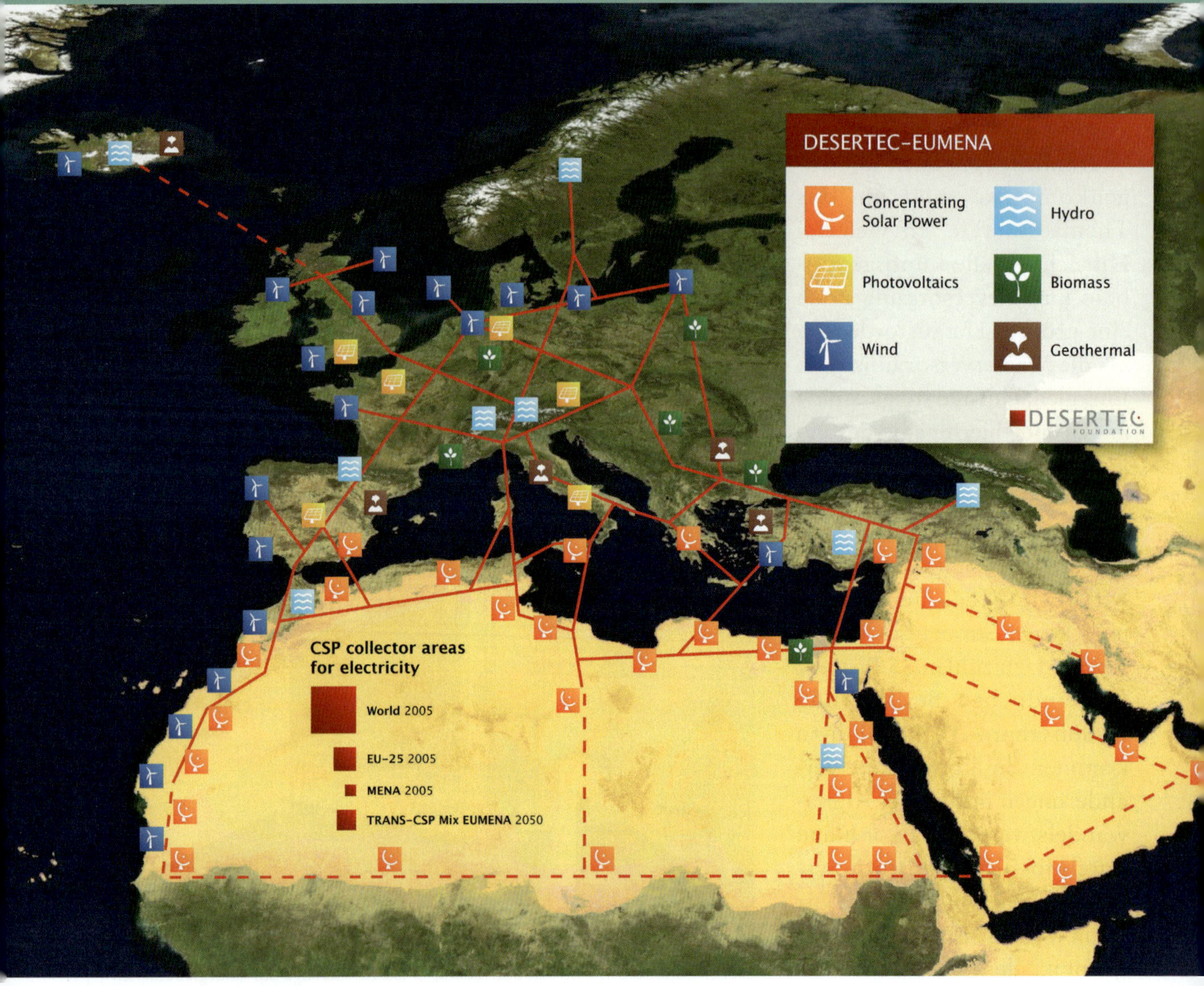

energieerzeugenden Solaranlagen ist Bloomberg zufolge um 21 Prozent gewachsen und der Solarstrompreis sinkt im Vergleich zu Preisen anderer Stromquellen rapide. Solarstrom ist bereits zu diesem Zeitpunkt wettbewerbsfähig mit den herkömmlichen Stromnetzkosten in Deutschland, Italien und Spanien – früher, als die meisten Menschen das erwartet hätten.

Neue Erzählmuster

Dank vernünftiger erneuerbarer Energiepolitik in Deutschland konnte die Sonnenkraft am Tage des 7. Juli 2013 für einige Stunden den Großteil der Elektrizitätserzeugung des Landes decken. Dieser Tag wurde in den Medien auch als »Sonniger Sonntag«[1] betitelt. Als eines der beeindruckendsten, visionärsten Projekte einer zukünftigen nachhaltigen Energieversorgung galt einst »Desertec«, ein breit angelegtes Programm mit dem Ziel, riesige Mengen an Solarenergie in der Sahara zu sammeln und mittels direkter Stromüberleitungen für den europäischen Strommarkt zu exportieren. Verbunden damit war die Hoffnung, dass mit Desertec auf lange Sicht 15 Prozent des europäischen Stromverbrauchs gedeckt werden können. Und dies war kein Traum von Umweltschützern, sondern eine solide Geschäftsidee, initiiert vom Club of Rome, gemeinsam mit dem deutschen Zentrum für Luft- und Raumfahrt, und gestützt von großen europäischen Unternehmen, unter anderen auch der Deutschen Bank, Munich Re und Avancis. Im Jahr 2014 stand das Industriekonsortium Desertec jedoch vor dem Aus: Viele Unternehmen zogen sich aus dem Projekt zurück. Als wesentliche Gründe dafür gelten: Überambitioniertheit, Organisations- und Strukturfehler, interne Machtfragen sowie falsch eingeschätzte Auswirkungen der deutschen Energiewende. Manager und Unternehmer können in Umweltfragen die Politiker eben doch nicht ersetzen!

Die gute Nachricht jedoch ist: Die nordafrikanischen Ländern haben deshalb nicht aufgehört, auf grünen Strom zu setzen, und warten nicht mehr länger auf europäische Investoren. Stattdessen lassen sie sich kleinere Projekte von ihren arabischen Verbündeten, beispielsweise Saudi-Arabien, finanzieren. Die Solartechnik bietet großartige Perspektiven für die Stromversorgung derjenigen Menschen, die bislang keinen Stromanschluss besitzen. Es ist ein großer Wettbewerb um neue Ideen und Business-Modelle für diesen Bereich entflammt. Zum Beispiel gibt es »Pay-as-you-go«-Ansätze für Solarstrom und Beleuchtung in afrikanischen Ländern (Azuri und M-Kopa) und in Indien (Simpa Network), oder auch Mikrokredit-Plattformen für Investitionen der Bürger in kleinere Solaranlagen wie »Sundfunder« in Afrika und »Milaap« in Indien.

William Ford Gibson
© Frédéric Poirot

Der Autor William Gibson hat eine in der Zukunftsforschung sehr beliebte und vielzitierte Aussage getroffen: »Die Zukunft ist schon da, sie ist nur nicht sehr gleichmäßig verteilt.« Jedes Mal, wenn wir eine nachhaltige Lösung finden, sollten wir das feiern, als wichtigen Bestandteil der Zukunft, wie wir sie uns wünschen.

Egal, ob das nun eine Anlage im Meer ist, in der Fische geschützt werden (der Fischbestand in zehn Prozent des Wassers um Neuseeland wird in dieser Weise geschützt[2]), oder ob das innovative landwirtschaftliche Anbaumethoden in Gewächshäusern sind, mit denen sich 20 Ernten pro Jahr einfahren lassen, und zwar unter großer Energieersparnis mittels LED-Licht sowie ohne den Einsatz von Pestiziden oder Kunstdüngern.[3] Zu potenziellen Lösungsansätzen können auch neue »Aluminiumdosen« gezählt werden, die aus recyceltem Material bestehen und die Zukunft einer mülllosen Zukunft einläuten könnten.[4] Besserung dürfte ebenso das gemeinnützige SkyTruth bringen, das Satellitenbilder und weitere Messobjekte auswertet, um Umweltentwicklungen abzubilden, die unseren Blicken sonst verborgen blieben.[5]

Nur wenn wir diese positiven Ansätze und Signale im Blick behalten, können wir uns von der Angst eines diffusen und tragischen Schicksals befreien. Nur so können wir zu der Überzeugung gelangen, dass Projekte und Aktionen unserer Gegenwart unsere Zukunftsgestaltung positiv beeinflussen werden. Alles, was wir jetzt noch tun müssen, ist, darüber einen Hollywood-Film zu drehen.

1) http://cleantechnica.com/2013/07/12/sunday-solar-sunday-germany-solar-power-record-in-depth/

2) http://www.doc.govt.nz/conservation/marine-and-coastal/marine-protected-areas/

3) http://greensensefarms.com/

4) www.theinnovationshowcase.co/#/novelis

5) www.skytruth.org

WISSEN • BEGREIFEN • HANDELN

1. Phobien im Umlauf

a) Was meint der Autor, bei vielen Menschen in unserer heutigen Gesellschaft an Ängsten beobachten zu können?

b) Welche Heilmittel bietet er für die Abmilderung dieser Ängste an?

2. Die sinkende Bodenqualität in vielen Regionen ist für den Autor eines der zentralen Probleme, die es für eine nachhaltige Entwicklung zu beheben gilt.

a) Welche Ursachen gibt Goodman für dieses Problem an?
Welche weiteren kennt ihr?

b) Welches sind die Schwierigkeiten, die eine Lösung dieses Problems erschweren?

c) Welche konkreten Lösungsansätze sind bereits entwickelt?

3. Die großen Themenkomplexe Wasser- und Energieversorgung bilden weitere Herausforderungen in Gegenwart und Zukunft.

a) Welche Lösungsansätze kombiniert die Firma PepsiCo miteinander?
Woher stammt das Konzept der Tröpfchenbewässerung ursprünglich?

Feldfrucht	Ertrag	Wasserverbrauch	Gesamtproduktivität
Bananen	52%	–45%	173%
Kohl	2%	–60%	150%
Baumwolle	25% bis 27%	–53% bis –60%	169% bis 255%
Weintrauben	23%	–48%	134%
Kartoffel	46%	0%	46%
Zuckerrohr	6% bis 33%	–30% bis –65%	70% bis 205%
Süßkartoffel	39%	–60%	243%
Tomaten	5% bis 50%	–27% bis –39%	49% bis 145%

Veränderung des Ertrages und Wasserverbrauches beim Wechsel von Oberflächen- auf Tropf-Bewässerung

b) Recherchiert und beschreibt in Kleingruppen die unterschiedlichen Methoden des Wassersparens: (1) im Haushalt, (2) in der Landwirtschaft, (3) in der Industrie.

c) Recherchiert nach energieeffizienten Meerwasserentsalzungsanlagen. Welche Fortschritte wurden hierbei in den letzten fünf bis zehn Jahren erzielt?

d) Welche Zusammenhänge und Zielkonflikte gibt es zwischen (Engpässen in der) Wasserversorgung und der (steigenden) Energienachfrage in eurem Land?

e) Hinterfragt und bewertet gemeinsam die Ziele und Erfolge des Projektes »Desertec«. Recherchiert Lösungsansätze und Hindernisse zur Förderung der Solarenergie in eurer Region und diskutiert diese im Plenum.

4. »Jedes Mal, wenn wir eine nachhaltige Lösung finden, sollten wir das feiern, als wichtigen Bestandteil der Zukunft, wie wir sie uns wünschen.« Diskutiert diese Aussage von Goodman. Warum ist ihm das Zelebrieren von Erfolgen so wichtig? Wie könnte eine »Kultur des Feierns« über erfolgreiche Nachhaltigkeitsinitiativen, im Kleinen wie im Großen, aussehen?

5. »Alles, was wir jetzt noch tun müssen, ist, darüber einen Hollywood-Film zu drehen«, so Goodman.

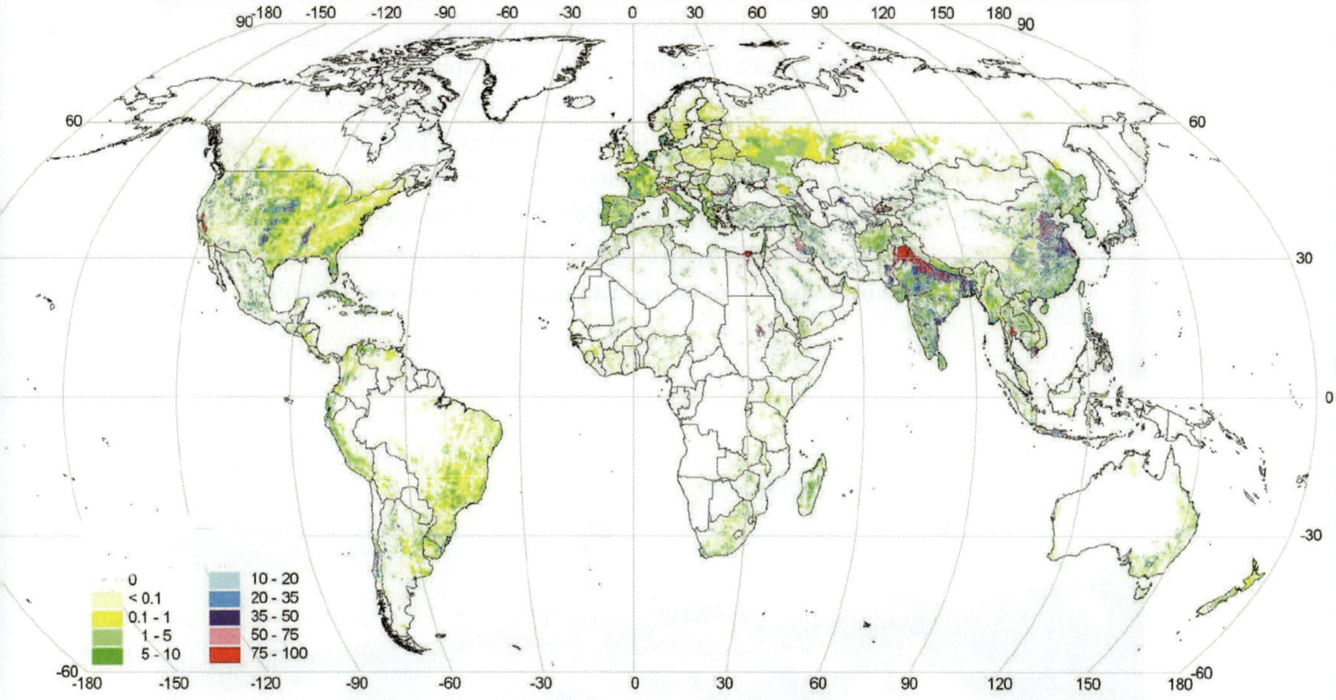

Flächen mit künstlicher Bewässerung prozentual zur Gesamtfläche des Landes © Silbert 2000

→

a) Schreibt ein kleines Drehbuch, das eure Zukunftsvision widerspiegelt.
- Sprecht mit AutorInnen oder FilmemacherInnen darüber oder lest die *youthinkgreen*-Drehbuch-Werkstatt im Themenfeld 2.
- Holt euch Unterstützung, um eure Vision in einem kurzen Video zu verfilmen. Stellt eure Kurzvideos online und setzt euch mit den Reaktionen darauf auseinander.

b) Ein Schülerwettbewerb hat als Thema »Eure Vision von Zukunft«.
Lasst dazu euren Gedanken in selbstverfassten Reden, Bildern, Plakaten, Musikstücken oder Theaterszenen freien Lauf. Vielleicht findet ihr eine Jury für die Auswertung und organisiert eine kleine Preisverleihung.

c) Schlüpft in die unterschiedlichen Rollen von ZukunftsphobikerInnen, welche die Zukunft als diffuse Bedrohung sehen, bzw. in die von OptimistInnen und HoffnungsträgerInnen, die konkrete Gefahren benennen können und Lösungen anbieten. Versucht, verschiedene Argumente für beide Sichtweisen zu finden und diese in Diskussionen auszutauschen. Welche Erfahrungen habt ihr dabei gemacht? Wie lassen sich die Ängste von Mitmenschen ernst nehmen, ohne jedoch der Phobie Vorschub zu leisten und diese weiter zu verbreiten?

»DESIGN YOUR FUTURE«:

Warum in die Zukunft denken wichtig ist

Von Prof. Dr. Stephan Rammler

»Eine gute Vision erwächst aus der Balance zwischen Realitätssinn und Utopie. Die Vision ist das gerade noch Machbare.« (Hermann Simon)

Die Zukunft war schon immer ein unübersichtliches Terrain, aber heute ist sie es erst recht. Wir leben in einer immer rasanteren Welt, in der das Kommende immer weniger fassbar wird. Wo gestern ein Weg war, ist heute auf einmal keiner mehr. Wo wir heute in einer Sackgasse stehen, spannen sich morgen womöglich neue Bahnen auf. Was lange Zeit als sinnvoll galt – zum Beispiel großer Kinderreichtum, die Verbrennung von Kohle, Öl und Gas, der Besitz eines eigenen Autos oder das Prinzip stetig ansteigenden ökonomischen Wachstums –, hat sich heute zu einer möglichen Gefahr für das globale Ökosystem entwickelt. Andererseits bringen die derzeit noch als Risiken wahrgenommenen Entwicklungen zukünftig vielleicht sogar neue Chancen mit sich, auch wenn dies zunächst paradox erscheinen mag. Das könnte zum Beispiel für die Durchschiffbarkeit der Nord-Ost-Passage um den Nordpol herum gelten, aufgrund der durch den Klimawandel verursachten Eisschmelze, und auch für die Möglichkeit zur Besiedlung ganz neuer Lebensräume in der arktischen Region.

Man kann die Zukunft nicht wissen

Diese Unübersichtlichkeit und Widersprüchlichkeit macht den Versuch des Begreifens und Bewertens zukünftiger Entwicklungen heute wichtiger denn je. Dabei ist das Mögliche nicht immer das Wahrscheinliche, und das Unwahrscheinliche kann mit unerbittlicher statistischer Macht unerwartet plötzlich eintreten. Mitunter genügen minimale Veränderungen, um ein lange angestautes Fass zum Überlaufen zu bringen und alles bislang Gültige außer Kraft zu setzen. Das ist oft bei politischen Entwicklungen der Fall, bei Konflikten zwischen Ethnien oder Religionsgruppen zum Beispiel, wenn sich die Menschen in ihren kulturellen Identitäten bedroht fühlen.

Finden diese Auseinandersetzungen dann in Weltregionen statt, die aufgrund ihrer Bodenschätze mit der ganzen Welt verflochten sind, wie der Nahe und Mittlere Osten, so kann aus einem lokalen Streit um die regionale Vorherrschaft, vermischt mit Glaubensfragen, überraschend schnell eine weltweite Krise werden.

Deswegen sollte eine Zukunftsschau stets mit Demut vor dem Unerwarteten und ohne die Unbeirrbarkeit betrieben werden, die manche Zukunftsforscher an den Tag legen, den Eindruck erweckend, man könne die zukünftige Entwicklung tatsächlich schon kennen. Man kann es eben nicht! Trotzdem können wir natürlich versuchen, uns auf verschiedene Zukunftsvarianten vorzubereiten und zugleich – was noch viel wichtiger ist – uns für die Zukunft wünschenswerte Weltenwürfe auszumalen.

© living utopia

Möglichkeitsräume öffnen

Das Zukünftige entfaltet sich von heute aus betrachtet in einem Möglichkeitsraum, der zwischen den unterschiedlichsten Einflussfaktoren aufgespannt wird: Entwicklungen in der Wissenschaft und der Technologie, in Politik, Kultur, Wirtschaft, Ökologie und Bevölkerungsentwicklung verweben sich zu der Vielfalt, die wir Gesellschaft nennen. Und deswegen ist auch das Bild der Zukunft dieser Gesellschaft ein Bild, das mit den verschiedensten Pinseln, Farben und aus den vielfältigsten Perspektiven heraus zu malen ist – denen der Wissenschaft wie denen der Künste, denen der Experten ebenso wie denen der Laien.

Mit welchen Fragestellungen und Trends werden wir in Zukunft also konfrontiert sein? Wie wird der Zustand der Erde sein? Und wie könnten zukünftige Lebensweisen aussehen?

Risiken und Bedrohungen

Wer sich die Mühe macht, für eine Antwort auf diese Fragen die aktuellen Zukunftsdebatten und Trendanalysen, die Erkenntnisse der naturwissenschaftlichen Grundlagenforschung, der Informatik und Ingenieurwissenschaften sowie die sozial- und geisteswissenschaftlichen Diskussionen zu Politik und Kultur in einem großen Bild zu vereinen, der beginnt sich zu wundern.

Auf der einen Seite stehen große Risiken und Bedrohungen, wie sie durch ein sich gegenseitig verstärkendes und überlagerndes Gefüge von problematischen Entwicklungen hervorgerufen werden. Um nur einige Stichworte zu nennen: das rasante Bevölkerungswachstum – damit verbunden die zunehmenden Probleme mit der Ernährung der Weltbevölkerung –, die Konflikte um sauberes Trinkwasser, die Urbanisierung, die Ressourcenverknappung, die soziale Ungleichheit und eine ungleiche globale Vermögensverteilung, der Klimawandel, die Umweltverschmutzung, der Verlust von Artenvielfalt, die Kriege und kriegerischen Konflikte, die Bedrohung durch Pandemien und schließlich die Folgen der Digitalisierung.

Gerade dieses letzte Beispiel verdeutlicht sehr gut, wie schnell eine positive Zukunftserwartung in ihr problematisches Gegenteil umkippen kann. Viele Jahre waren mit der »Computerisierung« der Welt, dem Internet und der mobilen Kommunikation große Freiheitserwartungen einhergegangen. Mit der Affäre um den ehemaligen CIA-Mitarbeiter Edward Snowdon und dem Ausspionieren der deutschen Regierung durch die NSA wurden dann mit einem Schlag auch die lange bekannten, aber nicht ernst genommenen Gefahren der digitalen Gesellschaft deutlich. Führt die neue Technologie etwa in eine Art »digitalen Totalitarismus«, in dem wenige Konzerne und Regierungen mit seelenlosen mathematischen Algorithmen die Herrschaft über den freien Bürger und Konsumenten übernehmen werden? Oder gelingt es in der Zukunft, die digitalen Medien für mehr Demokratie, Freiheit, Wissensmehrung und insgesamt für die Vereinfachung und Verbesserung des Lebens einzusetzen?

Eine Antwort auf diese Fragen werden vor allem die jungen Generationen geben müssen. Es wird ihre Entscheidung sein, ob sie sich für den Preis günstigen und allgegenwärtigen Me-

Rush Hour in Hongkong © Klaus Fahlbusch

dienkonsums ihre Persönlichkeitsrechte auf Privatheit und Selbstbestimmtheit abkaufen lassen wollen, oder eben – ganz im Gegenteil – die unendlichen Chancen der digitalen Revolution zum Zwecke einer grüneren, friedlicheren und klügeren Welt nutzen wollen.

Errungenschaften und Chancen

Auf der anderen Seite stehen nun die Errungenschaften einer unbezweifelbaren Erfolgsgeschichte der modernen Gesellschaft. Auch hier nur einige Stichpunkte: wachsender Wohlstand und eine wachsende globale Mittelschicht, die enorm steigende Lebenserwartung und wachsende Gesundheit, Bildungszuwachs, sichere Nahrungsmittel, weltweiter Rückgang der Geburtenraten, Fortschritte bei der Gleichberechtigung der Geschlechter und sexuellen Orientierung. Dazu kommt ein rasanter technologischer Fortschritt mit enormen Steigerungen von Effizienz und menschlicher Erlebnisvielfalt, ein globaler kultureller Austausch und die stetig zunehmende ökonomische Verflechtung, die große kriegerische Konflikte wohl immer unwahrscheinlicher macht.

Leitbilder einer gelingenden Zukunft

Ist das Glas nun halbvoll oder halbleer? Wird die Erfolgsgeschichte fortschreiten oder die Zuspitzung der Krise oder beides gleichzeitig? Ich bin der Meinung, dass beide »Storylines« ihre Berechtigung haben und ihren weiteren Verlauf nehmen werden. Doch so wie die Dinge liegen, wird im weiteren Verlauf einer unveränderten Entwicklungsrichtung das Pendel sehr wahrscheinlich immer stärker in

Richtung einer krisenhaften Zuspitzung der problematischen Trends ausschlagen. Wie lässt sich das vermeiden?

»*Wir können die Zukunft nicht genau vorhersagen, aber wir können sie gestalten*«, lautet eine weitere Maxime der Zukunftsarbeit. Wie können wir heute mit Blick auf Morgen handeln? Wo soll sich die Gesellschaft in zehn Jahren, in 50 oder 100 Jahren befinden? Welche »Leitbilder« benötigen wir dafür und wie können wir zu diesen Ideen kommen?

Die Schwierigkeiten eines angesichts zukünftiger Herausforderungen und wohl auch Gefahren geforderten Wandels beginnen immer an den Grenzen der Vorstellbarkeit. Mehr noch als die Gestaltungsoptionen der etablierten Politik brauchen wir deswegen heute vor allem Impulse für die Macht unserer Fantasie, denn diese geht der Politik voraus. Bislang fehlen uns positive Vorstellungen einer anders gelingenden Kultur und Politik. Wo und wie sind sie zu finden?

Feste der Utopie feiern

Ein Beispiel für ein Forum, in dem diese Fragen diskutiert und Antworten gefunden werden konnten, war das »Festival der Utopie« in Braunschweig, erstmals 2013 veranstaltet von der Allianz für die Region, dem Haus der Wissenschaft und der Hochschule für Bildende Künste Braunschweig. Engagierte junge Menschen aus der Region Südostniedersachsen haben sich für zwei Tage auf dem brachliegenden Gelände des alten Hertie-Kaufhauses in Peine mit Zukunftsforschern, Künstlern und Moderatoren in einer großen Zukunftswerkstatt ausgetauscht und neue Visionen entwickelt. Es bildete den Auftakt einer ganzen Reihe von ähnlichen Veranstaltungen in der ganzen Region rund um Braunschweig, Wolfsburg, Salzgitter und Wolfenbüttel. Ziel war es, ein gemeinsames *Wunsch- und Zukunftsbild* unserer Region zu entwerfen, in dem die individuellen Lebensentwürfe und Zukunftswünsche der jungen Leute mit den vielfältigen Chancen und Potenzialen, aber auch den zu erwartenden Herausforderungen ihrer alten und hoffentlich auch zukünftigen Heimatregion abgeglichen wurden.

Das Ergebnis war das enorm facettenreiche Bild einer Region, in der sich ökonomische Chancen im globalen wirtschaftlichen Gewebe mit lokaler ökologischer Zukunftsfähigkeit dauerhaft verbinden, in der die Herausforderungen für Mobilität, Bildung, Migration und Bevölkerungsentwicklung fantasievoll gelöst werden, in der solidarische Werte, neue gemeinschaftliche Lebens-

UNSER AUTOR

Prof. Dr. Stephan Rammler (* 1968) ist ein deutscher Mobilitäts- und Zukunftsforscher und Gründungsdirektor des Instituts für Transportation Design. Er hat eine Professur am Institut für Transportation Design an der Hochschule für Bildende Künste in Braunschweig inne.

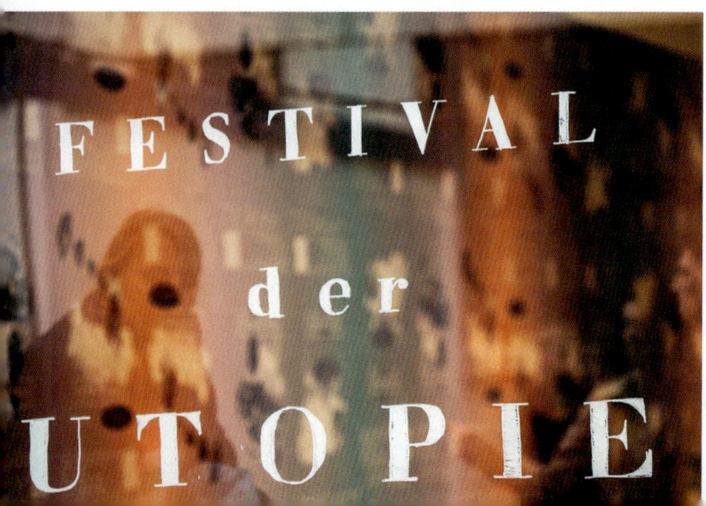

© Roberta Bergmann / Allianz für die Region GmbH

formen und technologische Innovation auf hohem Niveau dazu beitragen, zwischen Alt und Jung, Arm und Reich, Einheimischen und Fremden zu vermitteln und zu verbinden. Manche der entwickelten Ideen sind spektakulär, unrealistisch und versponnen, manche haben Hand und Fuß und könnten gleich umgesetzt werden.

© living utopia

Eine weitere nennenswerte Initiative bildet »living utopia« – ein Aktions- und Projektnetzwerk mit einem ganzheitlichen Anspruch, in dem junge, engagierte Menschen nach den begleitenden Motiven »geldfrei, ökologisch, solidarisch und vegan« Projekte organisieren und verwirklichen.

Durch ihre Projekte sollen »Mitmachräume« geschaffen werden, in welchen Ideen zum Wandel hin zu einer zukunftsfähigen Gesellschaft entstehen und gelebt sowie Hinweise auf Missstände gegeben werden können – mit dem Anspruch, durch Alternativen eine solidarischere Lebensweise zu verfolgen.

Allianzen für die Zukunft schmieden

Das Wichtigste aber ist mithin die gemeinsame Arbeit am Bild einer gelingenden Zukunft. Es geht dabei nicht nur um gute Ideen, sondern vor allem darum, neue Netzwerke und Verbindungen zwischen denen zu schaffen, die die Zukunft dieser Region prägen und bestimmen werden – als Mitarbeiter in Unternehmen und Konsumenten von Produkten, als Eltern und Lehrer, schließlich als zukünftige Bürger und Entscheider in und für die Region. Diese *Allianzen für die Zukunft* versuchen, die private und lokale Lebenspraxis mit Blick auf die globale Verantwortung neu auszurichten, ganz im Sinne von R. Buckminster Fuller, der einmal gesagt hat: »*Der beste Weg, die Zukunft vorherzusagen, ist es, sie selbst mitzugestalten.*«

R. Buckminster Fuller
© Dan Lindsay

WISSEN • BEGREIFEN • HANDELN

1. »Eine gute Vision erwächst …«
Setzt euch mit dem Zitat von Hermann Simon und dem Text von Gertrude Walch auseinander.

© Gertrude Walch

Gedanken von Gertrude Walch
»Alles Leben spielt sich zwischen zwei Polen ab. Balance ist das Prinzip der Polarität, die Energie zwischen diesen zwei Polen. Die Balance ist ein Geheimnis des Lebens, der Ort von Stimmigkeit. Ausgewogenheit ist auch Balance. Ein Zustand des Sowohl-als-auch. Wer die Balance finden möchte, sollte die Extrempositionen kennen. Erst dann ist die Mitte zwischen Spannungsfeldern erkenn- und spürbar. Balance ist Bewegung und Ausgleich. Ein Seiltänzer steuert seine Balancierstange von einer Seite zur anderen ganz leichtfüßig hin und her. Würde er hektisch herumreißen und -zerren, käme er aus der Balance und stürzte zu Boden.«

2. Visionen und Ziele zu haben, ist gesund und drückt Lebendigkeit aus. Welche Möglichkeiten und/oder kreativen Methoden kennt ihr, um Zukunftsvisionen zu entwickeln? Recherchiert! Welche davon gefallen euch und passen zu euch?

© living utopia

3. Selbstentfaltung

a) Bestimmt – wenn möglich – anhand folgender Fragen euren gegenwärtigen Standort:
Wer bin ich und wo komme ich her? Was ist meine Berufung? Was sind meine Kernfähigkeiten, Talente, Bedürfnisse? Wie kann ich diese, zusammen mit Gleichgesinnten, ausleben? Wie kann ich dabei meinem sozialen Umfeld etwas Gutes tun? Was sind meine Visionen für meine Zukunft, und wie kann ich diese entsprechend meinen Fähigkeiten mitgestalten? Wo möchte ich mit wem gemeinsam hin?

b) Welche Perspektiven ergeben sich aus der Standortbestimmung für jeden von euch? Mit welchen Methoden könnt ihr eure Veränderungsschritte effizient planen?

4. »Die Beschleunigung (und die digitale Abwicklung) vieler Prozesse in der heutigen Welt macht die Zukunft noch unübersichtlicher.«

a) Warum bietet sie dennoch neue Chancen und eröffnet neue »Möglichkeitsräume«?

b) Welche neuen Risiken und Bedrohungen sind damit verbunden? Diskutiert diese Fragen anhand von Fallbeispielen.

5. a) Was versteht man unter »digitalem Totalitarismus«, wenn man den Ausführungen des Autors folgt?

b) Beschreibt die Gefahren der digitalen Revolution und diskutiert diese.

c) Hinterfragt die Datenschutz-Thematik beim Umgang der BürgerInnen mit den digitalen Medien. Welche fundamentalen Aufgaben hat die Politik im Kampf um die Freiheit in der digitalen Ära?

© living utopia

6. Es sind zwei sehr widersprüchliche Seiten der modernen Gesellschaft – Fortschritt und Zerstörung.

a) Wie können wir angesichts der vielfältigen, globalen Probleme die Zukunft trotzdem »gestalten«?

b) Setzt euch mit dem »Festival der Utopie« in Braunschweig (2013) sowie mit dem Aktions- und Projektnetzwerk »living utopia« auseinander. Recherchiert dazu auch im Internet.

c) Wie kann eure gemeinsame Mitarbeit an dem Bild von einer gelingenden Zukunft aussehen?

→

7. Zukunftswerkstatt »Festival der Utopie« an eurer Schule oder in der Gemeinde.
Im Rahmen einer Projektwoche lädt die ganze Schulgemeinschaft zu einem »Festival der Utopie« ein. Recherchiert dazu im Internet oder kontaktiert die Initiatoren von »Living Utopia«.

a) Bildet ein schulübergreifendes Organisationsteam für die Erledigung der anstehenden Aufgaben:
   - Programmgestaltung: Leitthema, Themen und ReferentInnen, Workshops, Foren und Ausstellungen, Konzerte und Filme, weitere Beiträge
   - Realisierung: Räumlichkeiten, Formen der Unterstützung, Einladungen an Initiativen, Öffentlichkeitsarbeit …
   - Dokumentation des Festivals: Fotos, Video, Texte, Umfrage/Kurz-Interviews mit SchülerInnen,
   - Evaluierung und Veröffentlichungen: Homepage-Gestaltung, Soziale Netzwerke, Berichte in lokalen Medien oder dem Bürgerfernsehen

b) Rückblick auf eure Erfahrungen: Zieht euer persönliches Resümee.

© Roberta Bergmann / Allianz für die Region GmbH

ZEHN ZUKUNFTSTRENDS – ZEHN ZUKUNFTSFRAGEN

Von Prof. Dr. Armin Nassehi

Die Welt wird immer schneller und wir haben das Gefühl, ihre Entwicklung nicht mehr mit den bekannten Mitteln und Methoden beeinflussen zu können. Viele Prognosen der Zukunftsforschung sind nicht eingetreten. Deshalb muss auch das Nachdenken über die Zukunft neuen Fragestellungen nachgehen. Im Folgenden sollen nicht nur zehn Zukunftstrends vorgestellt, sondern auch zehn Zukunftsfragen gestellt werden.

1. Die Zukunft findet heute statt!

An früheren Zukunftserwartungen kann man erkennen, dass die Zukunft stets mit den Mitteln gebildet wird, die einer konkreten Gegenwart zur Verfügung stehen. Deshalb stimmten Zukunftstrends fast nie. Wer das aber weiß, wird anders mit der Zukunft umgehen …

FRAGE: Was bedeutet das für das Nachdenken über die Zukunft?

2. Eliten müssen Übersetzer werden!

Klassische Eliten sind Experten und Könner in ihrem jeweiligen Gebiet – als wirtschaftliche, politische, wissenschaftliche oder künstlerische Eliten. Neue Eliten müssen in der Lage sein, zwischen solchen Logiken vermitteln zu lernen. Und sie müssen lernen, zwischen kulturellen Selbstverständlichkeiten zu vermitteln.

FRAGE: Was müssen Eliten tun, um dies zu erreichen?

3. Die Demokratie steht unter Druck!

Die Demokratie als europäisches Erfolgsmodell steht unter Druck, da die einfache Regel »wirtschaftliche Prosperität erzeugt demokratische Entscheidungsformen« nicht mehr gilt.

FRAGE: Was tritt an deren Stelle, oder besser: Wie ist Demokratie unter neuen Bedingungen möglich?

4. Die Echtzeitmedien des Web 2.0/3.0 sind eine Revolution!

Die Nutzung des Download-/Upload-Internets und seine mobile Nutzung sind ähnlich revolutionär wie die Erfindung des Buchdrucks, weil diese neuen Medien nicht nur Datenströme verändern, sondern auch die Identität ihrer Nutzer. Vor allem für die jüngere Generation ist die Unterscheidung virtueller und realer Welten nicht mehr zutreffend – das gilt fürs Business ebenso wie für Freizeitverhalten und nicht zuletzt für Kultur.

FRAGE: Welche Folgen und Möglichkeiten stecken in dieser technischen Entwicklung?

5. Die Energiefrage wird zu einer Friedensfrage des 21. Jahrhunderts!

Mit dem absehbaren Ende des Zeitalters fossiler Energien und mit der Erschütterung der Nukleartechnologie wird die Suche nach Energielösungen für das 21. Jahrhundert zur Schlüsselfrage künftiger wirtschaftlicher und politischer Entwicklungen. Es geht nicht nur um technische Lösungen, sondern auch um intelligente politische und wirtschaftliche Umsetzung.

FRAGE: Wie wird dieses Problem gelöst, und wer wird neue Konzepte entwickeln?

6. Der Klimawandel ist eine Parabel auf die Komplexität der Gesellschaft!

Dass »die Gesellschaft« etwas gegen den Klimawandel tun muss, steht außer Frage. Nur reagiert »die Gesellschaft« niemals einheitlich, sondern stets aus unterschiedlichen Perspektiven: aus ökonomischer, aus politischer, aus medialer, aus Verbraucher- oder aus wissenschaftlicher Perspektive. An diesem Weltproblem lässt sich erkennen, wie wenig unsere komplexe Gesellschaft steuerbar ist, selbst wenn wir wissen, was getan werden müsste.

FRAGE: Wie können die unterschiedlichen Perspektiven miteinander vermittelt werden?

7. Terrorismus wird die entscheidende Sicherheitsherausforderung bleiben!

Moderne Gesellschaften sind sehr fragil und mit einfachen Mitteln an ihren Grundfesten zu erschüttern. Das bietet nahezu unkontrollierbare Möglichkeiten für Terrorismus. Die bisherigen militärischen Strategien dagegen sind offenkundig untauglich und nutzen noch das Arsenal des Krieges des 19. und 20. Jahrhunderts.

FRAGE: Welche Sicherheitsstrategien lassen sich entwickeln, ohne die Liberalität von Gesellschaften zu gefährden?

8. Der globale Vernetzungsgrad ist Problem und Lösung zugleich!

Das Ende des Zeitalters autarker Nationalstaaten lässt sich am deutlichsten an der wirtschaftlichen, aber auch politischen Netzwerkstruktur der Weltgesellschaft beobachten. Von der Globalisierung profitiert tatsächlich ein Großteil der Menschen, zugleich aber macht der hohe Vernetzungsgrad ökonomische und politische Zusammenhänge instabil und fehleranfällig – politische Ereignisse und Naturkatastrophen können ganze Ordnungen ins Wanken bringen.

FRAGE: Wie lassen sich moderne komplexe Systeme immuner gegen Fehler gestalten?

9. Nationale und kulturelle Identitäten vermischen sich, verschwinden aber nicht!

Die europäische Idee der nationalen Identität war eine Idee von Autarkie und Reinheit. Dieses Modell ist verschwunden, zugleich werden kulturelle Identitäten und Identitätsansprüche durchaus stark vertreten. Die Identität von Menschen wird sich in Zukunft jedenfalls stark an der Vermischung und Verunsicherung regionaler, nationaler und religiöser Identitäten orientieren müssen.

FRAGE: Welche Folgen hat das für unser kulturelles Selbstverständnis und für Bildungskonzepte?

10. Planungs- und Steuerungskonzepte werden sich verändern!

»Der Ausnahmezustand als Normalfall. Warum wir Krisen zugleich unter- und überschätzen.«

Moderne Gesellschaften zeichnen sich dadurch aus, dass sie in permanenter Dynamik beschleunigt und getrieben sind, letztlich niemals zur Ruhe kommen. Was der Einzelne vielleicht bedauert, ist jedoch ein wichtiger Teil der Kreativität und Problemlösungskompetenz, die moderne Gesellschaften auszeichnet. Insofern unterschätzt man eine Krise, wenn man sie für etwas Temporäres hält, das man durch richtiges Handeln lösen könnte; man überschätzt sie aber auch, wenn man »die Krise« für einen grundlegenden Einschnitt hält, der alles verändert.

»Das Restrisiko und die Organisation von Sicherheit.«

Auf den ersten Blick sieht die nukleare Katastrophe in Japan wie eine Naturkatastrophe aus. Mehr als das aber ist sie eine Organisationskrise. Das freilich bleibt ungesehen, weil die Zurechnung auf eine unverfügbare Natur allzu praktisch erscheint. Das Risiko technischer Prozesse wird in der modernen Gesellschaft sozial aufgelöst – durch Zurechnung auf die menschliche Natur des möglichen Versagens und durch die ökonomische Regulierung von Schäden. Dabei wird oft übersehen, dass auch die technischen Prozesse selbst soziale Prozesse sind. Deshalb ist die Sicherheit der Nukleartechnik vor allem ein Organisationsproblem – ein Aspekt, der in der Debatte bisher nicht systematisch verfolgt wird.

UNSER AUTOR

Prof. Dr. Armin Nassehi (* 1960) forscht vor allem auf dem Gebiet der empirischen Ethikforschung, über medizinische, juristische, ethische und politische Entscheidungen. Gemeinsam mit Ulrich Beck und Norman Braun gibt er die soziologische Fachzeitschrift »Soziale Welt« heraus. Prof. Dr. Nassehi wurde im Rahmen eines Rednerwettstreits von den Studenten zum besten Redner der Universität München gewählt.

© Hans-Günther Kaufmann

Quelle:

www.gastreferenten.de/referenten/spezialthemen/prof.-dr.-armin-nassehi.htm

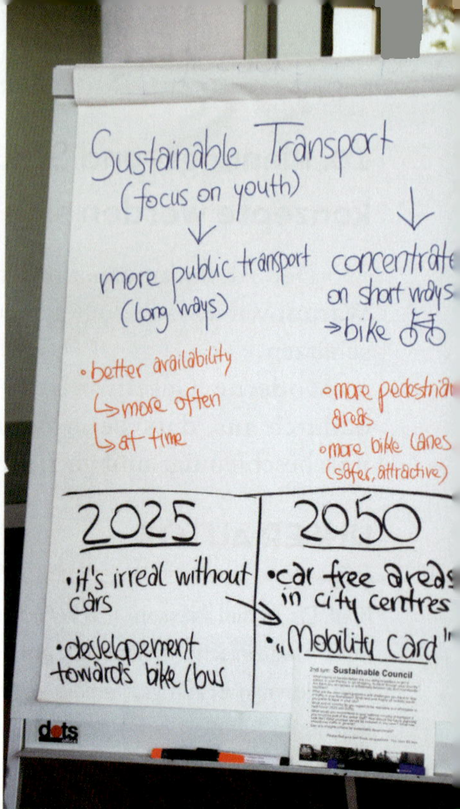

AGILE FUTURES:

Mobilitätsverhalten und Technologienutzung einer aufstrebenden Generation

Von Dr. Wolfgang Müller-Pietralla

»Die Generation Y hat keinen Bock mehr auf Autos«, urteilte der Journalist Helmut Werb bereits 2009 in der »Welt am Sonntag«. Eine aktuelle Umfrage der Allianz-Versicherung zeigt ein anderes Bild auf: »Der Wunsch, ein eigenes Auto zu besitzen, ist weiterhin hoch. 94 Prozent der Befragten äußern sich entsprechend«, resümiert ZEIT-ONLINE im Oktober 2014. Ja, was denn nun? Vermutlich liegt die Wahrheit dazwischen. Daher möchte ich mich in diesem Beitrag zunächst intensiv mit der Lebenssituation, den Lebens- und Mobilitätsbedürfnissen, Erwartungen und Sehnsüchten junger Menschen national und international auseinandersetzen.

Junge Menschen spüren, leider in einigen Weltregionen schmerzlich und hautnah, dass Sicherheiten zu Unsicherheiten werden, vermeintliche wirtschaftliche Stabilitäten zu Instabilitäten werden – mit einem großen Einfluss auf ihre aktuelle und zukünftig erwartbare Lebenssituation. Sie erleben in ihrem Alltag politische und wirtschaftliche Richtungslosigkeit sowie die Erosion des gesellschaftlichen Wertesystems. Sie werden konfrontiert damit, dass der gesellschaftliche Zusammenhalt, verstärkt durch den aufklaffenden Spalt zwischen Arm und Reich, gefährdet ist. Laut der Shell-Jugendstudie von 2010 schauen dennoch 59 Prozent der Jugendlichen zwischen 15 und

24 optimistisch in die Zukunft, vier Jahre zuvor waren es lediglich 50 Prozent. Grund für diese mehrheitlich positive Grundeinstellung ist ein hohes Maß an Idealismus und der Wunsch, aktiv eine neue Gesellschaftsform zu gestalten, deren Fundament auf Kooperation, Respekt und Leidenschaft beruht.

Globale Verbundenheit und Pragmatismus

Junge Menschen nehmen die Gesellschaft als einen globalisierten und vernetzten Organismus wahr, in dem eine Unterscheidung in Rassen, Nationen und soziale Klassen obsolet ist. Ihr Fokus liegt auf verbindenden Lebenskonzepten und der Erkenntnis, dass wir als Menschen alle in einem Boot sitzen. Dies erzeugt in ihnen eine unbändige Kraft, Herausforderungen mutig anzugehen, obwohl oder gerade weil Instabilität und Volatilität ihre Generation prägen.

Gleichzeitig zeichnen sie sich durch einen ausgeprägten Pragmatismus aus. Sie gehen dabei auf Distanz zu einem hedonistischen Lebensstil, suchen die Öffentlichkeit und setzen ihre Ideen, nach zahlreichen Feedbackschleifen, bevorzugt in sozialen Netzwerken und in Organisationen mit flachen Hierarchien um. Dadurch bilden sie einen kollektiven Erfahrungspool, der ihnen Entscheidungswissen und emotionale Stabilität liefert. Der Soziologe Stefan Hradil führte hierzu bereits 2005 aus, dass junge Menschen ihre gesellschaftliche Ortsbestimmung heute eher im Hinblick auf ihre soziale Milieuzugehörigkeit als auf ihre Schichtzugehörigkeit vornehmen.

Dieser Lebensstil geht einher mit der selbstverständlichen Nutzung digitaler Technologien. Viele junge Menschen sehen sich als Quelle und Treiber eines allgegenwärtigen und wertschöpfenden Informationsstromes, welcher ihnen die Möglichkeit gibt, ihre Chancen frühzeitig zu erkennen, Risiken abzuwehren, das Leben bequemer zu gestalten und den eigenen Horizont spielerisch zu erweitern. Technologien wie Robotik, Künstliche Intelligenz oder Augmented Reality werden als natürliche Erweiterung menschlicher Fähigkeiten akzeptiert. Im Umgang mit Daten legen junge Menschen zunehmend Wert auf den Schutz ihrer Intimität und sind bestrebt, die Kontrolle über ihre virtuelle Persönlichkeit zurückzugewinnen.

Vision einer »One Young World«

In Regionen außerhalb Europas, zum Beispiel China und Indien, finden wir als eine Reaktion auf die bisherige gesellschaftliche Uniformität eine Vielfalt an Lebensstilen. Schmelztiegel und Treiber von Kreativität und Fortschritt sind dynamisch wachsende Städte. Sie werden zu lebendigen Laboren und junge Menschen zu »Testpiloten« innovativer Mobilitätskonzepte, wozu zukünftig automatisches Fahren in »Connected Cars« mit unterschiedlichen Antriebskonzepten zum Alltag gehören werden. Tradition und Moderne begegnen sich permanent und verbinden sich zu regional unterschiedlichen Werte-Einstellungen. Dies spiegelt sich dann auch in den Konsumprodukten wider – in China eher der opulente Luxus, in den Industrienationen steht verstärkt Understatement im Mittelpunkt des Lebensstils (vergl. COSIGHT, Cutting Edge Detector 2014).

UNSER AUTOR

Dr. Wolfgang Müller-Pietralla (* 1961), Biologe, Leiter der Abteilung Zukunftsforschung und Trendtransfer in der Volkswagen-Konzernforschung, analysiert mit seinem Team gesellschaftliche und technologische Entwicklungen. Die internen Kooperationen im Konzern sind vielfältig – ein Beispiel: Gemeinsam mit der Konzern-Marktforschung und -analyse werden zukünftige Kundenbedürfnisse beschrieben.

©VW

Das Verschmelzen der Städte zu Metropolregionen, globalisierte Märkte sowie das Bedürfnis der jungen Menschen nach Verbundenheit lassen die Vision einer »One Young World« in greifbare Nähe rücken. Die Informations- und Kommunikationstechnologien machen es möglich. Gewünscht ist eine uneingeschränkte physische und virtuelle Mobilität in einer sich schnell verändernden Welt. Für ein Automobilunternehmen wird es zukünftig darum gehen, jungen Menschen weltweit Mobilitätsangebote zu unterbreiten, die ökonomisch und technologisch überzeugen und ihrem jeweiligen Lebensstil Rechnung tragen: flexibel, finanzierbar, technologisch »state of the art« und dabei kulturell diversifiziert. Diese zu entwickeln, ist unsere gegenwärtige Herausforderung.

INFO: UMFRAGEN DER VOLKSWAGEN-AG – MOBILITÄTSBEDÜRFNISSE VON MORGEN

Welchen Einfluss die Lebensstile von Jugendlichen auf die Mobilität der Zukunft haben, ist noch ungewiss. Dennoch zeichnen sich, laut der Volkswagen-AG, bereits heute folgende Trends ab:

- Das Auto ist, nach wie vor, unverzichtbar für Freizeit und Beruf – zumindest in Deutschland.
- Das Auto ist bei den jugendlichen Befragten weniger mit Prestigeaspekten verbunden, sondern vielmehr mit Mobilitätsnotwendigkeiten.
- Ein Auto zu haben, bedeutet nach wie vor Unabhängigkeit, jedenfalls für die Mehrheit junger Menschen in den Industrienationen und auch in den aufstrebenden Märkten.
- Insbesondere in ländlichen und suburbanen Räumen ist das Auto für viele im beruflichen und privaten Alltag unverzichtbar.

Moderne Nomaden

- Innerstädtisch helfen maßgeschneiderte Apps, die Ressourcen Raum, Zeit und Geld effizient zu managen.
- Hunderte neuer Mobilitäts- und Geschäftsmodelle sind der Beweis für die Bedürfnisse einer nomadisch lebenden Generation, die einfachen, komfortablen Zugang zu Mobilitätsangeboten, Vielseitigkeit und Flexibilität erwartet.
- Prestige wird zunehmend mehr mit der Zugangsqualität zu Mobilitätsangeboten als mit dem Markenimage der Fahrzeuge in Beziehung gebracht.
- Wichtige Kriterien wie Anschaffungs- und Betriebskosten sowie Sicherheit werden auch in Zukunft wichtige Kaufkriterien bleiben.

In Zusammenarbeit mit der Leibniz-Universität Hannover fragte die Volkswagen-AG im Jahr 2010 16- bis 25-jährige Deutsche nach ihren Einstellungen und Wünschen in Bezug auf ihre individuelle Mobilität. Als wichtigste Ergebnisse hielten sie fest:

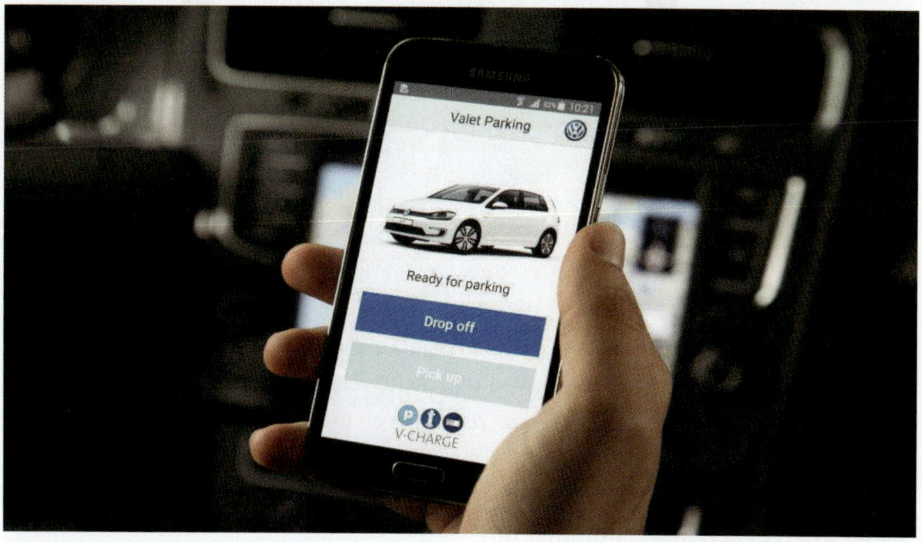

©VW

- Die Bedeutung des Autos für die berufliche sowie nichtberufliche Zukunft wurde sowohl von jungen Männern als auch jungen Frauen als außerordentlich hoch eingeschätzt (86 Prozent beruflich, 82,4 nichtberuflich).
- Auf die Frage nach dem Traumauto junger Menschen in Deutschland stand ein schwarzer Golf auf den vordersten Plätzen der Wunschliste.
- Wichtig waren das »Soundsystem« sowie anpassungsfähige Informations- und Kommunikationsbausteine, die Spaß an der Mobilität ermöglichen.
- Das Auto spielt dann eine entscheidende Rolle, wenn die Familiengründung ansteht.

WISSEN • BEGREIFEN • HANDELN

1. Der Autor beschreibt grob die Situation und Wahrnehmungen der Jugendlichen, die nach 1985 geboren wurden (die sogenannte Generation Y).

a) Gib (mögliche) Sichtweisen und Bedürfnisse der jungen Generation mit deinen eigenen Worten wieder. Versuche dabei auch, internationale Aspekte zu berücksichtigen.

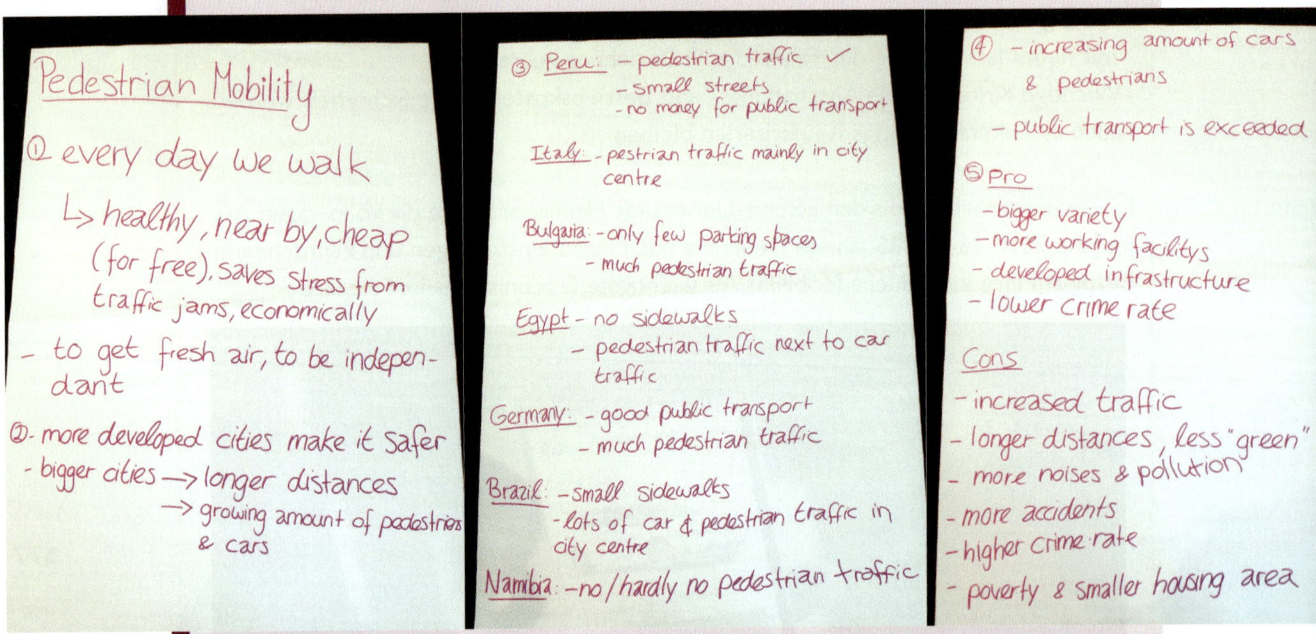

b) Wenn erforderlich, ergänze bzw. korrigierre die Leitgedanken des Autors.

c) Sinnvoll wäre es, deine Gedanken und Sichtweisen (euer Resümee) in einer Mindmap oder einem Cluster zu visualisieren und zu strukturieren.

2. Was kennzeichnet einen »hedonistischen« Lebensstil? Recherchiere dafür. Zu welchen Ergebnissen kommst du?

3. Bekannt ist, dass die Art der Kommunikation im Internet viel Neues möglich macht: kleine Korrekturen des Alters, des Aussehens, des Charakters oder gleich eine ganz neue »virtuelle« Persönlichkeit.

a) Welche Rolle spielen die digitalen Medien in deinem Alltag? Tauscht euch untereinander aus.

b) Diskutiert die Bezeichnung »virtuelle Persönlichkeit«. Recherchiert dazu auch im Internet.

c) Weiter nachgefragt: Wie sehr können virtuelle und reale Persönlichkeiten miteinander verschmelzen? Oder sind und bleiben dies doch viele Paar Schuhe, die man nach Belieben und je nach sozialen Rollen wechseln kann?

4. Wie sieht die Mobilität von morgen aus:

a) Welche Rolle spielt das Auto im Verständnis junger Menschen? Fertigt dazu in Kleingruppen eine Stoffsammlung an. Präsentiert eure Ergebnisse der Großgruppe und wertet diese gemeinsam aus.

b) Der Autor spricht in diesem Zusammenhang von Mobilitätsnotwendigkeiten (siehe Info). Erstellt dazu eine Liste. Welche Bedeutung haben diese verschiedenen Erfordernisse für euch? Welche anderen Faktoren spielen bei dieser Frage eine besonders große Rolle?

c) Welche Trends sieht der Autor im Mobilitätsverhalten weltweit? Findet ihr Gegenargumente für seine Annahmen, und wenn ja, welche?

5. Globale Verbundenheit

©VW

a) Wie sieht die Vision einer »One Young World« heute für dich ganz persönlich aus? Recherchiert dazu auch im Internet. Diskutiert eure Vorlagen miteinander und haltet eure Ergebnisse in einer Stoffsammlung fest.

b) Versucht, eure Visionen grafisch zu visualisieren. Sammelt so viele unterschiedliche Zukunftsbilder wie möglich und stellt diese in einer kleinen Ausstellung zusammen. Ein bunter Reigen eurer Exponate dürfte dann ein tolles Spiegelbild all eurer »Hoffnungen und Zukunftsgedanken« bilden.

6. Vor welchen zentralen Herausforderungen stehen heute Automobilunternehmen? Mit welchen Maßnahmen versuchen die Großkonzerne, diese zu bewältigen? Stellt Vermutungen darüber an und recherchiert dazu in den Medien.

→

7. Wir müssen uns den Herausforderungen der Gegenwart und Zukunft stellen. Was aber bringt die Zukunft? Welche Trends beeinflussen uns alle? Veranstaltet eine Podiumsdiskussion zum Thema »Keine Zukunft ohne Vision für eine nachhaltige Perspektive«.

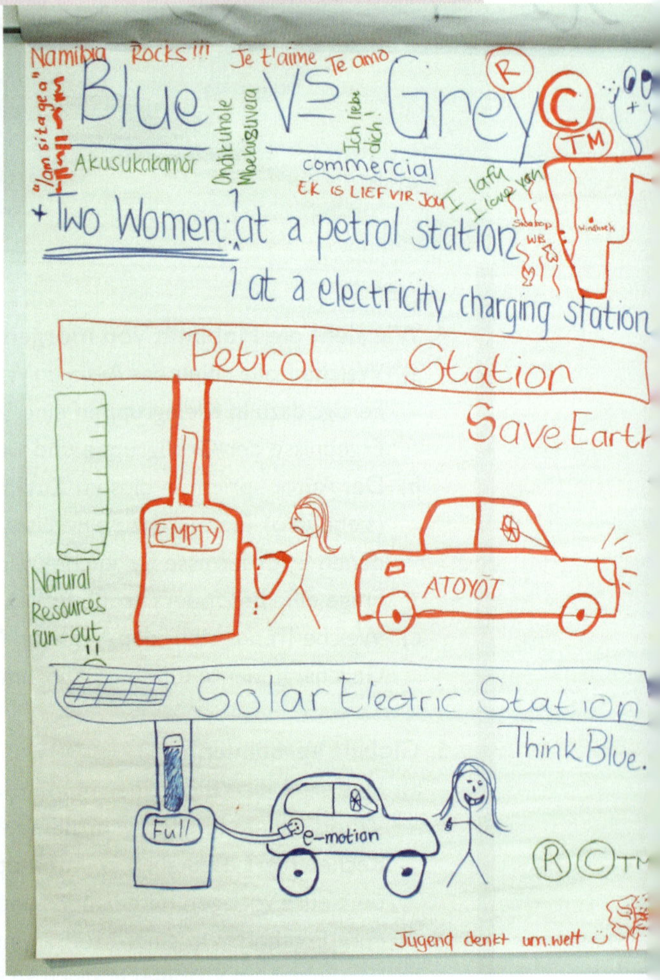

youthinkgreen – Klimabotschafter arbeiten in Wolfsburg an der Mobilität von morgen

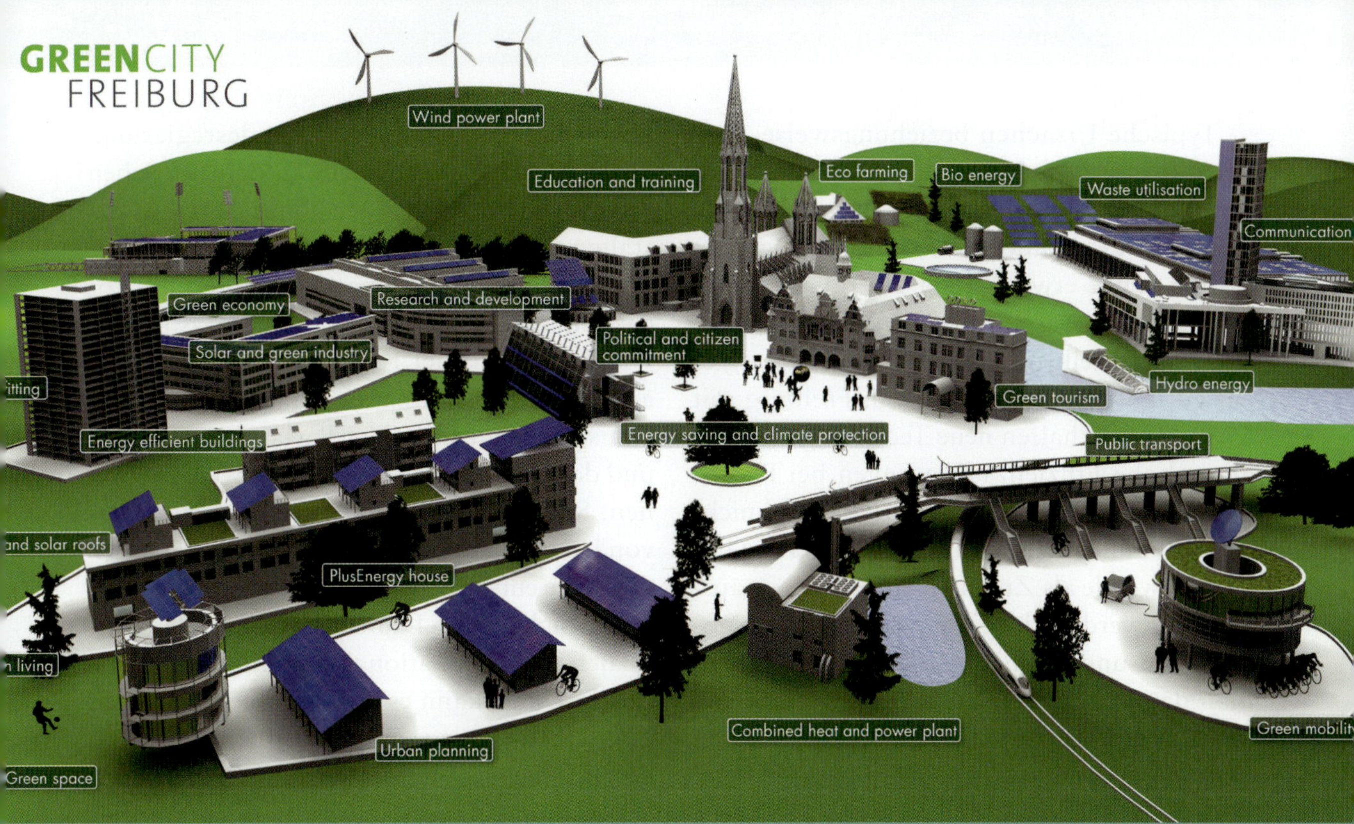

© FWTM Cluster Green City

DER POLITIK IMMER EINEN KLEINEN SCHRITT VORAUS: DIE STADT FREIBURG

Von Prof. Dr. Rainer Grießhammer

Die »Green City Freiburg« ist ein Beispiel dafür, wie Nachhaltigkeitsinitiativen von Bürgern, Wissenschaftlern und Unternehmern Eingang in den politischen Prozess finden und sogar Gesetzgebungsprozesse maßgeblich beeinflussen können. Doch wer Zukunftspionier sein möchte, braucht nicht nur innovative Ideen und starke Kooperationspartner. Auch ein umfassendes Wissen über den typischen Ablauf von Transformationen kann hilfreich sein. Eines darf zudem gewiss nicht fehlen: eine große Portion Geduld.

Zweifel am Gelingen und der Breitenwirkung von Projekten und Aktionen sind der ständige Begleiter von vielen Umweltschützern. Doch ein näheres Verständnis, wie gesellschaftliche Transformationen generell vonstatten gehen, ermöglicht eine bessere (Selbst-)Einordnung von Initiativen und ihren Erfolgsbedingungen. In der Geschichte hat es bereits mehrere große Transformationen gegeben, wobei diese in aller Regel ungeplant oder sogar chaotisch verliefen und erst später in ihrer tatsächlichen Bedeutung begriffen wurden. Beispiele für historische Transformationen sind die neolithische Revolution (der Übergang von der Jäger- und Sammlergesellschaft zur Agrargesellschaft), die erste industrielle Revolution (mit Einführung von Dampfmaschine, Spinnmaschine und mechanischem Webstuhl) oder die zweite industrielle Revolution (mit Einführung von Elektrizität, Autos und Massenproduktion).

Typische Ursachen beziehungsweise Auslöser für Transformationen sind Visionen, Technologien und Krisen. Meist wirken die Ursachen zusammen oder sind zeitlich gestaffelt – wie etwa bei der Energiewende in Deutschland. Auch hier gab es eine klare Vision, dargestellt unter anderem in Strategieentwürfen des Öko-Instituts in Freiburg seit 1980. Zudem halfen neue Technologien – vor allem hohe Effizienzsteigerungen bei Photovoltaik und Windenergie-Anlagen. Und nicht zuletzt können Krisen für die Realisierung der Energiewende als Zünglein an der Waage ausgemacht werden: der Klimawandel, Tschernobyl 1986 und Fukushima 2010. Heute geht man davon aus, dass man Transformationen aktiv in eine gewünschte Richtung gestalten und unterstützen, wenngleich nicht im Detail steuern kann. Diese Wandlungsprozesse dauern zumeist mehrere Jahrzehnte, wie das Beispiel der Energiewende zeigt.

Gestaltung von Transformation – das Beispiel »Energiewende«

Ganze 30 Jahre sind vom ersten zivilgesellschaftlichen Entwurf aus Freiburg bis zum offiziellen Energiewende-Beschluss der Regierung 2010, nach der Fukushima-Katastrophe, vergangen. Dazwischen lagen verschiedenste globale und nationale Ereignisse und Krisen, zum Beispiel Ölkrise, Tschernobyl, Rio-Konferenz, Klimawandel- und -Konferenzen, aber auch erste gesetzliche Maßnahmen in Richtung Energiewende. Beispiele für staatliche Maßnahmen sind die starke Förderung von Strom aus Erneuerbaren Energien (Anfang der 1990er-Jahre), dem 100.000-Dächer-Programm für Photovoltaik (1999–2003) und dem darauf aufbauenden Erneuerbare-Energien-Gesetz 2004. Letzteres garantierte langfristig kostendeckende Erlöse für Strom aus Erneuerbaren Energien. Spätestens nach Fukushima wird nun gesamtgesellschaftlich, unter anderem mit einem Energiekonzept der Bundesregierung, versucht, die Energiewende in den Bereichen Strom, Gebäude und Mobilität aktiv zu gestalten. Dabei werden mehrere Ziele verfolgt: Atomausstieg und Klimaschutz, Energieeffizienz und der Ausbau erneuerbarer Ressourcen.

Am Fallbeispiel Energiewende zeigt sich auch, dass Transformationen keineswegs plötzlich vom Staat und dem Parlament gestartet und dann systematisch umgesetzt werden können. Sehr oft kommen die ersten Aktivitäten von Umweltgruppen, den »Pionieren des Wandels«. Sie entstehen auf kommunaler Ebene und setzen sich erst im Laufe der Zeit auf der nationalen und internationalen politischen Ebene durch. Dabei kann es zwischen den Akteuren durchaus Differenzen geben, auch innerhalb der staatlichen Akteure (z. B. zwischen Bundesregierung, Bundesländern und Kommunen).

Die Gestaltung beziehungsweise »Governance« von Transformationen kann durch idealtypische Modelle dargestellt werden (siehe Abbildung S. 583). Fast alle Initiativen erfolgen auf einer der acht beschriebenen Systemebenen (weißer, innerer Teil der Abbildung). Für die Umsetzung sind zum einen klassische Planungen wie Visionsbildung, Zielsetzung und strategische Planung erforderlich. Zum anderen gibt es bei Transformationen spezielle Herausforderungen wie etwa Suchprozesse und Kooperationen, aber auch Konfliktmanagement (äußerer Teil des Puzzles).

Lokale Initiativen, Umweltgruppen und soziale Bewegungen haben bei Transformationen eine besondere Bedeutung, weil sie soziale und technische Innovationen anstoßen und erproben, die im Erfolgsfall später auf größere Einheiten und auf die nationale und internationale Ebene übertragen werden können (Upscaling). Am Beispiel der Stadt Freiburg wird nachfolgend gezeigt, wie wichtig sogenannte »Nischen-Entwicklungen« für eine spätere transformative Entwicklung sein können.

Bedingungen und Ebenen von Transformationen © Rainer Grießhammer

Die Entstehung der Umweltbewegung in Freiburg

Ende der 1960er-Jahre und in den 1970er-Jahren entstand in vielen industrialisierten Ländern des Westens eine starke Protestbewegung. Für die sogenannte 68er-Bewegung gab es überwiegend gesellschaftspolitische Gründe, wie etwa in den USA und Europa die Ablehnung des Vietnam-Kriegs oder in Deutschland die unzureichende Distanzierung der Kriegsgeneration vom Nationalsozialismus. Auch die politische Unterstützung von Diktatoren in den Öl produzierenden Ländern war Anlass von bürgerlichen Demonstrationen.

Anfang der 1970er-Jahre rückte dann die massive Umweltverschmutzung in den Fokus der Auseinandersetzungen. In den Aufbaujahren nach dem Zweiten Weltkrieg hatte es in den westlichen Ländern eine schnelle und ungehemmte Industrialisierung gegeben, deren Folgen sich in den 1970er-Jahren immer deutlicher zeigten (ähnlich wie heute in einigen Schwellenländern): Dazu zählten ein massiver Ressourcenverbrauch, ein überbordender Autoverkehr, hohe Luftbelastung, umgekippte Gewässer, eine hohe Chemikalienbelastung von Mensch und Umwelt, viele wilde Müllkippen und häufige Störfälle bei Chemie-Unternehmen. Daher entstand in vielen Ländern eine starke Umweltbewegung.

Die Proteste der 68er-Bewegung fanden auch in Freiburg statt, fokussierten sich zunächst gegen Fahrpreiserhöhungen im Jahr

© Thomas Kunz

1968 oder gegen Wohnraumverknappung und Immobilienspekulanten in den 1980er-Jahren. Zunehmend wurde auch für Umweltschutz demonstriert. Dazu zählen die Proteste gegen massiven Autoverkehr, gegen das unweit von Freiburg geplante Atomkraftwerk (AKW) in Wyhl, gegen die Wasserverschmutzung und gegen das sichtbare Waldsterben ab den 1980er-Jahren. In Freiburg entstanden eine starke autonome Szene und eine starke Umweltbewegung.

Freiburg wurde gleichzeitig zu einer Hochburg der Grünen Partei. Bereits seit 1980 sind die Grünen im Freiburger Gemeinderat vertreten. 2002 wurde Dieter Salomon zum ersten grünen Oberbürgermeister einer deutschen Großstadt gewählt.

Green City – Umwelthauptstadt Freiburg

Den Ruf als Umwelthauptstadt, Solarhauptstadt und Green City genießt Freiburg vor allem durch seine vielen Umweltinitiativen und wegweisenden Modellprojekte. Einige davon möchte ich kurz vorstellen:

Das Öko-Institut Freiburg © Mangan02

1. Freiburg – Wiege der Anti-AKW-Bewegung

Das 1973 in der Nähe von Freiburg geplante AKW Wyhl wurde nach jahrelangen Protesten von Bauern in der Region, Freiburger Bürgern und Studenten verhindert. Der Freiburger Gemeinderat forderte bereits 1986 den bundesweiten Ausstieg aus der Atomenergie und den Einstieg in Solarenergie. Bundesweit wurde der Atomausstieg erstmals im Jahr 2000 vereinbart (sog. Atomkonsens) und 2010/2011 gesetzlich beschlossen.

Wissenschaftler und Bürgerinitiativen aus der Anti-AKW- und Umweltbewegung gründeten 1977 das gemeinnützige Öko-Institut e. V., weil sich die Universitäten und Wissenschaften in diesem Zeitraum zu wenig um Umweltprobleme kümmerten. Einige Wissenschaftler unterstützten stattdessen umwelt- und gesundheitsbelastende Anlagen, Chemikalien und Technologien. Die Argumente der Umweltbewegung und des Freiburger Öko-Instituts wurden von diesen damals mit einer gewissen Regelmäßigkeit als falsch oder unwissenschaftlich deklariert.

2. Die Energiewende mitgeprägt

Bereits 1980 veröffentlichte das Öko-Institut die wegweisende Studie: »Die Energiewende – Wachstum und Wohlstand ohne Erdöl und Uran« – mit einem klaren Fokus auf Atomausstieg, Energiesparen und Energieeffizienz sowie den Ausbau der Erneuerbaren Energien. 1986 initiierte das Öko-Institut die Gründung von Energiewende-Komitees in zirka 400 Städten und Regionen, die in der Folge einen großen Einfluss auf die weitere Umsetzung der Energiewende in Deutschland hatten und bis heute haben.

3. Kultur- und Medienschaffende ins Boot geholt

1984 wurde in Freiburg das Ökomedia-Institut gegründet, welches im selben Jahr das erste Internationale Umwelt-Film-Festival veranstaltete und dies dann jährlich bis 2004 fortführte. In Kooperation mit Ökomedia entstanden Filmfestivals in Japan (1992), Moskau (1993) und Peking (2001).

4. Solarenergie gefördert – zuerst in Freiburg, dann weltweit

In Freiburg entwickelte sich eine bundes- und weltweit einzigartige Solarbewegung und Solarwirtschaft. Durch das Fraunhofer-Institut für Solarenergie etwa wurden Technologieentwicklungen im Bereich Photovoltaik vorangetrieben. Freiburg war jahrelanger Spitzenreiter der Solarbundesliga (2003–2006) und die Großstadt mit den meisten installierten Photovoltaikanlagen.

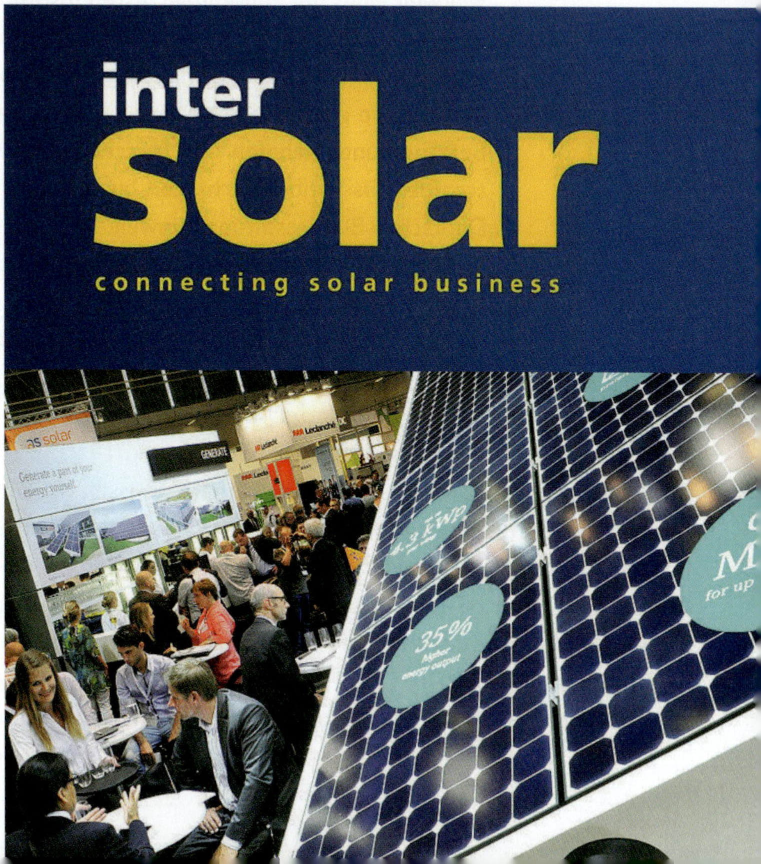

© Solar Promotion International GmbH

INFO 1: DIE STADT FREIBURG ALS PREISTRÄGER

Freiburg wurde in Wettbewerben und Rankings vielfach als besonders ökologische und nachhaltige Stadt ausgezeichnet:

- 1992: Deutsche Umwelthauptstadt
- 1995: Europäischer Nahverkehrspreis
- 2000: Würdigung als Region der Zukunft
- 2002: Dubai Award – Weltsiedlungspreis der Vereinten Nationen für das Freiburger Quartier Vauban
- 2007: European OSMOS Award
- 2009: European Green Capital Award
- 2010: Federal Capital Climate; The European City of the Year, Urbanism Area
- 2011: Sustania 100; Stadt der UN-Weltdekade
- 2012: Deutscher Nachhaltigkeitspreis in der Kategorie Großstädte

INFO 2: INSTITUTE UND WISSENSCHAFTLER IN FREIBURG

Das Öko-Institut e.V. in Freiburg galt zu Beginn als »anfängliches Außenseiter-Institut«. Mittlerweile ist das Zentrum der angewandten Umweltwissenschaften in der EU und weltweit eines der renommiertesten Institute. Schon seit den 1980er-Jahren wurden im Öko-Institut viele Projekte transdisziplinär durchgeführt – also unter Einbezug unterschiedlicher Wissenschaften. www.oeko.de

Mittlerweile gibt es in Freiburg Hunderte von kleinen und großen Umweltinstituten, Beratungsunternehmen und forschungsorientierten Unternehmen. Sieben Wissenschaftler aus Freiburg erhielten bis zum Jahr 2013 den Deutschen Umweltpreis der Deutschen Bundesstiftung Umwelt.

Ausgehend von einer kleinen Solarmesse in Pforzheim wurde in Freiburg im Jahr 2000 die große Intersolar gegründet, die zur international führenden Fachmesse für Solarwirtschaft wurde. Bereits 2007 musste die Messe aus Platzgründen nach München umziehen – mit Freiburg als Mitveranstalter. 2008 wurde die Intersolar North America in San Francisco aus der Taufe gehoben, die Intersolar India in Mumbai folgte 2009, die Intersolar China in Peking 2011 und die Intersolar South America 2013.

5. Energieeffizientes, nachhaltiges Bauen und Wohnen

Ab Ende der 1990er-Jahre wurde auf einem großen freigewordenen Kasernengelände mit rund 38 Hektar das Quartier Vauban gebaut – ein stark verkehrsberuhigtes Wohngebiet für rund 5.500 Bewohner. Niedrigenergiebauweise war hier verpflichtend. Eine Passiv- oder Plusenergie-Bauweise und der Einsatz von Solartechnik wurden für die meisten Häuser Standard. Die Wärmeversorgung wird durch

Quartier Vauban in Freiburg © Claire7373, Andrewglaser

ein Blockheizkraftwerk gedeckt, das mit Holzhackschnitzeln betrieben wird.

Gegenüber vom Vauban liegt eine Solarsiedlung, welche aus 79 Plusenergiehäusern und einem Büro-Gewerbe-Komplex besteht. Alle Gebäude sind im Passivhausstandard errichtet, die Dächer wurden komplett mit Photovoltaikanlagen gedeckt. Die Häuser erzeugen in der Summe mehr Energie, als die Bewohner der Häuser insgesamt verbrauchen – daher der Name Plusenergie-Bauweise. Die überschüssige Energie wird ins allgemeine Stromnetz eingespeist. Der verbleibende geringe Wärmebedarf wird vom Hackschnitzelkraftwerk des Vauban-Quartiers gedeckt.

6. Initiativen für mehr Energieeffizienz

Auf Initiative und mit Begleitung des Öko-Instituts wurde 1996 in Freiburg die Aktion »Meister Lampe« durchgeführt. Der örtliche Energieversorger und die Stadtwerke Freiburg verteilten kostenlos Energiesparlampen an ihre Kunden. Mit der Aktion wurden 90 Prozent der Freiburger Haushalte erreicht. Die Aktion war Vorbild für viele weitere Projekte in Deutschland und weltweit. Von Freiburg aus wurden große Einsparprojekte in ganz Kuba und an der Universität Mexiko (300.000 Studenten) vorbereitet und begleitet.

Das Aufzeigen der großen Unterschiede im Stromverbrauch zwischen energieeffizienten und konventionellen Produkten durch solche und ähnliche Aktionen (siehe Website EcoTopTen) war ein wesentlicher Grund für die europäische Ökodesign-Richtlinie. Mit dieser wurden im Zeitraum von 2005 bis 2014 wenig energieeffiziente Produkte in über 30 Produktgruppen verboten, unter anderem die klassischen Glühlampen, aber auch Kühlschränke, Waschmaschinen etc. Projekte, um die Bürger in Freiburg zum Stromsparen anzuregen und diesbezüglich zu beraten, ergänzten diese Initiativen.

7. Nachhaltigkeitskonzepte im Verkehrsbereich

Im Jahr 1992 wurde die kostengünstige Regiokarte eingeführt, mit welcher der Öffentliche Personennahverkehr (ÖPNV) und die Eisenbahnzüge in Freiburg und in dem umliegenden Landkreis genutzt werden können. Parallel wurde in den Folgejahren das Straßenbahnnetz in Freiburg deutlich ausgebaut. Dadurch erreichte Freiburg eine intensive Nutzung des ÖPNV (18 Prozent aller Wege). Durch die hohe Zahl umweltbewusster Bürger und den Ausbau von Radwegen, den Bau eines Fahrradparkhauses und fahrradfördernde Verkehrsregelungen wurde in Freiburg mit 26 Prozent ein ungewöhnlich hoher Anteil des Radverkehrs erreicht. Dementsprechend hat der Autoverkehr mit 33 Prozent einen vergleichsweise niedrigen Anteil. Ebenso hat Freiburg einen für Deutschland und Großstädte vergleichsweise niedrigen Anteil an Kraftfahrtzeugen (469 KFZ/1.000 Einwohner; deutschlandweiter Durchschnitt: 622 KFZ/1.000 Einwohner).

Fazit: Was »Pioniere des Wandels« brauchen

Dies waren nur einige Beispiele für Modellprojekte, die in Freiburg aus der Taufe gehoben wurden. Weitere Initiativen, etwa zur Abfallvermeidung, zum Wassersparen, zur Förderung des Anbaus von Bio-Lebensmitteln oder für energieeffizientere Kliniken zeigen, dass die bürgerlichen und unternehmerischen Umweltbewegungen in Freiburg stets auf ganzheitliche Nachhaltigkeitskonzepte bedacht waren und sind. Fast alle beschriebenen Aktionen wurden durch einzelne Pioniere, lokale Umweltgruppen und Akteursbündnisse initiiert, später dann durch wissenschaftliche Institute und Unternehmen und deren visionäre Führungskräfte getragen und zunehmend von den lokalen Parteien, gesellschaftlichen Akteuren und der Stadtverwaltung unterstützt.

Das lokale Setting in Freiburg bot Möglichkeiten zum konstruktiven Austausch – durchaus auch in anregender Konkurrenz. Zugleich entstand ein gutes »Klima für sozial-ökologische Innovationen«, das weitere Pioniere anzog und sich langfristig etablierte. Die Zusammenarbeit erfolgte sowohl informell über personelle Verflechtungen als auch über organisierte Zusammenschlüsse. Die Rückschau der Beispiele zeigt zum einen, wie wichtig solche ersten Initiativen, visionäre Persönlichkeiten sowie Akteurskooperationen sind, aber auch, dass es lange dauern kann, bis sich Innovationen auf nationaler und internationaler Ebene durchsetzen. Die gute Nachricht ist: Wenn man einen langen Atem mitbringt, können viele Nischen-Projekte gelingen! Und manchmal ist ihre Strahlkraft und langfristige Wirkung rückblickend viel größer, als die Initiatoren selbst es je für möglich gehalten hätten.

Links:

www.oeko.de
www.ecotopten.de
www.topten.info

UNSER AUTOR

Prof. Dr. Rainer Grießhammer (* 1953), promovierter Chemiker, langjähriges Mitglied des Freiburger Öko-Instituts; Publizist, Honorarprofessor für Nachhaltige Produkte an der Albert-Ludwigs-Universität in Freiburg. Arbeitsschwerpunkte: produktbezogener Umwelt- und Klimaschutz sowie nachhaltige Industriepolitik. 2010 erhielt er den Umweltpreis der »Deutschen Bundesstiftung Umwelt«.

WISSEN • BEGREIFEN • HANDELN

1. Wandel und Wissenschaft

a) Was bezeichnet man als »Transformation«? Erläutere den Begriff in unterschiedlichen Wissenschaftsdisziplinen (Politik, Soziologie, Philosophie) und/oder in seiner künstlerischen und umgangssprachlichen Verwendung, möglichst anhand von Beispielen.

b) Was sind typische Auslöser für gesellschaftliche Transformationen?

c) Beschreibe Gestaltungs- und Lenkungsmöglichkeiten von großen Transformationen mithilfe des abgebildeten Modells. Welche Gruppierungen nehmen hierbei oftmals und auf welchen Ebenen eine besondere Rolle ein? Nimm kritisch Stellung zu den Ansichten des Autors in Bezug auf diese Frage.

d) Was sind Vorteile, was sind Nachteile von solchen idealtypischen Modellen? Welche Fragen und Aspekte im Rahmen von Transformationsprozessen lassen sich anhand dieses Modells nicht gut analysieren? Begründe.

2. Erläutert die Entstehung der Umweltbewegungen in Freiburg. Welche gesellschaftspolitischen Umstände und Ursachen unterstützten diesen Prozess besonders?

3. »Green City« Freiburg

a) Beschreibt verschiedene Initiativen, die in Freiburg entstanden sind, und erarbeitet deren Bedeutung für Veränderungen auf lokaler und regionaler Ebene.

b) Setzt euch mit den wegweisenden Modellprojekten, die in Freiburg entwickelt wurden, intensiv auseinander. Recherchiert die Hintergründe dazu und ergänzt die wertschätzenden Aussagen des Autors um kritische oder problematische Aspekte.

Solarsiedlung in Freiburg © Andrewglaser

4. Welche verschiedenen Schritte und Handlungsweisen sind vonnöten bzw. hilfreich, um eine zunächst kleine Initiative erfolgreich weiterzuentwickeln und ihr zu regionaler oder gar nationaler Bedeutung zu verhelfen? Greife bei der Beantwortung auch auf vorherige Recherchen zurück.

5. Diskutiert das Nachhaltigkeitskonzept für den Verkehrsbereich der Stadt Freiburg miteinander.

a) Welche ähnlichen Konzepte lassen sich in anderen Klein- oder Großstädten finden?

b) Welche dieser recherchierten Konzepte wären in eurer Heimatstadt am vielversprechendsten und sinnvollsten umsetzbar? Beachtet dabei sowohl soziale als auch ökologische Aspekte. Hintergrundinformationen zu dieser Frage findet ihr im Beitrag zur Mobilität im Themenfeld 4.3.

6. Wie schafft man in Städten ein gutes Klima für sozialökologische Innovationen? Wie unterscheidet sich dieses vermutlich von dem in ländlichen Gegenden?

7. Auch in Freiburg, einer der grünsten Städte in Deutschland, läuft noch nicht alles perfekt. Recherchiert, welche größeren Schwachstellen es hinsichtlich einer nachhaltigeren Lebensgestaltung der BürgerInnen und einer klimaneutraleren Entwicklung in der Kommune gibt.

8. Unter dem Motto »Immer einen kleinen Schritt voraus« wollt ihr in eurer Schule bzw. in der Kommune tätig werden.

a) Sondiert und hinterfragt dazu ein ausgewähltes Themenfeld, beispielsweise »Energiewende mitgestalten« oder »Energieeffizientes Wohnen« in eurem kommunalen Umfeld.

b) Entwickelt eine Kampagne, um gemeinsam mit vielen Verbündeten Initiativen wie »Energiewende an der Schule« bzw. »Energiewende hat Vorfahrt« zu starten und erfolgreich umzusetzen. Schaut euch dabei nach starken PartnerInnen und PionierInnen um, die in dem von euch gewählten Themenfeld schon aktiv sind. Baut gemeinschaftlich auf ihren Erfahrungen und Errungenschaften auf und nutzt bereits vorhandene Strukturen.

youthinkgreen-Klimabotschafter beglückwünschen Rainer Grießhammer zum Deutschen Umweltpreis 2010

5.2 BLICKE ÜBER DEN TELLERRAND - INS AUSLAND

Einleitung

Im vorherigen Abschnitt haben wir uns mit den unterschiedlichsten Zukunftsperspektiven beschäftigt, hauptsächlich aus einem europäischen Blickwinkel heraus. Mit den nachfolgenden Texten möchten wir euch die Zukunftsvisionen und Nachhaltigkeitsinitiativen aus anderen Ländern und Kulturen vorstellen.

Die Umweltaktivistin und Journalistin Sunita Narain beschreibt die zentralen Herausforderungen ihres Heimatlandes Indien beim Kampf gegen die zunehmende Verschmutzung von Gewässern durch BürgerInnen, Industrie- und Landwirtschaft. Am Umgang mit den Wasserressourcen, so Narain, wird sich die Zukunft in Indien entscheiden. Narain wünscht sich, dass das aufstrebende Schwellenland, die größte Demokratie der Welt, alternative Wege des Wachstums findet, anstatt die Fehler der westlichen Industrieländer zu kopieren.

Das kleine ostafrikanische Land Ruanda scheint solche alternativen Entwicklungspfade bereits für sich gefunden zu haben. Die Hauptstadt Kigali gilt mittlerweile als die sauberste Stadt Afrikas. Seit Anfang des 21. Jahrhunderts verfolgt die Regierung ihre eigene Vision von Nachhaltigkeit und lässt die Realisierung dieser auch über Gesetze, Pläne und Programme anordnen, wie Dr. Rose Mukankomeje berichtet. Einzigartig auf dem gesamten Kontinent ist das nationale Verbot von Plastiktüten, welches auch über strenge Kontrollen durchgesetzt wird. Charlotte Zink hat sich in dem Land umgeschaut, mit vielen Menschen gesprochen und recherchiert, welche positiven Effekte dieses Gesetz mit sich gebracht hat, beispielsweise für Unternehmer und Näherinnen.

Ganz anders wiederum sieht die Situation in Israel aus. Nicht Klimaschutz, Erneuerbare Energien oder gar Nachhaltigkeit stehen auf der politischen Tagesordnung, sondern die Außen- und Sicherheitspolitik. Nora Marie Zaremba hat in Tel Aviv immerhin eine kleine Wohngemeinschaft gefunden, die sich dem Mainstream-Konsum widersetzt. Tami Zori stellt fast alle ihre Gebrauchsgegenstände selbst her, auch Putzmittel und Hygiene-Artikel. Das Obst und Gemüse beziehen sie und ihre Freunde vom Bauern in der Umgebung. Zudem hat

sie das Online-Projekt »City Tree« gestartet und gibt dort allen Interessierten Tipps rund um die Themen Permakultur, Ernährung und Kompost.

Auch Nora Guzu aus Neuseeland hat in Wellington eine kleine Gemeinschaft entdeckt, in der Menschen anders leben wollen als nach dem herkömmlichem Modell von Arbeit, Kleinfamilie und Zeitstress. Mel Beirne engagiert sich in der Transition-Town-Initiative ihrer Heimatstadt und pflanzt in ihrer Freizeit Apfelbäume, Erdbeeren und Blumen in einem kleinen Gemeinschaftsgarten an. Im Interview erläutert sie, warum Projekte und Fähigkeiten zur lokalen Selbstversorgung zukunftsweisend sind und wie nachbarschaftliches Engagement gestärkt werden kann.

So unterschiedlich die Situation in den vier Ländern, die sozialen Rollen und Ansichten der porträtierten Menschen und ihre Initiativen auch sind: Sie zeigen uns ganz deutlich, dass Mut und Innovationskraft sowie nachhaltiges und zukunftsfähiges Denken und Handeln eine untrennbare Einheit bilden.

© Ariane Missuweit

AUFSTREBENDES INDIEN: UNSER LEBENSELIXIER IST IN GEFAHR

Von Sunita Narain

Wasser ist unsere Lebensgrundlage! Doch vom Menschen verursachte Abwässer und Verschmutzungen führen dazu, dass die nutzbaren Süßwasservorräte in Indien schwinden. Übernutzung von Pumpen lässt zudem die Grundwasserspiegel sinken. Die Urbanisierungsprozesse schreiten unaufhaltsam voran und damit auch die Sorgen und Probleme in Bezug auf das Wassermanagement in Städten, den Zustand der Flüsse und der Wasserläufe sowie den Umgang mit kommunalen Abwässern. Wasser ist das Thema, welches über unsere Zukunft in Indien entscheidet. Wie könnten Lösungen aussehen?

Eine lange Zeit war das nicht so, doch mittlerweile stehen Umweltfragen in Indien im Zentrum des öffentlichen Interesses. Und dennoch verbessern sich die Zustände nicht, ganz im Gegenteil: Die Verschmutzung in unseren Flüssen ist heutzutage noch schlimmer als vergleichsweise in den 1980er-Jahren, trotz aller Bemühungen, dieses Problem einzudämmen, trotz vieler Investitionen zum Beispiel in Kläranlagen. Unser neuer Reichtum brachte mehr Verschmutzungen und Schädigung der Umwelt mit sich. Das Einzige, was helfen könnte, wäre ein wahrer Paradigmenwechsel, der nachhaltige und erschwingliche Produktionsweisen ermöglicht und einfordert.

Im Bericht des Centre for Science and Environment (CSE) aus dem Jahr 1991 mit dem Titel »Floods, Floodplains and Environmental

Myths« (deutsch: »Überschwemmungen, Überschwemmungsgebiete und Umwelt-Mythen«) haben wir damals die umstrittene These aufgestellt, dass viele Überschwemmungen in Indien als Folge von Fehlplanungen bei Staudämmen von Flüssen und Stromnetzen eingetreten sind. Ingenieure waren damals der Meinung, dass sie die Natur besiegen, den Verlauf von Flüssen ändern und das Abfließen in Überschwemmungsgebiete mit technischen Mitteln stoppen können. Heute, vor dem Hintergrund des Wissens um den anthropogenen Klimawandel und den damit einhergehenden extremeren und unbeständigen Niederschlägen, erlangen die Resultate von damals ein neues Gewicht.

hatten zu leben, in großer Verbundenheit und Dankbarkeit, den Regen wertschätzten und ihn zu »zähmen« wussten. Der Bericht präsentierte daher Alternativen zu den modernisierten, technischen Methoden der Wassernutzung und -versorgung, die Ende der 1990er-Jahre vorherrschten.

2012 erschien dann die Studie »Excreta Matters: How urban India is soaking up water, polluting rivers and drowning in its own waste« (deutsch: »Die Bedeutung von Exkrementen – wie die Urbanisierung Indiens Wasservorräte aufzehrt, Flüsse verdreckt

INFO 1: DAS INSTITUT CSE IN INDIEN

Das Centre for Sciene and Environment (CSE) ist eine Nichtregierungsorganiation (NRO) und fungiert als Rating-Agentur von Unternehmen nach ökologischen Gesichtspunkten in Neu-Delhi, Indien. Gegründet wurde die NRO 1980 von einer Gruppe von Wissenschaftlern, Journalisten, Ingenieuren und Umweltaktivisten. Geleitet wird das CSE von Sunita Narain, der Autorin dieses Artikels. Erklärtes Ziel des Instituts ist es, Lösungen für industrielle Umweltprobleme in Indien zu finden und zu promoten.

Traditionelles Wissen versus moderne Technik

In einer anderen Studie aus dem Jahr 1997 mit dem Titel »Dying Wisdom: the rise, fall and potential of India's traditional water harvesting systems« (deutsch: »Vergessenes Wissen: Aufstieg, Fall und Potenziale traditioneller Methoden der Wassersammlung und -speicherung in Indien«) haben wir die technologischen Errungenschaften und Wunderwerke der traditionellen Wasserversorgung in den diversen Ökosystemen in Indien beleuchtet. Detailreich schildert die Studie, wie die Bewohner in jeder Region in Indien in jahrzehntelangen Prozessen mit den vorhandenen Wasserressourcen gelernt

und das Land in seinem Abfall zu ersticken droht«). Darin wird die Frage gestellt, wie wir das Wassermanagement verändern müssen, um nicht – sinnbildlich gesprochen – in unseren Fäkalien zu versinken. Diese Probleme betreffen uns alle! Jeder von uns benötigt Wasser im Haushalt. Unser aller Müll fließt in die Abwässer, und wir können die großen und kleinen Flüsse vor unseren Augen sterben sehen. Aber manche Menschen in Indien ziehen daraus immer noch nicht die richtigen Schlüsse. Sie sehen die Verbindung nicht zwischen einer Klospülung (welche mehr als die Hälfte der Menschen in unserem Land nicht haben) und dem Zustand unserer Flüsse.

Milliarden Dollar für die Säuberung des Ganges

Nehmen wir das Beispiel des Ganges, des längsten und wichtigsten Flusses Indiens. Er bedeckt 26 Prozent der Landesoberfläche, und 43 Prozent der Bevölkerung versorgen sich mit seinem Wasser. 1986 hat die indische Regierung den »Ganga Action Plan« (GAP) beschlossen. Im August 2009 wurde dieser Handlungsplan noch einmal aus der Schublade gezogen, und die Institution »National Ganga River Basin Authority« wurde erneut mit der Umsetzung betraut. Doch trotz milliardenschwerer Säuberungsprogramme dümpelt in Indiens größtem Strom der Müll weiter vor sich hin. Auch die gesundheitsgefährlichen Abwässer fließen weiter in den Ganges. Und jüngste Studien belegen sogar eine Verschlechterung der Wasserqualität. Die Verschmutzungsmengen und -kennzahlen steigen selbst in den Flussabschnitten, die als gesäubert deklariert wurden.

Die meisten Gelder der Umweltmaßnahmen flossen in Infrastruktur-Programme, ohne dass deren Effektivität und Nutzen ausreichend Beachtung geschenkt wurde. Die meisten Städte haben weiterhin keine ausreichende Infrastruktur, um den Müll in die bestehenden Klärwerke zu transportieren. Und zudem haben nur wenige Städte und Kommunen die finanziellen

UNSERE AUTORIN

Sunita Narain (* 1961), indische Umweltschützerin und -Aktivistin, setzt sich für eine nachhaltige Entwicklung in ihrer Heimat und weltweit ein. Sie leitet das »Centre for Science and Environment« sowie die »Society for Environmental Communications« in Neu-Delhi. Zudem ist sie Chefredakteurin des Magazins »Down To Earth«.

© Pfly

Möglichkeiten, die Kläranlagen in Betrieb zu halten.

Umso schlimmer wiegt die Tatsache, dass die Mengen an Müll und Verunreinigungen, welche in Kläranlagen gefiltert werden sollen, weit unterschätzt wurden und werden. Eine kürzliche Analyse der »Central Pollution Control Board« (CPCB) zeigt, dass die Differenz zwischen den offiziellen, mutmaßlich verschmutzten Wassermengen und den tatsächlich gemessenen Mengen der eingeleiteten Abwässer in den Ganges etwa 3,364 Millionen Liter am Tag beträgt. Dies bedeutet eine um 123 Prozent höhere Verschmutzungsrate als von den Experten zunächst angenommen.

Endlich Erfolge haben

Eine umfassende Lösung der Wasserverschmutzung des Ganges muss drei verschiedene Problembereiche tangieren: Erstens müssen wir Wasserressourcen aufspüren und nutzen, mit denen die Verschmutzung ausgedünnt beziehungsweise aufgehoben werden kann. Zweitens müssen wir innovative Möglichkeiten finden, die Menge des Abfalls und der Abwässer, welche in die Flüsse geleitet werden, zu kontrollieren und zu verringern. Und drittens brauchen wir effektive Maßnahmen, um Unternehmen und Konzerne an der massenhaften Wasserverschmutzung zu hindern.

Wir sollten die Maßnahmen des kommunalen Wassermanagements in Indien stärker auf die Methode des Ausdünnens mit sauberen Wasserressourcen ausrichten, da viele Gemeinden die Kosten für Kläranlagen nicht zahlen können. Die Standards sehen einen zehnfachen Verdünnungsfaktor vor, um starke Wasserverschmutzung auf ein akzeptables Niveau zu senken.

Der Nenngasdurchfluss für die Gewässer sollte, nach den gültigen Qualitätskriterien, einen Biochemischen Sauerstoffbedarf von 30 BSB oder niedriger betragen (siehe Info 2). Wenn die Flüsse genügend Wasser führten, könnten die Städte viel für teure Kläranlagen einsparen. Stattdessen würde der stetige Wasserzufluss die Fähigkeit der Natur, sich selbst zu reinigen und zu regenerieren, unterstützen.

Doch wo sollen wir die zusätzlichen Wassermengen für den Zufluss an den Verschmutzungsherden hernehmen? Eine stärkere Wasserentnahme flussaufwärts würde den Bauern, Städten und Industrien dort buchstäblich das Wasser abgraben und scheint daher keine gute Lösung zu sein.

Stattdessen sollte vorgeschrieben werden, dass der benötigte zusätzliche Wasserzufluss aus den Ressourcen der betroffenen Stadt oder den der Staatsregierung eigenen Quellen zur Verfügung gestellt werden muss. Damit stünde die Regierung vor der Wahl, entweder Sammelbecken für Wasser des Monsun-Regens zu errichten, die der Verdünnung dienen können, oder aber Flusswasser entnehmen zu lassen und dafür ausgleichende Maßnahmen zu tätigen, um den Wasserbedarf für die Haushalte, die Landwirtschaft und Industrie in den entspre-

INFO 2: SCHMUTZSTOFFPARAMETER FÜR WASSER

Der Biologische Sauerstoffbedarf (BSB), englisch »biochemical oxygen demand« (BOD), gibt die Menge an Sauerstoff an, die zum biotischen Abbau im Wasser vorhandener organischer Stoffe unter bestimmten Bedingungen und innerhalb einer bestimmten Zeit benötigt wird. Insbesondere dient der Biologische Sauerstoffbedarf als Schmutzstoffparameter zur Beurteilung der Verschmutzung von Abwasser.

© Ariane Missuweit

chenden Gegenden der Wasserentnahme zu decken. Mit anderen Worten: Alle Wassernutzer müssen dazu angehalten werden, ihren Bedarf genau zu planen und danach zu richten, was der Fluss entbehren kann, anstatt beständig über die eigenen ökologischen Verhältnisse zu leben.

Keine Müllabfuhr – kaum Kanalisation

Zweitens muss bei der Planung der Abfallentsorgung beachtet werden, dass städtische Zentren nicht die Kapazitäten haben, um moderne Kanalsysteme in dem Umfang und in der Geschwindigkeit zu errichten, wie sie eigentlich benötigt würden. Daher müssen für die Müllabfuhr neue Konzepte erstellt werden, die es – parallel zur Planung von Aufbereitungsanlagen – zu implementieren gilt.

Drittens sollte bei der Planung berücksichtigt werden, dass wir noch meilenweit von dem Aufbau einer funktionierenden unterirdischen Kanalisation entfernt sind. Wie auch immer wir mit Schmutzwasser umgehen, es sollte unbehandelt möglichst nicht in offene Abwasserleitungen gelangen!

Unsere Ingenieure benötigen zudem Trainings und Fortbildungen. Unsere Position lautet: Der Ausbau der Wasserkraftenergie ist machbar, auch wenn sich in den sechs Monaten der niederschlagsarmen Saison der dabei produzierbare Elektrostrom um etwa die Hälfte verringert. Dennoch stellt sich die Frage, wie hydroelektrische Kraft nachhaltig genutzt werden kann. Es gibt derzeit keine gesetzlichen Rahmenbedingungen in Indien, welche die Übernutzung der natürlichen Ressourcen verbietet und unter Strafe stellt. Wir müssen Prinzipien etablieren, welche eine Balance zwischen der vernünftigen Nutzung der Wasserkraft und einem nachhaltigen, ökologischen Wassermanagement herstellen. Tatsache ist doch, dass Flüsse nicht mit technischen Errungenschaften umgebaut werden können und dürfen. Doch Staudämme können ganz sicherlich so gebaut werden, dass die natürlichen Grenzen der Flüsse geachtet und geschützt werden.

Neue Entwicklungspfade beschreiten

In Indien möchten die meisten Politiker und Bürger den desaströsen Entwicklungspfaden der reichen Länder nacheifern, obwohl wir mit weniger Ressourcen und viel mehr Armut sowie sozialen Ungleichheiten zu kämpfen haben. Konsum gilt bei vielen als eine Notwendigkeit auf diesem Weg, da er mit dem westlichen Modell von Wirtschaftswachstum, welches wir übernommen haben, als untrennbar verknüpft erscheint.

Doch was wir dabei vergessen, ist: Umso mehr wir konsumieren, desto höher sind auch die Kosten für die Müllentsorgung, welche wir uns nicht leisten können. Also schauen wir

Extreme Wasserverschmutzung © Ariane Missuweit

uns nach kleinen Wundpflastern um, die das verdecken sollen. Selbst unter den Anhängern der Umweltschutzbewegung in der indischen Mittelklasse gibt es wenige Menschen, die bereit dazu sind, ihren Lebensstil so umfassend zu verändern, dass sie weniger Müll und Verschmutzung zurücklassen. Zudem haben sich die Kämpfe um Ressourcen intensiviert. In jedem noch so kleinen Winkel, der in dem Land verfügbar ist oder Wasserquellen von der Industrie angezapft werden, kämpfen die Menschen erbittert gegeneinander, manchmal sogar mit tödlichen Folgen.

Unsere größte Herausforderung ist es, alternative Wege zu finden und Wachstum neu zu definieren, ohne der Umweltverschmutzung Vorschub zu leisten. Dafür müssen wir mutig genug sein, umzudenken und anders zu handeln als die alten abgenutzten Vorbilder aus dem Westen. Ich glaube fest daran, dass wir das schaffen!

INFO 3: HYGIENE IN INDIEN

Indien ist das Land, in dem die Herausforderungen für Hygiene und eine Sanitärversorgung weltweit am größten sind. Über 626 Millionen Inder, das ist mehr als die Hälfte der Bevölkerung, haben keinen Zugang zu Toiletten. Mehr als 600 Kleinkinder unter fünf Jahren sterben täglich an Durchfall – einer Krankheit, für die man eigentlich gut vorsorgen könnte. 23 Prozent der Mädchen in Indien müssen die Schule verlassen, wenn sie in die Pubertät kommen, da es kaum Möglichkeiten und Wissen über einen hygienischen Umgang mit Regelblutungen gibt.
Quelle: www.wash-united.org

INFO 4: WASSER UND SANITÄRVERSORGUNG WELTWEIT

Die Rechte auf Wasser und Sanitärversorgung sind als Komponenten des Menschenrechts auf einen angemessenen Lebensstandard garantiert und damit rechtlich verbindlich. Offiziellen Schätzungen zufolge haben etwa 900 Millionen Menschen weltweit keinen Zugang zu solchen Wasserquellen, die in Erhebungen als »verbessert« bezeichnet werden. Dabei liegt die tatsächliche Zahl der Menschen, die keinen Zugang zu sauberem Wasser haben, weitaus höher.
Ähnlich ist die Situation hinsichtlich der Sanitärversorgung: 2,6 Milliarden Menschen leben ohne Sanitäranlagen, die als »verbessert« gelten. Die Rechte auf Wasser und Sanitärversorgung verpflichten alle Staaten, diese Rechte zu achten, zu schützen und zu gewährleisten. Internationale Zusammenarbeit soll Staaten dabei unterstützen.

Die internationale Staatengemeinschaft kam mit dem Milleniumsentwicklungsziel 7 überein, bis 2015 den Anteil der Menschen, die keinen Zugang zu sauberem Trinkwasser beziehungsweise zu Sanitärversorgung haben, zu halbieren. Dieses Ziel scheint, bezogen auf Trinkwasser, zumindest im Rahmen der internationalen Zusammenarbeit weltweit erreicht zu sein, wenn auch die Umsetzung in den einzelnen Staaten über das Jahr 2015 hinaus vorangetrieben werden muss. Hinsichtlich der Sanitärversorgung ist selbst das unrealistisch, da das Thema zu lange vernachlässigt wurde. Ein wichtiges neues Dokument ist die UN-Resolution im Jahr 2010 und die Anerkennung der Rechte auf Wasser und Sanitärversorgung als Menschenrechte.
Quelle:
www.institut-fuer-menschenrechte.de

© Matt Paish

WISSEN • BEGREIFEN • HANDELN

1. Komplexe Ursachen

a) Wie ist es zu erklären, dass sich bestimmte Umweltprobleme (z. B. Verschmutzung der Flüsse, Überschwemmungen ...) in Indien eher verschlimmern, obwohl Umweltfragen verstärkt im Mittelpunkt des Interesses stehen?

b) Welche Verantwortung dafür tragen BürgerInnen, UnternehmerInnen und PolitikerInnen in Indien?

c) Welche Rolle spielen in diesem Zusammenhang religiöse Traditionen und Alltagsrituale in Indien? Recherchiere dazu im Internet.

d) Inwiefern könnte der anthropogene Klimawandel die Probleme der Wasserversorgung in Indien noch verschärfen?

© McKay Savage

2. Das CSE ist eine Nichtregierungsorganisation in Indien. Erläutere die verschiedenen Arbeitsbereiche dieser Organisation.

3. Heiliger Fluss

a) Beschreibt am Beispiel des Ganges, des längsten und wichtigsten Flusses Indiens, wie sich die Wasserproblematik ständig verschlechtert.

b) Eine umfassende Lösung der Wasserverschmutzung des Ganges tangiert mehrere Problembereiche. Erläutert diese sowie mögliche Wege der Verbesserung und Problemlösung.

4. Was versteht man unter BSB und wozu dient dieser Parameter?

5. »Selbst unter den Anhängern der indischen Umweltschutzbewegung gibt es nur wenige Menschen, die dazu bereit sind, ihren Lebensstil so umfassend zu verändern, dass sie weniger Müll und Verschmutzung zurücklassen«, so die Autorin.

a) Haltet die vielschichtigen Probleme und Hindernisse bei der Wasserversorgung und Abwasserentsorgung in Indien in einer Tabelle fest.

b) Versucht einen Maßnahmenkatalog zu erstellen, der Lösungen und Antworten zu den im Aufgabenteil a) erarbeiteten Punkten liefert. Hilfreich ist es, dabei in unterschiedliche Rollen und Verantwortlichkeiten der heimischen Bevölkerung (siehe 1b) zu schlüpfen.

6. Setzt euch mit der Situation der Sanitärversorgung in Indien und weltweit auseinander (siehe Info 3 u. 4). Welche Auswirkungen auf die Gesundheit und welche Einschränkungen bei der Lebensgestaltung sind damit für viele Menschen in Indien verbunden? Greift zusätzlich auf das Mittel der Recherche zurück.

7. Auf dem Prüfstand: Wasser sparen!

a) Hinterfrage dein Bewusstsein und deine Haltung in Bezug auf das kostbare Gut Süßwasser.

b) Diskutiert dazu gemeinsam Einsparmöglichkeiten und überprüft diese in eurem Zuhause (Bad, Haushalt, Garten etc.) und in eurer Schule.

c) Es gibt auch kritische Stimmen, die sagen, dass Wassersparen in Deutschland, anders als in Entwicklungsländern, nicht zielführend sei. Setzt euch mit den Argumenten für diese Aussage auseinander und bezieht Stellung.

© Ariane Missuweit

→

8. Indien möchte möglichst schnell zu einer ökonomischen Supermacht aufsteigen und orientiert sich dafür derzeit am Nachbarland China.

a) Recherchiere zu den Plänen und Vorhaben der indischen Regierung, welche unter der Kampagne »Make in India« postuliert werden (auch gegenüber der deutschen Bundesregierung). Welche größeren sozialen Umwälzungen und welche ökologischen Veränderungen werden damit wohl verbunden sein? Beachte hierfür die Unterschiede und Zielkonflikte von nachhaltiger Entwicklung in der Landwirtschaft und in der Industrie in Indien sowie Stadt-Land-Gegensätze.

b) Bewerte die Vorhaben der derzeitigen indischen Regierung. Können sie aus deiner Sicht einen neuen, alternativen Weg aufzeigen, in Abgrenzung zu den Entwicklungs- und Wirtschaftsmodellen des Westens, wie es die Autorin Sunita Narain fordert? Finde Pro- und Kontra-Argumente.

c) Welche Kritikpunkte und welche Alternativen zu den aktuellen Plänen der Regierung lassen sich von indischen WissenschaftlerInnen, PolitikerInnen und BürgerInnen finden?

9. »Aufstrebendes Indien« soll das Motto einer besonderen Aktion in eurer Jahrgangsstufe oder in der ganzen Schule sein.

a) Überlegt, mit wem ihr in Kontakt treten möchtet, um eine sozial gerechte und umweltschonende Modernisierung Indiens mit kleinen Aktionen auf lokaler Ebene zu unterstützen und auf deren internationale Bedeutung hinzuweisen? (indische Botschaft, Konsulat, Goethe-Institut, indische Partnergruppen aus der Zivilgesellschaft, Medien, Wissenschaftler, PionierInnen im Ingenieurswesen etc.)

© Ariane Missuweit

b) Erstellt einen Themenkatalog für Umweltschutz und Armutsbekämpfung in Indien, mit Aspekten, die für euch von besonderem Interesse sind.

c) Haltet Ausschau nach UnterstützerInnen und FörderInnen.

d) Entwickelt einen adäquaten Ablauf- und Organisationsplan, je nach gewähltem Veranstaltungsformat.

e) Vergesst nicht, individuelle Einladungen auszusprechen und für eure Sache zu werben.

f) Da euer Vorhaben sicherlich erfolgreich sein wird, berichtet darüber in den Medien und evaluiert abschließend eure Veranstaltung.

© Jeanette Kagame

AUS DER POLITISCHEN PRAXIS: DIE REALISIERUNG EINER VISION IN RUANDA

Von Dr. Rose Mukankomeje

Die ruandische Regierung verfolgt seit Anfang des 21. Jahrhunderts die klare Vision einer nachhaltigen Entwicklung des Landes. Sie vertritt die Ansicht, dass es essenziell ist, Nachhaltigkeit auch über nationale Politiken, Gesetze, Pläne, Programme und Projekte zu implementieren. Im Jahr 2005 fanden viele Ruander im Rahmen von »Umuganda« – den öffentlichen, gemeinsamen Aufräumaktionen in den Kommunen – eine riesige Anzahl an Plastiktüten. Dies bildete den ausschlaggebenden Anlass für Umweltstudien, welche die erschreckenden negativen Folgen des Materials zu Tage förderten. Das Plastik verstopfte nach und nach die Ab- und Regenwasserkanäle und verursachte damit Überflutungen während der Regenzeit. Die mit Plastikteilchen verschmutzte Erde hinderte die Pflanzen beim Wachstum. Zudem verbrannten die Ruander auch Plastikreste, was die Luft mit giftigen Partikeln

RUANDA
Landeshauptstadt
Hauptstdt der Provinz
Stadt, Dorf
Flughafen, Landebahn
Internationale Grenze
Präfekturgrenze
Straße
Weg
UGANDA
DEMOKRATISCHE REPUBLIK KONGO
VEREINIGTE REPUBLIK TANSANIA
BURUNDI
NORD
WEST
KIGALI
OST
SÜD
BIRUNGA NATIONALPARK
KAGERA NATIONAL PARK
Kigali
Byumba
Kibuye
Rwamagana
Nyanza
Ruhengeri
Gisenyi
Butare
Gitarama
Cyangugu
Kivu-See
Bunyonyi-See
Mutanda-See
Burera-See
Ruhondo-See
Muhazi-See
Mugesera-See
Cyohoha-See
Rweru-See
Rwanyakizinga-See
Mikindi-See
Hago-See
Kivumba-See
Ihema-See
Lac Nasho
Mpanga-See
Cyambwe-See
Bisongou-See
Mujunju-See
Insel Bugarura
Insel Wahu
Insel Idjwi
Insel Gombo
Nyabarongo
Kagera
Kagitumba
Akanyaru
Lowa
Kafunzo
Merama
Kagitumba
Rwemhasha
Lubirizi
Nyagatare
Kabale
Muvumba
Gatunda
Gabiro
Ngarama
Mulindi
Katuna
Butaro
Kidaho
Kirambo
Cyanika
Kisoro
Rutshuru
Busogo
Cyamba
Kinihira
Kinyami
Rutare
Muhura
Murambi
Mbogo
Shyorongi
Rushashi
Nemba
Kora
Mutura
Kagali
Goma
Nyundo
Kabaya
Ngaru
Ngororero
Kiyumba
Bulinga
Runda
Kinyinya
Kicukiro
Butamwa
Gikoro
Bicumbi
Rukara
Kayonza
Kigarama
Kibungo
Rukira
Rusumo
Kirehe
Bare
Sake
Bugesera
Rilima
Gashora
Nemba
Ngenda
Mabanza
Birambo
Bwakira
Gishyita
Rwamatamu
Masango
Ruhango
Gatagara
Nyabisindu
Rusatira
Kaduha
Karaba
Gikongoro
Karama
Kitabi
Rwesero
Gisakura
Rwumba
Kamembe
Bukavu
Cyimbogo
Karengera
Nyakabuye
Bugumya
Bugarama
Ruramba
Gisagara
Busoro
Munini
Runyombyi
29° 00'
29° 30'
30° 00'
30° 30'
31° 00'
1° 00'
1° 30'
2° 00'
2° 30'
0 10 20 30 40 50 km
0 10 20 30 mi
Die dargestellten Grenzen und Namen sowie die in dieser Karte benutzten Bezeichnungen bedeuten keine Bestätigung oder Akzeptanz seitens der Vereinten Nationen

belastete. 2008 entschied die Regierung sich dann dazu, Polyethylen-Plastik zu verbieten.

Viele Jahre nach den Aufklärungskampagnen begannen sich auf lokaler Ebene neue

UNSERE AUTORIN

Dr. Rose Mukankomeje, promovierte Biologin, Leiterin der »Rwanda Environment Management Authority«, zuvor u. a. tätig als Universitätsdozentin; Mitglied des ruandischen Parlamentes, Vize-Präsidentin der nationalen Versöhnungskommission und General-Direktorin für den Bereich Wissenschaft, Technologie und Forschung im Bildungsministerium.

© REMA

Berufsfelder von rentablen grünen Jobs aufzutun. Ein Beispiel dafür ist der Frauenverband COVAGA, in der östlichen Region Ruandas gelegen, welcher Handwerksarbeiten aus Pontederiagewächsen der umliegenden Gewässer herstellt. Damit können die Frauen die Schulgebühren ihrer Kinder sowie ihre Krankenversicherung bezahlen. Und sie leisten gleichzeitig einen wertvollen Beitrag für das ökologische Gleichgewicht der Seen.

Seitdem Ruanda auf biologisch abbaubare Taschen aus Papier, Baumwolle, Bananenblättern, Papyrus etc. setzt, ist das Land viel sauberer als zuvor, und unsere Hauptstadt Kigali wurde 2008 sogar mit der Auszeichnung »UN-Habitat Scroll of Honor Award« geehrt.

Ruandische Schüler beim Aufforsten © Ariane Missuweit

© UN map

OHNE PLASTIKTÜTEN GEHT ES AUCH!

Das kleine afrikanische Land Ruanda hat es vorgemacht

Von Charlotte Zink[1]

In Ruanda herrscht seit 2008 ein strenges Plastik-Verbot: Supermärkte, die Tüten ausgeben, werden dichtgemacht. Neuankömmlinge an den Grenzen müssen strenge Kontrollen über sich ergehen lassen. Auch die Europäische Union hat im Dezember 2014 ein verschärftes Plastiktüten-Gesetz beschlossen. Doch bis zur Realisierung ist es noch ein weiter Weg. Was wir von dem kleinen ostafrikanischen Land lernen können.

Am Flughafen Kanombe in Kigali, der Hauptstadt Ruandas, wird bei jedem Neuankömmling genauestens das Gepäck durchsucht. Plastiktüten müssen die BesucherInnen also am besten zu Hause lassen. Das Ganze geschieht nicht unfreundlich, sondern liebenswürdig, denn die Ruander wissen mittlerweile, dass sie bei der Schonung und dem Schutz ihrer natürlichen Reichtümer weltweit eine Vorreiterrolle einnehmen. Dezent wer-

1) Dieser Report ist bereits am 02.01.2015 auf FOCUS Online erschienen.

Der Recycling-Code für Jute

den die BesucherInnen am Flughafen darauf hingewiesen, dass sie gerne für einen US-Dollar einen wiederverwendbaren Jutebeutel kaufen können, um die von Plastik befreiten Sachen wieder einzupacken. Selbst bei der Einreise über Land, zum Beispiel von der Demokratischen Republik Kongo aus nach Ruanda, verlangen Soldaten von den Reisenden, ihre Koffer zu öffnen. Die beschlagnahmten Tüten werden gesammelt und zu Recyclingfirmen wie der Soimex Plastic gebracht.

© Soimex Plastic

SOIMEX PLASTIC
Packaging & Recycling

Gilbert Ndagijimana kann von seinem Büro aus einen Blick auf den Flughafen von Kigali erhaschen. Wenn er am Fenster steht, sieht er am Horizont die Flugzeuge im Landeanflug. Nicht viel größer als eine Büroklammer, jedoch groß genug, um zu erkennen, ob es sich um eine Frachtmaschine handelt. Diese sind für ihn besonders interessant, denn Frachtflieger verheißen die Ankunft von Plastikmüll. Gilbert Ndagijimana ist der Geschäftsführer des Unternehmens Soimex Plastic, das Plastiktüten und Folien aus recyceltem Kunststoff aus dem Ausland herstellt. Ein umkämpfter Markt: Noch drei weitere ruandische Firmen haben sich darauf spezialisiert. Denn seit zehn Jahren darf in dem ostafrikanischen Staat kein sogenanntes Polyethylen-Plastik mehr produziert werden. Jene Sorte also, aus der die meisten Einkaufstüten sind, die man in deutschen Supermärkten bekommt.

© Charlotte Zink

Gebühren für Plastiktüten sind denkbar

In der afrikanischen Republik, kaum größer als Brandenburg, wurde zudem vor sechs Jahren der Gebrauch von Plastiktüten und Folien reglementiert: Ruander dürfen sie nur noch in Ausnahmefällen benutzen. Ein Hotel etwa braucht eine Lizenz, um sein Salatbuffet mit Folien frischzuhalten. Anschließend kommt ein spezieller Entsorger und holt sie ab. Dickere Folien sind noch für Bauarbeiten oder in der Landwirtschaft zulässig. Tüten sind außerdem zur Entsorgung von Krankenhaus- oder Hausmüll erlaubt. Aus Supermärkten hat die

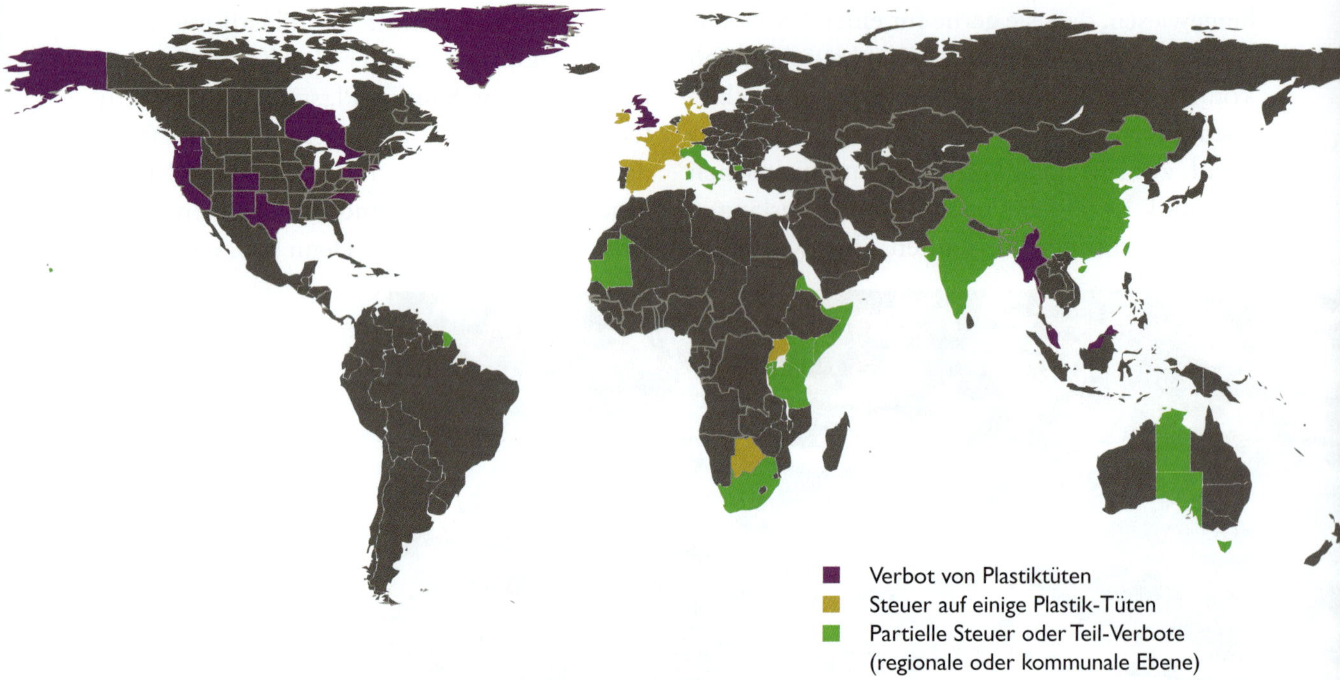

Maßnahmen gegen leichte Plastiktüten weltweit © Elekhh

Regierung Plastiktüten und Folien als Verpackung verbannt. Kunden tragen ihre Einkäufe in bunten Stoffbeuteln oder dicken, braunen Papiertüten heim. Backwaren müssen in abbaubaren Plastikverpackungen angeboten werden.

Ein Gesetz, das Plastiktüten reduzieren soll, plant auch die Europäische Union: Bei einer Abstimmung im November sprachen sich alle 28 Mitgliedstaaten für das Vorhaben aus, den Verbrauch von Einwegtüten in Zukunft zu reduzieren. Einem Beschluss des Ministerrats zufolge sollen die Mitgliedstaaten bis Ende 2018 entweder eine Gebühr auf leichte Plastiktüten (Wandstärke unter 50 Mikrometer) erheben, oder sie senken bis Ende 2025 den Verbrauch auf 40 Beutel pro Bürger. Nach Angaben der Bundesregierung hat jeder Europäer im Jahr 2010 noch rund 200 Plastiktüten verwendet. Wie die EU-Mitgliedstaaten die Änderungen in die nationalen Gesetze integrieren, bliebe ihre Aufgabe, so der Vizepräsident der EU-Kommission, Frans Timmermans. Denkbar sind Verbote, das Erheben von Steuern oder Gebühren auf Plastiktüten.

Plastik-Granulate © Soimex Plastic

Ruanda als Vorbild für Nachbarländer

In Ruanda sorgt die EU-Regelung für eine gewisse Genugtuung – man darf sich als Pionier wähnen. »Die EU hat genug Gründe, Plastiktüten zu verbannen«, sagt die Chefin der Rwanda Environment Management Authority (Rema), Rose Mukankomeje. Diese Kontrollinstanz des ruandischen Umweltministeriums ist dafür zuständig, dass die entsprechenden Gesetze eingehalten werden. Mukankomeje weiß: Das Thema Plastiktüten wird in vielen Ländern heiß diskutiert. Etliche ausländische Experten, etwa aus dem Nachbarland Uganda, holten sich schon Anschauungsunterricht. »Wir haben immer wieder

Besucher aus anderen Ländern, die sich unser Gesetz in der Praxis anschauen«, sagt sie. Aus einem europäischen Land sei jedoch noch keine politische Delegation zu Gast gewesen.

Lautes Rattern von Maschinen dringt in Gilbert Ndagijimanas Büro. In der Halle hinter seinem Arbeitszimmer – mitten in Kigali – waschen große Anlagen Fetzen von Plastiktüten, verarbeiten sie zu Granulat und schließlich zu langen Plastikbahnen, aus denen neue, abbaubare Tüten gemacht werden. Oft kämen unangemeldet Inspektoren des Umweltministeriums, um zu kontrollieren, ob er alle Auflagen erfülle. Vor der Verabschiedung des Anti-Plastiktüten-Gesetzes produzierte Ndagijimanas Firma in derselben Halle die Art von Tüten, die mittlerweile streng verboten sind. Sein Unternehmen habe heute mehr Arbeiter und Maschinen als damals und stelle eine Tonne Recycling-Plastiktüten pro Monat her.

© Soimex Plastic

»Zu Beginn war ich über das Gesetz ganz und gar nicht erfreut«, sagt Unternehmer Ndagijimana. »Heute bin ich stolz zu wissen, dass ich dazu beitrage, dass die Straßen in Ruanda so sauber sind.« Kigali gilt mittlerweile als die sauberste Stadt Afrikas. Das strenge Plastik-Reglement ist in Afrika bislang einzigartig. Vor dem Gesetz gehörten weggeworfene Plastiktüten wie in vielen anderen afrikanischen Metropolen zum Stadtbild. Doch die Sauberkeit hat ihren Preis: Das Umweltministerium unternimmt mit speziell ausgebildeten Beamten und in Kooperation mit der Polizei regelmäßig Kontrollzüge durch Supermärkte. Zudem können Bürger eine kostenlose Nummer anrufen, um Verstöße gegen das Plastik-Gesetz zu melden. Wird etwa ein Passant von einem Rema-Inspektor mit einer Plastiktüte erwischt, muss er diese abgeben, und er wird über das Gesetz belehrt. Beim zweiten Verstoß kassiert der Beamte umgerechnet 5,40 Euro Strafgebühr.

Geschäftführer geht auf Plastiksuche

Größere Mengen Plastik-Verpackungen kommen mit Frachtgütern ins Land. In solchen Fällen gibt die Regierung Anweisungen, wie die Verpackungen vom Händler zu recyceln sind. Deren Einhaltung wird streng kontrolliert. So landen auf dem Plastiklagerhof von Soimex Plastic beispielsweise jährlich rund drei Millionen Mosquitonetzverpackungen, die dann zu Tüten verarbeitet werden. Trotz allem: Nicht immer ist genug Plastik für die Soimex-Produktion da. Deswegen klappert der Chef teilweise persönlich Import-Händler ab, um an neuen Einsatzstoff zu kommen. »Oft erlebe ich, dass die Händler mir das Plastik nicht verkaufen wollen, weil sie auf den Abholdienst von Rema warten«, sagt Ndagijimana. »Sie haben Sorge, etwas falsch zu machen, und wissen nicht, dass das Plastik am Ende sowieso bei mir auf dem Hof landet.«

An der Grenze zu Uganda warten täglich zahlreiche Lastwagen mit Importgütern darauf, eine Schleuse passieren zu dürfen. Roter Staub wirbelt auf, wenn sich ein Vieltonner in Bewegung setzt. Ein dünner Maschendrahtzaun trennt Ruanda von Uganda. Soweit man schauen kann, erstreckt sich auf beiden Seiten eine grüne, hügelige Landschaft: Bananenbäume,

UNSERE AUTORIN

Charlotte Zink (* 1991) hat an der Kölner Journalistenschule für Politik und Wirtschaft studiert. Seit September 2014 ist sie Redakteurin bei FOCUS Online und arbeitet dort hauptsächlich als Nachrichtenleiterin und Chefin vom Dienst.

© Neil Palmer (CIAT)

© rytc

Teeplantagen und staubige Straßen. Das Plastik-Verbot gilt nur auf der ruandischen Seite des Zauns, weswegen Waren an der Grenze auch nach geschmuggelten Plastiktüten durchsucht werden. »Vor allem in den Grenzgebieten werden immer wieder verbotene, nicht-abbaubare Kunststoffe gefunden«, sagt die Rema-Inspektorin Juliet Kabera. Illegalen Handel mit Plastiktüten werde es immer geben, glaubt sie. Denn die umweltschädlichen Beutel seien deutlich preiswerter als die vorgeschriebenen Alternativen.

Bevor das strikte Verbot eingeführt wurde, hatte Ruandas Regierung eine Mindestdicke der Tüten vorgeschrieben, damit diese mehr als einmal benutzt werden konnten. »Das war zu schwer zu kontrollieren«, so Kabera. Deswegen folgte das Verbot. »Viele Verstöße dagegen gibt es nicht«, sagt die Inspektorin. Händler, die sich nicht an die Regeln halten, müssen zahlen, oder Rema macht ihren Laden dicht. Das Strafgeld kommt in einen Fonds, aus dem das Umweltministerium Initiativen gegen den Klimawandel finanziert.

Umweltbewusstsein spielt in Ruanda eine große Rolle. Jeder leistet dazu seinen Beitrag, nicht zuletzt, weil das Gesetz es vorschreibt. So müssen Ruander etwa jeden letzten Samstag im Monat beim sogenannten Umuganda gemeinnützige Arbeit leisten. Unkraut jäten, Müll sammeln oder Häuser bauen – gemeinsam die Umwelt verbessern.

In Zukunft sollen die Ruander auch Plastikflaschen recyceln. Wo bislang vor allem die Händler den Recycling-Aufwand betreiben mussten, sollen so bald auch die Bürger selbst in die Verantwortung genommen werden: »Wir arbeiten daran, ein Pfandflaschensystem aufzubauen«, sagt Mukankomeje. Das könne etwa so aussehen, dass Kunden Credit-Points bei der Flaschenrückgabe sammelten und ab einer bestimmten Anzahl ein Getränk umsonst bekämen.

»Die Konkurrenz« im Taschen-Business ist groß

© Charlotte Zink

Profiteure des Plastikverbots sind etwa die Frauen der Firma Ineza. 27 Frauen nähen hier seit 2008 bunte Beutel aus afrikanischen Stoffen, um sich ihren Lebensunterhalt zu verdienen. Für sie hat das Gesetz eine große Verbesserung bewirkt. Pedalbetriebene Nähmaschinen rattern in ihrer kleinen Fabrik. »Vor dem Verbot haben wir verschiedene Handarbeiten hergestellt wie die traditionellen ruandischen Körbe, danach haben wir uns auf Taschen spezialisiert«, sagt die Geschäftsführerin Mary Bahizi. Seitdem sind die Frauen nicht mehr auf finanzielle Unterstützung durch eine NGO angewiesen.

Dennoch: »Die Konkurrenz im Taschen-Business ist groß«, so Bahizi. »Wir müssen uns durch immer neue Designs hervorheben.« Im kleinen Lagerraum der Firma türmen sich zusammenfaltbare Einkaufstaschen in Herzform, Kinderrucksäcke in Elefantengestalt, gepolsterte Laptoptaschen und vieles mehr. Die meisten verkaufen die Frauen in Ruanda, einige auch in Europa und den USA.

Auch hinter dem Schreibtisch der Rema-Chefin Rose Mukankomeje steht eine bunte Stofftasche. »Wir leben so weit wie möglich ohne Plastiktüten, weil wir deren negativen Einfluss auf die Umwelt kennen«, sagt sie. »Das Klima kennt keine Landesgrenzen. Wir wollen nicht andere belehren. Wir wollen, dass die Ruander in der Umwelt leben können, die sie verdienen.«

WISSEN • BEGREIFEN • HANDELN

1. Seit 2008 ist in Ruanda der Gebrauch von Polyethylen-Plastik untersagt.

a) Welche Umstände in dem Land haben dieses Verbot begünstigt und befördert?

b) Beschreibe und diskutiere die Prozesse und die Struktur, die verschiedenen Vorschriften sowie Wege, mit der dieses Verbot in Ruanda konsequent umgesetzt wurde und wird.

c) Wer gehört aus deiner Sicht zu den Gewinnern dieses Verbots? Denke in diesem Zusammenhang auch an neue, grüne Märkte und Produkte in diesem Land. Begründe deine Überlegungen und Antworten.

d) Was zeigt und lehrt dich das Beispiel Ruanda? Halte deine Schlüsse (Ergebnisse) in einer Übersicht fest.

© Hands of Mothers

2. Wie will die EU den Plastikverbrauch reduzieren?

a) Recherchiere dazu und beziehe ausführlich Position.

b) Welche zivilgesellschaftlichen Organisationen in deinem Land machen sich dafür stark?

c) Was sind die wesentlichen Unterschiede bei der Gesetzgebung, der Umsetzung von Gesetzen und der Kontrolle in Ruanda und der Europäischen Union? Stelle erste Vermutungen darüber an und überprüfe diese durch eine Überblicksrecherche.

© Charlotte Zink

3. Wohin mit dem Plastikmüll?

a) Setzt euch zunächst in Kleingruppen, dann in der Großgruppe mit dieser Problematik auseinander. Recherchiert dazu und haltet zunächst in einer Liste die Folgen des ungehemmten Plastikverbrauchs fest.

b) Welche Maßnahmen würdet ihr ergreifen? Hinterfragt eure Lösungsansätze und -wege und begründet diese.

c) Gut und hilfreich wäre es, wenn ihr euch mit konkreten Forderungen an die Politik wenden, dafür möglichst viele Stimmen sammeln und diese in einer Petition an das Parlament richten würdet.

4. Unter dem Motto »Plastiktüten sind out« startet ihr eine große Kampagne in eurem Umfeld.

a) Erstellt dazu ein Infoblatt.

b) Sondiert untereinander, mit Freunden und Interessierten, wie ihr eure Schule, eure Einkaufsstraße oder eure Kommune in eine möglichst plastiktütenfreie Zone umgestalten könnt. Erarbeitet Vorschläge und umweltfreundliche Alternativen zur Plastiktüte. Überprüft, wie »nachhaltig« die Alternativen (Papiertüten, Jutebeutel etc.) in Bezug auf den Ressourcenverbrauch tatsächlich sind.

c) Unterbreitet euer Ansinnen und eure Ergebnisse der Schulleitung und dem SchülerInnengremium eurer Schule. Versucht, diese für euer Anliegen zu gewinnen.

d) Knüpft Bündnisse mit bereits bestehenden Initiativen und holt weitere UnterstützerInnen und FördererInnen mit ins Boot, z. B. bei der Ursulaschule Osnabrück (siehe Beitrag im Themenfeld 2).

e) Überlegt, welche weiteren Aktionen für euer Vorhaben von Bedeutung sein könnten.

f) Wie sieht euer Kampagnenplan im Detail aus?

Tel Aviv

NACHHALTIGKEIT IN ISRAEL

Von Nora Marie Zaremba

Sie stellen ihre Putzmittel und Hygieneartikel selbst her und holen sich kistenweise Obst und Gemüse direkt vom Feld: Eine Wohngemeinschaft in Tel Aviv widersetzt sich dem Mainstream.

Tami Zori kniet auf dem Badezimmerboden und schrubbt mit dem Schwamm über die Kacheln. Ihre Finger, mittlerweile rot, riechen nach Zitrone und Essig. Sie hält in ihren energischen Bewegungen inne und taucht den Schwamm in den Behälter neben sich. Er ist mit einer grauen Paste gefüllt. »Da ist auch Mehl und Salz drin«, erklärt sie etwas außer Atem. Sie meint ihr selbstgemachtes Reinigungsmittel. Kurz erscheint der Kopf eines jungen Mannes im Türrahmen. Es ist ihr Mitbewohner Avid. »Wir fahren jetzt zum Bauern«, ruft er und ist gleich wieder verschwunden. Tami nickt zufrieden. Am Abend wird es wieder kistenweise Obst und Gemüse geben. Avid muss sich dafür das Auto des Nachbarn leihen, aber ohne Auto geht es nicht. Der Bauer hat sein Feld zu weit draußen, außerhalb der Stadt. Nun schiebt Tami zwei große Eimer mit Wasser in die Ecke neben der Toilette. Manche enthalten frisches Wasser, andere graues Wasser. »Das Dreckwasser ist fürs Klo. Wir kippen nichts weg«, erklärt sie. Eine Spülung gibt es in der Wohnung mitten in Tel Aviv nicht.

Wer in der nach Jerusalem zweitgrößten Stadt Israles Nachhaltigkeit sucht, stößt zwangsläufig auf die 46-jährige Tami Zori und ihr Projekt »City Tree«. Anfangs war das nur eine Online-Plattform, auf der sich Interessierte über Permakultur, Ernährung und Kompost austauschen konnten. »Mittlerweile ist eine ökologische Wohngemeinschaft entstanden«, erklärt die kleine Frau wenig später in der Küche, wo sie Kichererbsen und Öl in den

© City Tree Tel Aviv

Mixer schüttet. Auf der Etage mit den drei Zimmern, Küche und Bad wohnen manchmal acht Leute und manchmal bis zu 20. Das heißt auch, dass immer etwas los ist. Im Wohnzimmer rattert die Nähmaschine. Die 20-jährige Noa fertigt auswaschbare Menstruationsbinden. »Vielleicht werden sie ein Kassenschlager«, lacht sie und hält die pinke Binde hoch. Wer hier wohnt, bringt sich ein. Damit ist gar nicht mal Geld gemeint, es geht um das Selbermachen lebensnotwendiger Dinge.

Da Miete und Strom dennoch bezahlt werden müssen, hat das Öko-Projekt rund 200 Mitglieder, die monatlich kleine Beiträge spenden. Tami schickt ihnen Newsletter und bietet Kurse an. Wie wird Seife oder Schminke selbst gemacht? Wie kann man auf Plastik verzichten? Die Themen treffen einen Zeitgeist, auch in Israel. Tel Avivs vegane Restaurants und Yoga-Klassen sind ausgebucht, eine gesunde Lebensweise gilt jungen Menschen als wichtig. Für Tami allerdings kratzen die meisten nur an der Oberfläche. »Viele verabschieden sich dann, wenn es ums Eingemachte geht«, so drückt sie es aus. Vielleicht spielt der Nahostkonflikt dabei eine Rolle: Wer schränkt sich schon gerne ein in seinem verschwenderischen, aber eben komfortablen Lebensstil, wenn die Kriegsgefahr allgegenwärtig ist? Schon gar nicht, wenn sich das Leben in Tel Aviv leicht anfühlen kann. Und dafür ist die Stadt mit seinen Stränden, den Bars und Restaurants bekannt und beliebt.

Improvisierte Politik

So ist Klimaschutz in der israelischen Politik ein Randthema, auch im laufenden Wahlkampf zu den vorgezogenen Neuwahlen der Knesset Mitte März. Im Wettlauf um Gelder und öffentliche Aufmerksamkeit ist das Thema automatisch Verlierer. Es hilft auch nicht, dass Amir Peretz, derzeitiger Umweltschutzminister, eine Minderung der nationalen CO_2-Emissionen ganz oben auf seine Agenda gesetzt hat. Die Etats seines Hauses werden regelmäßig gekürzt. Zudem braucht Klimapolitik Langfristigkeit und Kohärenz. Die Politik jedoch improvisiert oft. Entschieden wird nach Situation, nach Sicherheitslage. Da fliegt anderes schnell vom Verhandlungstisch. Die marginale Bedeutung des Klimaschutzes schlägt sich auf die öffentliche Berichterstattung nieder. Nur wenig ist darüber zu lesen und zu hören, dass Israel massiv von den Auswirkungen des Klimawandels betroffen sein wird.

Den Prognosen der Klimaforschung zufolge wird der Regen immer öfter ausbleiben. Das ist für eine Region, in der Wasser ohnehin ein knappes Gut ist, Gift. Israel hat heute 8,2 Millionen Einwohner und die Bevölkerung wächst.

© Nora Marie Zaremba

Mehr Menschen bedeutet auch mehr Energieverbrauch, ein heikles Thema. Nicht vergessen haben die Israelis jene Tage vor vier Jahren, in denen es zu Stromengpässen kam. Tagsüber durften sie weder Waschmaschinen noch Klimaanlagen einschalten – mitten im August.

»Wir könnten mit weniger auszukommen«, sagt Tami Zori in ihrer unbeheizten Küche. Es ist Januar und für Tel Aviver Verhältnisse kalt. Sie trägt einen dicken Pullover, eine Heizung gibt es in der Wohnung nicht. Nun gießt sie eine braune Flüssigkeit in Förmchen. Es ist vegane Schokolade, die so köstlich duftet, dass man sofort probieren möchte. Doch Tami stellt sie vor die Tür. »Das braucht jetzt etwas Zeit zum Ruhen.«

Zum Ruhen hatte Tami Zori selbst in ihrem vorherigen Leben wenig Zeit. Mit Anfang 20 begann sie ihren Job als Beraterin großer Modefirmen. Sie arbeitete zunächst in Tel Aviv, dann in New York. »Jeden Abend war ich unterwegs, habe in teuren Restaurants gegessen, Geld zum Fenster rausgeschmissen für die teuersten Kleider«, gesteht sie. »Ich war wirklich ein kapitalistisches Schwein.« Doch der tägliche Sprint durch Meetings, der Stress – sie erschöpften die junge Frau und verursachten Kopf- und Bauchschmerzen. Das gute Einkommen war für sie ab einem gewissen Zeitpunkt nur Schmerzensgeld. Tami hätte damals mit ihrem Chef reden und für eine Weile etwas kürzer treten können. »Aber das wäre ja nur so ein halber Ausstieg gewesen«, erklärt sie ihre Entscheidung zum Radikalumbruch. Sie kam nach Israel zurück und begann etwas Neues, probierte aus, wie viel der alltäglichen Dinge sie selbst herstellen konnte. Dabei lernte sie, wie der Mensch und seine gängige Art zu leben und zu wirtschaften der Erde unumkehrbar schaden können. Seitdem dreht sich in ihrem Leben eigentlich alles um die Frage, wie sie es anders machen kann.

Ein Gespräch mit Tami kann deshalb auch anstrengen. Etwas zu tun oder zu kaufen, nur aus purer Lust und ohne Gedanken an die Umweltbilanz, so etwas ist Tami unbegreiflich. Tami scheint Ausnahmen nicht zu mögen. »In ihren Prinzipien ist sie ziemlich konsequent«, bestätigt auch ihr Freund und Mitbewohner Beny Schlevich. »Für sie ist das kein Verzicht, sie kann einfach nicht mehr anders.« Manchmal, sagt er, hat er ein schlechtes Gewissen, wenn er sich nur etwas Pitabrot am Marktstand kauft. »Ich will niemanden missionieren«, meint Tami mit Nachdruck. Ihrer Meinung nach belügen sich die meisten Menschen aber. Die Zerstörung der Lebensgrundlagen durch eine grüne Wirtschaft zu zeitigen, ohne dabei den eigenen Lebensstil ändern zu müssen, das hält Tami für eine große Illusion. Einem Umbau der Energieversorgung würde sie aber wohl zustimmen.

UNSERE AUTORIN

Nora Marie Zaremba (* 1987) arbeitet als freie Journalistin (u. a. WiWo Green, der Freitag) und bei einer klimapolitischen Stiftung im Campaigning-Bereich. Die Initialzündung für sie, sich den Themen Umwelt, Klimapolitik und Nachhaltigkeit zu widmen, war ein einjähriger Arbeitsaufenthalt in Indien.

Import fossiler Rohstoffe

In Israels Öffentlichkeit sind Erneuerbare Energien aber nur dann Thema, wenn es um Energieabhängigkeit geht. Weniger rohstoffreich als seine Nachbarn, importiert Israel den Großteil seines Bedarfs an fossilen Energien. Kohle bekommt das Land unter anderem aus Südafrika oder Kolumbien. Erstaunlich ist, dass die Ressource Sonne, über die Israel in Hülle und Fülle verfügt, in der Energieversorgung eine untergeordnete Rolle spielt. Zwar gibt es über 100 lokale Solarfirmen, aber sie exportieren die neuesten Technologien, anstatt sie selbst zu nutzen. Hoffnung auf eine verbesserte Nutzung der Sonnenkraft macht ein neues Fünf-Megawatt-Solarenergiefeld in der israelischen Neghev-Wüste. Dahinter steht die hiesige Firma Arava Energie, gegründet unter anderem von Umweltpionieren aus der Kibbutz-Szene.

»Ich habe auch die Schönheit der Wüste gesehen, aber vor allem ihr Potenzial«, sagt Arava-Chef Yosef Abromovitz. In Israel ist der umtriebige Geschäftsmann eine Berühmtheit, unter anderem auch durch sein Engagement in der Erneuerbaren-Szene. Die Firma Siemens war einer der Investoren des Solarfelds in der Neghev-Wüste. Für weitere Projekte hofft Abromovitz auf mehr Unterstützung aus der eigenen Politik.

Eines aber fällt auf in Israel: Fast alle Dächer sind mit Sonnenkollektoren bestückt, die Wasser erhitzen. Es ist die Lektion einer Erfahrung aus den jungen Jahren des Staates. Gerade erst gegründet, hatte Israel bereits Probleme mit seiner Energieversorgung. Damals verbot die Regierung den Bewohnern, ihr Wasser tagsüber zu heizen. Später, in den 1970er-Jahren, wurde dann eine entsprechende politische Richtlinie erlassen. Seitdem sind die Panels auf den Dächern Pflicht. Solarenergie ist also ganz und gar nichts Neues in Israel.

Am Abend schneidet Tami Zori im Gemeinschaftszimmer alte Shirts in lange Streifen und rollt sie zu einem Knäuel auf. Sie wird daraus etwas nähen oder häkeln, eine Tischdecke oder ein Kopfkissen. Ihr Freund Beny sitzt am Computer, die Augen angestrengt auf den Bildschirm gerichtet. Er organisiert die letzten Details für einen Stadtökologie-Kurs. Tami schaut zu ihm hinüber und muss jetzt lachen. »Schau uns an: Da haben wir uns entschieden, es ganz anders zu machen – und dennoch sitzen wir den ganzen Tag vor dem Computer.«

Die weltgrößte Solarenergieschüssel © David Shankbone

WISSEN • BEGREIFEN • HANDELN

1. Eine ungewöhnliche WG

a) Beschreibt und diskutiert die ökologische Wohngemeinschaft von Tami Zori in Tel Aviv miteinander.

b) Ihre Ansichten und ihr Handeln spiegeln in gewisser Weise den Zeitgeist wider. Warum?

© Nora Marie Zaremba

2. »Viele verabschieden sich dann, wenn es ums Eingemachte geht«, so Tamis Resümee.

a) Setzt euch mit den unterschiedlichen Gründen und Haltungen zu einer genügsamen und ressourcenschonenden Lebensweise auseinander.

b) Wie weit würdet ihr gehen, und was könnten Hemmnisse auf diesem Weg sein?

3. Warum ist es in Israel so schwierig, ein Thema wie Klimaschutz weiter nach oben auf die politische Agenda zu setzen bzw. langfristige Zielsetzungen zu verfolgen?

4. Die Aussteigerin

a) Erläutert die einzelnen Erfahrungen und Lebensphasen, die zu einem radikalen Umbruch von Tamis Lebensweise führten.

b) Von welchen zentralen Fragestellungen und Antworten ließ sie sich bei ihrem Umdenken und ihrer Neuorientierung leiten? Tauscht euch dazu aus, hinterfragt eure Grundhaltung und bezieht möglichst Position.

5. »Erstaunlich ist, dass die Ressource Sonne, über die Israel in Hülle und Fülle verfügt, in der Energieversorgung eine untergeordnete Rolle spielt. Zwar gibt es über 100 lokale Solarfirmen, aber sie exportieren die neuesten Technologien, anstatt sie selbst zu nutzen.«

a) Diskutiert die Ursachen dieses Sachverhalts.
b) Welche Maßnahmen könnten dazu dienen, die Energieversorgung in Israel als primäres Ziel auf die Nutzung Erneuerbarer Energien umzustellen?

6. Zum Schluss des Artikels hält Tami eine Rückschau.

a) Gib ihre Grundstimmung, aber auch ihre Zweifel wieder.
b) Recherchiert nach ähnlichen Initiativen von einem gemeinschaftlichen Leben in eurem lokalen Umfeld, abseits der schnelllebigen und verschwenderischen Konsumgesellschaft. Nehmt Kontakt auf und lasst euch zu nachhaltigeren Lebensweisen inspirieren.

7. »Souverän ist nicht, wer viel hat, sondern wenig braucht«, so Niko Paech.

a) Wählt dieses Zitat zu einem Leitthema einer Ausstellung, eines Theaterstücks, eines Videofilms oder eines Diskussionsforums an eurer Schule.
b) Hinterfragt gemeinsam, wer euch unterstützen und fördern könnte. Entwickelt Leitfäden für euer Konzept.
c) Stellt euer Vorhaben der Schulleitung und der Schülervertretung vor und versucht, diese für euer wegweisendes Anliegen zu begeistern. Lasst euch nicht entmutigen!

DIE FRÜCHTE DER ARBEIT MITEINANDER TEILEN – IN NEUSEELAND

Mel Beirne im Interview

Bildmaterial © Brooklyn Community Orchard

Liegt im Gärtnern und der lokalen Selbstversorgung unsere Zukunft? Warum sonst nehmen sich weltweit immer mehr Menschen in Großstädten die Zeit, um Apfelbäume, Beeren und Quitten anzupflanzen? Und eignen sich Gemeinschaftsgärten tatsächlich, um andere in der Nachbarschaft für ein sozial-ökologisches Engagement zu begeistern? Mel Beirne, Koordinatorin des »Brooklyn Community Orchard« in Wellington, gab *youthinkgreen* Einblicke und Antworten auf diese Fragen und sprach auch darüber, wo sie Unterschiede und Vorteile von Gartenarbeit gegenüber den Transition-Town-Initiativen sieht. *Von Nora Guru*

youthinkgreen: Mel Beirne, welche Vision und welche Ziele verfolgt ihr mit eurer Brooklyn Food-Kooperative?

Beirne: Unsere Vision ist es, unsere Community in der Nachbarschaft zu stärken und dabei Obst und Gemüse anzubauen, um uns lokal stärker selbst zu versorgen. In unserem kleinen Obstgarten, errichtet auf Gemeindeland, kann jeder mitarbeiten oder auch einfach nur vorbeikommen, sich umschauen, anderen Menschen begegnen und unsere Früchte naschen. Daneben fördern wir auch noch Gärten auf Privatgelände. Was uns besonders wichtig ist: Gärtner mit den Menschen zusammenzubringen, die zwar privates Land besitzen, dies jedoch nicht länger bewirtschaften können, weil sie dafür zu alt oder zu beschäftigt sind.

youthinkgreen: Und welchen konkreten Nutzen bringen solche Aktionen und Kooperationen?

Beirne: Wenn die Kooperation gelingt, erhalten die Gärtner Zugang zu einem Stückchen Land und teilen ihre Erzeugnisse mit den Eigentümern oder anderen nachbarschaftlichen Gruppen. Und natürlich geben wir in den Gärten auch Workshops, um möglichst viele Menschen an unseren Erfahrungs- und Wissensschätzen teilhaben zu lassen.

youthinkgreen: Was ist das Besondere an den Pflanzen in euren Gärten? Ich meine, Obst und Gemüse bekommt man doch überall in Wellington, an jeder Straßenecke.

Beirne: Die Früchte unserer Obstbäume würdest du so, in dieser Form, nicht im Supermarkt finden. Es sind ältere, traditionelle Sorten, eine besondere Vielfalt, die wir in jedem Fall erhalten wollen. Vor vier Jahren erhielten wir die Samen von einem 200 Jahre alten Apfelbaum – einem Bramley. Eine junge Engländerin namens Mary Ann hatte den Baum damals um 1815 in Nottinghamshire gepflanzt, 1867 kamen die Bramley-Äpfel erstmals in den kommerziellen Handel. Das sind doch Geschichten und Traditionen, die es sich lohnt zu bewahren. Steinobst gedeiht allerdings nicht besonders gut hier, dafür haben wir ein zu gemäßigtes Klima. Aber versucht, Steinobst anzubauen, haben wir dennoch. Und genau darauf kommt es in kommunalen Projekten wie den Gemeinschaftsgärten doch an: dass man einfach loslegt und experimentieren kann. Diese Selbstversuche und die Neugierde, das bringt die Menschen in unserer Stadt wieder näher zusammen.

Revolution im Kleinen

youthinkgreen: Du warst zunächst ja auch sehr aktiv in der »Brooklyn Transition Town Initiative«, hast dich dann aber verstärkt dem Gärtnern gewidmet. Warum?

Beirne: Der Transition-Town-Ansatz zielt auf das große Gesamtbild der Gesellschaft ab: die Systemtransformation – oder sogar auf eine Revolution. Vielen Menschen ist das eine Nummer zu groß. Dann wird die Initiative vielerorts wieder fallen gelassen oder nur noch halbherzig fortgesetzt. Beim Thema Ernährung jedoch können die Menschen den Erfolg und Ertrag ihrer Taten sehr direkt nachvollziehen. Sie können ihre Früchte wachsen sehen, auch wenn diese noch klein sind. Das erleichtert die Überzeugung, dass man tatsächlich etwas bewirken kann.

youthinkgreen: Nochmals anders gefragt: Werden die zentralen Ideen aus der Transition-Town-Bewegung trotz allem weitergetragen, und wenn ja, wie?

Beirne: Ja, ich denke schon. Transition Towns haben sich ja mittlerweile weltweit in

UNSERE AUTORIN

Nora Guzu (* 1996) qualifizierte sich über den Offenen Wettbewerb von *youthinkgreen* zur Teilnahme am 1. Weltjugend-Nachhaltigkeitsgipfel 2013 in Berlin. Im Anschluss daran gründete sie die erste *youthinkgreen*-Gruppe in Wellington, Neuseeland und wurde Mitglied im Jugendbeirat. Derzeit ist sie Gaststudentin an der Technischen Universität in München.

über 400 Städten und Gemeinden gegründet. In Großbritannien, wo die Bewegung entstand, ist sie bislang auch am erfolgreichsten und am weitesten verbreitet. Ich verstehe auch nicht ganz genau, wo die Ursachen und Unterschiede liegen, warum wir in Neuseeland vielerorts mit der Initiative aufgegeben haben. Es wird jedoch an euch, also den nachwachsenden Generationen, liegen, ob die Bewegung fortbestehen und sich vergrößern kann.

youthinkgreen: Welche Werte haben bei der Umsetzung eurer Idee der Gemeinschaftsgärten eine besondere Rolle gespielt?

Beirne: Zunächst braucht man ein Team von Gleichgesinnten. Wir hatten auch von Beginn an eine recht konkrete Vorstellung von dem auch mal kürzer zu treten, sowie eine gewisse Grundakzeptanz für die Bedürfnisse des jeweils anderen helfen enorm.

In jedem Fall sollte ein solches Engagement auf kommunaler Ebene beginnen. In Wellington war die Bekanntmachung relativ leicht zu realisieren, weil es, flächenmäßig betrachtet, eine kleine Stadt ist und die meis-

INFO: WAS SIND TRANSITION-TOWNS?

Mittlerweile gibt es weltweit viele Städte und Gemeinden, in denen Menschen Wege suchen, um die lokale Wirtschaft- und Landwirtschaft zu stärken oder wiederzubeleben und nachhaltige, ressourcenarme, postfossile sowie gemeinschaftsorientierte Lebensweisen zu erproben. Dabei betonen die Anhänger den partizipativen Ansatz, denn Transition bedeutet in ihren Augen ein großes Experiment, an dem jeder teilhaben kann. Die Engagierten treibt die Frage um, wie sich die Bürger und die Politiker auf Dauer vom Erdöl emanzipieren, also dauerhaft auf Erneuerbare Energien setzen und vor allem weniger Energie verbrauchen können.

© Nils Aguilar

In mehr als 40 Ländern haben sich Transition-Town-Initiativen gegründet, von den brasilianischen Favelas über energieautarke Orte in Japan bis zum Schweizer Bergdorf. Initiiert wurde die Transition-Town-Bewegung (deutsch: »Stadt im Wandel«) u. a. durch den Iren Rob Hopkins und Studenten des Kinsale Further Education College in Irland. www.transitionnetwork.org; www.transition-initiativen.de

Projekt Gemeinschaftsgarten. Und alle in der Gruppe haben sich dann voller Leidenschaft an die Arbeit gemacht. Natürlich verfügen wir nicht alle zum selben Zeitpunkt über dieselben Energieressourcen für dieses Projekt, weil wir in ganz unterschiedlichen Lebenssituationen stecken. Doch sich gegenseitig zu erlauben, ten Menschen hier einen schnellen Zugang zu den jeweiligen Orten der Projekte haben. Und natürlich hängt es dann ganz viel von der Kultur und der Mentalität der lokalen und regionalen Behörden ab. Auch die Regierung kann unterstützend agieren. Wenn ein Projekt oder eine Idee jedoch nicht in die Kultur und das

Mindset einer Umgebung passt, dann muss man schon sehr dicke Bretter bohren, um sich durchzusetzen.

youthinkgreen: Ja, das gilt wohl überall. Ich frage mich auch: Was können junge Menschen lernen beziehungsweise wie können sich Jugendliche in diesen oder ähnlichen Initiativen engagieren?

Beirne: Viele Schulen haben doch bereits damit begonnen, ihre eigenen Pflanzen und Früchte anzubauen. In Wellington startete vor kurzem ein Programm namens »Garden to table« (Aus dem Garten auf den Teller). Bei den Nahrungsmitteln anzufangen, um zugleich Wissen zu vermitteln und neue Erfahrungen zu ermöglichen, finde ich persönlich ideal. Das ist es doch, worauf die Staaten und die Politiker letztlich am meisten Wert legen sollten, nämlich ihre Bevölkerung gut ernähren zu können. Mit der Globalisierung hat sich das alles verändert. Doch vor 50 bis 60 Jahren haben viele Menschen hier noch ihre eigenen Nahrungsmittel angebaut. Supermarktketten und Fast Food gab es nicht.

Vielleicht sieht so auch unsere Zukunft aus. Das Pendel schwingt einfach zurück bis zu einem Zustand, den die Menschen dann nur noch aus den Erzählungen und Büchern kennen. Wenn die Kinder also heute in der Schule das Gärtnern und Grundzüge der Landwirtschaft lernen, dann werden sie dieses Wissen womöglich noch nicht direkt zu Hause mit ihrer Familie anwenden. Aber sie können später, wenn sie groß sind und eine eigene Familie haben, darauf zurückgreifen.

WISSEN • BEGREIFEN • HANDELN

1. Gemeinschaftsgärten haben in der heutigen Zeit einen hohen Stellenwert, vor allem in der westlichen Welt.

a) Erfasse in einer Liste Aspekte, welche die Besonderheit und den Nutzen von Gemeinschaftsgärten in seiner Vielfalt beinhalten.

b) Versuche, deine Punkte aus der Liste thematisch zu sortieren.

c) Überlege dir einzelne Schritte, die Menschen in einer solchen Initiative gehen müssen, um langfristig agieren zu können und Erfolg zu haben.

d) Welche Rolle spielt das Engagement für Mel Beirne in ihrem Alltag? Versuche, ihren ganz persönlichen Gewinn und Nutzen aus ihrer Tätigkeit zu beschreiben, und bilde dir dazu eine eigene Meinung.

2. Mitmachen

a) Welche Zielsetzungen verfolgt dagegen die Brooklyn Transition-Town-Initiative? Recherchiert auch dazu. Diskutiert die Unterschiede zu dem Projekt »Brooklyn Community Orchard« (Gemeinschaftsgärten).

b) Was sind die zentralen Herausforderungen für die AktivistInnen? Was gefällt euch an diesen Initiativen, was nicht?

c) Ihr möchtet an derartigen Initiativen teilhaben. Wie sähe euer Wunschkatalog aus?

d) Setzt euch gemeinsam mit euren Erwartungen und Vorstellungen auseinander. Was würdet ihr ganz sicher in solch ein Projekt einbringen?

3. a) Recherchiert zu dem Themenkomplex »Transition Town« (Stadt im Wandel) in eurer Region/in eurem Land. Zu welchen Erkenntnissen und Ergebnissen kommt ihr?

b) Sinnvoll dürfte es sein, vor Ort mit solch einer Initiative in Kontakt zu treten. Eine Exkursion dahin wird euch sicherlich bereichern.

4. Eure Herausforderung: Ein Gemeinschaftsgarten hat Zukunft an unserer Schule.

a) Erarbeitet und diskutiert intern mögliche Wege, um ein solches Projekt an der Schule mit euren MitschülerInnen zu entwickeln, zu realisieren und langfristig aufrechtzuerhalten.

b) Greift später möglichst auch auf professionellen Rat und vielfältige Erfahrungen von Fachleuten, z. B. von GärtnerInnen, zurück. Entwickelt gemeinsam ganz konkrete, detailreiche Pläne und gutes Anschauungsmaterial, um eure Schulleitung und das Schulgremium für eure Sache zu begeistern und deren Unterstützung zu erhalten.

c) Versucht, UnterstützerInnen und FörderInnen für die Realisierung eures Plans für einen Gemeinschaftsgarten an eurer Schule zu gewinnen. Vergesst nicht, den Schulträger ins Boot zu holen, damit Abläufe einfacher und schneller umgesetzt werden können.

d) Euer Vorhaben dürfte auch für die Medien interessant sein. Werdet auch hier tätig.

5.3. BILDUNG: WIE N
SCHULE MACHEN K

Einleitung

»Mein Handeln, aber auch mein Nicht-Handeln hat Konsequenzen, für mich persönlich, für mein lokales Umfeld, für die Natur, für die globale Gemeinschaft. Ich kann und muss etwas tun, um die Welt ein Stück zu verbessern.« Diese Sichtweise und diese Grundhaltung werden durch die vielfältigen Programme und Projekte der »Bildung für Nachhaltige Entwicklung« (BNE) vermittelt und gestärkt.

Unsere Projekte sowie auch unser Medienpaket »Tree of Hope« verstehen wir als einen Beitrag zu diesem Ansatz und möchten deshalb dieses Themenfeld und das Buch mit Texten rund um die Fragen der »Bildung für nachhaltige Entwicklung« abschließen. Es ist unstrittig, dass Bildung eine Schlüsselrolle bei der gerechteren Gestaltung unserer Zukunft spielt und die Ausgangsbasis für erfolgreiche Nachhaltigkeitsbemühungen bildet. Diese Überzeugung wurde bereits 1992 auf dem Rio-Gipfel in dem Kapitel 36 der Agenda 21 schriftlich festgehalten. Die Kernaussage: »Ohne einen umfassenden Bewusstseinswandel auf allen Ebenen kann es keine nachhaltige Entwicklung geben.«

Die Überschrift dieses Themenfeldes – »Wie Nachhaltigkeit Schule machen kann« – ist also metaphorisch zu verstehen. Dr. Marianne Dehne hat in ihrem Beitrag im Themenfeld 3.1. bereits sehr eingehend analysiert, warum es nicht ausreicht, Nachhaltigkeit etwa als »Schulfach« einzuführen. Vielmehr ist es ein Querschnittsthema, welches alle Fächer betrifft und durchzieht. Das Besondere an BNE ist, dass es den Blick auf die Zusammenhänge und Querverbindungen der unterschiedlichen Disziplinen lenkt. Die Schlussfolgerung, dass BNE in alle Lernorte und Bildungsinstitutionen integriert werden muss, liegt sehr nahe. Zudem ist Nachhaltigkeit aus unserer Sicht ein kontrovers zu diskutierender Themenkomplex,

CHHALTIGKEIT

NN

© Christoph Samsen

der nicht theoretisch durchdrungen, sondern vielmehr kritisch hinterfragt, gemeinschaftlich erstritten sowie erlebbar und erfahrbar gemacht werden muss. BNE erfordert das Engagement und die Partizipation aller BürgerInnen, gleich welchen Alters und unabhängig von der gesellschaftlichen Position.

Wir wünschen uns deshalb, dass möglichst viele Jugendliche und Erwachsene sich durch die Texte inspiriert und aufgefordert fühlen, sich einzubringen, dass unsere Projektideen möglichst viele Nachahmer finden und weiterentwickelt werden. Auch Inga Zinck und Stefan Rostock fordern uns in ihrem Beitrag dazu auf, die politischen Potenziale der Bildung für nachhaltige Entwicklung zu entdecken und stärker zu nutzen. Sie schildern die Bedeutung wichtiger Konferenzen und internationaler Prozesse des Jahres 2015, mit welchen eine neue globale Entwicklungsagenda und umfassende Klimaschutzmaßnahmen verabschiedet werden sollen.

Der Hirnforscher Prof. Dr. Gerald Hüther beschäftigt sich mit dem Thema Bildung auf neurowissenschaftlicher und individualpsychologischer Ebene. Er plädiert schon seit vielen Jahren für Bildungsansätze, welche die Kreativität und das kritische Denken stärker fördern und belohnen sowie die individuelle Persönlichkeit der Lernenden verstärkt berücksichtigen. Dafür, so Hüther, brauche es eine offene und vertrauensvolle Diskussionskultur an den Schulen und unter den PädagogInnen. Es braucht Menschen, die es verstehen, bei anderen Neugierde, Freude an den eigenen Talenten und der Gestaltungslust zu wecken. Die Erneuerung von Schulen und die Entwicklung nachhaltiger Bildungsmodelle, so Hüther, dürfen jedoch nicht von außen übergestülpt werden, sondern müssen von den Beteiligten vor Ort gemeinschaftlich entwickelt werden.

Wir stellen euch nachfolgend die Vision einer »Schule der Zukunft« von Nora Guzu aus Neuseeland vor, die sie im Alter von 16 Jahren entwickelt hat. Nora ließ sich dabei von unterschiedlichen Architektur-Stilen inspirieren, mit denen sich sowohl soziale als auch ökologische Aspekte verbinden und flexible Lernräume gestalten lassen.

Anschließend berichten wir euch, wie eine Zukunfts- und Ideenwerkstatt aussehen und ablaufen kann, in der sich solche Visionen, Ziele und »Herzensprojekte« wie die »Schule der Zukunft« von Nora oder wie das »Plastikflaschenhaus« von Nishchhal und Monika aus Nepal entwickeln und verfolgen lassen. Nadine Böttcher und Georgina Guillen-Hanson von unserem *youthinkgreen*-Team haben dieses

Konzept der offenen Werkstätten maßgeblich mit konzipiert und bereits mit vielen Jugendlichen aus unterschiedlichen Ländern erprobt und verfeinert (siehe auch *youthinkgreen*-Projektwerkstatt in Themenfeld 2). Anstatt vorgegebener Lösungskonzepte und Antworten bringen wir viele Fragen mit, mithilfe derer wir die Brücke schlagen zwischen der realen Lebenssituation der Workshop-TeilnehmerInnen und ihren Visionen für eine nachhaltigere Lebensweise und positive Veränderungen im lokalen Umfeld.

Auch die Schönen Künste bieten eine hervorragende und bedeutsame Möglichkeit, um die Wünsche, Emotionen und das Gedankengut der Bildung für nachhaltige Entwicklung auszudrücken und weiterzutragen. Zum Abschluss des Themenfeldes und des Buches »Tree of Hope« präsentieren wir euch daher unseren *youthinkgreen*-Song, den die Jugendlichen unter Anleitung von Daniel Arruda beim 1. Weltjugend-Nachhaltigkeitsgipfel in Berlin komponiert und getextet haben. Der schlichte Titel des Liedes ist vielleicht so etwas wie die Quintessenz unserer Projektarbeit und unseres Buches »Tree of Hope« und richtet sich an jeden von uns: »Mut zum Handeln«.

INFO: ZENTRALE KENNZEICHEN EINER »BILDUNG FÜR NACHHALTIGE ENTWICKLUNG« SIND:

- **Kritische Reflexion unserer Lebensweise:**
  Welche Folgen hat das, was wir tun, produzieren, konsumieren oder gesellschaftlich bewegen für Umwelt und Entwicklung?
- **Vieldimensionalität:**
  Wie ist die Entwicklung ökonomisch (ökonomische Leistungsfähigkeit), ökologisch (ökologische Verträglichkeit) und sozial (soziale Gerechtigkeit) zu bewerten (Zielkonflikte)?
- **Globale Perspektive:**
  Leben wir so, dass alle Menschen (gerade auch in den Entwicklungsländern) eine Chance haben, ihr Überleben zu sichern?
- **Generationengerechtigkeit:**
  Verhindert unsere Entwicklung wichtige Wahlmöglichkeiten der kommenden Generationen?
- **Gestaltungskompetenz:**
  Welche Möglichkeiten, verantwortlich zu handeln, werden für die Schülerinnen und Schüler erkennbar?

Quellen: www.schule-der-zukunft.nrw.de und www.bne-portal.de

AUS DER PRAXIS: MUTIGER UND POLITISCHER WERDEN – GLOBALES LERNEN MIT GERMANWATCH E. V.

Das »Weltaktionsprogramm Bildung für nachhaltige Entwicklung« mit Leben füllen

Von Inga Zinck und Stefan Rostock

Das Jahr 2015 ist für alle Akteure, die sich für Nachhaltigkeit und soziale Gerechtigkeit weltweit einsetzen, besonders aber für Klima- und Umweltschützer, ein ganz besonderer Meilenstein: Richtungsweisende politische Prozesse, die Verabschiedung neuer nachhaltiger Entwicklungsziele sowie die nächste große UN-Klimakonferenz in Paris finden statt. Welche Bedeutung haben diese politischen Entwicklungsprozesse für die Akteure der Zivilgesellschaft? Welche Forderungen sind notwendig und welchen Einfluss können wir nehmen?

Der Klimawandel findet schon heute statt. Wir können unseren Kindern erzählen, wie es zu seinen Anfängen war. Extremwetterereignisse nehmen zu, der Meeresspiegel steigt, die weltweite Erderwärmung fördert extreme Hitze und Dürren, sie bedroht wichtige Ökosysteme – um nur einige Folgen zu nennen. Von den Auswirkungen des anthropogenen, also menschgemachten Klimawandels sind die Menschen in den Ländern des Globalen Südens besonders betroffen.

Allianzen aufbauen – Die neue Rolle der Schwellenländer

Nirgendwo werden die sich verschiebenden geopolitischen Realitäten so deutlich wie im wirtschaftlichen und politischen Aufstieg der Schwellenländer. Ein neuer globaler Mittelstand entsteht, der nun westliche Konsummuster nachmachen möchte. Es ist überdeutlich, dass es in der Verantwortung der Länder des Nordens liegt, für sich selbst und als Anregung für andere zukunftsfähige Lebensstile, das heißt auch emissionsarme Wohlstandmodelle zu entwickeln. Diese können dann im Austausch mit Akteuren des Globalen Südens gegenseitig nachhaltige Entwicklungsimpulse liefern. Die Entwicklung zukunftsfähiger Produktions- und Konsummuster kann nur über Allianzen zwischen Vorreitern in Industriestaaten und im Globalen Süden an Fahrt gewinnen. Besondere Bedeutung haben zusätzlich Allianzen zwischen Industriestaaten und den Hauptbetroffenen des Klimawandels. Hier kommt Projekten und Programmen des zivilgesellschaftlichen »Brückenbaus« im Süd-Nord-Austausch eine besondere Rolle zu. Migrantische Erfahrungen werden in diesem Prozess noch viel zu wenig genutzt. Doch diese Kooperationen können nur gelingen, wenn wir es mit der »großen Transformation« bei uns im Norden ernst meinen und uns glaubwürdig und erfolgreich um ein nachhaltigeres Leben bemühen.

Nominales Bruttoinlandsprodukt in US$

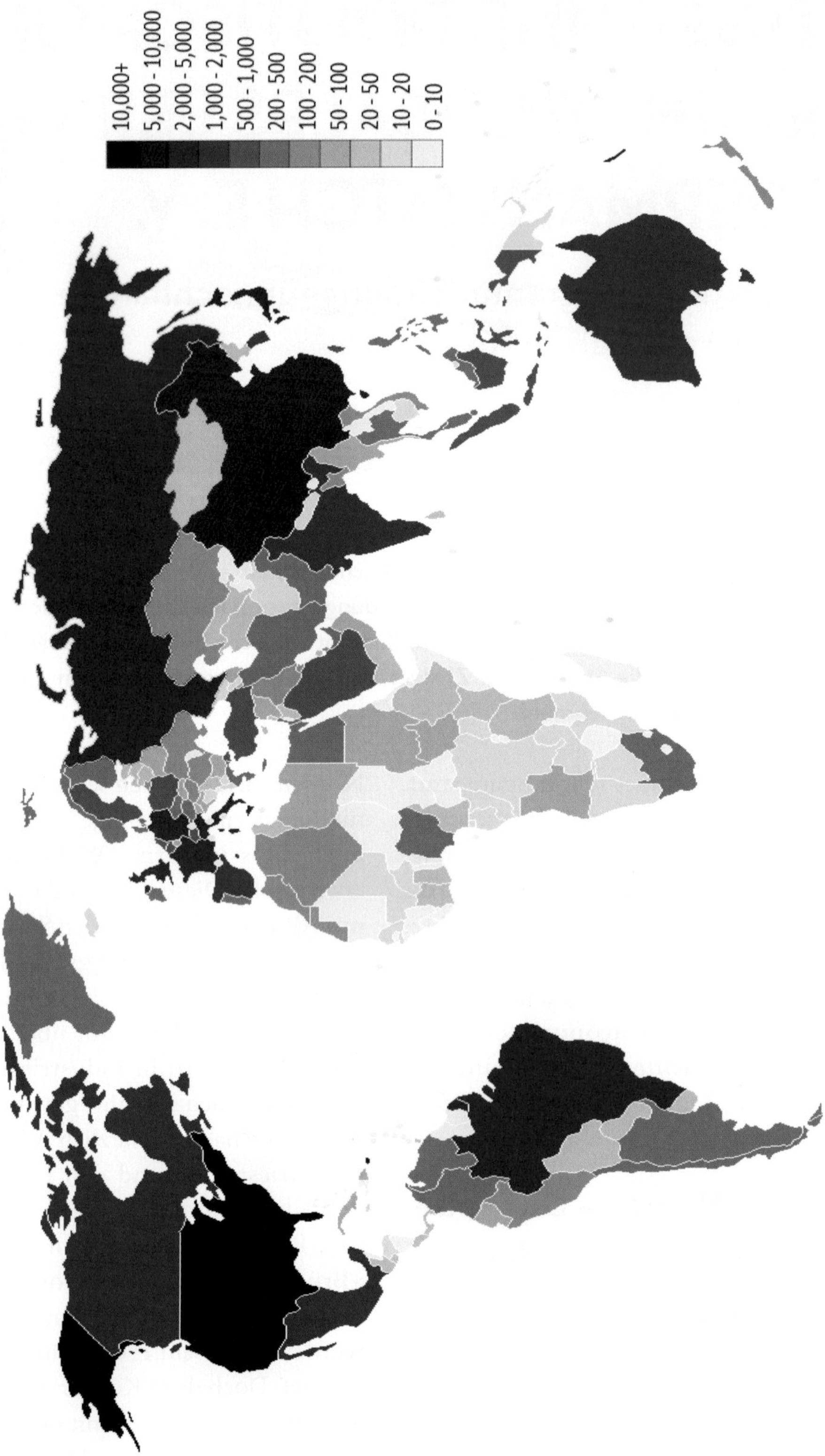

Das erfordert zum einen großen Mut, Lust am Aufbruch und der Veränderung und einen umfassenden kulturellen Wandel unserer Gesellschaften. Zum anderen dürfen wir dabei die politischen Prozesse und wirtschaftlichen Akteure nicht aus den Augen verlieren, sondern müssen sie als zivilgesellschaftliche Akteure kritisch begleiten.

Ziel, Programme und Projekte im Rahmen der BNE in allen Bildungsbereichen zu verankern, wozu sich die Mitgliedstaaten der Vereinten Nationen verpflichteten. Im Laufe der Dekade gelang es auch, die Relevanz der Bildungsziele für nachhaltige Entwicklung zu erhöhen. Ein großer Erfolg ist die Aufnahme des Bildungskonzepts in die Post-2015-Agenda (Info 1).

INFO 1: DAS POLITISCHE JAHR 2015 - UND DIE WICHTIGE PHASE DER UMSETZUNG DANACH

Die Menschheit steht vor globalen Herausforderungen im sozialen, ökologischen und ökonomischen Bereich. Das Jahr 2015 nimmt hierbei eine besondere Stellung ein. Ein Grund dafür ist auch, dass die im Jahr 2000 vereinbarten Millenniumsentwicklungsziele (MDGs) 2015 auslaufen. Wichtige Konferenzen und Prozesse auf internationaler Ebene 2015 im Überblick:

- UN-Weltkonferenz zur Katastrophenvorsorge (Reduzierung der Risiken durch Naturkatastrophen) in Sendai, Japan im März
- G7-Gipfel (Forum der wichtigsten Industrienationen) in Elmau/Bayern im Juni (2014/15 als Jahr der deutschen G7-Präsidentschaft)
- 3. Internationale Finanzierungskonferenz für nachhaltige Entwicklung (Sustainable Development Goals, SDGs) in Addis Abeba, Äthiopien im Juli
- UN-Gipfeltreffen in New York zur offiziellen Verabschiedung der »Post-2015-Agenda« mit neuen Entwicklungs- und Nachhaltigkeitszielen im September (und Bilanz über die Erreichung der MDGs)
- Klimaverhandlung der Vereinten Nationen (COP21) mit dem Ziel der Verabschiedung eines neuen globalen Klimaschutzabkommens in Paris im Dezember, mit den wichtigen Vorverhandlungen über das Jahr verteilt

Ergebnis dieser Prozesse wird eine neue globale Entwicklungsagenda für die Zeit nach 2015 sein – die sogenannte »Post-2015-Agenda«. Nach 2015 wird es darum gehen, die Beschlüsse in nationale Gesetze umzusetzen, deren Einhaltung und Gerechtigkeitsaspekte kritisch zu begleiten und sie entsprechend aktuellen (klima-)wissenschaftlichen Erkenntnissen anzupassen.

Welche Rollen kann Bildung übernehmen?

Die Vereinten Nationen erklärten den Zeitraum 2005 bis 2014 zur Dekade für Bildung für Nachhaltige Entwicklung (BNE). Von der UNESCO koordiniert, hatte die Dekade das

Als Folgeprojekt hat die UNESCO das Weltaktionsprogramm (Global Action Programme on Education for Sustainable Development, GAP on ESD) entwickelt. Die übergeordneten Ziele sind erstens: Bildung für nachhaltige Entwicklung in allen Bildungsbereichen institutionell zu verankern und zu stärken sowie zweitens: Bildungs- und Lernprozesse in allen Bereichen und Aktivitäten der nachhaltigen Entwicklung (Vorreiter, z. B. Solaranlagen, Solidarische Landwirtschaft ...) zu verankern und drittens: die Zivilgesellschaft durch Mittel für Bildung für nachhaltige Entwicklung umfassend zu befähigen, einen eigenen Beitrag zur nachhaltigen Entwicklung zu leisten. BNE liegt dabei in der Verantwortung aller Länder.

Der Bildungsfokus hat sich damit enorm erweitert. Die frühere Neigung zu kleineren Aktionen wie etwa »Energiespartipps« bildet nur noch die Ausgangslage für weitergehendes Engagement. Hierzu wurde auf der UN-Konferenz in Nagoya, Japan, im Dezember 2014 eine Erklärung verabschiedet, welche die Bedeutung der Bildung für nachhaltige Entwicklung weitergehend beschreibt. Darin betonen die KonferenzteilnehmerInnen »das Potenzial von BNE, die Bildungsteilnehmer zu befähigen, sich selbst und die Gesellschaft, in der sie leben, zu transformieren, [...]« (eigene Übersetzung der Aichi-Nagoya-Erklärung, Punkt 8).

Gesellschaft. Germanwatch will die Zivilgesellschaft anregen, bewusster, effektiver und aktiver zu handeln, und ruft zu mehr politischem Engagement auf – nicht nur auf persönlicher, sondern auch auf lokaler und nationaler Ebene. Nachhaltige Entwicklung als Leitziel darf nicht mehr zur Diskussion stehen! Stattdessen muss das klimafreundliche, sozial und ökonomisch nachhaltige Verhalten durch Veränderung der Rahmenbedingungen zum normalen Handeln werden. Derzeit ist das nicht-nachhaltige Handeln vielerorts gesellschaftlich etabliert und akzeptiert, Abweichungen davon werden hingegen oftmals sozial sanktioniert.

Germanwatch ist es wichtig, Eigeninitiative zu fördern und zu nachhaltigem Denken und Handeln anzuregen. Lokale und globale Themen, Handlungsabläufe und Prozesse der Entscheidungsfindung sollen möglichst durch eigene Teilnahme in ihrer Relevanz, durch Gestaltungsoptionen und Aktualität erfahren und verstanden werden. Jugendliche werden angeregt, gängige Handlungsweisen zu hinterfragen und in ihrem eigenen sozialen Lebensraum Möglichkeiten zur Mitgestaltung einer zukunftsfähigen Gesellschaft zu erkennen und zu nutzen.

Jugendlicher Gestaltungswille und der Wunsch nach einer stärkeren Verantwor-

INFO 2: DER VEREIN GERMANWATCH

GERMANWATCH

Germanwatch e.V. ist ein 1991 gegründeter, gemeinnütziger Verein mit Sitz in Bonn. Seine Kernziele sieht die Entwicklungs- und Umweltorganisation in dem Engagement für globale Gerechtigkeit und den Erhalt von Lebensgrundlagen unter dem Motto »Hinsehen – Analysieren – Einmischen«. Im Zentrum der Arbeit von Germanwatch stehen die Analyse von Politik und Wirtschaft in Ländern des Globalen Nordens und ihre Auswirkungen auf die Lage der besonders benachteiligten Menschen im Globalen Süden, eine am Gemeinwohl orientierte Lobby-, Kampagnen-, Öffentlichkeits- und Bildungsarbeit sowie der Dialog mit unterschiedlichsten Akteuren. https://germanwatch.org

Mehr Verständnis und Tatendrang

»Globales Lernen« ist entscheidend für die große Transformation hin zu einer nachhaltigen tungsübernahme sind weltweit eindeutig vorhanden. Allerdings reicht es nicht aus, lediglich im eigenen Lebensalltag kleine Energiespar- und Effizienzmaßnahmen anzustreben. Wir müssen Jugendliche ermutigen – jeweils in den für sie überschaubaren und gestaltbaren Zusammenhängen –, die bestehenden politischen und wirtschaftlichen Rahmenbedingungen zu hinterfragen und zu verändern. Das von Germanwatch unterstützte und verwendete Konzept des »Hand Prints« setzt genau hier an. Das Motto lautet: »Increase your Hand Print, decrease your Footprint« (deutsch: »Vergrößere deinen Handabdruck des Engagements für Nachhaltigkeit, verkleinere deinen ökologischen Fußabdruck«).

© Christoph Rauscher

Von der indischen Umweltorganisation »Centre for Environmental Education« (CEE) entwickelt, kann das Konzept des Hand Prints individuell eingesetzt und weiterentwickelt werden. Germanwatch nutzt den Hand Print, um Wirtschaftsakteure, für und mit den jungen Generationen zu vermitteln und zu diskutieren sowie auf die Verbindlichkeit und Überprüfung der verabschiedeten Ziele zu pochen.

Bildung für nachhaltige Entwicklung schärft das zivilgesellschaftliche Bewusstsein für globale Zusammenhänge. Aber erst in den Aktionen der Jugendlichen wird diese Bildung konkret. Ziel von solchen Programmen und Projekten

UNSERE AUTORINNEN

Inga Zinck (* 1990) hat Linguistik mit dem Schwerpunkt Kommunikation studiert und 2014/2015 bei Germanwatch im Team Bildung für Nachhaltige Entwicklung gearbeitet.

Stefan Rostock (* 1967), Geograf und Theologe, ist Teamleiter Bildung für Nachhaltige Entwicklung bei Germanwatch. Er berät (Jugend-)Gruppen, Verbände und Organisationen zu Klima- und Entwicklungsfragen und betreut die »Klimaexpedition«. http://germanwatch.org/klima/ke.html

den Einzelnen und Akteure der Zivilgesellschaft dazu anzuregen, über den eigenen Tellerrand hinauszuschauen und sich ambitioniert in ihrer sozialen Umgebung, aber auch darüber hinaus, für mehr Nachhaltigkeit und Klimaschutz einzusetzen. Es ist von großer Bedeutung, die Ergebnisse der internationalen Prozesse auch verständlich für die breite Öffentlichkeit, für muss es daher sein, gesellschaftliche Realitäten möglichst bleibend und umfassend zu verändern – hin zu mehr gelebter Nachhaltigkeit und globaler Gerechtigkeit.

WISSEN · BEGREIFEN · HANDELN

1. Wie wirkt sich der anthropogene Klimawandel in den Ländern des Globalen Südens aus? Recherchiere dazu und halte die wesentlichen Punkte in einer Tabelle fest.

2. Neue Allianzen

a) Beschreibe die neue Rolle der Schwellenländer.

b) Wie muss die Allianz zwischen den Industriestaaten und den PionierInnen im Globalen Süden aussehen? Erläutere Möglichkeiten und den Prozess des zivilgesellschaftlichen Brückenbaus im Süd-Nord-Austausch anhand von Beispielen. Wo würdest du zudem besondere Akzente setzen bzw. erwarten?

3. Politische Prozesse 2015

a) Warum nimmt das Jahr 2015 unter dem Gesichtspunkt der großen, globalen Herausforderungen eine besondere Stellung ein? Tauscht euch dazu aus.

b) Was muss in diesem Zusammenhang an die Stelle des noch vorherrschenden Nord-Süd-Denkens treten?

© Germanwatch

4. »Ziel ist es, nachhaltige Entwicklung in alle Formen der Bildung zu integrieren sowie Bildung in allen Bereichen der nachhaltigen Entwicklung zu verankern.«

a) Verschafft euch durch Recherche einen Überblick über BNE und diskutiert einige Bildungsziele für nachhaltige Entwicklung, die nach eurer Einschätzung für euch von Bedeutung sind (siehe www.bne-portal.de und www.globaleslernen.de).
b) Wie könnten Bildungsangebote in den unterschiedlichen Bereichen von nachhaltiger Entwicklung aussehen?
c) Versuche, die obige Kernaussage an einfachen Beispielen zu erläutern und zu erklären.
d) Erläutere Gemeinsamkeiten und Unterschiede zwischen dem Konzept des »Globalen Lernens« und der Bildung für nachhaltige Entwicklung.

5. Nenne und beschreibe Arbeitsfelder und Zielsetzungen von Germanwatch. Recherchiere dazu, suche auch kritische Stimmen über die Arbeit des Vereins. Nimm Stellung dazu.

6. Neue Engagement-Formen

a) Erarbeitet in Kleingruppen die Ziele, welche mit dem Konzept »Hand Print« verfolgt werden.
b) Welche Möglichkeiten gibt es, um seinen Handabdruck für eine nachhaltige Entwicklung zu vergrößern? Recherchiert dazu und scheut euch nicht davor, englischsprachige Websites zu besuchen (www.handprinter.org, www.handprint.in).
c) Präsentiert eure Ergebnisse der Großgruppe und bewertet gemeinsam dieses Konzept. Welche Vor- und Nachteile seht ihr? Stellt es für euch eine Hilfe dar? Begründet.

7. Wie müssen die Aktionen von Jugendlichen aussehen, um die bestehenden gesellschaftlichen Realitäten bleibend und umfassend zu verändern?

a) Erstellt dazu ein Thesenpapier.
b) Hinterfragt und diskutiert eure Vorlage mit Gruppierungen (z. B. NGOS), die in diesem Punkt auf umfangreiche Erfahrungen zurückblicken können.

8. »Den ökologischen Fußabdruck verkleinern, den Handabdruck des eigenen Engagements vergrößern«, ist der Weckruf eurer Aktion.

a) Entwickelt zum Hand Print einen Flyer, der z. B. ganz konkret aufzeigt, wie wir politisch mehr Einfluss nehmen können. Bedeutung, Zielsetzung, Vorgehensweise und Sinn des Hand Prints sollten klar und einprägsam dargestellt werden.
b) Verteilt eure Hand-Print-Flyer an der Schule, in der Fußgängerzone oder auf dem Markt eures Ortes. Weckt Interesse und tauscht euch mit den PassantInnen aus.
c) Evaluiert eure Aktion und berichtet darüber in den Medien.

© Germanwatch

AUFBRUCH ZU NEUEN LERNKULTUREN: EIN PLÄDOYER FÜR MEHR FREIRAUM

Für eine Pädagogik, die Talente individuell stärkt und eigenständiges Denken und Handeln fördert

Von Prof. Dr. Gerald Hüther

Eine gute Lernkultur muss sich an den Herausforderungen der heutigen Zeit und an den Bedürfnissen der Schüler orientieren. Doch unser Schulsystem funktioniert teilweise noch immer wie zu Zeiten der Industrialisierung im 19. Jahrhundert, als die Menschen nicht ihr Potenzial ausschöpfen, sondern an Maschinen in den Fabriken funktionieren sollten. Der Leistungsdruck und das Konkurrenzdenken in unseren Schulen steigen beständig an. Und am Ende des Schuljahres – bei der Zeugnisvergabe – hat derjenige gewonnen, der alle Vorgaben und Erwartungen der Lehrer so perfekt wie möglich erfüllt hat, der bereit war, sich anzupassen. Kreativität, das kritische Mit- und Überdenken von sozialen Strukturen, also ein eigener Kopf, werden weder besonders gefördert noch belohnt.

UNSER AUTOR

Prof. Dr. Gerald Hüther (* 1951) ist Neurobiologe und Autor mehrerer populärwissenschaftlicher Bücher zu Bildungsfragen. Zuletzt erschien von ihm »Lernlust. Worauf es im Leben wirklich ankommt« und »Etwas mehr Hirn, bitte«. www.gerald-huether.de

Die Bereitschaft für größere Umwälzungen in unserem Bildungssystem fehlt seitens der Wirtschaft und der Politik, denn dort profitieren einige wenige indirekt davon, dass so viele Schüler, Lehrer und Eltern unmündig bleiben. Lange habe ich gebraucht, um zu verstehen, dass Schüler und ihre Ausbildung mit Blick auf wirtschaftliche Verwertungsketten betrachtet werden: als potenziell brave, fleißige Arbeiter und kauffreudige Konsumenten. Die Unternehmer suchen zwar auch Mitarbeiter, die sich engagieren, eine starke Persönlichkeit sowie Lust am eigenen Denken und am gemeinsamen Gestalten haben. Aber ein Großteil der Zulieferer und ihre Kunden müssen überspitzt gesagt »dumm genug sein, um sich über's Ohr hauen zu lassen«. Irgendwann werden hoffentlich die meisten Zeitgenossen erkannt haben, dass man Geld nicht essen kann und die Anhäufung von Besitztümern die eigene Lebenslust nicht steigert. Aber solange noch so viele Menschen ihr Geld damit verdienen, Heranwachsenden irgendwelche Produkte aufzuschwatzen, müssen Schulen anscheinend genügend zahlungswillige Kunden entlassen.

Neue Gesetze, Lehrpläne oder Vorschriften von oben sind nicht die Lösung und können den notwendigen Wandel nur bedingt durchsetzen. Der Wille, das Bildungssystem zu verändern, muss von innen kommen. Er muss

von den Schulen selbst ausgehen und von allen mitgetragen werden, von Schulleitung, Lehrern, Eltern und allen voran von den Schülern. Lehrer oder Schulleiter, die alleine dafür kämpfen, die Lern- und Beziehungskultur in ihrer Schule zu verändern, werden nur bedingt Erfolg haben. Wenn sich aber alle zusammenschließen und sich über die Richtung, die sie einschlagen möchten, einig sind, dann bringen solche Veränderungen keine zusätzliche, kräftezehrende Arbeit mit sich. Dann sind Veränderungen etwas, worüber sich alle freuen und wofür sich jeder nach Kräften engagiert.

Eine Bühne für das eigene Wirken

Entscheidend dafür ist, dass jeder Einzelne in unserer Gesellschaft mit möglichst vielen und möglichst unterschiedlichen Menschen eine verlässliche und vertrauensvolle Beziehung aufbauen kann. Dann fließt das Wissen und Können in einer solchen Gemeinschaft automatisch von einem zum anderen, und alle werden einander einladen, ermutigen und inspirieren, noch mehr zu lernen und über sich hinauszuwachsen. Beim Lernen mit und von charakterstarken und sie bestärkenden Persönlichkeiten und Mentoren können Jugendliche positive Erfahrungen machen: Erfahrungen, die die eigene Entdeckerfreude und Gestaltungslust wecken, die es ermöglichen, die angelegten Talente und Begabungen zu entdecken und zu entfalten, die eine Bühne für das eigene Wirken bieten und ein Klima der Offenheit und Ehrlichkeit verbreiten. Wenn ich ein Gespür für meine Talente entwickle, werden mich anstehende Veränderungen nicht aus der Bahn werfen – weil ich weiß, was ich kann und auf welchen Fundus ich jederzeit zurückgreifen kann. Die Schwierigkeit besteht jedoch darin, die eigenen Motive und Werte zu entdecken, um ihnen schließlich zu folgen – das ist eine lebenslange Aufgabe. Doch Schüler von heute werden sich kaum in der Welt von morgen zurechtfinden, wenn sie nichts weiter als Notengier gelernt haben.

Und natürlich sind wir alle dafür verantwortlich, wenn unsere Kinder in der Schule ihre Lust am eigenen Denken und ihre Freude am gemeinsamen Entdecken und Gestalten verlieren. Denn wir haben als Eltern, als Erzieher und Lehrer mit der Zeit aus dem Blick verloren, was unsere Kinder brauchen, um die in ihnen angelegten Potenziale zu entfalten, nämlich Freiraum, Teamwork und Unterstützung. Statt diese Leitprinzipien in unseren

youthinkgreen-Klimabotschafter starten einen Wetter-Ballon, Observatorium in Lindenberg

Lernkulturen zu verankern, versuchen wir, Kindern und Jugendlichen all das beizubringen, was wir Erwachsene gerade für wichtig und bedeutsam halten. Dabei kommt es in unserer Gesellschaft doch eigentlich darauf an, was man kann – und nicht so sehr auf das, was man in aller Kürze auswendig gelernt hat. Wissen, das Schüler nicht für irgendetwas nutzen und praktisch anwenden können, ist totes Wissen. Auch wenn ich alles gelernt habe, was es an technischen Details über Flugzeuge und über physikalische Phänomene des Fliegens zu wissen gibt, bin ich noch lange kein Pilot. Dazu muss ich selbst im Cockpit sitzen und die Maschine starten, steuern und landen können.

Eine »Weltumweltschule« mit einem starken interdisziplinären und internationalen Fokus auf die Themenfelder der nachhaltigen Entwicklung, wie *youthinkgreen – jugend denkt um.welt e. V.* und andere Institutionen sie sich wünschen, sollte primär von den Schülern selbst entwickelt und umgesetzt werden. Auch hier sind Vorgaben und Baupläne, die Erwachsene den Jugendlichen bestimmend nahelegen, wenig hilfreich. Vielleicht ist Schule dann auch kein passender Ausdruck mehr für diese Lernorte. Stattdessen plädiere ich für den Begriff der »Werkstatt«. Und die Schüler sollten selbst entscheiden dürfen, wann – in welchem Fach oder Projekt – sie lieber lokal, regional, national oder international agieren möchten. In den herkömmlichen Schulen sollten Umweltschutz und Nachhaltigkeit als Querschnittsthemen in alle anderen Fächer integriert werden, anstatt ein weiteres neues Schulfach einzuführen. Vielleicht würden die Schüler dann schneller begreifen, dass mit Umwelt- und Ressourcenschutz weitaus mehr gemeint ist als Dosenpfand und Mülltrennung. Für nachhaltiges Lernen sind Emotionen zudem unabdingbar. Wer eine Erfahrung macht, die ihn in seinem Inneren tief berührt, der kann anschließend nicht mehr so weitermachen wie bisher. Der wird sein Leben und seine Umgebung ganz konsequent und selbstbewusst verändern.

Links:

www.schule-im-aufbruch.de
www.schulen-der-zukunft.org
www.lernwelt.at

WISSEN • BEGREIFEN • HANDELN

1. Eine gute Lernkultur zu erzeugen, ist gleichsam Auftrag, Notwendigkeit und Herausforderung in der Pädagogik. Was hält der Autor für eine gute Lernkultur? Welche Leitprinzipien will er in unserer Lernkultur verankern? Recherchiert dazu und bringt eure eigenen Erfahrungen und Sichtweisen ein.

2. Unter Arbeitgebern rückt die Bedeutung der Schulnoten immer stärker in den Hintergrund. Einer aktuellen Befragung zufolge rangieren sie auf Platz neun der zehn wichtigsten Kriterien – auf den ersten Plätzen liegen Persönlichkeit, Kommunikationsfähigkeit und praktische Erfahrung.

a) Woran liegt es nach Ansicht des Autors, dass unser Schulsystem so wenig zu Veränderungen bereit ist? Setzt euch damit gemeinsam auseinander. Zu welchen Ergebnissen kommt ihr?

b) Welche Wege zur Veränderung sollten unbedingt eingeschlagen werden?

c) Wer profitiert eurer Meinung nach von dem heutigen Bildungssystem am meisten?

3. a) »Der Wille, das Bildungssystem zu verändern, muss von innen kommen«, so der Autor. Diskutiert diese Aussage und die Ausführungen des Autors dazu in Kleingruppen. Präsentiert eure Ergebnisse der Großgruppe und verständigt euch auf ein tragfähiges Meinungsbild.

b) »Doch Schüler von heute werden sich kaum in der Welt von morgen zurechtfinden, wenn sie nichts als Notengier gelernt haben.« Diskutiert die Aussage des Autors. Inwiefern könnten Gleichgültigkeit und Bequemlichkeit, aber auch der Sachverhalt, dass Politik und Bürokratie uns vielfach in Unmündigkeit und Unlust geführt haben, dazu beigetragen haben?

4. Warum möchte der Autor (die) Schule lieber als Werkstatt sehen?

5. In dem sehenswerten Film »alphabet« werden u. a. die Probleme in der Bildung und Bildungspolitik weltweit beleuchtet sowie Veränderungen angemahnt und unterbreitet. Schaut euch diesen Film gemeinsam an und nutzt die Gelegenheit, über Bildung gemeinsam neu nachzudenken.

© Pandora Filmverleih

6. Recherche zur Lektüre des Autors: Mehrere Postulate des Autors, wie eine selbstbestimmte und proaktive Lebenseinstellung der Jugendlichen zu fördern, ihren Glauben an die eigenen Fähigkeiten zu stärken, Raum für ihre Entdeckerlust und Gestaltungsfreude zu schaffen, eine Bühne für ein Klima der Offenheit und Ehrlichkeit bereitzustellen, Erfahrungen zu machen, mit dem eigenen Können und Engagement etwas zu bewirken, sind in unserem Dokumentar-Film »Tree of Hope« fest und deutlich verankert.

a) Was gefällt euch an diesem Film? Was nicht?

b) Schaffen es die Jugendlichen des Filmes, euch anzustecken? Motivieren euch ihre Geschichten dazu, umzudenken, euren Alltag zu hinterfragen, ja endlich selbst tätig zu werden? Setzt euch mit euren Eindrücken, Empfindungen und Meinungen dazu auseinander.

7. Aufruf: »Nicht für die Schule, sondern fürs Leben lernen wir.«

a) Versucht, dieses Motto in einer Ausstellung der ganzen Schulgemeinschaft neu zu beleben.

b) Sondiert und unterbreitet Vorschläge, welche Themen die Ausstellung unbedingt enthalten sollte.

c) Versucht, eure Ausstellung durch ein Diskussionsforum, Zeitzeugengespräche und Befragungen zu bereichern.

Anmerkung: Unter www.zeit.de/2013/36/bildung-schulrevolution-bestsellerautoren setzt sich der Journalist Martin Spiewak kritisch mit den Vorschlägen des Autors auseinander.

Die Stadtrandschule in Delhi wird auch von YTG Delhi unterstützt © Thomas Frick

DIE SCHULE DER ZUKUNFT – EINE VISION AUS NEUSEELAND

Von Nora Guzu

Ich denke oft darüber nach, was geschehen könnte, wenn wir nicht endlich umdenken. Wird es uns so ergehen wie einst den Menschen auf den Osterinseln, als dort der letzte Baum gefällt wurde? Wie können wir das verhindern? Einfach gesagt: Wir müssen verstärkt in Bildungsangebote für nachhaltige Entwicklungen und Lebensweisen investieren, und zwar jetzt! Dafür brauchen wir zukunftsweisende und flexible Lernräume. Lasst uns nicht damit warten, bis der Klimawandel überall verheerende Spuren hinterlassen hat.

Leider sind wir noch weit entfernt von einem nachhaltigen Lebensstil, »der den Anforderungen der Gegenwart gerecht wird, ohne die der zukünftigen Generationen zu gefährden«, wie es die Brundtland-Kommission 1987 definiert hat. Deshalb müssen wir alle unsere alltäglichen Nachhaltigkeitsbemühungen intensivieren und dabei auf verschiedenen Ebenen agieren: auf politischer Ebene, in der Wirtschaft, in unseren kommunalen Gemeinden und als Individuen. Es ist essenziell, dass sich auch Jugendliche mit diesen Themen beschäftigen. Wir, die kommenden Generationen, sollten kollektiv an Nachhaltigkeitsideen mitarbeiten, denn wir werden es sein, die Modelle und Lösungsansätze in die Realität umsetzen müssen. Und wo ist der beste Ausgangspunkt für das Ideenschmieden, wenn nicht in »Schulen der Zukunft«?

Impulse des Wandels

Mittlerweile bin ich der Überzeugung, dass wir mit den herkömmlichen Schulmodellen keinen solchen Sinneswandel erreichen können. Nachhaltigkeit muss wirklich als ein fächerübergreifendes Programm in unseren Bildungssystemen etabliert werden. Nur dann werden junge Menschen die enorme Komplexität und existenzielle Bedeutung von Nachhaltigkeit wirklich verstehen können. Die Schulen der Zukunft müssen viel besser aufgestellt sein und neue Formate und Methoden ausprobieren, damit wir Jugendliche zu Weltbürgern mit Weitsicht und Empathie reifen können. Wir brauchen flexible und innovative Lernkonzepte sowie eine offene Debattenkultur, um die globalen Herausforderungen wie etwa den Klimawandel gemeinschaftlich zu meistern.

Diese Überlegung bildete für mich die Motivation, ein architektonisches und inhaltliches Konzept für eine Umweltschule zu entwickeln. Ich habe das Modell speziell an die Bedingungen in Christchurch angepasst, eine an der Ostküste der Südinsel Neuseelands in der Region Canterbury gelegene Stadt mit 341.469 Einwohnern. Die Gebäude in Christchurch sind im Jahr 2011 bei einem Erdbeben schwer beschädigt worden. Mein Modell lässt sich also als eine Projektidee begreifen, bei der sowohl ökologische als auch soziale Aspekte des (Wieder-)Aufbaus von Schulen Beachtung finden.

Inspiration für die Architektur

In dem architektonischen Modell für meine Schule der Zukunft habe ich mich von einheimischen traditionellen Bauweisen inspirieren lassen, von modularer Architektur

Christchurch vor und nach dem Erdbeben von 2011 © Roger T Wong

INFO: METABOLISMUS

Metabolismus ist ein Architektur-Stil, der nach Beendigung des Zweiten Weltkriegs vor allem in Japan geprägt wurde. Nicht nur Architekten, sondern auch Designer und Stadtplaner präsentierten ihre neuartigen Vorstellungen und Modelle auf der World Design Conference in Tokio 1960. Ihre grundlegende Überlegung kreiste um die Frage, wie sich organische Lebenszyklen von Geburt und Wachstum auf Städtebau und Architektur übertragen ließen. Sie spielten dabei mit erweiterbaren Großstrukturen, austauschbaren Baumodulen und integrierter Verkehrsinfrastruktur – Bahn, Straßen, Aufzüge – als »Lebensadern« innerhalb der Gebäudekomplexe.

Inspiration lieferten den Metabolisten Erkenntnisse und Vorstellungen aus der Kultur, der Religion, der Physik und der Biologie. Auch wenn vereinzelnd Gebäudeprojekte in den 1960er- und 1970er-Jahren realisiert wurden, blieben die meisten Ideen und Vorstellungen stadtplanerische Visionen. Dennoch beeinflussten sie viele Stilrichtungen in anderen Ländern.

Der Nakagin Capsule Tower in Tokio, ein Beispiel für die Formgebung der Metabolisten © Jordy Meow

© New Zealand Defence Force

(Baukastenprinzip) und den Vorstellungen der Metabolisten.

Mein Schulkonzept fußt auf einem tiefen Verständnis der natürlichen und kulturellen Umgebung, den lokalen Traditionen und gän-

UNSERE AUTORIN

Nora Guzu (* 1996) qualifizierte sich mit diesem Beitrag über den Offenen Wettbewerb von *youthinkgreen* zur Teilnahme am 1. Weltjugend-Nachhaltigkeitsgipfel 2013 in Berlin. Im Anschluss daran gründete sie die erste *youthinkgreen*-Gruppe in Wellington, Neuseeland, und wurde Mitglied im Jugendbeirat. Derzeit ist sie Gaststudentin an der Technischen Universität in München.

gigen architektonischen Bauweisen sowie vorhandenen Materialien in Christchurch. Bei der Gestaltung der Dächer ließen sich beispielsweise effektive Isoliermethoden mit natürlicher Bepflanzung verbinden, was ein wenig an die Architektur der Maori-Grubenhäuser erinnern würde. Auch die Errungenschaften nomadischer Lebensformen, was die Beweglichkeit und Flexibilität des Unterschlupfes betrifft, finden sich in meinem Design wieder. Somit verknüpft mein Entwurf modernste, umweltverträgliche Baupraktiken und Techniken mit natürlichen, recycelbaren und erneuerbaren Materialien.

Das Kernstück meiner Idee für ein Schulmodell bildet der Silberfarn (auf Maori, die Sprache der Ureinwohner, »Ponga« genannt) mit seinen Samenhülsen. Ich wählte diesen Baum als Vorbild aus der Natur, denn er besitzt sehr ungewöhnliche und einzigartige Eigenschaften. Es dauert zwar sehr lange, bis er wächst, doch er besitzt dafür ernorme Regenerationsfähigkeiten. Wenn man nämlich einen abgeschnittenen, scheinbar toten Stiel der Farnblätter einpflanzt, treibt er nach gewisser Zeit wieder aus. Hinzu kommt, dass der Silberfarn das bekannteste Symbol Neuseelands und sogar auf unserem Wappen zu finden ist und er bereits vielen Maori-Künstlern als Inspirationsquelle gedient hat.

Architektur der Maori © Len Williams

Der Silberfarn, Nationalsymbol Neuseelands
© André Richard Chalmers

Tafel 1

Key Principles:

The following key points of sustainable development in the building sector inform the design:

- Design with the elements and climate in mind
- Minimise energy demand
- Minimise resource use
- Reduce and recycle waste
- Conserve and recycle water
- Respect the vernacular

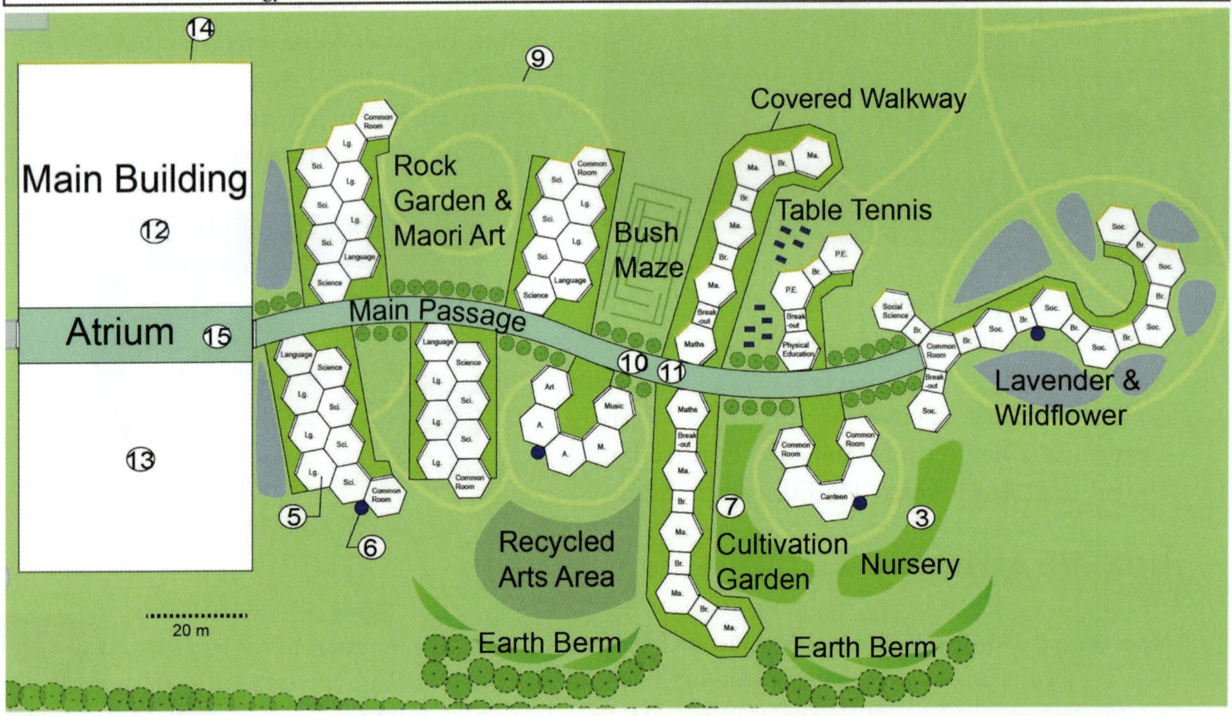

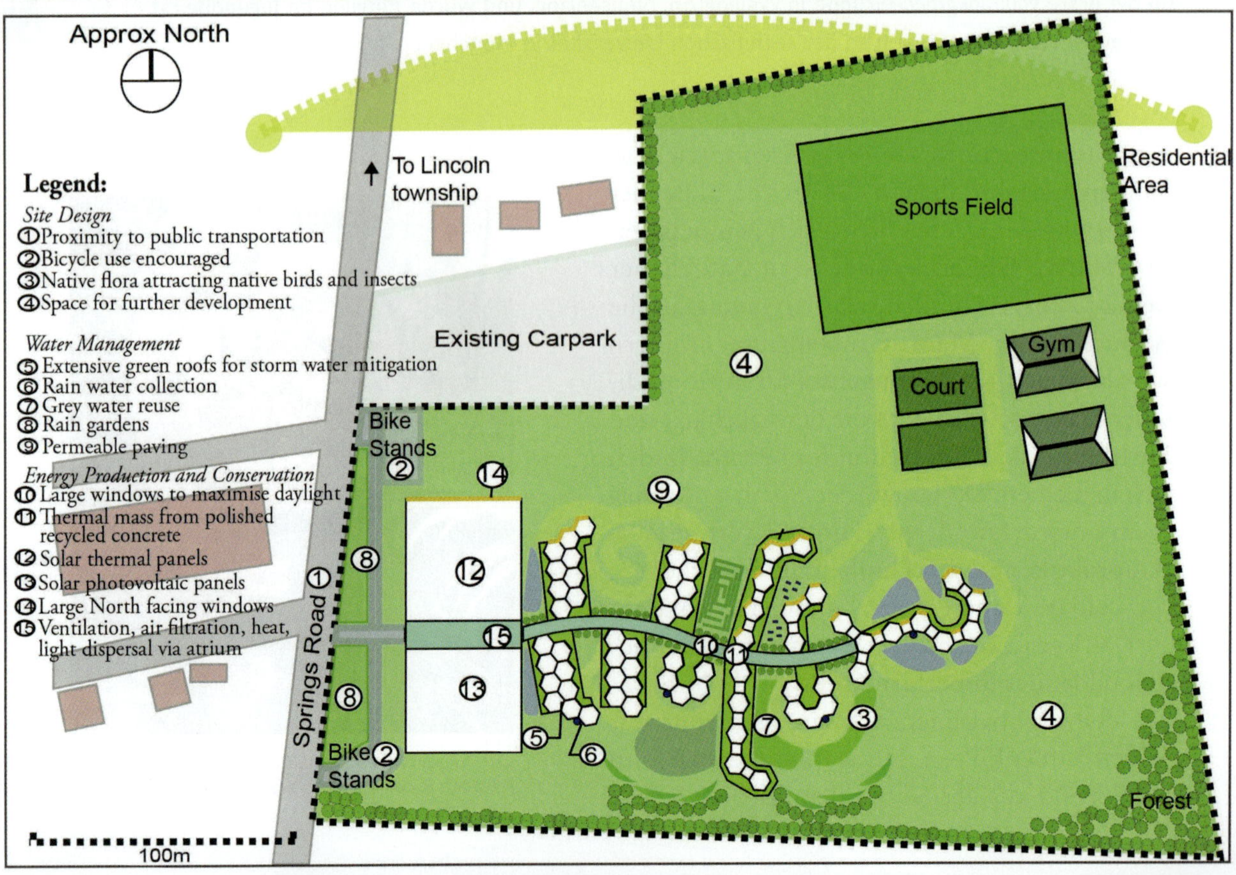

Ein Überblick über das Design

[für eine visuelle Darstellung siehe Tafel 1]

Der Bauplatz – Ortsbeschreibung

Seit dem Erdbeben von 2011 lassen sich in dem gesamten Gebiet um Christchurch ein rasanter Wiederaufbau und Sanierungsmaßnahmen beobachten. Eine der größten Herausforderungen bestand für mich darin, ein Gelände zu finden, das keine massiven Schäden aufwies und wo die Gefahren durch Natureinflüsse wie etwa Bodenerosion, Überflutung oder Steinschläge gering sind. Der Bauplatz, den ich letztendlich auswählte, misst acht Hektar und liegt in Lincoln, südwestlich von Christchurch. Er ist ganz in der Nähe der Lincoln-Universität, einem berühmten Zentrum für Landschafts- und Gartenbauforschung. Im Januar (Sommer) liegen die Durchschnittstemperaturen in Lincoln bei 22,5 °C und im Juli (Winter) bei 11,3 °C. In Lincoln gibt es durchschnittlich über 2.050 Sonnenstunden im Jahr, und die Sonne scheint von Norden her. All diese Details waren wichtig für das Design meiner Schule.

Die Schulgelände – Charakteristika

Die Schulgebäude und die unmittelbare Umgebung umfassen Einrichtungen wie die Klassenzimmer, Lehrerzimmer, eine Bibliothek, Aufenthaltsräume, einen Schulhof, Sportplätze, Laborräume, eine Kantine und eine Cafeteria, einen Nutzgarten und eine Baumschule. Die Gebäude werden nach dem geometrischen Baukastenprinzip errichtet, welches sich in jede Landschaft optimal einfügen kann. Die Architektur der Klassenzimmer erinnert an Samenhülsen oder Bienenwaben, so ist der Look modern und natürlich zugleich. Wichtig sind auch die großzügigen Außen- und Innenkorridore, welche alle Räumlichkeiten miteinander verbinden und den SchülerInnen ein schnelles Wechseln von einem Bereich in den anderen ermöglichen. Das Modell verfügt über genügend Plätze und Räume, in denen man sich treffen und Zeit miteinander verbringen kann. Dabei wird der Austausch der Jugendlichen über Klassen- und Jahrgangsstufen sowie Fachbereiche hinweg gefördert.

Zudem bietet das vorgesehene Schulgelände genügend Freiflächen für Pflanzen sowie Gemüse- und Wildblumengärten. Auch die Dächer und Wände könnten mit einheimischen Pflanzen versehen werden. Diese Begrünung hat dabei gleich mehrfachen Nutzen. Zum einen können die größeren Pflanzen uns Schatten spenden, ihr Anblick und die Gartenarbeit tragen zur Entspannung bei, zum anderen eignen sich die Gärten für Projekte von Schul-AGs oder zur Weiterbildung im Biologieunterricht. Zudem könnten wir die Schulkantine mit frischem Obst, Gemüse und Kräutern versorgen.

Das Schulgelände ist so gestaltet, dass die Räumlichkeiten die Kreativität der SchülerInnen fördern und sie dazu anregen, sich mit nachhaltigen Bauweisen auseinanderzusetzen. Es könnten Workshops oder Freizeitaktivitäten angeboten werden, in denen wir künstlerische Skulpturen aus Recycling-Materialien bauen oder uns mit den Ideen und Konzepten von Permakultur beschäftigen. Zudem würden wir mit Solarmodulen auf den Dächern Energie erzeugen und des Weiteren kommunale Nachhaltigsangebote (Food Sharing, Repair-Dienstleistungen etc.) nutzen. Vorstellbar wäre auch ein nachhaltiges Regenwasserbewirtschaftungssystem, das den natürlichen Wasserkreislauf wiederherstellt und intakt hält.

Hexagon-Klassenzimmer

[siehe Tafel 2]

In meiner Vorstellung verknüpft die Schule der Zukunft die Nutzung führender ressourcenschonender Technologien mit einem Lehrplan, der es ermöglicht, die Zusammenhänge zwischen den einzelnen Fachrichtungen und Lerninhalten zu beleuchten. Der gesamte Unterricht sollte darauf abzielen, ein umweltge-

Tafel 2

The classroom design takes into account several sustainable building practices to increase the occupant comfort, whatever the weather outside. For example, the classrooms follow a passive solar design, with double glazed windows, insulation with recycled content, and a thermal mass provided by the recycled concrete floors. Waste management practices are also in place through a school wide recycling and composting scheme, for use in gardens.

When deciding on building materials, preference was given to renewably sourced materials with a high recycled content and products manufactured locally. The main material used in the classrooms is Cross Laminated Timber (CLT), for the numerous benefits it provides. The wood structures give a sense of flexibility to meet changing needs because they are light and allow for quick assembly and disassembly. Their airtight nature also makes the buildings more efficient to heat, reducing energy demand. CLT also performs well in earthquakes through a system of post-tensioned steel tendons that anchor the panels to the foundations, allowing for controlled rocking during earthquakes. Furthermore, because these panels are pre-fabricated to precise dimensions, no waste is made in their production, while at the end of their life, they can be recycled into new panels.

Extensive green roofs are another key feature of the design. Green roofs mediate storm water flow rates, provide superior insulation, filter dust from the air and support local flora and fauna, while also serving as a place to sit and socialise. The green roofs are used for a project monitored by staff, students and Lincoln University students to establish successful species for green roofs in a South Pacific climate.

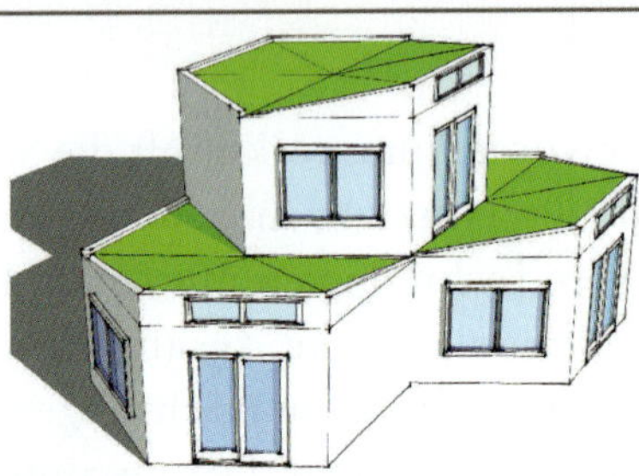

Development Potential:

In the first stage of development, the school is able to accommodate 1200 students and 150 staff. However, the geometric pods allow for quick, easy and cheap development either on the ground level or by building a second level on top of the existing one.

Classroom layouts with two walls for windows and three for instruction.

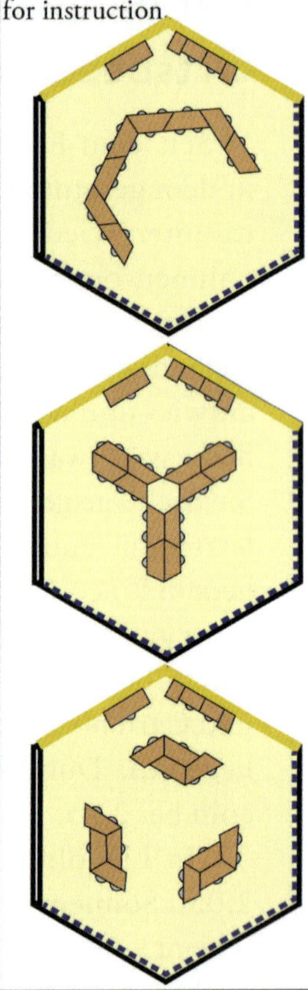

Strong modular structural system

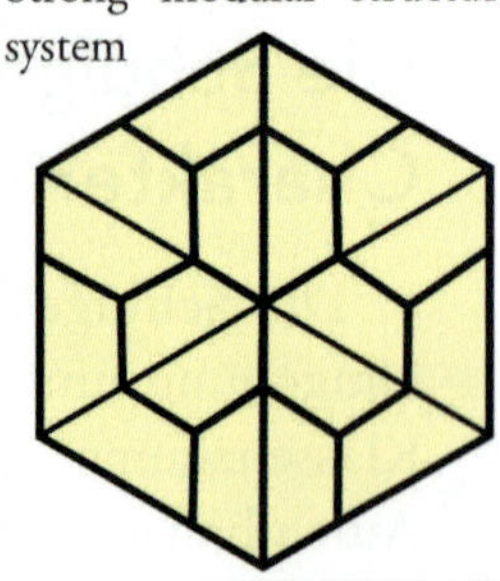

Possible combination of green roof, solar panels, and reflective white for roof of classrooms.

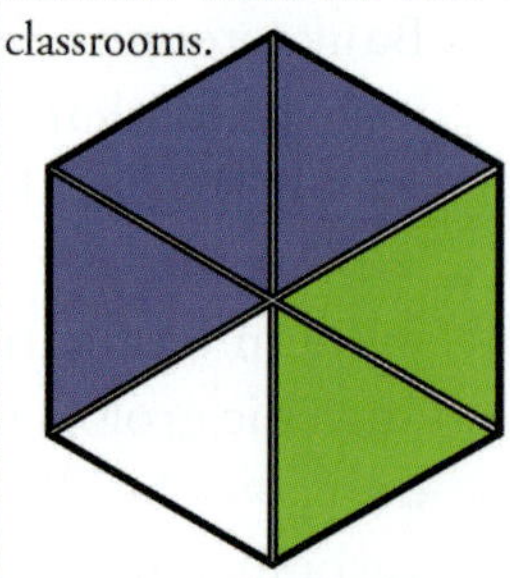

rechtes, nachhaltiges Leben zu erproben und zu verinnerlichen. Der Unterricht müsste meiner Ansicht nach sehr praktisch orientiert sein und den SchülerInnen anhand von konkreten Fallbeispielen oder Aktivitäten Lösungsansätze aufzeigen und ihre Eigeninitiative fördern. Daher finden in meiner Vorstellung mehr Gruppenarbeiten und Diskussionsrunden statt und weniger Frontalunterricht. Schon Sokrates war der Ansicht, man müsse Schüler dazu befähigen, eigenständig zu denken, anstatt sie mit den »vermeintlich richtigen« Antworten vollzustopfen.

In modernen Klassenzimmern meines Designs, in der Form eines Hexagons, sitzen sich die Schüler an runden Tischen gegenüber und haben so die Möglichkeit, sich den Aufgabenstellungen in Kleingruppen über kritische Diskussionen anzunähern und Methoden effizienter Arbeitsteilung zu erproben. Dabei wird sich zeigen, dass Fähigkeiten, wie etwa die richtigen Fragen zu stellen, zuzuhören und andere zu inspirieren, viel wichtiger sind als das Endergebnis oder die »Korrektheit« der Antworten nach vorgegebenen Denkschablonen. In den sechseckigen Klassenräumen könnten den LehrerInnen vier Wände zur Verfügung stehen, um den Unterricht anzuleiten. Hierbei würden unterschiedlichste Mittel zum Einsatz kommen, herkömmliche Tafeln genauso wie Smart-Boards oder Leinwände. In den zwei anderen Wänden könnten sich Fenster und Türen befinden. Dadurch, dass mehrere Hexagone einen Gebäudekomplex bilden, gelangt man auch schnell von einem Klassenraum in den nächsten.

Da einem neue Gedanken und Ideen oftmals außerhalb des Unterrichts in den Kopf kommen, habe ich für jeden Fachbereich unterschiedlichste Aufenthalts- und Pausenräume für den informellen Austausch und zur Entspannung eingeplant. Auch der großzügige Hauptkorridor verfügt im Design über bunte Sitzecken und Indoor-Gärten, die zum geselligen Beisammensein einladen.

Die Vorteile

Zusätzlich zu den bereits genannten Vorzügen rund um eine angenehme Lernatmosphäre bietet die sechseckige Grundstruktur der Klassenzimmer auch besonderen Schutz bei Erdbeben. Die Bauweise zeichnet sich insgesamt durch eine bessere Stabilität als die herkömmlichen rechteckigen Räume aus. Zudem lassen die stumpfen Winkel die Klassenzimmer größer und offener wirken. Darüber hinaus können die Sechseck-Einheiten beliebig miteinander kombiniert und eng aneinandergebaut werden, ohne dass Raum verschenkt wird. Die Trennwände meines Modells sind untereinander austauschbar, was wiederum Flexibilität bei der Raumnutzung ermöglicht. Das Schulgebäude kann jederzeit, je nach Bedarf, erweitert oder umgebaut werden. Da sich das Design für eine schnelle Montage eignet, ist der Aufbau vergleichsweise einfach und preisgünstig, dennoch wird das Gebäude Jahrzehnte Bestand haben.

Das Hauptgebäude

[siehe Tafel 3]

Der Putz des Gebäudes erfolgt in meinem Modell mit Naturfarben und nach einer pflanzenähnlichen Oberflächenstruktur. Gemeinsam mit der Lehrerschaft und Studierende der Lincoln-Universität können die SchülerInnen anhand einer speziell entwickelten Software-Anlage die Luftqualität, Beheizung, Beleuchtung und die Klimaanlage der Schule überprüfen und steuern.

Die Haupthalle fungiert als Lüftungsabzug, und zusammen mit der begrünten Wand des Westflügels dient sie zur Luftfiltration und verbessert somit die Qualität der Atemluft in den Innenräumen. Dieses System besitzt die Eigenschaft, das Gebäude auf natürliche Weise im Sommer kühlzuhalten. Und in der Winterzeit schützt die begrünte Wand den Eingangsbereich vor kalten Winden aus dem Südwesten. Auf der ersten Etage befinden sich die Bibliothek und die Aufenthaltsräume direkt gegenüber den

Tafel 3

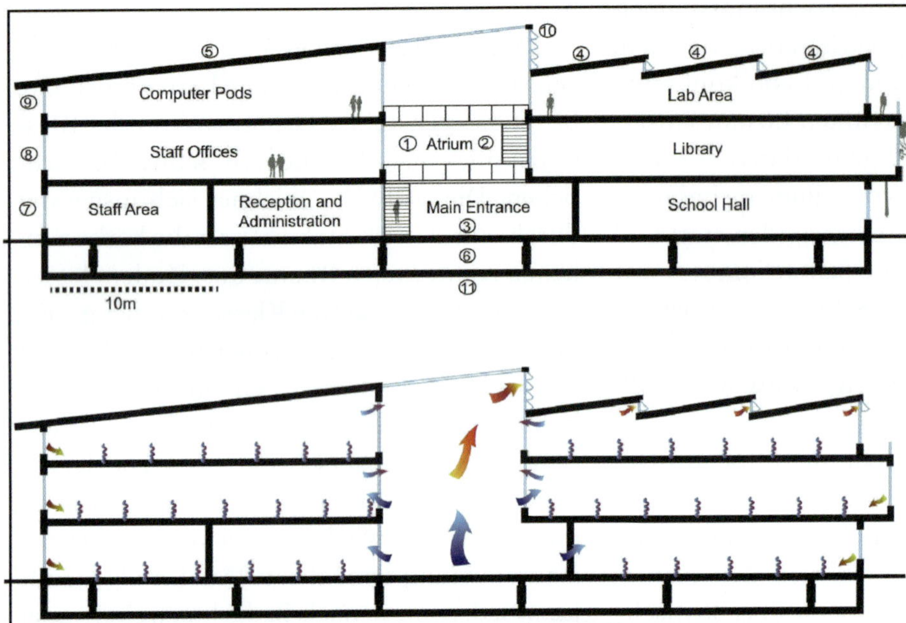

Energy concept diagram of main building

Legend:

Energy Production and Conservation

① Ventilation, heat and light dispersal via atrium
② Air filtration through green wall on west side
③ Thermal mass from polished, recycled concrete on all floors stabilizes internal temperatures
④ Solar thermal panels
⑤ Solar photovoltaic panels
⑥ Underfloor water heating and cooling from super efficientheat pump
⑦ Large North facing windows
⑧ Active facades adapt to ambient conditions
⑨ Large eaves inspired by Maori meeting-houses
⑩ Operable windows

Earthquake Safety

⑪ NZ invented base isolators

Sustainability Features

Energy production: Solar Panels

Solar panels need to be tilted up and face North in New Zealand to maximise solar absorption.

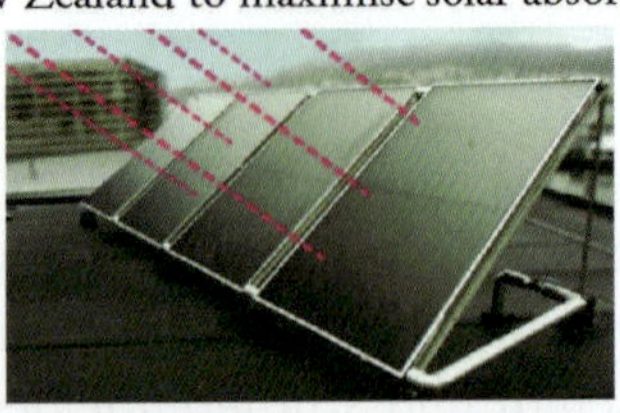

The preferred angle for Christchurch is 32° in summer and 57° in winter. Solar systems in Christchurch will produce 40% more electricity per year than the same size system in Germany.

Energy conservation: Active louvres

The building envelope is a wooden frame of light sunshades installed with specific angles on the north and west facades to redirect daylight further back into perimeter spaces and for glare reduction and thermal control.

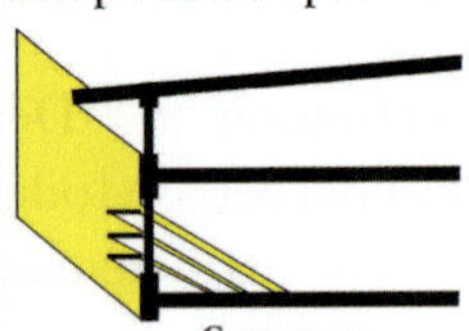

Summer

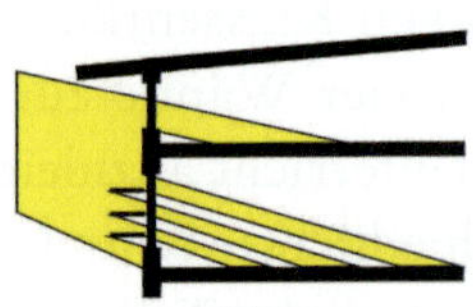

Winter

In this way the high angle summer sun is excluded and the low angle winter sun is included. Western red cedar has been chosen for its durability and no need for chemical preservative treatment.

Indoor temperature regulation: Concrete floors and green walls

Concrete floor slabs are the simplest way to store solar thermal energy, amd have many financial, energy and health benefits.

The main building will not overheat or drop in temperature as rapidly, due to the thermal mass. The concrete floors, made from recycled rubble from earthquake-affected building sites, together with the green walls, support temperature regulation and distribution of filtered high-quality air.

Earthquake safety: Base isolators

Base isolation is a technique developed in New Zealand to minimise damage to buildings during an earthquake. The building is isolated from the ground by flexible lead rubber bearings which allow it to only move a little or not at all during an earthquake.

The rubber provides flexibility through its ability to move but return to its original position. Lead may deform with the movement of an earthquake, but it will revert to its original shape, and it is capable of deforming many times without losing strength. Using layers of steel with the rubber means the bearing can move in a horizontal direction but is stiff in a vertical direction.

Lehrerzimmern. Hierdurch können Begegnungen und der Dialog zwischen SchülerInnen und LehrerInnen gefördert werden.

Das Atrium dient als Hauptdurchgangsbereich zu den Klassenräumen. Jede Klassenzimmereinheit formt sich geschmeidig um den Hauptkorridor. Dieser ist mit einem Glasdach versehen, damit das Maximum an Tageslicht genutzt und Strom gespart wird. Das Dach liegt auf hölzernen Fachwerkstreben, welche auf die Natur und den Lauf des Lebens hindeuten. Denn die Fachwerkstreben verwachsen mit den Silberfarnen, die draußen wachsen, zu einer Einheit.

Ausblick

Die Vision einer Schule zu entwerfen, ist hochkomplex! Und wie kann es danach weitergehen? Da ich meine Recherche nun abgeschlossen und darauf aufbauend erste Modelle entwickelt habe, sollte nun die Kontaktaufnahme mit erfahrenen Architekten und Bauherren in Christchurch erfolgen. Natürlich will ich auch mit der Stadtverwaltung sprechen, welche für die Wiederaufbaumaßnahmen in Christchurch verantwortlich ist. Es gilt zudem, die Finanzierung zu klären und die Öffentlichkeit dafür zu sensibilisieren, dass es eine gemeinschaftliche Notwendigkeit ist, nachhaltige Schulgebäude zu errichten. Ich habe mir vorgenommen, insbesondere die Canterbury Earthquake Recover Authority (CERA) und den Stadtrat von Christchurch anzusprechen. Letztendlich hoffe ich, dass meine Ideen für die Schulen, welche in den kommenden Jahren in Christchurch wieder aufgebaut oder neu gebaut werden, berücksichtigt werden.

Die Autorin auf dem 1. Weltjugend-Nachhaltigkeitsgipfel in Berlin

WISSEN • BEGREIFEN • HANDELN

1. Warum ist gerade die Schule geeignet bzw. gefordert, zukunftsweisende Lernräume für nachhaltige Entwicklungen bereitzustellen? Haltet eure guten Argumente schriftlich fest.

2. Nennt und diskutiert die Aspekte, die für Nora ausschlaggebend waren, ein eigenes Konzept für eine Umweltschule zu entwickeln.

3. Grundkonzept und Vorbilder

a) Erarbeitet die wesentlichen Kernpunkte, auf denen das architektonische Modell von Nora basiert. Setzt euch damit auseinander.

b) Vergleicht ihre Vorstellungen und ihr Vorhaben mit den Ideen Rudolph Steiners. Recherchiert dazu.

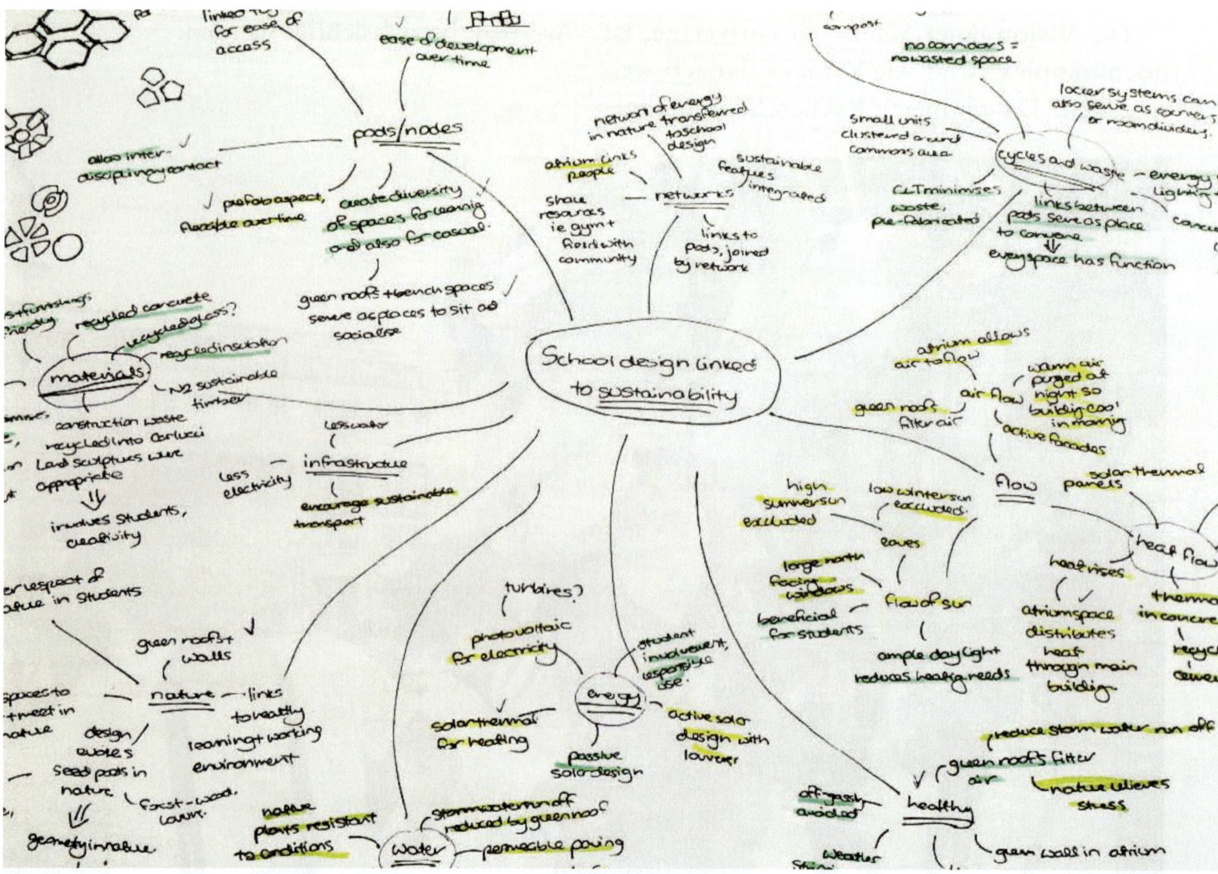

Noras Brainstorming © Nora Guzu

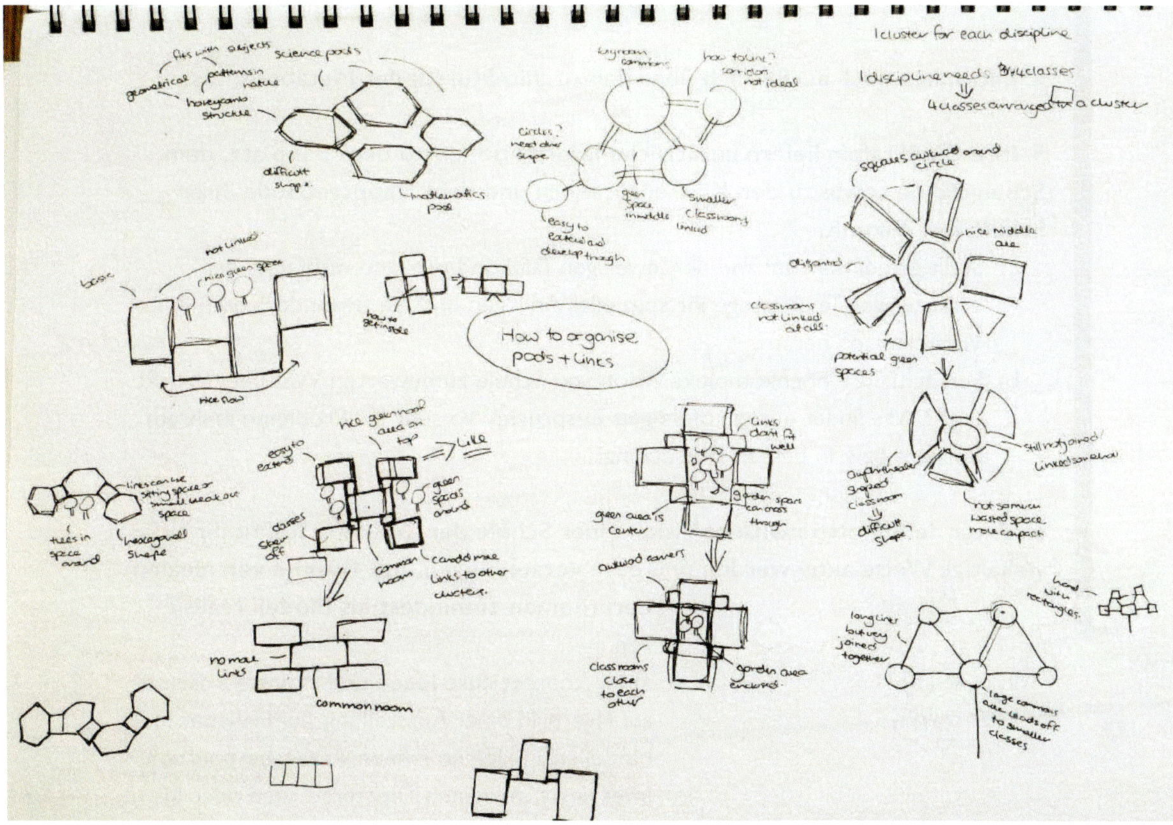

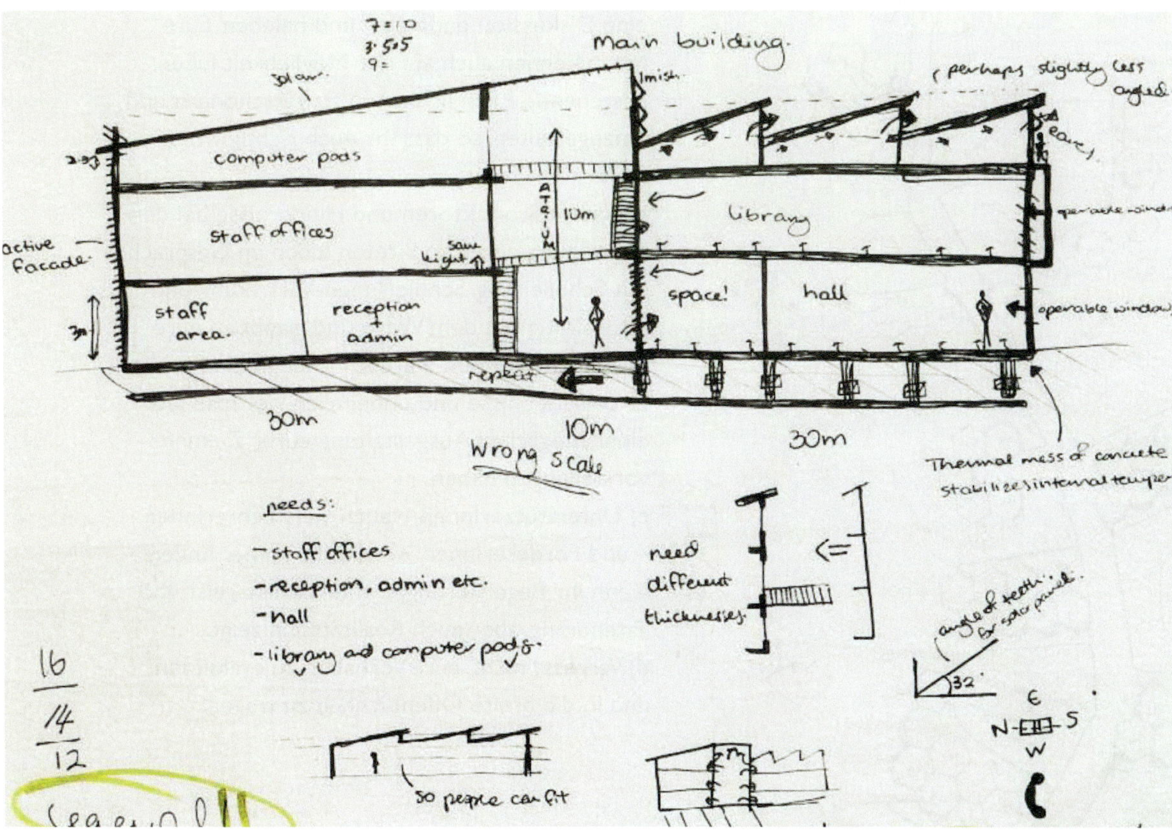

Layoutskizzen © Nora Guzu

4. Informiert euch ausführlich über den Architekturstil des Metabolismus.

5. Ihre Grafiktafeln liefern zusätzliche Informationen zu dem Bauplatz, dem Schulgelände sowie zu den Klassenzimmern und dem Hauptgebäude ihrer Schule der Zukunft.

a) Stellt gemeinsam anhand der jeweiligen Tafel und mit Unterstützung der ergänzenden Textpassage ihr spezielles Anliegen und die Besonderheiten ihrer Vorstellungen heraus.

b) Versucht, ihre hochkomplexe Vision von Schule zu bewerten. Was beeindruckt euch? Was findet euren sofortigen Zuspruch? Wo seht ihr Probleme in ihrem Konzept bzw. in dessen Umsetzung?

6. Unter dem Motto »Unsere Vision einer Schule der Zukunft« könnt ihr auf vielfältige Weise aktiv werden und eure Vorstellungen und Träume von idealen Lernräumen zumindest als Modell realisieren.

a) Ihr könntet eure Ideen und Wünsche dazu auf Flyern, in einer Ausstellung, auf Plakaten, in Modellen, in kleinen Filmen, in Werbespots, in Interviews, in kleinen Theaterstücken oder in … mit Nachdruck zum Ausdruck bringen sowie eine Diskussion entfachen und beleben. Eure Ideen können auch auf der Möglichkeit fußen, bestehende Räumlichkeiten zu verschönern und umzugestalten, so dass ihr euch richtig wohlfühlt.

b) Räumt Störfaktoren und Hindernisse bei der Umsetzung eurer konkreten Ideen im Gespräch mit Schulleitung, SchülerInnen-Vertretung und Verwaltung aus dem Wege und glaubt an eure Vision. Gemeinsam werdet ihr kleine und große Erfolgserlebnisse und unheimlich viel Spaß an einer möglichen Ausgestaltung eurer Zukunftsvorstellungen haben.

c) UnterstützerInnen – auch viele LehrerInnen – und FördererInnen werdet ihr immer finden, wenn ihr Begeisterung, Gemeinschaftsgeist und Tatendrang, aber auch Realitätssinn zeigt.

d) Vergesst nicht, eure Vorhaben zu evaluieren und in die breite Öffentlichkeit zu tragen.

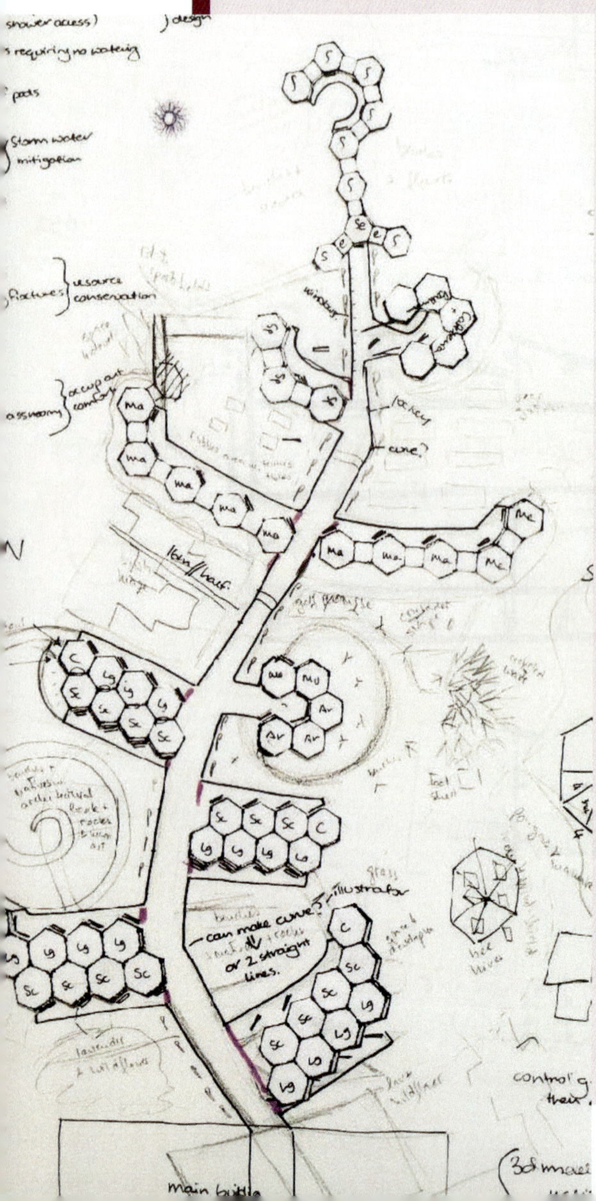

© Nora Guzu

youthinkgreen Nepal

ZUKUNFTS- UND IDEENWERKSTATT – AUS DER WORKSHOPARBEIT VON YOUTHINKGREEN

Von Nadine Böttcher und Georgina Guillen-Hanson

Nishchhal Kharal und Monika Chaulagain (* 1992) aus Nepal können es kaum glauben. Sie erhalten den ersten Preis für ihr Modell eines Öko-Hauses aus Plastikmüll, Lehm und Schnüren. In einem Ideenwettbewerb für sozial-ökologische Innovationen ihrer Universität haben sie gewonnen. Sie genießen die Anerkennung und den Zuspruch ihrer Professoren und Kommilitonen. Ihr Weg war beschwerlich, aber erfolgreich – weil sie ein starkes Team bildeten und ihrer Vision gefolgt sind. Genau dies sind wichtige Fähigkeiten, die wir bei *youthinkgreen* mit unserer Ideen-Werkstatt fördern möchten. Die Tagebuchaufzeichnungen der beiden Jugendlichen aus Nepal dienen uns hierbei als exzellentes Beispiel und wertvolle Inspiration.

Wenn wir eine Ideen-Werkstatt für Jugendgruppen organisieren und moderieren, gibt es keine konkreten Ergebnisse, die wir damit unbedingt erzielen wollen. Im Gegenteil: Statt vorgefertigter Antworten bringen wir viele Fragen mit: Was kann die jeweiligen jungen Persönlichkeiten dazu motivieren, sich mit nachhaltigen Lebensweisen auseinanderzusetzen? Wie können sie ihre eigene Vorstellung von einer erstrebenswerten, sozial und ökologisch verträglichen Zukunft entwickeln? Welche Gruppenprozesse begünstigen das Brainstorming und die Umsetzung einer gemeinsamen Vision? Und nicht zuletzt: Wie können wir sie ermutigen, ihre eigenen Visionen in Handlungsoptionen und -pläne umzuwandeln und diese auch Schritt für Schritt umzusetzen?

Diese sehr ergebnisoffene Herangehensweise der Ideen-Werkstatt ist ein Arbeitsprozess, der sich aus unserer Erfahrung sehr bewährt hat und den wir daher in unseren Programmen und Projekten wie »Klimabotschafter«, dem 1. Weltjugend-Nachhaltigkeitsgipfel, »konsumwandeln« oder »Create your legacy« immer wieder gerne einbauen. Neugierde und Wissensdurst, die Frage, wie unsere Zukunft wohl aussehen mag, und die Suche nach Antworten darauf prägen unser menschliches Dasein. Sinnbildlich gesprochen tragen wir alle einen »kleinen Wurm« in uns: den ständigen Drang, uns und unsere Umgebung zu hinterfragen und an Bestehendem Zweifel zu hegen. Es ist diese angeborene, unbändige Wissbegierde des Menschen, die in unzähligen Stunden der Inspiration und der harten, schweißtreibenden Arbeit Entwicklungen vorantreiben kann, sofern sie in Aktionen, Tests, Projekte etc. umgesetzt wird.

Die Neugierde, der Wissensdurst und die Kreativität können durch die folgenden Schritte in eine greifbare, verständliche Idee gegossen werden, die im Anschluss als Projekt oder Aktion umgesetzt werden kann. Nishchhal und Monika von *youthinkgreen* Nepal drücken ihre Motivation so aus: »Wir wollen euch mit unseren Gedanken und Ideen inspirieren, euer Bestreben und den Wunsch fördern, die Welt zu einem besseren Ort zu machen – für uns alle.«

© Rukmini Foundation/LitWorld

1. Baustein: Ausgangslage/ Realität analysieren

Einige **Leitfragen**, bezogen auf Alltagsthemen wie etwa Gesundheit, Mobilität, Ernährung, Kommunikation, Freizeit, Wohnsituation, Besitztümer etc., welche nach Wichtigkeit angeordnet und in Zusammenhänge gebracht werden können, unterstützen uns dabei, unsere gegenwärtige Lebensrealität zu beschreiben. Entlang dieser **Leitfragen** können wir später dann unsere persönlichen Zukunftsideen formulieren, diese mit den anderen in der Gruppe diskutieren und austauschen und auf dieser Basis ihre gemeinsame Zukunftsvision entwickeln.

Leitfragen:

- Welche Probleme (sozial, ökologisch, ökonomisch) sehe ich?
- Was stört mich und warum?
- Was gefällt mir und sollte auch in Zukunft so bleiben?

GEDANKEN dazu von Nishchhal und Monika von *youthinkgreen* Nepal – ihre Entwicklung der Vision des »Plastikflaschenhauses«:

Wir sind mit diesem Gefühl aufgewachsen, dass wir arm sind. Immer, wenn wir Menschen mit weißer Haut und blonden oder braunen Haaren sehen, haben wir die Vorstellung, dass sie glücklicher sein müssen. Nepal hat viel zu bieten, vor allem für Touristen: viele große Naturparks, unberührte Seen, die Geburtsstätte von Buddha und den Mount Everest. Das macht uns stolz darauf, ein Nepali zu sein. Doch Umweltschutz und Abfallmanagement stecken bei uns noch in den Kinderschuhen.

Zunächst begannen wir damit, alle Fakten zum Thema Plastik und dessen Einfluss auf unsere geliebte Natur zu sammeln. Die wichtigsten Erkenntnisse möchten wir mit euch teilen:

Der beträchtliche Verbrauch von Polymeren, die Kohle, Sauerstoff, Stickstoff und Schwefel enthalten, ist nötig, um eine Plastikflasche herzustellen. Die Nutzung von Plastikflaschen ist aufgrund der geringen Produktionskosten weltweit allgegenwärtig. Doch aufgrund der geringen Nutzungsdauer und der extrem langsamen Zersetzung ist es nicht zu leugnen, dass die große Menge zu einer zerstörerischen Kraft für die Umwelt geworden ist. Die Flaschen, die nicht recycelt werden, landen entweder in einer Müllhalde oder in der Natur.

Das wollen wir ändern.

© Laurence Tan

Das 1. Haus (weltweit) aus PET-Flaschen mit einem begrünten Dach, nur mit Erde vermörtelt (in Honduras)
©Andreas Froese, www.eco-tecnologia.com

2. Baustein: Eine Vision haben

Haben wir gerade noch die gegenwärtigen, realen Zustände analysiert, heißt es nun, optimistisch in die Zukunft zu blicken. In der Schule werden wir oftmals dazu angehalten, Realisten zu sein und praktisch zu denken. Das Träumen, das Verrücktsein, das Großdenken bleibt oft auf der Strecke, obgleich gerade Visionen und die Fähigkeit, außerhalb der Box zu denken, wichtig sind, um wirksame Veränderungen zu bewirken.

Es ist natürlich nicht empfehlenswert, eine Vision für die ganze Welt entwerfen und alles auf den Kopf stellen zu wollen. Eure Visionen sollten stattdessen möglichst konkret auf Veränderungen für das eigene Dorf/die eigene Stadt, für den Sportverein, die Schule, die Universität abzielen. Auch ist es sinnvoll, sich vor der Visionsentwicklung oder im Anschluss daran zu überlegen, welche Oberbegriffe oder Themen (z. B. Wohnen, Mobilität, Schule, Arbeiten, Einkaufen etc.) die vielen Einzelgedanken bündeln können, um wichtige Zusammenhänge zu analysieren.

Sich selbst zu fragen, wie ich mir meine persönliche Zukunft vorstelle, ist eine gute Möglichkeit, in die Ideen-Werkstatt einzusteigen und von Beginn an alle Teammitglieder in den Prozess einzubinden. Es ist besonders hilfreich, konkrete Vorgänge und Situationen aus unserer Lebensrealität beziehungsweise der Alltagswelt aufzugreifen.

Leitfragen:

- Welche Werte wollen wir mit unserer Vision neu beleben, weitertragen, vermitteln?
- Welche Bedürfnisse werden auf eine nachhaltigere Art und Weise befriedigt?
- Welche Produkte und Dienstleistungen brauchen bzw. konsumieren die Menschen und warum?

GEDANKEN
dazu von Nishchhal und Monika von *youthinkgreen* Nepal – ihre Entwicklung der Vision des »Plastikflaschenhauses«:

Es ist nicht unser Traum, dem Weg eines sogenannten Industrielandes, wie beispielsweise den USA, zu folgen und ihre Form des Wirtschaftswachstums mit all seinen negativen Folgen einfach zu übernehmen. Wir wollten den Schutz und die Achtung der Natur in unsere Vision der Zukunft mit einbeziehen. Wir wollten etwas tun, was den Menschen, die unter der Armutsgrenze leben, erlaubt, ihren Traum wahr zu machen, zum Beispiel eines Tages in ihren eigenen Häusern zu leben.

Wir haben uns Gedanken gemacht und ein Brainstorming durchgeführt, um herauszufinden, welche verschiedenen Möglichkeiten und Szenarien es gibt. Man sagt, dass sich die Welt zu einem globalen Dorf wandelt, aber das stimmt aus unserer Perspektive nur zum Teil. Wir wollten unsere Dörfer nicht globaler, sondern ökologisch und sozial nachhaltiger gestalten. Uns kam die Idee, Plastik dazu zu verwenden, ein solches Öko-Dorf zu erbauen. Cool, oder nicht?

© Kara M. Santos for IPS News

© A School for Community (ASC) Nepal

3. Baustein: Brücken bauen

In diesem Schritt geht es darum, einen Handlungsplan zu erarbeiten, um die gegenwärtige Realität mit der Zukunftsvision in Einklang zu bringen beziehungsweise beides miteinander zu verbinden. Der Handlungsplan hilft uns, unsere Vision aus einer langfristigeren Perspektive zu betrachten und die Idee nicht gleich bei dem ersten Hindernis wie eine Seifenblase platzen zu lassen. Er zeigt auf, welche Veränderungen in der Gegenwart erfolgen müssen, damit das Zukunftsbild schon bald zur Realität wird.

Eine Alternative zum Handlungsplan liefert das Rollenspiel. Wir nehmen dabei die Perspektive verschiedener gesellschaftlicher Akteure ein und machen uns mit deren Argumenten und Sichtweisen vertraut. Diese Methode eignet sich hervorragend dafür, konkrete Handlungen und Unterstützer zu identifizieren, die wir brauchen, um die entwickelte Zukunftsvision zu verwirklichen.

Leitfragen:

- Was sind die größten Unterschiede zwischen der heutigen Realität und der Vision?
- Was mag ich an der heutigen Realität, was auch in Zukunft noch so sein sollte?
- Was sollte in Zukunft anders sein?
- Wer kann uns unterstützen, die Vision zu erreichen, und welche Maßnahmen braucht es dafür?

GEDANKEN
dazu von Nishchhal und Monika

Wir hätten uns niemals vorstellen können, wie zerstörerisch unser Verhalten im Endeffekt ist, wenn wir Plastikflaschen verwenden (und dafür auch noch Geld zahlen), die dann im Meer landen.

Wir haben überlegt, wofür die Plastikflaschen gut sein können, wie man sie wiederverwerten kann. Plötzlich hatten wir die Idee von einem Haus aus Plastikflaschen. Wir fingen mit der Recherche im Internet an. Dabei fanden wir ein schon vorhandenes Konzept für ein Plastikflaschenhaus. Dieses Konzept wurde entwickelt von Andreas Froese, einem deutschen Architekten und einem Umwelt-Unternehmer. Vor allem in Lateinamerika, aber auch in Afrika und Indien war er mit seiner Firma Eco-Tec bisher für zirka 60 Projekte unterwegs. Er hat ein Dutzend Häuser gebaut, aber auch viele Wassertanks. Mit unserer Idee waren wir also nicht allein, im Gegenteil, sie erschien uns sehr erfolgsversprechend. Wir haben uns von seinem Konzept inspirieren lassen und wollten dies auch in Nepal umsetzen.

2000 l Wassertank im Rohbau
©Andreas Froese, www.eco-tecnologia.com

UNSERE AUTORINNEN

© Christel Kovermann

Nadine Böttcher (* 1986) und Georgina Guillen-Hanson (* 1979) leiten bei *youthinkgreen* Workshops und organisieren Jugendbegegnungen. Sie konzipieren neue Projekte für nachhaltige Entwicklungen und coachen Jugendgruppen bei der Weiterentwicklung und Realisierung ihrer Ideen.

4. Baustein: Eine Idee definieren / Handlungsoptionen priorisieren

Im letzten Schritt lauten die **Leitfragen:**

- Was möchte ich gerne machen?
- Wozu bin ich motiviert?
- Was ist mir eine Herzensangelegenheit?

Wenn wir erst einmal herausgefunden haben, was unser Anliegen ist, dann gilt es, konkrete Handlungen und darin eventuell eingebundene gesellschaftliche Akteure zu priorisieren, damit allen Beteiligten klar ist, womit wir beginnen und welche konkreten Erwartungen an die Aktionen geknüpft sind. Es geht also im Grunde

darum, die Umsetzung der Idee vorzuzeichnen, wobei nach und nach auch die kleinsten Details unter die Lupe genommen werden kön nen. Dabei sollten Antworten auf folgende Fragen gefunden werden:

- Was möchte ich machen? Beschreibe die Idee/Mission in fünf Sätzen.
- Warum möchte ich das machen? Hier geht es um die persönliche Motivation, aber auch um die Notwendigkeit des Anliegens.

Auf diese beiden Fragen aufbauend können wir einen schlüssigen und flexiblen Umsetzungsplan (Projektplan) entwickeln, der kurz-, mittel- und langfristige Ziele beinhaltet. Zudem müssen wir Maßnahmen nach Priorität (hohe, mittlere und niedrige Wichtigkeit) und Verantwortlichkeiten festlegen sowie Kriterien entwickeln, anhand derer sich die Realisierungen messen lassen. Wenn du Lust hast, deine Idee Realität werden zu lassen, dann durchlaufe nun die Projektwerkstatt im Themenfeld 2.

Bildmaterial: YTG Nepal

GEDANKEN
dazu von Nishchhal und Monika von *youthinkgreen* Nepal – ihre Entwicklung der Vision des »Plastikflaschenhauses«:

Was ist der Unterschied zwischen einem Plastikhaus und einem normalen Gebäude? Das Prinzip des Plastikhauses besteht darin, leere Flaschen mit Erde, Sand oder Bauschutt zu füllen und sie mit einer haltbaren Schnur zu verbinden. Dann wird mit Lehm oder Mörtel verputzt. Ein kleines Haus kann aus 10.000 Flaschen gebaut werden, die ansonsten im Müll landen oder verbrannt würden. In den Gegenden, wo Leitungswasser zum Trinken nicht sauber genug ist, sind Plastikflaschen auch in Nepal sehr gebräuchlich, besonders bei Konferenzen, Partys und Versammlungen. Für Wände aus Plastikflaschen gibt es im Gegensatz zu herkömmlichen Ziegeln keine Abholzung oder CO_2-Emission. Die Schall- und Wärmeisolierung ist gut. Elektrische Leitungen haben Platz, ohne dass Schlitze in das Mauerwerk gestemmt werden müssen. Das Plastik macht den »Flaschen-Ziegel« flexibler, so dass die Mauern bei Erdbeben nicht einstürzen. Sie sind trotzdem so stark, dass sie sogar Gewehr- und Pistolenkugeln abhalten.

Ein Gebäude aus Plastikflaschen ist günstiger als ein Gebäude aus Ziegelsteinen, da das Hauptmaterial Müll ist. Die Bauweise ist leicht zu erlernen, und man kommt ohne Baumaschinen aus. Den Erbauern kann sie ein Einkommen sichern. In Nepal gibt es ohnehin kein Recycling, man bekommt die Flaschen umsonst. Die anderen Materialien wie Rotschlamm, Stroh und Bambus sind in ländlichen Gebieten günstiger als Zement und Ziegel. Es werden keine professionellen Ingenieure oder Bauarbeiter gebraucht, da die Gemeinschaft aktiv beteiligt ist und hilft. Wenn wir an den Nutzen der Plastikhäuser denken, dann stellen wir uns vor, unser Land nach und nach mit Öko-Dorfern auszustatten, um die Umwelt zu beschützen und einen besseren Lebensstandard für die marginalisierte Bevölkerung zu erreichen. Wir würden uns riesig freuen, wenn wir für unsere Idee der Ökodörfer mit Plastikflaschen-Häusern im ländlichen Nepal weitere Verbündete, Mitstreiter und Nachahmer fänden, denn so große Projekte kann niemand ganz alleine stemmen.

© Hug It Forward

© Andreas Froese, www.eco-tecnologia.com

Und für Monika und Nishchhal blieb es nicht bei einer Tagträumerei. Sie begannen die Umsetzung der Idee mit der Präsentation ihres Modells eines Plastikhauses auf einer Ausstellung vom SET-Programm (Soziales, Umwelt und Technologie) des St. Xavier College. Und zu ihrer großen Überraschung gewannen sie dort sogar einen Wettbewerb und trafen auf Mitarbeiter der Nichtregierungsorganisation ASC (»A School for Community«), die ein ganz ähnliches Projekt im ländlichen Nepal (Pharping) umsetzen wollten, nur mit Glasflaschen, da auch diese in Nepal normalerweise im Müll landen und nicht wiederverwertet werden. Seht auf den Fotos, was aus einer einfachen Idee im Laufe der Zeit entstanden ist: eine Gemeinde- und Lernzentrum für die Bewohner in Pharping!

INFO: EINE KURZE ANLEITUNG FÜR NACHAHMER – WAS WIR BRAUCHEN:

- Leere **PET-Flaschen**: Weltweit werden ca. 500 Billionen jedes Jahr hergestellt, und laut Studien der Vereinten Nationen landen die meisten irgendwann im Meer. Jede Flaschengröße kann verbaut werden.
- Einen **Trichter**. Den bekommen wir, indem wir einfach einer PET-Flasche den Boden wegschneiden.
- Einen **Stock** zum Verdichten, das kann auch ein Stück **Rohr** oder Baustahl sein.
- Erde oder gesiebten **Bauschutt** zum Befüllen.

Der Zeitaufwand: etwa drei Minuten für eine Zweiliterflasche. Ein Haus mit 60 Quadratmetern Wohnfläche und einem Wassertank benötigt um die 6.000 Flaschen. Das bedeutet 300 Arbeitsstunden, also 7,5 Wochen Arbeit für eine Person bei einer 40-Stunden-Woche.

www.meingruenerpunktblog.de/vom-mullproblem-zum-mauerersatz-pet-flaschen-als-baumaterial/

© Hug It Forward

MEHR ALS ZUKUNFTSMUSIK – MUT ZUM HANDELN: UNSER *YOUTHINKGREEN*-LIED

Unter dem Motto »Mut zum Handeln« haben am 16. Mai 2013 über 160 junge KlimabotschafterInnen aus 30 Nationen beim 1. Weltjugend-Nachhaltigkeitsgipfel im Allianz-Forum in Berlin die vielfältigen Aktivitäten von *youthinkgreen* sowie ihre eigenen Umwelt- und Nachhaltigkeitsinitiativen der Öffentlichkeit präsentiert.

In einer außergewöhnlichen, multimedialen Revue – im Wechsel von Kurzvorträgen, Filmbeiträgen, Spielszenen, Musik, Grußworten und Zeitzeugengesprächen – gaben sie tiefe Einblicke in ihr vielfältiges und internationales Engagement. Ein emotionales Highlight war der Song »Mut zum Handeln«. Die Jugendlichen hatten ihn unter Anleitung von Daniel Arruda komponiert. Die Basis für die Liedtexte – ihre Gedanken, Hoffnungen und Wünsche – hatten sie in Versform in ihrer jeweiligen Muttersprache bei ihrer Ankunft im Gepäck mit dabei.

Die filmische Dokumentation findet ihr auch online (https://vimeo.com/75848065).

Courage

Daniel Arruda

The courage to act
Soon late too regret
Be part of the solution
Start the green revolution

The courage to act
Soon late to regret
Live your dream
Let's think green
Come Together!

Englisch	Deutsch	Original
Let us talk. There is still a chance to help our land. Even if they say we are wrong, the fault is theirs!	Lasst uns reden. Es gibt immer noch eine Chance, unserem Land wirklich zu helfen. Auch wenn sie sagen, es sei falsch, dann ist es ihre Schuld!	Tupoyeni Opunethimbo Loku kwatherilebu Nando taati otwapuka Epukoolawo (Namibia)
Act today because tomorrow it's too late. The earth is ours and needs our help. Act today, whatever that is. We are going to bring back even the last hope!	Handelt heute, denn morgen ist es zu spät. Die Erde gehört uns und braucht unsere Hilfe. Handelt heute, wie auch immer es aussieht. Wir werden der Jugend die Hoffnung zurückgeben.	Vepro sot, se neser eshte vone, Torka eshte jona, kerkon ndihmen tone Vepro sot, çfaredo qe te jete Do ta rikthejme dhe te me voglen shprese (Kosovo)
The change is only possible with you if you have thought of sustainabie development Youth, oh youth awake! »We« for change!	Eine Veränderung ist nur möglich mit dir, wenn du den Gedanken der nachhaltigen Entwicklung trägst. Jugend, hey Jugend, wach auf! »Wir« für die Veränderung!	Pariwartan timibataie Samvawa cha yaha Digo bikashko chintan cha jaha Yuwa, hey yuwa uutha aaja bata Parewartan ka lagiee hami (Nepal)
It's not about doing less Life's about doing more It's time to take action It's our world we're standing for!	Es geht nicht darum weniger zu tun, im Leben geht es darum mehr zu machen. Es ist Zeit zu handeln, wir verkörpern unsere Welt!	It's not about doing less Life's about doing more It's time to take action It's our world we're standing for! (USA)
Enlighten the dream Achieve the wish Open the wings It might be crazy, but doesn't matter sing together:	Mach dir einen Traum, versuche deinen Wunsch zu erlangen, öffne die Flügel. Das könnte vielleicht verückt klingen, aber das ist egal: Wir singen zusammen!	点亮梦想 放飞希望 展开翅膀 也许疯狂 那又怎样 一起歌唱 (China)
Let's change, we are the generation that will change something The change lies in our hands, let's do it without delay!	Lasst uns etwas verändern, wir sind die Generation, die etwas schafft! Der Wandel liegt in unseren Händen, lasst ihn uns ohne Verzögerung anpacken!	Yalla bina neghayar, ehna gil el taghyir يلا بنا نغير ، احنا جيل التغيير Fe edena neghayar ktir, yalla men gher taakhir في يدنا نغير كتير، يلا من غير تأخير (Ägypten)

Stichwortverzeichnis

Bild- und Quellennachweise

Seite 51 unten: »Kings College Cambridge Great Court Panorama« by Mark Williamson – Own work. Licensed under GFDL via Commons – https://commons.wikimedia.org/wiki/File:Kings_College_Cambridge_Great_Court_Panorama.jpg#/media/File:Kings_College_Cambridge_Great_Court_Panorama.jpg

Seite 80 oben: »Heuballenvirtuosen« von Philipp Otto – Eigenes Werk. Lizenziert unter CC BY-NC über Jugendfotos.de – http://www.jugendfotos.de/media/108944-heuballenvirtuosen

Seite 132 unten: »CallABikeStuttgartP1180842« von JuergenG – Eigenes Werk. Lizenziert unter CC BY-SA 3.0 über Wikimedia Commons – https://commons.wikimedia.org/wiki/File:CallABikeStuttgartP1180842.jpg#/media/File:CallABikeStuttgartP1180842.jpg

Seite 228 oben: s. a. Seite 308 »Trouble in Paradise« von Roberto Verzo – Eigenes Werk. Lizenziert unter CC BY 2.0 über Flickr – https://www.flickr.com/photos/verzo/3777819241/in/photostream

Seite 236 Mitte: „World Future Council« von World Future Council – Eigenes Werk. Lizenziert unter CC BY-SA 3.0 über Wikimedia Commons – https://commons.wikimedia.org/wiki/File:World_Future_Council.jpg#/media/File:World_Future_Council.jpg

Seite 245: »WHI-2014 nach Schweregrad« von Welthungerhilfe Bonn – Eigenes Werk. Lizenziert unter CC BY-SA 4.0 über Wikimedia Commons – https://commons.wikimedia.org/wiki/File:WHI-2014_nach_Schweregrad.jpg#/media/File:WHI-2014_nach_Schweregrad.jpg

Seite 249: »Suedamerika topo« von Captain Blood aus der deutschsprachigen Wikipedia. Lizenziert unter CC BY-SA 3.0 über Wikimedia Commons – https://commons.wikimedia.org/wiki/File:Suedamerika_topo.png#/media/File:Suedamerika_topo.png

Seite 250 Mitte: »Morales 20060113 02« von Valter Campanato/ABr. Lizenziert unter CC BY 3.0 br über Wikimedia Commons – https://commons.wikimedia.org/wiki/File:Morales_20060113_02.jpg#/media/File:Morales_20060113_02.jpg

Seite 251 unten: »Museo de la Pachamama II Tucumán« von Carlos A. Barrio – Eigenes Werk. Lizenziert unter CC-BY-SA 4.0 über Wikimedia Commons – https://commons.wikimedia.org/wiki/File:Museo_de_la_Pachamama_II_Tucum%C3%A1n.JPG#/media/File:Museo_de_la_Pachamama_II_Tucum%C3%A1n.JPG

Seite 253 unten: »Strike 2007 protest meeting Arequipa 3« by Smiley.toerist – Own work. Licensed under CC BY-SA 3.0 via Wikimedia Commons – https://commons.wikimedia.org/wiki/File:Strike_2007_protest_meeting_Arequipa_3.jpg#/media/File:Strike_2007_protest_meeting_Arequipa_3.jpg

Seite 257 unten: »Bolivia« by M M – Padmanaba01 – Own work. Licensed under CC BY-SA 2.0 via Flickr – https://www.flickr.com/photos/43423301@N07/3997658231/

Seite 271 unten: „Bundesarchiv Bild 183-W0409-300, Bertolt Brecht« von Bundesarchiv, Bild 183-W0409-300 / Kolbe, Jörg / CC-BY-SA. Lizenziert unter CC BY-SA 3.0 de über Wikimedia Commons – https://commons.wikimedia.org/wiki/File:Bundesarchiv_Bild_183-W0409-300,_Bertolt_Brecht.jpg#/media/File:Bundesarchiv_Bild_183-W0409-300,_Bertolt_Brecht.jpg

Seite 273 unten: »Corydalis cava forest floor« von Walcoford – Eigenes Werk. Lizenziert unter CC BY-SA 3.0 über Wikimedia Commons – https://commons.wikimedia.org/wiki/File:Corydalis_cava_forest_floor.JPG#/media/File:Corydalis_cava_forest_floor.JPG

Seite 276 oben rechts: Eugen Roth »Gedenktafel an Eugen Roths Geburtshaus, Augustenstraße 21 in München« von Diderot71 – Eigenes Werk. Lizenziert unter CC BY-SA 3.0 über Wikimedia Commons – https://commons.wikimedia.org/wiki/File:Gedenktafel_an_Eugen_Roths_Geburtshaus,_Augustenstra%C3%9Fe_21_in_M%C3%BCnchen.jpg#/media/File:Gedenktafel_an_Eugen_Roths_Geburtshaus,_Augustenstra%C3%9Fe_21_in_M%C3%BCnchen.jpg

Seite 282-283 unten: »Pano-bayer-leverkusen« von A.Savin. Lizenziert unter CC BY-SA 3.0 über Wikimedia Commons – https://commons.wikimedia.org/wiki/File:Pano-bayer-leverkusen.jpg#/media/File:Pano-bayer-leverkusen.jpg

Seite 283 oben: »Scholven Powerplant« von Sebastian Schlüter – Basan1980, post-processed by (rotated 2.6° counter-clockwise, contrast, colours) – Original Upload on de.wikipedia.org: http://de.wikipedia.org/wiki/Bild:PICT0846.JPG. Lizenziert unter CC BY-SA 3.0 über Wikimedia Commons – https://commons.wikimedia.org/wiki/File:Scholven_Powerplant.jpg#/media/File:Scholven_Powerplant.jpg

Seite 289 unten links: »Rapsfeld 2007« von Daniel Schwen – Eigenes Werk. Lizenziert unter CC BY-SA 2.5 über Wikimedia Commons – https://commons.wikimedia.org/wiki/File:Rapsfeld_2007.jpg#/media/File:Rapsfeld_2007.jpg

Seite 289 unten rechts: »Jetta Biodiesel« by Original uploader was Analogue Kid at en.wikipedia – Transferred from en.wikipedia; transferred to Commons by User: Christian Giersing using CommonsHelper. Licensed under CC BY 2.0 via Wikimedia Commons – https://commons.wikimedia.org/wiki/File:Jetta_Biodiesel.jpg#/media/File:Jetta_Biodiesel.jpg

Seite 314 unten: »Entwicklung CO_2 EU02«. Licensed under CC BY-SA 3.0 via Wikimedia Commons – https://commons.wikimedia.org/wiki/File:Entwicklung_CO2_EU02.png#/media/File:Entwicklung_CO2_EU02.png

Seite 317 oben rechts: »Greenland Ice« by Allstrak – Own work. Licensed under CC BY-SA 3.0 via Wikimedia Commons – https://commons.wikimedia.org/wiki/File:Greenland_Ice.svg#/media/File:Greenland_Ice.svg

Seite 322 oben: »PlantacaodeSoja« von Tiago Fioreze – Eigenes Werk. Lizenziert unter CC BY-SA 3.0 über Wikimedia Commons – https://commons.wikimedia.org/wiki/File:PlantacaodeSoja.JPG#/media/File:PlantacaodeSoja.JPG

Seite 323 unten: »Brasil de Fato« – Renato Santana de Luziânia (GO). Lizensiert unter CC BY-3.0-BR über brasildefato.com.br.

Seite 326 unten: »Aerdt gif aveq gastro hähnchengrill hendlgrill chickengrill« by http://www.aerdt.de/ aerdt gif gastronomietechnik – Own work. Licensed under CC BY-SA 3.0 via Wikimedia Commons – https://commons.wikimedia.org/wiki/File:Aerdt_gif_aveq_gastro_h%C3%A4hnchengrill_hendlgrill_chickengrill.jpg#/media/File:Aerdt_gif_aveq_gastro_h%C3%A4hnchengrill_hendlgrill_chickengrill.jpg

Seite 334: »CO_2-Fußabdruck von Flaschenwasser« von Dr. Edgar E. Blanco. Lizenziert unter CC BY-SA 3.0 über Wikimedia Commons – https://commons.wikimedia.org/wiki/File:CO2-Fu%C3%9Fabdruck_von_Flaschenwasser.jpg#/media/File:CO2-Fu%C3%9Fabdruck_von_Flaschenwasser.jpg

Seite 335 unten: »Jakarta slumlife14« by Jonathan McIntosh. Licensed under CC BY 2.0 via Commons – https://commons.wikimedia.org/wiki/File:Jakarta_slumlife14.JPG#/media/File:Jakarta_slumlife14.JPG

Seite 337 oben: »Niñas y niño Jujeños – Purmamarca« by User:Marianocecowski – Image:Jujuy-Purmamarca-P3120081.JPG. Licensed under CC BY-SA 3.0 via Wikimedia Commons – https://commons.wikimedia.org/wiki/File:Ni%C3%B1as_y_ni%C3%B1o_Juje%C3%B1os_-_Purmamarca.jpg#/media/File:Ni%C3%B1as_y_ni%C3%B1o_Juje%C3%B1os_-_Purmamarca.jpg

Seite 339 oben: »Potosi Décembre 2007 – Industrie Minière« by Martin St-Amant (S23678) – Own work. Licensed under CC BY 3.0 via Commons – https://commons.wikimedia.org/wiki/File:Potosi_D%C3%A9cembre_2007_-_Industrie_Mini%C3%A8re.jpg#/media/File:Potosi_D%C3%A9cembre_2007_-_Industrie_Mini%C3%A8re.jpg

Seite 340: »Evstafiev-bosnia-sarajevo-water-line« by Photo: Mikhail Evstafiev – Mikhail Evstafiev. Licensed under CC BY-SA 3.0 via Commons – https://commons.wikimedia.org/wiki/File:Evstafiev-bosnia-sarajevo-water-line.jpg#/media/File:Evstafiev-bosnia-sarajevo-water-line.jpg

Seite 346 oben: »Sidemount diver in fairly tight space DSC 0177 Photo by Pete Nawrocky« by Pete Nawrocky – Pete Nawrocky. Licensed under CC BY-SA 3.0 via Commons – https://commons.wikimedia.org/wiki/File:Sidemount_diver_in_fairly_tight_space_DSC_0177_Photo_by_Pete_Nawrocky.JPG#/media/File:Sidemount_diver_in_fairly_tight_space_DSC_0177_Photo_by_Pete_Nawrocky.JPG

Seite 352 unten: »Olivin-mt-erebus hg« von Hannes Grobe, AWI – Eigenes Werk. Lizenziert unter CC BY-SA 2.5 über Wikimedia Commons – https://commons.wikimedia.org/wiki/File:Olivin-mt-erebus_hg.jpg#/media/File:Olivin-mt-erebus_hg.jpg

Seite 365: »Havneby – Wattenmeer 2« by Wolfgang Sauber – Own work. Licensed under CC BY-SA 3.0 via Wikimedia Commons – https://commons.wikimedia.org/wiki/File:Havneby_-_Wattenmeer_2.jpg#/media/File:Havneby_-_Wattenmeer_2.jpg

Seite 378 oben: »AswanHighDam Egypt« von Hajor – Eigenes Werk. Lizenziert unter CC BY-SA 3.0 über Wikimedia Commons – https://commons.wikimedia.org/wiki/File:AswanHighDam_Egypt.jpg#/media/File:AswanHighDam_Egypt.jpg

Seite 381: »Turmi1« von MauritsV – Flickr [1]. Lizenziert unter CC BY-SA 2.0 über Wikimedia Commons – https://commons.wikimedia.org/wiki/File:Turmi1.jpg#/media/File:Turmi1.jpg

Seite 383 unten: »Deaths from air pollution« von KVDP – Eigenes Werk. Lizenziert unter CC BY-SA 3.0 über Wikimedia Commons – https://commons.wikimedia.org/wiki/File:Deaths_from_air_pollution.png#/media/File:Deaths_from_air_pollution.png

Seite 385 unten: »The Teff Harvest, Northern Ethiopia« von A. Davey – Eigenes Werk. Lizenziert unter CC BY 2.0 über Flickr – https://www.flickr.com/photos/adavey/3131617016

Seite 398 mitte: »Weichen« von Jona Hölderle – Eigenes Werk. Lizensiert unter CC BY-NC über Jugendfotos.de – http://www.jugendfotos.de/media/8402-weichen

Seite 404 unten: »Kuznets portrait«. Licensed under Fair use via Wikipedia – https://en.wikipedia.org/wiki/File:Kuznets_portrait.jpg#/media/File:Kuznets_portrait.jpg

Seite 411 mitte: »Konstnärligt foto – Överkonsumtion« von Emil Norman – Eigenes Werk. Lizenziert unter CC BY-NC-ND über Jugendfotos.de – http://www.jugendfotos.de/media/125288-konstn-rligt-foto-verkonsumtion

Seite 431 oben: »Stimmung« von Sebastian Wieschowski – Eigenes Werk. Lizenziert unter CC BY über Jugendfotos.de – http://www.jugendfotos.de/media/7143-stimmung

Seite 434 oben rechts: »Chernobylreactor 1« von Carl Montgomery – Flickr. Lizenziert unter CC BY 2.0 über Wikimedia Commons – https://commons.wikimedia.org/wiki/File:Chernobylreactor_1.jpg#/media/File:Chernobylreactor_1.jpg

Seite 434 Mitte links: Lizenziert unter CC BY-SA 2.0 über Flickr – https://www.flickr.com/photos/status6/130992918/sizes/o/

Seite 441 oben: »Verbrauch von Primärenergie pro Kopf« von der Bundeszentrale für politische Bildung 2009, www.bpb.de. Lizenziert unter CC BY-NC-ND 3.0 – http://www.bpb.de/nachschlagen/zahlen-und-fakten/globalisierung/52758/verbrauch-pro-kopf

Seite 444 oben: »Jawaharlal Nehru National Solar Mission Solarishi« by Solarishi – Own work. Licensed under CC BY-SA 3.0 via Commons – https://commons.wikimedia.org/wiki/File:Jawaharlal_Nehru_National_Solar_Mission_Solarishi.jpg#/media/File:Jawaharlal_Nehru_National_Solar_Mission_Solarishi.jpg

Seite 451 unten: »5 Largest Producers of Solar Photovoltaics, % of Total World Solar PV Production 2001-10« by Uschinatrade – Own work. Licensed under CC BY-SA 3.0 via Wikimedia Commons – https://commons.wikimedia.org/wiki/File:5_Largest_Producers_of_Solar_Photovoltaics,_%25_of_Total_World_Solar_PV_Production_2001-10.jpg#/media/File:5_Largest_Producers_of_Solar_Photovoltaics,_%25_of_Total_World_Solar_PV_Production_2001-10.jpg

Seite 457 oben, 458–460, 463, 464: »The Hobbit House« by Simon Dale – Own Work. Licensed under CC BY-NC-SA 3.0 via http://www.simondale.net/hobbit.htm.

Seite 468 oben: »Velotaxi-ffm001« by dontworry – Own work. Licensed under CC BY-SA 3.0 via Wikimedia Commons – https://commons.wikimedia.org/wiki/File:Velotaxi-ffm001.jpg#/media/File:Velotaxi-ffm001.jpg

Seite 469: »Parkscheinautomat 01 KMJ« von KMJ aus der deutschsprachigen Wikipedia. Lizenziert unter CC BY-SA 3.0 über Wikimedia Commons – https://commons.wikimedia.org/wiki/File:Parkscheinautomat_01_KMJ.jpg#/media/File:Parkscheinautomat_01_KMJ.jpg

Seite 470 unten: »Entwicklung der Altersstruktur« von der Bundeszentrale für politische Bildung 2009, www.bpb.de. Lizenziert unter CC BY-NC-ND 3.0 – http://www.bpb.de/nachschlagen/zahlen-und-fakten/soziale-situation-in-deutschland/61544/entwicklung-der-altersstruktur

Seite 473: »Nederlandse verkeersbord A1 30 ZB« by Monkeyboy1993 – Own work. Licensed under CC BY-SA 3.0 via Wikimedia Commons – https://commons.wikimedia.org/wiki/File:Nederlandse_verkeersbord_A1_30_ZB.png#/media/File:Nederlandse_verkeersbord_A1_30_ZB.png

Seite 487 oben: »Äpfel« von Alex Viebig – Eigenes Werk. Lizenziert unter CC BY über Jugendfotos.de – http://www.jugendfotos.de/media/download/116156--pfel

Seite 487 unten: »Urlaub am Bauernhof« von Philipp Kasserando – Eigenes Werk. Lizenziert unter CC BY über Jugendfotos.de – http://www.jugendfotos.de/media/download/105459-urlaub-am-bauernhof-

Seite 497 Pyramide: »vegan food triangle« von Shane Becker – Eigenes Werk. Lizenziert unter CC BY-SA 2.0 über Flickr: https://www.flickr.com/photos/veganstraightedge/153389182/

Seite 498: »Cambio-fleet eMobil« von Cambio 1 – cambio Mobilitätsservice GmbH & Co. KG, Greenpeace Energy, Dott. Lizenziert unter CC BY-SA 3.0 über Wikimedia Commons – https://commons.wikimedia.org/wiki/File:Cambio-fleet_eMobil.jpg#/media/File:Cambio-fleet_eMobil.jpg

Seite 499: »Logo« von Tauschnetz – Elbtal. – Eigenes Werk. Lizenziert unter CC BY-NC-SA 3.0 über www.tauschnetz-elbtal.de

Seite 501 unten links: »Givebox Berlin Steinstraße« by Givebox – https://www.facebook.com/Givebox. Licensed under CC BY-SA 3.0 nl via Wikimedia Commons – https://commons.wikimedia.org/wiki/File:Givebox_Berlin_Steinstra%C3%9Fe.jpg#/media/File:Givebox_Berlin_Steinstra%C3%9Fe.jpg

Seite 501 unten rechts: »Givebox Platoon Day 2« von Iwan Gabovitch – Eigenes Werk. Lizenziert unter CC BY 2.0 über Flickr: https://www.flickr.com/photos/qubodup/7831475228/

Seite 505 oben: »Give Box Worms« von Goldener Käfer – Eigenes Werk. Lizenziert unter CC-BY-SA 4.0 über Wikimedia Commons – https://commons.wikimedia.org/wiki/File:Give_Box_Worms.jpg#/media/File:Give_Box_Worms.jpg

Seite 506 oben: »IPhone 5S wordmark« by Kelvinsong – Own work. Licensed under CC BY 3.0 via Commons – https://commons.wikimedia.org/wiki/File:IPhone_5S_wordmark.png#/media/File:IPhone_5S_wordmark.png

Seite 509 oben: »Fairphone« by FairPhone 2012 – http://waag.org/en/project/fairphone-product. Licensed under CC BY 3.0 nl via Wikimedia Commons – https://commons.wikimedia.org/wiki/File:Fairphone.jpg#/media/File:Fairphone.jpg

Seite 510 oben: »Handy schrott mobile phone scrap« by MikroLogika – own work, photograph. Licensed under CC BY-SA 3.0 via Wikimedia Commons – https://commons.wikimedia.org/wiki/File:Handy_schrott_mobile_phone_scrap.jpg#/media/File:Handy_schrott_mobile_phone_scrap.jpg

Seite 510 unten: »Android 4.4.2, CyanogenMod 11 installed on Samsung Galaxy S I9000« by Amrith Raj – Own work. Licensed under CC BY-SA 3.0 via Wikimedia Commons – https://commons.wikimedia.org/wiki/File:Android_4.4.2,_CyanogenMod_11_installed_on_Samsung_Galaxy_S_I9000.png#/media/File:Android_4.4.2,_CyanogenMod_11_installed_on_Samsung_Galaxy_S_I9000.png

Seite 516 oben: »Shopping For Blood« von Tobias Mittmann – Eigenes Werk. Lizenziert unter CC BY-NC über Jugendfotos.de – http://www.jugendfotos.de/media/62331-shopping-for-blood

Seite 518 oben: »Amazon CIAT (3)« by Neil Palmer/CIAT – Flickr. Licensed under CC BY-SA 2.0 via Wikimedia Commons – https://commons.wikimedia.org/wiki/File:Amazon_CIAT_(3).jpg#/media/File:Amazon_CIAT_(3).jpg

Seite 523: »Macht.Wachstum.Glück. – Junger Kongress für eine andere Ökonomie und ein gutes Leben 2014 von JANUN e.V. und anderen, www.janun.de«

Seite 530 oben: »Ban bi« von Lucas Jans from USA – Playing Marbles. Lizenziert unter CC BY-SA 2.0 über Wikimedia Commons – https://commons.wikimedia.org/wiki/File:B%E1%BA%AFn_bi.jpg#/media/File:B%E1%BA%AFn_bi.jpg

Seite 532 Mitte: »Abraham Maslow« by Source. Licensed under Fair use via Wikipedia – https://en.wikipedia.org/wiki/File:Abraham_Maslow.jpg#/media/File:Abraham_Maslow.jpg

Seite 535: »Dynamische Darstellung der Bedürfnishierarchie nach Maslow« by PNG by Philipp Guttmann, SVG by Jüppsche – http://de.wikipedia.org/wiki/Datei:Dynamische_Darstellung_der_Bed%C3%BCrfnishierarchie_nach_Maslow.png. Licensed under CC BY-SA 3.0 de via Wikimedia Commons – https://commons.wikimedia.org/wiki/File:Dynamische_Darstellung_der_Bed%C3%BCrfnishierarchie_nach_Maslow.svg#/media/File:Dynamische_Darstellung_der_Bed%C3%BCrfnishierarchie_nach_Maslow.svg

Seite 556 oben links: »Dripperwithdrop« von Jisl aus der englischsprachigen Wikipedia. Lizenziert unter CC BY-SA 3.0 über Wikimedia Commons – https://commons.wikimedia.org/wiki/File:Dripperwithdrop.png#/media/File:Dripperwithdrop.png

Seite 556 oben rechts: »Tomato P5260299b« von Goldlocki aus der deutschsprachigen Wikipedia. Lizenziert unter CC BY-SA 3.0 über Wikimedia Commons – https://commons.wikimedia.org/wiki/File:Tomato_P5260299b.jpg#/media/File:Tomato_P5260299b.jpg

Seite 558 oben: »DESERTEC-Map large« by DESERTEC Foundation, www.desertec.org – http://www.desertec.org/fileadmin/downloads/press/DESERTEC-Map.zip. Licensed under CC BY-SA 2.5 via Wikimedia Commons – https://commons.wikimedia.org/wiki/File:DESERTEC-Map_large.jpg#/media/File:DESERTEC-Map_large.jpg

Seite 559 unten: »William Ford Gibson« by Frederic Poirot from San Francisco, CA, USA – William Gibson, the 'cyberpunk' father. Licensed under CC BY-SA 2.0 via Wikimedia Commons – https://commons.wikimedia.org/wiki/File:William_Ford_Gibson.jpg#/media/File:William_Ford_Gibson.jpg

Seite 563 oben: »Hermann Simon Management Thinker« von CLSHBN – Eigenes Werk. Lizenziert unter CC BY-SA 3.0 über Wikimedia Commons – https://commons.wikimedia.org/wiki/File:Hermann_Simon_Management_Thinker.tif#/media/File:Hermann_Simon_Management_Thinker.tif

Seite 564 oben, Seite 567 oben, Seite 568 unten, Seite 569: Bilder von living utopia – Eigene Werke. Lizenziert unter CC BY-NC-SA 3.0

Seite 567 unten: »BuckminsterFuller1« by en:User:Edgy01 (Dan Lindsay) – Own work. Licensed under CC BY 3.0 via Commons – https://commons.wikimedia.org/wiki/File:BuckminsterFuller1.jpg#/media/File:BuckminsterFuller1.jpg

Seite 584 unten: »Solarschiff Solarsiedlung Freiburg im Breisgau september 2014« by Mangan02 – Own work. Licensed under CC BY-SA 4.0 via Commons – https://commons.wikimedia.org/wiki/File:Solarschiff_Solarsiedlung_Freiburg_im_Breisgau_september_2014.jpg#/media/File:Solarschiff_Solarsiedlung_Freiburg_im_Breisgau_september_2014.jpg

Seite 585 unten: »IS Logo« by Solar Promotion International GmbH – Solar Promotion International GmbH. Licensed under CC BY-SA 3.0 via Wikimedia Commons – https://commons.wikimedia.org/wiki/File:IS_Logo.jpg#/media/File:IS_Logo.jpg. »Intersolar Europe 2013 Exhibition 13« by Solar Promotion International GmbH – Solar Promotion International GmbH. Licensed under CC BY-SA 3.0 via Wikimedia Commons – https://commons.wikimedia.org/wiki/File:Intersolar_Europe_2013_Exhibition_13.jpg#/media/File:Intersolar_Europe_2013_Exhibition_13.jpg

Seite 587 oben links: »Écoquartier vauban freibourg1« by Claire7373 and Andrewglaser – Own work. Licensed under CC BY-SA 3.0 via Wikimedia Commons – https://commons.wikimedia.org/wiki/File:%C3%89coquartier_vauban_freibourg1.JPG#/media/File:%C3%89coquartier_vauban_freibourg1.JPG

Seite 587 oben rechts: »Ecoquartier Vauban Freibourg3« by Claire7373 – Own work. Licensed under CC BY-SA 3.0 via Commons – https://commons.wikimedia.org/wiki/File:Ecoquartier_Vauban_Freibourg3.JPG#/media/File:Ecoquartier_Vauban_Freibourg3.JPG

Seite 588 unten: »LuftSS« by Andrewglaser (talk) – I (Andrewglaser (talk)) created this work entirely by myself.. Licensed under CC BY-SA 3.0 via Wikipedia – https://en.wikipedia.org/wiki/File:LuftSS.jpg#/media/File:LuftSS.jpg

Seite 595 unten: »Ganges-Brahmaputra-Meghna basins« by Pfly – Own work. Licensed under CC BY-SA 3.0 via Wikimedia Commons – https://commons.wikimedia.org/wiki/File: Ganges-Brahmaputra-Meghna_basins.jpg#/media/File:Ganges-Brahmaputra-Meghna_basins.jpg

Seite 599: »Women bathe in the Ganges, in Varanasi« von Matt Paish – Eigenes Werk. Lizenziert unter CC BY 2.0 über Flickr: https://www.flickr.com/photos/mattpaish/5637165689/in/album-72157626414157979

Seite 600 Mitte: »India – Haridwar – 005 – Colourful pilgrims gathering for Ganga aarti« by McKay Savage – Own work. Licensed under CC BY 2.0 via Flickr: https://www.flickr.com/photos/mckaysavage/2085716179/in/photolist-4biQKM-mcSXai-mcUEL1-aiMKWU-w7QnJ-dYiiFX-5dqLU-4bP5Db-4gJcDL-4biNYp-aAH6hN-ec9aTV-7J1ycN-nyqYjD-NPiph-geQqyD-4S7y3v-kjjrD2-nvbQg-bfCSAB-maFoJj-6fpeGm-b5Xg44-5HY19x-avVhAU-9J4rBg-4bK1Xx-aAmMDZ-aAmoMr-5p3h37-EzMRh-5f5q3-u2ZdDT-hqD47i-sdfBNe-apdvwW-dUjxaN-acnqe7-e7QNeN-j9VJFP-8pgXUQ-4upraK-hqERHK-kjkZ9L-aAmEfH-4yLzDp-bDJ3rV-tnz4Yr-eV5mPX-5aWije

Seite 608 oben: »Plastic bag legislation« by Elekhh – Own work. Licensed under CC BY-SA 3.0 via Commons – https://commons.wikimedia.org/wiki/File:Plastic_bag_legislation.svg#/media/File:Plastic_bag_legislation.svg

Seite 617 unten: »Solar dish at Ben-Gurion National Solar Energy Center in Israel« by David Shankbone – David Shankbone. Licensed under CC BY 3.0 via Wikimedia Commons – https://commons.wikimedia.org/wiki/File:Solar_dish_at_Ben-Gurion_National_Solar_Energy_Center_in_Israel.jpg#/media/File:Solar_dish_at_Ben-Gurion_National_Solar_Energy_Center_in_Israel.jpg

Seite 622 Mitte: »Voices of Transition Rob Hopkins« by Nils Aguilar, http://voicesoftransition.org – http://www.milpafilms.org/milpa.php/?page_id=417. Licensed under CC BY-SA 3.0 via Wikimedia Commons – https://commons.wikimedia.org/wiki/File:Voices_of_Transition_Rob_Hopkins.png#/media/File:Voices_of_Transition_Rob_Hopkins.png

Seite 627 oben: »Bildungsdreieck« von Christoph Samsen – Self-published work by Christoph Samsen. Lizenziert unter CC BY 2.5 über Wikimedia Commons – https://commons.wikimedia.org/wiki/File:Bildungsdreieck.png#/media/File:Bildungsdreieck.png

Seite 630: »Map of countries by GDP (nominal) in US$« von Quite vivid blur – Eigenes Werk. Lizenziert unter CC BY-SA 3.0 über Wikimedia Commons – https://commons.wikimedia.org/wiki/File:Map_of_countries_by_GDP_(nominal)_in_US$.png#/media/File:Map_of_countries_by_GDP_(nominal)_in_US$.png

Seite 642 oben: »Flickr – Roger T Wong – 20100130-07-Christchurch Cathedral Square panorama« by Roger Wong from Hobart, Australia – 20100130-07-Christchurch Cathedral Square panorama. Licensed under CC BY-SA 2.0 via Commons – https://commons.wikimedia.org/wiki/File:Flickr_-_Roger_T_Wong_-_20100130-07-Christchurch_Cathedral_Square_panorama.jpg#/media/File:Flickr_-_Roger_T_Wong_-_20100130-07-Christchurch_Cathedral_Square_panorama.jpg

Seite 642 unten: »Nakagin« von Jordy Meow – Eigenes Werk. Lizenziert unter CC BY-SA 3.0 über Wikimedia Commons – https://commons.wikimedia.org/wiki/File:Nakagin.jpg#/media/File:Nakagin.jpg

Seite 643 oben links: »ChristChurch Cathedral – 2011 earthquake damage« von New Zealand Defence Force – CHCH City – CathedralUploaded by mattinbgn. Lizenziert unter CC BY 2.0 über Wikimedia Commons – https://commons.wikimedia.org/wiki/File:ChristChurch_Cathedral_-_2011_earthquake_damage.jpg#/media/File:ChristChurch_Cathedral_-_2011_earthquake_damage.jpg

Seite 643 oben rechts: »Hinemihi at Clandon Park House« by Len Williams – Own Work. Licensed under CC BY-SA 2.0 via http://www.geograph.org.uk/photo/2615008

Seite 643 unten: »Silver Fern Koru2« by Grapeman4 – Own work. Licensed under CC BY-SA 3.0 via Commons – https://commons.wikimedia.org/wiki/File:Silver_Fern_Koru2.JPG#/media/File:Silver_Fern_Koru2.JPG

Seite 659, Seite 660 unten: »Bottle School Trip to Guatemala 2015« – Pictures by »Hug It Forward« – Own Work. Licensed under CC BY-NC-SA 2.0 via Flickr – https://www.flickr.com/photos/hugitforward

Seiten 22, 62, 242, 291, 325, 344, 366, 386, 525, 527, 539, 541, 542: Ein besonderer Dank gilt Frits Ahlefeldt (Hiking Artist) für seine Zeichnungen – Eigene Werke. Lizenziert unter CC BY-NC-ND 2.0 über die Plattformen: http://hikingartist.com/, https://www.flickr.com/photos/hikingartist/

Die nicht mit einem © vermerkten Bilder wurden von unserer Initiative *youthinkgreen* verbundenen Fotografen und *youthinkgreenern* zur Verfügung gestellt.

Für die Veröffentlichung in diesem nicht kommerziellen Werk wurde bei allen Bild- und Grafikrechte-InhaberInnen angefragt. Fast alle antworteten sofort zustimmend. Mit fünf Bildrechte-InhaberInnen gelang noch keine Kontaktaufnahme bis zum Drucktermin. *youthinkgreen* hofft auch auf deren Einverständnis. Bei einigen Bildern könnten leichte Unschärfen auftreten. Sie wurden jedoch wegen ihres dokumentarischen Wertes ausgewählt.

Mehr Informationen zu den von uns verwendeten Creative Commons-Lizenzen (CC) finden sich auf: de.creativecommons.org

Alle Stellungnahmen auf der Seite 3 in diesem Buch sind schriftlich belegt bzw. in Dokumentationsbüchern und Filmstatements veröffentlicht.

YOUTHINKGREEN – JUGEND DENKT UM.WELT SAGT:

DANKE!

Das Handbuch **Tree of Hope**, der gleichnamige Dokumentarfilm, die Umweltspots, der 1. Weltjugend-Klimagipfel in Wolfsburg, der 1. Weltjugend-Nachhaltigkeitsgipfel in Berlin sowie die vielfältigen, weltweiten Feld- und Projektarbeiten von *youthinkgreen – jugend denkt um.welt* wurden gefördert und unterstützt durch

Wir danken

den Trägern der Schirmherrschaft:

- Dr. Angela Merkel, Bundeskanzlerin,
- Christina Figueres, UNFCC-Generalsekretärin,
- Dr. Hans-Gert Pöttering, Präsident des Europäischen Parlamentes a. D.,

allen AutorInnen und InterviewpartnerInnen, den SpenderInnen der Bildrechte, den LeiterInnen der *youthinkgreen*-Gruppen, den *youthinkgreenern*, den Förderern und UnterstützerInnen sowie Michael Albers, Alina Cyranek, Stefanie Eisenreich, Klaus Fahlbusch, Thomas Frick, Dörte Hartmann-Kerl, Madeleine-Chantal Jenny, Josephine Koch, Sascha Kornek, Alexander Martens, Vera Philipps, Rasmus Sievers, Ursula Spiering, Markus Steinbacher.

SEI DABEI

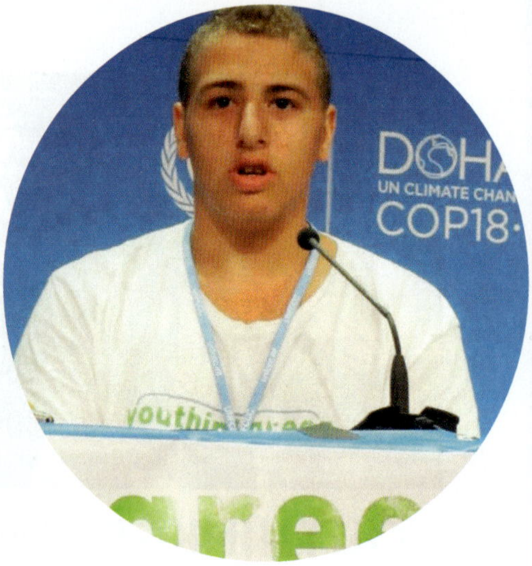

»*youthinkgreen* ist meine zweite, große Familie geworden.«
Ahmed Hamza, Kairo (Ägypten)

Zusammen können wir mehr erreichen! Wenn du Interesse hast, dich in die Aktivitäten und das weltweite Netzwerk von *youthinkgreen* einzubringen, dann freuen wir uns auf dich und deine Ideen.

Das bieten wir dir:

- Workshops und Werkstätten zu …:
  - Handbuch »Tree of Hope« als Schlüssel für globales Denken und lokales Handeln (in Schulen, Bildungseinrichtungen, Stiftungen und Vereinen)
  - Ideenentwicklung (siehe Seiten 653 ff.)
  - Projektmanagement (siehe Seiten 181 ff.)
  - Feldarbeiten (siehe Seiten 152 ff.)
  - journalistisches Storytelling (siehe Seiten 60 ff.)
  - Drehbuchwerkstatt (siehe Seiten 201 ff.)
- Vernetzung mit anderen Engagierten weltweit
- Coaching zu lokalen Nachhaltigkeitsprojekten
- ReferentInnen zu Umwelt- und Nachhaltigkeitsthemen
- Internationale Begegnungen

Du unterstützt uns durch:

- Fundraising
- Lokale Feldarbeit
- Veranstaltungsplanung und -realisierung
- Übersetzung
- Coaching der youthinkgreener
- journalistische Tätigkeit
- Presse- und Öffentlichkeitsarbeit
- und vor allem durch deine Leidenschaft

Mit einer Spende gibst du uns mehr Möglichkeiten, Jugendlichen eine Stimme zu geben und gemeinsam zukunftsfähige Lebensweisen zu gestalten.

youthinkgreen
jugend denkt um.welt

www.youthinkgreen.org,
info@youthinkgreen.org;
Tel.: 030 - 60 92 00 73

jugend denkt um.welt gem. e.V.
GLS-BANK
IBAN: DE10 4306 0967 1151 4242 00
BIC/SWIFT: GENODEM1GLS

ZUM INHALT DER DVD

Komm mit auf eine nachhaltige Weltreise! (Dokumentarfilm)

Erlebe, wie Undji, Judith, Rishabh, Jenita, Solveig und Isabelle zusammen mit ihren *youthinkgreen*-Gruppen tolle Projekte in die Tat umsetzen und dabei allerlei Hindernisse überwinden.

Verfolge ihre Geschichten in Namibia, Indien und Deutschland. Sei dabei, wenn sie bei der UN-Klimakonferenz in Doha selbstbewusst für ihr Anliegen eintreten. Erlebe, was es heißt, wenn sie mit Jugendlichen aus der ganzen Welt in den Dialog treten und füreinander Verständnis gewinnen.

Lass dich inspirieren, wie jeder Einzelne mit seinen eigenen Möglichkeiten vor Ort aktiv werden und dazu beitragen kann, dass diese Welt ein Stück nachhaltiger und klimafreundlicher wird.

Tree of Hope

Dokumentarfilm von Rasmus Sievers (siehe Seite 141 ff.)
D 2014, Länge: 56 Minuten
Eine Produktion der Mafilm Martens Filmproduktions GmbH

Die Kapitel

1. **Wolfsburg, Deutschland: Internationale Jugendklimawoche**
2. **Delhi, Indien**
3. **Osnabrück, Deutschland**
4. **Doha, Katar: COP18 2012**
5. **Windhuk, Namibia**
6. **Berlin, Deutschland:**
   1. Weltjugend-Nachhaltigkeitsgipfel 2013

Acht Klimaspots,

geschrieben von TeilnehmerInnen der *youthinkgreen*-Drehbuchwerkstätten (siehe Seite 201 ff.) und verfilmt mit bekannten UnterstützerInnen der Initiative: **Alexander Beyer, Detlef Buck, April Hailer, Dieter Hallervorden, Josefine Preuss, Reiner Schöne, Jessica Schwarz u. a.**

Regie und Dramaturgie: Thomas Frick
Produktion: Mafilm Berlin **Kamera:** Florian Foest, Jan Lehmann, Frank Sthamer **Schnitt:** Karin Jacobs, Hanka Knipper **Ton:** Markus Krohn **Musik:** Henning Fuchs, Tamas Kahane, Peer Kleinschmidt, Felix Raffel, Fabrizio Tentoni, Sabine Zlotos

1. **Mülleimerspiel: Der Ball ist rund, der Park ist dreckig – was tun?**
2. **Solarparkplatz: So eine Hitze! Warum nicht mit Sonne tanken?**
3. **Banküberfall: Was ist wichtiger als Geld? Mülltrennung.**
4. **Museumsbesuch: Wer den Klimawandel ignoriert, stirbt aus.**
5. **Restaurant: Plastiktüten kann man nicht essen – oder doch?**
6. **Aqua: Das Wasser steigt, Politiker reden. Werfen wir das Handtuch?**
7. **Fußball: Spielplatz oder Autobahn? Wem gehört diese Welt?**
8. **Tropfen: Wenn das Wasser baden geht ...**

Der Spot »Banküberfall« ist eine selbstständige Produktion von *youthinkgreen* Minsk in Zusammenarbeit mit dem Goethe-Institut.
Regie: Andriy Mykhnyuk **Kamera:** Ruslan Fedotow